BOWLING ALONE
The Collapse and Revival of American Community

雅理译丛

编委会

（按汉语拼音排序）

雅理译丛

田雷　主编

雅理

其理正，其言雅

理正言雅

即将至正之理以至雅之言所表达

是谓，雅理译丛

雅理译丛

田雷 主编

独自打保龄

[美] 罗伯特·帕特南 - 著 | 刘波 祝乃娟 张孜异 林挺进 郑寰 - 译 | 燕继荣 - 校

BOWLING ALONE

The Collapse and Revival of American Community | Robert D.Putnam

中国政法大学出版社

2018 · 北京

BOWLING ALONE: The Collapse and Revival of American Community

by Robert D. Putnam

Copyright © 2000 by Robert D. Putnam

All rights reserved.

Chinese (Simplified Characters) copyright © 2018

by China University of Political Science and Law Press Co., Ltd.

Published by arrangement with ICM/Sagalyn acting in association with ICM Partners

through Bardon-Chinese Media Agency

版权登记号：图字01-2016-4392号

图书在版编目（ＣＩＰ）数据

独自打保龄：美国社区的衰落与复兴/（美）罗伯特·D. 帕特南著；刘波等译
北京：中国政法大学出版社，2018.8
ISBN 978-7-5620-8394-8

Ⅰ.①独… Ⅱ.①罗… ②刘… Ⅲ.①社会问题－研究－美国 Ⅳ.①D771.28

中国版本图书馆CIP数据核字（2018）第180751号

出 版 者	中国政法大学出版社
地 址	北京市海淀区西土城路 25 号
邮寄地址	北京 100088 信箱 8034 分箱　邮编 100088
网 址	http://www.cuplpress.com（网络实名：中国政法大学出版社）
电 话	010-58908524（编辑部）　58908334（邮购部）
承 印	北京中科印刷有限公司
开 本	650mm×960mm　1/16
印 张	39.5
字 数	630 千字
版 次	2018 年 8 月第 1 版
印 次	2018 年 8 月第 1 次印刷
定 价	116.00 元

声 明　　1. 版权所有，侵权必究。
　　　　　2. 如有缺页、倒装问题，由我社负责退换。

谨以此书献给 Ruth Swank Putnam

并纪念 Frank L. Putnam、Louis Werner 和 Zelda Wolock Werner，

他们是热心公共一代的榜样

导 读

你喜欢独自打保龄吗?

在业余时间里,你是喜欢与朋友一起喝茶聊天,还是独自去打保龄球? 这个问题不仅反映你的个人喜好特点,还可以说明一个社会的"社会资本"(social capital) 的性质和构成。这是美国政治学者罗伯特·D. 帕特南所撰写的《独自打保龄》这一重要学术著作所给出的核心论点。

提起罗伯特·D. 帕特南,中国读者不应该感到陌生。罗伯特·帕特南生于 1941 年,美国国家科学院院士,曾担任美国政治学协会主席,哈佛大学公共政策讲席教授,肯尼迪政府管理学院院长,被认为是美国当代最杰出的政治学家。2006 年荣获政治学界最高奖约翰·斯凯特奖,且为 2013 年总统颁布的国家人文勋章得主。目前著书 14 部,被译为 20 多种语言,在比较政治、美国政治、国际关系和政治理论领域均做出过卓越的原创贡献。代表作《使民主运转起来》和《独自打保龄》是过去半个世纪引证最多的社会科学著作,在国际学界和思想界也有深远的影响。

他的代表作之一《使民主运转起来》在中国出版以来,一再被中国学者引述。该书对社会资本理论做出了重大贡献,使人们对民主制度运行的社会逻辑有了更加深刻的理解,进而推动社会资本研究成为当代政治学研究的一个新领域。

《独自打保龄》是帕特南教授继意大利民主研究之后对美国民主社会的一项重要考察,它是作者历经多年持续研究,广泛搜集相关数据和案例,深入参与和全面总结美国社会建设运动之后所形成的、研究 20

世纪后期美国公民社会发展变化的又一鸿篇巨著。该书出版于 2000 年，在首版发行后的不长时间内，就成为社会科学界为人熟知的学术专著。从本版所附评论来看，它不断获得来自政治学、社会学、经济学等领域专家学者的高度赞誉。

帕特南还有最新著作——《我们的孩子》(*Our Kids*)，该书被中国政法大学出版社 2017 年翻译出版。该书的基本结论是：美国社会正在走向阶级固化，贫富分化使"寒门"再难出贵子。该书追踪访问了生活在美国各地的 107 位年轻人，以此说明美国社会的贫富两极分化如何影响下一代人的生活机遇。帕特南用"以点带面"的叙述方式，生动地展示了美国社会在过去半个世纪以来日渐扩大的"阶级鸿沟"，依次讨论了穷孩子和富家子在成长过程中所经历的全方位差距。用我们中国的话说，"高端"和"中端"父母有更多时间陪伴孩子、给予引导、提供资源，而寒门子弟，不仅是经济上"穷"，还更有可能生活在残缺不全的破碎家庭，成长过程中无法得到父母双全的关爱或在隔代教养的环境中长大，因此，"低端人口"的孩子少有成功的机会。

《纽约时报书评》说，"读罢此书，没人还能相信美国还有机会平等这回事"。帕特南揭示了美国贫富阶级之间的差别——在家庭结构、父母教育方式、学校教育、邻里社区都有鲜明的反映，说明当寒门子弟发现自己再努力也是徒劳时，美国梦实际上破碎了。他其实也告诉我们，任何社会，贫富差距过大、身份固化、寒门难出贵子，国家梦想就只能是一个梦想。面对这样生而不平等的社会，仅仅谈机会均等是不公正的！

帕特南在《独自打保龄》中继承了托克维尔《论美国民主》的问题意识，力图从民情出发来考察和评价美国民主制度的运转。在帕特南看来，民主质量的好坏或民主制度的绩效，可以从公民社会的状况得到解释；如果某一个社会的民主运转出了问题，从根本上说，那一定是公民社会（公民意识、公民组织、公民行为等，总之是公民生活）发生了变化——例如，社区生活走向了衰落。帕特南加入到美国公民参与热情度降低、投票率下降的研究当中，他敏锐地感到，当初托克维尔所描述的美国社区生活正在逐渐衰落，那种喜好结社、喜欢过有组织的公民生活、关注公共话题、热心公益事业的美国人不见了；今天的美国人，似乎不再愿意把闲暇时间用在与邻居一起咖啡聊天，一起走进俱乐部去从事集体行动，而是宁愿一个人在家看电视，或者独自去打保龄球。于是，帕特南想到用"Bowling Alone"这个词来形容和概括美国社会的这一变化，并力求对这种变化的性质和原因做出理论解释。在他看来，"独自打保龄"的现象意味着美国社会资本（social capital）的流逝，造成这种现象的原因可能是复杂而不易确定的，但后果却是明确的，那就是公民参与的衰落。基于这样的判断，帕特南通过大量的数据，论证和分析了美国公民社会在当代所面临的挑战，并试图探寻拯救美国社会的发展策略。

《独自打保龄》共分五个部分。**第一部分作为全书的导论**，说明了美国公民参与的状况与社会资本之间的关系，在"思考美国的社会变化"的主题之下，指出 20 世纪后半期是美国公民参与和社会资本逐步衰减的时期。在这里，帕特南为社会资本下了这样的定义："社会资本指的是社会上个人之间的相互联系——社会关系网络和由此产生的互利互惠和互相信赖的规范。"他认为，作为社会关系的社会资本与公民美德、互惠信任、社会合作、集体归属感和集体行动有着密切联系；犹如一把螺丝刀（物质资本）或者大学教育（人力资本）可以提高（个人和集体）的生产力一样，社会关系对个人和群体的生产力也会产生影响；社会资本的性质决定了社会信任的范围、社会合作的质量、公民参与的可能性，进而影响民主制度的绩效；社会资本具有不同类型，其中最重要的区别是连接性社会资本（bridging social capital）和粘合性社会资本（bonding social capital），或兼容性社会资本（inclusive）和排他性社会资本（exclusive）的差异。帕特南明确自己的工作任务，就是要通过历史的考察，对 20 世纪美国公民参与和社会资本状况做出全面评估。在他看来，社区主义与个人主义的斗争是美国由来已久的较量，尽管最近几十年公民参与热情的衰退是客观事实，但它并不表明美国的社区关系正在一步一步走下坡路。他指出，"仔细看看美国的历史，可以发现公民参与有起有落，而不是在一路下降。这是一个衰落与崛起的故事。就如我已经暗示的那样，美国正变得越来越强大，而不是越来越虚弱，我认为，我们有力量扭转美国社会资本在最近几十年里发生的倒退现象。"

在第二部分"公民参与和社会资本的变化趋势"这一总主题之下，帕特南采用系统的定量数据，讨论了美国社会网络与联系在 20 世纪晚期出现的衰减，描绘了美国人政治参与、公民参与、宗教参与、工作联系、社会联系、志愿活动和慈善活动、社会信任出现的变化趋势。同时，他也考察了"小团体活动、社会运动与网络"这样的新兴的社会组织形式。通过历史与现状的比较，帕特南运用大量的数据论证说明，"在 20 世纪的前三分之二，一股强大的力量促使美国人更加深入地参与到社区活动里，不过就在几十年前，一股静悄悄的潮流毫无预警地逆转了这个浪头。在没有收到任何通知的情况下，我们在这个世纪的后三分之一渐渐疏离了亲友和社区生活"。虽然新兴组织与活动代表了一种"反潮流"的趋势，但它并不能改变这股普遍而有力的潮流横扫 20 世纪美国社会的事实。

第三部分"为什么"主要是探求对前一部分所揭示的社会资本衰减趋势的可能解释。在这里，帕特南对代际更替、科技和大众传媒、时间和财富压力、人口流动性及扩张在 20 世纪后半期出现的这些自变量进行了讨论。他扫描了美国广泛的社会生活："从工作超量超时到郊区的过分扩建，从福利状况到妇女革命，从种族主义到收看电视，从交通的进步到离婚率的增长"。经过广泛搜集和仔细甄别，他确定以下因素与社会资本的衰减有关：第一，时间和财富压力，包括夫妻双职工家庭所受的特殊压力，对于过去这些年里美国社会和社区参与的减少起到了明显作用。根据推测，"整个减少不到 10% 的部分应归因于这些因素"。第二，市郊化、上下班和城市扩张也起到了助推作用。"这些因素加在一起可能也只应为 10% 的下滑负责"。第三，电子娱乐，尤其是电视，对于美国人闲暇时间私人化也构成了实质性的影响。"这一因素可能要为约 25% 的下滑负责"。第四，也是最为重要的是，"代际更替——热心公共一代缓慢、持续而不可挽回地被他们参与较少的子辈和孙辈们替代了——是一个影响力非常大的因素"。"这一因素可能要为整个减少的一半负责"。帕特南用下面这张图向我们直观地展示了他的研究结论（第15章）。

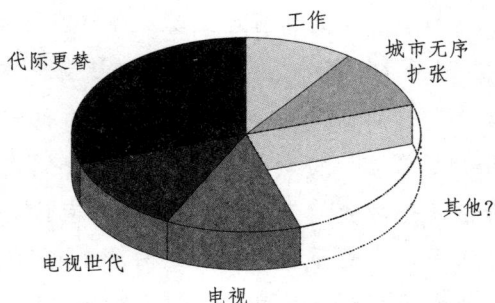

导致公民不参与原因的大致估计：1965－2000

　　第四部分"那会怎么样"讨论了公民参与和社会资本衰减趋势会导致怎样的后果。帕特南指出，"社会资本是否真的有益于个人、社区、甚至是整个国家呢？答案是肯定的，一项令人印象深刻并规模逐渐扩大的研究认为，公民关系（civic connections）能够使我们变得健康、富有、睿智。无论你是一个意大利南方的村民，还是美国内陆城市的一个穷人，或是某个高科技工业区内的一名富有的企业家，缺少社会资本的生活都是难以想象的。"在这一部分，帕特南精辟地论证了社会资本的正面意义：第一，社会资本能够让公民更加轻松地解决集体问题，在一定程度上克服所谓的"集体行动的困境"。第二，"社会资本是社区前进车轮的润滑剂"，在人们能相互信任、以及在社会成员可以重复互动的地方，日常的商业和社会交往的成本将会大大降低。第三，社会资本拓宽了我们的认知，培育我们的健康人格，"那些与他人——无论是家庭成员、朋友，还是玩保龄球的伙伴——有着活跃联系并相互信任的人们，培养并维持着一种对社会其他人有益的性格特征"。第四，社会资本还通过心理和生理的过程来提高人们的生活。"越来越多的证据表明，社会资本丰富的人们可以更好地应对外伤和更有效地战胜疾病。社会资本如果不是替代品的话，则似乎是某种补充物，就好像我们在街角药房所买的三氮烷、安眠药、抗酸剂、维他命 C 以及其他药品。'早上打电话给我（或者事实上给任何人）'实际上可能要比'吃两片阿司匹林'对治愈某些病症更有疗效"。总之，"社会资本让我们变得更加聪明、更加健康、更加安全、更加富足，以及更有能力去管理一个公正而稳定的民主社会"（第16章），甚而至于，"社会资本能够阻止坏事情发生在好孩子身上"（第17章）。同时，帕特南也分析了社会资本的"阴暗面"，指出社会资本，特别是"粘合性社会资本"，可能与自由、宽容、平等等价值发生冲突（第22章）。帕特南认为，社会资本会对社会生活的方方面面产生着重要影响，这种影响甚至可以量化。因此，他选取从教育与儿童福利、邻里关系、经济发展、社区安全、民主等方面或角度出发，分别考察了社会资本的衰减对美国社会生活的影响。

在第五部分"那该怎么办"中，帕特南从19世纪末和20世纪初美国镀金时代（Gilded Age）与"进步时代"（Progressive Era）汲取一些有益的经验，提出了建设公民社会的政策建议，针对美国公民社会的衰竭开出了拯救的良药。他希望通过以下建议，激发读者的想象力，共同探讨出更加富有建设性和创造力的解决方案：第一，"我为美国的父母、教育者以及美国的年轻人们提出了以下的挑战：让我们努力在2010年前使即将成年的那部分美国人在社会各层次的公民参与程度恢复到和我们祖父那一辈人相同年龄时的水平，同时创造出比他们那一代更多的连接性社会资本"。第二，"我希望美国的雇主、工会领导、公职人员和雇员本身，让我们在2010年之前使美国的工作场所能变得如家人般友善和像社区一样令人愉快，这样美国人能够在工作内和工作外都补充社会资本的储备"。第三，"我希望美国城市和区域规划者、开发商、社区领导以及买房的人们，在2010年前少花点时间旅行，多花点时间和邻居相处。这样，我们生活的地方将会变得更加和睦，我们的社区规划和公共利用空间会鼓励产生更多的与邻里和朋友的休闲社交"。第四，"我对美国的教士、非神职领导人、神学家和普通的教徒们提出挑战：共同创造出一个新时代的多元化且有社会责任感的'大觉醒'（great awakening），这样在 2010 年前，美国人会比今天有更多的社区精神，同时，对美国的其他宗教也会更加宽容"。第五，"我希望美国的媒体巨子、新闻记者、互联网巨头，和你我一样的用户一起，找到方法，在 2010 年前让美国人少花些时间被动地坐在屏幕前，多花些时间和邻里亲朋交流。让我们找到一种新的电子娱乐的方式来增强我们的社区参与"。第六，"要创造连接性社会资本，要求我们超越我们的社会、政治和专业背景，去和我们不同的人交流联系。这也是为什么团队运动对于社会资本的创造有重要意义的原因。在这方面同样重要但却没有充分发掘的是文化和艺术活动。一起唱歌（像一起打保龄球一样）不需要人们有共同的意识形态或者同样的社会地位。从这一点说，我希望美国的艺术家们、文化机构的领导和资助者们，以及普通的美国人，在 2010 年前使更多的人参与文化活动（不仅仅是坐在一边欣赏），让我们以艺术作为中介，找到一种新的方法，把各行各业的人们召集起来，参加舞蹈社团、歌唱社团、社区的戏剧社等"。第七，"政治和政府是我们探寻美国社会资本旅程的起点，也是总结关于重建美国社区联系的地方。在目前经常缺乏关于民主的公共论坛的情况下，重建联系、信任和公民参与的需要比任何时候都更为迫切。我希望美国的政府公职人员、政治顾问、政治家以及所有公民，让我们在 2010 年之前使更多的美国人参与到社区的公共生活中来，竞选公职，参加公众会议，为委员会服务，组织竞选，参加投票"（第 24 章）。

最后，本书还提供了有助于理解其研究过程和结论的三个附录，详细说明了其测量社会变迁的方法、图表和表格数据的来源以及美国社会组织的兴衰信息。

弗兰西斯·福山（Francis Fukuyama）指出，"这本四百页的书中有大量的数据和分析，记录了美国人公民精神衰落的状况……《独自打保龄》不仅提供了有关当代美国公民参与趋势的丰富数据，而且激发了人们的公民参与意识。"帕特南不仅运用严谨科学的统计技术和丰富的数据，研究了美国公民社会在 20 世纪的发展，从经验角度探讨了美国人与人之间的社会关系和互惠规范的变化，而且，还从规范的视角出发，探讨了自由、民主、平等这些传统政治价值在社会发展中的内在张力，为发展社群共同体进行了辩护，提出了优化社会资本、推动公民参与、加强社会建设的重大政治辩题。帕特南提出的这些政治辩题，也正是当今中国社会政治发展面临的重大课题。而对社会现实问题的观照和寻求解释与指导的理论自觉，正是我们选择翻译出版这部鸿篇巨著的直接动力。

当然，本书在政治学、社会学、经济学、公共管理、公共政策等学科以及社区建设、社会组织发展、社会资本投资、城市规划与管理等研究领域所具有的理论和方法上的重大学术价值，也是我们决心翻译引介的重要诱因。正如有评论指出的，"该书不是那种受众仅为课堂与大众市场的普通学术读物。其论证雷霆万钧，研究之深入细密足以抵挡任何学术上的反击……论述之全面完整令人吃惊。帕特南无疑推动了社会学的发展"。这部书的重要价值不仅仅体现在它所讨论议题的重要性上，更体现在它所采用的研究方法上。通览全书，您不得不为作者清晰的思路、熟练的方法、丰富的数据、缜密的分析和论证所折服，更会为他在理论阐释中不断提出精彩论断而叫绝。帕特南对大量的来自美国政府部门的统计数据和来自私人部门的民意调查数据精心筛选，并用科学的统计学方法，比他之前的作品更为细致入微地展现了美国社会生活主要方面的公民参与和社会资本的变化趋势。在方法论上，他避免采用单一数据来源，对几个全国性抽样调查数据进行了统计学上的加权处理，互相印证比照，使得因果分析更加科学严谨，避免了行为主义政治学为人诟病的诸多缺陷。在因果分析上，帕特南采用控制变量的做法，对各个自变量对因变量的影响程度进行了统计技术上的处理，对社会变迁进行了较为科学的测量。在具体技术上，他采用了逻辑斯蒂模型、多元回归分析等定量分析方法，运用计算机对变量之间的回归系数进行了计算。同时，他还运用大量简洁易懂的图表，将公民社会发生的变化和趋势进行了形象化的表达，统计出了美国社会资本的分布图，并对不同地区社会资本和社会联系的差异进行了讨论，避免了对美国公民社会变迁的泛泛而论。

除了在定量研究方法上具有重大理论价值外，该书的理论和历史视野也异常宽广，体现了作者深厚的理论功底和知识底蕴。尤其是在研究如何应对美国社会变迁之时，帕特南回溯到19世纪晚期美国城市发展的危机，研究了进步时代美国知识界应对城市化所带来的种种危机的方式，从而探讨了解决当今社会发展问题的可能方案。可以说，无论是对议题的精辟阐发，还是研究方法的细致应用，《独自打保龄》都超越了之前的著作，它使得有关美国公民社会抽象宏观的理论有了坚实的经验基础，这对于充分理解当代美国面临的问题具有重要意义。并且，该书所提供的研究概念、分析框架、研究方法及方法论方面的思考都对政治科学的发展具有里程碑式的意义，对研究其他地区社会资本、国家与公民社会的联系、公民参与和社会变迁等问题都能够提供借鉴。

更重要的是，该书还汇集了美国大批实践工作者的努力。书中许多观点是在不断与社区工作者的实际接触中反复修订而成的。因此，与一般艰涩的学术著作不同，该书的阅读对象不仅仅局限于学院里的学者，同时还涵盖了关心公民社会议题的广泛人群。它的文字通俗流畅，没有故作高深的说教。许多政治家、社会学、经济学、管理学工作者以及社团组织领导人都是它的热心读者，例如爱尔兰总理埃亨就对《独自打保龄》给予了高度评价，认为它以颇为可读的方式，探讨了社会进步给传统社区的精神与邻里关系造成的成本。美国前任总统奥巴马在担任议员期间就高度关注帕特南的研究，对社群建设以及公民社会面临的挑战等问题进行了积极的讨论。今天，相信它对中国公民社会建设也必将发挥重要的启示作用，激励国内政策制定者和学术研究者对我国公民社会的建设进行深入的思考和探索。

总之，作为中国读者，如果您从事社会学、政治学、经济学、管理学等学科领域的研究和思考，如果您希望从社会科学的比较研究、计量分析、因果分析等经验研究中得到帮助，如果您关注社会资本投资、公民参与和民主政治、社会信任与经济发展、社会变迁与社会建设、社区自治与社区管理、公共管理与政府创新等理论和实践……那就一起来分享帕特南的研究成果吧。

作为本书的推荐人，我提醒大家阅读时重点关注四个点：**第一，理论假设**，帕特南认为人们业余时间的社交方式可能反映其社会政治态度与个人行动选择；**第二，问题意识**，本书的创新之处在于，通过美国社会资本性质的变化来解释当时大众政治参与的退减和公民精神的衰落；**第三，叙事方式**，该书的篇章结构与行文方式堪称典范，值得大家在将来学位论文写作时学习模仿；**第四，现实关怀**，阅读《独自打保龄》可结合帕特南的近作《我们的孩子》，体会学术研究如何在现实问题的基础上关照人类的普遍困境。

燕继荣

北京大学政府管理学院

2018 年 7 月 18 日

目 录

1

第一部分
导　论

第 1 章
思考美国的社会变化

没有人能够准确地告诉我们，宾西法尼亚州的格伦谷（Glenn Valley）
桥牌俱乐部是在何时、因为何种原因解散的，尽管在 1990 年的时候，
这个社团仍有大约 40 个成员会像 50 多年前一样定期凑在一起打打牌。
在阿肯色州的小石镇，塞托玛俱乐部（Sertoma）也经历着同样的窘境：
在 80 年代中期，每周会有大约 50 人来参加午餐会，策划活动项目来帮
助聋哑人，但十年之后，却只剩下 7 个人经常出现。

在弗吉尼亚州，全国有色人种协进会（NAACP）的分会罗诺克
（Roanoke）自从 1918 年以来就是民权运动中的积极力量。但在 90 年代
里，其会员人数从 2500 人减少到了几百人。在 1998 年的 11 月里，激
烈的总统竞选只吸引了 57 名会员前来投票。布莱克市的议员卡罗尔·
斯旺（Carroll Swain）悲观地表示：“现在的人们都只顾自己，除非有什么
事发生在自己身上，否则他们才不会抬起头来看看周围。”在伊利诺伊
州，一个位于芝加哥蓝领郊区伯温（Berwyn）的 VFW Post 2378 社团一直
在为当地的退伍军人奔忙于“家外有家”项目，为社区邻里提供某种
工人的乡村社团服务，替它的会员举办婚礼宴会和同学聚会。不过，到
1999 年，其会员却大量减少，这使得该社团连支付黄页上的税金都捉
襟见肘。虽然这个地区居住着大量的越战、后越战时代的退伍军人，
VFW 负责会员管理的总监托姆·科赛尔（Tom Kissell）却表示：“现在的
人们都不喜欢参加这些活动了。”[1]

达拉斯的慈善团体以前每个星期五早上都会聚在一起做针线活，互
相串门，这一习惯已经持续了 57 年。但是，1999 年的 4 月 30 日这个

独自打保龄

16 社团却举行了最后一次活动。当时，这个组织会员的平均年龄已经达到了 80 岁，其最新的会员是两年前加入的。社团主席帕特·迪拜克（Pat Dilbeck）说："我觉得自己像在一艘沉船上面。"就在三天之后，在其东北方向 1200 英里外的地方，华盛顿瓦萨校友会（the Vassar alumnae of Washington D. C.）卖完了它的第 51 本同时也是最后一本年册，而他们本来希望能够卖出 10 万本来募集到更多资金，以赞助当年的大学奖学金。联会主席艾里克斯·梅尔森（Alix Myerson）解释说，参加年册销售计划的志愿者都已经是 60 岁以上的老人了。他们身体并不好，但找不到其他人来代替他们。同时，位于波士顿北部的图克斯伯里纪念中学（Tewksbury Memorial High School，TMHS）在 1999 年秋天开学时，为乐队仪仗队新购置的 40 件崭新制服仍放在储藏室里，因为只有 4 个学生报名参加。TMHS 的乐队指挥罗杰·维特西（Roger Whittlesey）回忆，20 年前，这个乐队成员超过 80 个人，但随后参加的人就越来越少了。[2]在 20 世纪最后的几十年里，全美成千上万此类社会团体都面临着相同的遭遇。

在过去并没有那么多老会员退出——至少不会比通常认为的因年龄更替而带来的会员衰退那样迅速。但社团组织已不再像以往那样继续有新成员加入，以实现更新换代。社团组织的领导人对此感到困惑。一直以来，他们认为问题在于其组织和当地传统有冲突，所以他们进行了大量的研究，以此改革社团。[3]这种下滑之所以令人不解，乃是由于社团会员和活动在以前曾长期源源不断地稳步增长。

事实上，在 60 年代，美国社团组织迎来了扩张的时代，除了大萧条造成了一段公民活动的枯竭期，他们的活动逐年暴涨，不仅有勤勉的公民园丁培育，还有不断增长的资金和教育程度给予灌溉。每个社团的会员数量都呈现上升趋势。

此外，美国人的悠闲时间也比较多。1958 年，芝加哥大学对休闲时间的调查指出，"对美国社会最大的威胁就是美国人的时间太多。"这种说法在同苏联军事对峙的年代是十分醒目的。[4]《生活》杂志警告美国人说，时间自由带来了新的挑战。其 1964 年 2 月号的头条标题是

4

"美国人时间一大把"，"未来的任务：如何轻松生活"。

　　　事实上，人类在历史上第一次既有工具又有知识来创造自己所想要的一切。尽管仍有宗教上的束缚，但很多迹象已经表示，人们已经开始接受这种观念。美国人不仅蜂拥进保龄球社团和园艺社团，他们也愿意承担起数不尽的社区义务，改善当地的路面状况，修建垃圾站，监督公务员。[5]

　　富有公民精神的二战一代，如同其代表者约翰·肯尼迪在他就职演说中所声称的那样，我们接过了领导者的火炬，不仅要在国家最高职位上履行好义务，也要在全国的小城镇里恪尽职守。政治科学家罗伯特·E. 兰恩（Robert E. Lane）1959 年在总结了多份研究后写道："全民中政治活动家的比例，甚至男性公民中政治活动家的比例在过去 50 年里已经大大增加。"在 60 年代末，社会学家丹尼尔·贝尔（Daniel Bell）和维吉尼亚·赫尔德（Virginia Held）在报道中说："美国人的参政热情比任何时候都高，人们有更多机会来表达自己的政见。"[6]即使是最简单的政治活动——投票，也变得越来越普及。从 1920 年妇女获得投票权到 1960 年，投票参与率每 4 年就提高 1.6%。主流政治学家认为，照这样下去，到 1976 年美国建国 200 年的时候，投票率达到 70% 是完全有可能的，并且还将可能继续上升。[7]

　　到 1965 年，美国人对公共生活的热情开始明显增加。盖洛普民意调查发现，在 10 多年的时间里，愿意让自家孩子投身公共事业的家长人数增长了近 2 倍。尽管这个数字在全民中的比例只有 36%，但却已是美国有史以来的最高水平。更令人吃惊的是，美国人对社区信心倍增。同意"多数人值得信赖"的人数比例从二战时期的 66% 上升到了 1964 年的 77%。[8]

　　其实，五六十年代算不上什么"黄金时代"，尤其对那些因种族、性别、社会阶级或性取向而受过歧视的人来说，更是如此。法律上的种族隔离和社会性别歧视尽管趋于减少，但还是颇为常见和令人无法容忍，歧视行为屡见不鲜。那时，只有瑞切尔·卡尔森（Rachel Carson）关注到了环境破坏的问题，贝蒂·弗利丹（Betty Friedan）还没有解析女性身份的奥秘。农村贫困问题还没有受到全国媒体的重视。衡量公共健康的指标——婴儿死亡率，在1960年为2.6%，黑人婴儿为4.4%，比20世纪末高出了近4倍。《生活》杂志中的美国曾经是一个白人、异性恋、新教徒、舒适、男性化（至少在公共领域是这样）的社会。[9]社会改革家们有着适合他们的工作。然而，在现代美国社会，对社区事务的热心、对共同身份的认同和对互利互惠原则的遵奉却从来没有如此强烈过，探寻一种更广泛的公民动员来设法解决我们的国家性缺陷，在那时看起来是前景光明的。

当"婴儿潮"一代开始念大学的时候，公民活动在年轻一代中也深受欢迎。多项调查证实，教育是促使个人投身公民运动的最重要因素，美国的大学在这项意义深远的运动中发挥了积极作用。教育似乎是消除歧视和增加公民意识的金钥匙。在受到美国南方年轻黑人发起的民权运动的启示后，北方的白人大学生也开始觉醒。社会学家道格·马克亚当（Doug McAdam）在介绍60年代的民权运动时，强调了这一代人的自信：

> 我们是"能干（can do）"的人，能够完成设定的目标。我们已经历了大萧条，扭转了二战的局势，在战后还重建了欧洲。"自由夏日"活动是一项大无畏的事业，秉承了美国战后一代的精神。[10]

婴儿潮意味着美国人口异常的年轻化，而民众对公民运动的参与往往到中年时期才开始。因此，从短期来看，年轻人口比例的扩大给公民运动降了不少温。但是，对社区组织来说，当婴儿潮一代在80年代步入中年时，则会达到入会的高峰。同时，"参与式民主"和"人民拥有所有权力"的呼声预示着更加广泛的参与社区生活。有社会观察家在1968年就曾预言："参与式民主一直是美国中上层阶级的政治生活方式。随着中产阶级的扩大，这种生活方式将会被更多人接受。"[11]在美国历史上公民生活的前景从来没有如此光明过。

对美国公民运动和社会生活而言，接下来发生了什么，将是本书主要讨论的话题。最近几年来，社会科学家通过"社会资本"这个概念来表达他们对美国社会变化的关注。同物质资本和人力资本的概念——增加个人生产力的工具和培训——相比较，社会资本理论的核心概念是社会网络具有价值。就像是一把螺丝刀（物质资本）或者大学教育（人力资本）可以提高（个人和集体）的生产力一样，社会关系对个人和群体的生产力也有影响。

物质资本指的是有形的物体，人力资本指的是个人的财产，而社会资本指的是社会上个人之间的相互联系——社会关系网络和由此产生的互利互惠和互相信赖的规范。在这个意义上，社会资本和某些人所说的"公民美德"有联系。不同之处在于，"社会资本"使人们注意到，当嵌入到密集的互惠社会关系中时，公民美德是最有力量的。但是，在一个有着诸多公民美德的社会里，假如个人与个人之间是隔绝的，那么，这里的社会资本就不一定大。

"社会资本"这个术语在20世纪里至少被单独使用了6次，每次都使人们把目光投注到社会关系对我们生活的哪些方面产生了生产力。首次使用这个术语的并非某位隐世的理论家，而是实干的改革家 L. J. 汉尼方（L. J. Hanifan），他是一位美国进步时代的西弗吉尼亚州的乡村学校督察。在1916年为了鼓励学校更多地参与社会活动，他用社会资本这个词来解释为什么要这么做。对于汉尼方来说，社会资本即指：

> 人们日常生活中应用广泛的无形物质，如良好的愿望、朋友情谊、同情心、个人和家庭之间的社交关系。如果一个人只有自己，他在社会上是无助的。如果他和邻居联系，这些邻居和他们的邻居联系，这样扩展开来，就会形成一个社会资本的积累，这可能会立即满足这个人的社会需求，也使整个社区有机会创造一个更加舒适的生活环境。作为整体的社区将会因为个人间的合作团结而受益匪浅，在这其中，个人也能从中得到帮助、同情和友情。[12]

后来人对社会资本的解释，其主要内容与汉尼方的相差不大。不过在当时，他的这个概念并未引起其他社会评论家的重视。然而，如同金子总会发光一样，50年代加拿大社会学家采用了社会资本概念，用以描述住在郊区的有钱人的社团会员制度。在60年代，简·雅克布斯（Jane Jacobs）用社会资本来称赞现代都市里的邻里关系。70年代，经济学家格伦·罗瑞（Glenn Loury）用社会资本来分析奴隶制的社会遗产。80年代，法国社会理论家皮埃尔·布尔迪厄（Pierre Bourdieu）和德国经济学家恩科哈特·施利特（Ekkehart Schlicht）也用社会资本来强调社会关系中的社会经济资源。社会学家詹姆斯·S.科尔曼（James S. Coleman）在80年代末又正式把社会资本引入人们的视野，用它来突出教育的社会背景。[13]

正如这一系列独立创造出的新词所指出的那样，社会资本包含了个人和群体的范围。首先，人们通过彼此之间的关系而使自己的利益得到满足。有观点就认为，对大多数人找工作而言，我们能够得到一份工作不是因为自己拥有某方面的知识，而是因为我们认识某方面的人，而这就是我们所谓的社会资本，而不是人力资本。个人从社会资本中得到的益处不止于经济方面。研究友情的社会学家克劳德·S.费舍尔（Claude S. Fischer）认为，社会网络在所有人的生活中都十分重要，这常常体现在找工作的时候，更常常体现在我们身陷困境、孤独寂寞的时候。[14]

如果每个人都能意识到社会资本的重要性，那么，社会中每个人都将有远见地投入相当的时间和精力去开发或取得社会资本。不过，社会资本同样会有"外部性"，从而影响到更广泛的社区。因此，个人为建立社会联系所付出的成本不一定就会返回到自己身上。[15]在本书中我们将会看到，一个有着良好关系的个人在一个社会资本不发达的社会里，其所产生的效益要低于身处发达社会资本社会的个人。甚至可以说，在一个社会资本发达的社会里，一个社会关系不好的人都能干出一番成绩来。如果我们住的这个社区，有邻居会为其他人家的安全心存忧虑，那么这个社区的犯罪率就会较低，我们自己也将从中受益。

因此，社会资本既有益于大家，也有益于自己。某些对社会资本的投入不会立即见效，但有些却可以。例如，像扶轮社或狮子会之类的社团，鼓励本地居民募集奖学金，在开展这些活动的同时，会员之间也会结为朋友或商业伙伴关系。

对于人们所坚守的行为准则来说，社会关系也同样重要。一个网络包含了彼此双方的义务，他们不仅是联系人这么简单。社交网络要求人们按照互惠的规则办事，即我为你做了这件事，我将期待以后你也会为我做某些事。经济学家罗伯特·弗兰克（Robert Frank）认为，社会资本和汤姆·沃尔夫（Tom Wolfe）说的"恩惠银行"（the favor bank）很相似。[16]不过，对互惠给出最简练定义的是约吉·贝拉（Yogi Berra），他说："如果你不去参加某人的葬礼，也别指望以后人们会来参加你的葬礼。"

有时候，互惠有具体的含义，即我为你做这件事，你为我做那件事，就像上面的例子说到的一样。不过，互惠更有价值的含义是一种广义上的互惠，即我为你做这件事，不期待任何回报，因为我相信以后待我需要帮助的时候，也会有人挺身而出。这个黄金法则是对一般性互惠的模式化。同样有启发意义的，是俄勒冈州金海滩（Gold Beach）志愿者消防队用来宣传其年度筹款项目的 T 恤衫上的口号，"来参加我们的早餐会吧，以后你家失火我们也一样会出现。"看起来，消防队员的口号似乎是狭义的互惠。不过观察家却不这么认为，因为他们知道，即使你不来早餐会，消防队员也一样会来帮你灭火。当勃郎查·杜波斯（Blanche DuBois）信赖陌生人的好意之时，她同样也是依赖于一种一般性的互惠。

一个有着广义互惠原则的社会比一个互相不信任的社会更加有效率，这同现金交易比物物交易更有效率是一样的道理。如果我们不用时时刻刻把每笔交易都结算清楚，就能拥有更多的周转资金去做更多的事。人们之间的信任感是社会生活的润滑剂。和不同的人多打交道有助于创造出广义上的互惠。公民参与和社会资本都必须承担相互的责任和义务。就像汉尼方和他的后继者所提出的那样，社会网络和互惠规则会使双方合作产生双赢的利益。在社会关系密集的环境里，经济和政治上的投机和渎职行为会大量减少。密切的社会关系就意味着大量的流言蜚

21

语，每个人的行为将会影响其声誉，而声誉对于一个复杂的社会而言，是信任的重要基础。

而且，物质资本不是一个"东西"，不同形式的物质资本之间是不可以相互转化的。在我们的国民核算中，一个打蛋机和一架飞机都呈现为物质资本的形式，不过，打蛋机不会用来做国防设备，飞机也没办法帮我们做出早上的煎蛋。同样的，社会资本，即社会网络和互惠规则，会具有各种不同的形式和用途。你的三亲六戚代表一种形式的社会资本，你的主教日学校是另一种，你在火车上打扑克的牌友是一种，你的大学室友是另一种，你参加的社区组织是一种，你在互联网上参加的聊天室是另一种，你的通讯录里的工作同事又是一种。

有时候，"社会资本"会和"共同体"一样，听来令人觉得温馨。不过，社会学家布里格斯（Xavier de Souza Briggs）却提醒人们，不要只看到社会资本的华美外表。[17]社会网络和互惠规则通常仅对处于该人际关系网络内部的人来说是有益的，社会资本的外部效应并不总是积极的。例如，正是得益于社会资本，提摩西·麦克维（Timothy McVeigh）才能炸掉俄克拉荷马市的联邦大楼。麦克维的社会关系，也是出于互惠规则，使得他可以做到仅凭一己之力绝对不可能做到的事。同时，城市里的帮派也经常通过社会资本来表达他们的反社会情绪。[18]

简而言之，同其他形式的资本一样，社会资本能够被用来做坏事，达到反社会的目的。[19]因此，怎样使社会资本的积极效应，如相互支持、合作、信任，在提高组织效率等方面达到最大化，是非常重要的一个问题，同样，怎样使其负面作用减少到最小程度也一样紧要。出于这个目的，学者把社会资本分成了不同的类型来研究。

一些类型包含了重复、紧密、多种联系的社会资本，像一群钢铁工人每个星期五约好在下班后聚在一起喝酒、在周日弥撒见面。另一些类型则比较简单，比如你常常在超市收银台见到的某张熟悉的面孔。一些社会资本，如家长老师联合会，是有着正式组织、内部文件、定期会议、成文规章制度、和全国性同类组织有联系的社团。另外一些社会资本，如随意组织的篮球赛，就不那么正规。有些社会资本的形式，如志愿者救护队，有服务公众的明确目的，另外一些，如桥牌社团，它们的存在只是为了私人的娱乐消遣。还有一些，像扶轮社，既有服务公众的目的，也有娱乐个人的目的。

在所有这些不同形式的社会资本里，可能最重要的区别便是连接性社会资本（bridging social capital）与粘合性社会资本（bonding social capital），也可称为兼容性社会资本（inclusive）和排他性社会资本（exclusive）。[20]有些社会资本的形式是以关注自身为重点，倾向于强调小团体的地位。这类社会资本包括按种族区分的兄弟会，以教会为基础的妇女读书会，和时髦的乡村俱乐部。另外一些社会资本，其眼光向外看，包容各个社会阶层的成员，如民权运动、青年服务组织等。

粘合性社会资本有助于加强特定的互惠原则和成员间的团结。例如，以种族为特征区分的社会网络可以为成员提供社会和心理方面的支持。连接性社会网络，能够更好地连接外部的资产。经济社会学家马克·格兰维特（Mark Granovetter）指出，在找工作的时候，或寻找政治同盟的时候，同其他较为陌生的人接触，要比同自己关系亲密的亲友接触更为有效，因为亲友和自己的社会关系雷同，而其他陌生人的圈子则丰富得多。正如布里格斯（Xavier de Souza Briggs）说的那样，粘合性社会关系有助于保持现状，连接性社会关系有助于获得更多。[21]

此外，连接性社会资本可以产生出更加广泛的互惠规则，而粘合性社会资本则会使人们局限在自己的小圈子里。1829年，当托马斯·格里尼（Thomas Greene）在马萨诸塞州的新贝德福德（New Bedford）发表演讲时，他就指出：

> 我们来自社会各个不同的层次、等级和阶级……大家互相学习。当我们为了追求这些梦想走到一起之时，将会更加亲近地理解别人；我们将会抛却许多由部分接触或者忽略别人造成的偏见……在我们所属的那个小圈子，我们有时会以损害那些不认为是弟兄的人为代价来换取对兄弟的爱护……因为我们认识到可以对身边的人了解更深，所以我们会和他们一起回到家

中，或在（学园的）炉火边寻找互相关爱的感觉。[22]

粘合性社会资本可以称为一种社会学意义上的超级强力胶。这种社会资本创造出一种组织内部的忠诚感，但也可能会导致成员对外界的敌意，因此，这种社会资本的负面作用也会比较普遍。无论如何，很多情况下，两种社会资本都能够产生积极的影响。

很多组织会因为某些社会联系而自然而然地产生共鸣。例如，黑人教会把同一种族但属不同社会阶级的人们联系在一起。哥伦布骑士会（The Knights of Columbus）通过宗教和性别将不同种族的社区连结起来。互联网上的聊天室把不同地区、性别、年龄和宗教的人们联系起来，尽管大家的教育程度和意识形态并不相同。简单说，无论粘合性还是连接性社会资本，都不是非此即彼的，都不可能被完全分开对待。但是，我们仍然可以对不同社会资本之间或多或少的差别做些比较。

衡量这些社会资本的形式是如何演变的，无疑是一件有意义的事。不过，就像研究全球气候变暖的学者一样，我们必须和这些不完美却仅有的证据打交道。有关美国社会资本的详尽描述并不存在。我能够找到的也只是一些不可靠的、综合的、全国范围的有关社会资本的衡量标准，这些也都不足以清楚区分粘合性与连接性。因此，这本依靠经验研究写成的书，对上述两者的区分并不能完全达到预期理想。另一方面，我们必须始终清楚两者在概念上的区别，明白连接性的社会资本与粘合性的社会资本之间是不可转换的。

在美国知识分子圈里，社会资本在某种程度上是一场由来已久的争论的新表现。社区一直在同个人主义作斗争。在我们的文化里，将社区从僵化关系中解放出来是一个反复出现的、颇受关注的话题，从 17 世纪对宗教传统的叛离朝圣者的传奇到 19 世纪爱默生（Emerson）（《自力更生》）、索罗（Thoreau）（《论公民不服从》）以及惠特曼（Whitman）（《我之歌》）对个人主义的赞颂，从谢伍德·安德森（Sherwood Anderson）在俄亥俄州文斯伯格（Winesburg）对普通人反对盲目跟风的赞扬，到克林特·伊斯特伍德（Clint Eastwood）最近的电影。甚至埃里克斯·德·托克维尔，这位美国社群主义者的精神导师，也发出了对个人主义极有民主特色的看法："一种平静、深思熟虑的感觉使每个公民把自己同大众孤立起来，仅沉浸在朋友和亲人的圈子里，这个圈子根据他的喜好而形成，他很乐意远离社会，只关注自己。"[23]

我们的民族性的神话会经常夸大个人英雄的角色，忽略集体力量的重要性。例如，历史学家大卫·哈克特·费舍尔（David Hackett Fischer）在大革命发生当晚所作的精彩解释就提醒我们，保罗·瑞维尔（Paul Revere）的警告之所以成功，是因为米德塞克斯村（Middlesex）的公民参与产生了的集体力量。如果城镇没有发达的地方民兵部队，不管居民的爱国热情有多高，都不会起到很大作用。[24]尽管如此，顽强的个人主义继续在美国人的精神世界里发挥着重要作用。

有关社区兴衰的讨论在美国已经持续了至少两个世纪。衰退主义的故事——后现代主义谈到兴衰问题时的行话，在我们的文学作品里已经十分丰富。我们仿佛永远都想要去比较俗不可耐的今天与以前的黄金时代有什么差别。很明显，全人类都存在着这样的怀旧嗜好。社会学家巴里·威尔曼（Barry Wellman）认为：

> 很有可能自从人类离开洞穴以来，批评家们就一直在担心社会变化会对社区产生怎样的影响。在过去的两个世纪里，众多知名的社会评论家通过各种方法，证明与工业革命相关联的大规模社会变化可能会改变社区的结构和运作方式。这一对大规模社会变化产生结果的犹疑态度，直到 20 世纪仍然存在。分析家不停地在问，如果社区分崩瓦解将会是怎样一番情景。[25]

25

在 20 世纪末，普通美国人也感受到了公民参与热情的衰减。我们完全有理由对经济前景充满信心，在经济以前所未有的速度发展之后，这已经算不上令人吃惊的消息，不过，在道德或者文化方面，我们却不能确信我们走在一条正道之上。在 1987 年受访的婴儿潮一代里，53%的人认为，他们的父辈才是真正关注社会的公民，生活在一个互助的社区里。只有 21% 的人认为，自己在这方面比父辈出色。77% 的人说，国家的情况正在恶化，因为人们参与社区活动的积极性正在下降。在1992年，美国工人的四分之三认为，美国社会的重大问题就是社区的崩溃和人们的自私行为增加。1996年，全美只有8%的人认为，美国人的诚实和正直品质在改善中，而50%的人觉得，这个社会已经不可信任。认为美国人公民参与意识下降的人大大超过持相反意见的人，80%对比12%。在1999年的几项调查中，三分之二的美国人认为，美国人的公民生活在最近几年里已开始减少，他们童年时期的社会道德和价值观要高过现在，整个美国社会关注的是个人而不是社区。超过80%的人说，社区应该得到更多的关注，即便这意味着社会要向个人提出更多的要求。[26]美国人对削弱的社区关系的忧虑可能是多余或夸大的，不过，出于对公民意见的尊重，我们也应该对这个问题进行更全面的探讨。

考察整个历史，我不认为美国的社区关系正在一步一步走下坡路，即使在最近的200年里也没有。相反，仔细看看美国的历史，可以发现公民参与有起有落，而不是在一路下降。这是一个衰落与崛起的故事。就如我已经暗示的那样，美国正变得越来越强大，而不是越来越虚弱，我认为，我们有力量扭转美国社会资本在最近几十年里发生的倒退现象。

无论如何，我认为，至少在形式上，避免单纯的怀旧情绪是很重要的。恰恰由于本书所讨论的主题可能会导致一种浅薄的自欺，因此我们的方法必须是通彻透明的。当我们进入21世纪时，我们的社区生活真的就远远不如1950年代和1960年代吗？克服怀旧情绪的方法之一就是，认清现实。现在的社团成员真的比以前少了很多吗？还是这只是表面的情况？和我们的父辈相比，我们对邻居的了解真的就那么少吗？还是这只是因为我们孩童时代的记忆和自己当初的一厢情愿混淆了？现在人们真的不再像朋友一样坐下来打打扑克了吗？还是因为我们已经过了打扑克的年纪？保龄球社团或许真的成了过去，但我们现在不是也在玩垒球和足球吗？现在的陌生人就不能信任吗？新一代的年轻人真的不热心社区生活吗？毕竟，他们的父辈也曾被社会误解为沉默的一代。可能现在的年轻人没有父辈那样投入，但却是以新的方式维系着他们的社区生活。在接下来的章节里，我们会论证和解答这些问题。

　　在某些方面，研究社会环境变化的社会科学家面临的挑战与研究全球变暖的气象学家有相似之处。我们明确知道想要从历史中找到何种证据，但时间却不能倒流，让我们回到过去进行这些研究。因此，如果我们想要探究现在的社会和我们父辈的社会有什么相同与不同，我们必须充分运用能够得到的一切证据，做出推测。

　　气象学家要探究气候变化，最有力的一项策略是综合参考各种不同的证据。如两极冰层的花粉数、西南部树木年轮的宽度和英国海军部的温度纪录都被指出有同样的关联，这样，对全球气温升高推测的可信度要比单靠一个数据来源要准确得多。出于同样的原因，谨慎的记者总是要找到两条信息源，除非有两个独立的消息源来证明信息的可靠，否则就不报道任何事情。

　　在本书里，我遵循同样的准则。我在这里所得出的每一个重要结论都是基于超过一个以上的独立证据，这些证据是我从各种可信的资料里发现的，同时，我也注意到了这些证据之间的差别。我要证明我的观点，但就好像任何法官一样，我的专业指责在于，陈列所有发现的证据，既包括有利的又包括不利的。为了避免在书中堆砌大量多余的证据，我在笔记中记录了在多种研究报告中可查证的证据，供读者查阅。[27]

　　我尽可能搜集了美国社会生活中尽可能复杂多样、尽可能连续和变化的证据。如果我提出的有关美国社会生活的改变如我自己期望中的那样全面和深入的话，这应该会体现在生活的各个方面。所以说，我撒了一张大网。当然，社会变化和气候变化一样，是不可能平衡发展的。生活不是一元化的，我们不可能指望每件事情的变化都是以同样的速度朝着同一个方面。不过，从这些差别当中，我们或许能够获知一些对即将发生的变化的线索。

　　美国社会如同我们生活的这片大陆一样，广袤而形态多样。从历史上看，我们的公民参与的形式和规模也不同。当部分人在互联网上投入

27

大量时间的同时，有一部分人还在分摊邻居的农耕杂活。有一些人会去竞选国会议员，有一些人则参加自助组织。有一些人参加律师协会，有一些人在酒吧里消磨时光。有一些人每天都会做一次弥撒，有一些人每年却连寄一张贺卡都会忘记。我们的社会资本形态，即我们和朋友、邻居、陌生人联系起来的方式是多种多样的。

因此，我们对美国社会资本和公民参与的趋势的评价在不同的社会时期也是不同的。在随后的章节里，我们首先从美国公民参与最具代表性质的政治和公共事务开始，接下来，是关于社区组织的讨论，如社团和社区联合会、宗教组织、与工作相关的机构、类似工会和职业协会等。然后，我们会讨论美国人生活中最不正式的社会关系——牌友聚会、保龄球联会、酒友、球类比赛、野餐和舞会。接着将会谈到美国社会里信任和利他主义的变化——慈善事业、志愿者项目、诚信、互惠。最后，我们还会讨论社会联系下降的三个明显反面例子——小团体、社会运动和互联网。

在每个话题里，我们都会涉及当代和过去，以及一些昙花一现的事物。不过，在每个部分里，我们也应当发现，这股普遍而有力的潮流横扫了 20 世纪的美国社会。我们的中心主题很简单：那就是在 20 世纪的前三分之二，一股强大的力量促使美国人更加深入地参与到社区活动中，不过就在几十年前，一股静悄悄的潮流毫无预警地逆转了这个浪头。在没有收到任何通知的情况下，我们在这个世纪的后三分之一渐渐疏离了亲友和社区生活。

这些潮流趋势如何对美国社会各个方面造成影响，它们的成因和结果怎样，我们怎样才能够扭转这样的势头，这是本书将要继续讨论的内容。在第三部分，本书会探求一系列可能的解释，从工作超量超时到郊区的过分扩建，从福利状况到妇女革命，从种族主义到收看电视，从交通的进步到离婚率的增长。其中一些因素后来被证明与社会资本的衰减无关，不过，我们还是能够从中找到三到四个导致社会资本减少的原因。

在第三部分问了"为什么"之后，第四部分是关于"那会怎么样"

的问题。对我们生活的方方面面，社会资本可能会非常有影响，这种影响甚至可以量化。现在存亡攸关的，不仅仅是社区的温暖、可爱，还有社区自豪感带来的兴奋。我们应该发现那些如果社区关系出现了松弛，学校和社区不再良好运作的可靠证据，那些显示我们的经济、民主，甚至健康和幸福都需要依赖于足够社会资本的证据。 28

最后，在第五部分，我们从必要但却困难重重的诊断任务中转到乐观一点的挑战上——思考可能的补救措施。在一个世纪以前，美国人面临的社会政治问题和现在类似。从前人的应对措施中，我们可以学到很多——而不是少数，来改变目前的类似的公民衰落。要治疗当代社会的疾病没有简易的方法。在最后一部分，我的意图是呼唤（可能会继续如此）进行一个时期的全国争论和实践，以此振新美国公民参与和社会联系。

在 1997 年 10 月 29 日之前，密歇根州的亚皮斯兰迪（Ypsilanti）的约翰·兰伯特（John Lambert）和安迪·波仕马（Andy Boschma）对彼此的了解仅限于当地的保龄球联会。兰伯特是密歇根大学医院一名 64 岁的退休人员，三年来，他一直在等候换肾。波仕马当时是一名 33 岁的会计。他在得知兰伯特的情况后，出乎意料地联系了他，并且愿意捐出自己的一个肾。兰伯特说：

"安迪从我身上看到了其他人没有看到的东西。当我们在医院时，他对我说，'约翰，我真的非常欣赏你并且很尊敬你。哪怕让我从头考虑一遍，我也不会犹豫。'我当时就哽咽住了。"波仕马也有相同的感受。他说："我很明显地感觉到我和约翰之间有一种亲人般的联系。我很关心他，现在我更加要为他加油打气。"这个故事感人至深。但是，《安阿伯新闻》（Ann Arbor News）为报道配的图片还说明除了职业和年龄之外，他们还有其他不同之处。波仕马是白人，兰伯特是非洲裔美国人。他们的互助改变了各自的生活。[28]我们当代的美国人，不仅需要在生活中的细微之处重建这种社会联系的互助，也要着眼于大处。这就是本书要阐明的一个简单观点。

第二部分

公民参与和社会资本的变化趋势

第 2 章
政治参与

美国人热衷参与政治的特点在过去三十年中发生了变化。虽然这种参与，肯定不是同社区相联系的唯一选择，甚至不是社会变化中最令人瞩目的参与形式。然而，政治参与却是被最广为讨论的变化形式。由此，我们以此开始论述。

除投票以外，美国人在政治参与的其他方面要比其他民主国家更为深入和广泛。我们有为数众多的表达意见和行使权利的渠道——与地方官员和中央官员沟通、为政党和其他政治组织服务、与邻居谈论政治、参加公众集会、投身竞选运动、佩戴徽章、在请愿书上签名、在电台谈话节目上发表观点等。虽然我们并非所有人都参与了全部这些活动，但相比许多其他高度民主国家的公民，更多美国人在这些活动上表现积极。但需要注意到，每一大选年，美国选民的投票率都要低于大多数其他民主国家：我们的投票率仅稍稍高于瑞士，但低于其他 22 个民主国家。[1]尽管如此，美国人在投票站外还是表现了相当的政治积极性。然而，我们在这里关注的不是"与其他国家相比做得怎么样？"，而是"同过去相比做得怎么样？"而答案并不令人乐观。

让我们从民主国家公民权的最常见活动形式——投票，开始说起吧。在 1960 年，达到投票年龄的美国人中有 62.8% 参加了投票，他们在肯尼迪与尼克松之间做出了选择。在经历数十年的下滑后，1996 年，仅有 48.9% 的美国人在克林顿、多尔和佩罗之间做出选择，这几乎接近 20 世纪的最低投票率。总统竞选的参与程度在过去 36 年间下降了近四分之一。在非大选年和地方选举中，投票率也几乎出现了同比率的下降。[2]

　　从几个原因上看，上述广为人知的现象实际上并没有充分估计美国人选举参与下降的真实状况。第一个原因是，20 世纪的大部分时间，美国人参加投票受到了繁琐的选民登记的阻碍。一般性的解释都认为，同其他民主国家相比，美国相对较低的投票率主要是由于选民登记上的障碍。然而，在过去四十年中，美国投票的登记条件被大大放宽了。为了增加新的选民，由各州共同出资一亿美元在全国范围内推广的"选民登记"运动（motor voter registration）便是这一趋势最显见的例子。尽管最常被指责的投票障碍已经实实在在地削减了，但是，投票率仍然在下降。[3]也就是说，即使面前的跨栏更低了，也少有美国人愿意跳一跳。

　　第二个原因甚至更重要。在我们大部分历史里，许多南方人（尤其是黑人）都被剥夺了公民权。为了对投票率的现在与过去进行精确地比较，图 2－1 给出了南部各州与非南部州在美国历史大部分时间总统选举的投票率。

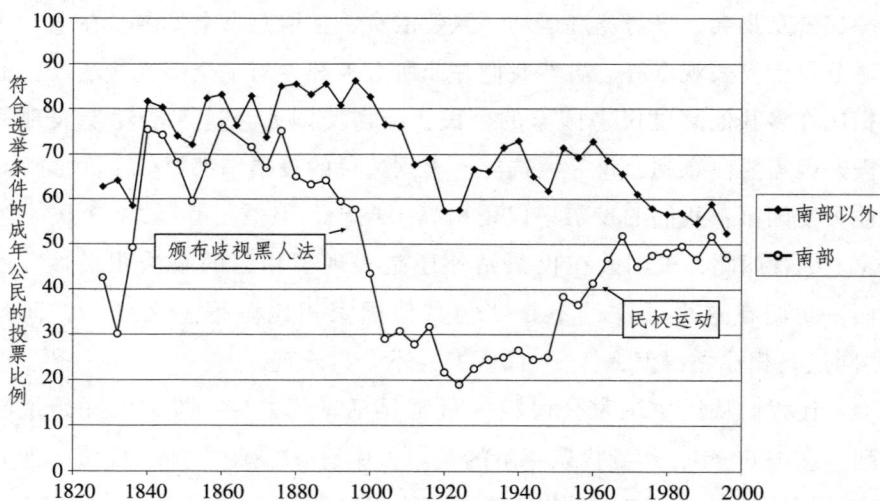

图 2－1：按区域划分的总统选举投票趋势，1828－1996

从 19 世纪末到 20 世纪中叶，事实上南部的所有黑人（和一些穷困白
人）都因投票税、文化测试、欺诈和暴力而不被赋予投票权。种族隔
离制度（Jim Crow）在 1890 年代剥夺南部黑人公民权的做法极大地降低
了南部的投票率，人为地压低了后来 70 年全国投票的平均水平。由于
大多数对投票率的测量标准将那些被剥夺投票权的人与那些不参与投票
的人混在一起，使得这些方法低估了 20 世纪前三分之二时期能够自由
投票的美国人的实际投票率。[4]

随着 60 年代的民权运动与 1965 年《投票权利法案》（Voting Rights
Act）的颁布，数以百万计的南部男女民众被赋予新的公民权，在 20 世
纪第一次有权利行使投票权。新增的投票者掩盖了美国其他选区投票率
下降的事实。[5]实际上，由于南部黑人被纳入投票统计，美国人的全国投
票率显得比较可观，从而模糊了原本有投票权的人越来越少地行使权利
的事实。

到目前为止，1960 年以来除南部地区以外的选举参与的衰落是美
国历史上最大的下滑；1996 年与 1998 年的投票率比近两个世纪以来任
何一次总统竞选和非总统竞选的投票率都要低。[6]甚至在南部地区，1996
年的投票率（除去 1896 – 1964 年强制剥夺公民权的时期）也接近了
164 年以来的最低点。总而言之，在近两个世纪内，从来没有像过去几
年一样有那么多人放弃自己的投票权。

那些不投票的人是谁，他们又为什么不行使这一权利呢？对于这一
点有很多解释——对政府日益增长的不信任，不断下降的政党动员能
力，破损的社会联系，政治的分化，以及其他很多因素。实际上，在个
人选举率的起落涨跌下，各种投票率的长期下降与投票者逐渐的代际更
替有关。换而言之，罗斯福新政和二战时期或之前成长起来的选民被后
一代人替代了。

由于代际变化是我们故事的一个重要主题，因此有必要在此稍加停
留，对社会变化与代际变化之间的相互关联性进行思考。简单地说，任
何社会变化——从说唱音乐的兴起到新闻报纸的衰落——都是两个不同
过程结合的产物。第一个过程是因为许多个体同时朝一个方向改变品味

与习惯。这种社会变化能够很快发生，却也可以很快被颠覆。如果大量美国人，不论老幼，如同 90 年代时那样，喜欢上了运动型汽车（SUV），那么，汽车市场就会很快转型，能够同样快地转向另一方向。社会学家有时称这种类型的变化为"超年龄群"（intracohort）变化，因为这种变化在每一年龄群中都可以被观察到。

34　　　第二个过程更为缓慢、更为微妙，并且更难被颠覆。如果不同年龄的人有不同的品味或喜好，社会生理上的出生和死亡最终会改变这个社会，即使没有个体作过任何改变。过去几十年中性观念的改变大多属于这一种。相对来说，很少有成年人改变了自己的道德观，那些有改变的成年人事实上也是变得更保守了。然而总体而言，比如美国人对于婚前性行为的看法在过去几十年中已根本上自由化了，因为观念更保守的一代人已被后来几代持更开放观念的人替代了。社会学家将这种变化称为"跨年龄群"（intercohort）变化，因为这种变化只有在跨年龄群体间才可被观察到。正因为代际变化的节奏较为缓慢，所以，它几乎更加不可阻挡。[7]

　　大多数社会变化同时涉及个体和代际的变化过程。新技术的运用，比如电话和互联网，表明了两种变化的结合。当这种技术创新发生时，许多人会尝试使用新电话或新浏览器。当个体改变他们的行为时，实际上，最先使用者的增加并不会推动代际变化。不过，变化对年轻人来说更容易，所以，增长的直接动力为老一代人根深蒂固的习惯所阻滞。在长途电话拨打率下降的今天，许多中年美国人还记得他们的父母拿起话筒打长途是多么的不情愿。代际差异逐渐成为了社会变化的主要特征。实际上，所有个人书信在过去几十年的减少，不是因为个体喜好的变化，而是习惯于与远方亲朋好友书信交流的一代人被习惯于通电话的年轻一代人取代了。[8]

　　超年龄群变化与跨年龄群变化的不同，对理解美国过去三十年投票率所发生的变化至关重要。投票率的净下降中只，有很少是由于个体的变化所造成的，实际上所有下降都受到代际变化的影响。终其一生，不论其社会地位与政治兴趣的程度如何，婴儿潮一代和他们的孩子们要比他们的父母和祖父母更不愿意参加投票。随着这批人成为全国选举投票者的主要部分，平均投票率被不可阻挡地拉低了。[9]

我们将看到，在公民参与上，这种代际差异如今对美国社区而言是很常见的。这是投票率持续地、不可避免地下滑的一个原因，它颠覆了我们为挽回颓势而付出的一切努力（如选民登记运动）。这也是为何这种趋势会如此普遍的一个原因，它不仅影响到总统选举，而且影响到各州和地方选举，甚至影响到为发行国债而举行的投票。由于每年死神都要带走一批美国最积极参与政治的选民，所以不管候选人与议题如何花样翻新，每次竞选活动的拉票活动都不得不在较低层次的基础上重新开始。

投票在相当程度上是最普遍的政治参与形式，它体现了公平这一最基本的民主原则。不参加投票就是自动脱离政治共同体。此外，就像矿井下的瓦斯监视器，投票是衡量更加广泛的社会变迁的指示性标志。与符合人口结构特征的非投票者相比，投票者更乐衷于政治、慈善事业、志愿服务、陪审团、社区学校董事会、公众游行，同其他公民合作处理社区事务。尽管一些最新的证据显示，投票行为本身鼓励了志愿服务和其他形式的公民良善行为，但有时很难说是投票导致了参与还是相反。因此，当投票率下滑了 25% 或更多时，这对美国民主而言绝不是一件小事。[10]

另一方面，从某些重要方面来说，投票并不是一种典型的政治参与模式。基于对美国政治中不同政治参与形式的全面评估，政治科学家西德尼·维巴（Sidney Verba）、凯·施洛茨曼（Kay Schlozman）和亨利·布雷迪（Henry Brady）总结道："单纯从投票来理解公民参与是不完整的，也会误导人……但是，与那些参加其他不同形式政治活动的人相比，投票者在其行为背后呈现出一种不同的满足感和对问题的不同感知……投票是与众不同的。"下滑的选举参与率，只不过是美国人更加普遍地疏远社区生活的最明显表征。犹如发烧表明身体出了问题一样，选举弃权更加重要的原因在于，它是政治肌体深层毛病的信号，而不是疾病本身。[11]显然，美国人越来越多地开小差绝不仅仅发生在投票站。

35

对政治知识和公共事务产生兴趣是主动参与的关键前提。如果你不知道游戏规则和玩家是谁，自然也不关心结果，就不可能尝试着自己去玩。值得庆幸的是，世纪末的美国人总体上与半个世纪前他们的祖辈一样，乐意去了解诸如哪个党控制着众议院或者他们的参议员是谁。另一方面，我们要比祖辈受过更好的教育，照理说正规教育应该会促进公民知识的提升，但实际并非如此。如今大学毕业生了解公共事务的平均水平并不比 40 年代的高中毕业生高多少。[12]

从 1974 年到 1998 年，大约每两个月罗珀民意测验（Roper pollster）就会问美国人："你最近对时事和当今世界正在发生什么是很感兴趣、有点兴趣，还是不太感兴趣？"当然，人们对时事的兴趣会随着新闻报道的进展而有所起伏，因此，若对公共事务的关注进行描绘，就会发现，它的形状类似于地震检测仪留下的锯齿状痕迹。然而，在这些突变的曲线之下，公众对时事的兴趣趋向在过去 25 年间逐渐衰退了大约20%。同样地，另一项长期年度调查表明：从 1975 年到 1999 年，公民对政治的兴趣稳步下滑了五分之一。[13]虽然丑闻和战争仍然可以引起我们的兴趣，但总体上而言，美国人和 25 年前相比，更少关心公共事务了。

更让人担忧的是，政治知识与政治兴趣方面呈现出代际差异。如同投票率的下降一样，对政治和时事的兴趣也随之出现的缓慢下降，主要是因为对公共事务相对感兴趣的老一代被相对不太感兴趣的年轻一代替代。当然，无论对年轻人还是老年人，对公共事务的兴趣都会随着每日新闻头条而出现波动，但随着老一代痴迷新闻和政治的公民逐渐退出历史舞台，基本水平还是出现了逐渐下滑。这种发生在特定代际之间而不是全国范围的下滑事实，反驳了一种观点，即认为下滑只是归因于公共事务在客观上变得单调乏味。

后婴儿潮一代——大概来说，1964 年后出生并在 80 年代和 90 年代成年的男性和女性——实质上对公共事务知晓更少，尽管信息资源越来越容易获得。比如说，即使是在 80 年代和 90 年代的全国竞选活动期间，在了解哪个政党控制着众议院之类的问题上，这些年轻人也要比年长者少了三分之一。[14]

当今政治知识上的代际差异并不表示年轻人似乎永远不如年长者消息灵通，而是反映了一种最近的发展趋势。从 40 年代最早的民意测验到 70 年代中期的民意测验上看，年轻人在过去至少和他们的长辈一样见多识广，但如今却已经不是这样了。这种新闻和信息代沟（generation gap）从 70 年代的婴儿潮（baby boomer）开始出现，并随着 X 一代（X generation）的出现而不断扩大，不仅体现在对政治的反应上，甚至体现于对飞机失事、恐怖袭击和财经新闻等事件的看法中。35 岁以下日报读者的比例从 1965 年的 2/3 下降到 1990 年的 1/3，同时，同年龄层的电视新闻观众比例从 52% 下滑到 41%。如今，30 岁以下的人与今天他们的长辈或二三十年前的同龄人相比，对新闻关注更少并且对时事了解更少。[15]

因此，在过去的二三十年中，美国的投票率下降了四分之一，对公共事务的兴趣下降了五分之一。然而，并非所有衡量政治兴趣的指标都在下滑。美国人似乎与三四十年前一样，积极关注全国竞选活动。在 90 年代全国大选期间，称自己"谈论政治"或试图说服别人怎样投票的人和五六十年代一样多。但这种表面的稳定性掩盖了日益增长的代际差异。如今老一代人对选举活动的兴趣超过了四十年前的同龄人，而年轻人已没有五六十年代年轻人对政治那样热情了。[16]这种公民参与的代沟如果维持下去，会使政治参与的前景更加黯淡。

投票和追随政治是相对容易的参与形式。事实上，严格地说，它们根本就不是社会资本的形式，因为它们可以被完全独立地完成。正像我们已经看到的，这些指标显示政治观众有所减少，特别是在年轻一代就座的看台后方。但是，大多数球迷仍坐在座位上，呐喊助威，闲聊着明星球员的古怪举动。那么，那些志愿为政党服务、张贴标语、参加竞选集会等活动的草根斗士们的情况又会怎样？显示政党参与趋势的证据又是什么？

从积极的方面看，人们可能会说，政党组织在州和地方层面都与从前一样强大。在过去的三四十年间，这些组织变得越来越大、更加富有和专业。从50年代末到70年代末的总统大选期间，越来越多的投票者表明，他们曾经被一个或两个大党同时联系过。在1980年到1992年出现一次暴跌后，由于GOTV（"Get out the vote，动员投票活动"）的缘故，这项衡量政党活力的指标在1996年飙升到了历史最高点。[17]

同时，政党资金在70年代和80年代也飞速增加。以1976年到1986年为例，民主党吸纳资金的增长是通货膨胀增长率的两倍多，而共和党吸纳资金的增长是通货膨胀增长率的四倍多。更多的钱意味着更多的人员、更多的民意测验、更多的竞选广告、吸收更好的候选人，并提供更好的培训、更广的政党影响力。拥有常规领薪工作人员的政治组织（包括政党的与非政党的）的数量在过去二十年间爆炸式地增长。1980年以来，几乎每一个选举年都会创造组织扩张的新纪录，并且增长速度显然有加快的趋势。政治"产业"（political "industry"）增长图（见图2-2）展现了一种在硅谷更为常见的迅猛涨势。美国的政治商业从未如此兴旺发达过。[18]

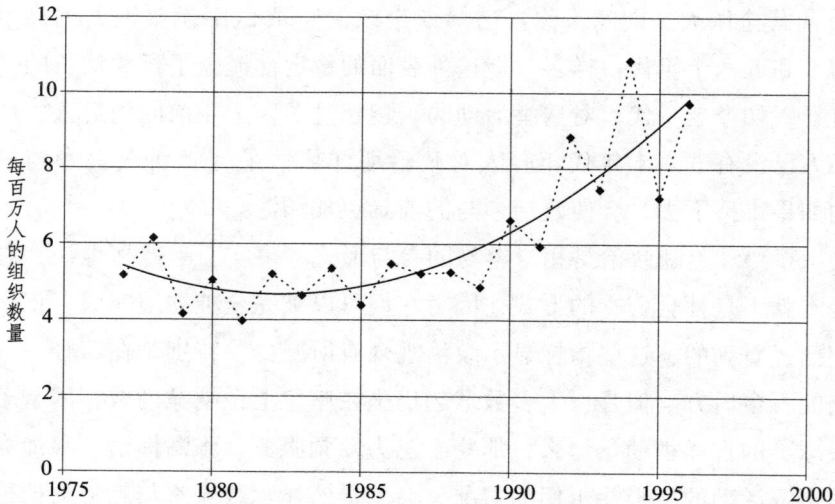

图2-2：雇用付薪职员的政治组织，1977-1996

然而，对政治市场的"消费者"来说，这幅欣欣向荣的图景看上去就像是一场闹剧。政党认同率——投票者对自己团队的归属感——从1960年的75%下滑到90年代末的65%。尽管80年代末有过一段政党恢复期，但世纪末时的政党"品牌忠诚度"仍然远低于50年代和60年代初的水平。而且，这种政治参与形式对于更近一代人来说显然更低，因此，当老一代持党派立场的投票者退出选举并被独立的年轻一代替代时，政党依附程度会继续下降。[19]死神默默降临，再次降低了政治参与度。

除政党认同以外，基层参加选举动员会议或志愿为政党服务的事情在过去三十间已变得越发罕见了。从50年代到60年代，越来越多的美国人在大选期间为某一政党服务，从事按门铃、装信封之类的事情。然而，1968年以来，这种形式的政治参与降温了，并在1996年总统大选时达到了历史最低点。参加政治会议与竞选集会的情况在过去半个世纪也呈现出相同的态势——50年代到60年代上升，70年代处于不稳定状态，80年代开始普遍地下滑。[20]（图2-3反映了这种趋势。）简单来说，尽管政党比以前拥有更多的政治资金和专业雇员，但参与政党政治的美国人却越来越少了。

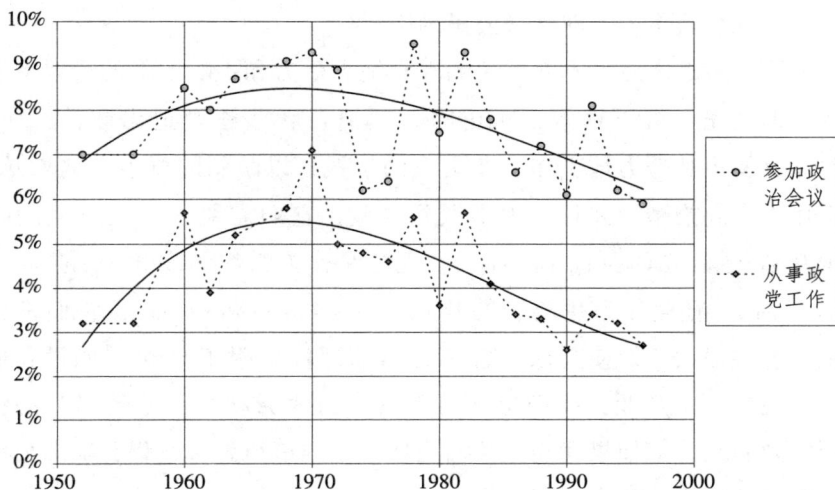

图 2 -3：选举活动的公民参与，1952 -1996

39　　　我们怎么能理解这两种相互矛盾的现象呢？从政党来看，组织是兴旺发展的；但从投票者来看，组织却是破落衰败的。解释这个矛盾的一个线索是，考察声称在最近的选举中被政党联系过的人和宣称在同样选举中为政党工作的人的比例。在20世纪的后三十年，我们看到出现了一种不断加速的趋势，那就是选民联系越来越多，但为政党工作的人却越来越少。1996年这一比率是1968年同样比率的2.5倍。[21]

　　　初看这一繁荣产业增长的"生产力"似乎让人欣喜。每个"工人"似乎做了越来越多的"联系"。然而，事实上，这一趋势是美国政治专业化和商业化的证明。实际上，在投票者回答的"联系"中，来自社区政党工作者的访问越来越少，越来越多的是从收费电话银行打来的匿名电话。越来越少的政党活动是来自于对党派有归属感的志愿者间的合作。越来越多的活动不过是熟练的（和昂贵的）大众营销技巧。这种趋势和直接邮件募集资金的激增以及成为政党组织财政支持渠道的政治行动委员会（PACs）有着密切的联系。在公民参与政治活动下滑超过一半的同时，总统提名与竞选活动的支出爆炸式地从1964年的3500万增长到1996年的7亿美元，按固定美元价值计算增长了将近5倍。政40　治产业归根结底就是：金融资本——大众营销的必要资金——已稳定地取代了社会资本——即基层公民网络。[22]

　　　这样考虑之后，不断增长的政党组织活力和不断下降的投票者参与的反差就完全可以理解了。正因为"消费者"逐渐退出政治，所以，政党就要更加努力地工作，花更大的价钱，以激烈的竞争去赢取选票、工作人员和捐赠。并且，为了做到这些，它们需要一个（有偿的）组织基础（organizational infrastructure）。无论是作为组织的政党（party – as – organization），还是作为执政者的政党（party – in – government），它们都已经变得愈益强大，即使公众已经不像从前那样依附于政党。[23]如果我们把政治视为一个产业，我们也许会为它新的"劳动节约型效率"的提高而感到高兴，但如果我们把政治当作民主的审慎思考过程，疏离公众就错失了政治实践的全部要点。

　　　当金钱取代了时间，政治参与就越来越建立在支票簿的基础上了。

1967 年到 1987 年间，政治社团的会员数减少了一半，而公众对政治活动的赞助资金却几乎翻了一番。政治科学家维巴和他的同事总结道："国有化和专业化重新定义了公民活动积极分子的角色，他们越来越成了写支票和写信件的人。""无论政治参与的轨迹在过去几十年遇到了怎样的难题，但 70 年代末到 80 年代末政治捐款数量的增加依然毫不含糊。"[24] 如今政治看台上或许还有那么多粉丝，但他们并不观看业余的、哪怕是半职业选手的比赛。至于他们已经习以为常的老套比赛是否还值得花越来越高的门票去观赏，那就是另一回事了。

到目前为止，我们已经从政党和选举活动这样重要但有限的视角探讨了政治参与问题。然而，对于大多数美国人来说，全国大选活动只占用他们一小部分的时间和精力。那么，全国大选以外的政治参与趋势，特别是地方层面的政治参与趋势又是怎样的呢？截至现在，我们还是缺乏系统的证据来说明美国人参与社区事务的长期趋势。然而，一项最近被查到的十分深入的档案，使我们能够更加详细地追随广泛的公民活动进程。

从 1973 年到 1994 年，罗珀调查公司大约每个月都会向数千名美国人发放一个包含 12 项公民活动的简单打钩调查表——从在请愿书上签名或参加一个公共会议，到为某个政党工作或竞选公职。[25] 调查员会问，"在过去一年里你参加过这些选项中的哪些活动？"。其中有些活动相对较为普遍：在过去二十年中，我们中每年大约有三分之一的人在请愿书上签过名，大约有六分之一的人参加过有关镇或学校事务的公共会议。另一方面，列表上有些选项选的人很少。例如，在过去十二个月中竞选过公职的美国人不到百分之一。这些总数超过 40 万人次的访谈，为编制美国过去二十多年详细的公民统计提供了异常丰富的原始材料。 ⁴¹

这段时间公民和政治参与模式发生了怎样的变化呢？回答很简单：罗珀民意测验所测量的每一种社区参与形式的频率出现了显著下降，从最常见的——在请愿书上签字——到最不常见的——竞选公职。今天，美国人玩任何一种公民游戏（the civic game）要比二十年前少得多。

让我们先来看看显示政党和竞选活动趋势的新证据（图2-4反映了这些趋势）。[26]从大致的数据来看，美国90年代愿意为政党工作或参加政治集会或发表演说的人只有70年代的一半了。仅仅二十年前，竞选活动还是数百万美国人积极参与全国协商的机会。那时，竞选活动是我们所从事的事情，而不是仅仅观望的事情。现在，对几乎所有的美国人来说，竞选活动只是发生在我们身边的事情，不过是日常生活背景噪音中一些支离破碎的要素，电视荧屏上转瞬即逝的影像。引人注目的是，这些竞选活动的退出率（大约50%）甚至要大于投票站的弃权率（25%）。

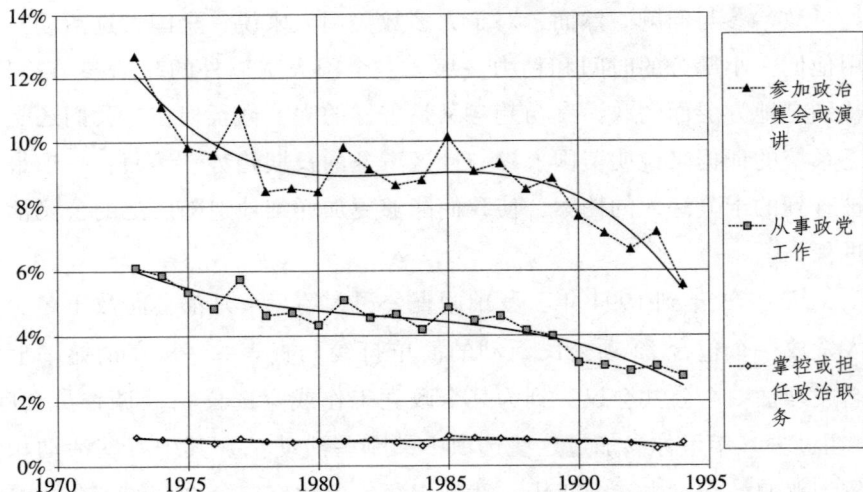

图2-4：公民参与的趋势（一）：政党活动

新的证据也包含了一种要求更高的政治参与标准——即竞选或担任公职。很少有人通过这种方式参与政治，所以，只有采用像罗珀档案所提供的类似社会显微镜观察的方法才能发现，即便是这种高度参与的形式，也在逐渐消逝。在过去二十年中，每年竞聘美国各级政治职务——从学校董事会到镇议会——的人数缩减了约15%。[27]这种下滑导致美国每年从这些人里损失25万名候选人。尽管难以得知我们总共会为失去这些潜在的基层领导人付出多大代价——不仅就才华和创造力而言，而且从对现任者的竞争压力方面来考虑——但很难令人相信我们没有任何损失。

近些年美国人遗弃了政党政治，这可能算不得什么惊人的新闻，因为甚至在 1992 年罗斯·佩罗特（Ross Perot）将反政党浪潮推向全国之前，反政党的言论在专家们中间就已经司空见惯了。但那些诸如出席地方会议、服务地方组织和参与"良好政府"（good government）的社区活动形式又会如何呢？新的证据令人震惊，参加这些日常社区生活形式的人数逐渐减少，其下滑速度与参与政党和选举活动的下滑速度一样快。与竞选活动的模式大体相似——70 年代末出现大幅下滑（图 2-5 概括了相关证据），80 年代初有所停滞，而后从 80 年代末到 90 年代，再次且更为明显地下滑。

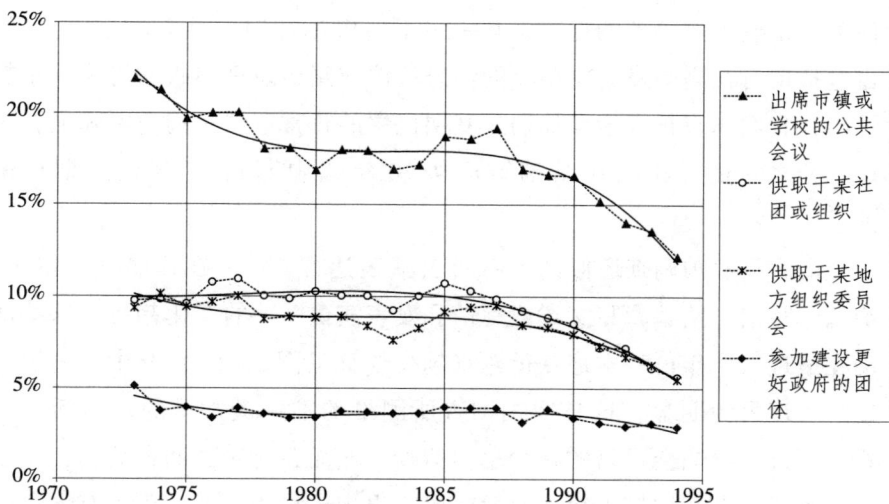

图 2-5：公民参与的趋势（二）：公共参与

1973 年到 1994 年间，美国人即使参加一个有关镇或学校事务的公共会议的人数也降低了 40% 。在相同的时段，那些服务于地方社团或组织——任何地方俱乐部或组织——的公务人员或委员的人数也同样减少了40%。这二十年来，"关注建设更好的政府的社团"的成员减少了三分之一。[28]

犹如战场的伤亡数字只是来自于远离战场的其他人所作的干巴巴的报道一样，这些冷冰冰的数据也很少能够真正反映出美国社区生活的毁灭。初略说来，每下滑一个百分点，代表每年美国参与社区生活的人数减少两百万。所以，数据意味着，若与我们一直维持70年代中期社区事务的参与水平相比，我们现在少了1600万地方事务和公共会议的参与者、800万地方组织领导人和300万组织起来为建设更好的政府而工作的男性和女性。

同时还应注意，这些调查请求人们回答的是任何地方组织——不仅涉及"过时的"园艺社团以及戴着奇怪帽子的施里纳旅社（Shriners lodges），也包括时髦的新型组织，如环保行动委员会和"反堕胎运动"（antiabortion movement）地方分会。人们被问及在过去一年中是否参加过任何关于镇或学校事务的地方会议——不仅仅是计划委员会的全体会议，也包括反对在高中发放避孕套的愤怒抗议或路边垃圾回收的讨论。年复一年，我们越来越少地参加构成基层民主的日常审议过程。实际上，超过三分之一的美国公民基础结构从70年代中期到90年代中期被销蚀了。

最后，罗珀调查还倾注于各种公众表达方式——在请愿书上签字、给国会写信、给编辑写文章或写信和发表演讲——的变化趋势。这些活动在最近二十年再一次地变得越来越少（详见图2-6。）其中，请愿书签字表现最为明显，这是罗珀调查所测量的唯一最常见的政治活动形式。不过，给国会写信的减少也很清晰。然而，对于这两种活动，图表的前半段时期都比较平缓，而后半段都出现了稳步下滑。更少有人宣称在前一年曾发表过演说或写信写文章给报纸或杂志的编辑，所以在放大情况下要想观察到清晰趋势比较困难，尽管总体上看呈现下滑趋势。[29]

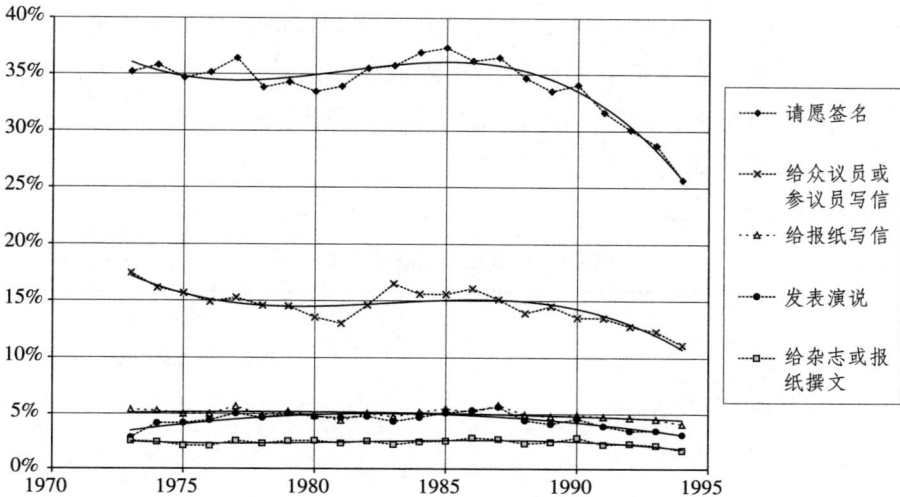

图 2 - 6：公民参与的趋势（三）：公共表达

    罗珀调查所跟踪观察到的美国政治参与的变化趋势，在所有参与形式中并不完全相同。在有些例子中，如参加公共会议或政治集会，或多或少地呈现出稳步下降的趋势；但在其他例子中，如签请愿书，下滑趋势则集中在了后半段时期。并且，在有些例子中，如竞选公职或给报纸杂志写文章，下滑倾向十分微小。然而，就所有各项参与活动而言，1985 年之后下滑似乎呈现加速趋势。在这 12 项独立活动中，1973 - 1974 年到 1983 - 1984 年期间的平均下滑率为 10%，而 1983 - 1984 年到 1993 - 1994 年间的下滑率为 24%。

    完全不参与这些公共活动的美国公众的比例在过去二十年中上升了近三分之一。在 1973 年，大多数美国人每年至少参加一种形式的该类公民活动。但 1994 年，大多数人连一种活动都不参加。与二十年前的比例相比，90 年代中期参与社区事务的美国成年人减少了 3200 万人。

    我们可以把这 12 种活动根据下滑程度依次排序，从而对这种社区生活缺失可能带来的影响产生警觉（见表 2 - 1）。令人惊奇的是，下滑最明显的那些参与形式反映了社区层面的组织活动。表格上半部分描述这些参与形式的动词反映了与他人合作的行为："服务""工作""参与"。每种活动都只有在社区其他成员也很积极的情况下才可进行。相反地，那些（在表格下半部分）降幅很小的活动大多是一个人能独自完成的。事实上，这些活动大多只需要一支笔或一个键盘，因为这部分列表最常见的动词是"写"。

表 2 -1：政治与社区参与的趋势

	相对变化值 1973 – 74 到 1993 – 94
担任某社团或组织的官员	– 42%
为某一个政党工作	– 42%
为某地区事务组织委员会工作	– 39%
参加有关镇或学校事务的公共会议	– 35%
参与政治集会或演讲	– 34%
至少参与这 12 项活动中的一项	– 25%
做一次演讲	– 24%
给国会议员写信	– 23%
为请愿签字	– 22%
是某"好政府"兴趣小组成员	– 19%
拥有或参加竞选政治职位	– 16%
给报纸写信	– 14%
为杂志或报纸写文章	– 10%

来源：罗珀社会与政治趋势调查，1973 – 1994

换言之，一项活动越依赖于他人的行动，该参与就下滑得越多。[30]即使我所在的镇其他所有人都退出了公民参与，我依旧能够写信给国会议员——或甚至自己竞选议员。另一方面，如果我是委员会仅有的成员，这就不是一个"委员会"了；如果没有人来参加关于国债发行的会议，即使我参加了，这也不能算是一个"会议"。了解这些后，我也许也会退出。换言之，正是那些最易受协调问题和搭便车伤害的公民参与形式——那些把公民聚到一起，最清楚地体现社会资本的活动——其参与率下降得最快。[31]

一项重要的政治后果是，诸如为委员会服务一类的"合作"式行为，要比诸如写信一类的"表达"式行为下降得快。（至少）有两人，才可以合作，但只要一个人，就可以表达自己的观点。合作形式的政治参与反映了更广泛的公共利益，而表达形式的政治参与更加个人化、反映更窄范围的利益。任何政治体系都需要在表达不满与消除分歧之间进行平衡。

在过去二十年里，美国社区公民参与的变化模式，改变了在更加广　46
泛的社会范围内表达不满与共同解决不满之间的均衡状态。从这个意义上讲，这种不相协调的下降模式——合作式参与比表达式参与下降得更快——很可能鼓励了对单一问题的喧嚣，而损害了当代政治对话的客套。[32]

这些参与下滑的趋势表现于从超级活跃分子到普通市井小民的所有范围。没有参与十二项公民参与形式中任何一项活动的公众数量在这个时期上升了超过三分之一（从 1973 年的 46% 到 1994 年的 64%），而参与至少三种活动的人群减少了近一半（从 20% 到 11%）。同时，这些趋势在各类人口构成和全国各个地区——男人和女人、黑人和白人、城里人、郊区人和农村人、东北部、南部、中西部和西部、上流社会和下层社会等——都表现一致。

按绝对数计算，政治参与程度在受过更好教育的人群中下滑最大。在受过大学教育的人群中，公共会议的出席率从 34% 下降到 18%，几乎下跌了一半。另一方面，因为受教育少的人原先就较少参与政治，所以，他们的政治参与率所遭受的打击相对来说已经不能再大了。受过高中教育的人参加公共会议的比率从 20% 下降到 8%，而只受过小学教育的人从 7% 下降到 3%。过去几十年被证明是各阶层美国人社区参与严重恶化的时期。

现在，让我们来总结一下前面所讨论的政治参与趋势。从积极方面说，如今美国人和我们父辈、祖辈在公民测试上得分差不多，但我们不应该自鸣得意，因为我们比他们多受了平均四年的正规的学校教育。[33]此外，在选举期间，我们也不比他们更少谈论政治或表达自己对选举活动的兴趣。但另一方面，自60年代中期以来，证据表明，尽管美国人受教育水平不断上升，公开发表观点写信给国会或地方报纸的人却减少了10－15%，对政治和公共事务感兴趣的人减少了15－20%，投票的人减少了大约25%，有党派立场和无党籍人士参与公共会议的人减少了大约35%，参与政党政治的人大约下滑了40%，参与各种政治和公民组织的人明确地减少了40%。简而言之，虽然我们依然是消息灵通的公共事务的观众，但我们却越来越少地真正参与这场游戏。

所有这些都可以被解释为公众越发疏远政治、对各种政治活动失去信心的一个自然结果吗？也许我们所考察的这些趋势，只不过反映了一个事实：美国人比过去任何时候都更多地退出或远离了政治。显然，对政治的各种不满在过去三十年内出现了迅速增长。60年代中期，美国人极度相信政治机构的仁慈与责任。那时只有四分之一的人赞同诸如"像我这样的人没什么要对政府说的"和"公共官员不关心像我这样的人在想什么"的观点。四分之三的人认为你可以"相信华府在所有或者几乎所有时候所做的都是正确的"。不管他们是否是在欺骗自己，但60年代的美国人在政治上认为是有所作为的。

这种观点如今看来是过时或幼稚的。事实上，在每个问题中，赞同和反对这种观点的人数比例已被颠倒了。在90年代，大约四分之三的美国人大多时候不相信政府所做的是对的。一个简单的对比说明了这种转变：1966年4月，在越南战争激烈开打和克里夫兰、芝加哥和亚特兰大种族暴动的背景下，有66%的美国人反对"治国者并不真正关心发生在你身上的事"的观点。1997年12月，在超过两代人的最持久的和平与繁荣时代，却有57%的美国人支持这样的观点。[34]如今这种只顾自己、不顾他人的观点可能会、也可能不会比60年代初乐观者的观点更加正确，但它确实逐渐削弱了激发和维持政治参与所必要的政治信念。

　　所以，或许是因为当代政治的机能残缺、面目丑陋，并且缺乏大规模的、引人注目的集体活动，我们已将精力从传统政治转向了非正式的、更自愿的、更有效的渠道。我们对公共事务的不参与是否真的那样明显，这还取决于我们接下来面向社会与公民参与趋势发现了什么。

第 3 章
公民参与

　　美国人不论年龄多大，不论出于什么地位，不论志趣是什么，无不事实在组织社团。在美国，不仅有人人都可以组织的工商团体，而且还有其他成千上万的团体。既有宗教团体，又有道德团体；既有十分认真的团体，又有非常无聊的团体；既有非常一般的团体，又有非常特殊的团体；既有规模庞大的团体，又有规模甚小的团体。……我认为，最值得我们重视的，莫过于美国的智力活动和道德方面的结社。[1]

48　　这段话出自阿列克西·德·托克维尔（Alexis de Tocqueville），一位在 19 世纪早期造访美国的富有洞察力的法国人，因其准确把握了我们国家一个重要而恒久的事实 ssociation 而经常为社会科学家所引用。今天，正如 170 年前一样，美国人要比大多数其他国家的人民更多地参与自发组织，只有一些北欧小国排在美国前面。[2]

　　美国人建立组织的创造性真是不可限量。浏览一下《世界年鉴》（World Almanac）里 2380 个团体的清单，我们可以看到从 "阿伦伯尔学会"（Aaron Burr Society）到 "美国拥护犹太人复国运动组织"（Zionist Organization of America）这样的全国性社团，也可以发现这样一些有趣的组织，如羚羊联合总会（Grand Union Order of Antelopes）、猫王炽热之爱歌迷会（Elvis Presley Burning Love Fan Club）、波兰救国军美国退伍军人协会（Polish Army Veterans Association of America）、南阿巴拉契亚扬琴协会（Southern Appalachian Dulcimer Association），以及全国警匪历史研究会（National Association for Outlaw and Lawman History）。某些此类社团或许仅仅等同于毫不起眼的印刷出版物，但是，几十年来的美国社区调查揭示出一种让人印象深刻的基层社会的组织活力。今天很多美国人积极地参与教育或学校的服务团体，如家长教师协会（PTAs）、娱乐团体、与工作相关的团体（如工会和专业协会）、宗教团体（除了上教堂以外）、青年团体、士兵俱乐部和兄弟会、邻里或业主团体，以及其他慈善组织。一般来说，至少从 50 年代开始，这一系列组织联系就塑造了美国人的性格。[3]

　　正式组织中的正式会员只是社会资本的一个方面，但它常常被视为衡量社会参与度的一个有用的晴雨表。那么，我们可以从美国人参与社区组织生活的社团记录和社会调查中得到什么启示呢？宽泛说来，美国人自发的社团可以分为三种：基于社区的、基于教会的以及基于职业的。让我们从最混杂多样的社团开始吧，所有以社区为基础的社会的、公民的和休闲团体——从圣约之子会（B'nai B'rith）到家长教师协会（Parent-Teacher Association）——都属于此类组织。

　　从记录中能够看出，在过去的三十年里，自愿社团的数目出现了垂直上升式的明显增加。《社团百科全书》（Encyclopedia of Associations）所列的全国范围的非赢利性社团的数目在 1968 年至 1997 年间几乎翻了一番，从10 299人增至 22 901 人。即使把这个时期的人口增长也计算进去，过去三十年中的人均全国组织数目也增加了近三分之二（见图 3-1）。有些对此颇感兴奋的观察者可能过于草率地认为，美国政治和社会出现了"参与革命"。大量的有关 60 年代以来华盛顿利益团体爆发式增长的最新研究强化了这种对美国组织生活快速增长的印象。这些研究显示，越来越多的团体在为（或宣称为）种类越来越多的公民说话。[4]

49

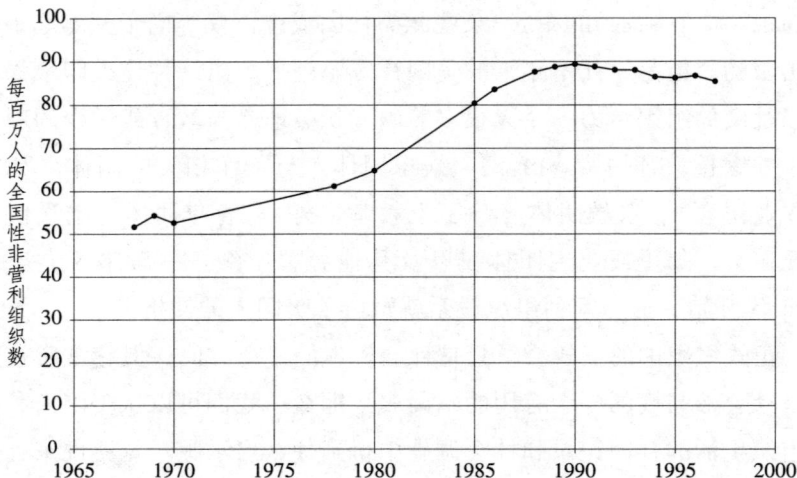

图3-1：全国性非营利组织的增长，1968-1997

事实上，在数以万计的非赢利性组织中，其增长符合图3-1的曲线并且拥有大量会员的组织相对来说是很少的。很多组织，例如动物营养品研究协会（Animal Nutrition Research Council）、全国统一交通事故统计协会（National Conference on Uniform Traffic Accident Statistics），以及全国矿渣协会（National Slag Association），是完全没有个人会员的。一个美国组织的密切研究者，大卫·霍顿·史密斯（David Horton Smith），发现在1988年的《社团百科全书》上，仅有一半团体拥有个体会员。在1988年的《社团百科全书》中，全国组织的平均会员数仅为1000人。另一项可比较的组织研究以1962年的《社团百科全书》为代表，发现那时候平均会员数大概为10 000人。[5]换言之，在四分之一世纪以来，自愿社团的数目大约翻了3番，但平均会员数却似乎是原来的十分之一——社团数目是增多了，但大部分社团却小了许多。1960年代到1990年代间组织发展的繁荣，体现为社团数而非基层参与的增加。

社团的全国总部在地理上更加集中是另一个表现。有地方支部和固定基层活动会员的组织，大多在这样一些地方建立总部，诸如德克萨斯州的欧文市（童子军）；康涅狄格州纽黑文市（哥伦布骑士会）；印第安纳州印第安纳波利斯市（美国退伍军人协会和基瓦尼俱乐部）；亚拉巴马州伯明翰市（西维坦俱乐部）；俄克拉荷马州塔尔萨（青年商会）；伊利诺伊州奥克布鲁克市（狮子会）；密苏里州圣路易斯市（乐观者协会）；马里兰州巴尔的摩市（全国有色人种协进会）；密苏里州堪萨斯市（海外战争退伍军人协会和消防男童子军、女童子军）；佐治亚州亚特兰大市（美国男子和女子俱乐部）；甚至纽约市（哈达莎和匿名戒酒互助会）。这些颇有来历的社团都将总部设立在会员主要集中地附近。

然而，作为最大的全国性社团的总部和增长最迅速的组织之一，美国退休者协会（AARP）并不在佛罗里达、加利福尼亚或者亚利桑那（也就是其成员的聚集地），而是在华盛顿的第六大道和 E 大街，离国会山（Capitol Hill）只有几分钟的路程。同样地，一些全国性社团中最引人注目的新社团也将总部设在离华盛顿第 14 大道和 K 大街交界处不到 10 个街区的地方：这些社团包括美国儿童保护基金会、共同事业组织、国家妇女组织、联邦野生动物协会、绿色和平、地球之友、全国男女同性恋工作组织、国家历史文物保护信托基金、原野学会、全国生命权利委员会、人口零增长协会。"新结社主义"（new associationism）几乎完全就是华盛顿温室里的常住户。[6]增长的新社团是拥有专业雇员的倡议型组织（Advocacy Organization），而非以会员为中心、立足于地方的组织。[7]新出现的组织将精力主要放在在全国性政治辩论中表达自己的政策观点，而不是为其在基层的个体会员之间提供日常联系。

尽管这些新型组织经常依赖于普通市民的资金资助，并且可能为其利益代言，但它们并不是由诸如教堂集会、读书小组和兄弟会一样的方式由市民成员自发组成的。具备社会资本创造能力的正式组织的一个与众不同的特征就是，它有地方分会以便于成员们相互交流。在 70 年代早期的 83 个公益社团里（实际上包括所有类似的全国性社团，从农业经营责任计划到人口零增长协会，从美国公民自由协会、共同事业组织到自由游说和美国青年自由联盟），有三分之二完全没有地方分会，另外有 12% 的社团在全国范围内的分会不超过 25 个，也就是处于每 2 个州才有 1 个分会的平均水平。这 83 个社团里只有 9 个在全国范围内有

51

多达 100 多个地方分会。[8] 相对来说，扶轮会（Rotary）作为一个"旧式的"、立足于地方分会的美国公民组织，其地方分会就有 7000 多个。也就是说，单单一个扶轮会拥有的地方分会数量，就是所有 83 个公共利益团体加起来的 2 倍。

在 1985 年，对 205 个全国性"公民社团"的另一项调查证实，少于三分之一的组织设立了有个体会员并需缴纳会费的地方分会。而且，这些公民社团成立得越晚，越是不立足于地方分会，因此在 1965 年之后成立的所有公民团体中，只有四分之一为个体成员设立了地方分会。[9] 这些都是邮件列表型组织（Mailing list organizations），处于其列表中的成员，意味着他们会为其总部或为支持某项事业而捐款。所以，新型社团的会员，意味着动笔，而不是开会。

这些广泛吸收大众会员的组织，在政治上的重要性明显地与日俱增。最生动的例子或许就是美国退休者协会（AARP），从 1960 年 40 万的持卡会员到 90 年代中期的 3500 万。但是维持一个 AARP 的会员身份每年只需要几秒钟——也就是签一张支票所要花的时间。AARP 在政治上有着重要意义，但它只需要其会员很少的精力及很少的社会资本。不到十分之一的 AARP 成员归属于地方分部，而据 AARP 员工表示，即使是在会员数量增加最快的时期，该组织的基层活动都主要同日常生活支持有关。在很多方面，这些组织与邮购商业机构而不是与那些旧式的、面对面式的组织有着更多的共同性。有些新型组织确实具有商业企业的基础。比如，AARP 最初成立的时候是一家从事邮寄业务的保险机构。[10] 与此相类似，美国汽车协会也具有会员组织的形式，但它本质上是一个商业组织，提供有偿的交换服务。

这些组织的全国管理人员，因为他们拥有大量的邮件名单而成了华盛顿可怕的游说者。讽刺的是，在社团参与政府的活动急剧增长的同时，公民对政府和社团的参与却在衰退。可以肯定的是，开展政治代表活动并不是自愿社团的一个新功能。美国历史上最积极的自愿社团就包括 19 世纪早期的废奴主义和禁酒运动。当今全国政治最好的（还有一些最差的）实践就来自于 14 大道和 K 大街附近的那些倡议型组织。

52

然而，从社会联系的角度看，这些新型社团与那些传统的"二级社团"（sencondary associations）相当不同，以至于我们需要为其贴上一个新的标签——或许可称之为"三级社团"（tertiary associations）。[11]对其绝大部分会员来说，他们唯一的行动只是签名付费或阅读社团发送的简报。[12]很少有成员参与此类社团的会议——许多人根本就从未参加过会议，而且，大多数会员也不特地去结识其他会员。在联邦野生动物协会（National Wildlife Federation）或者全美步枪协会（National Rifle Association）中，任何两位成员之间的联系，不是像园艺俱乐部（gardening club）或祈祷团体（prayer group）中成员的关系，而更像两位立场相反的扬基队棒球迷（Yankees fan）之间的关系（或者像两位 L. L. Bean 邮购目录用户）：他们具有某些共同兴趣，但是他们对彼此的存在并无意识。他们之间的联系是一些共同的象征、共同的领袖，或者共同的理想，但绝不是彼此的交互联系。

因此，那些总部设在华盛顿的组织，尽管规模庞大，增长迅速而力量强大，但其活力却并不是观测美国社区社会联系和公民参与生命力的可靠指标。一些例证可以使这一点得到澄清。

根据《社团百科全书》，独立的退伍军人组织的数量在 1980 年和 1997 年之间几乎翻了 3 番。至少从组织数量来衡量，这是该时期组织增长唯一最具有活力的部分。然而，事实上，一些细致的全国性调查同时显示，美国民众中退伍军人社团里的成员数下降了大约 10%。这个下降并不足为奇，因为在这 18 年里，活着的退伍军人的数量下降了 9%。与这些自称代表退伍军人利益的社团爆发性增长相伴随的是退伍军人参与的减少。同样地，在《社团百科全书》中登记在册的贸易协会数目在 1980 年和 1997 年之间增加了 4%，但是其所属成员的比例直线下落了超过 35%。[13]更多的社团并不意味着有更多的成员。

53

环保组织也在过去几十年结社世界的成长股。在考察几个最有活力的组织的扩张过程时，我们注意到快速增长的几个时期，可能反映了环境问题上基层参与的主要变化。进一步探究发现，邮购"会员"（mail -

order "membership")其实并不适合用来测量公民参与。比如，美国环境保护基金会（EDF）的会员从 1988 年的 10 万增长到 1995 年的 30 万，翻了 3 番，然而，EDF 的高级官员把这种惊人的扩张归因于"更有效的市场推广努力"，包括将"后端勘探"（back - end prospecting）——收到捐款后再送出礼物——转变为"前端勘探"（front - end prospecting）——向非会员提供一份免费礼物后请求捐款。绿色和平组织通过非常积极的直邮计划（direct - mail program），变成了美国最大的环保组织，1990 年是它的鼎峰时期，其会员占到了全国性环保组织成员的三分之一还要多。当时，绿色和平组织领导人由于关注环保组织制造了大量垃圾邮件的壮观场面，决定暂时削减直邮请求。于是，他们的会员人数几乎马上就开始骤减，到 1998 年，绿色和平组织的会员直线下降 85%。[14]

对于全国范围的自愿社团来说，其会员数量的趋势并不是反映社会资本发展趋势的一个可靠指标，尤其是那些缺乏地方分部体制以至于会员并不能真正参与的组织。但是，对那些会员确实直接参与了以社区为基础的活动的组织，我们能从他们那里收集到什么证据呢？这些社团在整个 20 世纪的成员名册，显示了很多不同类型的公民组织之间出人意料的雷同。图 3－2 是 32 个各种各样的全国性、以地方分部为基础的社团在整个 20 世纪会员数目的总体变化，包括圣约之子会（B'nai B'rith）、哥伦布骑士会（Knights of Columbus to the）到麋鹿会（Elks club）、家长教师协会（Parent - Teacher Association）等各个组织。[15]在每一个案例中，我们把会员当作特定人群的组成部分——4H 社团会员作为所有农村青年的一部分，美国妇女犹太复国团会员作为犹太妇女的一部分等。这概括体现的是整个 20 世纪美国社区团体生活的某些重要事实。

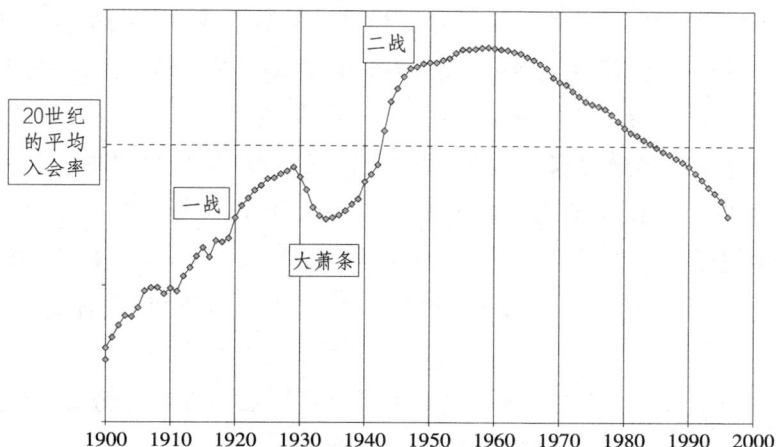

图 3 - 2：32 个有分会的全国社团的平均入会率，1900 - 1997

在 20 世纪大多数时间里，美国人越来越多地参与到这类基于地方分部的结社活动。[16] 当然，美国人口也在增长，但我们此处的分析考虑到了作为相关人口比例的会员率，以此排除了波动因素。因此，在这个图表中，长时段的上升趋势反映出来，越来越多的妇女参加妇女社团、越来越多的农村居民参加农庄协进会、越来越多的年轻人参加童子军（Scouts）、越来越多的犹太人参加圣约之子会和美国妇女犹太复国团、越来越多的男人参加士兵俱乐部。或许造成这种稳定增长的一个重要因素是教育水平的持续上升，但总的来说，会员数量的增长还要更多。几十年过去了，美国似乎越来越合乎托克维尔的描述。

在 30 年代，公民参与持续上涨的趋势出现了骤降，这是大萧条对美国社区造成重创的一个证据。每一个成人社团的会员数纪录都留下了这个时期的伤疤。在有的情况下，这种影响表现为沸腾增长出现的暂停，但在其他情况下，这种逆转是显著的。比如，女性选民联盟的会员在 1930 年到 1935 年之间减少了一半，同样的情况也发生在麋鹿会、驼鹿会、哥伦布骑士会。这个时期的历史表明，强烈的经济危机给公民参与造成了影响，这个话题我们将在第 11 章再次讨论。

然而，大部分损耗在 40 年代早期得到了恢复。第二次世界大战为大规模的爱国主义和集体主义宣泄提供了机会。在战争结束时，这种热情被重新注入到社区生活中来。1945 年之后的 20 年是美国历史上社区参与的一个最重要的时期。作为潜在会员的一部分，这 32 个组织的"市场份额"迅速上涨。由于人口增长，这种增加显得更加急剧。这种公民爆炸式增长几乎遍及名单上的每一个社团，从"旧式的"社团如农民协进会和麋鹿会（在 60 年代时大概有一个世纪的历史了）到比较新的士兵会、狮子会和女性选民联盟（在 60 年代大约有 80 年的历史）。

然而，到了 50 年代末，虽然绝对会员数在一段时间仍然持续上升，但这种社区参与的暴涨趋势开始出现萎缩。在 60 年代末、70 年代初，会员增长率开始落后于人口增长率。起初，这些社团的秘书们并没有注意到他们的组织没能与人口增长保持步调一致，这些管理人员们已经长时间习惯于宣布枯燥乏味的带有规律性的年度入会新纪录。然而，随着颓势的进一步发展，绝对成员数也开始下滑，尔后出现了垂直下降。到世纪末期，这些社团战后会员增长率的大繁荣已经被抵消了。[17]

平均来看，所有这些社团的会员数在 1957 年达到了稳定状态，并在 60 年代达到顶峰，在 1969 年之后出现了持续的下降。平均而言，会员率在 1940 – 1945 年到顶峰期之间至少翻了两番，而在顶峰期到 1997年之间下降了一半左右。这些平均水平掩盖了各种类型组织中的一些重要差异。比如，经济大萧条所产生的影响是因组织而异的，共济会和美国妇女犹太复国团出现了大幅度的下降，而像 4H、童子军、女童军那样的青年组织的会员数目，似乎对经济危机有免疫力。而战后的繁荣实际上出现在每一个领域，但是对农民协进会和联邦妇女协会来说，黄金岁月早在 50 年代中期就已经结束了。反而其他组织，如扶轮会和乐观者协会，在 80 年代以前一直保持着持续的高位增长水平。全国有色人种协进会的会员数在二战期间出现了一个令人醒目的峰值，在 50 年代早期暴跌，又在 60 年代早期达到它的最高点，随后出现停滞并在 70 年代之后再一次下降。这些组织特性提醒我们注意到，会员衰减的背后是个人领导成功与否、组织持续性及战略失误，以及社会生活和政治的变迁兴衰。

　　家长教师协会（PTA）为我们提供了一个有用的说明。在 20 世纪中期，地方性的 PTA 是社区组织中最常见的一种。例如，在 60 年代早期一项针对社团会员的基层调查发现，PTA 的成员比其他任何非宗教组织都要多。在每 6 个内布拉斯加人中就有 1 人表示他们是其所在地 PTA 的成员。[18]PTA 会员的绝对数在婴儿潮中处于高位——当然，这并不奇怪——父母越多，PTA 的成员就越多。然而，更令人注目的是，在全国范围内参加 PTA 的父母的比例在 1945 年和 1960 年之间翻了两番，延续着该组织自 1910 年成立以来几乎从未间断的、令人目眩的增长。平均来看，1925 年到 1960 年美国每年有孩子的家庭中都有 1.6%——也就是每年超过 40 万个家庭——加入到 PTA 的行列中来。年复一年，通过子女教育这条途径，越来越多的父母被牵扯进来。

　　六十年来组织增长的逆转——如图 3 - 3 所表示——令人震惊地突然出现在 1960 年。当随后的下降在二十年后终于平静下来的时候，PTA 的会员数已经倒退到 1943 年的水平，使战后的收获一笔勾销。80 年代一个短暂的反弹又在 90 年代末消失得无影无踪。平均来看，在 1960 年后的 25 年中，每年美国有孩子的家庭中都有 1.2%——也就是每年超过 25 万个家庭——从 PTA 中离开。最近对 PTA 进行的研究总结到：

　　　　会员数从 60 年代早期几乎是每 100 个有 18 岁以下子女的家庭里就有 50 个成员的高位，下降到 80 年代早期每 100 个有 18 岁以下子女的家庭里只有不到 20 个会员的水平。虽然在 80 年代和 90 年代早期参与度稍有恢复，但是却从未达到 50 年代末和 60 年代初社团会员数的高水平。而近来，社团又再一次经历衰退。在 1990 年和 1997 年之间，尽管有 18 岁以下子女的家庭数目上升到 200 万以上，公立学校的入学人数上升到 500 万以上，但是 PTA 仍然减少了 50 万会员。[19]

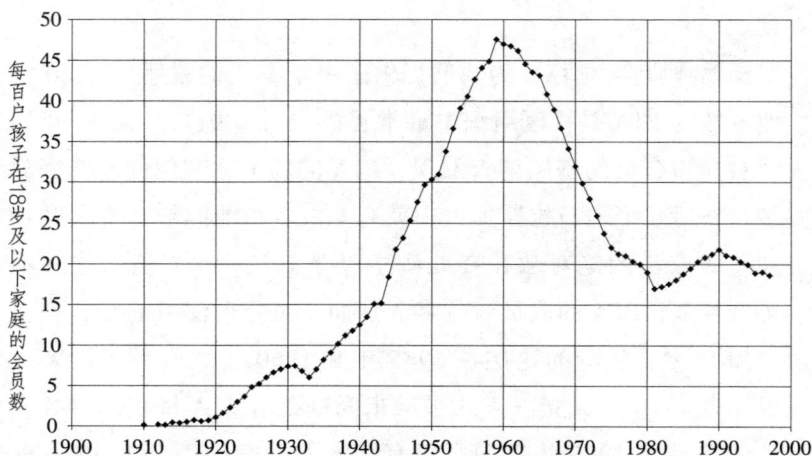

图3-3：PTA 的增长和衰退，1910-1997

纵轴标题：每百户孩子在18岁及以下家庭的会员数

家长教师协会的暴涨是美国历史上最令人印象深刻的社团成功故事之一，在20世纪的前60年里，其不衰退的、几乎是几何级数式的增长仅在经济大萧条和二战中的某一年被短暂的停滞打断过。这个成就——成员在最后几乎涵盖了美国一半的家庭——毫无疑问是归因于这样一个事实：这种联系方式对数以百万计的想通过某种途径参与到自己子女教育中的父母们很有吸引力。在这个愤世嫉俗的时代，蔑视饼干、苹果酒和无所事事的闲聊是容易的，但是 PTA 的成员表现了一种了责任感，参与到实际的、关注孩子的社区生活中来。

但是，家长教师协会在最近三分之一个世纪暴跌的壮观，比起其早期的增长并不逊色。这种戏剧性的突然转向说明了什么呢？PTA 会员下降的一些部分只是一种错觉。在地方学校服务组织里，家长的参与度（并不是所有家长都隶属于全国 PTA）的下降速度，并不像 PTA 等团体的会员那样迅速。首先，在70年代，由于对校园政治以及全国会费的反对，一些地方家长和教师会从全国家长教师联合会里脱离出来，要么参加到其竞争对手的社团中去，要么完全保持独立。结果，在很多地方家长教师协会（PTA）消失后，改头换面为家长教师联合会（PTO，家长教师协会和全国家长教师协会没有关系），尽管如今很多这些独立的

57

地方社团随后逐步衰落了。此外，60 年代学校里废止种族歧视的艰苦斗争，在南部几个州引发了人们大规模地从全国家长教师协会中退出。尽管那确实是一种组织损失，但这种发展趋势可能并不标志着南部家长们退出了当地学校的组织生活。不过，在弄清所有这些具体的利弊得失之后，相当清楚的是，在 1960 年之后的几十年间，家长对所有类型的家长教师协会的参与出现了大幅度下滑。[20]我们不必把 50 年代的 PTA 的家长会传奇化也可以发现，如今许多美国人已经越来越少地参与子女教育了。

毫无疑问，细致的探究工作会揭示每一次会员数跳升背后同样有趣而差别细微的故事，但这些彼此差异众多的社团具有的共同特征——60 年代迅速增长，突然中断，然后是急剧的下降——是反映美国社区公民参与不断变化的一件重要证据。甚至在我们探究了每个社团沉浮起落的细节之后，仍然可看到这样明显的事实：每个这样的社团——在支持者、年龄和领袖等方面都非常地不相同，在 20 世纪的最后 25 年里似乎同时被卷入了狂风骇浪中。

然而，从两个重要的方面看，个别组织会员数并不是美国人参加自愿社团趋势的一个准确指标。首先，特定社团的受欢迎程度可能有多有少，相当独立于社会参与的总体水平。虽然到目前为止，我们的历史分析已经尽可能广泛地涵盖了不同类型的社团，但一些更新型的、更富有活力的社团肯定会被我们的细致观察遗漏掉。如果是这样，我们所跟踪的下降轨迹，可能仅仅适用于"旧式的"社团，而并不适用于所有基于社区的社团。正如社会学家汤姆·史密斯（Tom Smith）观察到的那样，"从根本上说，如果我们要想知道社团会员数在总体上是增加了还是减少了，就必须全面研究社团会员的情况"。[21]

其次，正式的"持卡"会员数并不能精确地反映社区活动的实际参与度。一个"从属于"六个社会团体的人可能从来没有在一个团体里面认真活动过。对社会资本和公民参与而言，真正重要的并不是有名无实的会员，而是积极投入的会员。为了弄清这两件事情，我们需要从

58

正式社团的记录转向社会调查，这种社会调查涵盖了各种社团从属关系，并能识别实际参与的正式会员。

一些人引用 50 年代初到 70 年代初所进行的全国性调查，证明所有组织的会员都出现了平稳和持续的增长，但也有其他学者却提出质疑，认为调查中措辞运用的改变可能影响调查结论。[22] 也就是说，我们定时观察社会的"照相机"镜头出现微小的变动，就可能使我们难以捕捉清晰连续的图像，对 50 年代到 60 年代的变化趋势无法加以确认。然而，密歇根大学的一个研究小组 1957 年受美国国家心理健康研究所委托，在全国范围内进行了一次细致的调查，1976 年，参与 1957 年研究的一位成员领导另一个小组花了大量精力，从事尽可能相同的研究。[23] 第一轮调查进行于社团记录显示战后公民参与达到顶峰前的大约十年中，而第二轮调查处于高峰出现后的十年中。

在许多方面，密歇根大学受托于美国国家心理健康研究所进行的研究，发现了在这喧闹的二十年里，美国人生活经历具有相当大的稳定性。不过，他们的一项主要研究发现是，"美国成年人融入社会结构趋于下降"。[24] 在这二十年里，亲友之间的非正式社交减少了大约 10%，社团会员数下降了 16%，而教会的出席率（我们马上就要进入这个主题）下降了 20%。这些研究进一步考察发现，会员数明显下降，发生在协会、教会团体、兄弟会和退伍军人协会、诸如 PTA 那样的公民团体、青年团体、慈善组织，以及"其他"各类组织中。[25] 所以，最有效的调查证据与显示普通美国人自愿社团成员在 50 年代中期到 70 年代中期有所下降的组织记录是一致的。

70 年代中期以后，调查数据变得更加丰富，使我们对这 25 年的变化趋势的判断可以变得更加完善和肯定。三个主要的调查档案包含了相关的信息：综合社会调查（GSS, General Social Survey）、罗珀社会和政治趋势调查（Roper Social and Political Trends archive）、恒美广告生活方式调查（DDB Needham Life Style archive）。[26]

在过去 25 年，社团会员在总体上是如何变动的呢？GSS 对美国人在多种不同类型社团里正式会员的发展趋势提供了最全面的测量。一个简短的回答是，如果我们不考虑正在上升的教育水平，正式会员的比率并没有多大变化。那些回答至少具有一个社团正式会员资格的民众的比例下降了一点，但到目前为止，这种趋势还处于稳定状态，从 70 年代中期略低于 75% 降低到 90 年代略低于 70%。[27]教会组织、地方协会、兄弟组织和退伍军人团体里的会员数出现了下降，但这种下降在很大程度上被专业、种族、服务、爱好、体育运动、学校兄弟会和其他社团的增加抵消。可以肯定的是，唯一真正意义上的增加发生在专业社团领域，而且，正如我们后面会看到，这种增长很少能够跟得上专业本身的职业发展。如果我们将此时教育水平的提升考虑在内——假设现在更多的美国人具有像往常一样能够把人们引入公民生活的能力和兴趣——全面的下降将变得更加显著。比如，在大学毕业生中，参加社团的会员数下降了大概 30%，而在高中辍学生那里的下降也差不多一样。尽管如此，正式社团会员数的净下滑实际也并不大。

然而，当我们考察更多的是活动参与形式而不仅仅是持卡会员数的时候，这项含糊的结论就被彻底地改变了。对美国社团中的活跃成员来说，出任社团的高级职员或者委员会成员而提供服务是很普遍的。在 1987 年，全体社团成员中有 61% 曾经在委员会任职，46% 的人曾担任过管理人员。[28]在那些自我描述为"活跃分子"的会员当中——大约是成年人人口的一半——73% 的人曾经在某个时候担任过委员会成员，58% 的人曾经在某个时候当过高级职员，而仅仅 21% 的人从未担任过高级职员或者委员会成员。总之，美国大多数自愿社团中占压倒性多数的活跃分子迟早会被诱入（cajoled）到社团中从事一些领导工作。

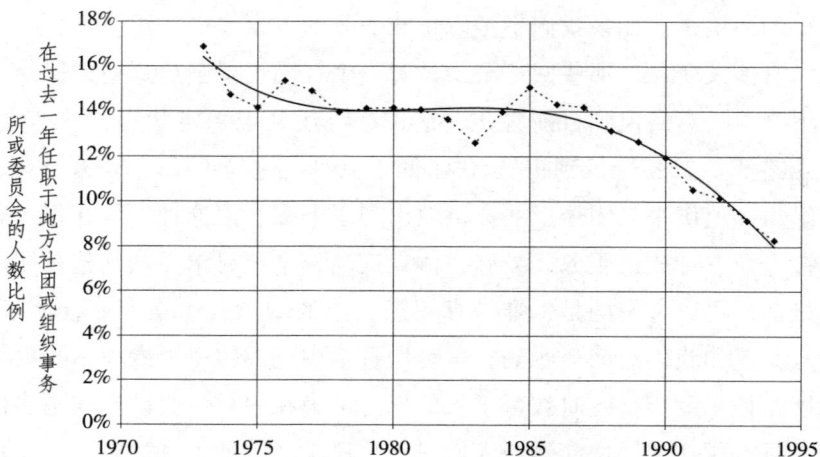

图 3 - 4：积极的组织参与，1973 - 1994

　　符合这种情况的美国人的数量在过去几十年是如何改变的呢？1973
年到 1994 年间，在任何一个地方社团中担任领导角色的美国人的数量
——从"旧式"的兄弟会组织到新时代出现的组织——削减了超过
50%[29]（图 3 - 4 显示的是积极参加过社团生活，担任过地方社团高级
职员或地方委员会成员的人口比例变动情况）。这种令人惊愕的趋势在
1985 年之后开始加速：在 1985 年和 1994 年之间的短短十年里，这个
国家的社区组织中会员积极参与度下降了 45%。就此而言，在不到 10
年的时间里，美国的公民基础（America's civic infrastructure）至少有将近一
半被抹去了。

　　伍迪·艾伦（Woody Allen）曾经说过一句妙语，生命中的 80% 在于
展现自己（showing up）。[30]这句话对于公民参与来说或许也是适用的，而
"展现自己"为评估我们社区组织生活的趋势提供了一个有用的衡量标
准。在 1975 年到 1999 年的 25 年间每年一次的调查中，DDB Needham
生活方式调查询问了超过 87 000 名美国人："你去年参加了多少次社团
的集会？"图 3 - 5 显示了这种公民参与形式在 20 世纪的最后 25 年是如
61 何萎缩的。在 1975 年到 1976 年间，美国人平均每年参加 12 次社团集
会——基本上是每个月一次。[31]到 1999 年，这个数字减少了 58%，也就

是每年 5 次集会。在 1975 年到 1976 年之间，64％ 的美国人在上一年至少还参加一次社团集会，但到 1999 年这个数字就缩小了 38％。总之，在 70 年代中期，还有将近三分之二的美国人参加社团集会，而在 90 年代末就变成三分之二的美国人从来不参加社团集会。与其他国家相比较，我们似乎仍然还是热衷参与社团生活的国家，但如果与我们自己最近的过去作比较，我们就完全不是了——至少如果"参与"不仅仅意味着有名无实的从属关系的话。

因而，两个不同的调查表明，地方社团和各类组织的积极参与程度在 20 世纪的最后几十年下降了一半多。这个估测同另一种意外所得的证据完全一致。在 1965 年到 1995 年里，每十年进行一次全国抽样调查，该调查请求美国人完成"时间日志"（time diaries），以记录他们在任意选取的一个"日记日"里如何使用每一分钟。从这批日记中我们可以推想在这三十年里，一般的美国人对时间的使用是如何逐步变化的。[32]

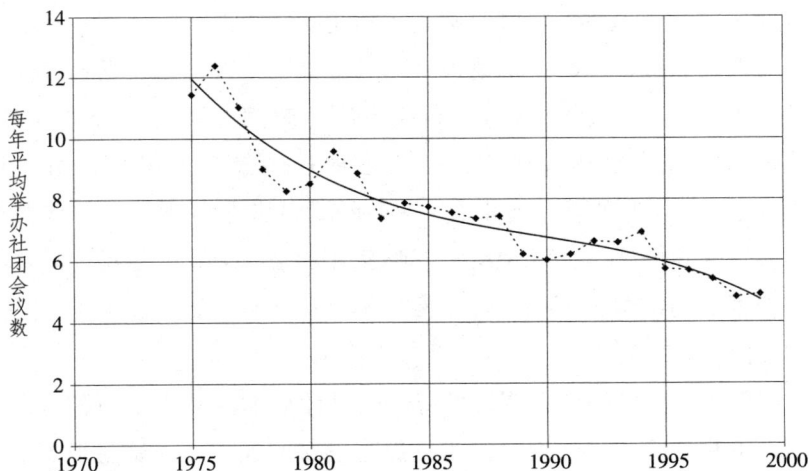

图 3－5：参加社团会议逐步减少，1975－1999

正如"时间日志"项目主管约翰·罗宾逊（John Robinson）所指出的

那样，宽泛地讲，我们的时间分配在这个时期并没有太明显的改变——比如说，我们在这几十年间每天晚上有平均 8 小时的睡眠——但是也有一些重要的例外。我们用在看电视上的时间比以前多了，而在家务和照顾子女上花的时间少了。在"给定"的任何一天，用于参加社团活动的时间总是相对适中的，因为就连阅读小组和士兵会的聚会通常都是一星期一次或一个月一次，而不是每天一次。不过，这些日记清楚地显示，我们献给社区组织的时间在这期间出现了稳步下滑。[33]

以每个月的小时数计，美国人在社团生活上的平均投入（不计宗教团体，我们会单独讨论）从 1965 年每月的 3.7 小时下降到 1975 年的 2.9 小时、1985 年和 1995 年的 2.3 小时。在 1965 年的一个平常日子，7% 的美国人会在社区组织上花一些时间。到 1995 年，这个数字在所有美国人中下降到 3%。那些数字意味着，在 60 年代有将近一半的美国人每个星期会在俱乐部和地方社团里花一些时间，但在 90 年代就只剩下不到四分之一了。[34]进一步对"时间日志"进行分析，实际上，这种下降可归因于代际交替：任意一代人同他们之前相比，花在社团活动上的时间一样多，但每代后继者都投入得更少。

如果我们把这个时期迅速提升的教育水平考虑进来，所有这些在社团参与中的衰退（领导参与、会议出席、时间花费等）将更加明显。在迅速增加的大学毕业生中，每年参加社团集会的平均次数下降了55%（从每年 13 次下降到 6 次），而在高中毕业生中，每年参加集会的次数下降 60%（从每年 10 次下降到 4 次），在数量逐年下降的未完成高中学业的美国人那里，每年参加集会的次数下降是 73%（从每年 9次到 2 次）。

可以肯定，社团活跃程度的降低与社团聚会的减少是与教育和社会发展水平相并行的。然而，因为受教育不多的人从一开始就很少参与社区组织，所以，社会结构底层所表现出来的相对下降要更加明显。"时间日志"的数据也显示了相似的情况——社团活动参与水平在每一个教育层级都有下降，只不过在受教育较多的人中，下降水平要稍大一些。也就是说，社会参与的总体下降在一定程度上被这样的事实掩盖了，这

62

个事实就是，越来越多的美国人具有以往鼓励他们参与社区事务的技能和社会资源。

在社区生活中，就如同在股票市场，以往的表现并不能保证以后的表现。因此，假设未来几十年的走势会像镜子一样反映以往几十年的情况是冒险的。不过，图 3 – 5 所显示的下降趋势，在超过 25 年的时期内或多或少是连续的，而且，如果目前的下降速度持续下去的话，这些社团将在不到 20 年的时间里消失。想想看，这些地方社团成为美国社区生活的一个特征已有数百年历史，而我们却看到了它们出现在濒危物种名录上如此靠前的位置。

在此所讨论的社区衰退，源自四种完全不同的证据——不同的抽样技术、不同的调查组织、不同的问题，但是，每一种都建立在许多独立调查对成千上万受访者的访谈之上，并覆盖了所有类型的社团组织。这些研究是如此接近，就好像西南部的树木年轮、北极的冰山和英国海军的记录都指向全球变暖一样引人注目和富有说服力，它们都显示在 20世纪过去的几十年里，地方社团的积极参与下滑了超过一半。

考察美国人对组织参与的另一个"过硬"的指标，便是我们付给组织的那部分闲钱，这也是商务部在过去 70 年里一直追踪的一项指标。在 1929 年，消费者在休闲和娱乐方面每花 1 美元就有 6 美分是作为俱乐部和兄弟会的会费。随着 50 年代电视的出现（和全国范围内电视机销售的膨胀），这个数字下降到 4 美分，但是在这十年的末期，它又回升到 5 美分，同我们证据中一再出现的 50 年代到 60 年代的繁荣相一致。然而，这个世纪最后的三十年中，这个数字下降到 3 美分。结果，到 1997 年，这项衡量美国人社区贡献度首先考虑的指标，从 1958 年战后的顶峰下降到了 40%。[35]

概括起来：社团记录显示，在 20 世纪的前三分之二时期里，除经济大萧条的小插曲外，美国人在所有类型的公民社团中的参与度平稳提升。相比之下，在最后的三分之一个世纪里，只有邮件列表型（mailing list）组织的会员在持续扩大，随之衍生出一种全新的、其会员从不聚会的"三级社团"组织。同时，无论是看社团记录、调查报告、时间日志，还是消费者的花费，积极参与面对面交流的社团的会员减少了。我们当然可以找到个别的例外——一些特定的社团成功地逆流前行——但社区组织会员的下降依然是一个清楚的写照。在 20 世纪最后的三分之一的时间里，社团中的正式会员数总体上缓慢下降了大约 10 – 20%。更重要的是，积极参与俱乐部和其他自愿社团活动的人数以一种惊人的速度暴跌，在短短几十年间大部分参与指数都下降了超过一半。

64　　　很多美国人继续声称，我们是各种各样社团组织的"会员"，但大多数美国人不再在社区组织上花费太多的时间——我们没有再做委员会工作，没有再担任公职，也没有再参与集会了，尽管迅速提升的教育赋予了我们前所未有的促进公民参与的技能、资源和兴趣。总之，美国人已经在远离人群，不仅远离的是政治生活，而更普遍的是有组织的社区生活。

　　　然而，在得出任何有关美国人参与正式社会组织之趋势的确切结论之前，我们都需要考虑宗教和工作领域中的变化。今天，正如以前一样，宗教依然是美国公民社会极端重要的部分，而工作也占据了许多美国人生活中空前重要的位置，所以，这两个领域的变化趋势会对我们的集体社会资本存量产生重要影响。

第 4 章
宗教参与

教会和其他宗教组织在美国公民社会中具有独特的重要性。美国是
当今世界上最笃信宗教的国家之一。一位学者写道："除了爱尔兰、波
兰等几个农耕国之外，美国向来是基督教世界里最信神、最恪守宗教、
最信奉正统、在宗教上最传统的国家"，也是"在宗教上最富创造力的
国家"，因为"在美国社会诞生的新宗教要多于其他任何社会"。[1]

几百年来，美国的教会[2]一直是极其强盛的社会机构。托克维尔本
人曾对美国人的虔诚多有评论。宗教史学家菲利普·哈蒙德（Phillip
Hammond）发现，"自美国建国直到 20 世纪 50 年代，美国人中基督教徒
和犹太教徒的比例越来越高。"[3]虽然我们经常认为，当年的北美殖民者
是笃信宗教的人，但有人对美国宗教史进行系统研究后做出判断，从
1776 年到 1980 年，美国人中正式的宗教信徒所占比例不断提高，从
17%一直提高到 62%。[4]但 E. 布鲁克斯·霍利菲尔德（E. Brooks Holifield）
等其他观察者则认为，随着时间的推移，教会"会员"的含义逐渐变
得宽松。他们得出结论："从 17 世纪直到 20 世纪，宗教集会的参加率
似乎一直没有多大变化。在过去三百年的大部分时间里，比较经常地参
加宗教集会的美国人的比例，似乎一直为总人口的 35% – 40%。"[5]无论
哪一种说法，美国教会具有如此适应力的原因之一在于，美国的宗教
（不同于大多数西方发达国家）一直呈现出多元的、不断演变的状态，
不断有旧的宗教复兴、新的宗教觉醒，千变万化，层出不穷，不像有的
国家独尊一教，最后变得僵化，失去活力。[6]

可以证明，集体崇拜的信仰团体，是美国社会资本最为重要的宝

库。作为波士顿道彻斯特圣殿浸礼会积极布道的牧师之一，瑞福德·克莱格·麦克莫伦（Reverend Craig McMullen）说："教会就是人民。教会不是一幢建筑，甚至不是一个机构，它是人与人之间的纽带。"[7]凭经验来讲，我们的证据显示，在美国的社区组织成员中，有将近一半与教会有关，一半的私人慈善行为带有宗教性质，一半的志愿行为是在宗教背景下发生的。因此，我们今天如何参与宗教，对于美国的社会资本而言意义重大。

除了传统的宗教仪式外，宗教机构还直接支撑着多种多样的社会活动。例如，纽约城的"河滨教堂"（Riverside Church）是个主流的新教教堂，该教堂1990年10月14日的记事簿上记载着许多集会，包括"社会服务培训会"、"艾滋病示警研讨会"、"生态学工作队"、"华人基督徒联谊会"、"戒毒互助会"、"河滨白领女性社团"、"海湾危机系列研究组"、"成年人子女戒酒会"和"成年人与青少年武术课程"的集会。又如，加利福尼亚州加登格罗夫市福音派教堂"水晶大教堂"（Crystal Cathedral）1991年1月的周记事簿上，也罗列着许多集会，包括"商界女性联谊会"、"强迫行为纠正会"、"职业规划师研讨会"、"女性伸展漫步会"、"抗癌会"、"单身基督徒联谊会"、"戒毒互助会"、"溺爱妇女互助会"、"暴食者互戒会"和"周五夜晚活动会"（为中学生举办）的集会。加登格罗夫的水晶大教堂里还有餐馆，以及一个带有游泳池、哑铃室、桑拿房和蒸气浴室的休闲中心。在至少一家新的大型教堂里，这些社会活动已经扩展到包括魅力塑造训练班、形体培训班和糕点装饰培训班，还包括一幢七层楼的内设保龄球馆的休闲中心。[8]

教会是一个重要的孵化室，培训公民技巧和公民规范，培养社区利益，招募和训练社区成员。虔诚的男女在那里学习如何发表演讲，主持会议，调和分歧，担负管理职责。他们还会交到朋友，从而在其介绍下，投入其他形式的社会活动。正是部分地由于上述原因，信教者参加世俗组织、以投票等方式参与政治的概率，要比不信教者高得多，他们还拥有更深的非正式的社会联系。[9]

与普通人相比，经常拜神的人和珍视宗教的人，要比其他人更多地

走亲访友、在家娱乐，更多地参加社团聚会、运动团体、专业与学术团
体、校园服务组织、青年组织、士兵社团、同好社团、园艺社团、文学
团体、艺术团体、讨论组织、研究组织、男生联谊会、女生联谊会、农
业组织、政治社团、同胞联谊会等各种组织。[10]有人调查过 22 家不同类
型的自发性组织，包括同好会、职业人士联合会、老兵会、自助会、运
动社团、服务社团等，结果发现，宗教社团的成员同其他形式的公民参
与紧密相关，如投票、担任陪审员、参加社区活动、与邻居交谈、进行
慈善捐赠等。[11]

宗教是大多数公民参与形式的一个强大的关联要素，就此而言，它
与教育水平好有一比。[12]事实上，信教者似乎认识的人也多。有人做过
一个有趣的调查，即要求受访者列出，在一天里曾与他们当面交谈的所
有人。结果发现，一个人参加宗教活动的程度，能最好地预示他每天接
触的人数。[13]常去教堂的人，在一天中遇到并交谈的人，会比别人多
40％。也许这些研究无法准确无误地表明，参加宗教活动本身就能
"创造"社会联系——也许这二者之间是相互作用的——但我们可以清
楚地看到，信教者通常是特别积极的社会资本创造者。

宗教参与程度尤其能够预示从事志愿活动与慈善捐助的程度。
75％－80％的教会成员会进行慈善捐助，55％－60％的教会成员会参加
志愿活动，而进行慈善捐助的非教徒则只有 30％－35％。当然，原因
之一是，教会的许多活动本来就需要捐款和志愿者，但信教者对自己所
属的教会以外的活动，也会投入更多的精力和金钱。撇开宗教捐款不
计，一个人是否积极参与宗教组织，也是判断他是否会积极参加慈善与
志愿活动的最好依据之一。[14]

宗教与利他行为之间的紧密联系，在一定程度上反映了宗教价值观
的力量。对宗教有深入研究的肯尼斯·瓦尔德（Kenneth Wald）说："宗
教理想是奉献精神和动机激励的有力的潜在来源"，因此，"那些坚信自
己受到某种神力驱动的人类，会做出巨大的牺牲"。[15]但是，信教者之所
以乐于参加志愿和慈善活动，原因既是由于其宗教信仰本身，也是由于
宗教团体所体现的社会联系，后者的重要性与前者相比，有过之而无不

及。[16]信教者之所以乐善好施，不仅仅是信仰使然，也有社会联系的缘故。我再次说明：证据并非毋庸置疑地证明，信教本身会带来慷慨的善行，但参加宗教活动肯定会使人更为关注我们兄弟姐妹的各种需求。

教会一直是提供社会服务的重要机构，直到现在也是这样。美国的宗教团体每年会将约150亿－200亿美元用于社会服务。1998年，全美有将近60%的教会表示曾向社会服务、社区发展和社区组织项目捐款，而且教会规模越大，这个比例越高。有33%的信教者支持饥民赈济计划，18%的信教者支持诸如"改善人类居住环境"一类的为穷人提供住房的计划。"圣所协作会"发现，在较为古老的城市教会中，绝大多数（93%）提供食品储备室、自助组织、休闲项目等社区服务，而在这些服务的受益者中，有80%不是教会成员。近年来教会纷纷重建城市中心社区，在这方面，黑人教会的表现尤为突出。"波士顿十点联盟"（Boston 10－point Coalition）就是个好例子。"工业区基金会"（Industrial Areas Foundation）被普遍认为是美国组织得最成功的草根社区，它的组织深深地扎根于当地的教区和教众间。[17]

在美国历史上，从19世纪的废奴运动、戒酒运动，到20世纪的民权与生命权运动，教会为广泛而强大的社会运动提供了组织与哲学基础。一位研究20世纪五六十年代民权运动的领头学者写道：

> 黑人教会发挥着现代民权运动的制度中心的功能……教会为民权运动提供了许多条件，包括有组织的群众基础，以及在经济上基本不依赖庞大的白人社会而且精通人才物力管理之道的教会领导者；群众还可以以教会为集会场所，筹划战略战术，集体投身于民权斗争。[18]

对于非洲裔美国人的社会资本和公民参与而言，宗教性组织是极为关键的。教会对美国黑人而言是最古老、适应力最强的社会机构，这不仅仅是由于教会在传统上就是久受压迫的黑人唯一能够主宰的机构。在各个阶层中，非洲裔美国人都要比其他美国人更信宗教。黑人的宗教传统特别鼓励宗教与社会事务的融合，尤其重视公民活动。在民权运动期间及其后，黑人的信教程度与其公民参与程度有强烈的关系。这其中的部分原因在于，教会为黑人提供了锻炼其公民技能（civic skills）的唯一机会。[19] 宗教社会学家 C. 埃里克·林肯（C. Eric Lincoln）说：

> 黑人教会不仅发挥重要的宗教功能，而且历来是文化与艺术场所、讲坛、社会服务中心、政治学院和金融机构，因此，在美国黑人的心目中，教会一直是美国文化之母、美国自由的捍卫者和美国文明的标志。[20]

总之，参加宗教活动是公民参与的一个重要方面。因此，公共参与的发展趋势与宗教参与的变化模式有密切的关系。

按照个人信仰的尺度来衡量，美国人的宗教热忱在过去五十年里相当稳定，这远远超出了有关美国生活世俗化的一些公共评论所猜想的程度。几乎所有的美国人都说自己相信上帝，四分之三的人相信永生。没有证据表明，这种情况在过去五十年里有过动摇。数十年来，盖洛普等调查机构不断地问美国人，"宗教在（他们的）生活中何等重要"，而受访者的回答表明，美国人的宗教热情仅有轻微的下滑。[21] 但是，正如一位美国宗教史方面的顶尖学者所说："如果宗教冲动未能在群体的心灵中扎根，它就不会有多少持久的公共影响。"[22] 证据表明，信教者人数没有显著降低，那么，宗教机构的参与程度也会如此吗？

多年来，专家们对宗教行为的变化趋势进行了激烈的争论。有关世俗化的经典社会学理论认为，社会越是现代化，就越世俗化。这一理论与西欧历史可谓相当吻合，但甚至在 20 世纪五六十年代，许多观察家就已经在问，该理论是否符合美国的现实。近年来，美国的专家学者们"重新发现"美国的宗教依然生机勃勃；而在世纪末之时，美国一位最杰出的宗教社会学家观察指出："学者们已经讨论过世俗化的问题了。现在，他们需要通过谈论教会的好处来获得新的刺激。"[23] 由于人们针对宗教命运的论题进行了种种准宗教性质的争论，所以，仔细衡量半个世纪左右宗教机构参与变化趋势问题上相互矛盾的证据，是十分重要的。

在这场有关"世俗化"的争论中，双方都赞同的是，美国人中教徒的比例很可能在 20 世纪 50 年代达到了史上最高点；双方也都看到，从 20 世纪 60 年代到 70 年代早期，美国人的信教程度有所下降，用股票大师的行话来讲，那可被称之为"市场盘整"（market correction）。过去 25 年的趋势更加富有争议，这部分是因为现有证据可靠性不足。信徒数量之所以引起争议，是因为各教派对于本派成员有宽严不同的认定；再者，各教派成员数据并没有定期更新；自称为教徒的人往往有所夸大；并非所有的教会都保存或公布准确的信众记录。虽说民意调查数据能够弥补部分不足，但通常会得出比教会记录高的数字。这也许是因为，许多人虽然已经脱离教会，但仍自称为长老会教徒、犹太教徒或天主教徒。[24]

然而，虽然有这种种歧义，但如图 4–1 所示，民意调查和各教派的记录基本上都显示，从 20 世纪 30 年代到大约 20 世纪 60 年代，教会成员占总人口的比例逐渐上升，然后是一段平稳期，而从 20 世纪 60 年代到 20 世纪 90 年代，则缓慢地下降，降幅约为 10%。[25]

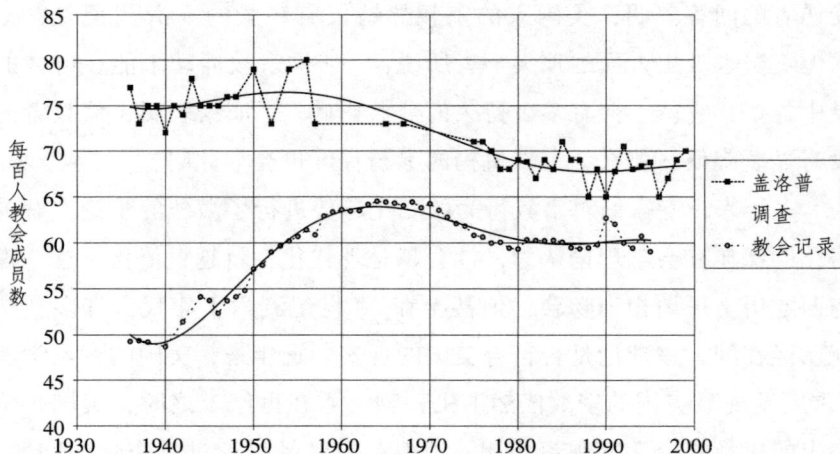

图 4–1：教会成员数，1936–1999：教会记录和调查数据

不过，像在探讨世俗性组织时一样，在分析宗教参与程度的变化趋势时，我们也不能拘泥于正式教徒数量，而是要考察其实际参与程度。我这里有 5 份历史上的独立调查档案，数据覆盖了过去五十年的情况，它们基本上都显示，在这五十年里的每一周，都有约 40% – 45% 的美国人自称参加过宗教活动。[26]最早的调查表明，从 20 世纪 50 年代到 20 世纪 60 年代，美国人参加教会活动的比例突增了 15% – 20%，但到 70 年代早期，则出现了同等幅度的下降。[27]尽管这五份调查对 1975 年之后的变化趋势有着略微不同的估计，但我们可以得出的最为合理的结论是，在过去的 25 年里，美国人参加教会活动的比例出现了下滑——虽然不很明显，但可确信无疑——降幅约为 10% – 12%。[28]在这个时期的后半段，即 20 世纪 80 年代中期到 90 年代中期，似乎降幅更为明显。

为了将这些近期的趋势置于一个较长时段上来考察，图 4 – 2 列出了 20 世纪后半叶的 5 份调查的综合结果。[29]这些调查都显示，在二战后的数十年里，美国人的宗教参与程度大幅上升，但从 20 世纪 50 年代末期到 20 世纪 90 年代，又下降了约三分之一，而总降幅的一半以上发生在 20 世纪 60 年代。

近来，一些社会学家开始质疑，美国人是否真的像上述调查所显示的那样热心于宗教。如果我们仔细地比较受访者的回答和各教会对信众的实际统计，就可以发现，许多美国人其实会"误以为"自己在不久前去了教堂，据估计，这种多报的情形有时会高达 50%。[30]一些学者认为，今天人们多报的比例其实要比上辈人高，如果真是这样，那么宗教参与的真实降低程度，也许比上述的那些调查所显示的还大。简言之，今天，美国人对有组织宗教活动的参与程度，似乎要比 25 年前低，至少肯定要比 40 年前低。

71

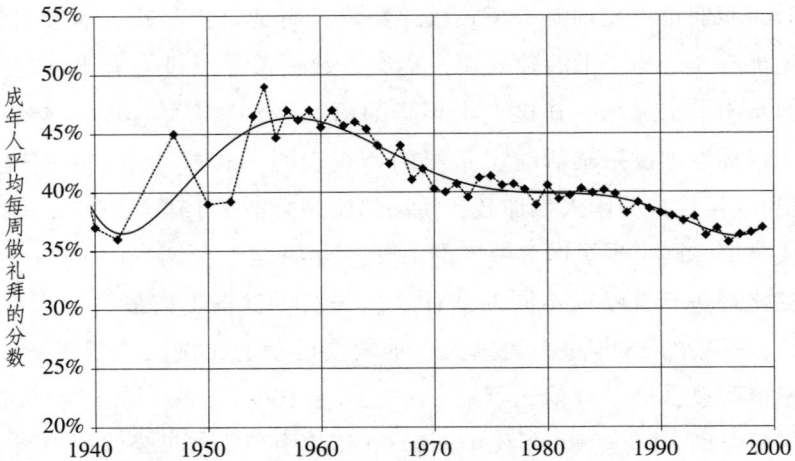

图 4 - 2：参加教堂活动的趋势，1940 - 1999

　　除了礼拜活动本身之外，美国人对教会社交活动（主日学校、诵经班、"教堂社交"等）的参与程度，似乎也下降了，其降速至少与教会成员和礼拜参加次数的降速相同。在 20 世纪 50 年代，约四分之一的美国人除了自称是教徒之外，还是与教会有关的其他组织的成员。到了80 年代晚期和 90 年代，一项比较研究发现，这个比例下降了一半，变为八分之一左右。[31]密歇根大学曾和美国国立心理健康研究院合作，对1957 - 1976 年美国个人行为的变化进行过一次严谨的调查，结果发现，宗教性组织的成员数降低了 50%。"综合社会调查"发现，从 1974 年到 1996 年，美国宗教性组织的成员人数至少降低了 20%。[32]美国人参加其所属教会的非礼拜性社会活动的程度也降低了，如果从 20 世纪 60 年代起算，降幅约为三分之一，如果从 20 世纪 50 年代起算，降幅则为一半以上。

　　1965 年、1975 年、1985 年和 1995 年美国人的抽样日志，也完全印证了这些结论。1995 年，美国人平均花在宗教活动（包括祈祷和宗教性的社会活动）上的时间比 1965 年下降了三分之一，从 1965 年的每周 1 小时 37 分降到了 1995 年的 1 小时 7 分。[33]这不是因为布道时间变短了，而是因为肯把时间花在宗教上的人的比例降低了将近一半。

总之，在过去的三四十年里，美国人加入教会的比例降低了约10%，而实际参加宗教活动的比例降低了约 25% – 50%。战后的宗教繁荣不但彻底退潮，而且可能降得更低。宗教参与程度的基本历史轨迹是，从 20 世纪的前三分之一到 20 世纪 60 年代为上升，然后从 20 世纪60 年代到 20 世纪 90 年代为下降。这与本书之前提到的世俗社区为基础的组织的变化轨迹以及政治参与程度的变化轨迹大体吻合。

此外，这三种变化轨迹显示：哪种参与的要求越高（要求真正参加活动，而不只是在形式上加入），其参与程度下降的幅度就越大。实际上，美国公民生活的传统机构，不论是宗教机构还是世俗机构，都已经"空心化"（hollowed out）了。从外表看，这些机构依然如大厦一般矗立，完好无缺——其信众人数、正式成员等指标仅有微弱的下滑。但是如果凑近看一下，就会发现，美国公民基础设施的大梁已经不堪重负、锈迹斑斑了。

像许多政治与社区参与形式的变化一样，宗教参与程度降低的主要原因，也是代际差异。[34] 各代美国人对宗教活动的热情，似乎都没有随着时间的推移而减退，但最近的几代美国人，在宗教虔诚方面则不如父辈。一代人总会缓慢地、无情地取代他们的父辈，这将逐渐地、不可避免地降低对宗教活动的全国性参与。

对宗教行为的变化趋势进行评估，总会引起不少的争议，因为许多 ⁷³ 人对争论的一方或另一方怀有强烈的个人情感，而且，更为复杂的是，在宗教崇拜中已经形成了一套"生活周期"（life cycle）的模式。[35] 一般而言，结婚生子的人会更多地参与教会活动。另外，与年轻人相比，中年人与老年人似乎更加迷恋宗教（也许是因为他们对人生的短暂有更清醒的认识）。为了探寻长期的明显变化趋势，我们必须比较在不同时代里的同龄人参与宗教活动的比例。如果今天的年轻人在宗教虔诚方面不如过去的年轻人，那么很有可能的是，就算今天的年轻人随着年岁渐长，对宗教逐渐着迷，他们也永远赶不上父辈的步伐，因此，社会总的宗教参与水平将逐渐下降。从 20 世纪 70 年代到 90 年代，60 岁以下的美国人的宗教参与程度下降了约 10% – 20%，而 60 岁以上者的参与程度则轻微上升。[36]在当时，出生于 20 世纪 30 年代或更早时代的人，是总人口中的最老人群，他们的宗教参与程度的轻微上升，并不足以抵消较年轻者宗教参与程度的下滑。

对于"婴儿潮"一代的宗教习俗来说，这种情况表现得尤为明显。在 20 世纪六七十年代，当"婴儿潮"一代 20 多岁的时候，与他们的父辈在 20 多岁的时候相比，他们对宗教机构更没有兴趣。在他们结婚生子、成家立业之后，像父辈一样，他们会较多地参与宗教组织的活动。人们会因成长而接近宗教，这是一个规律，但问题在于，"婴儿潮"一代的起点很低，而且终其一生都没有弥补与父辈的差距。现在"婴儿潮"一代已经到了四五十岁，不出所料的是，他们的宗教虔诚度提高了，但仍然比前一代中年人低。社会学家瓦德·克拉克·罗孚（Wade Clark Roof）估计，在自小接受宗教传统教育的"婴儿潮"一代之中，有三分之二的人脱离了宗教，而后来恢复信仰的人不到一半。[37]因此，当"婴儿潮"一代更信奉宗教的父辈们退出历史舞台之时，美国宗教参与的平均水平便出现了持续下降。

瓦德·克拉克·罗孚（Wade Clark Roof）和威廉·麦肯尼（William McKinney）总结了这段时期内美国的宗教行为状况：

> 大量受过良好教育的中产阶级年轻人……在 60 年代末和 70 年代退出了教会……一些人加入了新的宗教运动，一些人通过各种通灵疗法和修行来寻求个人智慧的启迪。不论是以什么方式，大多数人都完全"脱离"了有组织的宗教。……[这就造成了]宗教心理趋向高度个人化，而不是通过信仰群体来获得强有力的支持。在 20 世纪 60 年代之后，人们追寻更好地实现个人价值以及理想的自我，这成为上述趋势的主要推力……在这种表现型个人主义（expressive individualism）的氛围之下，宗教变得"私人化"了，或者说，更加扎根于私人领域之内。[38]

74

宗教的私人化（privatized religion）也许在道德上令人信服，并可慰藉人心，但这代表着社会资本的衰减。在不同教会之间"赶趟"（surfing）的人越来越多。这样的人虽然仍可称为"教徒"，但已不再专属于特定的信众团体。几十年来，我们见过各种邪教组织（cult group）的昌盛，从印度教超脱禅定派（transcendental meditation）到基督教文鲜明教统一派（Unification Church of the Reverend Moon），但一些细致的研究发现，这些教派所吸引到的持久的美国教徒始终不过数千人，只是美国两亿成年人中的沧海一粟。[39]就算是对那些仍然对宗教心仪的人而言，"私人化的宗教几乎无法提供社会支持，它基本上独立于制度性的宗教形式而存在；它也许可以为信仰者提供意义与个人导向，但它不是一种众人同享的信仰，因此难以激发强有力的群体参与……他们也许只是信徒（believers），但不是属众（belongers）"。[40]

我并不是说，私人化的宗教在道德或神学上是肤浅轻佻的，而那些流传下来的宗教传统在本质上要高出一筹。相反，正如积极主张让人们自由选择宗教团体的斯蒂芬·瓦纳（Stephen Warner）所指出的："有大量的证据显示，改信其他宗教的人，在道德上是严肃的。"[41]但大量记录显示，"这场转换游戏中的大'赢家'是日益壮大的世俗人群"。[42]

菲利普·哈蒙德（Phillip Hammond）根据一项对北卡罗来纳州、马萨诸塞州、俄亥俄州和加利福尼亚州的信教者的调查发现："20世纪六七十年代的社会革命加快了（教会的集体角色与个体角色之间）平衡点的转移，大大促进了一种可称为'个人自治'（personal autonomy）现象的产生。因此，个人自治不仅导致了教区参与的降低……而且导致了这种参与的实质内涵发生了的转变。"在很大程度上，一个人参与教区生活的积极性，取决于他与更广阔的社会环境的联系程度，如在教区内、社区里、工作中的交友数量，以及从属于一个紧密交错的个人网络的程度。我们将会在接下来的两章中看到，这些宗教性社会参与的支柱，在最近的几十年来变得不那么牢固了。总结一下：虽然对许多"婴儿潮"一代的人而言，私人化的宗教是自主的道德判断的一种表达形式，但制度化的宗教对他们来说不再像对他们的父辈那样，是其生活的中心。[43]

75   所谓的"X 一代"的宗教倾向强烈表明,宗教参与度的长期下滑趋势还将延续。30 多年来,美国各地的大学新生都会填一张表格,就他们所在高中高年级的生活、职业兴趣、生活目标、社会活动等话题回答提问。当 1968 年进入大学的"婴儿潮"一代回答这些问题时,9% 的人表示"从未"做过礼拜,即彻底与宗教组织绝缘。到了 20 世纪 90 年代末,当"婴儿潮"一代的儿女回答这些问题时,如此回答的人增加到了 18%。与此类似,当被问及他们最倾心于哪种宗教时,1966 年有 7% 的人回答"一个也没有",这一数字在 1997 年达到了 14%。还有人做过一系列严格的年度调查,最终发现,每周做礼拜的高校生从 20 世纪 70 年代末的 40% 下降到了 90 年代早期的 32%。[44]

至此,我已经大略叙述了过去 30 年间美国宗教参与状况的总体变化趋势。但至少从两个重要方面看,这番概述还是不全面的。首先,并不是每一个美国社会成员都同样地受到目前为止我所描述的各种趋势的影响。有的美国人可能不再积极参与宗教性组织,但也有美国人一如既往地参与宗教活动。虽然完全脱离宗教的人占总人口的比例上升了,但深入参与宗教活动的人所占的比例却大体保持平稳。换言之,脱离宗教的人,大都是那些例行公事地参与宗教活动、其实并不十分热心的人。这样一来,美国日益分裂为两个泾渭分明的阵营:虔诚的信教者和彻底的非教徒[45](政治参与也有类似的变化趋势:真正的信徒和漠不关心者都在增多,折衷派则在减少)。这正是近年来广为讨论的"文化战争"(cultural wars)的社会学基础。虽然我们不应夸大这种两极分化,或许这种变化在地域方面也会有所不同,但是,有证据表明,美国北部(尤其是东北部)居民脱离宗教的趋势最为明显,而南部的"圣经地带"(Bible Belt)则是最有限的。[46]

其次,不同教派间变化的速度与方向差异很大。在所有信众中,新教和犹太教教会的信徒所占比例降低了,而天主教和其他宗教的比例增大了。自第二次世界大战以来,美国人口中新教教徒的比例每十年下降约 3% - 4%,总降幅约为四分之一,而犹太教徒的比例则每十年下降

5%左右，总降幅约为一半。相比而言，天主教徒占总人口的比例每十年上升1%－1.5%，总升幅约为三分之一，而"不信教"者的比例每十年上升约2%，几乎翻了3倍。在20世纪的后三分之一时间里，回答自己是清教徒的美国人占总人口的比例下降了12－15个百分点（降幅接近五分之一），这也许是美国历史上最为剧烈的下滑。[47]

在某种程度上，各种教派彼此不同的变化趋势，受到了信仰天主教的拉美移民以及信仰其他宗教的亚洲移民的影响。例如，根据一些估算，现在美国天主教徒的四分之一是西班牙裔人口。他们的宗教参与表明，天主教会再次扮演了重要的角色，它帮助移民融入美国社会，从而继续促进社会资本的培育。但是，土生土长的美国人依然在逐渐脱离宗教，这个趋势是不能被天主教徒的增加弥补的。

在各个新教教派之间，彼此不同的变化趋势表现得更为明显。在过去40年里，卫理公会、长老会、主教会、路德教会、公理教会、美国浸信会等主流教派，已经大大损失了"市场份额"，而各个福音派和原教旨主义派别（南方浸礼会、圣灵降临会、神圣会、神召会、基督上帝会、耶和华见证人、摩门教和各种独立教会）则在不断壮大，不过有的教派增速不如以往，几乎无法赶上全国人口的增长。虽然主流新教仍在美国占据举足轻重的位置，但这些教会日趋式微、衰老，减少了对宗教活动的参与。福音派教徒占总信众的比例则提高了，在20世纪60年代之后的25年里也许增加了三分之一左右，但对于全体新教徒而言，福音派教徒的增多并不足以弥补主流教派信徒的流失。由此带来的一个结果是，宗教谱系两端的教派，即最为正统和最为世俗的教派，都吸引了更多的信徒，而中间派则出现了严重衰落。[48]

若是考察一下礼拜活动的状况，则会发现真实情况略有不同。虽然自称为天主教徒的人不断增多，但做弥撒的人却在持续减少，天主教传统上的高参与率已然不再。新教徒的人数虽然在降低，但每周参加礼拜的人数仍大体保持稳定，这部分是因为福音派教会在新教教会中逐渐占了上风。但由于自认为是新教徒的人也越来越少，所以经常参加新教礼拜的美国人的比例在过去三四十年里还是出现了显著降低。换言之，越来越多的天主教徒变成了有名无实的教徒，而有越来越多的新教徒和犹太教徒则完全抛弃了自己的宗教。[49]

这种宗教参与下滑，对黑人来说至少和白人一样多，尽管黑人现在仍然要比白人更虔信宗教。从 20 世纪 70 年代中期到 20 世纪 90 年代中期，黑人参加礼拜的频率降低的程度，几乎和白人相当，而在此期间脱离教会组织的黑人，还要比白人略多一些。同样，不论是在黑人还是白人当中，各主流新教教派似乎都遭受了相当多的成员流失，只有福音派教会的会员有所增加。[50]

福音派的复兴也许是 20 世纪后半期美国宗教界最显著的特征。教会史学家罗杰·芬克（Roger Finke）和罗德里·斯塔克（Rodney Stark）认为，类似的事情曾在美国宗教史上多次出现：一种反叛性的、更有纪律约束的、更具有门派性的、"世俗化"色彩较淡的宗教运动取代了那些更注重凡世的、更与既存体制相契合的教派。卫理公会派曾在 19 世纪中叶取代了圣公会派，而现在这些原教旨主义的福音派教徒则在取代卫理公会派。

从某种角度看，福音派的复兴恢复了宗教的活力，并在新的福音派教会中创造了旺盛的社会资本。在过去的几十年里，福音派教徒成功地创设了许多富有活力的宗教团体，他们得到了各派宗教领袖的赞赏。美国史上许多最重要的社会资本形成的时期，都是以宗教的复兴为根基的，而我们也许正置身于类似历史时期的鼎盛时刻。[51]

但正如瓦德·克拉克·罗孚（Wade Clark Roof）所说："保守主义宗教的力量一般被导向两个方向，一是宗教传统内部的信仰复苏，二是主流文化内对宗教与生活边界的重新确认……越来越多的基督教堂和犹太教堂在通常情况下排斥外人，就会造成社会与宗教进行区隔。"[52]在历史上，主流新教信徒对于广大的公民社会发挥了领导作用，这种角色同它的地位并不相称，而天主教和福音派教会则更加注重以教会为中心的活动。美国最为敏锐、最富同情心的宗教研究者之一罗伯特·乌斯诺（Robert Wuthnow）在考察美国的整个历史时总结说："在 20 世纪上半期，主流新教教会参与了进步主义的社会改良运动，而福音派教会则更加关注个人的虔诚。"[53]

　　不论是就个人还是集体而言，福音派教徒会更多参与本宗教团体内部的活动，而更少参与广泛社区的活动。[54]乔治·马斯登（George Marsden）说，福音派教徒每周做礼拜的次数比主流新教徒多，在慈善活动方面要大方得多（慈善捐款平均为家庭收入的 2.8%，而主流新教徒只有 1.6%），会更经常地参加主日学校和诵经班，在本教派内部的密友也较多。他说："与温和自由的新教教会相比，福音派这种原教旨主义教会为其教众创设了更加强健的社区……［它们］是美国最有凝聚力的非种族性社团。"[55]

　　不过，福音派教徒的社会资本，大多是花在教会内部，而非花在社会上的。福音派教徒做礼拜的频率与它们参加社会团体的概率没有关系。福音派并非都不喜欢与外界交往，比如，查尔斯·科尔森（Charles Colson）领导的"监狱牧师联合会"，就跨越教派和种族的界线，在全国 600 所监狱中传教，引导囚犯皈依福音派教会，这一活动赢得了普遍赞誉。但是，大多数福音派教会的志愿活动，都是为本教会的宗教活动服务的，如在主日学校中讲课、唱圣歌、指导做礼拜等。但与其他教派的志愿活动相比，福音派对社会的参与度显得不够。[56]

　　现在的主流新教徒和天主教徒更乐于广泛参与社区内的志愿活动与服务项目。对主流新教徒来说，到教堂的频率与参加宗教志愿活动的关联性不太紧密，而与参与世俗志愿活动的关联性较为紧密。天主教徒也是这样，不过这种反差不像新教徒那样强烈。对这些信徒而言，到教堂的频率都和世俗团体的会员数和实际领导力相关。在福音派和主流新教教会中，参加宗教活动的人学到了可以传授给他人的公民技巧，例如负责管理和进行公共演讲，但主流新教徒会更多地将这些技巧传递给社会。乌斯诺总结说："主流新教教会鼓励对更广泛的社区的公民参与，而福音派教会显然不鼓励这么做。"[57]

　　在教会活动层面，也有同样的差别：与自由派或温和派教会相比，自称为保守派的教会提供的社会拓展服务或项目较少，不过值得一提的是，生命权运动（right‐to‐life）是个例外（第九章将对福音派基督徒的

78

政治参与状况进行更深入的考察）。类似地，在民权运动时期，黑人的公民参与同黑人主流新教教会的参与成正比，但与黑人原教旨主义教派的参与成反比。所以，福音派基督教上升和主流基督教下降这样的事实意味着，宗教作为公民参与和"连接"社会资本的基础，在今天受到了削弱。乌斯诺击中了这个问题的要害：

> 宗教也许曾对公民社会发挥了有益的作用，它鼓励教众祈祷，花时间与家人相处，学习宗教传统中蕴涵的道德典范。但是，如果宗教只发挥这样的作用，它对社会的影响就有可能降低。托克维尔曾发现，自愿性组织有一个有趣之处……它能在许多不同的人群之间建立纽带，能够跨越各种社群和宗教，并将种族背景与职业各异的人吸引到一起。[58]

除了个别例外情况，福音派在当今美国还没有去扮演这种广泛的公民角色。

79　　现在让我们来总结一下宗教对美国社会资本究竟产生了什么影响。首先，和往常一样，宗教是美国社区生活与社区活力的核心源泉。宗教性组织既能直接服务于公共生活，比如向其成员提供社会支持、向全社会提供社会服务等，也能间接服务于公共生活，比如培育公共技能、灌输道德价值、倡导利他主义、在教会人群中培养合格公民。

其次，在20世纪，宗教参与程度度的波动与世俗公共生活的变化趋势相互映照——都在20世纪的前60年、特别是二战之后的20年里呈现繁荣景象，但在20世纪的最后三四十年里逐渐衰落。和世俗公共生活的情况一样，越是热烈的参与形式，其近期的衰退越大，纵然还有少数人继续认为，要求较高的教派会有特别的吸引力。而且，与其他政治与社会变化相类似，宗教参与程度的降低似乎与人口代际更替有关。大部分时候，较为年轻的几代人（这里的"年轻"包括"婴儿潮"一代），无论是参与宗教性活动，还是参与世俗性社会活动，都要比同龄的前辈少。

　　最后，美国的宗教生活在这一时期的变化，也反映了历史上经常出现的趋势，就是更有活力、要求更高的教派勃兴，取代了较为世俗平凡的教派。不过，至少目前看来，这些新教派构建社区的努力更多是对内的，而不是对外的，这样就限制了它们对增加美国社会资本存量本应发挥的有益作用。总而言之，在 21 世纪到来之时，与三四十年前相比，美国人去教堂的次数降低了，教堂与社会之间的互动也减少了。宗教生活的变化趋势并不是抗拒了世俗社区社会联系的不太吉祥的骤降，反而是强化了这一趋势。

第5章
工作中的联系

80   通常，人们对与工作有关的组织有两种不同的看法。从经济的角度来说，工会和职业协会具有垄断卡特尔的形式，被看作现代同业行会，并成为某些产业或职业工人联合起来阻碍竞争和提高收入的工具，这都使得它们备受批评。不过，从社会学的角度来说，这些组织却是凝聚社会的重要场所，是相互协助和共享经验的重要机制。当然，在根本上，这两种形象是互相强化的，因为团结是经济合作的关键前提条件。即使是那些对教师工会或律师协会的经济效益深怀不满的人，可能也会认同它们所代表的社会资本。

    这些与工作相关的组织，无论是工会，还是商业和职业机构，一直是美国公民互相联系的最普遍形式。在我们的社会资本总账目里，它是一个重要的分支。图5-1总结了美国20世纪工会会员的增长趋势。这些历史细节与美国劳工的特定历史紧密相连，如两次世界大战和新政（New Deal）对集体谈判带来了有利的影响。[1]然而，这种增长的大致模式与此前提到过的以社区为基础的组织和宗教组织很相似：在20世纪前三分之一的时间里，增长缓慢，大萧条和二战之后开始快速增长，到了五十年代和六十年代，出现了一个停滞时期，然后，在20世纪后三分之一时间里，开始稳定地下降。

81   在很长时间里，工会为美国的工作男性（少数工作的女性）提供了一个最普遍的组织性从属机构，最近几十年从某种程度上说也是如此。[2]不过，40多年来，工会的入会率却一直在下降，1975年以来下降的速度更快。从工会入会率达到顶点的50年代中期开始，美国工会成员在所有工人中所占的比例从 32.5% 下降到了 14.1%。到现在，几乎所有因"新政"刺激而导致的入会率增长都已经停止了。此外，会员对工会的参与也渐趋消退。如今，工会通常被看作是可以雇用的谈判代表，而不是一种社会运动。像其他志愿者协会一样，虽然工会经常受到寡头政治、冷漠无情和贪污腐败的困扰，但从历史上看，它们都创造并且依靠着社会资本，即互惠的人际关系网络。不过，到 20 世纪末，这个曾经作为美国工人社会生活的核心部分基本上已经消逝了。工会的团结一致如今已经主要成了老年人逐步褪色的回忆。

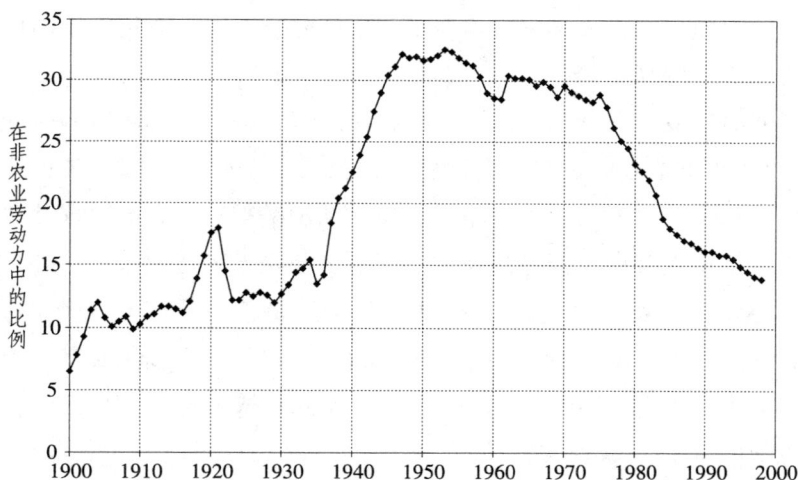

图 5 - 1：美国工会会员数，1900 - 1998

　　但是，难道工会组织的衰落不正是美国后工业经济时代结构变化的自然反应吗？很多人认为，进行集体谈判的工人主要是商品制造业的男性蓝领生产工人，他们是 50 年代工会的根基，其对服务业的知识型女性白领没有多少吸引力，而她们却是后工业时代的先锋。[3] 制造业的衰退、商业活动和工作机会从东北部的烟囱工业区迁移到反工会的阳光地带、教育水平的提高、兼职就业机会的增加，所有上述因素都是经济学家所指的"结构性变化"。这些似乎都可以作为工会入会率出现必然下

82

滑的解释。

不过，事实上，从工业转向服务业的经济结构变迁只是工会入会率下降的原因之一。而且，所有的结构调整总共也只能导致入会率下降一半。[4]换句话说，甚至对特定的行业和工作来说，工会成员所占比例在过去四十年里也出现了急剧下降。在 1953 年到 1997 年之间，制造业的工会成员比例下降了 62%，采矿业为 79%，建筑业 78%，交通系统60%，服务业 40%。唯一暂时没有受到影响的行业是公务员，在肯尼迪政府推出行政人员的集体谈判改革之后，政府工作人员中工会成员的比例在 1962 年到 1979 年之间大量上浮。但是，在最近 20 年里，即使是公共部门的工会入会率也停滞了。工会的衰落，并非用蓝领向白领转化就能简单解释的。[5]

劳动经济学家对此提出了各种各样的解释——公共政策的改变，例如 1982 年里根政府在空中交通管理人员罢工期间制定的政策；雇员们的恶性抵抗；软弱的工会策略等。每一个说法都有一定的道理，尽管人们进行了多次辩论，但最终在这个问题上还是没有达成共识，并且此处也没必要对其展开讨论。只不过，有趣的是，一项综合调查总结到："事实上，1977 年到 1991 年间加入联合组织的下滑都可以归因于加入工会需求的下滑。"因为想要加入工会的工人越来越少，自然工会会员数也就减少了。[6]

或许，工人的这种"需求"的下滑反映了公众对工会不合理的影响力、滥雇工人和贪污的反感？这种解释曾经可能是合理的，可是公众对工会力量的不满在过去 20 年里已经稳步下降，但工会入会率仍然不见起色。公众的不满可能是工会力量过大的结果，但这却不是导致工会持续衰落的原因。也许，工会入会率问题的关键并不在于"工会"，而在于"入会率"。正如劳动经济学家彼得·佩斯蒂罗（Peter Pestillo）在20 年前所坚持认为的那样："年轻工人首先关注自己。我们正在经历着一场对个人主义的狂热崇拜。宣扬联合会带来好处的工会自然会遭受影响。"[7]

乍看上去，当代美国职业协会的历史似乎与工会完全不同。参加职
业协会和其他经济组织（不包括工会）的美国人在过去 40 年里增加了
两倍。在 50 年代到 60 年代，多数调查发现，这样的组织入会率大约在
8％到 10％，在 80 年代到 90 年代，几乎所有的调查都显示，同样的入
会率在 16％到 20％左右。[8] 总人口中职业协会和学术团体的入会率从
1974 年的 13％上升到了 1994 年的 18％，在只不过 20 年的时间里增加
了 50％。[9]

这一印象更是得到了主要的全国职业协会会员数量上升的证实。美
国医学会（American Medical Association）的会员从 1945 年的 126 042 人上
升到 1965 年的 201 955 人，随后在 1995 年达到创纪录的 296 637 人。
美国建筑师学会（The American Institute of Architects）的会员数少一点，但它
的增长速度同样惊人，从 1950 年的 8500 人上升到 1970 年的 23 300
人，在 1997 年达到 47 271 人。美国机械工程师协会（American Society of
Mechanical Engineers）的会员数量从 1945 年的 19 688 人增长了 3 倍，在
1968 年达到 53 810 人，然后在接下来的 30 年里又增加了 2 倍，在
1997 年达到 107 383 人。电气和电子工程师学会（Institute of Electrical and
Electronic Engineers）的会员数从 1963 年的 111 610 人增加到 1997 年的
242 800 人。美国律师联合会 ［American Bar Association（ABA）］ 会员数的
增长更加令人目瞪口呆，其会员数从 1945 年的 33 134 人增加到 1965
年的 118 916 人，增长近 4 倍，然后又在 1991 年增加到 357 933 人，继
续增长了 3 倍。因此，它也成为了美国最重要的职业协会之一。终于，
我们似乎在此发现，美国托克维尔式的能量在 20 世纪末源源不断地喷
涌而出。

在下任何结论之前，我们必须要把有关成员规模的变化也考虑进
去，因为在同时期职业协会的人数也出现了大量的增长。我们要问的不
是"ABA 有多大？"而是"同美国律师总数比起来，ABA 有多大？"事
实上，如果把这个因素算进来，特定职业中职业协会会员数的变化都基
本上令人惊奇地呈现出类似的轨迹。

大约在 20 世纪前三分之二的时间里，美国执业医生、律师、建筑

师、会计师和牙医参加相关职业协会的比例大幅稳步上升，除了在大萧
条时期例外（图 5 - 2 显示了这八大职业协会在 20 世纪大部分时间里的
平均会员增长率）。[10] 很典型的，差不多增长了 10 倍，从早期的 5% 到
10% 上升到 60 年代的 50% 到 90% 。令人吃惊的是，战后 40 年代到 60
年代的快速增长和前述以社区为基础的组织和宗教组织的增长情况相
似。大体说来，职业协会的会员增长率在 1945 年到 1965 年之间大约增
加了一倍，这和我们先前讨论到的社区组织的增长情况是一致的。

84

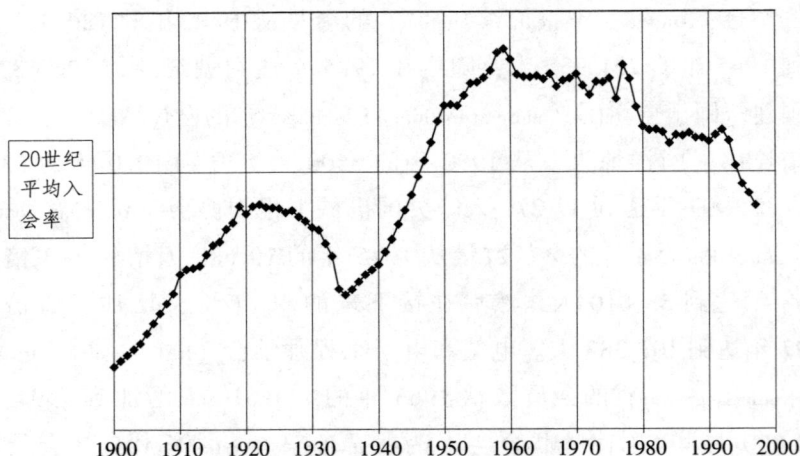

20世纪
平均入
会率

1900　1910　1920　1930　1940　1950　1960　1970　1980　1990　2000

图 5 - 2：8 个全国性专业社团的平均会员数，1900 - 1997

　　这些协会的会员数量经历了战后的增长期之后，都突然下降，并且
几乎都出现了相反趋向。首先达到高峰然后开始下降的是 1959 年的美
国医学会 (American Medical Association)，1970 年，美国牙科联合会 (Ameri-
can Dental Association) 和美国建筑师学会 (American Institute of Architects) 也
出现了同样的情况。接着是 1977 年的美国律师联合会 (American Bar As-
sociation) 和 1993 年的美国注册会计师协会 (American Institute of Certified
Public Accountants)。当美国注册护士从 1977 年的 100 万人增加到 1998 年
的 200 万人的时候，美国护士联合会 (American Nurse Association) 的会员

数却从 19 万下降至 17.5 万，该协会的"市场份额"下降一半，从
18%减至 9%。对于美国机械工程师协会（American Society of Mechanical Engineers）来说，战后的增长从 50 年代就停止了，此后它再也没有重现过
大萧条时期的辉煌。1963 年成立的电气和电子工程师学会［The Institute
of Electrical and Electronic Engineers（IEEE）］合并了两家在此前 20 年会员数
快速增加的机构，但市场份额下滑的噩梦从其成立之日便开始了。

1970 年以后，入会率的下降被全国范围内专业人才数量迅速增加
的事实遮蔽了。例如，美国建筑师学会（American Institute of Architects）的
入会率在 1970 年到 1997 年之间增加了 2 倍，尽管在此期间建筑师会员
所占的比例却从 41%下降到了 28%。IEEE 的入会率在 1963 年到 1997
年之间也增加了 2 倍，尽管它的市场份额却从 51%下降到了 37%。[11]

渐渐地，各个协会里的成员和领导人也开始注意到入会率的下降，
到最后，每个协会入会率的相对下降变成了绝对下降，尽管还有潜在的
职业协会在迅速增加。因此，当同济会（Kiwanis）和妇女选民团（League
of Women Voters）以及家长教师联合会（Parent‐Teacher Association）的领导
人在 60 年代和 70 年代开始焦虑怎样才能扭转入会率下降的现状时，
AMA、ANA、ABA 的领导人也开始讨论，是什么原因导致了它们的入
会率下降。[12]

大家认为职业协会出现下滑的因素无非这么几个，会费过高、项目
陈旧、本地的竞争或者出现了更加专业的协会。普遍的看法是，随着各
个行业从业人数加大，日益复杂，会员开始转移他们的兴趣或者更换工
作。例如，从药剂师转到麻醉药剂师，从普通法律师转到知识产权法律
师。我并不能完全排除这种解释，不过我们所做的一些探索却与之不
符。例如，甚至是像美国外科学会（American College of Surgeons）和美国
麻醉学协会（American Society of Anesthesiology）这样非常专业的协会，其入
会率也停滞不前，甚至在最近几十年里还出现了下滑。[13]

因此，当美国的专业人才绝对数在 20 世纪最后 30 年里大幅增加的
时候——就总体情况来说这是一个例外，正是这个例外也证明了一个规
律，那就是，即便是在有明显增长的领域里，我们也目睹了在 20 世

前三分之二时间里社会出现了同样的增长，随后的三分之一时间里出现了突然的停滞，并在此后开始下降。（这里，我暂不考虑类似的问题，即当今工会会员和职业协会会员的入会率是否像从前那样预示着地方分会入会率增加。）

因此，正式组织雇员带来的社会资本并没有增加到足以弥补政治、公民、宗教组织的社会资本流失。不过，也许在以居民为基础和以工作场所为基础的网络之间已经发生了一场更加细微的转化，一种从地域社区到职业社区的转变。既然如今同父辈相比，我们大多是在外工作，那么或许我们只是更多地把友情、公众议论和我们的社会纽带从门廊挪到了饮水机边。[14]

86 　　当社会学家阿兰·沃尔夫（Alan Wolfe）在 1995 – 1996 年与数百名住在郊区的中产阶级交谈时，很多人向他表达了这样的观点。佐治亚州科布县（Cobb）的杰里麦·图尔（Jeremy Tool）估计，现在的人大约有 90% 的社会关系是在工作中建立起来的。俄克拉荷马州沙泉县（Sand Springs）的戴安娜·汉密尔顿（Diana Hamilton）认为，人们的生活现在都围着工作转。他们在工作中交朋友，通过工作来完成社区服务。马萨诸塞州布鲁克林（Brookline）的伊丽莎白·泰勒（Elizabeth Tyler）补充说："我深感自己属于一个工作社区……在我所属的行业里，我的办公室和公司就是我的社区。"[15]

　　从某种意义上说，这样的趋势并不令人吃惊。工业革命本身就把工作地点和居住地点区分了开来，而且，我们将越来越多的时间花在远离家庭的工作单位里。到 20 世纪末，美国工作的人数大大超过从前，1997 年达到 67%，1950 年为 59%。[16]专业人才和蓝领工人都开始超时工作，在一起共进午餐和晚餐，在一起旅行，早出晚归。此外，离婚率开始上升，人们结婚的年龄开始往后推迟（如果有人要结婚的话），独居的人数史无前例地增长。对于很多孤独的人来说，工作就是健康之所在。社会学家艾尔·罗塞尔·霍斯查尔德（Arile Russell Hochschild）认为，即使对于有配偶和子女的少数美国人来说，工作单位也已经渐渐成为了逃离婚姻、小孩和家务琐事的避难所。[17]一位有思想的观察家假设："随着美国人在工作上花的时间越来越多，工作已经不再是一维空间的行为，而是牵涉到了同个人生活（家庭）和公共（社会和政治）生活相关的更多内容。"[18]

工作性质不仅发生了量的改变，这可能意味着它将在我们的社交生活中占据更大的一部分。农民在完成了一天的独自耕种后，可能会去教堂或者去参加农庄会议，但现在，我们当中很多人在大型复杂的机构工作，在傍晚参加另一个会议是我们脑子里最不重要的事情。而且，在80 年代和 90 年代，"全面质量管理"、"质量圈" 和 "团队建设" 席卷了整个企业管理界。以寻找办公室的意义、全面营造团体气氛和职业化商业等为标题的书籍鼓励管理者要 "在企业内部营造一种社区感，尊重每位员工的尊严"。[19]很多公司将这样的理论运用到实践中。一项调查显示，到 1992 年，55% 的公司已经建设了工作团队（41% 是它们的核心员工），有 41% 的公司拥有 "质量圈"。专门从事办公室设计的建筑师开始设计有利于加强员工交流的办公室，特意设计出了那些名字颇富意趣的空间，比如 "水窟"、"对话洞" 和 "篝火"，在这些地方，员工可以交流感情，熟悉彼此。社会学家霍斯查尔德总结到，这些新的管理技巧在公司生活里非常普及，这使工作场所变得更加亲切和个人化。[20]

因此，现代工作场所鼓励同辈之间经常进行合作交流。有人会认为，这简直是创造社会资本的理想环境。很多人在工作中成为莫逆之交，在同事间体会到一种社区的感觉，并且受益于工作中的互惠互助。根据 90 年代家庭和工作研究所（Families and Work Institute）做的几项调查，有 90% 的雇员表示 "我真的希望每天和工作的人在一起" 和 "我觉得真的和工作的人打成一片"。几项关于社会人际关系网络中友谊和支持的研究发现，大约有 50% 的工人在工作中至少有一个亲密的朋友。1997 年的一项调查让受访者列举出一天内的谈话，结果其中有一半是发生在工作场合。当把受访者限定在成年工人的范围内时，该比例超过了三分之二。[21]很明显，我们当中的很多人在工作中有亲密的人际关系。

从更广阔的社会角度来说，同其他多数社交场合相比，以工作为基础建立的人际关系的一个好处是，在种族和政治上，工作场合的人际关系更加多样化。[22]

然而，在确定当代美国社会中复印机已经取代后院围墙成为社会资本聚集地的界限之前，我们需要考虑到三个附加因素。第一，不管工作场合的社交已经多么普遍，并没有任何证据显示，在过去的几十年里，工作场合的社交实际上处于增加的趋势。事实上，在本书引用的大量调查中，都很难发现相关的系统的、长期的证据。如今，我们中的很多人在工作中都有朋友，但我们并不清楚，是不是我们就比父辈那一代更喜欢在工作中交朋友。（本章随后讨论的某些间接证据实际上认为出现了一种相反的趋势。）[23]

第二，工作场合的社交人际关系可能会被描述为一杯半空的水（a glass half－empty），而不只是一杯半满的水（a glass half－full）。多数关于个人社会关系的调查发现，同事在我们朋友中的比例只占到了不足 10%。工作场合产生的关系多为随意愉快的，但却不是亲密和完全靠得住的。在进行得最仔细的调查里，当受访者被要求列出他们最亲密的朋友时，只有不到一半的全职工人会把同事放在名单里。平均来看，邻居比同事更有可能出现在这张名单上。当受访者被问到他们愿意和谁讨论重要问题时，少于一半的全职工作者会把同事算进来。简单说，尽管我们中大多数在外工作的人都在同事中有熟人，但只有一小部分人把工作上的关系视为我们最亲密的私人关系。美国人最重要的人际关系网络并不以工作地点为中心。[24]

88   第三，在过去一二十年里，美国工作场合中的几个重要趋势对社会人际关系很有摧毁力。随着公司的规模缩减、"规模合理化"、重组以及其他的经济重构，主导着美国人工作生活潜在雇佣规则的性质从 80 年代到 90 年代发生了转变。在 80 年代，临时解雇和工作不稳定的情况大大增加，这主要是经济周期的原因。但是在 90 年代，重组变成了一种常用的管理手段，甚至在经济繁荣的时期也是这样。事实上，一项调查发现，即使在 1993 年到 1994 年的经济繁荣期，也几乎有半数公司都进行了裁员。旧有的劳动协议并不是成文的——因为这根本用不着——但它是劳动－雇佣关系的中心组织原则，每个人都了解这一点。二战的退伍军人在加入 IBM 公司时被告知，在上任前应该和妻子商量，因为"一旦加入了这家公司，就终生成了公司家庭的一员"。[25]

半个世纪以来，日益激烈的全球市场竞争，信息技术进步，人们对短期投资回报的关注，以及新管理技术的应用，使所有的工作都变得更加"可能"（contingent）。或许，最能说明问题的数据是：80 年代增长最快的行业是为失业者介绍新工作的中介服务。这类公司的收入从 1980 年的 3500 万美元增加到 1989 年的 3.5 亿美元。管理学家彼得·卡佩里（Peter Capppelli）进行了十多年有关雇佣行为变化的研究，主要以白领为对象，他说："旧的安定的、可预见升迁和保持稳定收入的终生工作的雇佣体系已经结束了。"[26]

这些变化的结果是增加了员工的焦虑，但这里有得也有失。对很多公司和雇员来说，员工的独立性更强，公司里的等级制度没有以前那样森严，领导的家长作风开始收敛，奖励更加基于功劳，而不是资历和忠诚度，这都是好处。甚至即使公司的士气和员工的敬业精神受到了很大摧毁，但研究却发现，公司的生产力得到了改善。在这里，我要评价的并不是这些变化带来的经济影响，而是它们对工作场合的信任和社交关系的影响。[27]如果以此来打分，平衡表上的数据是负数。

查尔斯·海克舍（Charles Heckscher）对正在重组的公司（有些成功了，有些失败了）中的上百个白领工人进行了访谈，发现他们面对这些变化的一个普遍反应就是埋头工作，把注意力越来越多地放到自己的工作上。甚至某些临时工人也能感觉到这种生存危机。当部分员工正在享受这个新体系带来的独立和更大的发展机会时，多数中年工人，即使是在成功的公司里，也认同这样一种感觉："我们在这里很孤单，充满了压力。"另一种说法是："重组打乱了公司上上下下的人际关系网络。"同辈之间的关系变得更加疏远。大家不是选择聚到一起，多数人变得生分，与他人隔绝，想要一个人呆着。[28]

除了劳工合同改变对工作场合社会资本的这些影响之外，这些变化

对参与更广大的社区来说并不是好消息。正如彼得·卡佩利（Peter Cap-
pelli）指出，

> 当代美国社会主要是建立在稳定的雇佣关系上，工人对前
> 途和工资的增长有预期。长期的个人投资，如购置房屋，供小
> 孩上大学，社区联系和稳定，工作之外的生活质量，都是因为
> 风险和工作不稳定的减少而发生的。[29]

但所有这些，都会因为工作上的新政策而受到影响。

工作场所一直是招募志愿者的重要基地，绝大多数（92%）的公
司管理者表示，他们鼓励员工积极投身到社区的志愿工作中。另一方
面，根据一项有关志愿者的全国综合调查显示，工作的人占志愿者总数
的比例已经从1991年的15%下滑到1999年的12%。[30]可以肯定公司与
其员工有着良好的初衷，但至少到目前为止，公司企业和教堂以及其他
民间机构比起来，在志愿者招募工作中的地位已经远不及后两者重要。
至于最近的提高公司员工参加志愿者项目的活动是否有效，是否对整个
社会志愿者人数有积极作用，我们会在第7章揭晓。

不是所有的美国雇员都受到了潜在雇佣协议发生变化的影响。长期
由蓝领工人面对的工作不稳定最近出现在中层管理者身上。无论如何，
在过去30年里，美国工人中，不论受教育水平高还是低，所有人的工
作稳定性都在下降。长期呆在同一个职位上、同一个公司里的人越来越
少。实际上，虽然蓝领工人的工作不稳定性相当高，但在白领工人里其
增长更快，并且其比重正在扩大，更何况他们一直以来都处于社区生活
投入的失衡状态。受到这个变化影响最大的是男性，他们以前的工作更
加稳定；而女性的工作期则继续低于男性，这主要是因为她们更经常在
劳动力市场进进出出。此外，经济学家所说的"任期回报"（the returns
to tenure，因工作时间长而得到的加薪和福利）也开始下降。现在，我
们的工资更多地取决于最近做了什么，而不是我们在这个岗位上呆了多
长时间。按绩效来发工资和由此产生的工作安全感造成了越来越多的同
辈竞争。团队合作不再像以前那样亲切，因为毕竟你在暗中和你的队友

90

竞争讨生活。[31]

另外，越来越多的美国劳动者从事"临时的"或者"非标准的"工作——诸如兼职雇员、临时工、独立签约人（顾问）、应召工人（代课老师）等。最近的调查显示，美国工人中有 30% 的人从事上述职业。他们当中，有大约一半的人是兼职，另外有三分之一是独立签约。临时工和兼职工人都呈现增加的趋势。从事这类工作的很多人——如软件编程师，或者管理顾问，或者寻求兼顾家庭和工作的家长——都是通过选择找到这些不规律的工作，其收入也不错。不过，除了那些地位很高的顾问，多数人表示，他们更喜欢常规、全职的固定工作。[32]

对于我们来说，更加重要的是，这些工作中结构性的改变，如越来越短的工作任期，越来越多的兼职和临工，甚至独立顾问，都在抑制工作场合中人际关系的产生。在所有独立签约的人里，有四分之三的人没有固定的同事。在兼职工人里，只有三分之二的人和全职工人一样在工作中有朋友。工作中的友谊随着工作的不稳定的增加而减少，哪怕是出于自愿的转换工作也是一样。这些模式一点也不令人吃惊，因为社会资本的成功投资需要时间和努力。无论是出于选择还是必须，过路的小鸟不会留下来筑巢。这样的影响是显而易见的，也就是说，美国工人中，有三分之一的人从事的工作都是不鼓励持久的社会关系，而且，这一情况还在恶化中。[33]

简单来说，当代美国工作生活中的一些特点——工作时间延长，强调团队合作，看起来似乎有利于形成非正式的工作场合中的社会资本，但是，另一些特点——缩减规模，公司内部的紧张气氛，工作随意性的增加，却又指向了相反的方向。另一个潜在的重要因素——正在变化的办公室科技，尤其是电子邮件，到目前为止还很难系统地去评估其影响。电脑通讯对社会资本的总体影响，我们将会在第 9 章中予以讨论。

正如我已经谈到的，在公司饮水机前谈论公共事务的次数或者在同事中交到密友的长期可靠的证据是明显不存在的。不过，倒是有一个间接的证据可供参考，即有关工作满意度的调查。很多研究表明，和同事之间的人际关系是衡量工作满意度的一个重要指标，也有部分人认为，这是唯一的指标。[34]在工作中有朋友的人在工作中会更快乐。如果在最近几十年里，工作当中的社会资本大幅增加，那么想必这将意味着人们在工作中会感到更加温馨，至少在我们控制住经济和工作大起大落的情况下是这样。

盖洛普民意调查在 1955 年和 1990 年代分别询问当时的美国工人，"你是更喜欢上班的时候，还是更喜欢休息的时候"。1955 年，44% 的人表示，他们更愿意工作，但是，1999 年，只有大约三分之一的人有这样的想法。根据罗珀民意调查的结果，美国人中对工作完全满意的比例从 70 年代中期的 46% 下降到 1992 年的 36%。其中一些不满情绪是因为担心工作不稳定和收入下降，但是，即使没有收入方面的顾虑，综合社会调查也能发现，人们对工作的满意度在很长时期里已经出现了一定的下降，从 1972 年到 1998 年大约下降了 10%。最近的调查显示，25% 的人渐渐地对工作感到反感，更多的研究者认为，工作场所中的粗暴无礼和侵犯行为正在增加。[35]虽然不是每一项调查都能得出同样的结果，但是平均下来，撇开物质上的不稳定，现在的美国人同父辈相比，肯定不会更快乐，很可能还不如父辈。这样的事实很难和前面的假设相符，工作场所并没有成为美国社会团结和社区意识的新集聚地。

我们必须要谨慎地做出判断。同本书讨论的其他社会关系领域不同，在这个领域里，我们在正反两方都缺乏明确的证据。正如将会在第五部分中阐明的那样，我的观点是，任何解决当代美国社会公民不参与问题的措施，都必须更好地结合工作生活和社交生活。尽管如此，对于将工作场所视为美国社区生活新的公共广场的看法还需要作出最后的说明。说到底，工作必须花费时间和精力来达到物质上的、而非社交上的目的。以工作为基础的社交网络通常是用来作为辅助工具，因此，这在某种程度上会削弱它在社交生活上的价值。正如阿兰·沃尔夫（Alan Wolfe）说的：

> 因为我们结成的各种关系相当世俗，是为了获取和消费，因此，工作中发展起来的友谊和社交关系通常都被当作一种辅助的工具来用。我们利用别人，别人利用我们，用来吸引更多

的生意，开拓我们的事业，卖出更多产品，或者展现我们的魅力。如果是这样，即使邻里之间的社区关系因为工作中的社会关系而受到影响，后者的辅助特性也不可能完全成为前者的替代品。[36]

此外，当我们在工作时，我们的时间属于雇主，而不是我们自己。人家花钱雇我们是为了工作，不是为了让我们来建立社会资本。而且，我们的雇主有正当合法的权利来划清这条界线。法院给了他们相当大的权限来监控工作场所中的交流对话，事实上，得益于便利的电子监控设备，监控行为也正在快速增加。一个私人雇主可以因为员工的一句话而解雇他，同样也能因为他们的政见和行为而炒人。根据美国管理协会（American Management Association）1999 年的调查显示，三分之二的雇主会记录员工的语音邮件、电子邮件或电话，可以查看其电脑文档或者给员工录像。这样的监控正变得越来越普遍。自由言论的权利和个人隐私，温和一点说，在工作场合得不到保障。在饮水机可以取代后院或者城镇广场之前，公法和个人行动的实质改变是很必要的。[37]

现在，我们当中的多数人都是受雇于人，多数人的多数时间都是在和他人一起工作。这样说来，工作场所是和他人交流的自然而然的地点。不过，各种证据却和我们所期望的假设相反，这个假设就是美国的社会资本没有消失，而是转移到了工作场所中。在 21 世纪初，很明显，美国人不可能再像父辈那样，在正式的职业协会与同事产生关联。有可能促进工作场所社交联系的新力量，被抑制社会联系的新力量，同等抵消了。而且，后者更加稳固，并且更加灵活和广泛，这对公民生活和个人发展非常重要。此外，每三个失业美国成年人有一个人，工作场所的联系是不存在的。工作场所并不能拯救我们磨损的公民社会。

第 6 章
非正式社会联系

93　　目前为止，我们主要探讨了美国人的正式社会联系，例如参与政党、公民组织、教会、协会等。但更常见的其实是非正式联系，如下班后一起饮酒、宴会上与熟人喝咖啡、每周二晚上玩扑克、与隔壁邻居闲聊、呼朋唤友看电视、在炎热的夏夜举办烤肉野餐、参加书友会、甚至是在跑步时对另一位经常出现的跑步者点头致意。这些小小的活动就像把一分分钱投进存钱罐，都能让社会资本得到逐渐的增加。[1]

　　在意第绪语（Yiddish）中，把大量时间投入正式组织活动的人常被称作"大人物"（Machers），相反，将大量时间投入非正式谈话和交流的人被称作"闲谈者"（Schmoozers）。这反映了美国社会生活的一项重大现实。[2]"大人物"关心时事、参加教堂和社团、参加志愿活动和慈善活动、参与社区项目、献血、读报、发表演讲、关心政治、筹划地方会

94　议。从统计意义上说，从事这些活动中的任何一项，都会大大提高做其他活动的可能性。通常，投身社区项目的人也喜欢去教堂，喜欢读报的人也爱做志愿者，喜欢参加社团的人也对政治感兴趣，喜欢献血的人也喜欢参加会议。"大人物"通常是社区里全能的好公民。

　　"闲谈者"的社会生活也很积极，但与"大人物"相比，他们活动的组织性和目的性较弱，更多是自发的、灵活性的。他们举办餐会、与朋友闲逛、打扑克、常去酒吧和夜总会、举办烧烤聚会、拜访亲戚、寄贺年卡。同样，从事这些活动中的任何一项也明显和做其他的活动相互关联。用一句亚历山大·波普（Alexander Pope）的妙语形容，他们都卷入到了"心灵之流"（the flow of soul）中。

　　这两种社会参与形式在某种意义上相互重叠——一流的"大人物"往往也是一流的"闲谈者"，反之亦然。某些社会活动介于正式与非正式之间的灰色地带——如桥牌俱乐部或圣地兄弟会集会。尽管如此，实证研究还是表明，它们是两种有明显区分的典型表现——许多人都是只积极参加一个领域，而不积极参加另一个。而且有很多人两方面都不积极，既不参与社区活动，也不常与亲友来往。

　　"大人物"和"闲谈者"之间的区别——亦即正式与非正式社会联系之间的区别——反映了人们社会地位、生活圈子和社区归属方面的不同。[3]"大人物"的教育水平和收入水平一般较高，但尽管如此，非正式社会参与在所有社会阶层都很普遍。相对而言，正式社会参与在年轻时不太多，中年末期达到高峰，并随着退休而减少。非正式社会参与则与此相反，在年轻成年人中达到高峰，之后随着家庭与社会责任的加大逐渐减弱，但又在退休或丧偶后再次提高。单身者会在闲谈中投入更多的时间与精力。因为无论对男性还是女性而言，婚姻使家居时间和参加正式社区组织的时间变长，而使陪伴朋友的时间变短。有子女后，非正式社会参与会更少，而正式社会参与会增多。"大人物"大多有自己的住房，是某地的长期居住者，而"闲谈者"一般租房居住，经常搬家。"成家"通常意味着，以更正式的社会联系取代非正式联系，和朋友闲逛的时间减少，而参与社区活动的时间增多。

　　历史上的"大人物"以男性为多（宗教活动的参与者例外），但在女性成为雇佣劳动力后，事实表明，正式社会参与的关键在于是否就业，而非性别。女性不论是否有工作、是否结婚，一般非正式社会联系都会频繁得多。不论是已婚还是单身、工作还是赋闲在家，女性给亲友打长途电话的次数通常要比男性多10%－20%，送贺卡和礼物的次数是男性的3倍，写私人信件的次数是男性的2－4倍。女性在拜访朋友方面花费时间更多——尽管全职工作正在同时减少男性和女性拜访朋友的时间，使性别间的差别变得模糊。社会习惯一般认为联系亲友是女性的工作。即便是在青春期（不止限于美国），女性也更喜欢表达对他人的关切与责任——例如她们会更多参与志愿活动[4]。尽管90年代美国的

95

男孩与女孩使用电脑的时间相同，但男孩更喜欢玩电脑游戏，而女孩更喜欢发电子邮件。社会学家克劳德·S. 费舍尔（Claude S. Fischer）得出这样的结论："尽管女性参与社会联系的机会较少，但女性与男性相比更善于社交，与人更亲密，这可能是基于多种原因，如心理构造、社会结构、童年经历或社会风俗。"简言之，女性更喜欢利用社会资本。[5]

在我们社会的每个角落，都有"大人物"与"闲谈者"的身影。商人会在棕榈泉（Palm Springs）的乡间俱乐部闲聊，热衷福利的年轻妈妈会在阿巴拉契亚山的社区举行正式会谈。最喜欢打牌的美国人是"大平原"上劳工阶层的家庭主妇。[6]一听到哲学家高调谈论着"公民参与""民主协商"，我们便很容易认为，社区组织和公共生活就是更高形式的社会参与，但在日常生活中，是友谊和其他非正式的社会交往提供了关键性的社会支撑。虽说非正式社交一般不会像参加社团、政治组织、协会或教会那样大幅度地提高公民素养，但非正式社交对于维系社会纽带非常重要。因此，在考察美国的社会资本时，我们需要对"闲谈活动"的变化趋势给予特别重视。

走亲访友长期以来一直是美国最重要的社会活动。正如历史学家卡伦·V. 汉森（Karen V. Hansen）写道，19 世纪初的新英格兰处于"热衷社交的时代"（social time）。

走亲访友有各种形式，不论是纯粹的社交还是简单的社区劳动：人们喝下午茶、在周日相互走访、一起品尝枫糖或苹果酒、留宿友人家中、帮助接生、拜祭亡人、参加缝纫班、一起修葺居室和谷仓。时间有长有短，有顺路拜访，有简单寒暄，有共度午后，也有一月盘桓。拜访者一般都在晚上留宿。这种走访时有困难，尤其是在冬天，不论是步行、骑马、坐驿车、马车还是火车，但这些困难从未阻碍拜访者，他们珍视与亲友的联系。实际上，他们正是通过拜访建立了自己的社区。[7]

一些早期的社会学家认为，这种严密的非正式交往网络将随着人们

96

进入彼此陌生的城市逐渐消亡，城市化将意味着友谊与大家庭的终结。然而经验表明，即便是在人口最为密集的城市环境里，居民彼此的社会联络也在复苏。[8]城市的社会联系密集程度较低，洛杉矶普通居民认识邻居人数的比率要低于中央谷（Central Valley）农村的普通居民，朋友通常也住在更远的地方。但 20 世纪的城市化并未给友谊带来毁灭性打击。城市环境维系的不是一个单一的、紧凑的社区，而是许多疏散社区的联合体。在现代大都市里，人口流动、离婚、家庭规模变小等因素降低了亲属联系的重要性——尤其是在教育水平较高的人群中，友谊的地位可能变得更重要了。[9]从《我爱露茜》（I Love Lucy）到《一家人》（All in the Family），再到《干杯》（Cheers）、《辛菲尔德》（Seinfeld）和《老友记》（Friends）（均为美国流行电视剧名——译者注），流行文化的变迁加强了非正式社会联系。

今天的美国人仍和新英格兰的祖先一样，经常走亲访友。80 - 90 年代，罗珀民意调查机构曾 5 次询问美国人"过去一周里你出外娱乐过几次？例如看电影、拜访朋友、看体育赛事、赴宴或其他活动。"近三分之二的人表示，过去一周里至少有一次，在这些人当中，整整一半的人是去了朋友家或去赴宴、拜访、打牌等。在夜间外出活动中，4% 是去看戏或听现场音乐会，11% 是看体育赛事，17% 是去酒吧、迪斯科或其他公共娱乐活动场所，18% 是看电影，略微超过一半的人是去餐馆吃饭。[10]在整个美国，不论是大城市还是小乡村，在家中与朋友共度夜晚的概率要比看戏或看球赛高出 5 - 10 倍。

1986 - 1990 年间的数次民意调查也显示，在当今美国，"闲谈者"要比"大人物"多。[11]（图 6 - 1 选取一些最重要的社会活动归纳了调查结果）在调查前的一个月中，略微超过四分之一的美国人至少参加了一次社团会议或公民组织活动，略微超过三分之一的人参加了教堂举办的社会活动——这都相当程度上代表了具有公民精神的活动。同样在该月中，一半多的美国人邀请朋友到家中共度夜晚，近三分之二的人晚上去朋友家做客。[12]总之，四分之三的美国人在这一个月里至少有 1 次和朋友在家里玩，全国平均水平是每月有 3 次这样的活动。与此类似，根

97

据 1965 – 1995 年搜集的时间日志数据，美国人平均每周花半小时时间参加组织性活动（宗教活动除外），但同期拜访朋友的时间却超过 3 小时。[13]

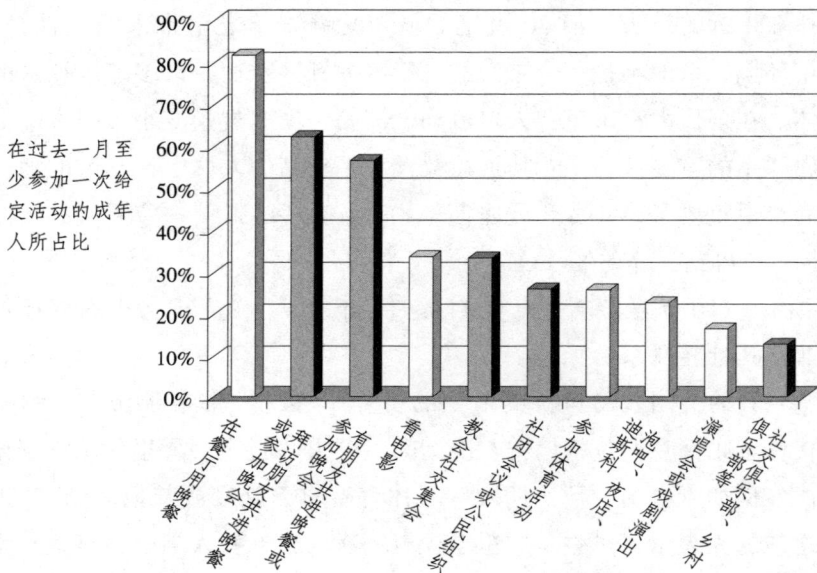

图 6 – 1：美国成年人的社交与休闲活动，1986 – 1990

　　对一组更广泛的社会交往形式的比较评估表明（如图 6 – 2 所示），在 20 世纪的最后 25 年间，美国人平均将近每 2 周去 1 次教堂、走访 1 次亲戚；大约每 3 周出外聚餐 1 次、送 1 次贺卡、给亲友写一封信；大约每月玩 1 次牌、在家娱乐 1 次；大约每两个月参加 1 次社团聚会、在酒吧喝 1 次酒；大约每 2 – 3 个月举办或参加 1 次餐会、看 1 次电影或看 1 次体育赛事；大约每年参加 2 次社区项目、参加 2 次团队体育活动；每 2 年向报纸编辑写信一次。[14]

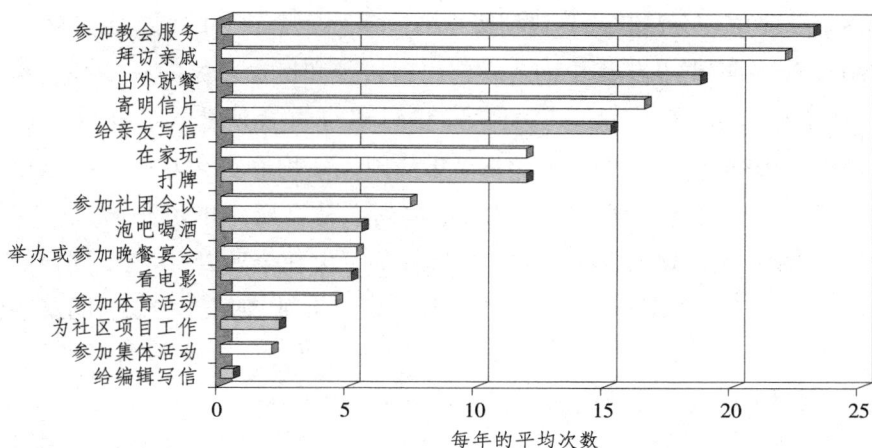

图 6 – 2：选取的正式及非正式社会活动的频率，1975 – 1998

近几十年来的普通美国人还不至于不问世事、与社会隔绝，但我们彼此之间似乎作为朋友进行的交往（"闲谈者"）要多于作为公民进行的交往（"大人物"）。我们与朋友聚会的次数是参加有组织会议次数的2 倍，去酒吧的次数约是为社区项目工作次数的 3 倍，而向朋友寄贺卡 98 的次数约是向编辑写信次数的 35 倍。

当然，并不是任何人都是"普通人"。一些人乐于社交，参加身边的各种组织，而另一些人就孤僻得多。几乎每个人都是某种活动的"专家"。一些人每周给父母写信，一些人酷爱电影，一些人参加许多公益会议。举一个"专业化"的极端例子，300 个成年人中有一个每月至少向编辑写信 1 次，但在美国所有编辑收到的信件总数中，这群极少数人所写的要占到大约 20%。[15] 但是，与朋友或邻居在家中交往的活动非常普遍。尽管有好莱坞等大做宣传，但美国人玩牌的次数仍是看电影次数的 2 倍。[16] 总而言之，美国人仍乐于彼此交往，这是好消息。

坏消息是，我们连彼此交往的频率每年都在下降。我们可以通过例子看看过去 25 年来发生的惊人变化。根据 DDB Needham 生活方式档案的记录，70 年代中期到末期，美国人每年在家接待朋友约 14 – 15 次。到 90 年代末，该数字降到了每年 8 次，即在近 20 年时间里下降了

45%。罗珀社会与政治趋势档案中的一系列完全独立的调查也证实,从70年代中期到90年代中期,人们出门访友和邀友至家的频率都下降了(详情见图6-3)。第三项档案(扬科洛维奇合伙公司)也表明,与1985-1986年相比,1995-1996年美国人平均愿意交新朋友的概率下降了近三分之一。[17]拜访朋友现在正被列入社会资本的珍稀名录。如果过去25年所呈现的这一剧烈、持续性的下滑在今后25年里以同样的速度继续,那么在不到一代人的时间里,几百年来美国人在家与朋友共度

100

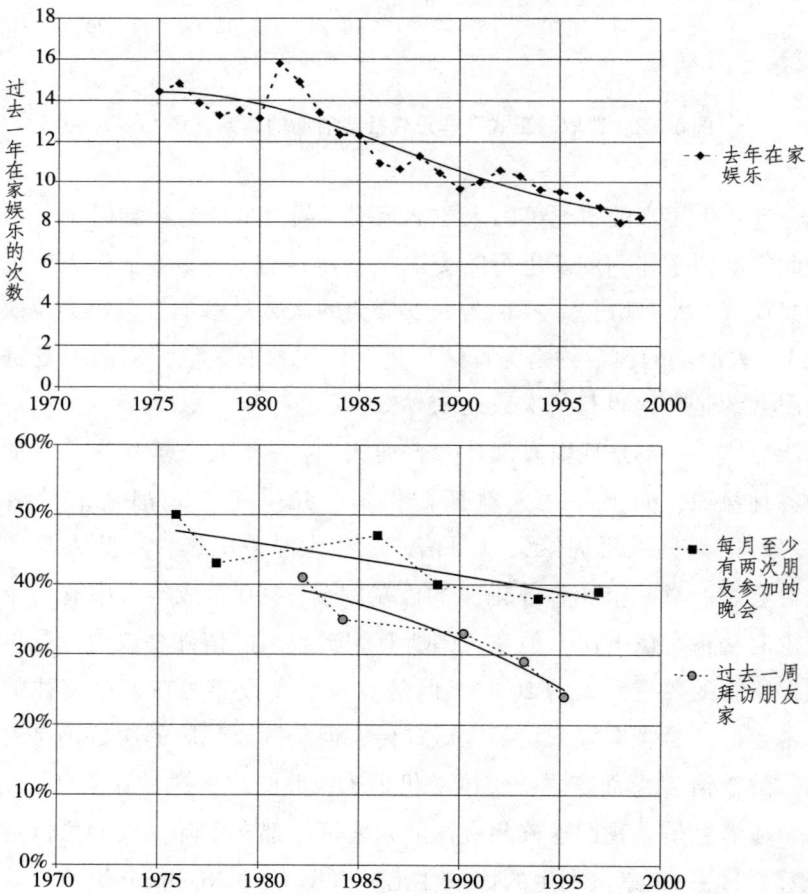

图6-3:社交拜访的下滑,1975-1999

时光的传统可能将彻底消亡。当然，如此预测不免草率，因为此后 25 年里美国人的生活方式必将发生许多改变，但尽管如此，过去 25 年里社交拜访的下降速度之快仍然相当反常。

　　然而夫妻双就业家庭中两人的安排往往不同，鉴于此，人们或许认为家庭互访与餐会的减少不过是个假象——可能更多的人和朋友一起出外吃饭，只不过是把聚餐地点从家中餐室转到了饭店，而社会资本的投入并没有变化。但实际上，与人们的普遍印象相反，过去几十年里人们出外吃饭（独自或与朋友一起）的频率增长很少，甚至可能没有增长。[18] 而且，当要在出外聚会还是在家聚会之间做出明确抉择时，选择后者的美国人是前者的两倍多，而且这一差距还在增大，而不是缩小。[19] 因此，与朋友的娱乐并不是简单地转换了地点，而似乎是在逐渐消失。野餐等非正式的外出活动似乎也在濒临消逝。1975 – 1999 年间，平均每人的野餐次数下降了将近 60%。[20] 与 20 – 30 年前相比，美国人与友人共享面包的时间大大减少了。

　　更惊人的是，家庭里也出现了这一趋势。如图 6 – 4 所示，我们一向重要的家庭交往方式——晚餐，在过去 20 年里发生了剧烈变化。表示 "一般情况下我们必定全家共进晚餐" 的已婚美国人的比例在过去 20 年里从约 50% 下跌到 34%，下降了三分之一。[21] 相反，那些不认可 "一般情况下我们全家共进晚餐" 这种说法的美国人，亦即根本不把这作为一种习惯的美国人，在同一时间里增长了一半（从 16% 到 27%）。习惯聚餐的家庭与习惯分开就餐的家庭之间的比率，在 1977 – 1978 年间大于 3∶1，但到 1998 – 1999 年只有该数字的一半。这些数字已经非常惊人，但尽管如此，美国人就餐习惯改变之剧烈程度仍被低估，因为这些数字只限于已婚者，而在此期间单身生活（因此可推测其就餐情况）的成年人比例几乎翻了 1 倍。[22] 鉴于长期以来几乎在所有社会中，晚餐都是一种公共活动，而在美国，单单一代人的时间里，这一活动便减少得如此之剧，这足以说明美国社会联系程度改变之激烈。

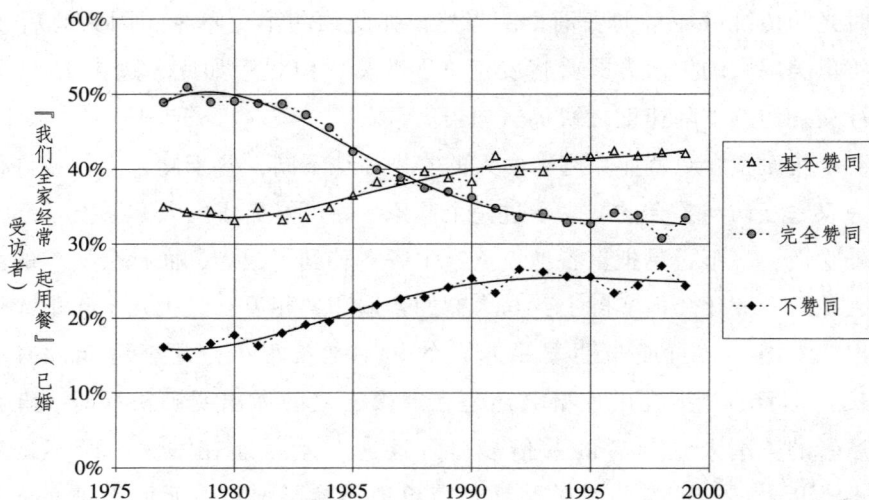

图 6 – 4：家庭晚餐变得更不普遍，1977 – 1999

图例：

...△... 基本赞同

...●... 完全赞同

...◆... 不赞同

Y 轴标签：［我们全家经常一起用餐］（已婚 受访者）

不单是聚餐，其实在 20 世纪的最后 25 年里，所有形式的家庭共聚活动都减少了。根据罗珀民意调查机构对子女在 8 – 17 岁之间家庭的调查，1976 – 1997 年间，全家出游从 53% 下降到 38%，一起看电视从 54% 下降到 41%，一起参加宗教活动从 38% 下降到 31%，"只是坐着闲聊"从 53% 下降到 43%。这些数字明显说明了家庭纽带的快速松弛。[23]

那么，真实生活中如同《干杯》所描绘的那种与左邻右舍在酒吧里"见面熟"的闲聊又是怎样的呢？这也在成为历史了。70 年代中期到 90 年代末期，三项独立的调查表明了这一结果。不论是已婚还是单身的美国人，在过去 10 – 20 年期间，去酒吧、夜总会、迪斯科、酒馆等场所的频率下降了约 40% – 50%。[24] 不管是否独居，美国人晚上都喜欢呆在家里——《干杯》已是过时的连续剧了。

由于谈兴常因好酒与美食而起，所以过去 25 年间美国人各种餐饮习惯的变化不仅惊人，而且对闲谈的影响巨大（见图 6 – 5）。1970 – 1998 年间，平均每 10 万人拥有的大餐馆减少了四分之一，酒吧与小餐馆减少了一半。与此同时，快餐店这种现代社会里的"私人加油站"的人均拥有量增加了 1 倍。从对谈话机会的影响来看，传统就餐地点的

102

减少在某种程度上被新潮咖啡店的增加抵消，例如明尼阿波利斯的卡布其诺咖啡店就是附近居民常来闲谈的场所。然而，如图表 6－5 所示，即便把这样的增加计算进来，饮食活动的净下滑依然很大。[25]

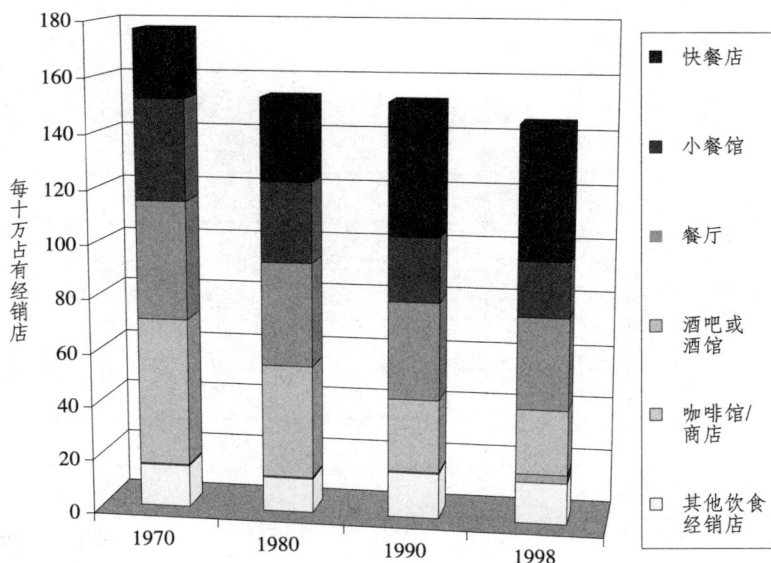

图 6－5：酒吧、饭店和小餐馆为快餐店所代替，1970－1998

　　与地方酒吧或咖啡店的"熟人"不同，麦当劳那些不耐烦地排队的人不大会互问姓名，也不做此想。[26]冷酷的数字说明，社会评论家瑞·欧登斯堡（Ray Oldenburg）描写的那种"可赋一日闲情"（get you through the day）的"绝妙去处"（the great good place）正在逐渐消亡。[27]实际上，越来越多的美国人喜欢狼吞虎咽几口就赶快上路，而不是坐下来闲谈片刻。

　　最能说明我们休闲活动变化趋势的，可能就是打牌这种活动的命运。1940 年对 24 个美国城市居民的一项调查表明，打牌是美国人最喜欢的消遣活动。根据该调查，87% 的美国家庭备有一副游戏牌，而只有 83% 有收音机，36% 有电话。在 20 世纪上半期，平均而言，14 岁以上的美国人每2人就会在一年里买一副牌。[28]引人注意的是，游戏牌的销售趋势与我们之前揭示的正式社会参与的变化趋势恰好吻合：在20世纪的前30年里逐渐上升，"大萧条"期间下落，第二次世界大战后又爆炸性地增长（见图6-6）。

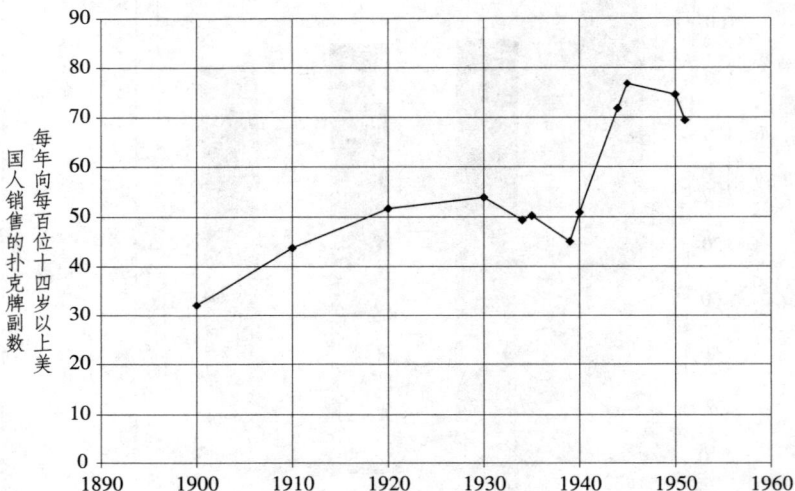

图6-6：美国打牌娱乐的增长，1900-1951

尽管扑克牌和拉米牌（gin rummy）很流行，但发展最快的仍是桥牌这种四人游戏，它到50年代就变得非常流行。根据最保守的评估，到1958年，有3500万美国人（成年人的三分之一）玩桥牌。普通的打牌俱乐部吸引了数百万的美国男女——实际上，对社会参与最早的科学调查之一发现，在1961年，将近五分之一的成年人（至少在内布拉斯加州）经常四人聚在一起打桥牌。在60和70年代的宿舍和学生会里，数十万大学生度过了无数个不眠的桥牌之夜，乐此不疲。桥牌和其他牌戏的迷人之处在于，它们是非常社会性的消遣方式。在那个更在意性别区分的年代，"混合配对"俱乐部是男女非正式集会最重要的场所之一。游戏规则鼓励人们多谈打牌之外的事情，谈打牌本身往往会招人白眼。有些"严肃"的玩家会保持沉默，但对大多数人而言，每周或每月一次的桥牌是弥足珍贵的闲谈机会，可以与朋友或邻居谈论私事，但有时也会涉及政治等更广泛的话题。[29]

就在 70 年代中期，还有 40% 的美国成年人每月至少玩牌一次，而且每月打牌人数是每月看电视人数的 4 倍。然而，1981 - 1999 年，美国成年人的平均玩牌频率从每年 16 次下降到每年 8 次。到 1999 年，打牌人数与看电影人数之比仍是 4 : 3，但这一差距正在迅速缩小。如果这一逐年降低的趋势持续下去，10 - 20 年里打牌活动就会消失。对于一项有 600 年历史，却刚从几十年前兴盛的社会活动而言，这样的结局实在显得突兀。[30]美国成年人每年仍要玩 5 亿次牌，但这一数字正在以每年减少 2500 万的速度下降。[31]即便我们保守地假设每 10 次牌戏里仅有一次谈及社区事务，牌戏次数的减少也意味着，和 20 年前相比，对社区事务的"闲谈小议"（microdeliberations）每年都在减少。

实际上，正因为玩牌就其性质而言必定是一种社会活动（嗜好单人牌戏的人除外），所以这一活动将会加速衰落。如果你的社交圈子里没人玩牌，你就不会去学打牌。和珍稀物种通常消亡得更快是一个道理，牌戏可能也出现加速下落。打牌人数正在快速降低到不足以自我维系的水平。1999 年，"美国定约桥牌联合会"的平均年龄是 64 岁，而且还在持续增长，这明显说明了这种衰落的代际性质。打牌的减少集中于"婴儿潮"一代及其后代。越来越多的牌戏是在退休人群中进行的，这种社会环境恰如珍稀物种所依存的与世隔离的生态飞地。[32]"桥牌"在 90 年代的大学生听起来，就像"惠斯特牌"在他们父辈听起来一样，是种过时的玩意儿。

当然另一些东西取代了打牌游戏，诸如电脑游戏、视频游戏和赌博机等。这些休闲方式和打牌一样，能带来随机的趣味。但不同的是，这些游戏都是由人们独自玩的。通过对网上桥牌游戏的非正式观察，我发现与传统牌戏不同，电子玩家完全集中于游戏本身，基本不与他人闲谈。即便是痴迷于微软单人牌戏的玩家，都很少组队游戏。到散布各地的大赌场里看看，想象一下有无数孤独的"玩家"在弯腰玩着老虎机，那是一种多么震撼的场景（图 6 - 7 说明了过去 25 年里牌戏、赌场赌

105

博、视频游戏、看电影的明显变化趋势）。可见取代桥牌、扑克、拉米牌、加纳斯塔牌的，并不是一些同样能"助人谈兴"的休闲活动。[33]

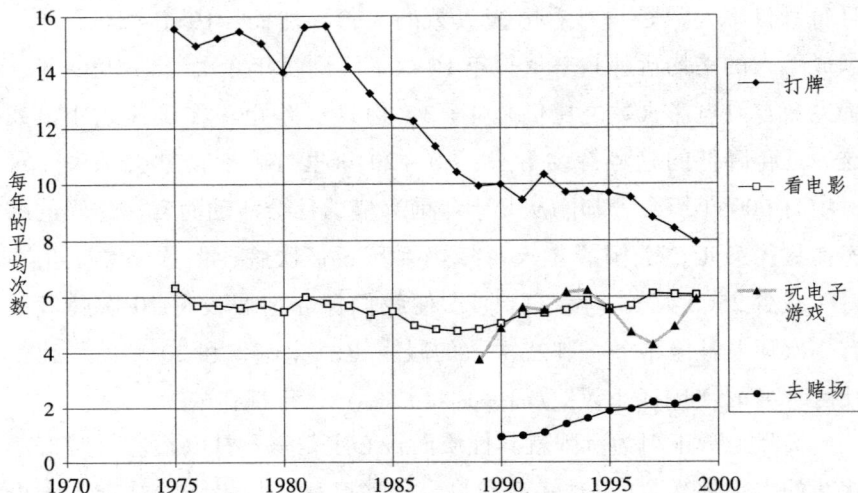

图6-7：打牌以及其他休闲活动，1975-1999

在寄贺卡的活动方面，社会联系发生的变化比较不明显。过去10-20年间，不论是单身还是已婚人士，寄贺卡的行为减少了15%-20%。（这一下滑趋势至少在互联网和电子邮件产生10年之前就开始了，因此不能完全用虚拟贺卡取代现实贺卡来解释。）随着个人年岁的增长，寄贺卡次数会变多，尤其是在独自生活的时候，然而美国社会虽然老龄化，但贺卡销售量却未见长。相反，任何年龄段的美国人都要比上一代人在相同年龄时寄得少。[34]我们再次看到了代际差异对当代美国社会习惯变迁的影响。

朋友之间是如此。邻里之间呢？根据综合社会调查的数据，1974-1998年间，美国人"与邻里共度社交之夜"的频率下降了约三分之一，在已婚人群中从每年约30次下降到约20次，在单身人群中从每年约50次下降到约35次[35]（如图6-8所示）。另一些证据进一步表明，这一下滑趋势其实从20年之前就已经开始了，因此，与50年代中期相

106

比，90 年代邻里联系的紧密程度可能已经下降了一半多。[36]美国人一般仍每隔几周就会与邻人聚会一次，但这辈人的友情要比上代人疏远得多。

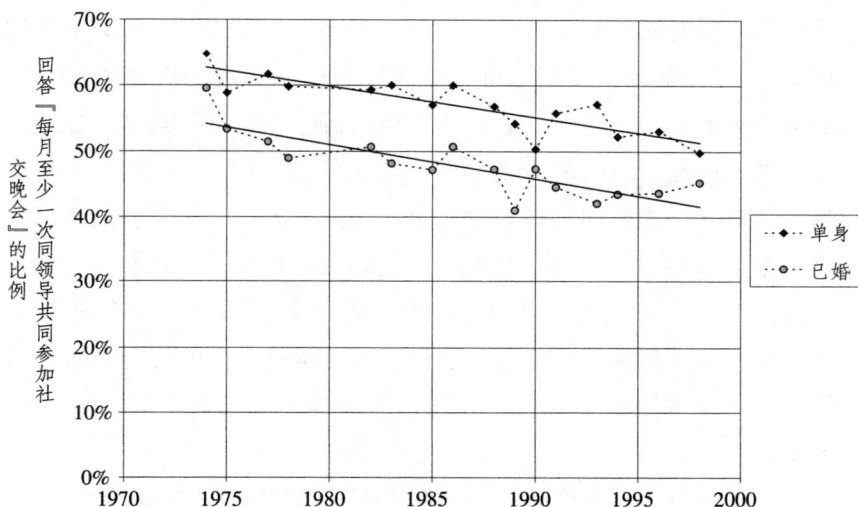

图 6 – 8：邻里互访的下滑，1974 – 1998

　　近年来有许多关于"社区组织"的报道，一些观察家据此认为，社区组织比过去增多了。近期的一项调查表明，多达八分之一的成年人参加了邻里、社区或业主协会，或者街道居民组织。[37]但是，过去几十年里，这些组织同样很活跃。《生活》杂志曾赞扬 60 年代的美国人"通过无数的社区委员会满足社交需求"。城市社会学家巴伦特·A. 李（Barrett A. Lee）与其同事指出：

　　　　近期在社会科学领域，关于社区组织的研究在剧增，这让人以为社区组织是城市里的新现象。然而，稍作研究就能纠正这种引人误解的印象……社区组织最早出现于上世纪末，而到"大萧条"之前，在一般的大城市里便已很常见。

　　对波士顿、西雅图等城市社区生活的长期研究表明，尽管 20 世纪 107

末的社区有时会因政治原因而被动员起来，但与 20 世纪后半期相比，20 世纪前半期社区层面的社会生活要丰富得多，包括街道狂欢、业余戏剧演出、野餐、家中聚餐、跳舞等。[38]

过去 20 年来"邻里监督"（Neighborhood watch）这样的组织越来越多，它们一般对减少犯罪有着立竿见影的成效。司法部 1998 年通过对全国 12 个城市的调查发现，11% 的居民至少参加过一次以防范犯罪为目的的社区研讨会（其中 6% 是在去年），而 14% 的人家里有枪，15% 的人饲养护卫犬，41% 的人上多道门锁。[39]简言之，我们更多是通过增加枪支、狗和门锁，而不是通过增加社会资本来防范犯罪。也许部分出于这一原因，参加邻里监督组织的人们总是一开始兴致勃勃，后来越来越疏远——除非是以更紧密的方式融合到社区组织中去。[40]犯罪防范组织可能更多了，但他们只是提供了传统社区不复存在的社会资本的脆弱的替代品——一种社会学意义上的人造草皮，仅仅"生长"于寸草不生的地方。

与在正式的社会联系领域发生的情况一样，对过去 30 年间美国人花费时间方式的研究也完全证实，人们对非正式交往的投入目前为止也是在持续减少。表示在一天中曾花费时间于非正式社交（包括访友、参加聚会、去酒吧、闲谈等）的美国人的比例从 1965 年的 65% 持续下跌到 1995 年的 39%。每日平均用于此类活动的时间从 1965 年的 80 – 85 分钟下降到 1995 年的 57 分钟（如图 6 – 9 所示）。在世纪之交，我们用于非正式社交的时间与 30 年前相比减少了三分之一。[41]

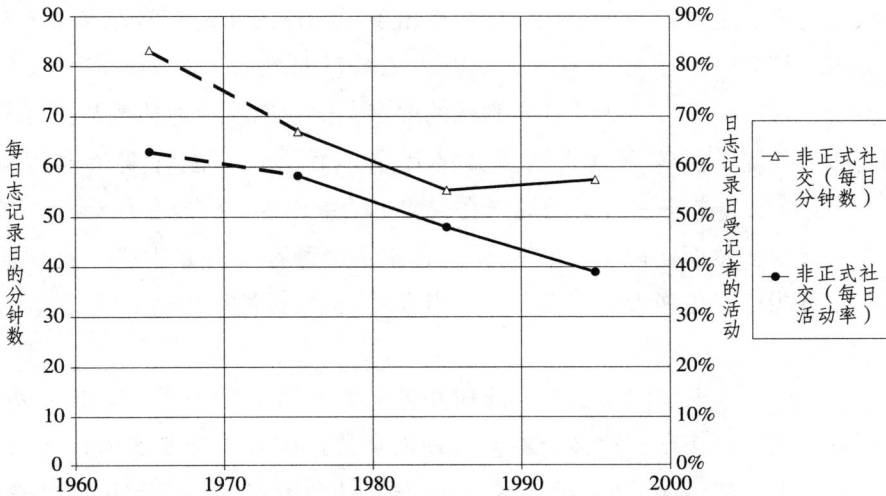

图 6－9：按照定时日志研究测量的非正式社交活动，1965－1995

　　我们分配时间方式的这一惊人变化（越来越局限于自己和家人、远离社区）也为 NPD 集团在 1992－1999 年间所做的 2.4 万个实时记录所确证。[42]在整个 90 年代，美国人平均在照料孩子或宠物方面多花费了将近 15% 的时间（原因可能是"婴儿回潮"——"婴儿潮"一代近来又生出了很多孩子），在个人打扮、娱乐、睡眠、锻炼和交通上多花费 5%－7% 的时间。而数据表明，做礼拜和访友花费的时间变化最大，都下降了 20% 多。

　　如前所述，在不同社会群体中，非正式社会联系的密度不同——女性高于男性、年轻人和退休人群高于中年人等。尽管不同人群闲谈的频率不同，但闲谈的变化趋势（即下降趋势）在所有社会人群中都是相同的——不论男女老幼，不分社会阶层，不分地域，不论是大城市、郊区还是小城镇，不论是已婚者还是单身。[43]简言之，非正式社会联系在整个美国社会都在下降。 108

　　之前我们谈过一个悖论，即虽然教育是影响正式社会参与最重要的因素，尽管过去 20 年里，教育水平大大进步，但正式社会参与却在锐减。这可能意味着，倘若不是有教育水平提高的刺激，正式社会参与的减少速度会更快。非正式社会参与也出现了同样的悖论：单身或无子女者闲谈较多，而过去 20 年来，这些人的数量明显增加。[44]如果其他条件不变，这应当导致非正式社会联系的增多，但我们发现的情况却正好与此相反。随着传统家庭生活方式的逐渐消亡，我们或许期待电视剧《干杯》或《老友记》里的场景在现实生活中出现，弥补公民组织与餐会的减少，然而实际上，我们看到的却是这种弥补并未发生。这意味着：可能还有更强大的因素在导致当今美国人们闲谈的减少。

可见，今天我们与朋友、邻居相处的时间大大减少了。除此之外，还有什么活动在影响社会资本？一种通常的休闲方式是参加体育活动。考察一下参加运动的美国人，我们能发现社会资本的何种变化趋势呢？或许我们只是改变了社交的地点，从牌桌和社区酒吧转到了垒球场和健身课上？

一些研究表明，在过去 20 年里，体育俱乐部的普及率略有增加。综合社会调查的数据显示，参加这种俱乐部的人口比例从 1974 – 1975 年间的 19% 上升到 1993 – 1994 年间的 21%。另一方面，也有很多研究显示出令人意外的结果，即大部分运动的参加率在近几十年里都下降了。[45]由于人口的增长，一些运动总的参加者也在增长，但就占人口比例而言，过去 10 – 20 年里，以下运动的参加程度都降低了 10% – 20%：垒球、网球（以及乒乓球等拍类运动）、排球、橄榄球、自行车、滑行运动（滑雪、越野滑雪和滑水）、打猎、钓鱼、野营、独木舟、慢跑和游泳。例如，"全国运动产品联合会"、"运动产品制造商联合会"、"DDB Needham 生活方式"的研究和"全国健康统计中心"的数据都表明，从 80 年代中期到 90 年代末期，全国垒球活动的参与减少了约三分之一。[46]

也有一些新兴运动，如身手矫捷的年轻美国人喜欢队列式溜冰和玩滑雪板，关注健康的人士喜欢健身散步和体操，老年人喜欢高尔夫球。然而大多数新运动的"社会性"比之传统体育活动要弱。过去 10 年里，体育相关产品出售出现的有史以来最快的增长，其实多是用于

"室内"活动的产品，如跑步机和健身器械。[47]而且除了漫步外，这些活动吸引的人数都不如消亡中的传统体育项目多。团队运动中，足球和篮球在增多，但这并不足以抵消其他团队运动项目的减少，包括垒球、棒球、排球和橄榄球。无论如何，过去 10 年左右体育运动的参与出现了明显下滑——虽然下滑幅度不大，尤其反映在团队运动方面。[48]

　　运动参与的降低并非因为美国人口的老龄化。相反，降低趋势最明显地体现在年轻人身上，而年长者的运动参与却在增多。在二十多岁的人中，参加训练课的平均频率从 80 年代中期的每年 8 次下降到 1998 年的每年 4 次，但同期在 60 岁以上的美国人中，参加频率却从两次提高到 4 次。游泳和健身俱乐部的参与也显现出这种代际差异——在年轻人中减少，在老年人中维持稳定或增多。因为生理原因，对体育的参加（锻炼跑步除外）随年龄增长而降低，但除了这一生命周期的影响之外，还有代际差异的影响（在"婴儿潮"一代和"X 一代"中减少，在他们的父辈、祖辈中增多），这种差异我们在之前讨论其他社会和政治参与形式时提到过。实际上我们有理由相信，这两个趋势——休闲活动在老人中的增多和年轻人中的减少——从 60 年代初就开始了。[49]

　　另一趋势虽不是我们这里关注的要点，但有必要指出的是，过去几十年里，大多数青年体育运动的参与率出现了停滞，甚至下跌。[50]奇怪的是，在 80 年代风靡一时的青年足球，到 90 年代参与率也降低了。[51]与此同时，近年来青春期少年参与其他主要运动都出现了明显下滑。一个重要的例外是女性对有组织的学校体育运动参加的增多，其部分原因是"教育修正案第 9 条"(Title IX) 规定，在联邦出资实施的体育项目中女性拥有平等参与的机会。但即便是这一重要进展，也未能扭转美国年轻人正式与非正式体育活动参与下滑的趋势。[52]由于"婴儿回潮"一代的影响，许多青年体育运动的绝对参加人数在增长，但我们这里所关注的是参加率已经出现了下滑。

　　90 年代的人比 70 年代的人更关注健身，健身房也如雨后春笋般出现。[53]这一趋势能否抵消其他形式社会联系的减弱？实证研究表明不能。首先，即便把所有健身运动加起来（散步除外），也要比打牌、聚餐等更舒适的活动少得多。例如，即便在 90 年代打牌潮下降、健身潮升温时，经常打牌的美国人也是经常健身者的 3 倍。健身多于打牌的人群只有单身者、20 多岁的人和大学毕业生，而且不论大众媒体给人什么样的印象，事实上只有十五分之一的美国成年人属于这一人群。即使健身房能够提供无限的闲聊机会（而不是盯着跑步机的仪表器默默踏步），健身俱乐部的增加也已经为更传统的非正式联系的瓦解所压低。

其次，80 - 90 年代，美国人平均用于慢跑、参加训练课、增氧健身课和去健身房的时间并未出现净增长。这些年来健身房的增多为慢跑和训练课的减少所抵消（如图 6 - 10 所示）。"为健康多走一英里"这

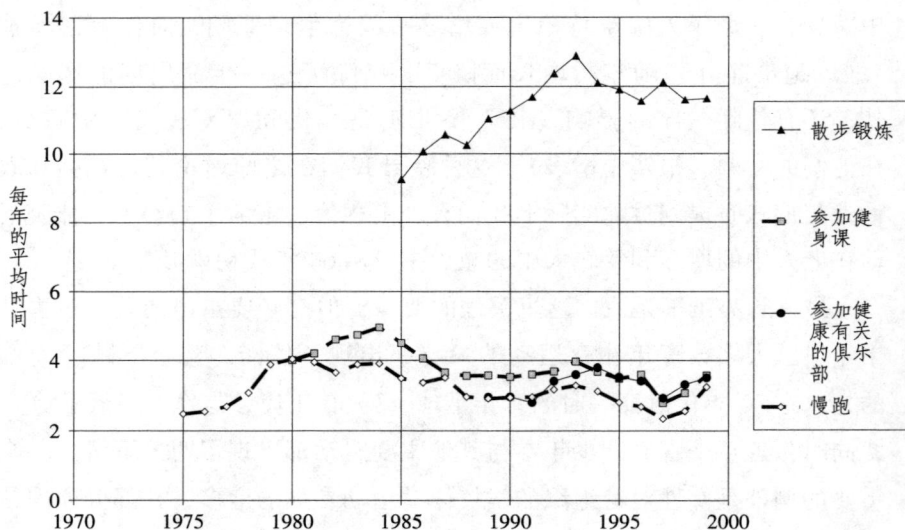

图 6 - 10：健身活动维持不变（除了散步）

种已不时兴的运动比其他所有形式的散步加起来都要多。事实上，为健身而做的步行在过去 10 年来增加了三分之一。然而，步行（和高尔夫球）普及率的上升完全是老年美国人的健身风潮所致，主要正是老年人在抵挡着弥漫全国的社会联系减弱的趋势。我们已经考察的体育活动的变化趋势（全国性的下降、年轻成年人中下降更快、老年人未下降

或下降很少）恰好与几十年里席卷美国的"肥胖症"（obesity epidemic）趋势相映成趣——肥胖程度在全国范围内上升，在年轻成年人中上升更快，在老年人中上升最少。健身并未抵消美国整体社会资本的销蚀趋势。[54]

实际上在所有运动中，唯一能在近年来基本坚守阵地的就是保龄球。[55]保龄球是美国最流行的竞技运动。打保龄球的人数是慢跑、打高尔夫球或打垒球人数的 2 倍多，是踢足球人数（包括儿童）的 3 倍多，是打网球或滑冰人数的 4 倍多。[56]尽管打保龄球给人以"迟暮"的印象，但其实在 1996 年，即便是 20 多岁的年轻人打保龄球的频率也比玩队列式滑冰高 40%。据报道，近年来为数更多的年轻人为一种被叫做"宇宙保龄"（cosmic bowling）或"摇滚保龄"（Rock'N' Bowl）的高科技混合运动所吸引。而且，对其他主要运动的参与更多地集中在年轻人和上层中产阶级两个人群中。但与健身房、自行车、慢跑、锻炼、游泳、网球、高尔夫、垒球和其他形式的运动不同，保龄在美国是一种为各种人喜欢的运动，不论是男性还是女性，已婚还是单身，工人还是中产阶级，老人还是年轻人。[57]

由于人口的增长，打保龄的美国人人数已经达到史上最多，但过去 10－15 年间，团队保龄运动却在直线下降。1980－1993 年，美国打保龄的人数增加了 10%，而团队保龄却减少了 40% 多。[58]图 6－11 说明了美国团体保龄的长期趋势，与我们已经研究过的美国其他形式社会资本的趋势刚好吻合——从世纪初开始稳步增长（"大萧条"和二战期间除外），1945－1965 年间爆炸性增长，直到 70 年代末都保持稳定，在过去 20 年里突然下滑。在 60 年代中期的高峰期，8% 的美国男性和接近5% 的美国女性都是保龄球队成员。但如图 6－11 所显示的，如果团体保龄继续以过去 15 年的速度持续下滑，它就将在新世纪的前 10 年里完全消失。

112

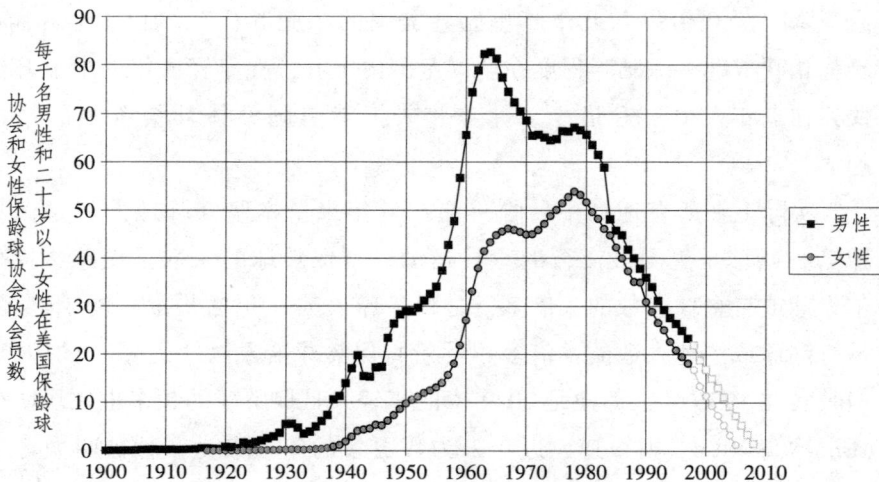

纵轴标签：每千名男性和二十岁以上女性在美国保龄球协会和女性保龄球协会的会员数

图例：
■ 男性
○ 女性

图 6−11：保龄球队的增长和下滑

　　鉴于有人可能认为保龄球是个无足轻重的例子，我在此强调，根据"美国保龄球联合会"的统计，9100 万美国人在 1996 年打过保龄球——比 1998 年国会选举的投票人数高 25% 以上。[59] 即便在 80 年代团体保龄衰落之后，还有 2% −3% 的美国人经常组队打保龄，不过正如我们所看到的，这一数字正在迅速下降。团队保龄的衰落正在威胁着保龄球运营者的生意，因为根据美国最大的连锁保龄球运营商的统计，组队打保龄球者消费的啤酒和比萨饼是单个玩家的 3 倍，而保龄球业的收入主要来自啤酒和比萨饼，而不是保龄球和球鞋。而保龄球的更大社会意义在于，人们在喝啤酒、吃比萨饼时会做交流，有时会做公共性的交谈，这是单个玩家所摒弃的活动。不管保龄球业是否真正如很多美国人所认为的那样影响了博彩业，保龄球队是另一种正在消失的社会资本形式。

　　严格来说，我将非团体性质的保龄球运动称作"独自打保龄"不过是为了更富诗意。到附近的保龄球馆随便走走就能发现，参加非正式团体的球手要多于孤独的球手。鉴于这些非正式团体代表了我所说的"闲聊"，近年来保龄球参加程度基本保持稳定的事实，实际上这对非正式联系的普遍削弱来说是一个重要例外。但另一方面，团体保龄需要一大群熟识的人经常参加，确实代表了一种持续性的社会资本形式，并非任何临时凑合的团队所能比拟。

　　和几十年前相比，尽管美国人运动的时间在减少，但我们观看体育赛事的时间和花费的金钱却在增加。体育赛事观众的队伍在迅速膨胀，这也有助于解释，职业体育选手的薪水为何在猛增。观众人数的增多部分是由于我们收看电视习惯的改变，但也反映在现场观众人数的变化中。扣除人口增长的因素，重大体育赛事的参加人数自 60 年代以来翻了近一倍。[60]虽说短期而言，单种体育赛事的命运随着时尚变化和劳资关系的波动时好时坏，但在过去 40 年间，几乎所有主要体育赛事的人均上座次数都在增长，包括职业垒球赛、篮球赛、橄榄球赛、曲棍球赛、方程式赛车，以及大学橄榄球赛和篮球赛。图 6 - 12 反映了这一趋势——最后是一条上升线，而它所代表的不只是被动观众的增加。

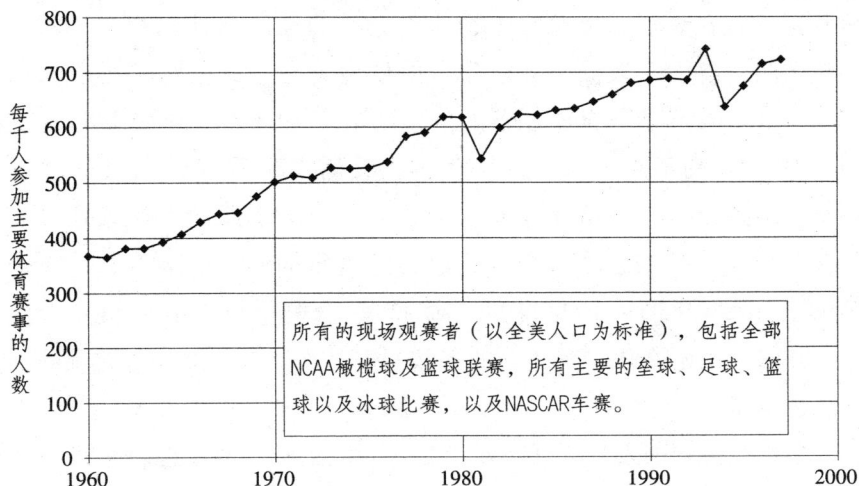

图 6 - 12：体育赛事观众的增长，1960 - 1997

　　从社会资本的角度来看，体育观众的增长绝不是一种损失。[61]在周五晚上与朋友分享一场高校橄榄球赛，应和共玩扑克一样，对社区产生了同样的促进作用。而且，至少在获胜方的支持者中，那种同享欢乐激情的感觉能增强人们的团结感。就连总是失败的红袜队（Red Sox）球迷也知道，共患难也能促团结。另一方面，令人印象深刻的是，我们之前在政治领域探讨过的"积极参与"与"消极旁观"之间的关系变化，也同样体现在体育活动中。玩橄榄球就像玩政治一样，看人玩和亲自玩总不是一回事。

同样的现象——看的人增多、做的人减少——也发生在美国人生活的其他方面。不论是流行文化还是高雅文化，观众人数的增长通常和人口增长保持一致，甚至超过后者。调查表明，艺术博物馆、流行或摇滚音乐会和电影院的人均访问次数保持稳定，甚至有所增长。1986－1998年间，尽管去教堂活动下降了10%，去博物馆却增加了10%；尽管室内娱乐减少了四分之一，看电影却增加了四分之一；参加社团会议减少了三分之一，观看流行或摇滚音乐会却增长了三分之一。[62]

另一方面，从许多角度衡量，"动手"文化（与其对立的是单纯地消费）一直在衰落。让我们看看那些经典的社区和社会交往形式，如小镇乐队、爵士乐表演，甚至只是简单地聚在一起弹钢琴。根据过去25年来的逐年调查，演奏乐器的平均频率从1976年的每年接近6次降到了1999年的不到3次。同期间内，会演奏乐器的美国人的比例从30%下降到20%，下降了整整三分之一，上音乐课的人在近几代人中一直在减少。[63]根据"全国音乐商协会"进行的调查，至少有一人会演奏乐器的家庭比例从1978年的51%持续下跌到1997年的38%。[64]虽说我们并未失去听音乐、看比赛的兴致，但喜欢一起演奏、一起玩的人却越来越少了。

当亚里士多德发现人在本质上是一种政治动物时，他肯定没有注意到非正式社交。然而我们的证据显示，大多数美国人通过各式各样的非正式方式彼此进行交往。不论人类本质如何，我们不大会成为隐士。但另一方面，我们的证据也显示，在过去几十年里，在许多活动上，我们与朋友、邻居的经常性联系都出现了剧烈下降。我们用餐时的谈话减少了，互访的次数减少了，参加能促进轻松社会交流的休闲活动也减少了。我们用于动手的时间减少，用于观看的时间增多——当然有时是和别人一起观看。我们和邻居变得疏远，拜访老朋友的次数变得更少了。简言之，我们不仅更少地参加"公益性"的公民活动，也更少地进行非正式联系。这一静悄悄地远离社会交际的趋势，是否将影响我们与他人同舟共济，或者为陌生人着想，这将是我们在以下两章里要讨论的问题。

第 7 章
利他主义、志愿活动和慈善活动

116　　利他主义、志愿活动和慈善活动——我们帮助他人的意愿，从某种程度上来说是衡量社会资本的核心标准。社会慈善家约翰·德维（John Dewey）准确地强调了"和谁一起做"和"为谁而做"的区别。这一区别的意义在罗德岛首府普罗维登斯一个关系密切的犹太社区近期的发展中体现得尤为明显。[1]

　　在庆祝普林节（Purim，犹太教节日）的时候，出于宗教习俗，这个社区的犹太居民通常都会互相拜访，赠送水果和点心（Mishloach Manot）。不过，最近几年里，这一习俗却因为没有时间、家庭度假之类的理由而被打破。现在，当普林节来临时，这里的居民很可能会收到这样一封来自邻居的信：

> 　　普林节期间我们将会在纽约度过。我们不太有可能会回来过节。今年请不要把点心留在门外。松鼠、小狗、小猫和兔子可能会吃掉它们。虽然没能送点心给你们，但我们已经以你们的名义向犹太教神学院捐款。

　　这样的慈善行为是可钦佩的。但是，传统的串门拜访却能够增强社区里的凝聚力。信封里的支票，不管它上面的数额有多大，都不能达到同样的效果。社会资本指的是社会关系中相互联系的网络，是一起活动117 的行为。尽管为他人做善事也是可称赞的事，但却不是社会资本的范畴。

　　不过，从经验上来说，社会网络为招募人力来做善事提供了渠道，它培养出了互惠的规则，鼓励人们关注他人的福利状况。因此，正如我们稍后将更加详尽看到的，志愿活动和慈善活动，甚至自发的助人为乐都受到了公民参与的强烈影响。事实上，在当代美国，那些正式或者非正式属于某一个社会网络中的人比起那些孤立的人来说，都更有可能贡献出自己的时间和金钱来做善事。出于这个原因，利他主义（以及下一章要讨论的诚实）都是诊断社会资本的一个重要标志。因此，任何关于社会资本的评估一定要包括对志愿活动、慈善活动和利他主义的趋势的评价。

为他人奉献自己的时间和金钱，是美国社会长期以来的独特传统。美国公民的乐善好施的行为比其他国家的公民要多出一倍。[2]在美国建国初期，这种助人行为主要是出于宗教的考虑。关心他人是美国人宗教信仰的核心宗旨。19 世纪末期，一股新的趋势逐渐成为了利他主义的新动因——帮助不幸的人成为了公民责任的一部分。就如安德鲁·卡内基（Andrew Carnegie）这位在内战之后的经济增长时期出现的新富在 1889 年的《财富真经》一文（*The Gospel of Wealth*）中所说的那样，财富是神圣的职责，它的所有者必须为社区做善事。[3]

在 20 世纪里，志愿活动和慈善活动都变得更有组织和专业化了。现代慈善活动始于 20 世纪初，不仅是因为工业革命使得个人财富增加，还得益于普通民众发明了一种新的筹款方法——社区慈善基金（联合劝募会的前身），以及筹款和志愿活动的日益专业化。全国范围的社区慈善基金数量从 1920 年的 39 个上升到 1950 年的 1318 个，覆盖了美国人口的 57%。[4]教堂仍然是进行志愿活动和慈善活动最重要场所，但新的有组织利他主义机构也逐步成为了这样的场所，如各种基金会、公司和社区机构等。

我们在前面提到过的这些公民组织的盛衰，如童子军、红十字会、"服务型社团"（扶轮社、基瓦尼社、狮子会）、家庭教师联谊会等，在动员志愿活动方面都非常积极。在整个 20 世纪里，从 1930 年的"为一毛钱奔走活动"（March of Dimes）到 50 年代的"世界视野"（World Vision），再到 70 年代的"人道关怀"（Humanity），以及 90 年代的"为美国人教学"（Teach for America），这些新兴的集体利他主义组织不断出现

118

回应着新的需求和变化的理念。在 1989 年到 1994 年间，美国公共慈善机构的增长是美国人口增长速度的 6 倍，到 1996 年，美国注册的慈善机构（不包括教堂）总共达到了 654 186 个。[5]

美利竖民族慷慨大方。我们当中，几乎有一半的人都有从事志愿工作的经验，包括有组织的活动，如在教堂和医院的活动，也有非正式的助人行为，如帮忙照看邻居的植物。一项广为引用的数据显示，在 1995 年，93% 的美国人用来做志愿的时间达到了 200 亿个小时。此外，我们用在慈善方面的金钱也相当可观。1997 年，美国个人、公司和基金会共捐赠了 1435 亿美元给慈善事业，其中有超过四分之三的款项是个人捐赠。1992 年，美国人共献血 150 万加仑，其中大部分献血者的意图纯粹是为了帮助他人。1989 年，74% 的美国人有捐款行为（不包括捐给宗教和政治组织的），35% 的人从事志愿活动，23% 的人参加过献血。看来我们比较符合托克维尔在 150 多年前的观察：

> 美国人总是喜欢用合理个人利益的原则来解释生活的每个行为。如若指出处于明智的自爱而不断引导他们去帮助他人，或者为国家之善而无偿地贡献出自己的时间和金钱，他们会非常高兴。[6]

面对日常生活的压力，奉献自己的时间和金钱常被看作是一种可供选择的慷慨行为。如果没钱，就贡献时间，反之亦然。不过，通常情况是，志愿行为和慈善活动是补充物，不是替代物。我们中的有一些人会同时贡献出很多金钱和时间，有些人却两样都吝啬。1995 年，志愿者比非志愿者捐出的款项要高出 2 到 3 倍。相反地，63% 的捐款人都是志愿者，只有 17% 的非志愿者有捐款。志愿行为是衡量慈善活动的重要指标，反之亦然。相似地，积极的献血者更有可能做志愿活动。利他主义的行为通常都会一连串地发生。[7]

我们当中的哪些人最乐善好施？[8]这个答案并不令人出乎意料——受过良好教育的人，有丰富的人际关系和财力资源的人，这些人更加有可能从事志愿行动，去捐款、献血。这其中，教育程度对所有利他行为来说都是最重要的影响因素。例如，大学毕业生比起高中生来，前者在过去一年做志愿活动的概率要比后者高出 2 倍（71% 比 36%），前者比后者献血的可能性为 13–18% 比 6–10%。从另一方面来说，物质资源并非是利他主义的最重要的因变量。事实上，由于穷人相对来说在参加教堂活动方面更加积极，他们献出的金钱并不比富人少。[9]

社区的规模也会有影响。在小城镇中，正式的志愿活动、社区活动、非正式的帮助行为（如帮助陌生人）、慈善捐款、献血等行为，都比大城市要多。[10] 年龄也是一个因素。志愿行为通常遵循一个倒置的 U 型规律，在每个人的 30 岁到 40 岁的时候达到顶峰。对小孩已经达到上学年龄的家长来说，志愿行为更加平常。另一方面，慈善活动通常都伴随着年龄和财富的增加而增加。[11] 就业状况也同志愿活动有关。由于志愿活动会影响到工作时间，因此，兼职雇员从事志愿活动的概率要高出许多。[12]

比起财富、教育程度、社区规模、年龄、家庭状况和就业状况，更加重要的是人们对社区生活的参与状况。与世隔绝的人几乎没有什么志愿活动，而那些积极融入社区生活的人（schmoozers and machers）却经常参与各种捐赠和志愿活动。

在 1996 年，世俗组织成员中有 73%、宗教机构成员中有 55%，都表示参加过志愿活动而其他未参加类似组织的美国人只有 19%，[13] 如图 7–1 显示，参加教堂和社团活动的美国人平均每年志愿活动的次数为 17 次，没有参加教堂或者社团活动的美国人平均每年志愿活动的次数为 1.7 次。参与世俗慈善活动似乎要比参与宗教活动更有影响力，因为，只去教堂的人平均每年的志愿活动为 5 次，而参加社团活动的人为每年平均 12 次。此外，世俗机构的参与活动通常还意味着参与社区活动，这一点在宗教机构上就没有得到体现。[14] 积极参加宗教活动的志愿者通常是在教堂里指引位子、拜访不能外出的社区居民，而积极参加世俗机构活动的志愿者常常会来帮助清洁本地区的操场之类。

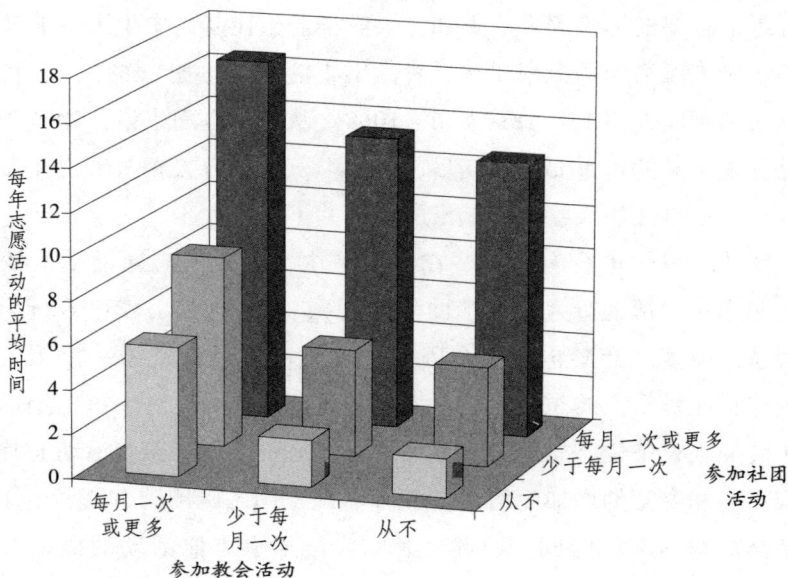

图7-1：参加社团和教会活动促进的志愿服务

交际应酬也和志愿行为有着密切的关联。[15]例如，图7-2显示，喜欢在家里招待客人的美国人则更愿意参加社区的活动以及从事其他形式

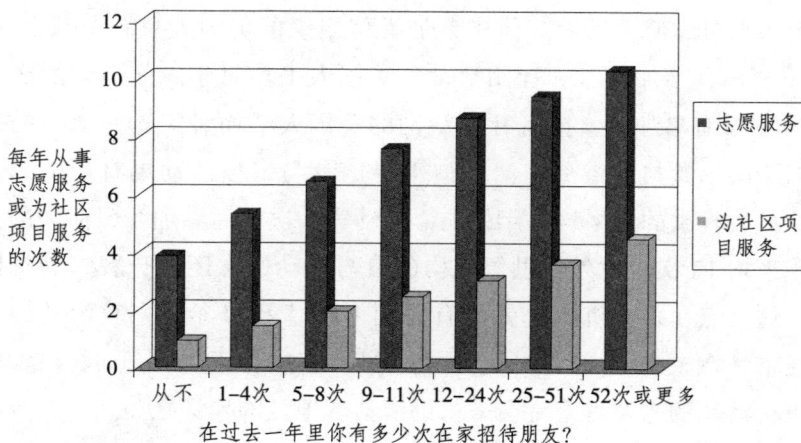

图7-2：交际应酬和助人为乐

的志愿活动。此外，那些积极参与到社区活动的人不仅会主动参与志愿活动，还会长期坚持从事志愿活动，而那些自我孤立于社会的人，通常只会短期暂时地做一些志愿活动。[16] 120

　　慈善活动同时也和有组织地参与活动紧密联系在一起。1996 年，87% 的世俗组织成员和 76% 的宗教组织成员参与过慈善活动，没有参加这类组织的美国人中只有 37% 的人参加了慈善活动。宗教组织的成员平均捐赠了他们收入的 1.9%（802 美元）给慈善机构，世俗组织的成员的捐赠水平更高，平均超过 2.3%（1167 美元），其他美国人平均为 0.4%（139 美元）。[17] 大致来说，参加组织活动的人比不参加的人在贡献自己的时间和金钱方面要大方几乎 10 倍。比起金钱数额来说，社会资本是慈善事业中更加有力的预测指标。

　　各种各样的利他主义都会受到社会资本和社区活动的鼓励。例如，除去年龄、教育程度、性别等背景因素，参加教堂和社团活动的人是献血者中的重要力量（见图 7-3）。积极参加社区活动的人比呆在家里的人献血的概率要高出 2 倍。甚至是在非正式的助人行为方面，如在自然

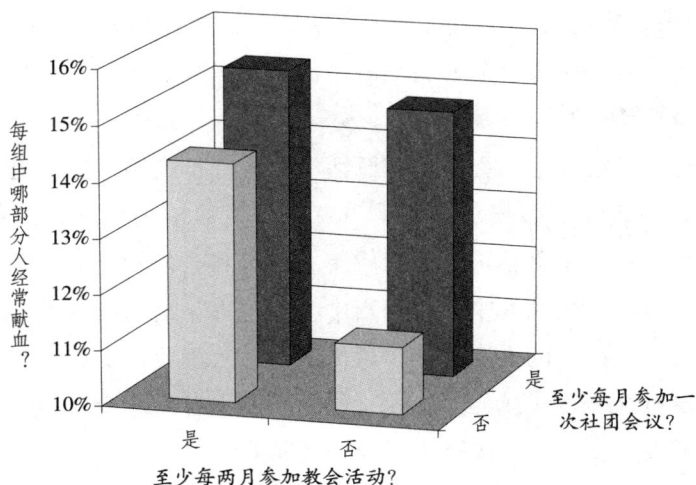

图 7-3：参加社团和教会活动促进的献血行为

灾难发生以后为他人提供情感上的支持或者帮助邻居留心家里的安全，都和一个人的社会关系网络的规模相互联系。[18]要想知道我是不是有可能会献出我的时间、金钱、鲜血或者帮一个小忙，你只需要知道我在社区生活中有多活跃，以及我和家人、朋友和邻居的关系如何。

121

出于多种原因，社会人际关系鼓励奉献。参加活动的人或许本身天性就大方慷慨，但是参与社会网络的程度比起本身的利他主义精神而言是衡量志愿活动和慈善行为的更有力的指标。[19]正如筹款人和志愿活动组织者所清楚地知道的那样，只用问一声，便足可令他们投入到志愿活动和慈善活动中。当志愿者被问到他们是怎样参与到某项活动中的时候，最普遍的回答便是"有人叫我这么做"。相反地，当潜在的献血者被问到为什么他们不献血的时候，最普遍的反应是"没有人叫我"。[20]

筹款通常意味着结交新朋友。所以，如果我在社会关系和社区生活中多投入一点，不管是正式的活动，还是非正式的活动，我被人叫去做志愿活动的机会就大一些。如果招募的人是我的朋友，我答应的机会也会大一些。社区组织需要人们的时间和金钱，成员依靠各自的参与和贡献，这不仅是为了社区组织，还是为了彼此。如果我加入家庭教师协会（PTA），我就很有可能被叫去参加筹款野餐，我在那里遇到的某个人可能也会邀请我去帮助抗癌协会的筹款活动。一旦处于经常参与者的名单上，就有可能一直留在那里。

志愿活动会催生出更多的志愿活动，既有正式场合的，也有非正式场合的。[21]有组织的参与活动似乎一直在反复灌输公民活动的技能以及伴随一生的利他主义精神，因为成年志愿者和捐献者更会由于他们的公民参与同青年人区别开来。我们当中参加过青年组织或者做过青年志愿活动的人，有一半的人会在成年后再次为慈善事业作贡献，比起那些年轻时候没有这么投入过的人来说，他们当志愿者的机会会多出 2 倍。最后，研究发现，[保持其他社会和个人特征不变，]那些受到帮助的人通常自己也经常帮助他人，因此，简单的一个助人为乐的行为会有涟漪效果。简而言之，奉献、志愿活动和参加社团都是相互促进和形成习惯的行为，就如同托克维尔说的"心灵的习惯"。

鉴于这样的背景，最近几十年在奉献和志愿活动方面呈现什么趋势呢？让我们从慈善活动开始讲起。每年，美国的慈善机构都会鼓吹在筹款等方面创下了新纪录。从有记录以来，现金的捐赠一直在稳定增长。即使考虑到通货膨胀和人口增加的因素，这一趋势大致上都是呈上升态势的，只有在经济衰退时期有过暂时的低落。按照一个对美国人慷慨大方表示乐观的组织者所说，美国人人均慈善捐款在 1960 年到 1995 年间几乎翻了 1 倍，从 280 美元上升到 522 美元。[22]

从另一方面来说，在慈善捐款方面的增加其实并不出人意料。因为在我们的收入增加的同时，我们对所有物品的支出也增加了。例如，在 123
1960 年至 1995 年间，人均捐款上升了 2 倍，人均支出，在购买鲜花、种子和盆栽植物方面却增加了 3 倍，在娱乐商品和服务方面，从水仙花到迪士尼乐园，从玩具到电视维修，几乎增加了 4 倍。[23]要衡量我们的慈善慷慨度，我们需要知道我们的捐赠和我们的收入相比到底有多少，而不是我们捐赠的绝对数。如果我们的收入增加了 4 倍，而我们每周给教堂的捐赠却只增加了四分之一，多数有理智的人都会说我很吝啬，而不是慷慨。拿来做公益善事的金钱，说到底应该是一个相对的数字，而不是绝对的。[24]

同我们的收入相比，美国慈善事业的趋势有点令人泄气。90 年代，美国人从收入中捐赠出来的金钱比 1940 年以来的任何时候都要少。如图 7－4 显示的一样，个人慈善活动的长期趋势和美国其他方面的公民参与的情况类似。[25]20 世纪的上半叶是一个全民慷慨解囊的时代。美国人在 1929 年到 1960 年间，从收入中捐赠出来的金额上升了 3 倍。在经历了大萧条和二战的暂时下滑后，美国人的捐赠数目在战后迅速上升并且保持在稳定的状态，在 1944 年到 1960 年间，增加了大约 50%（由于这个年代的经济增长快，所有实际的增加数目更大）。但是，从 1961 年开始，在接下来的 40 年里，美国人的捐赠款项却逐步下降，完全抵消掉了战后的成果。国民收入中由个人捐赠的部分从 1964 年的 2.26% 下降到了 1998 年的 1.61%，相对数字上下降了 29%。1960 年我们在娱乐上每花 2 美元就捐赠 1 美元，而到 1997 年，这个数目变成了 50 美分。

图 7 - 4：慈善捐赠的增长和下滑，1929 - 1998

慈善活动在时间和方向上出现了平行并列的趋势，美国人参与社区活动和前几章所谈到的社会关系几乎出现了同步涨落，这是颇不寻常的现象。不过，慈善活动中的长期上升或下降的现象却和经济的兴衰没有太大联系。1929 年到 1939 年间，受到大萧条的打击，美国人人均实际收入下降了 3%，而这段时间的慈善捐款却上升了四分之一。在随后的 20 年里，人均收入上升了 74%，但慈善捐款的增长却仍然和大萧条时期保持一致。在好日子和坏日子里，美国人都变得越来越慷慨。相反地，在 1960 年之后，我们的慷慨却开始逐渐缩水。在 60 年代和 80 年代的经济繁荣时期，在 70 年代和 90 年的增长时期，美国人日益减少的慈善捐款只有在 80 年代中期联邦政府改革税收条例的时候才暂时停止。124 简单地说，美国人慷慨行为的兴替在过去 70 年里都和社会资本的增减一致，而和我们的财富增减并无太大关系。

新教徒捐赠，1920-1995

十一个新教派别中每个教徒个人可支配收入中的捐赠部分

（纵轴：0.0% 0.5% 1.0% 1.5% 2.0% 2.5% 3.0% 3.5% 4.0%）

（横轴：1920 1930 1940 1950 1960 1970 1980 1990 2000）

天主教徒捐赠，1960-1989

每个天主教徒家庭收入中的捐赠部分

（纵轴：0.0% 0.5% 1.0% 1.5% 2.0% 2.5%）

（横轴：1920 1930 1940 1950 1960 1970 1980 1990 2000）

联合劝募会捐赠，1920-1997

个人收入中捐赠给联合劝募会的部分

（纵轴：0.00% 0.02% 0.04% 0.06% 0.08% 0.10% 0.12% 0.14% 0.16%）

（横轴：1920 1930 1940 1950 1960 1970 1980 1990 2000）

联合劝募会

联合劝募会加上其它基金

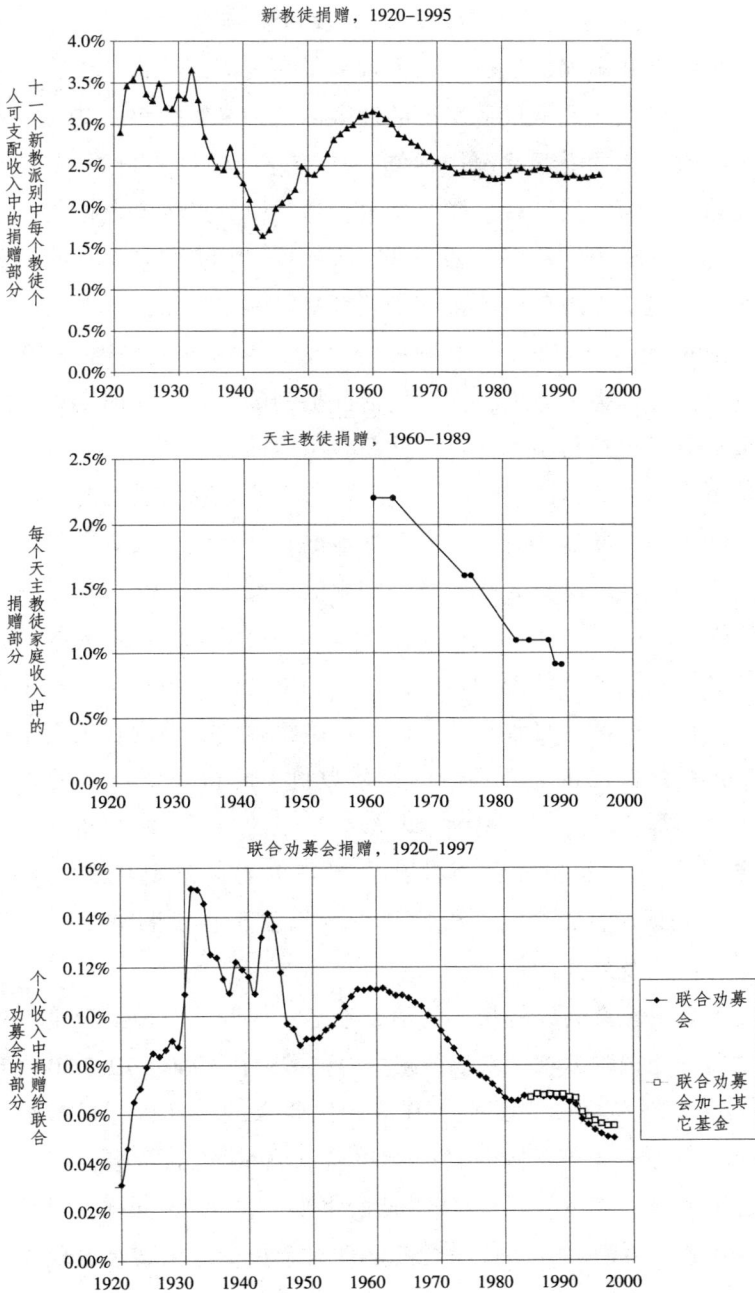

图 7-5：新教徒、天主教徒、联合劝募会捐赠的趋势，1920 年代-1990 年代

自 60 年代以来，美国慈善活动的没落影响非常广泛，涉及了不同社区的捐赠者和不同的受赠人。大致来说，美国慈善捐款中有一半是宗教性质的，所以我们从世俗组织的社区活动中来观察该趋势时，也可以从主要宗教团体的受赠状况中得知一些额外的信息。图 7 – 5 展示出了目前在新教组织、天主教、联合劝募会这类以社区为基础的筹款组织受赠情况的最准确长期趋势。[26] 在这些组织中，20 世纪上半叶的捐赠情况各不相同，但是，战后的慈善捐赠热潮却是有目共睹的。

在 1960 年至 1972 年的急剧下滑之后，新教徒的捐赠从 70 年代早期开始就停滞。另一方面，如我们前面提到的，在这段时期内，新教组织成员的数量也在稳步下降，因此新教组织的捐赠在国民收入中的份额也开始下降。因此，图 7 – 5 说明了新教徒慈善活动减少的原因。换句话说，如果一个新教徒完全放弃参加他的教会活动，就如同最近几年里许多人一样，这样的行为在经济上的影响在图 7 – 5 中就没有反映出来。

约翰（John）和西维亚·荣斯瓦拉（Sylvia Ronsvalle）是美国教会融资会的两名学生领袖，他们指出，新教徒捐赠行为的减少不仅发生在宗教的部分。福音教派会将收入的大部分捐赠给教堂，但现在他们平均每个成员的捐赠数目比正统新教徒的捐赠数目下降得还要快。[27] 此外，在正统新教徒和福音教徒中，捐赠给非教会组织的款项下降得更加厉害，从 1968 年以来下降了 38%，而教会内部获得的捐赠则从那时起下降了 12%。[28] 换句话说，教会内部机构得到的捐款正在不断减少，这使得教会也无力再顾及外面的世界。

关于天主教教会经济状况的信息不多，但调查发现，天主教徒从收入中拿出来的捐赠款项比新教徒减少得更多，在 1960 – 1963 年和 1988 – 1989 年间下降了 59%。[29] 最后，作为国民收入的一部分，捐赠给美国数以千计的联合劝募会机构的款项只相当于 1960 年的一半，而且，事实上，这个数字是自 20 世纪以来最低的水平（图 7 – 5 同样也显示出非营利机构在 80 年代和 90 年代举行的活动对于长期的捐赠衰退现象并无多大帮助）。

这一系列关于慈善行为减少的证据得到了罗珀和扬科洛维奇民意调

查对慈善活动进行的两项长期调查的证实。图 7－6 显示，在 1980 年前期这段处于大萧条以来的经济最衰退时期的中期，至少有一半的美国人表示自己在上个月给慈善基金捐了款，超过一半的人表示他们至少会偶尔向宗教组织捐款。不过，在接下来的 20 年里，这两项指标都开始稳定下降。到了经济繁荣的 90 年代中期，不到三分之一的美国人在前一个月有过捐赠行为，少于五分之二的美国人在前一个月里向宗教机构捐了款。[30]换句话说，受访者自己报告的数据和受赠机构的数据相同，在 20 世纪的最后 10 年里，虽然经济繁荣，但美国人的慷慨程度却下降了。

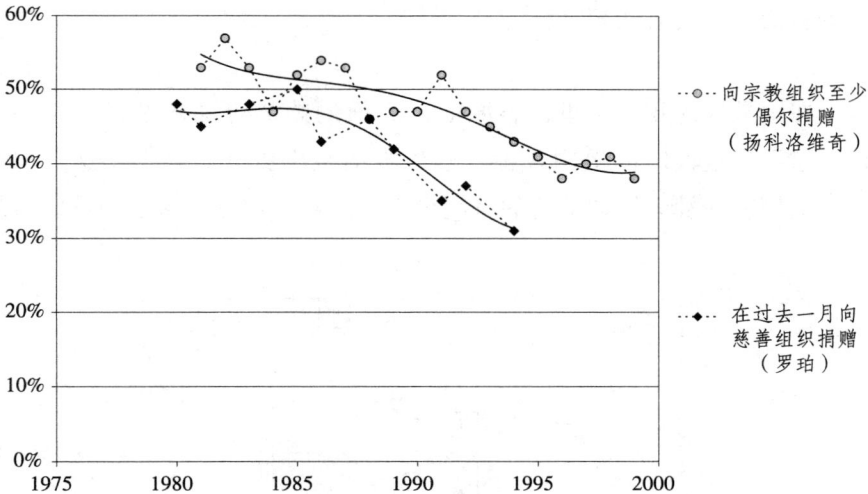

图 7－6：据报道的 1980 年代及 1990 年代慈善捐赠的下滑

　　这样的下滑趋势对美国人支持社区组织产生了物质上的影响。如果我们在世纪末的捐赠能够达到 60 年代我们父辈时期的水平，联合劝募会每年将增加接近 40 亿美元可以用来投资，美国宗教机构每年的收入将再多出 200 亿美元，每年全国慈善捐款的总数可以增加大约 500 亿美元。[31]由于我们的实际收入比父辈的要高 2 倍，我们在绝对数目上的捐赠还是比他们的高。不过，我们用在别人身上的钱却远远少于用在自己身上的。

127　　对于这些越来越少的慈善行为，有多种不同的解释。新教徒捐款的下降和不适当的强调"管理工作"有关，尤其是在教会领导之间。[32]天主教教徒捐款的下降和人们对教会宗旨的不满有关，尤其是在节育和男性霸权问题上。[33]联合劝募会捐款的下降则归罪于1992年发生的性丑闻和挪用公款丑闻，也包括他们为了获得"其他"运动的利润而进行的竞争。不过，考虑到1960年后美国人慈善行为下降的范围和时间，更加合理的做法应该是从更加宽广的社会变化中去寻找答案，而不是怪罪这些受赠机构本身的弱点。在美国慈善事业蓬勃发展了多年之后，在20世纪的最后40年里，美国人变得越来越吝啬，这正巧和我们脱离社区的社交生活的时间相吻合。

在这最后的几十年里，志愿活动方面的趋势更加复杂，在某些方面，这要比这段时间美国各种社会资本的减少更有意思。在这几十年里，美国人在社区活动上花的时间更少，这和我们已经谈过的社区参与

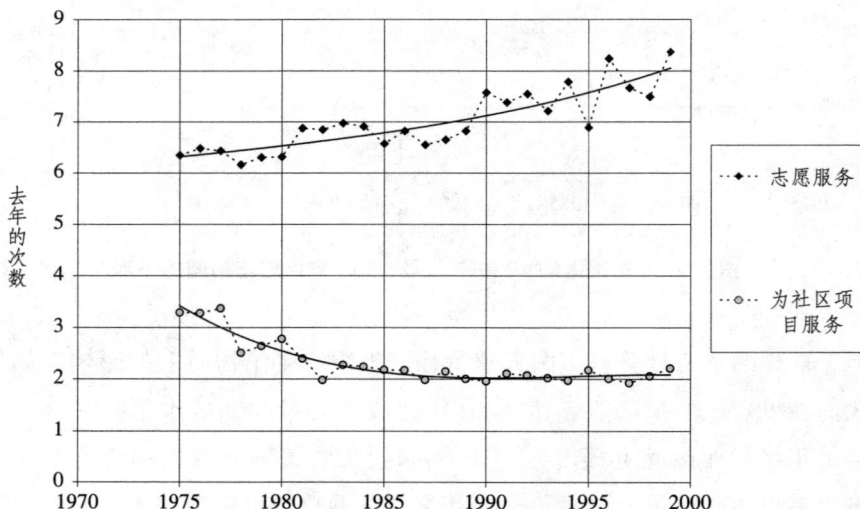

图7-7：志愿服务的增长，为社区项目服务的下滑，1975-1999

活动减少是一致的。1975－1976 年里，超过五分之二的美国人在上一年参加了社区工作，但是，在 1998－1999 年，这个数据下降到不到三分之一（图 7－7 显示，这些活动参加人数的平均数字每年下降超过 40%）。

相反地，同样是这些人宣称在同时期志愿活动出现了稳定上升。他们参加志愿活动的概率是参加社区活动的 2 到 3 倍，这反映出人们认为志愿活动是提供个人服务，而不是社区服务。志愿活动和社区活动朝着不同方向的发展，意味着一对一的志愿活动正在越来越普遍。不管是什么立场，普通美国人在 70 年代每年会从事超过 6 次的志愿活动，但是到 90 年代，这个数据上升到了每年 8 次（见图 7－7）。这个结论和盖洛普民意调查的结果大体上一致。盖洛普调查发现，美国人投入到慈善或者社会服务活动中，如帮助穷人、病人或老人，这一比重从 1977 年的 26% 稳步上升到 1991 年的 46%。[34]

教会活动和社团活动的参与人数减少，志愿活动却在增长，这是一个很难解释清楚的现象。今天和 20 多年前一样，大部分的志愿者是通过地区的宗教关系和其他社区机构招募的。这些招募机构在相同的时期里一直在减少，但志愿活动却在增加。志愿活动怎么可能在组织机构萎缩的同时反而蓬勃发展呢？

面对教会和社团的积极活动分子的减少，志愿活动的招募者要么是努力挽留现存的参与者，要么是向组织外的领域寻求发展。根据大量证据的显示，他们选择了后者。虽然既参加教会又参加社团的人减少了，但他们当中参加志愿活动的比例却在 1975 年至 1999 年间上升了超过 50%，而这段时间里，既不参加教会也不参加社团的人的志愿比例却上升了超过 3 倍。[35]教会和社团的成员依旧是志愿活动的主要参与者，不过，同 20 年前相比，各种组织却已不再是从事志愿活动的唯一路径了。乐观一点，我们可以说，志愿活动已经扩散到传统的社区机构以外的地方。稍微悲观一点的说法则是，人们对志愿活动的承诺变得脆弱，更加随性，人们更多是依靠单向的责任，而不是通过紧密交织的有组织参与加强相互间的关联。[36]

　　这些新增加的志愿者到底是哪些人呢？他们竟敢这样莽撞地逆社会趋势的大潮而动。事实上，他们是我们很熟悉的一部分人。因为新增的志愿者主要集中于60岁以上的老人。在20世纪的最后25年里，老年人的志愿活动几乎增加了2倍（从平均每年6次增加到平均每年12次）。同时，20多岁的年轻人从事志愿活动的增加则较为逊色（从每年3.5次增加到4.5次），而在其他年龄层（30岁到59岁）的美国人中，志愿活动还在下降。图7-8显示出最后25年里各个年龄层的志愿活动的发展趋势。[37]这个图表和年龄本身的影响相一致，并且比较了1998年某一年龄阶段的人和1975年相同年龄的人参加志愿活动的频率。例如，1998年20岁出头的人比1975年相同年龄的人参加志愿活动的频率要高39%。同样地，1998年里超过75岁的人比1975年相同年龄的人参加志愿活动的频率要高出140%。相反地，1998年里30岁出头的人却比1975年相同年龄的人低了29%。

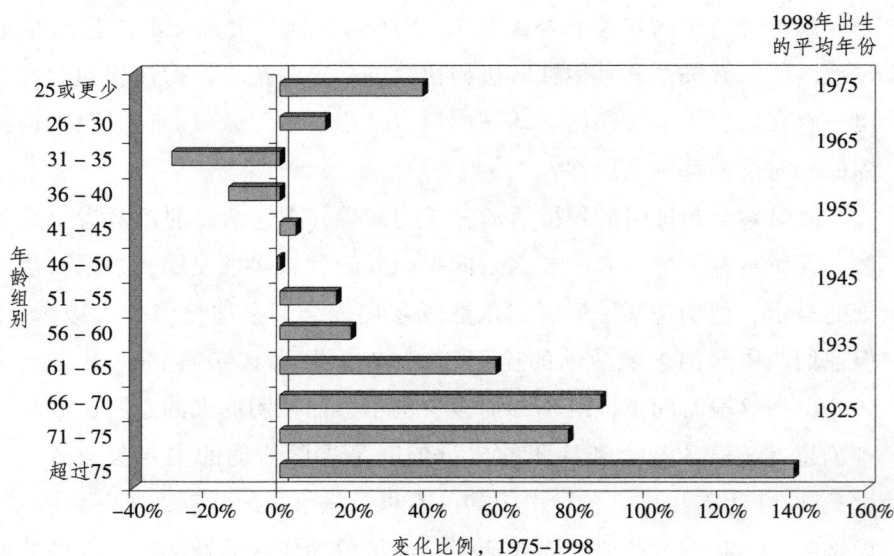

图7-8：按年龄组别划分的志愿服务趋势，1975-1998

由于在这几十年里，各个时代的美国人都已经经历了这些年龄层，因此我们可以通过代际交替来识别这些趋势。在20世纪前30年出生的人和他们的孙子辈，即所谓的新世纪世代，在1998年里从事志愿活动的频率高过70年代与他们相同年龄的人，不过，在"婴儿潮"之后出生的人（90年代步入30岁和40岁的人）却比1975年相同年龄的人低。

如我们前面提到的那样，社区活动的参与率（不同于广义上的志愿 130 活动）在20世纪的最后25年里开始下降。每一代的下降规律和志愿活动的变化规律几乎相同。图7-9显示，各个年龄层参加社区活动的人数都在下降，这在30岁到最高65岁的人群里表现得尤其明显。换句话说，虽然社区活动的参与同25年前相比要逊色，但是长期参加社区活动的一代人却在继续为社区建设作贡献，不过，"婴儿潮"一代人却没有以前相同年龄的人那样积极。

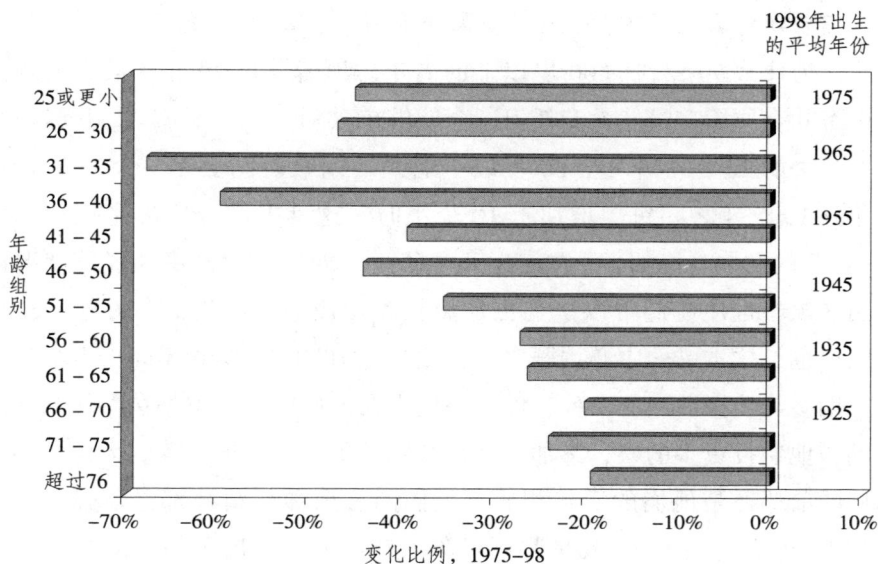

图7-9：按年龄组别划分参与社区项目的趋势，1975-1998

通常，退休就意味着退出公民活动，从历史上来说，在50岁之后，一个人的志愿活动就会减少。不过，现在的这一代老年人却没有遵循这个传统。最近几十年来的志愿活动的兴盛和他们的贡献密不可分，而且他们还一直在阻止着社区活动的衰退。

从另一方面说，在最近几年来，对于体力要求较高的志愿活动进入了艰难时期，这很可能是由年轻的志愿者数量减少导致的。例如，虽然美国有超过40%的人口全部或主要依靠志愿消防员保护，但全国范围内志愿消防员占专业消防员的比例在1983年至1997年间却下降了25%，越来越少的年轻人愿意接替他们的前辈做义务消防员，因此，社区不得不去雇佣专业消防员。同样地，即使因担心献血感染艾滋病，这一献血的主要抑制因素在同期出现了大幅下降，但每一千个成年人中的献血者的比例还是从1987年的80%下降到1997年的62%。导致献血人数下降的另一个原因是年轻的献血者没有能够接上父辈的班。[38]简单说，老年人能够做的志愿工作，例如给小孩辅导，却出现了上升。而那些需要年轻人做的志愿工作，如救火和献血，却在下降。

为什么90年代的60岁以上的老年志愿者要比70年代的多？这其中有几个原因，虽然没有任何一个能够单独对其进行解释。[39]调查显示，在过去的20-30年里，60岁以上老人的闲暇时间更多，大约在1975年到1995年之间每周增加了10个小时，这其中部分原因是提前退休（自愿的和非自愿的）。[40]在最近几十年里，老年人的健康和经济状况的明显改善也使他们可以享受更加悠长和积极的退休生活。另外一个原因，也是这本书的中心主题之一，便是1910年至1940年间出生的人是长期参与公民活动的一代，即这一代人在他们的一生中都在参加社会活动，他们投更多的票，参加更多的社团，更加信赖他人等。无论是同他们的前辈还是他们的后代相比，他们的公民参与精神都是最强的。在20世纪末，这一代人几乎都已经步入花甲之年。出于他们对公民参与的天性，甚至是在退休后，他们也决心要成为出色的公民。

简单说，最近几十年里志愿活动的增加主要都是集中在这一代人里。教会和社团志愿活动的增加也多是因为这一代人长期以来坚守的公民责任和他们对提高了水平的休闲生活和生命活力的钟爱。相反地，1950 到 1965 年出生的一代人，他们的志愿活动却在减少，尤其是在社区活动方面。因此，这些年里志愿活动增加确有其事，不过，这并不代表着整个社会的社会资本在增加。在世纪之末，我们正在经历的并不是志愿活动蓬勃发展的春天，而是其愉快宁静的晚年。

此外，那种牵涉到社区项目的志愿活动形式（区别于一对一的互助）实际上正在减少。在第 2 章里（图 2 - 1），我们发现，与像参加公众集会或为本地机构工作的集体性公民活动相比，诸如写信给编辑等，个人的公民活动减少得更快。相似地，我们已经发现，个人的助人行为，如为不能出门的人读书，却没有随着公民参与的缺失而减少，但是，那些需要集体努力的社区活动，如修整社区的花园，却减少了。

志愿活动的增加有时候被看作是对公民参与活动减少的一种补偿。这个观点认为，年轻一代不再依赖政府，他们开始卷起袖子自己完成工作。不过，有关新兴志愿活动的数据却和这个乐观的观点相反。首先，志愿活动的增长主要集中体现在"婴儿潮"一代正在逐渐变老的父辈身上，而退出公民活动的行为却不相称地集中于"婴儿潮"一代。

其次，志愿活动是良好公民参与和政治参与的一部分，它们不是非此即彼的关系。同非志愿者相比，志愿者对政治更加感兴趣，对政治领袖没有那么多的微词。志愿活动是一种积极参与政治活动的象征，而不是拒绝政治的标志。这条规则适用于任何人，而且，在世纪之交的现在和在 25 年前一样有效。相反地，在政治上愤世嫉俗的人，哪怕是年轻人，同其他人相比，从事志愿活动的机会都要小。在 20 世纪最后的几十年里，人们对政治的疏离开始增加，对志愿活动也是这样。志愿活动 133 增加的原因并不是人们在政治活动上更加不积极。[41]

这样的证据同样也使得人们对未来志愿活动的乐观情绪受到打击，因为最近促使志愿活动增加的一代人在接下来的一二十年来可能就会离开人世。当然，也有可能"婴儿潮"一代人在 2010 年进入退休年龄之后，会更加积极地参与志愿活动。实际上，同他们退休前的参与情况相比，他们确实可能真会那样。不过，要是同他们的前辈相比，说积极可能是言过其实了。到目前为止，"婴儿潮"一代和他们的父辈相比，仍然更不热心于公民参与活动，在这一点上，他们甚至还不如他们的后代。所以，要说志愿活动的增加在未来20年里还会持续，可能还是太过冒险。

有人或许会希望——事实上，我就是——希望从新世纪一代（millennial generation）中开始产生一种源源不断的新的志愿精神。大量的证据显示（包括由图7-8和7-9总结的，以及第14章的证据总结出的），和他们的上一代人相比，90年代的年轻人对志愿活动的奉献是不对等的。这是有关美国可能会出现一场公民参与复苏现象的最振奋人心的证据，尤其是如果这一代年轻人能将这种精神带进他们的成年时代，将个人的关心扩展到更广的范围，如关心社会政治事务。不过，新世纪一代若要弥补他们的父辈长期"缺乏公民精神"（incivism）在这方面留下的空缺，以及传承他们逝去的祖父母们高度的公民参与精神，还将任重而道远。

第 8 章
互惠、诚实与信任

你的骨子今天熟，我的谷子明天将熟。如果今天我为你劳动，明天你再帮助我，这对我们双方都有利益。我对你并没有什么好意，并且知道你对我也同样没有什么好意。因此，我不肯为你白费辛苦。如果我为了自己利益帮你劳动，期待你的答报，我知道我将会失望，而我所依靠于你的感恩会落空的。因此，我就让你独自劳动，你也照样对待我。天气变了，我们两人都因为缺乏互相信托和信任，以致损失了收成。

——大卫·休谟（David Hume）[1]

普遍互惠准则是社会资本的试金石。普遍互惠的意思是：就算我不认识你，就算我得不到丝毫立竿见影的回报，我也会毫不犹豫地帮助你，因为我坚信，你或者其他人在未来我需要帮助的时候，也会给我以回报。正如哲学家迈克尔·泰勒（Michael Taylor）指出的：

> 在一个互惠系统内行动的每一个人，通常都兼具两个特征，可以称其为短期的利他与长期的利己，二者结合在一起。我现在帮助你，并期望你会在未来帮我脱困，虽然这个期望可能是隐隐约约的、不确定的、未经精打细算的。互惠性是由一系列行为组成的，这些行为在短期内都是利他的（对他人有利，对助人者不利），但这些行为结合在一起，通常会让所有参与者都受益。[2]

普遍互惠的规范是一个黄金规则，是文明生活的基石，所有崇高的道德准则都包含有这个规范的一定要素。而推崇私利的"唯我独尊年代"，则以"人不助我，我不助人"为特征，这是对互惠准则的颠覆和讽刺。亚历山大·德·托克维尔在19世纪早期拜访美国时，美国人无论如何都不愿乘人之危、主动为邻居看家护院的现象，让他深受感动。不过，正如托克维尔指出的，美国民主的成功不是因为美国人遵守了什么高尚到虚无缥缈的大公无私的规则，而是因为美国人追求的是"合情合理的自利"。[3]

如果一个社会的成员遵守普遍互惠准则，比如在自家的树枝伸到邻居的后院之前先行修剪、借10美分给陌生人付停车费、赚到加班工资后为同事买饮料、照看朋友的房子、轮流为主日学校带小吃、在飞机落地后照顾晕机的儿童等，他们就会发现，他们的自身利益也得到了实现，就像休谟笔下的两位农夫，如果相互援助，就会获得更好的收成。

在一些情况下，回报是立竿见影的，道理也是不言自明的，比如帮助邻居修理草坪。但在另一些情况下，回报是在一段时间之后才会显现的，而且不是显而易见的。比如生活在一个社区里，当地的居民都会照顾走失的儿童，这一点带来的好处就不是那么明显。在这种极端的情况下，普遍互惠准则就变得接近于利他主义，而难以被视为利己主义。托克维尔所说的深刻的道理——"正确意义上的自利"，指的就是这个意思。

如果每个人都能放弃一些警戒心，经济学家所说的"交易成本"（日常商务活动与商业交易的成本）就会降低。所以，正如经济学家最近发现的，在其他因素相同的情况下，人们相互信任的社会拥有相当大的经济优势。[4]一些日常的交易费用是弥漫在社会之中、隐而不彰的，比如人们会担心收银员找的钱对不对，反复检查是否锁上了车门等。也许由于这个原因，研究公共健康的人发现，在信任度高的社会里，甚至人均寿命都会变长。[5]就像货币交易比物物交易效率高一样，以普遍互惠为基础的社会要比人人自危的社会效率高。社会生活总避免不了摩擦，而诚信是一种润滑剂。

事实表明，"诚信至上"（Honesty is the best policy）是一句睿智的格言，而不是庸俗的口号，但前提是其他人也遵循相同的准则。社会信任只有在能够得到保障的情况下，才是一种珍贵的社会资产。如果我们彼此诚心相待，而不是因担心对方背叛而拒绝合作，我们就能获得更大的利益。但是，在一个诚信普遍缺失的社会里，诚实的人得不到好处，除非他想成为圣人。普遍互惠（互信）是一项社会资产，但普遍轻信则不是（*Generalized reciprocity is a community asset，but generalized gullibility is not*）。[6]其中关键的要素是，可信赖性（trustworthiness），而不是简单的相信（trust）。[7]

在一个由凡夫俗子组成的社会里，什么样的保障能让我们相信别人的善意？一种很好的保障是法律体系，包括法庭和执法体系。不过，如果我们连签订、执行最简单的协议（如是否修剪彼此的草坪、是否轮流为主日学校带小吃）都需要司法意见和警方的介入的话，交易成本就会剧增，必定会让许多极为有益的合作泡汤。正如研究信任（与黑手党）问题的学者迭戈·加姆贝塔（Diego Gambetta）说的："与依靠其他方式维持诚信的社会相比，严重依赖强力的社会，其效率会比较低，社会交往的成本较高，社会氛围也比较不舒适。"[8]

社会科学界近期发现，在我们日常交往所归属的社区组织中，还有另一种固有的保障。[9]紧密的特殊交流网络能够巩固一种有效的普遍互惠。如果两个有可能合作的人身处一个内部联系紧密的社会之中，他们就很有可能会在未来的某个时候相遇，或者通过传言了解到彼此的情况。因此，对他们而言，声誉事关重大，肯定要比从金钱欺骗中得到的好处更有价值。从这个意义上说，紧密的社会网络能使人更加诚实。

基于个人经验的诚实与基于某种普遍社会规范的诚实，是有重大差异的。在街角的店铺碰见一个你已经认识多年的人并信任他，与信任一个上周才在咖啡店有点头之交的人是完全不同的。如果信任是基于强劲的、频繁的、植根于更广泛网络的个人关系，那么，这种信任可称为"深厚信任"（thick trust）。[10]另一方面，更浅层的信任则是对"一般人"（the generalized others）的信任，比如你在咖啡店刚刚结识的人，这种信任也隐隐植根于某种共同的社会网络与互惠期待的背景之中。[11]单薄信任

（thinner trust）甚至要比深厚信任更有用，因为它将信任的半径扩展到了我们的熟人圈子之外。[12]不过，如果一个社会的组织结构变得涣散，它传递和维持声誉的效率就会减弱，它支撑诚信、普遍互惠、单薄信任等规范的力量也会衰落。

政治学家温迪·瑞恩（Wendy Rahn）和约翰·特安休（John Transue）发现，我们可以将社会信任或普遍信任（即我所称的"单薄信任"）定义为，人们随时准备相信大多数人（即使是素不相识的人）的善意。[13]这样的社会信任与许多其他形式的公共交往与社会资本都有紧密的联系。在其他因素相同的情况下，信任他人的人参加志愿活动较多、慈善捐款较多、对政治和社区组织的参与更为频繁、更愿意出任陪审员、献血次数更多、更愿履行缴税义务、更能容忍少数派观点、并会展现出许多其他形式的公民美德。而且，更积极参与社区生活（甚至是个人生活）的人，对税收欺诈、冒领保险金、虚填银行贷款表格、求职时虚报履历等行为的容忍度较低。另一方面，实验心理学家的研究表明，相信他人是诚实的人，自己也不大会撒谎、骗人、偷窃，而且更尊重别人的权利。从这个意义上讲，公民参与和社会信任是相互强化的。[14]

简言之，信任别人的人是全面发展的好公民，而那些积极参与社会生活的人，不仅更信任别人，而且更值得信任。相反，脱离公共生活的人认为自己被恶人环绕，从而会缺乏诚实的自律。公民参与、互惠、诚实与社会信任这四者之间的因果关系十分复杂，就像一团乱麻，只有谨慎的研究甚至具体的实验，才能厘清这些关系。[15]不过在这里，我们只需要明白，这四者是紧密交织在一起的。

由于上述的这些原因，要了解过去几十年里美国社会资本的变化趋势，就应当考察这一期间美国的社会信任与互惠性的演变过程，而且不仅要研究熟人之间的深厚信任的变化，还要研究陌生人之间的单薄信任的变化。这就是本章的核心议题：我们已经发现的社会资本与公民参与的变化趋势，是如何反映在美国的社会诚实与信任的变化趋势之中的？

我们在此讨论的话题是社会信任，而不是对政府或其他社会机构的信任。显然，对他人的信任与对各种机构、政治机关的信任是截然不同的。有人信任自己的邻居而不信任市政厅，有人恰好相反，这都很正常。从实证的角度讲，社会信任与政治信任也许有关，也许无关，但从理论的角度看，我们必须将二者区别对待。对政府的信任也许是社会信任的某种原因或结果，但并不是社会信任本身。[16]

　　幸运的是，几十年来，民意调查机构不断就有关社会信任与诚实的标准问题对美国人进行询问。不幸的是，这些回答总带有某种无法清除的含混因素。以最常见的调查问题为例："一般而言，你认为大多数人是可信任的，还是说对别人最好要留个心眼?"很明显，该问题涉及的是人们对一般人的信任感，即单薄信任[17]，但从某种角度看，回答的含义是含混不清的。如果回答"大多数人可以信任"的受访者变少了，这只是说明以下三种可能之一：（1）受访者的回答准确地反映了现实，诚信在今天变得稀缺了；（2）他人的行为其实并未变化，只是我们变得更多疑了；（3）我们的伦理要求与他人的行为其实都没有变化，只不过也许由于媒体报道变得更追求新奇轰动，我们现在对别人的欺骗行为有了更多的了解。

　　要把这个事情弄清楚是不容易的，就像当一位幼儿园的小朋友说他的玩伴要赖时，你无法判明真相一样。但是，社会信任的社会地理分布状况表明，我们应当首先假定，有关诚信的民意调查结果准确地反映了受访者的社会经历。几乎在所有社会里，无权无势者都要比有权有势者更有戒心，也许是因为后者一般会得到更多的信任和尊敬。[18]在美国，黑人比白人更不信任别人，困窘者比有钱人更不相信别人，大城市居民比小城镇居民更不信任别人，曾受犯罪伤害或离过婚的人比没有这些经历的人更不信任别人。[19]合理的推测是，在上述的所有情况中，不同人群对他人信任度的不同，反映了他们实际经历的差别，而不是心理倾向的差异。当这些人在民意调查中表示大多数人不值得信任时，这并不是他们的幻觉，而是他们的真实体会。

　　我们可以以城市规模为例。在前一章中我们提到过，证据表明，几乎所有利他的行为都在小城镇里更为普遍，如参加志愿活动、社区项

138

目、慈善活动、为陌生人指路、帮助受伤者等。在城市里，各种犯罪的发生率都要比小城镇高 2 – 3 倍。（所以毫不奇怪的是，犯罪和暴力活动的受害者，不论居住在哪里，都会变得不大信任别人，这是完全可以理解的，他们只是从自己的经历出发，改变了对"他人是否可信"这一问题的看法）。与城市里的店员相比，与城里的同事相比，小城镇的店员更有可能返还顾客多付的钱。与大城市居民相比，小城镇居民更愿意帮助打错电话的人。在大城市里，骗税、求职履历造假、保险欺诈、银行贷款申请造假等行为得到宽恕的概率，要比小城镇里高 3 倍。与大城市的汽车代理商相比，小城镇代理商对汽车进行不必要修理的情况要少得多。[20]

简言之，大城市居民比较不信任一般人，这并不是城市生活导致的某种特殊的多虑症，而是真实地反映了大城市居民的实际经历和大城市的社会模式。当然，由于非正式的社会控制较弱，大城市居住起来更为自由，就像中世纪的谚语所说的，"城市空气使人解放"。为了交换这种自由，单薄信任的削弱也许是值得付出的代价。但是，当城市居民表示他们不大信任别人的时候，他们是在准确地表达社会环境带给他们的感受。[21]

当然，这种感受并不是完全客观的。它在某种程度上也反映了个人的愤世嫉俗与疑神疑鬼，甚至反映了某种自身不诚实的倾向。[22]通常，觉得自己不可信的人，对别人也比较不信任。[23]事实上，社会信任很容易造成恶性循环或良性循环，因为我们对他人可信度的预期会影响我们的可信度，而这又会影响他人的行为。但我们应该从一个比较简单的假定出发：不论人们是表示"大多数人是诚实的"还是"多个心眼总没坏处"，他们都是在真诚地总结自己的经历。而且，我们也可以合理地假定，人们早年的个人经历和感受到的社会规范，会极大地影响他们在互惠、普遍信任等基本问题上的观点。正因为这个原因，我们将幼年称为社会心理的"形成期"。

当今的大多数美国人认为，与我们的父母相比，我们生活在一个信任度降低的社会里。[24]如图 8 – 1 所示，在 1952 年，就"美国社会风气是否仍和过去一样高尚"的问题，赞同者与反对者几乎各占一半。但在 1998 年，在愤世嫉俗的情绪滋长了将近 40 年之后，约四分之一的美国人认为，社会的诚信度与道德风气不如以往。不过，这也许只证明，现在流行怀旧。

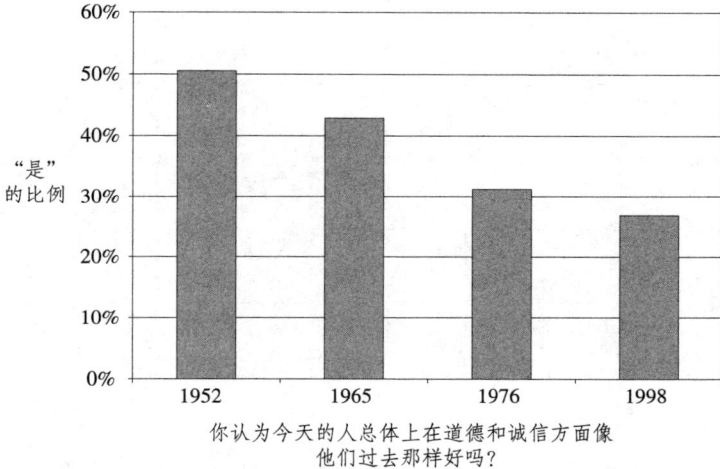

图 8 - 1：对诚信和道德在感觉上的下滑，1952 - 1998

民意调查档案也许可以让我们遮住这种"金色光芒"，至少在一定程度上发现真相。民意调查档案可以告诉我们，上代人对于相同的问题究竟是怎么回答的，我们可以将现在的感受与这些回答相比较，而不是与我们设想的上代人的感受相比较。一份最有说服力的证据显示，从 20 世纪 40 年代中期到 60 年代中期，美国的社会信任度不断上升，并与许多其他社会资本的衡量标准一样，在 1964 年达到顶点。也就是说，20 世纪 60 年代的美国中年人所处的社会，也许比他们成长时所经历的 140 社会更有诚信氛围。[25]

但在 20 世纪 60 年代中期，这个良好的趋势转向了，社会信任开始长时期地衰落（见图 8 - 2）。[26]年复一年，认定"多数人可以信任"的美国人越来越少，表示"和别人打交道时最好多个心眼"的人越来越多。由于普遍互惠和诚信是重要的社会润滑剂，与我们的父辈和祖父辈在一代前相比，今天的美国人在日常生活中会经历更多的摩擦。从图 8 - 2 还可以明显看出，社会信任的降低在美国年轻人身上体现得最为明显，从大约 1985 年以来，尤其如此。[27]

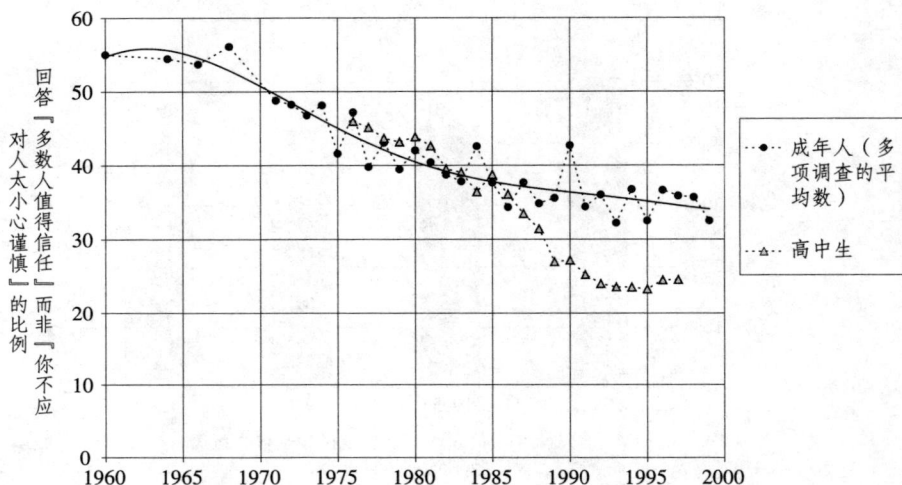

图 8 - 2：信任在四十年内的衰减：成年人和青少年，1960 - 1999

　　20 世纪 60 年代以来美国社会信任的降低，大都是代际更替造成的。[28]而且，这场代际更替似乎在过去一二十年里有所加剧。20 世纪 70 年代，在出生于 20 世纪前三分之一时间里的美国人之中，大约 80% 的人相信"大多数人是诚实的"，而在 20 世纪 90 年代晚期，这一人群中仍然持有这一乐观看法者的比例，几乎丝毫没有降低（见图表 39）。但是，他们占总成年人口的比例，已经从 1975 年的将近二分之一，降到了 1998 年的八分之一不到。而且，在 20 世纪 70 年代，1930 - 1945 年出生的美国人中有大约 75% 相信他人基本上是诚实的，这一比例在其后的几十年里，也几乎毫无变化。在 20 世纪 70 年代，大约 60% 的"婴儿潮"一代（1946 - 1960 年出生的人）认为，大多数人是诚实的，这一情况直到 20 世纪 90 年代晚期仍然没有变化。而美国最年轻的人群，即出生于 1960 年之后的人，在 20 世纪 70 年代中期还没有走出青春期，但自从 20 世纪 80 年代中期这群人开始成年以来，他们中多达一半的人认为，大多数人是不诚实的。到了 1999 年，这群怀疑他人的年轻一代已占总成年人口的将近三分之一。

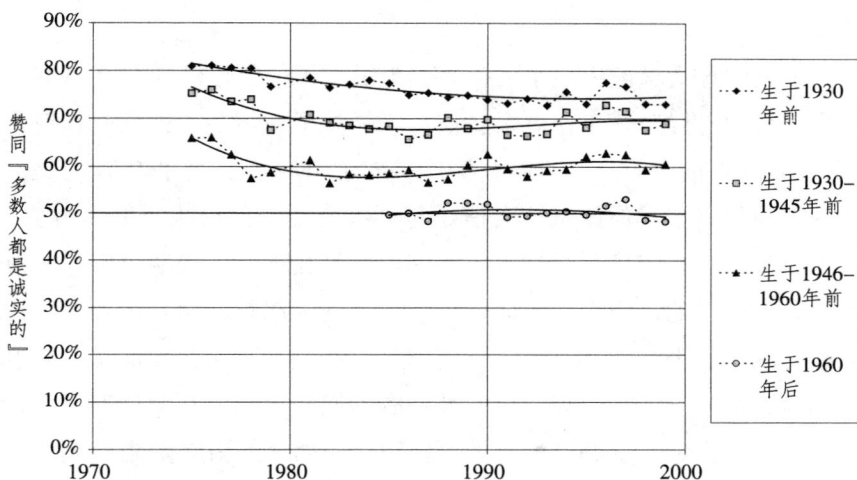

图 8-3：代际更替解释了多数社会信任的下降

如果我们更仔细地考察一下"后婴儿潮"一代的观念，就能更清楚地看到社会信任度随代际更替加速降低的现实。到了 1998-1999 年，出生于 20 世纪 70 年代的受访者（在这组民意调查开始时他们还不到 5 岁大）已占总受访者的 10%，而且该比例还在迅速增加中，他们中只有 40% 的人认为，"大多数人是诚实的"。简言之，在 20 世纪末，信任商数接近 80% 的一代人，正在迅速地被信任商数仅为 40% 的一代人取代。不可避免的结果是，虽然每代人的信任指数几乎一直不变，但美国的社会信任程度仍在持续下降。

为了解释方便，我们曾经假定，人们所表达的社会信任首先反映了个体的经历，也许还受到早年生活印象的影响，因此，我们不应将美国年轻人不信任他人的情况视为一种性格缺陷，而应将其视为近几十年社

142　会风貌变化的反映。实质上，美国的年轻人不过是在告诉我们，从他们的自身经历来看，大多数人的确是不可信的。也许一些"X一代"的人想得没错，私人朋友之间的深厚信任仍和过去一样强劲。但是，单薄信任（即咖啡店里点头之交之间的微弱纽带）变得越来越稀缺了，而对于像美国这样的巨大、复杂的社会而言，这种信任是一种重要的润滑剂。

民意调查请求被拒绝率的提高，也说明了一般性信任与互惠的不断下降。自20世纪60年代以来，该数字提高了一倍多。民意调查请求的同意率从20世纪40年代到60年代略有上升（也许并非巧合的是，在同一期间，许多其他衡量社会信任与社会资本的指标也不断上升）。但到了20世纪70年代，受访者回答率显然是在下滑。近期一份对民意调查回答率进行的最为全面的研究也确证了这一趋势，而且还表明，社会联系的减弱似乎是原因之一。[29] 很有意思的是，近年来当面调查与电话调查的被拒绝率大为提高，但邮件调查的回答率却没有明显下降。这就说明，人们拒绝接受调查的主要原因也许是对于与匿名的陌生人发生个人联系感到莫名的不安，而不是不愿费工夫去回答问题。

在过去的二十年里，未计入黄页的电话号码的比例上升了三分之二，从20世纪80年代末到90年代末，使用拨号限制的人增加了2倍多，这些或许也是人们的不安造成的。有趣的是，最能反映拨号限制使用情况的指标并不是富裕程度和是否居住于城市，而是年龄。40岁以下的人使用拨号限制的概率，是65岁以上者的2倍。正如上文刚刚讲到的，老年人更信任别人，更热心于公共事业。[30] 从表面上看，你也许会说，这一变化是科技发展造成的，但这样的科技最终还是由市场需求催生的。

统计数字还表明了互惠性（以及它的近亲，礼貌客气）下降的其他征象。从1960年到1990年，自愿回邮人口普查问卷的人降低了四分之一多。在1990年，回邮率最低的人群是年轻人、非洲裔美国人和不参加社区组织的人，恰好是最不信任他人的美国人。有趣的是，对政府的厌恶似乎对于回邮率没有丝毫影响。[31] 事实上，那些信任他人而不信任政府的人仍在回答人口普查问卷，而那些信任政府却不信任"一般人"的人却不予回答。如果在我们看来，别人玩得公平并也能与他人分享，那我们也会如此；如果不是，那我们也不会。但现在，选择回答"不"的美国人是越来越多了。

如果现在的人们对"一般人"越来越抱有戒心，这就会在陌生人之间的交往中表现出来。驾车是匿名公共交往的一个重要领域，人们互惠行为的变化趋势可以由其展现出来。"全美交通安全汽车联合基金会"的一份调查显示，从 1990 年到 1996 年，"狂暴的攻击性驾驶行为"增加了 50％ 多。"全国高速公路交通安全局"局长估计，平均每年有 2.8 万起死亡事件与"狂野驾车"（road rage）有关，这一现象已是如此普遍，以至于成了一个特定短语。长期以来，大多数美国人认为可以在开放式的高速公路上加速，但在 20 世纪 90 年代，认为可以在市内公路上超速的人迅速增加。根据 1953 年盖洛普民意调查机构的一份调查，25％ 的美国人表示曾经以高于每小时 85 英里的速度行驶，而 1991 年盖洛普的一项类似调查显示，这一比例已达 49％。在年老的美国人中，对公然违法行为的赞同率要低得多。盖洛普 1991 年的一项调查表明，在不到 30 岁的司机中，有 54％ 的人觉得，以比限速高 10 英里/小时的速度行驶是没有问题的，而在 50 岁以上的司机中只有 28％ 的人这么认为。1997 年，74％ 的司机表示，与 5 年前相比，其他人在驾车时变得更粗野了，而只有 3％ 的司机表示人们在公路上更懂礼让之道了。[32]简言之，我们都知道，今天的司机没有过去礼貌了，当然，我们自己也都是这些司机中的一员。

图 8-4 记录了驾车者在纽约郊区多个公路交汇处停车标志牌前的表现，这是一项有趣的长期调查，它证明高速公路上的文明风尚确实在沦丧。1979 年，37％ 的驾车者完全停了下来，34％ 的人只是放慢速度假装停车，29％ 的人则完全不停。到了 1996 年，在这些停车标志牌前，97％ 的人都不停车了。[33]有关汽车的另一件事也显示了单薄信任与互惠的衰落，即几乎没有人会请求搭便车了，此事似乎没有统计数字作证明，但对于曾在 20 世纪四五十年代生活过的驾驶者而言，这是一个不

争的事实。

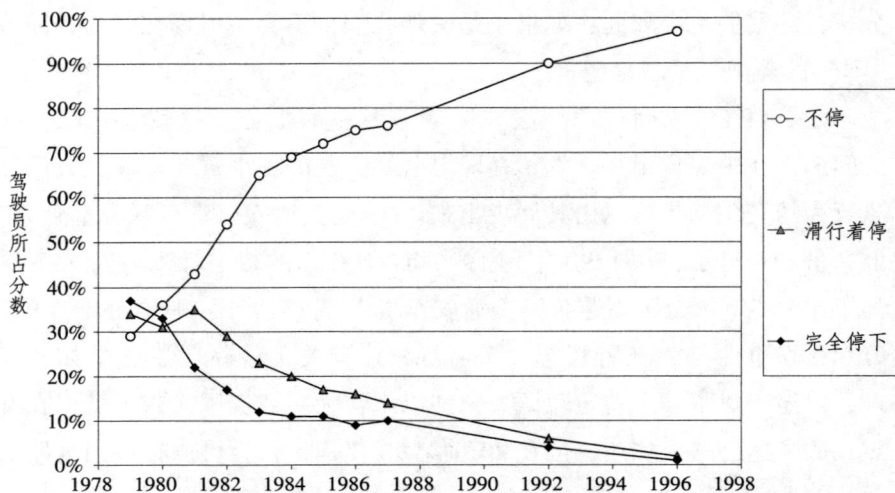

图 8 - 4：看见停车信号遵守法规的变化

144   当然，对于上述的每个现象，我们都可以找到某种特别的原因加以解释，比如电话咨询增多、媒体对愤怒司机更多的报道、保险费不断提高、汽油变得便宜、车辆增多、纽约郊区的人口构成不断变化，如此等等。但总体而言，这些趋势都表明，从民意调查档案中清楚显露出来的单薄信任的下降状况，确实影响到了我们与陌生人之间的实际交往。

      犯罪率也是衡量社会诚信度的一个指标。如图 8 - 5 所示，20 世纪 60 年代中期，美国的犯罪率开始急剧上升，也差不多与此同时，衡量社会资本与诚信的其他指标开始下降。[34] 从某种意义上而言，犯罪本身也许就是社会控制衰落的症状之一。另一方面，犯罪率受其他因素的影响也很大，包括国民平均年龄、非法吸毒方式的演变（如使用强效纯可卡因）和职业罪犯入狱率等。[35] 因此，1960 年之后犯罪率的上升，应当只有一小部分是由国民诚信度的整体下滑带来的。同理，我们也不可只看到 20 世纪 90 年代犯罪率有可喜下降，就预言国民守法度会发生翻天覆地的变化。

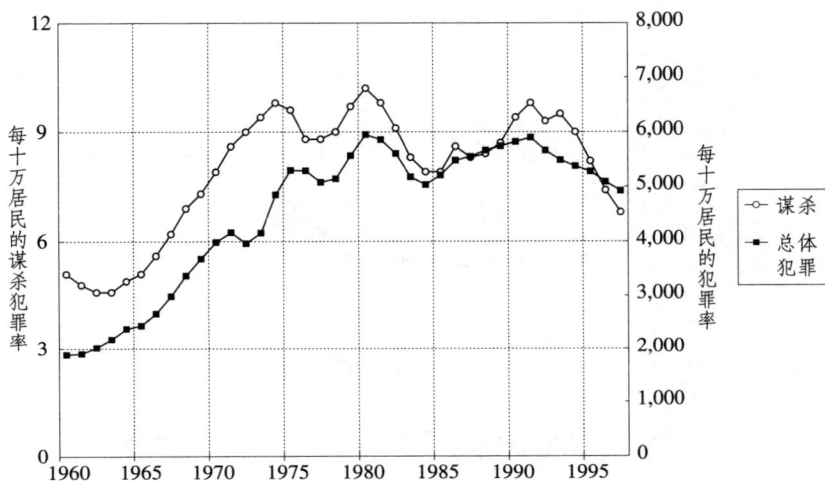

图 8 - 5：美国犯罪率，1960 - 1997

　　前文提到过，普遍互惠与社会固有诚信有一个替代物，就是法治，包括正式的合同、法庭、诉讼、判决和政府执法。因此，如果在美国社会里，单薄信任的润滑剂正在逐渐消散，那么我们或许可以推测，人们将会更依赖法律，以法律作为相互合作的基础。如果握手不能让人感到安全放心，那么经证明的合同、宣誓作证与法庭传票也许可以发挥同样的作用。要验证这个假设是否正确，我们可以考察一下对法律系统全国投资的变化趋势。[36]

　　对美国而言，20 世纪是一个工业化、城市化、大政府和大企业的时代。在民间，人们对城市日益扩大、治安涣散感到不安，对争讼不断的现代商业感到害怕，对福利国家的讼棍官僚们感到畏惧，考虑到这些心理，有人也许会觉得，美国社会的法律"交易成本"在 20 世纪肯定是不断上升的。但事实上，如图 8 - 6 所明示的，在 20 世纪的大部分时间里，保安、警察、律师占总劳动力的比例只有相对轻微的增长。

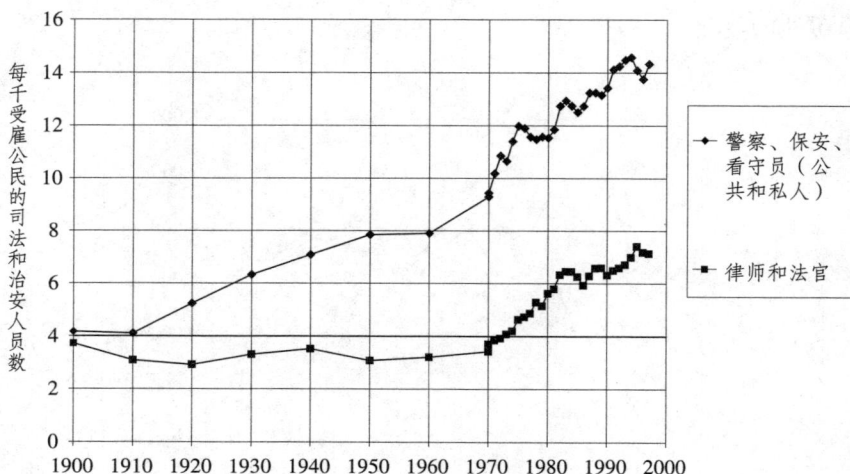

图 8-6：1970 年后警察和司法雇员数量的骤然上升

　　惊人的是，美国人均拥有的律师人数在 1970 年要低于 1900 年。[37]在此期间，美国经历了两场世界大战、20 年代与 50 年代两场非凡的经济繁荣，以及"大萧条"和"新政"，从一个充满乡村气息的国家（60%的人生活在不到 2500 人的村镇里）变成了一个都市化的国家（将近一半的人生活在 5000 人以上的城镇里），美国经济也发生了剧变，煤气灯、马车和百货商店消失，通用电气（GE）、通用汽车（GM）、凯马特（Kmart）等大公司登场。尽管有这么多剧烈的经济、社会与文化革命，美国律师占总人口的比例却没有丝毫上升。但在 1970 年之后，这一比例突然猛增，在 25 年里翻了一倍多，给美国社会增添了一大笔"交易费用"（transaction cost）。

　　在 1970 年之后，从事保安职业的人也增加了，不过不像律师那么剧烈。尽管如此，在 20 世纪 80 年代，公共与私人的安保开支占国民生产总值的比例都迅速提高，这也是一种臃肿的"交易成本"。虽然从1970 年到 1995 年，美国的人口和经济增速都不高，但警察和保安增加了 40%，律师与法官增加了 150%。

　　而且，法律从业人员的猛增是个特例，因为在各主要行业中，只有

法律行业的增速超过了各行业平均增速的 4 倍。[38]从 1900 年到 1970 年，
法律从业人员与医疗从业人员的增速基本一致，但在 1970 年之后，前
者变成了后者的 2 倍。在 1970 年，美国的律师比医生少 3%，但到了
1995 年，律师就比医生多了 34%。从 1900 年到 1970 年，随着美国经
济的"科技密集化"，律师与工程师的人数比持续下降。在 1970 年，
该比例为 1：4.5。但从这时开始，方向就完全逆转了。到了 1995 年，
虽然人们都在大谈高科技经济，但律师与工程师的人数比已变成
1：2.1。[39]

　　美国人对正式的社会控制与争端解决机制的投入为何会剧增，这个
问题目前还没有清楚的答案。从供给方面看，有人认为，呼吁越战征兵
延期的运动、《洛城法网》（L. A. Law）等电视剧反映的光彩照人的律师
行业、纠正种族歧视政策的要求等，都造成了法律院校的扩招。但为什
么这么多的少男少女决定攻读法律，并不是问题所在。真正令人迷惑的
问题是：在从 1900 年到 1970 年的动荡年代里，美国的法律服务供应一
直要比 1970 年之后低得多，而人们也一直安之若素，为何唯独到了
1970 年之后，普通人在律师业的投资翻了一倍之多呢？

　　从供给方面看，很明显，1970 年之后犯罪率的上升是保安人数增
加的重要原因。但另一方面，刑事法律服务并不是律师业的主要业务增
长点，所以我们基本无法用犯罪率的上升来解释人们对律师需求的翻
倍。有人认为，律师人数增加的原因很简单，就是生活的富裕化和社会
经济环境的复杂化，但问题是，这些因素为何在 1970 年之前没有起作
用。[40]政府监管的加强也许是原因之一，但令人吃惊的是，20 世纪三四
十年代的"新政"社团主义与福利国家的诞生，却没有带来类似的效
果。20 世纪 70 年代离婚率的剧增是原因之一，这本身就与美国社会资
本的变化有紧密的关系。虽然大家现在都在谈论"诉讼爆炸"（litigation
explosion），但到目前为止，细致的研究显示，其实法院的诉讼工作也许
并没有变得更繁忙。[41]

　　事实上，美国人对法律服务需求的增加，主要集中在被雅称为"预
防性律师业务"（preventive lawyering）的方面。大约从 1970 年开始，在整

个美国社会以及经济的各行各业中，人们突然开始认为，非正式协议是不妥的、冒失的。诡异的是，我们已经探讨过的其他衡量社会资本的指标，也都是在 1970 年左右突然发生变化的。在这个时候，所有人都突然要求"将协议白纸黑字地写下来"（get it in writing），无论是配偶、邻居、商业伙伴、潜在的商业伙伴、父母与子女、牧师与教民、医生与病人，都是如此。法学教授马克·格兰特（Marc Galanter）对律师职能的扩展做了如下总结：

> 律师能够使事情得到执行，从而补充社会上匮乏的互助、道德责任与温暖感，就像是一位人造荷尔蒙的供应商一样，可以为病人弥补身体所需要的物质……律师能够提供"人造信任"……由于律师是无人情的"冷"信任的提供者和兜售者，他们就从低成本社会信任的衰落中获得了好处。[42]

讽刺的是，似乎连律师之间的信任，也受到了社会资本减少的损害。法学教授 G. J. 吉尔森（R. J. Gilson）与罗伯特·姆金（Robert Mnookin）说，由于社会网络变得不稳，律师之间的"一锤子买卖"变得越来越多，律师对于自身的诚实信誉变得不那么在意，由于律师都明白这一点，所以他们之间的信任度和合作度也降低了。[43]

自 20 世纪 70 年代以来，几乎在不知不觉之间，我们花了越来越多的财富来将协议"白纸黑字地写下来"，我们请律师防范纠纷、处理争议的花费也越来越高。从某种意义上说，这一现象也许最好地说明了美国社区组织结构的损耗。无论如何，我们日益依赖（或者说被迫日益依赖）正式的机制，尤其是法律来实现一些愿望，而在过去，我们通常是通过普遍互惠强化的非正式网络——即社会资本，来实现这些愿望的。

第 9 章

反潮流？小型团体、社会运动与网络

并不是所有的美国组织在过去 25 年里都有成员流失，也不是所有 148
的人际关系都出现了衰退。本章将考察 3 个重要的反潮流趋势（counter-
trends），以便完整呈现社会资本的变化。依据组织规模、私人性和非正
式性的标准看，一端是谈心治疗会、读书会、援助会、自助会等组织大
大增多，它们在无数美国人的精神和社会生活中占据重要地位；相反的
另一端是 20 世纪后三分之一时间内席卷全国的一系列大规模的社会运
动，包括最早的黑人民权运动，以及其后的学生运动、和平运动、妇女
运动、同性恋运动、堕胎与生命权运动、宗教保守运动、环保运动、动
物权利运动以及无数的其他运动。最后，近年来电信通讯的爆炸性发
展，尤其是互联网的普及——网络爱好者对此的昵称是"电脑互联通
讯"（CMC）——将如何影响我们的观点？新的"虚拟社区"（virtual com-
munities）是否在取代我们父辈生活的旧式的自然社区（physical communi-
ties）？简言之，当我们判断社会联系和公民参与在减弱时，如何把小团
体、社会运动和电信通讯的影响考虑进来？

小型团体运动研究领域的权威社会学家罗伯特·乌斯诺（Robert
Wuthnow）发现，整整有 40% 的美国人"目前参加某个经常会面并给成
员以支持和关心的小团体"。此类组织中大约一半属于主日学校班、祈 149
祷小组、诵经会等与教会有关的组织，我们在第 4 章中已论及此类组织
的衰落。另一方面，乌斯诺所访谈的人里有将近 5% 表示经常参加自助
小组，例如匿名戒酒会、援助智障公民联合会的地区分会等，同时有相
同比例的人表示参加了读书会或业余爱好小组。虽然乌斯诺的研究不过

是惊鸿一瞥，但他把小团体运动文学化地称为美国社会"静悄悄的革命"，并认为小团体能增强社区流动性，缓解社会联系减弱的症状。此类组织中有将近五分之二的成员表示，生病时曾得到其他人的帮助，五分之三的成员表示其组织曾向外人施以援手，五分之四的成员认为这让他们"感到不再孤独"。[1]显然，这样的小团体代表了重要的社会资本。之前我们探讨了宗教形式的社会联系在当代美国的力量与局限，那么世俗性的援助会、讨论会的情况又如何呢？

随着教育水平的提高和休闲时间的增多，读书会在 19 世纪下半叶成为美国中产阶级生活的重要组成部分。和今天一样，当时的参加者也以女性居多。在内战之后的几十年里，他们主要是为了知识上的"自我提高"，不过读书会也鼓励自我表达、强化友谊和"提高觉悟"（consciousness – raising）——这个词是他们的后辈发明的。他们的关注范围逐渐扩大，从文学扩展到社区服务与民生，也促进了同期政治与社会改革的加快。19 世纪末，一位新当选的读书会主席对成员发表了这样的讲话："我有个重要消息告诉诸位。但丁死了。他死了有好几百年了，而我认为是时候了，我们不要再研究他的《神曲》了，让我们关注自己的事情吧。"人们回应道："不要但丁，要行动！不要勃朗宁，要生存！……够了，我们沉溺于文学已经太久了。"正是从这些组织中，诞生了选举权运动和"进步时代"（Progressive Era）的种种其他公共运动。[2]

非正式的文学会一般有很长的寿命。例如，阿肯色州费耶特维尔市（Fayetteville）一个 35 人的学习会从 1926 年以来每月都聚会 2 次，从未间断。[3]人们通过热烈的讨论建立了紧密的私人联系、知识联系，甚至政治联系。经常参加的人通常也会经历"从但丁到行动"的过程，更积极地参与社会事务。[4]简言之，讨论会能够把一种单纯的知识活动（阅读）转化为社会性、甚至公共性活动，从而同时激发"大人物"和"闲谈者"的增加。

150　　许多观察者认为，和 19 世纪末一样，美国正处于另一轮读书会兴起的热潮中，而且一些草根组织正在努力促成此事。[5]不幸的是，很难找到证据来支持这一美好的论点。统计数字似乎表明，90 年代末参加文学会、艺术会和讨论会的美国人数量，与 60－70 年代相同——尽管数字可能有些不确切。实际上，一般而言，单身女性和大学毕业生参与此类组织更多，虽说在当代美国，这两类人群占总人口的比例要比 30－40 年前大，但此类组织却没有变得更为普遍，这才是十足奇怪的事情。实际上，单身女大学毕业生参加文学会、艺术会、学习会、讨论会的比例，已从 1974 年的三分之一下降到 1994 年的四分之一。我们必须修正之前关于小团体的论断：此类组织固然对公民参与和社会资本做出了贡献，但似无证据表明，其数量已明显到足以抵消过去几十年公民社会的衰落。[6]

与此相反，近年来参加自助会、援助会的人数毫无疑问出现了增长。最常见的就是那些推行“十二步疗法”的组织，如戒酒协会（1935 年成立）和 130 多个类似的、为戒除其他嗜好而努力的全国性组织，包括戒赌协会、性格障碍治疗协会等。戒酒协会自称在全美有约 100 万成员，与其并行的“嗜酒者亲友协会”也有 40 万成员。[7]同样重要的还有许多援助某些疾病患者或其他问题人群的援助会，针对诸如肌肉萎缩症患者、艾滋病患者、单亲家庭等社会群体。此外还有商业性的自助组织，如詹妮·克莱格减肥公司（Jenny Craig）、“体重观察”（Weight Watchers）等治疗组织。这些组织的确切成员数难以断定，但近期的一项全国调查显示，2% 的成年人积极参与某种形式的自助组织，另一项综合调查发现，各年龄段总的参加比例约为 3%。[8]（值得一提的是，自助组织的所有新旧成员加起来，仍不过是过去 20 年间放弃团队保龄球活动人数的一半，更不用说其他更为“公共性”的参与形式。）

自助会当然为参加者提供了宝贵的精神支持和人际联系。乌斯诺断言：“因此，小团体运动正在为现代生活的组织方式添加重要元素。正是由于小团体运动的兴起，许多正式组织的准则正在扩展到不久之前仍多为自发性、非正式性的一些人际关系领域。”[9]尽管医疗专家仍在就自助疗法与专业疗法各自的优劣展开讨论，但在实践上，这两种方式已经合流：对加利福尼亚州自助组织的一项全面研究表明，60% 的组织领导人是专业人士，这说明自助治疗与团队治疗之间的界限正在模糊。越来 151

越多的证据显示，援助组织（尤其是提供人际联系的援助组织）为许多参加者提供了明显的健康与心理帮助。[10]

在某些方面，在我们陷于分裂的社会导致亲密联系衰落之时，援助组织发挥了替代作用，帮助了那些与传统社会网络脱离的人。例如，离婚与单身人群参加这些组织的比例比已婚人群高 2 – 4 倍。阿尔弗雷德·H. 卡兹（Alfred H. Katz）和尤金·I. 本德（Eugene I. Bender）对自助组织做了肯定性的评估，他们认为应当承认，"身体残疾者、穷人、曾罹患精神病者、被剥削者、不被社会认同者，这些都是社会强加给许多人的特殊身份，并把他们当作'不正常人'……我们认为，这些被遗弃者可以通过自助组织获取并发展新的身份，重新定义自身和这个社会；这些组织可以帮助人们摆脱因被定位为某特定人群而产生的孤独感，而且有时可以为他们视为重要的社会目标，乃至社会变革做出努力。"[11]

这些组织的增多反映出，一系列之前被忽视的问题得到了社会资本的救济。同性恋援助会、援助智障公民联合会、肥胖人群援助会等组织将此前隔绝处理的问题带入了公共讨论的领域。戒酒协会将嗜酒问题定义为需要社会和精神救济的社会问题，与此类似，这些新兴的援助组织均将过去人们眼中的私人问题引入了公共领域。因此，对于许多之前得不到社会资本的人而言，援助组织满足了他们的很多需求。

这些组织有时还会追求更广泛的公共目标。"反酒后驾车母亲会""援助智障公民联合会"等组织就是小团体领域追求公共目标、开展公共活动的很好体现。[12]但另一方面，自助组织和援助组织一般与传统公共组织发挥的作用又有所不同。在美国人参加的 22 种组织中，自助组织的入会同其他形式的组织附属完全没有关系。而且，自助组织与投票、志愿活动、慈善活动、为社区服务、与邻人谈话等常规的社会参与之间毫无关系，与宗教组织、青年组织、社区组织、学校服务组织、兄弟组织和服务组织等更传统的公共组织之间也是毫无关系。[13]正如罗伯特·乌斯诺所强调的：

（这些小团体）所创造的社区与过去人们生活的社区大不

一样。这种社区流动性更强，更关心个人情绪……他们建立的社区一般并不脆弱。人们感到了关心……但从另一角度而言，小团体并不像很多支持者希望的那样，能够很有效地培植社区。一些小团体只是向个人提供了在公开场合表现自己的机会。将成员连接在一起的社会契约只包含了最低程度的义务：想来就来；想说就说；尊重所有人的观点；不要批评；不满意就悄悄走……我们可以想象，（小团体）有一天真能替代家庭、邻里等需要终生参与的社会联系，然而事实上它们现在还不能替代。[14]

如果说小团体与公共生活之间的联系有时不够紧密、难以探求，那么社会运动与公共生活之间的联系就是无处不在的了。虽说所有社会运动都有历史根源，而且几乎所有时代都会出现追求社会变革的草根组织，但对 20 世纪草根性的社会变革运动而言，60 年代仍毫无疑问是最重要的十年。从黑人民权运动的成功开始，一波波大众动员运动随之膨胀、勃兴——1964 年伯克利的"言论自由运动"；1968 年爆发于芝加哥，随后蔓延到华盛顿，并于 70 年代扩展到数百个美国城镇的反越战抗议游行；1969 年争取同性恋权利的"石墙酒吧事件"；1970 年"地球日"的环境质量大游行；贯穿整个 70 年代，有关在全美公司与家庭中解放妇女的艰苦辩论；80 年代支持堕胎与反对堕胎两派展开的大规模、大范围的游行示威。[15]

60 年代的社会运动大大扩展了可行的、合法的公民参与形式的种类。从最早的亚拉巴马州黑人抵制公共汽车的活动开始，抵制成为一种新的形式——加利福尼亚的农场工人抵制葡萄，密歇根州的堕胎支持者抵制比萨饼，佛罗里达州的传统家庭价值观维护者抵制游乐园。抗议游行曾一度激怒无数地方当局，但后来却变得司空见惯，以致成了一场警察和抗议者共同编排的闹剧。不论是左翼还是右翼，一些原本默不作声、静静忍耐的美国人，突然感到精神振奋，热情投入社会生活。在 20 世纪完结之时，社会运动对大多数美国社区生活和美国公民的影响之大，如何评价都不过分。不论是在最私密的还是最公开的社会生活中，这些运动都给我们的行为与价值观打上了烙印。[16]

社会运动与社会资本联系非常紧密，有时根本无法区分何者为因，

153 何者为果。社会网络是运动组织者的核心资源。读书会为选举权运动奠定了基础。宾夕法尼亚州居民在"三哩岛"核事故后大规模投入草根抗议活动，与其说是因为人们关心环境，还不如说是友情网络之功。在民权运动最高潮时期的"自由夏天"活动中，参与者的动机与其说是追求理想和个人利益，还不如说是社会联系。"基督教联盟"的团结有赖于地方性的教会联系。[17]正是由于社会资本对于社会运动非常重要，前者的销蚀才会影响到后者的前景。

社会运动同时也通过培育新身份、扩展社会网络来创造社会资本。[18]虽说既存的人际联系将志愿者们吸引到密西西比州参加"自由夏天"活动，但人们在这个喧嚣炎热的夏天也形成了影响一生的身份感和团结意识。此次志愿活动的集体传记作家道格·马克亚当（Doug Mc-Adam）发现，"密西西比向大部分志愿者展示了一种他们非常喜欢的生活方式和社会理想"，他们将带着这一理想投入学生运动、和平运动、妇女运动、环保运动和许多其他运动。不仅如此，"人们离开密西西比时，不仅参加社会活动的愿望增强了，而且因为彼此之间的联系，有了更强的组织观念来实现这种愿望"。正如社会学家肯尼斯·安德鲁斯（Kenneth Andrews）揭示，60年代初密西西比民权运动中发展起来的社区资源在其后几十年间对当地黑人的政治力量都产生了影响。[19]

不论是旧金山的同性恋游行、华盛顿国家广场聚众祈祷的基督教福音派，还是更早的在弗林特（Flint）扔掉生产工具的汽车工人，这种集体抗议的形式本身能产生持久性的团结纽带。具有讽刺意味的是，今天许多家喻户晓、耳熟能详的独唱曲子正是来源于喧嚷的社会运动，如《噢！苏珊娜!》《共和国战歌》《我们要战胜一切》《飘在风中》等。集体抗议强化了参与者共同的身份感，有时甚至能影响到他们的后代，"将个人引入参与文化中"。[20]简言之，草根参与的社会运动既体现了社会资本，也创造了社会资本。

全国性的"社会运动组织"——从"绿色和平组织"到"道德多

数派"——是否也有如此效果，那又另当别论。即便是社会学家马吉特·梅尔（Margit Mayer）等支持 60 年代日趋成熟的社会运动的论者也发现，这些运动的后继者多是总部设于华盛顿、实行全职工作的、专业的、聘用雇员的组织，是一种"社会企业"，它会培养体面的、有道德心的支持者，"其工作集中于操纵大众媒体以影响公共舆论，激发精英阶层的反应，引发政策变革"。[21]实际上，社会学家约翰·麦卡锡（John McCarthy）曾表示，专业性的社会运动组织正是为应对"社区资源赤字"而兴起的。这里的"赤字"的意思是，"在存在着广泛支持或反对某种社会变革的情绪时，可用资源的欠缺限制了这种情绪的动员"。[22]

麦卡锡指出，尽管堕胎的支持者和反对者都在民意调查中得到了显著支持，但这两个运动的组织形式却迥然不同。反堕胎运动的基础是成千上万个以教堂为根基的草根组织，因而能在这一既存的社会网络基础上，有效动员其支持者直接采取行动。仅举一例，"全国生命权委员会"在 1993 年自称有 1300 万成员和 7000 个地方分支机构。与此相反，支持堕胎的运动（尤其是在 80 年代有组织的草根性妇女解放运动衰落之后）缺乏既存的社会资源，因而更要依赖于全国性的宣传组织，采取的形式诸如直邮信件、电话宣传、媒体攻势等。[23]例如，"全国堕胎与生育权行动联盟"的成员数从 1989 年的 13.2 万人猛增到 1996 年的 50 万人，翻了 3 倍多，但短短 2 年里其成员又剧烈下降到 19 万人，而且据其各州领导人估计，除 3%–5% 的成员外，绝大多数人只是做签发支票捐款这样的简单贡献。[24]成员人数如此大幅度的波动，说明其组织归属主要基于象征性的身份而非人际网络。正如社会学家德比拉·米科夫（Debra Minkoff）所正确地观察到的："由于缺少建立面对面联系的机会或资源，为了将分散的个人联系起来，这种象征性的归属可能就成了唯一可行的动员结构。"[25]但是我们不能把象征性的联系误认作人际联系。

这两种策略有时被政治顾问分别称为"陆战策略"和"空战策略"，二者在政治上和道德上都无所谓孰优孰劣，只是适用于不同的资源禀赋。反堕胎者的"陆战"（犹如之前民权运动者的"陆战"）适合于"社会资本丰富"、有着密集的既存社会互动网络的环境，而支持堕

154

胎者的"空战"适合于"社会资本贫乏"的环境。在后一种情况下，倘若一个组织完善的全国性社会运动组织使用"空战策略"，那么它就不是草根参与的标志，而恰好表明欠缺草根参与。

　　我们普遍认为，60年代（和70年代初期）是一段非同寻常的社会与政治动员时期。这段时期的历史意义何在？产生了什么后果？那些年的运动是否反映出公民参与长久勃兴潮流达到了顶峰？是否与我们在前几章中已经探讨过的那种勃兴相一致？那一轮的抗议风潮是否后来消退了，只留下了专业化和官僚化的利益集团，它们虽仍打着社会运动的旗帜，却只能部署防御性的轻型空军，而不是以大规模的步兵呼吁变革？这一公民精神高涨的骄傲时代是否已经终结，还是已被侮辱同性恋者的便利贴——"以耶稣的名义毁灭所有同性恋"——沾满？还是说60年
155 代提供了一些更持久、更发达的公民参与形式、留下了许多丰富的新型社会联系形式，产生了一个"运动的社会"，在这种社会中，各种不同事业的支持者都能持久性、习惯性、经常性地采取"挑战精英"的行动？[26]简言之，60年代到底是标志着一个时代的开端，还是高潮的顶峰？

　　但这个问题非常难以准确回答。可能是因为过去20年里最好的学术研究大多都是由60年代人的子女所进行的，他们大多想当然地认为，1968年就是大众参与的新时代的黎明。然而，对特定运动的案例研究有时会发现倒退、减弱、退却，甚至沉寂的情况。例如，大多数社会历史学家认为，民权运动作为一种有组织的草根运动到1970年便已经消退了，而妇女运动却随着1982年《平等权利修正案》未获通过而开始衰落。[27]但是，关于环保运动的大多数研究都赞赏该运动能长盛不衰，继续激发数以百万计的美国人参与公共活动。

　　美国环保运动在20世纪最后40年里的发展，为研究60年代社会运动的命运提供了启发。"塞拉俱乐部"（Sierra Club）、"全国奥杜邦协会"（National Audubon Society）等重要的草根环保组织在20世纪初便已成立，但现代环保运动大潮开始于60年代，在1970年的"地球日"达到高潮，据报道，当时美国全国有2000万人参加了庆祝。之后，随着

美国政府对环保主义的接受和能源危机的出现，环保运动的参与人数在70年代增长出现了停滞，但在80年代，由于感受到了里根政府对环保成果的威胁，参加人数又出现反弹。根据一项估计，到1990年美国共有1万多个环保运动组织。[28]

如图9-1所示，在这40年间，全国性环保组织成员大增。[29]主要组织的会员数从1960年的约12.5万增长到1970年的100万，又在1980年翻倍达到200万，在1990年翻了3倍多达到650万。尽管90年代的增长速度大大放缓，但纯就数量而言，仍不失表现突出，可以与30－60年代家庭教师协会的人数增长相比肩。看到如此显著的增长，一些乐观的观察者开始谈论"参与性环保主义"。

"绿色和平组织"的发展是这一运动的缩影。该组织成立于1972年，1985－1990年短短5年间，其会员数就翻了3倍，从80万增加到235万，一跃超过了十年前的大型环保组织，成为美国目前为止最大的环保组织，比排名第二的"国家野生动物联盟"大1倍多。此次环保组织勃兴所发生的时间，刚好是许多其他公共组织衰退之时，甚至连妇女运动都萎缩了。乍看上去，图9-1似乎明显表明过去几十年公民参与并未发生普遍性衰退，只不过是从"过时"的形式转移到了"时兴"的形式，从"扶轮社"和"女性选民联盟"转移到了"绿色和平组织"和"塞拉俱乐部"。

但不幸的是，这一巨大增长主要不过体现为这些组织邮递对象的增加。我们之前曾称此类组织为"三级"组织，意思是，这类组织的"成员身份"只不过代表了愿意捐款的礼貌措辞而已。加入"绿色和平组织"（以及与它的意识形态相类似的其他组织）并不代表参加者有如同60－70年代那样人与人之间相互团结和关系紧密的公共意识，那种团结和意识曾经让数以百万计的学生、美国黑人、同性恋、和平分子、反堕胎分子走上街头，参加数以千计的游行、集会、静坐和其他社会运动。图9-1所代表的变化，其实不过是直邮信件的增多，而不是公共意识的加深。

156

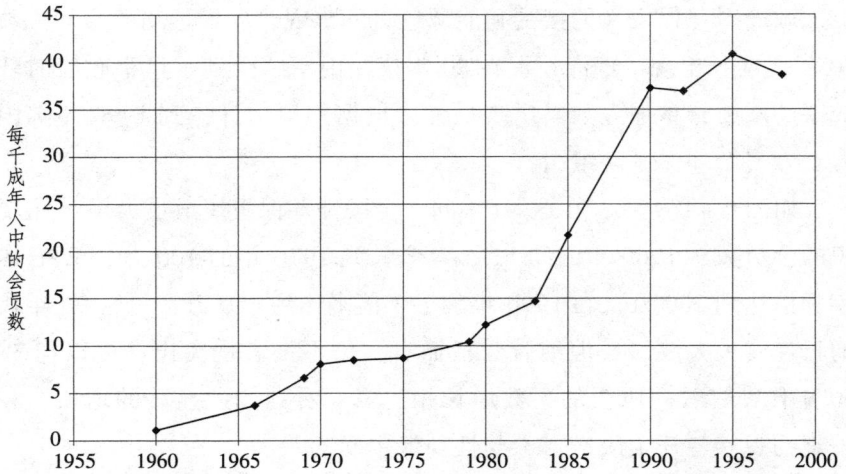

图 9 - 1：全国环保组织的爆炸性增长，1960 - 1998

　　1965 年，"全国奥杜邦协会"邮寄了 100 万封邀请入会信。对于这个当时成员不到 5 万人的组织而言，这是个大数目。6 年后的 1971 年，奥杜邦协会总部寄出了 200 万封信，其邮寄费又翻了一番。在直邮信件的刺激下，奥杜邦协会的会员数以每年接近 25% 的速度增加，在 1971 年猛增到 20 多万人。这一方法为其他环保组织所采用。到 1990 年，"绿色和平组织"每年寄出信件多达 4800 万封。[30]

　　实际上美国的所有环保组织〔以及数十个致力于保护"有魅力"（charismatic）动物的较小团体、如"山地狮基金会"、"拯救海牛"、"永远的雉鸡"等〕都痴迷于直邮信件这种方式，以此来动员并维持会员数。[31]实际上，"伊扎克·沃尔顿联盟"（Izaak Walton League）等仅有的几个放弃了直邮信件方式的全国性环保组织，在过去 30 年里会员数毫无增长。例如，1960 年"伊扎克·沃尔顿联盟"有 5.1 万成员，"塞拉俱乐部"有 1.5 万成员。到 1990 年，在 30 年直邮信件的刺激下，"塞拉俱乐部"的成员人数达到 5.6 万，而"伊扎克·沃尔顿联盟"只有 5 万。[32]

　　直邮信件可达到多种目标。环保组织筹资领域的首席学术专家克里斯托弗·博索（Christopher Bosso）认为，"直邮信件是教育公众关心某事或者某组织的有效的、相对成本低廉的工具；个人参与的成本不过是签发一张支票而已。"但这种方式对于组织而言是否"成本低廉"，则取决于我们如何算账。此类组织一般将 20% – 30% 的预算划入投资和相关的广告。[33] 一般回报率是 1% – 3%，其间的差别取决于邮寄对象的选择。如果加入"前期"和"后期"的额外费用，回报率就会翻倍。新"成员"一旦加入，组织就会派给他一位忠实的笔友，一般的环保组织每年会向其"成员"筹款 9 次（不过，公平的是：非盈利组织每 9 封直邮信件就有 8 封未经开启便被丢弃[34]）。一般而言，一年后的退出率是 30%，但有些情况下（例如 80 年代的"共同事业组织"）退出率会达 50% 多。[35] 另一方面，一年以上的会员是较可靠的筹款来源。正如一位环保战略分析师所说，"我们知道引进一位新成员的成本有多少；我们知道招人会损失钱，（但）这是个投资项目。"

　　招募"会员"（实际上更确切的提法是"捐助者"或"支持者"）因此就成了一种精密技术。一位会员主管说，"我们知道每年要引进多少新人。""很大一部分来自直邮信件。我们在努力想办法少邮些，但目前这是招收新成员最有效的方式。"另一位主管说，"我们有一定量的损耗……我们对增长有一定的期待，而基于我们的回报率，我们必须邮寄一定数量的信件才能维持我们的成员水平和增长率。"还有一位主管在给我的信中无比坦诚地说，"虽说我们的成员并未减少，但以每位捐助者所耗成本计算，引进新成员变得越来越具有挑战性……谁能占有一小块新市场，谁就是赢家！！！"[36]

　　以这样的方式来招募"会员"，组织投入程度之低就不足为怪了。与通过面对面社会网络（包括通过亲友关系赠送会员资格）招募的成员相比，直邮信件招募的成员较容易退出组织，参加活动较少，对组织的团结感较低。与通过社会网络招募的成员相比，直邮信件招募的成员还更多抱有极端的、令人难以容忍的政治观点。[37] 因此毫不奇怪，1985 – 1990 年成员增长 2 倍、达到 23.5 万人的"绿色和平组织"，在其后的 8 年间又失去了 85% 的成员。

　　与此相反，那些在二战后成员人数达到史上最多的"旧式"有分会的组织——我们在图 3 – 2 中曾总结过它们的艰难状况——没有一个在战后的顶峰时刻与 20 世纪末之间的 30 – 40 年中失去过 85% 的成员。[38]原因很明显，而且对理解新旧两种组织形式的差异非常重要：人们加入"驼鹿俱乐部"（Moose Club）和"汉达莎组织"（Hadassah）不是因为一种象征性的联系，而是因为真实的人际联系，也就是说通过社会资本。美国退伍军人协会成员能坚守地方岗位，主要不是因为爱国精神或从退伍军人管理局想获取更多资金的愿望，而是因为成员之间持久的个人联系。新式组织的弹性则要弱得多。正如克里斯托弗·博索（Christopher Bosso）所总结的，"邮购组织"的支持者与其说是"会员"，不如说是某项目标的"消费者"。"90 年代'绿色和平组织'成员的锐减似乎说明了一条市场公理——今天的热销货就是明天的垃圾。"[39]

多数三级组织的参加者甚至不认为自己是"会员"。"环境保护基金"一半以上的"会员"表示："我真的不把自己当成会员；我交的钱只是捐献。"另一项对 5 个最大环保组织"会员"的调查表明，他们的平均入会期不到 3 年，一半以上的人也是 4 个以上其他同类组织的成员，只有 8% 自认为"活动积极"，所有会员都只是一种纯粹的"账面联系"[40]（不同组织会员的明显重叠毫无疑问是由于直邮招募这种方式，因为不同组织在使用同一个地址单）。他们真心支持并为环保这个美好事业欢呼，但却并不积极参与这项事业。[41]他们并不认为自己像 1960 年在格林斯博罗（Greensboro）快餐店静坐的美国黑人青年一样是运动的马前卒，因而我们也不应这么认为。

"邮购"成员对组织的不冷不热并不限于环保组织。例如，"共同事业组织"只有五分之一的成员表示愿意一有机会就更积极地参与组织活动。"全国步枪协会"（NRA）的成员在 1977 – 1996 年间翻了 3 倍——尽管全国出现了呼吁枪支管制的趋势（也或许是因为这一趋势）——但协会成员的年度更新比率只有 25%。[42]"全国堕胎权行动联盟"（NARAL）只有不到一半的"会员"自认为是其会员。该组织四分之三的成员完全不知道自己有几位朋友也是成员，三分之二的成员从未鼓动过朋友加入。进行这些调查的社会学家约翰·麦卡锡（John McCar-

159

thy）总结道，调查结果"明显显示，［NARAL 的成员］基本不和朋友谈论加入该组织的事情"。[43] 既然他们自认为只不过是球迷，而不是球员，那么又何必这么做呢？

有人指出，"绿色和平组织"等组织的成员在从事"代理性"的政治参与。[44] 但实际上，不论是这些组织的领导人还是会员，都不把它当作民主参与的工具。"地球之友""大赦国际"只有不到五分之一的会员表示"保持政治上的积极"是他们加入的重要原因。[45] 两位三级组织的密切研究者总结说，

> "邮购组织"提供的政治参与形式可称为廉价参与。其成本对于一位相对富裕的潜在会员根本不在话下，这样他们可以不付出"真实"参与的成本（时间与金钱），就能表达政治倾向……导致此类组织会员数目波动的不是人们的思想幻灭，而是此种参与形式本身的随意性。[46]

即便是 60 年代的早期观察者，也对这些运动的真实参与度提出了质疑。社会学家约翰·麦卡锡（John McCarthy）和梅尔·扎尔德（Mayer Zald）在 70 年代初的经典分析中强调，"史上曾由社会运动成员基地所发挥的功能，已经……日益为付薪职员、'官僚化的社会不满'、大规模宣传运动、以参与社会运动为职业目标的全职雇员、慈善基金会甚至政府本身所取代。"到 90 年代，政治科学家罗纳德·沙克（Ronald Shaiko）发现，"人们穿法兰绒衬衣、奉扬'和平与爱情'的反上层建筑运动时代已彻底终结了。今天……公益组织聘用的是经济学家、'常春藤盟校'（Ivy League）的律师、管理顾问、直邮专家和公关主管。"[47]

一些批评者反对三级组织是因为它们有寡头倾向、不问世事，是政治叛变或"出卖"的产物。我不同意这种观点。相反，正如政治科学家克里斯托弗·博索解释的，"主要环保组织事实上所扮演的角色，正是在特定的政治环境中一个成熟组织不得不扮演的角色。在这种环境里，倘若它不扩大成员并实现专业化，就必然是死路一条"。[48] 争夺筹款的竞争使三级组织对其成员数量变得敏感，得不到支持的组织必死无

疑。况且，传统的公民组织带有明显的寡头特征。无论如何，罗伯特·
米歇尔斯（Robert Michels）首创的著名术语"寡头统治铁律"（iron law of
oligarchy），形容的是有积极草根参与的组织，而不是三级组织。[49]我的观
点并非是说，直邮组织在道德上邪恶的或是在政治上低效的。雇用其他
人代理我们从事政治活动，从技术上来说或许更有效率。然而，在此类
组织里，既没有成员间的紧密联系，也没有对公共付出－收获的直接参
与，当然不能说它是"参与性民主"的表现。"代理公民"是一种自相
矛盾的提法。

在图 9－1 所显示的会员数出现大幅增长的十几个主要环保组织中，
仅有两三个设有地方分支机构。有人请其中之一的会员主管谈谈成员活
动情况，他无奈地解释说："只要过去两年里给过我们一次钱的人，就
是我们的'会员'。"即便是存在州和地方分支等正式组织结构的环保
组织，其分支也已萎缩。1989 年"塞拉俱乐部"自己进行的一次成员
调查发现，尽管其成员比普通美国人在政治上积极得多，但曾至少参加
过一次"塞拉俱乐部"聚会的成员不到 13%。"全国奥杜邦协会"自
称在全国有数百个分支，然而据德克萨斯州的工作人员估计，在该州的
2.8 万名成员中只有 3%－4% 积极参与组织活动。换言之，就算是这个
地方组织最为强健的环保组织，所吸引的积极参与的德克萨斯州人仍不
到该州总人口的一万五千分之一。相比而言，每周在"老式"的扶轮
社共进午餐的德克萨斯州人是这个数目的 20 倍。[50]

环保运动的密切观察者声称，"1970 年以来环保领域发生的根本性
变化，一是其成员的迅速增多，二是草根组织的作用变得突出。"[51]至少
在表面上看，环保主义得到了强劲的公共支持，不过这种支持在 20 世
纪末时已经显著减弱了。1990 年盖洛普民意调查显示，四分之三的美
国人自认为是"环保主义者"，但该数字在 90 年代持续而剧烈地下降，
到 90 年代末自称是环保主义者的人数已经降到了 50%，下降了三分之
一。[52]60% 的人表示经常为废物回收做贡献，30% 的人表示曾就环保问
题在请愿书上签名，10% 的人表示是某个环保组织的成员，3% 的人表
示曾参加过环保抗议或示威活动。[53]

但我们有理由相信这些统计有些夸大。尽管近年来关心有毒垃圾、水土保持等事情的地方组织似乎确实在增多，但我未能找到确凿证据证明草根环保组织总体上增多了。实际上，就州和地方层面的环保组织和环保活动的发展趋势而言，我所能找到的唯一系统的证据表明，这些组织和活动在过去几十年间减少了。例如，根据扬凯洛维奇合伙公司的年度调查，表示"我关心自己能为保护环境或自然资源做出多大贡献"的美国人比例从 1981 年的 50% 迅速增加到 1990–1992 年的 55%，之后却持续下降到 1999 年的 40%，达到近 20 年来的最低点。[54] 因此，针对所谓草根环保活动增多的观点，我们所能做的最留情面的评判就是——"这无从证明"。

如果说明"进步"社会运动草根参与的证据比较弱，那么相比之下，有关宗教保守派草根参与活力的证据则比较强劲。在 50–60 年代麦卡锡主义的时代，约翰·伯奇协会、白种公民委员会和华莱士的总统竞选团队（译注：指 1968 年美国总统大选中以极右翼身份参选的乔治·华莱士）代表了以大众为基础的保守、反共产主义和支持种族隔离的运动，而且这些组织的动员主要依靠数十万组织成员，对活动家的依赖很少。70 年代，趁着宗教原教旨主义兴起的浪潮，基督教右翼崛起为一支政治力量，但其组织形式不过是一些集中化的、全国性的直邮活动，尤以杰瑞·法维尔（Jerry Falwell）为首的"道德多数派"为代表。不过，到了 80 年代就形成了一些完全草根化的保守福音派组织，从以暴力方式反堕胎的"拯救行动"（Operation Rescue）到更为主流化的、以帕特·罗伯逊（Pat Robertson）与拉弗·里德（Ralph Reed）为首的"基督教联盟"，以及名义上不介入政治的"诺言履行者"（Promise–keepers）。"基督教联盟"与"诺言履行者"各自表示有数百万积极参与者，其规模超过了 20 世纪任何之前的以大众为基础的保守运动。目前这些组织的存在时间均不超过 10 年，其命运如何仍难以明断。不过它们（以及其他较小的左翼或右翼宗教组织）代表的趋势才是真正重要的——一大群有高度积极性的公民活动中坚的出现。[55]

在美国二战之后的宗教繁荣中，新教福音派的重心从农村和原教旨主义的社会边缘外围人群，转移到了城市中产阶级人群。"全国福音派联合会"（在福音派中的地位相当于"全国教会协会"在主流基督教中的地位）的教友从40年代到70年代翻了3倍多，而且我们此前看到过，宗教活动后来的衰退对福音派教会影响较小。[56]更重要的是，传统上原教旨主义对政治参与的反感出现了逆转。

正如社会学家罗伯特·乌斯诺指出的，1974年之前的研究者大都发现，福音派分子对政治的参与比普通美国人要少，不论表现在投票、参加政治组织、向公共官员写信还是对宗教参与政治的热心方面。但在 162 1974年后的研究者大都发现，他们对政治的参与度要高于普通美国人。[57]这一历史性的转变，部分是因为福音派扩展到了更习惯于政治参与的社会阶层中去，但也是因为，福音派本身更乐于投入公民参与。最近对福音派参与公共生活情况做了一项研究的克里斯钦·斯密斯（Christian Smith）发现，"基督教的哪一派是在真正努力影响美国社会？其中最言行一致的就是福音派。"[58]

美国政治社会基础的重大变化正好说明了社会资本、公民参与和社会运动之间的相互影响。福音派的政治动员部分说明了新话题（堕胎、同性恋道德、"家庭价值观"）、新技术（电视和其他当代政治组织工具）和新一代的政治活动家带来的影响。另一方面，与环保组织等其他刚刚动员起来的组织不同，福音派人群拥有既存的坚定而持久的组织，这是其政治化的基础。几位密切观察福音派近年来活动状况的人士指出，"信教人群深深嵌入在地方教会的网络、宗教信息的传播渠道和宗教组织的联络网之中，这使得他们更容易动员起来。"[59]因此，至少对于部分美国社会而言，这种社会运动在催生和补充社会资本的库存。

在某些方面，基督教福音派活动家和其他美国活动家非常类似——年龄较大、多为白人、教育水平较高、更为富裕，但宗教对于他们的生活极为重要。对在全国选取的一群宗教活动家的调查表明，他们中有60%-70%的人每周会去教会一次以上，这一比例在其他美国人中不到5%。而且，对所有形式的公共生活与政治生活的参与，他们都要比普通美国人积极3-5倍，这足以让他们的原教旨主义先辈们感到惊骇不已。[60]

在 1996 年的选举中，福音派教徒在教会中与朋友讨论选举的概率，以及为某个宗教利益集团做联系的频率是其他美国人的两倍多。实际上，宗教团体就选举事宜联系普通人的频率，甚至要高于联系政党或候选人的频率。衡量这一联系程度的指标不是基于人口学或神学，而不过是基于宗教人群中的社会参与。而这些宗教联系——尤其是在教会里与朋友谈论政治——对选民参与状况与投票状况都会产生显著影响。在对教会社区的参与与政治动员之间，存在着强大而直接的联系。[61]宗教保守派创造了过去 25 年间规模最大、组织最完善的草根社会运动。简言之，证据表明，针对我们之前几章描述的社会参与退潮现象做出最强劲抵挡的人群，并不是传承 60 年代意识形态的人，而是福音派基督徒。

我们还做过一个更宽泛的假说，即 60 年代社会运动中出现的"挑战精英"的实践，目前在整个政治领域都已很普遍。如何看待这个假说？有测量似乎在支持这个假说，因为在 80 - 90 年代，全民运动与全民公决开始在政治中发挥更大作用。实际上，如图 9 - 2 所示，在 20 世

163

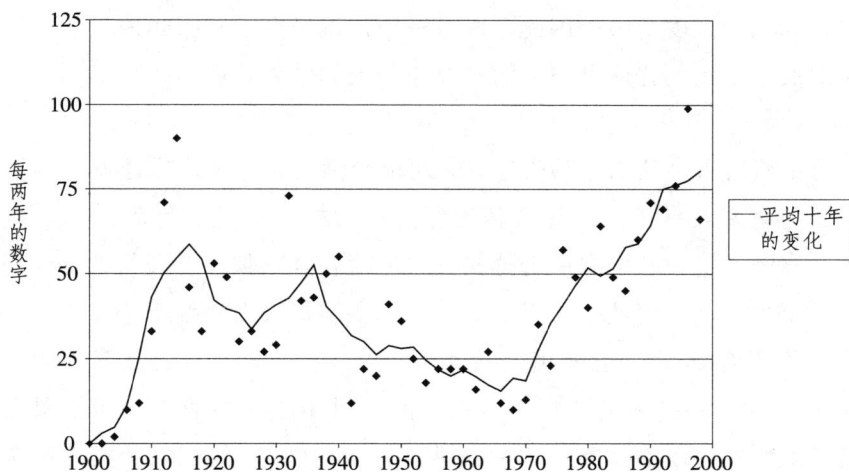

图 9 - 2：美国州选举投票中的创议，1900 - 1998

纪期间各州范围内的投票活动频率的变化趋势，恰好与我们之前探讨过的其他所有公民参与的变化趋势相吻合——从世纪初到 60 年代末期下降（唯一的例外是"大萧条"期间），然后在 20 世纪的后三分之一时间里飙升。[62]用政治措辞来讲，投票活动的增多代表了"所有权力属于全民"的制度化。[63]

然而，同平民化的传统相反，这些策略却无法作为公民参与扩展的标志。首先，20 世纪全国所有投票活动的一半以上都集中于 5 个州——加利福尼亚州、俄勒冈州、北达科他州、科罗拉多州和亚利桑那州，而且近来投票活动的增多大都只是因为加利福尼亚一个州，由此可见，全民公决不一定是衡量公民参与的一个好方法。[64]另外，尽管公共活动家时而将海滩管理、投票期限限制等事项列入日程，但学者大都认为：

"过去 20 年间，几乎所有成功的活动都主要依赖专业传播公司。一项研究（由"加利福尼亚州竞选筹资委员会"进行）总结道，'……只要手上有 100 万美元左右的钱，随便哪个个人、公司或组织就能把任何事情列入投票内容……因此，衡量一项建议是否能进行州内投票，已不再取决于公民的普遍利益，而是取决于人们的筹款能力。'"[65]

尽管有人会认为这种投票竞争可能会激发普通公民广泛参与政治讨论，但研究表明，大部分签名者都是不看内容而随手签名的。在选战中，直邮、电台和电视广告这些方式尽管有其欺骗性，但其重要性仍超过了草根运动。因此毫不奇怪的是，选举结果大大依赖于选战开销，而且民意调查显示，在全民公决事项上"选民非常不成熟"。[66]基于对1976–1982 年马萨诸塞、密歇根、俄勒冈和加利福尼亚四州投票活动的细致研究，政治学家贝蒂·齐斯科（Betty Zisk）总结道，"投票和全民公决活动不但远未取代集团游说活动与立法机关之间的互动，而且它似乎还为改革者所谴责的集团游说活动提供了新的途径……直接参与的机会似乎并未吸引大量选民。"[67]简言之，与其说投票活动代表了公民参与的力度，不如说是代表了资金充裕的特殊利益集团的力量。

60 年代末以来，华盛顿的游行和其他公共抗议活动变得规模更大、更加频繁，而精通媒体策略的抗议活动组织者也更善于通过全国性电视节目的报道来为自己造势。[68]另一方面，虽说在 60 年代的大规模民权运动和反越战游行之前和之后，在全国各地都有持续性的活动，但当 90 年代人们试图"向华盛顿进军"时，却再也没有持续的、社区为基础的行动跟随。例如，"诺言履行者"组织于 1997 年 10 月 4 日在华盛顿国家广场主持了 50 万人参加的"挺身阻挡"（Stand in the Gap）活动，此举号称是美国历史上最大规模的宗教集会，然而不到 6 个月之后，该组织便不堪重负，完全崩溃了，解聘了所有雇员。[69]

现有的民意调查结果显示，过去 25 年间，全国的游行抗议活动出现轻微上升。"罗珀社会与政治趋势"的调查档案表示，曾参加过抗议游行或静坐的成年人比例从 1978 年的 7% 上升到 1994 年的 10%。70、80 和 90 年代的其他调查也一直估计，游行抗议活动的参加率约为十分之一到十五分之一，并有逐年上升的趋势。关于堕胎的游行似乎就占了全部游行活动的约三分之一。另一方面，参加过游行的人口比例提高的原因，是 60 年代之前一代不喜游行的老年人的故去，而不是新的年轻人加入进来。如图 9-3 所示，相对于在 60-70 年代度过 20 多岁光阴的人而言，现在正当 20 多岁的年轻人参加抗议活动较少，而随着 60 年代那代人的老去，抗议活动在中年和老年人群中增多。几十年来，游行抗议者正在持续地、快速地老去。[70]

值得关注的是，游行抗议并不是传统政治的替代物，而是一种辅助，因为一般的抗议者通常也在日常性的政治事务上更积极。尽管今天游行的参加率和公民叛逆形式并不比 60 年代多多少，但越来越多地被非参加者视为合法的方式。今天，"运动型"政治行动在政治领域被作为"标准程序"，但 30-40 年前可不是这样。另一方面，实际参加者却局限在一个小型的、不断老龄化的人群。不仅如此，正如我们在第 2 章看到的，过去 10-20 年里请愿和参加地方公共会议的活动都减少了。大卫·梅耶（David Meyer）和西德尼·塔罗（Sidney Tarrow）虽是"运动型

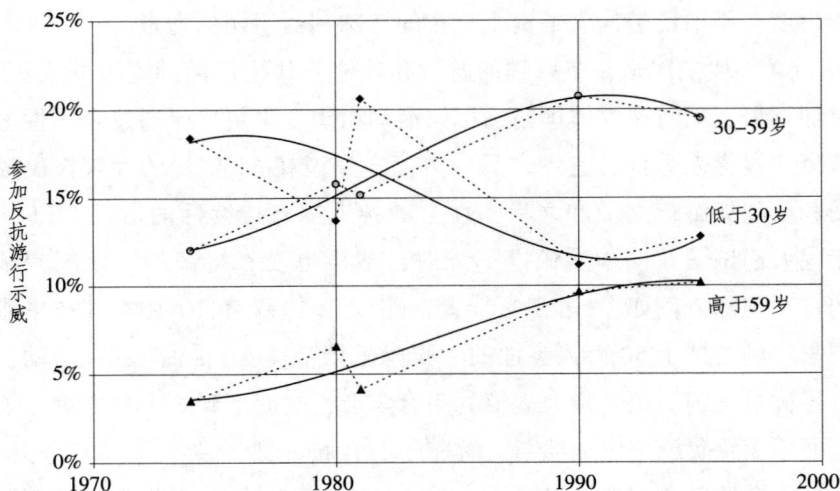

图 9 - 3：游行示威反抗者的高龄化

社会"假说的支持者，最后也不得不承认，"今天与 20 年前相比，为公民所接受并实际实施的极具争议性的运动方式，似乎是受到了更大的限制。"[71]

但也不应夸大草根抗议的衰落程度。在 90 年代，同性恋者和反堕胎者举行了更多的活动，地方和校园激进活动也保持在较为稳定的水平。今天的草根社会抗议活动可能仍像 60 - 70 年代一样普遍，而人们对它却明显地更加宽容了。尽管如此，据我所知，并无证据表明，过去几十年草根社会运动的实际参加率出现了明显的增长，从而可抵消传统政治与社会参与形式的巨大衰落。

电信通讯是本章探讨的针对社会联系变化总趋势的第三个反潮流趋势，而且其重要性远超前两个。仅仅是简单的电话，就能提供有益的说明。在整个 20 世纪，电话的使用一直在成倍增长。如图 9 - 4a 所示，电话普及到美国家庭的趋势与社会参与的总体趋势类似——在 20 世纪前三分之二时间里平稳增长，只有"大萧条"期间是例外。1945 年 - 1998 年，每人平均每年拨打地区电话的次数从 304 次增长到 2023 次，

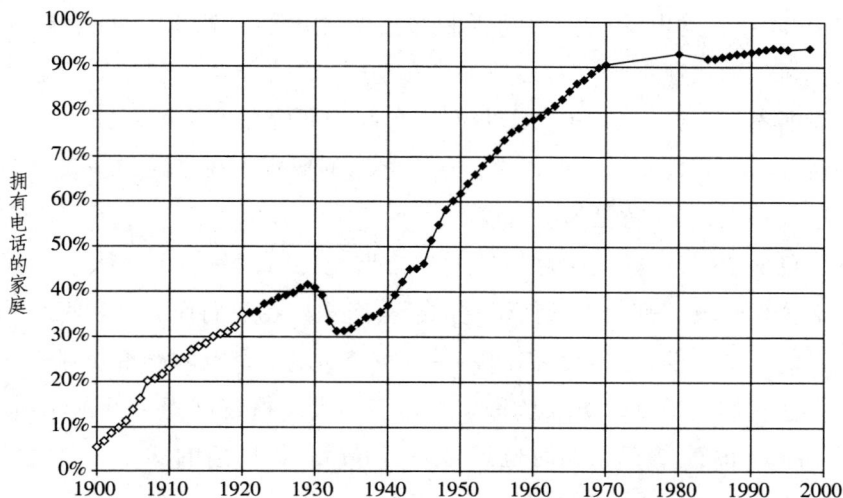

图 9 – 4a：电话渗入美国人家庭生活

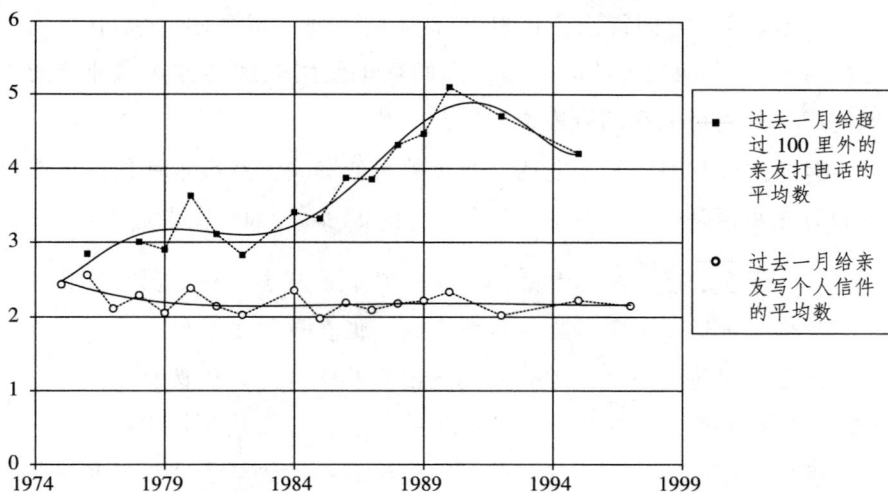

图例：

■ 过去一月给超过 100 里外的亲友打电话的平均数

○ 过去一月给亲友写个人信件的平均数

图 9 – 4b：长途私人电话和信件的趋势

而长途电话从 13 次爆增到 353 次。增长的主要原因是商务通讯，但纯粹的社交性电话也增多了。到 1982 年，几乎一半的美国成年人每天都会与亲友通电话（地区或长途电话）。在过去 25 年里，把相隔遥远的亲友之间联系起来的纽带，由信件变成了通话。如图 9 – 4b 所示，通话在 1984 年长途电话行业解除管制之后快速增加，到 90 年代后明显趋缓。科技的快速进步，尤其是手机在 90 年代的普及，进一步使电话变得无所不在。到 1998 年，皮尤人民与新闻研究中心（Pew Research Center for the People & the Press）报告说，三分之二的成年人在之前的一天里向某位亲友打电话，"就是为了聊聊"。[72]

自 1876 年电话发明之后的近半个世纪的时间里，分析人士，甚至电话公司自己，都大大低估了它的社会影响。在我们预测互联网对社会关系的影响之前，先让我们回顾一下曾经对电话影响的严重误判，这可能会让我们做预测时更加慎重。连亚历山大·格雷汉姆·贝尔（Alexander Graham Bell）自己最初时也只是期望电话发挥广播的功能，即此后变成的收音机（"音乐随身听"）。直到 20 世纪，电话公司经理都坚持把商人当作主要客户，实际上他们在那时便阻碍了通过电话进行"社交"。电话研究方面最杰出的社会学家克劳德·费舍尔（Claude Fischer）总结道，"在一两代人的时间里，人们真正使用电话的方式与业界对人们使用方式的预测和期待根本不一致。"[73]

但即便现在回头看，电话对社会关系的影响仍然很难评估。此领域的研究先驱伊萨·德·索达·普尔（Ithiel de Soda Pool）发现：

168

> 不管从哪个角度考察，电话都似乎带来了两种截然相反的影响。电话减少了医生出诊的次数，但在最初之时医生本以为出诊会因此增多，因为病人足不出户就能打电话叫医生……电话使权力中心分散化，但它也使中心能够对战地指挥官进行持续的严格监督……不论从哪个方向去解释，结果总会出现相反的事实。[74]

就社会学意义而言，电话既给予了一些东西，也拿走了一些东西。1975 年，由于电话交换中心不慎发生火灾，曼哈顿"下东区"的电话服务被切断了三周，因此而不能打电话的人中有三分之二表示，没有电话让他们感觉孤独，而三分之一的人表示，走访他人会更为频繁。换言之，电话似乎一方面缓解了孤独感，另一方面也减少了面对面的社交。[75]

　　许多观察者提出电话培育出了"心理社区"的理论,认为它将我们的社会网络从物理空间的限制下解放出来。早在 1891 年,就有一位电话官员表示,这一科技将带来一个"分散社区的新时代"。然而事实上,对电话造成社会影响的首次全面研究(1933 年)发现,这种点对点的媒介(与大众媒体不同)对既存本地联系的强化作用,要大于对远程联系的强化作用。据称,70 年代中期的电话公司记录表明,从一个家庭打出的 40% – 50% 的电话距离都在 2 英里范围内,70% 在 5 英里范围内。约 20% 的家庭电话都是打给某个固定的人,约一半的电话是打给某五个固定的人。马丁·梅尔(Martin Mayer)分析这些数据后总结道,"人们的大多数电话都是打向所居住的社区之内。"梅尔说,打电话最多的家庭是那种有十几岁的孩子、又刚刚搬到一个大城市的另一个社区的家庭——换言之,人们使用电话来维持为空间所阻断的人际联系。简言之,"打电话交不到新朋友"。[76]

　　因此,稍显矛盾的是,电话似乎只有强化,而非改变或取代了既存人际网络的作用。将图 9 – 4a 关于电话在 20 世纪前三分之二时间里普及的情况,和之前任何有关此期间社会参与的变化趋势作对比,就能得出明白的结论:至少在这些年当中,电信通讯和传统社会联系互为补充,而非相互取代。类似地,克劳德·费舍尔对于电话社会影响的历史分析表明,尽管电话大大增加了人际联系的机会,它却"并未使美国人的生活发生激烈变动。相反,美国人利用电话来更积极地追求自己独特的生活方式"。

　　　使用电话可能使人们与亲友进行比过去习惯更频繁的人际交谈,即便这也使他们减少了一些互访……总而言之,打电话可能使更多的人之间进行更多的交谈。这些通话或许替代了家人之间更长时间的互访与聊天,或许只是占据了原本会独处的时间。

　　　电话似乎对另一趋势有了更大的影响,即逐渐兴起的个人主义……人们参加并珍惜私人社交圈子,而不是更大的公共社

169

区……基本没有证据显示电话能使人们参与全新的组织形式
……家庭电话使用户能更频繁地联系亲友，每周可能小谈几
次，而不是做一次长谈。基本没有迹象表明打电话能开辟新的
社会联系。[77]

总而言之，电话毫无疑问促进了老朋友之间的闲谈，就此而言，它
部分抵消了第6章中谈到的社会联系的衰弱。但另一方面，它并未能促
成新的友谊，也未能对组织活动带来实质性改变。历史学家丹尼尔·波
斯提（Daniel Boorstin）总结了电话对美国社会资本所产生出的意外平凡作
用："电话不过是提供了一种便利，让美国人更随意、更轻松地做一直
在做的事情而已。"[78]

在21世纪到来之际，几年之后，我们就会进入互联网普及的时代，
但人们禁不住猜测，此种新型通讯技术的应用可能会减弱电话在美国社
会的影响。此种新科技的普及速度可能大大超过了史上的其他消费科技
产品——唯一例外的就是电视。电话的市场占有率从1%增长到75%用
了将近70年时间，互联网经历同一过程只需要7年多一点的时间。一
个调查组织发现，已有将近三分之一的成年人（约6400万人）在1999年
春使用了互联网，短短6个月里就增多了1000多万人。[79]

与所有消费类科技产品创新一样，互联网在年轻人中扩展最快、最
彻底。1999年的一项研究发现，虽说一般而言，年轻人比老年人较少
170 关注政治消息，但他们更喜欢通过互联网获取此类信息。另一方面，据
报道，大约与此同时，"美国退休者协会"的网站每月的访问量已经达
到了50万。[80]就像施放了催眠术，新媒体吸引了所有年龄段的人。

互联网兴起不到几年间，古典的社会联系与公民参与形式就大都能
在网上发现。哀悼者能在网上参加虚拟葬礼；《今日葬礼报》记者告诉
美联社，在线葬礼"让葬礼有点失去了个性，但总比没有的好"。人们
可以发布虚拟誓言；1997年6月"美国在线"举办了迄今为止最大规
模的网上婚礼，数千对新人同时结婚，与此同时观众在虚拟的教堂长凳
上"观看""欢呼"。雅虎的最新统计显示，人们可以在500多个网站
上做虚拟祈祷，包括在正统犹太教网站 Yaale Ve'Yavo 上，可以通过电

子邮件将祈祷送往耶路撒冷，然后贴到"哭墙"上。复活节仪式和逾越节聚餐；提供安慰服务和援助癌症患者；志愿活动、网恋、成千上万的聊天室；投票，游说，甚至"艾滋病行动委员会"发起的、吸引了2.3 万多"肩扛标语牌的游行者"的"虚拟华盛顿大游行"——所有这些虚拟社会资本在网上都有，甚至还有更多。[81]

当然，一个关键问题是，"虚拟社会资本"是否是个自相矛盾的术语。对此没有简单的答案。电话发明之初人们对其社会影响的严重误判提醒我们，我们对互联网的初步判断也可能是错的。社会资本和互联网科技之间的联系尚难准确预知。但有一点是确定无疑的：互联网爆发的时间意味着，我们不能轻率地将它与此前章节中描述的社会联系减弱相联系。投票、捐助、信任、开会、互访等所有东西开始衰落的时候，比尔·盖茨还在读小学。1996 年，当互联网用户达到美国成年人的十分之一时，社会联系和公民参与的全国性衰退已经至少持续了 25 年。不论互联网未来将发挥什么影响，20 世纪过去几十年的社会交往并不是简单地从有形空间转移到了网络空间。互联网有可能帮助解决我们所面临的公共问题或者加剧这些问题，但网络革命绝不是这一问题产生的原因。

我们还知道，互联网科技最早使用者的社会参与程度与其他人相比没有差别。到 1999 年，三项独立调查（包括我的调查）证实，如果我们考察教育水平较高的互联网用户，他们的公民参与程度与非用户没有区别。[82]另一方面，这些常被过度宣扬的研究结果并未证实多少有关网络的影响，因为有时互联网用户相对来说是自主选择的。使用互联网和公民参与之间未发现有任何关系，这可能说明，互联网吸引了孤僻的小人物、使他们振奋，也可能说明网络大大吸引了公共积极分子、使他们镇静。不论如何，要实证性地评估互联网的长期社会效果为时尚早。因此，我只在这里考虑电脑互联通讯对美国公共生活潜在的有利与不利影响，而且我要事先声明，"劫数难逃"的悲观预言与"勇敢面对新虚拟社区"的乌托邦式都不正确。"虚拟"社区与"真实"社区的区别究竟在哪里？

171

"社区"（community）、"交流"（communion）与"通讯"（communica-tion）三个词，不仅有辞源联系，而且实际上密切相关。通讯是社会与心理交流的基本前提。电信通讯，尤其是其中的互联网显著增强了我们的沟通能力；这样似乎就可以合理假设，通讯产生的正面影响将强化社区，甚至还可能更加突出。社会资本的关键是人际网络，而互联网则是所有其他网络的终结者。没有了时空阻碍，使用电脑进行沟通的学生就像社会学家巴里·威尔曼（Barry Wellman）所说的那样，"电脑支持的社交网络能维持强劲的联系，也能维持适度或虚弱的联系，因而可以同时为专业化关系和宽泛的关系提供信息和社会支持……通过电脑沟通加速了人们在各个局部中心、私人社区之间的行动，在各种组织联系之间迅速而频繁地切换。"[83]

非常像 19 世纪的未来学家所憧憬的只需一通电话便展现出一系列景观，"虚拟社区"的热情拥护者也将电脑网络视作某种乌托邦公有制的基础。电脑互联通讯的早期预言者斯达·洛克希·希尔兹（Starr Rox-anne Hiltz）和穆雷·图洛夫（Murray Turoff）声言，"我们将会成为一个'网络国家'，我们将能与有类似利益的同事、朋友和'陌生人'分享大量信息、做社会心理上的沟通……我们将会成为一个'全球村'。"互联网理论家迈克尔·斯坦格拉（Michael Strangelove）写道：

> 互联网的精髓不是科技，不是信息，而是沟通——人们交谈、互发电子邮件……互联网是一种大众参与的大众沟通，是完全双向的、自由的。互联网是根基，是柱石，它平地而起，所有社区都会在其上屹立、成长、繁荣。互联网就是一个不擅沟通者的社区。[84]

自称为"电子尖端技术达人"的霍华德·雷欧德（Howard Rheingold）写道，"仅通过我的电脑屏幕就能接触一个社区，这个想法起先让我不寒而栗，但我很快就发现，人们能对电子邮件和网络会议产生激情。我就是这样的。我关心在电脑上结识的人。""电子尖端技术基金"创始人之一约翰·佩里·巴罗（John Perry Barlow）认为，通过电脑沟通是史无

172

前例的事情："我们正在经历自钻木取火以来最伟大的科技变革。"[85]

　　互联网是个强大的传播工具，可在有形空间上远隔的人们之间传递信息。但问题是，信息流动本身能否培植社会资本和真正的社区。信息当然是重要的，但正如惠普公司著名的帕罗·阿尔托研究中心（Palo Alto Research Center）的研究员约翰·西里·布朗（John Seeley Brown）和保罗·都古德（Paul Duguid）强调的，信息要有意义还需要特定的社会环境："单纯关注信息，并认为只要管理好信息其他事情都会一帆风顺，这种说法在社会上和道德上完全是盲目无知的。"电脑互联通讯最多不过是产生了更大、效率更高的网络，强化了我们与世界社会的联系，提升了我们的"智力资本"，因为信息几乎可以免费共享。各有专长的人们配合起来更轻松。电脑互联通讯还能扶助众多的、密集的，并处于流动的群体，打破既存的组织与地理界限，提高边缘人群的参与度，例如在近期的一项关于电子沟通的公司实验中就发现，退休者的参与度增强了。[86]

　　基于电脑互联通讯的社会网络可以通过共同利益而非公共空间来组织，到世纪末将涌现出成千上万个大范围的、功能明确的网络，把有相同爱好的分散人群连接起来，他们可能是宝马汽车爱好者、鸟类观察者或是白人至上论者。麻省理工学院的电脑科学家迈克尔·L. 德图佐斯（Michael L. Dertouzos）设想，会有数百万以共同爱好而非共同空间为基础的"虚拟社区"，这种设想使人联想到电话发明之初关于电话影响的设想，尽管德图佐斯可能并没有意识到这一点。[87]当然，网络空间现在已经容纳了成千上万的业余爱好团体和特殊利益团体，如果对此类组织的参与变得广泛而持久，也许这次关于电脑的设想不会再猜错。

　　虚拟社区还可能比我们真实生活的社区更平等。至少在可预见的将来，电脑互联通讯将意味着，人们对谈话伙伴的情况知之甚少。雷欧德认为，无形的文字沟通将防止人们在接触对方前先形成偏见。就像《纽约客》杂志的著名漫画所画的，"在网上没有人知道你是一只狗。"因此，如果网络得到大范围普及，"虚拟社区"在人们的种族、性别、年龄这些物质特征上将更加多样化，不过我们后面也将看到，它们在利益和价值观方面也许更为同质化。[88]

　　匿名性和社会暗示的缺失将抑制社会控制——匿名投票就是这个道理——因此在某些方面网络空间似乎更为民主。（讽刺的是，电脑互联通讯的优势依赖于这一事实——至少在现有科技水平上，它要比面对面沟通传递的信息少。）研究表明，网上讨论往往比当面会谈更坦诚、更平等。因此，电脑互联通讯可能有利于抚平等级差异。实验表明，在工作网络中，电脑互联通讯的等级色彩较淡，更引人参与，更为坦诚，也较少因地位差别产生偏见。例如，女性在网络对话中较少被打断。[89]

　　但关于网络空间更民主的另一些说法不过是一厢情愿或夸大其词，未能得到缜密研究的支持。互联网的政治文化至少在其产生初期是非常自由的，甚至在某些方面，网络空间展现的是霍布斯的自然状态，而非洛克的自然状态（译注：英国哲学家霍布斯设想的自然状态是"一切人反对一切人的战争"的无政府状态，而洛克设想的是自由平等的状态。）正如网络社区领域两位睿智的观察者彼得·克罗克（Peter Kollock）和马克·斯密斯（Marc Smith）指出的，"很多人相信并期待轻松的联系与在线交流将会促进民主机制的繁荣，开启一个新的、重要的公共对话场所。然而目前为止，大多数在线组织的结构，倘不加约束便沦为无政府状态，稍加约束又有似独裁状态"。[90]

　　互联网提供的高速、低成本和大范围的动员能力可以为政治组织者所利用，这能使交易成本大减，尤其是那些成员有共同爱好却过于分散的组织。例如，从 1997 年赢取诺贝尔奖国际运动到反地雷运动，主要就是由约迪·威廉姆斯（Jody Williams）在她佛蒙特州乡间的家中通过上网组织的。早在 1995 年，马克·波查克（Mark Bonchek）写道，"alt. politics. homosexuality 新闻网的日常访问者有 2.7 万人，平均每天有 75 条留言。顾名思义，alt. politics. homosexuality 是一个论坛，讨论与政治和同性恋有关的事情并传递信息。"波查克发现，在该论坛的发言中，人们对这两个主题表达了相互迥异的观点，包括支持和反对同性恋的观点。[91]

　　另一方面，电脑互联通讯由于大大放宽了对观点表达的限制，反倒不大会引起人们的深思熟虑，而导致争吵不休——就像"脱口秀电台"（talk radio）一样。例如，我们看看 1999 年 4 月《母亲琼斯》（Mother Jones）杂志封三登载的广告：

> "只要愿意，
>
> 你就能做些事情……很简单！
>
> 登录 www. ifnotnow. com，
>
> 成为一名全职的公民活动家……
>
> ……每周只需花费 5 分钟时间！
>
> 十多个顶尖社会活动组织，
>
> 把信息提供给您，
>
> ——提醒您，您可以发送信件，得到回复，
>
> 还可以监控结果——只要指尖轻轻一点。
>
> 这里应有尽有。
>
> 我们将使你轻松改变。
>
> 发出你的声音吧！
>
> 登录 www. ifnotnow. com
>
> 马上享受免费试航！"

174

这种走捷径的公共表达如果普遍化，将会加剧"说"和"听"之间的失衡。正如我们在第 2 章和表 2-1 中提到的，这种失衡是当今公共联系减弱的重要表现之一。约翰·西里·布朗和保罗·都古德指出："总统的白宫电子信箱是公开的……这给人们一种错觉，以为可以拥有更多的接近、参与和接触，其实并非如此。"[92]点一下鼠标就能让无数的人表达观点，但可有什么听众么？

不过无论如何，电脑互联通讯对公民参与和社会联系的潜在好处仍非常明显。互联网提供了一种成本低廉、在很多方面平等的沟通方式，可以与成百万的公民在线联系，尤其是那些志同道合却因空间、时间原因而分隔的人。实际上，将我们的社会联系从时间限制中解放出来——

专家称此为"异步沟通"（asynchronous communication）——可能会是互联网将人们从空间限制中解放出来更重要的影响。

尽管前景看好，但另一方面，为了让电脑互联通讯带来新的、更完善的社区，也必须考虑四项严峻的挑战。我将由简到繁对它们逐一探讨。

"数字鸿沟"（digital divide）的意思是在网络空间获取能力上的社会不平等。显然，在互联网出现的早期，使用最多的人主要是年轻、教育程度很高、高收入的白人男性。美国人口普查局 1997 年的全面调查发现，美国社会中最远离网络的人群是农村穷人、农村和城内的少数族裔和年轻女性主导的家庭。不仅如此，因教育、收入、种族、家庭结构等原因造成的鸿沟似乎在扩大，而不是缩小。媒体专家皮帕·诺里斯（Pippa Norris）发现，不论在美国还是欧洲，互联网都未能把反应冷淡的人群动员起来（在年轻人中稍有例外），反而是强化了政治参与中既存的偏见。社会学家曼纽尔·卡斯泰（Manuel Castells）有力地论证说：

175

> 由于接触电脑互联通讯的机会受到文化、教育、经济等因素的限制，而且此种限制将会持续很长时间，这样一来，电脑互联通讯在文化上带来的最重要影响，将可能是强化在文化上占主导地位的社会网络。[93]

这个"网络种族隔离"的幽灵适足令人恐惧，届时精英的网络将越来越不对穷人开放，起沟通作用的社会资本也将减少。但正因这种前景，人们普遍认为这是个必须注意的关键性挑战。如果存在政治意愿，该问题将是易于处理的。倘若把互联网看作一种 21 世纪的公共事业，那么便可通过公共补贴在图书馆、社区中心、自助洗衣店甚至私人住所提供廉价上网设施（包括硬件和适于使用的软件），这就像廉价的电话服务在 20 世纪获得了补贴一样。因此，互联网对社会联系的第一个挑战，虽说是严峻的，却并非不可解决的。

第二个挑战在技术上就难解决多了。和面对面的沟通相比，电脑互联通讯传递的非语言信息要少得多。麻省理工学院的德图佐斯问得好，"在未来的信息基础设施中，哪些性质的人类关系将运行顺畅，而哪些不能？"[94]

人类能很有效地在相互之间感知非语言信息，尤其是情绪、合作愿望和可信任度等。（有可能在人类漫长的进化过程中，通过非语言特征识别撒谎的能力为人们提供了重要的生存优势。）心理学家阿尔伯特·莫拉比安（Albert Mehrabian）在《无言的信息：情绪与态度的潜沟通》一书中写道，在"情感王国"中，我们的"面部表情与音质、姿势、行动和手势"都是非常重要的。若是我们的语言"与它们传达的信息相矛盾，听者将不相信我们的话——他们几乎完全根据我们的行为做判断"。[95]

现在，以及在可预见的将来，电脑互联通讯都将掩盖大量的非语言交流，这些交流即便是在我们最普通的见面聊天中都会发生。（电子邮件中使用的:) 等情绪符号，说明人们意识到了这一点，但这仅仅传达了真实面部表情所代表的最微弱信息。）眼神交流、手势（自觉不自觉的）、点头、无力的皱眉、肢体语言、座位次序，以及即便是瞬息之间的迟疑，这大量的信息在面对面交流中都是一眼便可看穿的，但却无法通过文本交流传递。

不仅如此，正如组织理论家尼丁·诺利亚（Nitin Nohria）和罗伯特·G. 埃克勒斯（Robert G. Eccles）指出的，当面交流中交流的深度与速度，也远非电脑互联通讯所能比拟。

> 相对于电子交流而言，面对面交流为打断、改口、回馈和学习等留下了大量的空间。与基本直线化的交流形式不同，电子交流使二人可以同时发送信息。在面对面交流中，打断、回馈和改口的过程进行得非常快，几乎是瞬间的。如同社会学家埃文·戈夫曼（Ervin Goffman）所说，"一位演讲者可以在演讲中途发现听众的反应，从而可以随机应变，以改变听众的反应。"如果是群体交流，在二人面对面交流的同时，还可以有多线条的"对话"，这对其他媒体而言是更难的事情。

176

在电脑互联通讯中，社会暗示的欠缺抑制了人们之间的团结与信任感，尤其是在进行那种完全没有社会背景做根基的匿名沟通之时。针对面对面沟通和电脑互联通讯所做的比较实验证实，沟通媒介越丰富，沟通就更加社会化、私人化，信任度和友谊感也更强。[96]

当然，电脑互联通讯比面对面沟通更为平等、坦率、任务性更强。以电脑为基础的社团参与者一般提出的选择项更多。然而，由于缺乏社会暗示和社会沟通，这些参与者常常最终难以达成共识，彼此的团结感也较弱。他们会产生一种"个性被磨灭"的感觉，对组织的成绩开始不满意。对于共同的问题，参与者一般会较快地达成知识上的共识，这也许是因为他们受"外在"社会沟通的干扰要少，但当要将这些共识付诸实施时，他们却难以达成必需的信任和相互配合。

欺骗、背叛在电脑互联通讯中常见，因为人们可以更容易地做误导陈述，引发误解。电脑互动的参与者受社会礼节的限制较少，经常会诉诸极端言论或谩骂——网民经常形象地使用"喷火"这个词，意思是说就像双方用火焰喷射器格斗。电脑互联通讯有利于共享信息、收集观点和讨论各种选项，但在网络空间上难以构建信任与诚意。约翰·西里·布朗和保罗·都古德指出："网上交流，无论是经济的还是社会的，都将会像数字加密那样不安全——相对来说容易调整，但是其基础——无论是社会的还是技术的——都包含了那种关联。"[97]

诺利亚和埃克勒斯认为，正是基于这一原因，要让电脑互联通讯得以普及，反而需要更频繁的面对面交流。"要让电子媒体使用者真正理解他人，首先需要存在广泛、深厚、强劲的社会关系基础。"弗吉尼亚州布莱克斯堡电子社区网络的经验表明："如果你直接以一个有形社区为基础，在其上建立一个电子社区，就会形成非常强大的社会压力，使人们更加恭谨守礼。如果在网上对别人大叫大嚷，或是惹怒别人，而你可能将在杂货店碰到他们，或发现他们就是你的邻居。"[98]换言之，社会资本可能最终成为电脑互联通讯得以有效进行的前提，而非结果。

如果是应付一些明确的、实际的事务，上述问题都会变得较容易，但倘若是在模糊、不确定的状态下，上述问题都会变难。如果在一段既存的现实人际关系里加入电脑互联通讯，那事情就会简单得多。通过电脑互联通讯可以轻松地约爱人去某个餐馆吃饭，而不是与新邻居就他们家喧闹的聚会争吵一番。一般而言与互联网上认识的新伙伴交流所缺乏的，就是社会背景和基础，而这种基础正是克服互联网这种媒体缺乏社会暗示的关键。面对面的网络一般是紧密的、有限制的，而电脑互联通讯网络一般是松散的、漫无边际的。在虚拟世界里，匿名性和流动性都带来了"随进随出""匆匆而过"的关系。电脑互联通讯的这种散漫性正是它得到一些网民欢迎的原因，但这也抑制了社会资本的形成。如果人们可以随便进出，那么承诺、信任、互助等关系就发展不起来。[99]

以视频和音频的方式加强电脑间联系，可能会及时地减少这些困难，但这需要较长的时间。即便低画质的视频沟通，都需要很高的"带宽"要求（即通讯容量），不可能在一二十年时间里把成本降下来并普及化。而且一些实验证据显示，即便在高画质的视频沟通中，电脑互联通讯的一些缺陷，如磨灭人格、心理距离感、社会暗示欠缺等，虽然会减少，但却不会完全消失。[100]由于科技变革的速度和幅度难以确定，预测电脑互联通讯对社会交流的影响可能不大准确，但无论如何，网络社区构建遇到的这第二个障碍似乎比"数字鸿沟"还要难以跨越。

第三个障碍被贴上了引人联想的"网络巴尔干化"标签。[101]（译注：巴尔干化是指地方政权等在诸多地方之间的分割，及其所产生的地方政府体制下的分裂，即"碎片化"。）网络使我们可以仅仅和有相同兴趣的人发生联系——宝马车的车主，甚或只是 2002 系列宝马车的车主、1973－2002 型涡轮发动机宝马车的车主。我们不管他们住在哪里，或者我们各自有其他什么兴趣。这种高度的专业化是互联网吸引力的来源之一，不过也同时更微妙地影响到了它沟通社会资本的能力。在宝马 178 聊天组里讨论雷鸟车，可能会被谴责为"离题"。想象一下，倘若保龄球队或主日学校的一位成员提议把人们之间随意的闲谈打趣视为离题，将会引起何种的哄笑。

现实世界的关系经常迫使我们处理彼此的差异，但虚拟世界是更加同质性的。这里指的不是人口意义上的相同，而是利益与见解的相同。

以所在地为基础的社区可能被以利益为基础的社区取代。通信专家斯蒂芬·汤尼－法里纳（Stephen Dohney－Farina）对网络社区的未来深有洞见并给予支持，他认为：

> 在有形社区，我们被迫同各式各样与自己不同的人相处。但虚拟社区使我们有机会构建一些乌托邦式的集体——基于利益、教育、品味、信仰和技术的社区。在网络空间里，我们可以在一块动荡不定的土地上重塑世界。[102]

网络空间里的交流一般是单线条的。我所在的"19世纪美国史电子群"的成员，仅仅是就那个主题和我联系在一起，而我的邻居却不同，他也会在超市、教堂或球场上碰到我。当然我们无法确知网络社区的未来发展，但如果虚拟社区真的变得比真实社区更加单线条化，将可能导致进一步的"网络巴尔干化"。

当不同的社区在网上跨越空间混合在一起时，地方性的多样化可能使位于更集中的虚拟同质化。互联网科技允许并鼓励红外线天文学家、品酒家、星际旅行爱好者和白人至上论者缩小他们的圈子，与志同道合者在一起。更严重的是，新的"过滤"科技会自动将"不相关"的信息排除。沟通的增多反而让我们的品位和兴趣变得狭窄——知道和关心的越来越多、但关注面却越来越狭窄，这使偶然交往的机会减少。狭隘地看，这一趋势可能会提高生产率，然而它会削弱社会凝聚力。

另一方面，我们也不应把我们生活所在的真实社区浪漫化。"物以类聚，人以群分"这句成语提醒我们，社区同质化的趋势早在互联网诞生前就出现了。网络上更为同质化的社区有多大可能转变为现实，这将大体取决于我们社会生活的"虚拟"方面将如何同更广泛的社会现实相适应，同时也取决于我们的基本价值观。而且，正如电脑科学家保罗·雷斯尼克（Paul Resnick）指出的，可能最终出现的，既不是无所不包的"网络社区"，也不是只有同类人居住的"网络隔离区"，而是许多"网络俱乐部"，彼此的成员相互重叠。在这样的世界里，不同人群之间的微弱联系将使各个社区交织成一个总社区。[103]

　　最后一个潜在障碍更加具有推测性，但也更让人忧心。互联网最后会不会变成一种更精巧的电话或电视？换言之，互联网将成为一种大体上积极、社会性的沟通手段，还是一种被动、私人化的娱乐工具？电脑互联通讯是否将"挤出"面对面的关系？现在回答这些问题还为时尚早，尤其是在社会学领域。幸运的是，非常初步的证据显示，互联网将夺走看电视的时间：1999 年的一次调查发现，42% 的互联网使用者表示他们上网后看电视的时间减少了，而只有 19% 表示读杂志时间减少，16% 表示读报时间减少。但另一方面，一项早期的实验研究发现，过度使用互联网可能导致更严重的与世隔绝和抑郁症。[104] 除了这些蛛丝马迹之外，还要提醒最后一点：目前主导互联网发展的商业动力似乎命中注定会更强调个人化的娱乐和商业，而不是强调社会参与。若要发展更促进社会参与的科技，可能需要从市场之外提供激励。

　　在探讨了令人乐观和令人悲观的前景后，我们如何总结电信通讯对社会联系和公民参与的可能影响？电话的历史提醒我们，盲目空想和彻底悲观可能都是错误的。而且，如果认为我们面临的问题是电脑互联通讯与面对面沟通"对决"，那将是根本性的错误判断。电话的历史和互联网使用初期的历史都明显说明，电脑互联通讯最终将补充、而不是取代面对面的社区。

　　社会学家巴里·维尔曼与其同事对研究者使用电脑互联通讯的情况做了缜密的研究，此项研究与针对电话的研究相映成趣。研究发现：

> 　　虽说互联网能让学者跨越遥远的距离维持联系，但有形的接触仍是重要的。经常碰面或相距较近的学者之间互发电子邮件更多。互联网上的频繁联系是对频繁面对面交流的补充，而不是取代。[105]

　　此项发现与麻省理工学院研究者德图佐斯的睿智预见完全一致，他是电脑互联通讯的热情拥护者："虽说在纯粹虚拟的基础上可以建立并维持一些不重要的商业关系和临时性的社会关系，但倘要巩固、加强更为重要的职业关系和社会关系，就必须要有形地接触。""康奈尔大学 180

电脑科学教授丹·哈腾罗希尔（Dan Huttenlocher）认为，数码科技善于维持已成形的社区，但要塑造社区就不那么在行了。"[106]然而，既然说电脑互联通讯的主要影响是强化而不是取代面对面的关系，那么网络本身恐怕不大可能逆转社会资本销蚀的趋势。

最后，我们不要认为互联网的未来将会由一些冰冷的、外部的"科技需要"来决定。最重要的问题不是互联网将为我们做什么，而是我们将用互联网做什么。我们如何使用电脑互联通讯提供的无限空间来提高我们对社会资本投资的效益？我们如何利用这一前景良好的新科技加深社会联系？我们如何发展这一科技来加强社会存在、社会反馈和社会暗示？我们如何利用高速、廉价通讯的前景，来加强我们真实社区已经在衰落的组织联系，而不是沉溺于非现实世界的"虚拟社区"的虚幻影像？简言之，我们如何使互联网成为解决问题的手段？在新世纪到来之时，电脑互联通讯领域一些最令人振奋的工作，恰好就是要解决这些问题。在本书的最后一章，我将简单谈谈那些前景。但目前我的结论是，互联网不会自动抵消传统形式的社会资本的衰落，但它有此潜力。实际上，很难想象如果没有了电脑互联通讯，我们当前面临的公民参与困境能够得到解决。

与小型团体、社会运动和电信通讯有关的证据，同前面几章谈到的证据相比显得更不清晰。在做全面考察后，社会参与降低趋势最明显的例外包括以下几项：①第 7 章中探讨的青少年志愿者活动的增多；②电信通讯的发展，尤其是互联网；③保守的基督教福音派草根活动的强劲增长；④自助、援助组织的增多。这多种"反潮流"给我们以宝贵的提醒，即社会的进化是沿着许多路线同时进行的。我之前讲述的令人压抑的故事有了这些例外的情况提醒我们，社会参与可能会发生足以振奋人心的复苏。但即便如此，这些发展却未能抵消大量其他活动的衰退趋势，那些趋势使得大多数美国人与 20 – 30 年前相比，其与社区的联系更加衰弱。在探讨可能的改革路径之前，我们还需理解这一退潮现象的起源。什么能够解释公共活动趋势在 20 世纪前三分之二这几十年里发生的逆转？在本书的下一部分里，我们将求解这一难题。

第三部分

为什么?

第 10 章

导 言

美国的社会联系与公民参与状况在 20 世纪最后三分之一出现了一些重要的变化。在探索其产生的原因之前，先让我们总结一下目前已知的情况。

在 20 世纪前三分之二，美国人参与所属社区的社会与政治生活变得越来越积极——无论是在教堂、协会会馆、保龄球馆和俱乐部，还是在会议圆桌、牌桌和餐桌前，都是如此。年复一年，我们更加慷慨地向慈善机构捐助，更经常地投身于社区项目建设，而且人与人之间的交往变得更加有信任感——即使到现在，我们仍能找到可靠的证据来证明这一点。但神奇的是，我们差不多在此之后便不再那么经常做这些事了。

与很多其他国家的公民相比，我们对公众活动的参与还是比较积极的。但同我们刚刚的过去相比，我们联系更少了。我们仍然对公共事务感兴趣，是对其持批判态度的观众。我们乱出主意，却不自己参与游戏。我们用一种表面上的正式联系装点门面，却很少真正露面。我们创造了一些新的方式来表达我们的需求，它更少地需要我们的参与。我们更少地参与集体协商——不论是在投票中还是会议上——而且当我们投票或开会时，我们沮丧地发现自己的朋友和邻居来得很少。我们更加吝惜自己的金钱和时间（对老年人来说是个重要例外），而且我们不再像过去那样善待和信任所遇到的陌生人。当然，他们也是如此对待我们。

并不是所有的社会网络都萎缩了。单薄、肤浅、浅尝辄止的交流方式逐渐取代了深厚、凝重、行使良好的社会联系。我们的社会联系大多是有特殊目的和利己导向的"一锤子买卖"。就像社会学家莫里斯·亚

183

184

187

诺维茨（Morris Janowitz）几十年前所预见到的，我们已经形成了"有限责任社区"（community of limited liability），另一种较为乐观的表述方式是克劳德·费舍尔（Claude Fischer）、罗伯特·杰克逊（Robert Jackson）等社会学家提出的"私人社会"（personal community）。[1]一些涵盖地域广阔、历史悠久、目标多样和有不同类型成员的大型组织，正在为寿命更短、目标单一的组织和小型团体所代替，"这反映了我们生活的流动性，我们能更轻易地结合在一起，同时也能同样轻易地分开。"[2]曾经使我们能够直接面对自己的邻居——不论我们是否喜欢他们——的"草根"组织，正被职员主导的利益集团的急速增多遮蔽，后者的目标仅仅建立在狭隘的自我利益上。以地域为基础的社会资本正在被以功能为基础的社会资本取代。我们正从那些曾经构成我们社区的互惠性网络中退出。

最让人迷惑的是，并不像那些自认为早已觉察到了社会堕落的"耶利米"们（译注：耶利米是《圣经》中的先知，曾为社会之堕落感到痛苦，此处比喻类似的人）所认为的那样，这一社会资本的逐渐销蚀是从欧洲定居者登陆北美时开始的。相反，鲜活的记忆告诉我们，当时的潮流完全朝向相反的方向——指向更积极的社会和政治参与、近乎过度的慷慨大方和诚实可靠，以及更大程度的良善。每位仔细研究过去20-30年间发生的潮流逆转的人，都觉得这一逆转发生之突然、彻底和难以预见构成了一个难解之谜。为什么从20世纪60年代和70年代开始，美国社会生活的组织体系出现了解体，而且这一解体在20世纪80和90年代出现了加速？在我们考虑如何重新组建这一体系之前，我们需要解释一下这个谜。

如果我的观点没错的话，这个谜将在一定程度上牵涉到美国民主的未来。这是那种能让人绞尽脑汁的经典疑案，有犯罪事实、充斥着线索的犯罪现场和许多嫌疑人。然而，就像能在所有精彩的侦探小说中读到的那样，一些明显的恶棍却有着毫无瑕疵的不在场证明，而在帷幕最终揭开之前，一些重要的线索已经出现，暗示着案情的发展方向。不仅如此，就像阿加莎·克里斯蒂（Agatha Christie）的《东方快车谋杀案》所讲述的，最终可能会发现这桩罪案的凶手不止一个，所以我们势必要从

帮凶中分辨出主犯。最后，我必须从一开始便说明，我并没有完全解开
这桩谜案，因此我也邀请你们来帮助分析线索。

　　在努力查办一桩连环罪案时（或者，类似的，在调查一起涉及公共
卫生的流行病时），调查者一般会寻找受害者的共同特征——她们是否
都是金发女郎、女性斗牛运动爱好者，或者左撇子？类似的，在分析像
社会参与减少这样的趋势时，社会科学家也在寻找这种共同特征。如果
公民参与的减少在城市居民中表现得最为明显，那将是一种解释，但如
（举例而言）在工作女性中最为明显，那么另一种解释就将更合理。我
也将采用这一惯常策略，探求社会参与的减少是否和具有一定社会特征
的时空变化有所关联。然而，我们必须从一开始就承认，这一策略有两
个缺点。185

　　首先，社会变化引发的影响范围经常要远远超过其最早触碰点。举
例而言，如果因为有更多妇女就业挣钱的趋势而导致宴会活动的减
少——我们可以找到证据证明这一观点——这一趋势将不仅会减少那些
外出工作的妇女参加宴会，而且也会减少居家妇女参加宴会，她们会苦
于邀请不到足够的人。在这种情况下，即使说（假设而言）工作破坏
了宴会，对不同的人而言，工作和宴会的关系似乎仍是松散的。类似
地，如果上下班和看电视导致了交友俱乐部的解散，其影响最终也将在
不上下班的人和不看电视的人中显现，因为一旦俱乐部开始走下坡路，
即使那些原本愿意参加活动的人们也不会去了。在此前的几章中我们看
到了这一"互促"（synergistic）影响的例子，例如，集体活动（如公共
会议）比个人活动（如写读者信给编辑）减少得更快。就我们采用的
侦查策略来说，很不幸的是，互促影响（就像病原的最初携带者会让
其他人感染流行病一样）使得我们难以做出准确无误的判断。[3]

　　其次，在我们对一般嫌疑犯进行例行检查时，没人会在最初排查时
便自动走出来认罪。公民不参与似乎是一种人人机会均等的苦痛。俱乐
部聚会、拜访朋友、参加委员会、去教堂、慈善捐助活动，打扑克牌和
选民投票，这些活动突然而持续性的减少，在过去几十年里实际上已经

给美国社会的所有方面造成了程度大致相同的冲击。不论是妇女还是男子，在沿海还是内地，租赁人还是出租人，黑人贫民窟还是白人郊区，小城镇还是大都市，新教徒还是天主教徒，富人还是穷人，单身还是已婚，低技术工人、小企业主还是高级经理人，共和党人、民主党人还是无党派分子，为人父母者还是不要孩子的人，全职工作者还是家庭主妇，他们的社会参与都在减少。[4]

当然，这些群体的人各自的社会参与水平有所不同，就像我们已经提到的——妇女的非正式社会交往较多，富人的公民参与较多，非裔美国人的社会信任度较低，无党派人士较少投票，小城镇的人较乐意帮助他人，有子女者去教堂较多，等等。但在公民参与上的变化趋势却是非常相似的。例如，1974 – 1994 年间，平均有 18% 的白人表示曾在上一年参加过一项关于地方事务的公共会议，而黑人中这一比例只有 13%，但两个种族的参与度在过去 20 年间均减少了一半。1999 年，佛蒙特州的农村人参与当地政治的比波士顿市区的人多，但和 1959 年相比，佛蒙特州农村参与地方政治的人数也下降了。简言之，就社会参与的变化而言，在审视这幅反社会流行病的人口分布图时，我们没有发现任何非常显眼的、能提供明确的追根溯源线索的"危险地域"。

例如，教育可能是我们开始探讨的合理之处。对于很多形式的社会参与，教育是最重要的影响因素之一——实际上它经常就是那个最重要的影响因素，例如投票、加入协会、担任地区委员会主席，以及为献血者主办一场宴会。当然，教育对"闲聊"（schmoozing）并无多大影响——那是指非正式的社会交往，如拜访朋友或家庭聚餐，对去教堂也没有多大影响——尽管教育程度越高，就越经常会成为与教会相关组织的成员。另一方面，对于参加公共、正式组织的活动而言，教育是一个极为有效的影响因素。多接受 4 年的教育（例如上大学）的人和无此经历者相比，对政治的兴趣会增加 30%，参加社团的次数会多 40%，参加志愿者活动的概率会多 45%。大学毕业生担任地区组织官员或委员、参加公共会议、给国会写信和参加政治集会的概率都是其他人的 2 倍多。不论性别、种族和年龄，这一基本模式都适用。简言之，教育是公

186

民参与极为有效的影响因素。[5]

为什么教育会对社会联系产生如此巨大的影响?[6]教育在一定程度上代表着优势——如社会阶层和经济上的优势,当同时使用收入、社会地位和教育来预测公民参与的各种形式时,教育就非常突出地成为首要的影响因素。可以想见,接受教育会促使人养成不同寻常的雄心、精力或其他一些能够促进公民参与的先天品质。最后,受到良好教育的人们和社区能更好地融合在一起——这至少部分地是因为他们在家中和学校里所学到的技术、能力和爱好。在任何事情上,不论是在不同的个人、州、地区之间还是从时间上看(单指 20 世纪的前三分之二时间),更多的教育都意味着更多的参与。

尽管大家公认,今天的美国人比他们的父辈和祖父辈得到了更好的教育,但这一趋势如何广泛而迅速地改变了成年人的教育结构,却是未受到太多关注的话题。就在 1960 年,仅有 41% 的美国成年人是高中毕业;1998 年这一比例是 82%。1960 年只有 8% 的美国成年人有大学学位;1998 年这一比例是 24%。从 1972 年到 1998 年,受教育时间在 12 年以下的成年人比例减少了一半,从 40% 下降到 18%,相反,接受 12 年以上教育的人几乎翻倍,从 28% 提升到 50%,这说明,在 19 世纪末 20 世纪初接受教育的那代美国人(大多数没有上完高中)退出了历史舞台,"婴儿潮"一代和他们的后代(大多数都上了大学)取而代之。[7]

如此看来,教育能大大促进公民参与,现在的教育水平确实也大大提高了。但不幸的是,这两个清楚的事实让我们对关键谜题变得更加困惑。我们只能说,教育的提高理应增进公民参与,但实际上却没有。因此,第一轮调查令我们更为迷惑不解。不论公民参与和社会资本的急速衰减背后隐藏着什么样的力量,这些力量都影响了美国社会的所有层面。不论是享受研究生教育的十二分之一的美国人,还是连高中都没读完的八分之一的美国人,或者是中间的那些人,他们的社会资本都在减少。一个世纪的后三分之一时间里所发生的神秘事件——公民参与的减少,已经影响到了我们社会的所有层面。

为解答这一谜题,已经有人提出了许多可能的答案:

187

- 忙碌和时间压力
- 经济难关
- 妇女加入劳动大军，以及夫妻双职工家庭的压力
- 居住地频繁变动
- 郊区化及其扩展
- 电视、电子革命和其他科技变革
- 美国经济结构和规模的变化，如连锁店、分公司和服务业的崛起，或者全球化趋势
- 婚姻和家庭联系的断裂
- 福利国家的增长
- 民权革命
- 20世纪60年代的系列事件（其中大多数事件实际上发生在70年代），包括
- 越战、水门事件和人们对公共生活的厌倦
- 反权威的文化叛逆（性、毒品等）

即使是最受人尊敬的侦探小说家，恐怕也不愿写下这么多嫌疑人，不论他们笔下的侦探多么精力充沛。我不会探讨所有这些假设——当然不会以任何确定无疑的形式——但我们必须开始对这一名单去粗取精。我们很容易倾向于假设，某一重大结果（像公民参与的减少）只有一项唯一的重大原因（如夫妻双职工家庭、拜金主义或电视）；但一般情况下这是一种谬论。我们所考察的社会趋势是如此广泛，可能有着许多原因，所以我们的任务便是评估这些因素的重要程度。

对我们难以理解的事物给出任何一种答案，哪怕是部分答案，都要经过反复检查。

· 提出的这一解释因素是否与社会资本和公民参与相互关联？如果没有，就很难认为这样的因素应当被置于考虑范围。例如，在我们考察这段时期许多妇女开始工作赚钱，但如果最终发现职业女性和家庭主妇对社会生活有着同等程度的参与，就很难将社区组织的减少归因于夫妻

双职工家庭的增多。[8]

·这一关联是虚假的吗？例如，如果为人父母者比无子女者更多参与社会活动，这可能是一条重要线索。但假如说，如果最终发现为人父母的状况与公民参与之间的关联实际上完全是由于年龄的影响，我们就不得不将生育率降低从嫌疑者名单上排除。

·所提出的解释因素是否发生了相应的变化？例如，假设那些经常迁徙的人造成了社区根基的削弱，那这就可能是我们谜题答案的重要部分，但前提是，在此期间人们居住的流动性确实提高了（我们之所以将教育从我们指控的名单上排除，就是因为不符合这一条件）。

·所提出的解释因素是否有可能是公民参与的结果，而非原因？例如，即使从个人和时间角度看，是否读报都与公民参与程度密切相关，我们也应考虑这一可能性，即报纸销量的下降是公民参与减少的结果（而不是原因）。

根据这组标准，我们将在接下来的五节内容中探究可能影响社会资本创造和毁灭的因素。

第 11 章
时间与金钱压力

189　　　最有可能导致我们退出社区事务的嫌疑犯就是时时刻刻的忙碌。每个人都以此作为自己社会参与减少的最佳解释。"我没有足够的时间"，这是美国人最常用的不参加活动的理由。"太忙了"，是迄今为止我们不参与志愿活动最常用的解释。我们确实比上一代美国人感觉更忙碌了：认为"我总是觉得急匆匆"的人口比例从 60 年代中期到 90 年代中期激增了将近一半。在整个 80 年代和 90 年代，越来越多的人认为，我们"大部分时间都工作得非常辛苦"，而且我们经常"很晚都在加班"。紧迫感最强烈的群体包括全职员工（尤其受过高等教育者）、妇女、25－54 岁的人、年幼儿童的父母，尤其是单身父母。[1]这些发现是非常令人震惊的，因为同样是这些人，在历史上曾非常积极地参与公共生活。也许过度工作是唯一的罪魁祸首。

　　　解释社会参与减少的可能原因包括：区域性的经济压力、工作不稳定、实际工资的减少，尤其是在收入分配中处于较少的三分之二的那些人。从 70 年代中期到 90 年代中期，美国经济状况变得日益令人焦虑。所以，时间与金钱的双重压力（就像民意调查显示的），可能就是公民参与减少的主要解释。然而，要找到足够的证据来认定这些嫌疑犯（或为其脱罪）——我们陪朋友、邻居和参加公共事务的时间减少了，其原因就是我们比过去任何时候都更加奔忙来维持经济状况——其困难

190 程度将是出乎意料的。因为针对相关证据存在着反对意见，我请求读者在读完本节之前不要对该解释做出最终论断。

　　　首先，我们一点都不清楚，是否从总体而言，美国人比我们的父辈

194

在 60 年代的公共活动高峰时期工作得更为辛苦。经济学家艾伦·麦克格兰坦（Ellen McGrattan）和理查德·罗格森（Richard Rogerson）做了总体性的说明，"第二次世界大战以来，美国市场上的人均月工作小时数基本保持稳定"，而这半个世纪中（就如我们已经看到的）公民参与是先扩展，然后萎缩的。[2]在这一大体稳定的状态之下，付薪工作的分布出现了重大的转变——从男性到女性，从年长者到年轻人。在 90 年代，总体上男性的付薪工作时间比 50 年代时减少了。尤其是 55 岁以上的人在今天享有多得多的闲暇时间，主要是因为退休时间的提前，这种提前有些是强制性的。很明显，和 30 年前相比，女性在家庭以外的工作时间增加了，我们将在后面更详细地讨论这一进展。作为工作者的男性和女性是否比上一代人工作时间更长，这在经济学家中有争论，但可能最好的猜测是变化不大。定时日志研究表明，非工作时间的负担减轻了，包括家务活和看孩子（因为我们今天的生育率降低了）。实际上，约翰·罗宾逊（John Robinson）和杰斐里·戈德白（Geoffrey Godbey）发现，从 1965 年到 1995 年，美国人每周平均闲暇的时间在 1965 – 1995 年间增长了 6.2 小时——男性是 4.5 小时，女性是 7.9 小时——主要原因是家务活的减少和退休的提前。[3]

对于罗宾逊和戈德白所称的现在美国人比几十年前有更多闲暇时间的说法，其他一些观察者提出了质疑，但很显然，没有证据显示出相反的变化。哈里斯公司的民意调查发现，美国人所说的用来"放松，看电视，参加体育运动或从事自己的嗜好，游泳或滑冰，去电影院、剧院、音乐会或其他娱乐活动，和朋友相处，如此等等"的平均时间，在过去 25 年间平稳保持在每周 19 – 20 小时的水平。（定时日志研究表明，我们实际上的闲暇时间是自己认为的 2 倍。）尽管有些相反的证据，但似乎可以合理地认为，美国在过去的 30 年间，闲暇时间并未出现整体上的下降——公民参与的减少原本可以通过这一下降得到解释。[4]实际上这段时间里还很有可能发生了闲暇时间巨大的净增长。然而在释放嫌疑人之前，我们还需要特别注意闲暇时间的增加和减少是如何分布的。

首先，这些新"闲暇时间"无法轻易地转化为公民参与的形式。

其中零碎的时间为繁忙的日程所占据，还有大段的时间为被迫提前退休的老人所花费。其次，就工作时间进行争论的双方都同意的是，受教育较少者得到了更多的闲暇时间，而上过大学的人大多失去了一些闲暇时间。受过大学教育的美国人比在高中就退学的人多出的周工作时间，从191 1969 年的 6 小时，增长到了 1998 年的 13 小时。就像罗宾逊和戈德白所说的，"劳工阶层"的工作时间短，而"悠闲阶层"的闲暇时间少。再次，夫妻双职工家庭比往常更为常见，而且花费于工作的时间更多：1998 年已婚配偶的平均工作时间比 1969 年增长了 14 个小时多。换言之，就教育良好的中产阶级父母这一单独的社会群体而言，在历史上他们曾为社区基础建设做出了非同一般的贡献，而现在他们的时间真正出现了紧张。我们目睹的可能是闲暇时间的重新分配，从那些倾向于投入社区活动的人（大多为年轻、受过更好教育的女性）分配到那些更倾向于单独度过这些时间的人（大多为较年老、教育程度低的男性）。[5]

最后，即使我们都有足够的闲暇时间投入社会活动，而你我的闲暇时间可能并非相同，因此协调日程变得更加困难了。这一解释和此前说明的一个事实是一致的，即集体形式的社会参与的减少速度要比个人形式的快得多。[6]

然而，另外的两组证据与这一有关公民参与减少的"激烈争辩"的理论并不完全一致。首先，大量的时间要求不必然带来社会生活的减少，即使在同等教育程度和收入的人群中也是如此。恰恰相反：有工作的人比没有工作的人更加积极地参与公共和社会活动，而不是相反。认为自己时间压力最大的人更愿意参与社区项目、参加教堂和社团活动、关心政治、花时间拜访朋友、在家中娱乐等，而不是相反。[7]和标准的经济学理论相反，一项研究发现，工作时间较长的人实际上更愿意参与志愿活动，而且有两个工作的人比只有一个工作的人更愿意参与志愿活动。政治科学家西德尼·维巴和他的同事在一项对影响社会参与的因素进行的全面研究中发现，一个人拥有的闲暇时间长短，似乎对于他/她是否积极参加公共活动影响甚微，甚至没有影响。整日忙碌的人唯一比其他人参加得少的社会活动是和家人就餐。[8]

社会活动和工作时长的正向联系当然不是说工作时间更长就会带来更多的公民参与。我们都知道，把活交给一个忙碌的人，他就能办好。我们中的一些人之所以忙碌恰恰就是因为我们参与了公共活动。事实也没有说明，如果我们变得更忙碌（例如工作更长时间），我们就会更多地参与社会生活，因为在某种程度上，一天只有24小时形成了严格的限制。另一方面，证据表明，勤奋工作并不妨碍社会参与。定时日志研究表明，毫不奇怪的是，花费更多时间工作的人确实感觉更忙碌，这些忙碌的人们确实每天花费更少的时间用于吃饭、睡觉、读书、个人嗜好，或者无所事事。和其他人相比，他们用于看电视的时间也少得多——少几乎30%。[9]简言之，那些总是行色匆匆的人为红十字会而放弃了看《急诊室的故事》，为朋友而放弃了看《老友记》。忙碌的人倾向于放弃对社会参与最具破坏性的一项行为（我们将在第13章中看到这一点）——看电视。

第二种对现代忙碌生活导致了大多数公民参与衰减的质疑是，在那些感觉最不忙碌的人和那些感觉最忙碌的人中，对公共活动的参与都出现了同样程度的减少。不论是全职员工、兼职员工还是不工作的人，其公共和社会参与程度的分配都是完全一致的。即使在三分之一的自称"有许多空闲时间"的美国人中，过去20年里去教堂的时间也减少了15%－20%，去俱乐部的时间减少了30%，与朋友娱乐的时间减少了35%。[10]如果人们都在脱离公共生活，长时间工作和紧张的日程不可能就是唯一的原因。尽管这些可能是相关因素，尤其是对那些在历史上曾经担负了与之不相称的组织责任的美国人而言，但它们绝不会是仅有的原因。

如果我们要找的主要凶手不是时间压力，那是金钱压力吗？几个重要的线索指向了这个方向。首先，资金焦虑明显是在20世纪的最后25年中明显增长的。越战和70年代初期的两次大规模的世界石油恐慌激发的通货膨胀，使得50年代和60年代蒸蒸日上的经济繁荣走到了尽头。用《圣经》的话说就是，在两个丰裕和快乐的十年之后，是两个歉收和焦急的十年。在整个 70－80 年代，资金紧张在美国人生活的所有方面都有显现，即使是 90 年代的复苏，也没有消除这 20 年遗留的广泛不安的情绪。1975 年初，在 40 年里最严重衰退的最低谷，仍有 74% 的美国人认为"我们的家庭收入足以满足我们几乎所有的主要需求"，但到了 1999 年，尽管经过了连续 8 年的增长，这个经济满意度衡量指标却降到了 61%。[11] 在 90 年代的繁荣时期中，美国人与 30 年前相比，对经济状况更感到困顿和不安，可能是因为这期间我们的物质欲望发生了增长。[12]

同样正确的是，资金忧虑和经济困难对社会参与产生了深刻的负面影响，不论男性还是女性。就像我们在第 3 章所看到的，在 20 世纪的前三分之二时间里，唯一导致公民参与和社会联系的增长潮流出现明显中断的事件就是"大萧条"。和人们所想象的失业者会走向极端相反，社会心理学发现，失业者在社会和政治上都变得被动和退缩。[13] 在经济形势变得愈加艰难时，我将集中全力维持个人和家庭的生存。低收入并为此感到手头拮据的人们对所有形式的社会和社区生活的参与，都比那些富裕者少得多。例如，即使对收入和教育水平相同的人们进行比较，对经济状况最为担心的三分之一男性和女性，其参与社团聚会的次数只有最不担心的人们的三分之二。[14]

资金焦虑不仅导致更少去看电影——这也许是囊中羞涩的自然结果——也导致和朋友相处、打牌、家庭娱乐、去教堂、志愿服务以及对政治的兴趣变小。甚至不花钱或者花钱很少的社会活动都会因资金困难而被抑制。实际上，唯一和资金焦虑正向关联的消闲活动就是看电视。此外，如果我们将经济担忧、收入、教育等因素组合在一起，预测公民参与和社会联系的不同形式，经济担忧就变得不重要了。换言之，本质上不是低收入，而是由此引发的经济担忧抑制了社会参与。即使在富人中，经济紧张感都会使社会参与减少。

这一纸诉状是很有力的。[15] 经济苦难时期我们的收入减少，债务水平增加，工作变得更加不稳定（而且可能更加困难）。因此紧张情绪上升，社会参与下降。案情似乎一目了然。然而，被告方有一些有利的相反证据。首先，各种形式的公民参与减少似乎在 70 年代经济困难之前就开始了，并且在 80 年代中期和 90 年代后期的繁荣中，这种趋势没有任何逆转。经济跌宕起伏，但社会资本只是下跌。

其次，对美国社会富有阶层和中低收入工薪阶层来说，参与和联系减少的幅度实际上是同样大的，几乎没有迹象显示，过去 20 年里参与的减少集中于那些遭受经济痛苦打击最大的人们。例如，在经济担忧最少的三分之一美国人中，参加社团聚会的次数从每年 13 次下降到 6 次，而在最担忧经济的三分之一人中，则从每年 9 次下降到 4 次。即使在那些幸运地承认他的家庭"绝对比大多数的邻居都更有钱用于额外花销"的十八分之一美国人中，家庭娱乐的频率也从 1975 年的每年 17 次降到了 1999 年的 10 次，同期他们每年去俱乐部的次数从 14 次降到了 5 次。[16]经济上的好运并未保证持续的公民参与。 ₁₉₄

一些观察社会资本趋势的学者认为，社会资本在过去 20 年的减少主要集中在更为"边缘化"的人口群体中。[17]相反，其他学者将公民参与减少归因于玩忽职守、个人中心主义、弃传统公共责任于不顾的社会中上层精英。[18]在我看来，对证据的均衡考察说明，这些观点都不正确，因为关键事实在于，实际上不论对何种社会经济阶层、从何种角度衡量公民参与的减少，其在各个水平上的趋势都非常近似。如果用显微镜观察，失业也许能比经济拮据看起来稍微大一些，但其区别是轻微的和不持久的。[19]感觉舒适的人不会比感觉痛苦的人更加脱离公共生活，但后者也并非比前者的脱离程度高。

保持实际收入和财富满意度不变（这一假设可以在统计上轻松做到，现实世界却很难）对于缓解公民参与和社会联系的衰落于事无补。资金焦虑的扩展最多可能造成了去教堂、参加社团、家庭娱乐等活动 5%－10% 的减少，[20]不论是主观还是客观的经济舒适，都未给美国人注射抵抗公民不参与病毒的疫苗。在我们的悬疑故事中，时间和金钱压力都只是辅助因素，而不是那种明确的线索。

女性从家庭进入雇佣劳动大军，是过去半个世纪发生的影响最深远的社会变化。离开家庭工作的女性比例从 50 年代的不到三分之一增长到 90 年代的将近三分之二，翻了一番。90 年代女性平均每天比 60 年代多出大约 1 个小时用于有偿工作，因为每天只有 24 小时，这就必然占用一些其他时间。补偿这些增加时间的大多并且可能全部都是用于家务活和看孩子的时间，但似乎有证据表明，这些变化也影响了社会参与。[21] 大多数的美国母亲都是家庭主妇，而且大多积极参加"形成社会资本的活动"——这一专门术语指的是，为教堂晚餐付出大量的义务服务、参加家庭教师协会、邻里咖啡聚会、走亲访友。尽管女权运动可能不受欢迎，也可能来得过晚，但其对社会联系产生的作用是毋庸置疑的。这是过去 20 年社会资本减少的主要原因吗？

离家工作对于社会参与会产生正负两方面的效果——它增加了形成新联系并参与其中的机会，同时又减少了可用于发现这些机会的时间。

一般而言，积极从事工作的人会更多地加入到社区生活中。家庭主妇的角色经常使其与世隔绝。家庭主妇和工作女性所参加的社区组织不同（例如，她们会参加更多的家庭教师协会，而不是专业协会），但总体而言，工作女性会稍微多地参加更有志愿性质的组织。20 世纪较早时，男性会参加更为公共性和专业性的组织，更积极地参与公共生活，而这一性别区别已经随着妇女进入雇佣劳动力大军而逐渐消失了。[22]

过去几十年中，这一"公民参与"的鸿沟逐渐缩小，同时诸如为某个政党工作或担任某个地方组织的领导人这样的活动更快地消失了，对于男女都是如此，他们中的一些，只是近期才加入与工作有关的社交圈。从 1974 年到 1994 年，竞争公职的男性数量减少了大约四分之一，但同期女性的数量实际上却增长了，这大大缩小了性别差距，至少在地方层面上情况如此。[23] 类似地，尽管加入律师协会的人数增长不及律师人数的增长，更多的女性律师还是为律师协会带来了相对更加积极的女性活动。从这一意义来说，实现男女职业平等的趋势往往导致了妇女对社会参与的增多。

就一个特定的并在不断扩展的群体——单身母亲——而言，有强有力的证据证明，出外工作实际上对所有形式的公民参与都有积极效果，不论是加入社团还是关心政治。[24]由于需要在没有丈夫的帮助下照料孩子，这些妇女除了她们的工作联系之外，经常是更为与世隔绝的。简言之，离家工作意味着接触更广阔的社会和公共网络。假设这一因素是主导性因素，女性加入雇佣劳动大军当然没有造成社会资本和公民参与的全国性减少，而且可能在实际上延缓了其减少趋势。

另一方面，女性在传统上比男性投入更多时间用于社交。尽管男性参加的组织多，但女性却花费更多的时间用于其中的活动。女性也比男性会花费更多的时间在非正式谈话和其他形式的"闲聊"中，而且她们更多地参与宗教活动。[25]正是因为女性传统上对社会资本的投入是如此时间密集，加入雇佣劳动大军才削减了她们的投入率。

比较两个年龄、教育水平、经济状况、父母社会地位相同的女性，如果参加了全职工作，家庭娱乐活动似乎就会减少约 10%，去社团和教堂减少约 15%，非正式拜访朋友减少 25%，而志愿活动减少 50% 多。不仅如此，全职工作女性的丈夫也像他们的妻子一样，更少去教堂、参加志愿活动和家庭娱乐。与此相反，在其他因素相同时，全职工作女性（和她们的丈夫）会花费更多时间用于个人休闲，例如看录像、电影、电视和购物———一句话，"找乐子"。如果夫妻双方都从事高度紧张的全职工作，这是可以理解的，因为放松而不是热情投入公共活动将是他们更愿意从事的闲暇活动。这些证据表明，我们可以认为，女性加入雇佣劳动大军对社会参与的全国性减少产生了重要作用。[26]

简言之，离家工作，尤其是全职工作，对于公民参与来说是一柄"双刃剑"（a double-edged sword）———参与机会多了，但时间却少了。这部分是因为这些相互冲突的影响，一些详细的证据很难被认为和那种理论契合，即女性解放导致了公民危机。例如，1965 - 1985 年的定时日志研究显示，尽管近年来实际组织活动的减少趋势主要集中于女性，职业女性实际上却比过去花费更多的时间用于组织活动，而不工作的女性所花时间出现减少。不仅如此，定时日志研究显示，从 1965 年以来"闲聊"的减少也主要集中于不工作的女性中。家庭教师协会和社团活动参加的减少实际上最大程度地体现于"传统母亲"，即已婚、养育子

196

女而没有工作薪酬的女性。[27]这些数字表明，全职工作的女性可能比其他女性更为抗拒社会参与度的降低。

这些模式可能至少在某种意义上是一种假象，因为选择进入劳动力市场的女性无疑在许多方面与选择待在家里的女性是不同的。一些形式的公民参与看起来在工作女性中提升而在家庭主妇中下降，这可能只是因为她们是不同类型的女性，那些在早年更加积极地参与社区活动的女性更有可能加入劳动队伍，因此在降低了留下来的家庭主妇的平均公民参与程度的同时，也提高了职业女性的参与程度。当然，我们无法在全国范围内随机挑选一些参加工作或留在家中的女性，就工作对女性公民参与的影响进行大规模的可控实验，所以，有关个人选择及其因果联系的问题也很难得到解答。

不过，如果我们同时考虑女性工作的两个方面，我们就能进一步体察就业对女性公共和社会生活的影响：

1. 花费在家庭之外的工作时间；
2. 对于家庭之外的就业的偏好。

DDB 公司的"Needham 生活方式数据"使我们可以同时衡量这两个方面。首先，所有受调查女性都被问及，她们是全职雇员、兼职雇员还是纯家庭主妇。然后那些全职或兼职雇员被问及，她们工作主要是为了个人满意还是为了经济需要。那些纯家庭主妇被问及，她们待在家中主要是为了自我满足还是为了照顾孩子。当然，在现实世界中，这种决定无非就是出于这些动机或同其他因素的组合。[28]然而，作为一种初步的划分，这种标准问题区分了两种类型的人群，即主要因为自己意愿而工作（或不工作）的女性和主要因为自己不得已而工作（或不工作）的女性。

图 11－1 显示了这两种不同类型的女性是如何分布的。A 柱代表主要因为经济需要而受雇全职工作的女性；平均来看，在过去 20 年中，她们占到了所有女性的 31%。然而，这一平均值带有一定的误导性，因为从 1978 年到 1999 年，她们的总人数几乎翻倍，从约 21% 达到 36%；柱状体上的箭头代表了这一趋势。B 柱代表主要因为个人觉得满

意而受雇全职工作的女性；她们占到了所有被调查对象的 11%，这一数字在过去 20 年间未发生很大变化。换言之，在所有的全职工作妇女中，认为她们这么做主要是出于经济需要的比例已经从三分之二增加到超过四分之三（图 11－2 总结了这一趋势）。至少在这些调查中，实际上过去 20 年里美国女性全职工作的所有增长均应归因于经济压力，而不是实现其个人价值。[29]

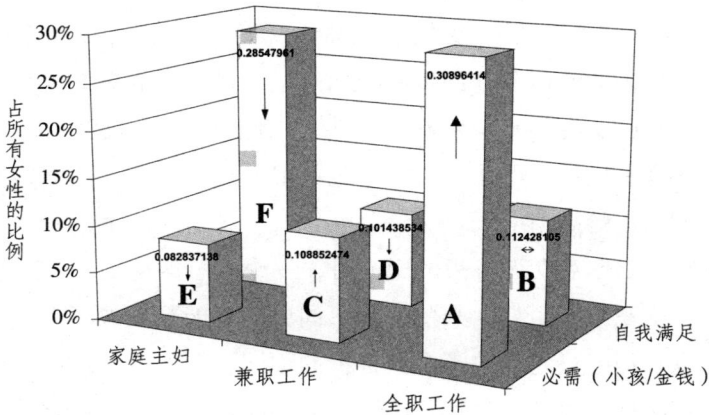

图 11－1：美国妇女自主选择工作和为生活所需工作的情况，1978－1999

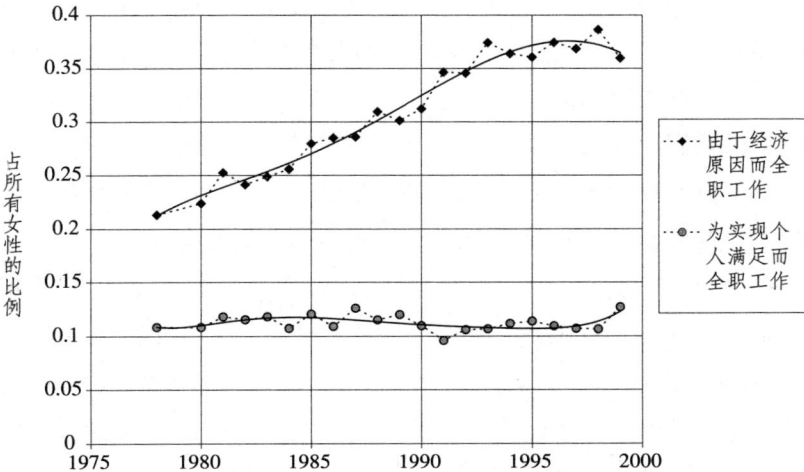

图 11－2：更多妇女必需工作，1978－1999

198　　C 柱代表主要因经济原因而离家兼职工作的女性，D 柱代表主要因自我满足而离家兼职工作的女性。这两个群体各代表了所有女性的 10% –11%，由于经济原因比自我满足相对更重要，它们也随着时间的推移而有了轻微的变化。E 柱代表了主要因照料孩子的需要而待在家的母亲；在过去 20 年中，她们平均代表了所有女性的 8%，实际是从 1978 年的 11% 降到了 1999 年的 7%。最后，F 柱代表了出于个人意愿而不出外工作的女性。在过去 20 年中，这一群体占所有女性的比例从 1978 年的约 37% 降到了 1999 年的 23%。不奇怪的是，E 柱和 F 柱没有显示出其代表的女性所处的生命周期阶段。待在家的母亲（E 柱）其平均年龄比全国女性的平均年龄低 10 岁。相反，因自我满足而整天待在家中的家庭主妇这一群体（F 柱）包括很多退休女性，她们的平均年龄比全国平均年龄高 10 岁。

　　在研究工作对女性行为的影响时，一个难解的谜题是：如果职业女性确实和全职家庭主妇在某些方面不同，这可能是反映了工作产生的影响，但也有可能只是反映了个人选择的不同。例如，如果职业女性比全 199 职家庭主妇更少去教堂，这是因为她们的时间压力和事务繁忙，还是因为对宗教虔诚的女性更不喜欢出外工作？在这里，图 11–1 所做的，即将那些因为她们意愿（F、D、B 柱）而工作（或不工作）的女性和那些不得不（E、C、A 柱）选择工作（或不工作）的女性区分开来，此处提供了一些很有用的分析工具。

　　如果我们把 A 柱和 B 柱作比较，我们是在比较所有全职工作的女性，只不过有些（A 柱）是出于需要而有些（B 柱）是出于喜好。这就是说，我们是在比较工作环境类似而偏好不同的女性。类似地，如果我们将 A 柱和 F 柱作比较，我们是在比较所有那些本来很明显不愿意离家工作的女性，只不过一些（A 柱）是因为需要而受雇，而另一些（F 柱）是心甘情愿待在家里。这就是说，我们是在比较偏好类似而工作环境不同的女性。当然生活是无比复杂的，难以在任何简单的图中体现。大多数女性（像大多数男性一样）对于工作和家庭都有着多种和非常复杂的情绪，"个人满意"和"需要"的区别也是一个粗糙的界

定，无法表达深层次的动机。我并不认为图 11 – 1 完整地反映了女性在
真实世界中必须做的所有复杂选择（其中有些其实不是完全意义上的
"选择"）。但它确实为探讨当前女性工作对公民参与的影响提供了一个
有用的标准。

　　首先考虑的是，工作和参加社团活动之间的关系。全职工作的女性
比其他女性更少参加社团活动。图 11 – 3 更详细地表明了女性工作的性
质和她们的动机是如何影响她们去社团的频率的。对于每个群体而言，
柱状体的高度代表了这些女性参加社团活动的相对频率（必须选择一
定的比较标准，因此我们任意比较了所有男性中每组群体平均去教堂的
频率作为图 11 – 3 里的基数）。为了将我们的注意力集中在工作这一项的
影响上，我们的数据分析假定其他影响公民参与的因素不变，包括教
育、出生年、调查年、父母社会地位、经济状况和社区根基）。[30] 这样平
均而言，出于经济考虑而全职工作的女性每年要比同样的男性多去 7 次
社团聚会。相反，自己选择成为家庭主妇的女性（图 11 – 3 后排的最左），
平均每年只比男性多参加 2.7 次社团聚会，比那些因经济需要而全职工作
的女性每年多 2 次（因为我们已经保持教育和经济状况不变，因此我们可
以有信心地说，这一区别并不仅仅反映了两个人群的社会阶层差异）。

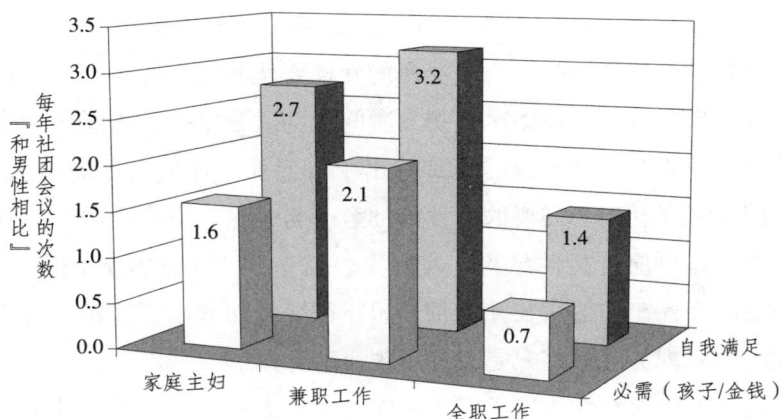

图 11 – 3：全职工作消减了社区参与

从图 11－3 中可以得出几个重要的结论。首先，所有的柱状体都在
比较标准（该图的底线）之上，后者代表男性平均的参与水平。不论
是全职工作、兼职工作还是待在家不工作，不论是自由选择还是迫不得
已，女性都平均比男性投入更多的时间用于社交生活。

其次，全职工作明显造成参加社团活动的减少，不论该工作是自由
选择还是迫不得已（这在图上反映为右手的两个柱状体落差很大）。不
仅如此，那些根据个人选择决定是否工作的女性（不论是全天在家、
全职工作还是两者结合）要比出于需要而处于相同状态的女性更多地
参与组织生活（这在图上反映为后排的柱状体都比较高）。参与程度最
低的群体是那些不是出于自愿而是不得已才全职工作的女性。因为经济
需要而全职工作的女性——人数增长最快而且是目前为止增长最大的女
性群体——造成了公民参与最大程度的下降。恰好是越来越多的女
性——出于经济需要而非选择——成了抑制社会联系的群体。

最后，图 11－3 也表明，兼职员工的参与程度最高，尤其是那些自
愿选择而非不得不工作的人。我们可以猜想这些女性在努力平衡她们对
家庭、社区和自己的义务，而且还有一定的回旋空间来这么做。至少从公
民参与的角度来看，兼职工作似乎是一个"黄金分割点"（golden mean）。[31]

这些关于社团参与程度的基本发现，被证明可以适用于其他各种正
式和非正式形式的社会参与，包括去教堂、在家娱乐、访友和志愿活
动。保持其他因素不变，全职受雇的女性要比其他女性每年少去 4 次教
堂，在家娱乐少 1 次或 2 次，访友时间少约三分之一，志愿活动次数少
约 4 次。[32]全职工作不止减少了那些出于自愿而工作的女性的社会参与，
而且减少了那些出于需要的女性的社会参与，这一事实说明，二者的关
系主要不是自愿选择的结果。实际上，就像图 11－2 反映的，过去 20
年间所有女性工作的增长几乎都是出于需要，而非出于选择，自我选择
在这一期间内势必最多只是发挥了很小的作用。

自愿工作的女性比出于需要工作的女性更多参与社团、教堂、见朋
友、家庭娱乐和志愿活动。图 11－3 右侧前后两个柱状体高度上的差别
反映了这一事实，这是衡量公民参与和工作关联下的自主选择程度的一

个粗略方法。这一证据说明，积极参与社会活动的女性同具有较少公民精神的姐妹们相比，稍微更倾向于选择参加工作，但如果将其与对工作本身产生的影响比较的话，自我选择的效果就是微小的了。

那些必须全职工作的女性最不倾向于访友、在家娱乐、志愿服务，就像她们最不倾向于参加社团活动一样。兼职工作的女性，尤其是那些出于喜好而这样做的女性，要比全职雇员和全职家庭主妇更多地参加志愿活动、更多娱乐和访友。[33]除了极少数例外，所有女性群体都比男性更多地参与各种形式的社区活动。

简言之，全职工作抑制女性正式和非正式的社会参与。[34]然而，一位女性出于自愿而工作的程度也和社区参与密切相关。实际上，自愿兼职工作的女性是对社会活动参与最多的（记住我们在这里保持女性所处环境的其他特征不变，包括她们的教育、父母社会地位和经济状况，所以兼职工作对公共活动的促进作用不只是因为存在这种有能力选择兼职工作的女性）。这一明显的事实表明，在美国提高社会参与的一条可行之道是，创造条件使女性（男性也一样）在她们愿意的情况下从事兼职工作。[35]

在对女性工作和公民参与的关系作出结论之前，必须列出几个重要的限定。

第一，为了避免误解，我明确反对所谓女性工作造成我们的公共不参与应当"受到谴责"的观点。显然，全职工作减少了可以用于其他活动的时间。尽管这一代美国成年人的母亲基本上都不是雇佣劳动大军的一部分，但她们也参加了许多具有建设性意义的社会活动。现在既然她们的女儿们已经承担了更大分量的在家庭之外的工作，可能有人会假设她们的儿子们参与了更多其他的社会和社区的义务活动，然而（就像我们的证据表明的），这并没有发生。女性逐渐实现职业平等释放了大量的创造性力量，提高了个人自立程度，对美国社会是利大于弊的。但如果要更广泛地对社会进行成本与收益的核算，就不能只是计算女性新地位带来的好处，也应计算总体上给社会和公共活动带来的成本。

第二，全职工作并没有抑制所有形式的组织参与。就像我们在前面说明的，全职工作加强了女性对于更为公共形式的社会活动的参与。同时，这还加强了她们对许多专业性和服务组织的正式参与。[36]换言之，就某种程度而言，当女性的工作场所从家庭转移到公共领域之后，她们的公民参与场所也发生了同样的转移。对于一些职业女性而言，参与社会生活机会的增多，已经超过了参与时间减少所产生的影响，她们和全社会的公民参与减少趋势刚好成反向运动。

第三，也是最重要的一点，不论是女性加入雇佣劳动大军，还是经济拮据状况的增加，我们所讨论的这两个变化都不是过去 20 年间美国公民参与减少的主要原因。实际上，基于我们现在掌握的证据，我最多只能这么估算，这两个因素加起来只能对不到十分之一的总体衰减作出解释。[37]简言之，过去 25 年间夫妻双职工家庭的出现对于社会资本和公民参与的销蚀发挥了一种可见的但仍只是很轻微的作用。

要考察这些解释的局限之处，一个办法就是，集中于受它们影响最少的两个社会群体——未婚男性和没有全职工作却对经济状况感到满意的已婚女性。单身汉和富有的家庭主妇只构成了美国人口的很小部分，但他们的证词却对我们的案件非常重要，因为他们相对来说较少受到我们在本章中所考察的那种造成公民不参与的力量的冲击，尤其是女性步入工作的转变。

富有家庭主妇的社会参与水平要比其他女性高——她们花费更多的时间拜访朋友、在家娱乐、参加社团聚会等。所以从长期而言，女性从"富有家庭主妇"这一群体中退出而进入其他社会群体的趋势，往往会压制公民参与。然而，对那些很少受到夫妻双职工家庭增多和经济压力增大影响的其他女性来说，这些女性参加家庭娱乐、参加社团、参与社区项目、访友等活动的减少都是一样大的。实际上，富有家庭主妇和其他人相比，对于公共会议、宴会组织、地区领导和其他类型活动参与程度的退出率几乎都是一样。类似地，单身汉和其他美国人相比，对社团活动、访友、为社区项目服务、担任地区民众领袖、签署请愿书等活动的减少率至少也是同样大的。这些都不符合这一假说，即过去几十年间我们举国性的公民参与减少主要应归因于女性加入雇佣劳动大军。[38]

　　结论是：现有的证据表明，工作忙碌、经济拮据、夫妻双职工家庭产生的压力只是很少地解释了社会联系的衰减。承受这些压力的那些人（尤其是教育水平高的女性）在过去都承担了较高的社会参与责任，就这个意义而言，这一发展无疑产生了互促效应，其影响超过了这些人自身。有足够时间来组织公共活动、策划聚餐会等活动的受过良好教育、活力充沛的女性减少了，因为这个原因，我们其他人也就逐渐相互疏远了。同时，证据也表明，不论时间压力、经济拮据还是女性加入雇佣劳动大军，都不是过去 20 年里公民参与减少的主要原因。[39] 做出无罪推定依据的关键证据是，对于女性和男性而言，不论工作与否、婚姻还是单身、经济拮据还是经济宽裕，公民参与和社会联系的减少几乎都是一样的。

第 12 章

流动性与扩张

204 　　和大多数其他国家的公民相比，美国人经常过着一种居无定所的生活。我们中将近五分之一的人每年都要迁移，而且在一次迁移后可能会稍加停留便又继续迁移。我们中超过五分之二的人希望在接下来的 5 年里迁移。[1]结果是，和其他国家的人相比，美国人已经习惯于到处扎营，很快交上新朋友。我们已从美国过去的拓荒时代和移民时代学到了如何在迁移的时候投入新的社区组织中。

　　然而，频繁的移植会阻断植物的根部发育，对于植物是这样，对于人也是如此。一个流动的人需要花时间在新地方扎根。结果是，居所的稳定性和公民参与有着密切的联系。刚到任何一个社区的人们会更少参加投票，较少会同朋友和邻居组成互助网络，也较少参与社区组织。准备在 5 年里迁移的人去教堂、参加社团、志愿活动、为社区项目工作的概率，要比那些准备留在原地的人少 20% – 25%。即使保持其他社会和经济因素不变，房东也要比房客扎根更深。只有四分之一的房东准备在 5 年内迁移，而对房客来说，这一比率是三分之二。因为房东扎根更深，他们确实比房客更倾向于参与社区事务。[2]

　　就像经常的迁居者导致了社区纽带变弱一样，居住人口更换频率更高社区的融合度较差。与较为稳定的社区居民相比，流动社区居民的安
205 全感较差。在高度流动性的社区中，犯罪率会较高，学生的学习表现会较差。在这样的社区里，即使是长期的定居者和他们邻居之间的联系也会较少。[3]

　　那么，流动性的增强是否是我们这桩谜案的主凶呢？回答是明确

的：不是。对于我们公民参与的衰减来说，居住流动性完全可以免于指控，因为过去 50 年流动性根本没有增强。实际上，人口普查记录表明，在过去 50 年里长距离和短距离的流动都只出现了轻微的减少。

50 年代，20% 的美国人每年换一次居所，其中 7% 是迁到另一个州或国家。在 90 年代，这两个比例分别为 16% 和 6%。如果说有什么区别的话，今天的美国人比 20 年前的美国人居住稳定性要稍微强一些。在 1968 年（当时公民参与接近顶峰），平均每个美国成年人在同一地区生活了 22 年；30 年后这一数字基本上没有变化。尽管关于居住流动性的历史数据并不完全，但在我们国家的历史上，居所的流动性可能从来都没有比 20 世纪末的时候更低过。私人拥有住房的比例也在过去几十年间增长，并在 1999 年达到有史以来的最高记录 67%。美国人对 5 年内迁移可能性的期望至少在过去 25 年里保持稳定。[4] 如果说我们对有关时间与财富压力的判决还有商量余地，对流动性的判决则是明确的：那么这一理论是完全错误的。

但如果说迁移本身没有侵蚀我们的社会资本，那么我们是否有可能迁移到了社会联系相对不佳的地方？现在和过去一样，不同的社区形态的连接性确实是不同的。和其他美国人相比，本国最大的大都市区域（包括中心城区及其郊区）的居民参加各种组织的概率要少 10% – 15%，参加社团聚会的概率少 10% – 15%，去教堂的频率低大约 10% – 20%，担任地区组织的官员或委员、参加关于地区事务的公共会议的概率少 30% – 40%。（图 12 – 1 和图 12 – 2 说明了这些区别。）就像我们在第 7 章所指出的，小城镇和农村地区的居民比其他美国人更为乐于助人、诚实和可信。实际上即使是在郊区中，也是较小的郊区才会有较大的社会资本。[5] 当日常生活的范围更小并更为亲密时，参与社区事务就更为诱人——或者说退出更没有吸引力。

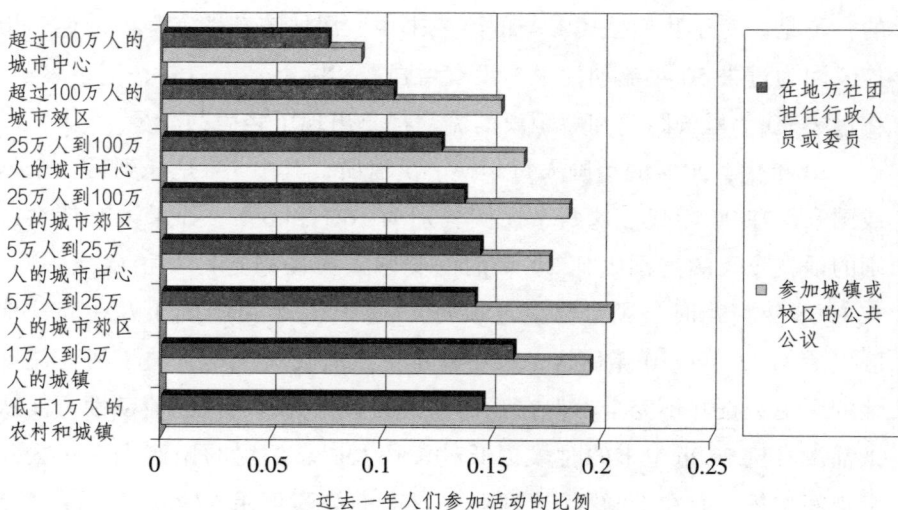

图12－1：主要大城市的社区参与有所衰退

图例：
- 在地方社团担任行政人员或委员
- 参加城镇或校区的公共公议

纵轴标签：
- 超过100万人的城市中心
- 超过100万人的城市效区
- 25万人到100万人的城市中心
- 25万人到100万人的城市郊区
- 5万人到25万人的城市中心
- 5万人到25万人的城市郊区
- 1万人到5万人的城镇
- 低于1万人的农村和城镇

横轴：过去一年人们参加活动的比例
0 0.05 0.1 0.15 0.2 0.25

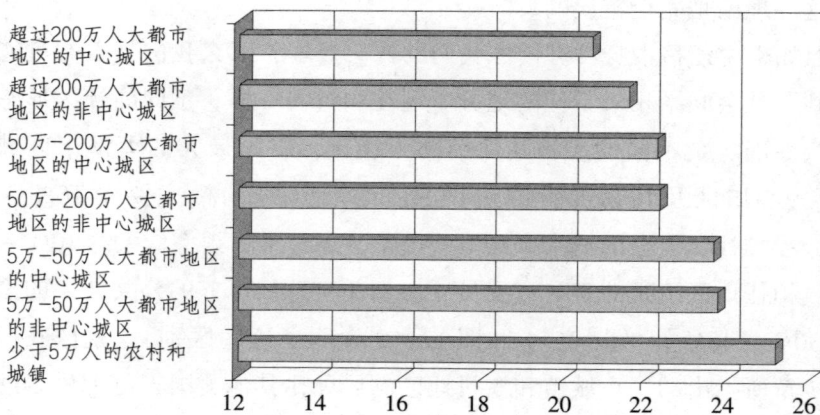

图12－2：主要大城市参加教会活动有所削减

纵轴标签：
- 超过200万人大都市地区的中心城区
- 超过200万人大都市地区的非中心城区
- 50万-200万人大都市地区的中心城区
- 50万-200万人大都市地区的非中心城区
- 5万-50万人大都市地区的中心城区
- 5万-50万人大都市地区的非中心城区
- 少于5万人的农村和城镇

横轴：12 14 16 18 20 22 24 26

这一说法是否可能不足为信？是否可能是那些集中在最大都市区域的人们有时先入为主地抵触公民参与？为了排除这种可能，我们重新审核了证据，同时让一组宽泛的个体特征保持不变——包括年龄、性别、教育、种族、婚姻状况、工作状况、父母社会地位、经济环境、是否拥

有住房、国内的不同地区。对两个在这些方面完全相同的人的比较说 206
明，居住在大都市区域的人，不论是在城区中心还是郊区，都明显更不
倾向于参加公共会议、积极参加社区组织、去教堂、签署请愿书、志愿
服务、参加社团聚会、为社区项目工作，甚至拜访朋友。[6]都市居民之所
以参与过少，不是因为他们的性格，而是因为他们的所处区域。

　　我们也可以打消另一种可能性，即小城镇只是能够吸引更乐于聚会
的人们。保持人们的居住地不变，一个人是愿意居住在大城市、郊区还
是小城镇，与他的公民参与程度无关。大多数人们生活在他们选择居住
的地方，但如果有多种多样的偏好和现实，是现实而非偏好在决定公民
参与程度。[7]在一个大都市群生活，或多或少会削弱公民参与和社会资本。

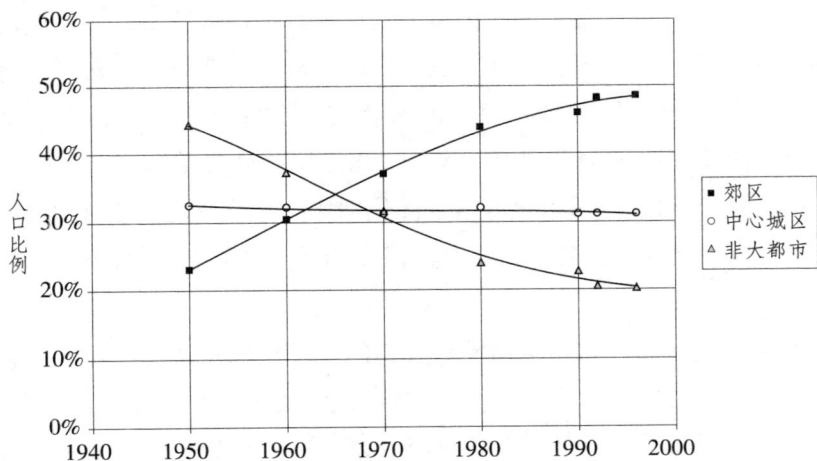

图 12-3：美国人的郊区化，1950-1996

　　恰恰是越来越多的美国人生活在这样的地方。图 12-3 追溯了美国
人在 20 世纪后半叶居住地的变化，比较了 3 个大的群体：（1）生活在
美国统计局定义的都市聚集区之外——小城镇和农村地区——的人们，
所占人口的比例已经从 1950 年的 44% 下降到 1996 年的 20%；（2）生
活在都市区域中心城市的人们，所占比例从 1950 年的 33% 轻微下降到

1996 年的 31%；（3）生活在一些都市区域却在中心城市之外——生活
207 在郊区——的人们，所占比例从 1950 年的 23% 增长了 1 倍多，达到
1996 年的 49%。50 年代所有美国人将近有一半生活在都市区域，但在
90 年代这一比例就上升到了约五分之四。在此期间，我们似乎迁移到
了公民参与风气较差的区域。不仅如此，目前已有的最好研究发现，没
有证据证明城市化趋势在 90 年代有所放缓。[8] 因此，20 世纪后三分之一
时间里，社会联系的减少可能可以归因于美国小城镇的持续衰落。

　　尽管反对城市化的预言家不断宣扬着社会灾难的悲伤故事，但过去
一个多世纪里，美国人都在持续地从乡村迁移到城市。"（纽约）是一
个壮丽的沙漠——一块广阔、高耸的孤独地带，在那里一个陌生人身处
几百万自己的同类中，却无比孤独，"马克·吐温在 1867 年写道，"一
个人每天都在同样的无限延伸的街道上枯燥地行走许多英里，在嘈杂的
人山人海中穿行，而从不会看到熟悉的面孔，从不会在第二次遇到同一
个陌生人。……自然的结果是——纽约人对在他的私人和个体圈子之外
的每个人、每件事都保持平静的冷漠。"几年后社会哲学家亨利·乔治
（Henry George）将对美国城市化的指控深化到比"愚人村"更甚的地步：
"当乡村发展为城市时，肮脏与痛苦，以及由此带来的堕落和罪行，就
在每个地方滋长起来。"[9]

　　至少到最近为止，城市化似乎对我们的公民参与并没有产生有害影
208 响。实际上，在 20 世纪的前三分之二的时间里美国人在大量涌入城市，
但与此同时，公民参与水平却很高而且在增长。不仅如此，近来所有形
式的公民参与的减少实际上在各个地方都是一样的——不论是在大城市
还是小城市，不论是在郊区、小城镇，还是农村。[10] 从最小的村庄到超
大型城市，美国的任何一个地方都没有对这一流行病免疫。所以，导致
其发生的必定不只是城市化。

　　情况或许会不会是这样的——公民参与的减少不是由于城市化，而
是因为郊区化？从 19 世纪中期以来，郊区化就成为美国生活方式的一
个特征，这主要是由于交通工具革命的推动作用。先是路面电车，后来
是汽车，这使得数百万美国人得以生活在呈叶状分布的城市边缘上，而

且不妨碍他们享受城市带来的经济、商业和文化优势。第二次世界大战后，汽车拥有的普及加上政府出资修建的道路，以及房地产建设的热潮，使得市郊化的发展加速。与早先的趋势相比，这种变化只是在程度上有所不同，而不是在性质上有所差异。

郊区化曾经意味着工作地和住所更大程度的分离（separation）以及种族和阶层之间更大程度的分离（segregation）。这些分离对美国城市来说都已司空见惯，但在战后时期它日益呈现一种新的特征。在典型的美国城市社区中，基本上是同类人居住在一起，但在大都市却是不同类的人居住在一起，经常是一种错综复杂的状态。乌克兰街区靠近爱尔兰区，犹太社区接近黑人区，或者仆人住在离他们所工作的较高阶层家庭很近的地方。在一个市郊化的美国，大都市在种族和阶层方面变得日益多样化。

最初的时候，战后的市郊化趋势曾带来一种对公民参与拓荒者式的热情。市郊建设者所培养起来的进取观念非常像社群主义者的观念。经过对芝加哥郊区"公园森林"（Park Forest）的仔细研究，城市规划专家威廉·怀特（William Whyte）在《组织人》（*The Organization Man*）一书中这样为它做宣传：

> 你属于公园森林！
>
> 当你回到自己城镇的一刻，你将知道：
> 这里欢迎你
> 你是这个大家庭的一员
> 你会生活在一个亲切的小镇
> 而不是一个孤独的大城市
> 你会有一些喜爱你的朋友——
> 而且你会喜欢和他们在一起。
> 来吧。找到公园森林的精神。[11]

这不是故作宣扬，因为怀特曾写道，"公园森林"是一个"参与的温床。有 66 个成年人组织，由于居民不断更换，每个组织都非常渴望有新成员加入，按每百人所投入的公民力量衡量，'公园森林'可能比这个国家任何其他社区都多"。几年后，社会学家赫伯特·甘斯（Herbert Gans）实地迁移到新泽西州的莱维特镇（Levittown）去研究那里的社会生活，他写道，莱维特镇居民都是"超级积极的参与者"。从 60 年代的研究中所浮现出的市郊生活的形象，是对社区活动非同寻常的积极参与。[12]美国人似乎在当时重新发现了小城镇生活的社会功效。

然而，在市郊化扩展的过程中，市郊本身分裂为一种社会学上五彩斑斓的图景——总体上有不同类型的居民，而个体上则是相同类型的居民，那些逃离城市的人们逐渐分化为区分越来越细致的"生活飞地"（lifestyle enclaves），在种族、阶层、教育、生活水平等因素的基础上出现分化。所谓的"白人逃亡"（white flight）只是这一都市分化加深趋势最明显的形式而已。到世纪末时，一些郊区成了中上阶层的聚居地，也有很多其他郊区成了中等阶层、中下阶层甚至劳工阶层的聚居地。一些郊区是白人区，其他的是黑人区、西班牙裔区或亚裔区。一些社区有很多儿童，另一些社区的主要人口是愉快活跃的单身者、子女已经独立生活的富有父母或者退休者。许多郊区开始像主题公园一样，有着统一的建筑、相同的景致和店铺。80 年代的"同利开发"（common interest development）和"封闭式小区"（gated communities）两种模式开始扩散，私人业主协会和有形的、有保安守卫的樊篱，同无形的社会樊篱一起，将每一社区与其临近社区区别开来。1983 年，加利福尼亚州奥兰治县 15% 的开发项目都是有围墙的社区，而且在 5 年后，这一比例翻了一番。[13]

你可能觉得，这些新的社区地带里那种单调的同类人群居住的状况，可能也会促进一定程度的紧密的社会联系，即便不是那种"连结"（bridging）形式的，也是"粘合"（bonding）形式的，诸如此类。90 年代的市郊开发者和 50 年代的一样，继续在出售社区。"还记得你从小长大的街道吗？"一条互联网广告这么说，"那里邻里互相认识。回到那里生活吧——回到'麦田地'，回到'绿野'（Greenfield）来。'绿野'便是渴望美好生活家庭的传统故乡。"[14]

　　然而，大部分的证据都指向反面。不仅民间政治家和女童子军卖小甜饼被驱逐在专属社区之外，那些富有居民在自己居住的社区内参与公民活动和邻里友善也出奇地冷漠。政治科学家埃里克·奥利弗（Eric Olivier）对全美国市郊的公民参与状况进行了详细的调查，发现一个社区居住人群的社会地位共同性越高，政治参与水平就越低："通过创造政治利益同质化的社区，郊区化减少了地方性的冲突，这种冲突本可促使市民参与公共领域。"[15]

　　民族志学者 M. P. 鲍姆戈特那（M. P. Baumgartner）在 80 年代生活在新泽西州的一个市郊社区，她没有发现像 50 年代的典型郊区所具有的那种让人有参与冲动的团结精神，相反，她看到的是一种零散、孤立、自我压抑和维持"最低道德标准"（moral minimalism）的文化。市郊居住者远不像小城镇的人那样追求联系紧密，而是自我封闭，不寻求邻居的帮助，也不认为他们会帮助。"市郊（suburb）是私有化过程最后的言语，甚至可以说是它的圆满句号，"阿德里·杜阿妮（Adres Duany）和伊丽莎白·普兰特－齐柏克（Elizabeth Plater－Zyberk）这两位新式城市规划专家和建筑师认为，"它意味着真实可信的公共生活的终结。"[16]

　　60 多年前的城市规划专家刘易斯·默法德（Lewis Mumford）发现，"市郊居民是一群试图过私人生活的人。"然而，现在市郊生活的私人化，已经变得程式化和非个人性了。封闭式小区天生便是向内封闭的，就像传统城市邻里间天生向外敞开一样。罗伯特·兰（Robert Lang）和卡伦·丹尼尔森（Karen Danielsen）这两位专门研究封闭社区的学者说过，"过去，市郊居民用轻微地碰一下肘弯来提醒邻居做事不要不负责任——例如当他们院子里的草长得有点高时。现在，社区组织的代表要亲自来仔细测量草的高度，然后在付费的情况下，才会修理那些不平整的草坪。这整个过程将一种历史上曾经是非正式的社会交往正式化了。"[17]

　　著名的研究美国市郊的历史学家肯尼斯·T. 杰克逊（Kenneth T. Jackson）总结道：

　　　　对美国的好客文化而言，最大的牺牲品是在大多数都市区域所弥漫的"社区意识"的降低。我指的是社会生活变得

211

"私人化"的趋势，和各个家庭对他们的邻居以及市郊居民总体上对城市居民的关心和责任感的降低……然而真正的变化是我们的生活现在主要以家庭为中心，而不是以邻里和社区为中心。随着汽车使用的增多，人行道上和住宅前院的生活大体上消失了，过去曾是城市生活主要特征的社会交往逐渐消失了……很少有地方比炎热正午的一条市郊街道更让人感到荒凉和孤独的了。[18]

在战后初期，主要都市区域的大体结构依然集中于一个中心——人们居住在郊区，但却继续前往市中心上班和经商。然而工作和商店都逐渐地也转移到市郊，形成了购物商场、公司总部、办公楼和工业园的大型集中地——城市规划专家乔伊·格里奥（Joel Garreau）称之为"边缘城市"。东北部过去呈放射性结构的城市区域被"阳光地带"（Sunbelt）（译注：泛指北纬 37 度以南的美国地区）无规则扩张的、多中心的广阔都市区域取代。在 21 世纪之初，我们越来越多地在市郊之间上下班。我们的购物越来越多地在一个位于三级郊区的大型购物商场进行。分区规划的政策使得像地方商铺、餐馆这样的聚集地消失，代之以住宅区，与此同时，联邦税收政策也促使购物中心大大旺盛起来。

今天的市郊居民已经不去那些主街道上的、那些有很多熟人的杂货店和廉价商品店购物，而是前往大型的、公共性的商场。尽管商场已经是美国现在最具特征的公共场所，但它们被仔细地设计为只为一个私人目标服务——引导消费者购物。尽管某些开发商有抱负，但商场文化都不是为了克服人们的孤立状态或促进人们的联系，而是为了帮助从一个店铺到另一个店铺的走马观花——尽管周围有很多人，但却不是一伙的。郊区购物的经历并不包括一个普遍社会网络中人们互相间的接触。我们实际上越来越少地在市中心或者任何单独的城市花费时间。就像一位加利福尼亚人发现的，"我在园林市（Garden Grove）生活，在尔湾（Irvine）工作，在圣塔克拉拉（Santa Clara）购物，在阿纳海姆（Anaheim）看牙医，我的丈夫在长滩（Long Beach）工作，我过去是福勒顿（Fullerton）女性选民协会的主席"。当我们每天从家里出发去上班，然后去购物，然后又回到家里时，我们的生活越来越多地是在大的市郊三角地带往返。[19]

我们很难去夸大汽车和郊区化的共生关系。1969 年我们的社会每 212
个家庭平均只有 1 辆汽车，1995 年家庭平均汽车辆拥有达到 2 辆，尽管这一期间家庭的平均规模出现了缩小。从 1973 年到 1996 年认为 2 辆汽车是"必需"而非"奢侈"的美国人比例几乎翻倍，从 20% 提高到 37%。到 1990 年，美国的汽车数量超过了驾车者的人数。这一改变大部分是在最近发生的。就在 1985 年，还只有 55% 新的单身家庭有足够的空间停放 2 辆以上汽车，但到 1998 年，汽车普及率的这一指标已经达到了 79%，并在继续上升。[20]

过去 30 年里的市郊化趋势不只增加了我们对汽车的资金投入，还增加了时间的投入。根据政府对车辆使用情况的调查，从 1969 年到 1995 年，平均驾车上班距离增加了 26%，而平均驾车购物距离增加了 29%。在这 25 年间，每个家庭的平均驾车上下班次数提高了 24%，而每个家庭的平均驾车购物次数则翻了 1 倍多，其他为个人或家庭事务而驾车外出的次数也翻了 1 倍多。而且每趟行程单人驾车的概率提高了，平均车辆载人数目从 1977 年的 1.9 下降到 1995 年的 1.6；在上下班的旅途上，平均载人数目从 1.3 下降到 1.15（因为车载人数不可能下降到 1.0 以下，这些数字表明所有出行的乘客数下降了三分之一，而上下班乘坐人数下降了 50%）。

我们按照这样的空间来组织生活，由此不可避免地带来的结果是，在我们三点一线的私人生活中，每天要明显花费更多的时间在这些金属盒子里来回往返。根据交通部的"个人交通调查"，美国成年人平均每天在车里待 72 分钟。根据定时日志研究，这比我们花在做饭和吃饭的时间要多，比父母平均用来陪孩子的时间多 1 倍多。美国 86% 的旅途都是驾私人汽车完成的，所有汽车旅途的三分之二是单独行动，这一比例仍在持续提高。

上下班只占所有私人出行的四分之一多一点，但对于有工作的美国人的生活结构而言，它是每天最为重要的出行（在家工作的人数上升了，但其比率仍然很小——1997 年尚只有不到 4% 的劳动力一周之内在家工作一天。不论如何，在家工作者和传统工作者的驾车次数一样，他们去商场的次数多，从而抵消了较少的上下班次数）。在过去 20 - 30 年里，单独驾车上下班，成为了多数美国人最主要的出行方式。我们当中驾私家车上班的比例从 1960 年的 61% 提高到了 1995 年的 91%，而所有其他的上下班形式——坐公交车、徒步等——比例下降了。全国范围内的大多数的都市区域公交系统在整个交通中的作用较小，而且在下降；1995 年只有 3.5% 的上下班是通过公交系统。合伙使用汽车的情况在 20 多年里也持续下降。合伙使用汽车者在所有上下班者中的比例从 70 年代中期以来减少了一半，预计到 2000 年，将达到只有 7% - 8%。最终的情况是：到 90 年代末期，80% - 90% 的美国人都是独自驾车上班，而就在 1980 年，这一比例还只是 64%。

我们上下班的距离也在变得更长。从 1960 年到 1990 年，跨县上下班的工作者提高了 2 倍多。从 1983 年到 1995 年，平均上下班旅途的英里数增长了 37%。然而旅行时间只增多了 14%，因为综合所有交通形式来看，平均行驶速度提高了将近四分之一。至少从近期看，造成行驶加快有 3 个原因——人们不再合伙使用汽车或利用公交系统，而是单独驾车，这对个体的工作者来说更快，但其社会效率却较低；郊区间往返增多；以及工作时间灵活性提高。另一方面，交通堵塞状况在到处蔓延。根据一项对洛杉矶、科珀斯 - 克里斯蒂（Corpus Christi）、克利夫兰、普罗维登斯等 68 个城市区域的调查，平均每位驾驶者每年在交通拥挤上耽误的时间持续提高，从 1968 年的 16 小时提高到 1997 年的每位司机 45 小时。[21]

简言之，我们花了越来越多的时间单独待在车中。而且总体而言，我们很多人将此视为一种安静的放松，尤其是当我们中的成年人到了驾车增长到达中期的时候。根据 1997 年的一项调查，所有驾驶者的 45%——18 - 24 岁的是 61%，而 55 岁以上的只有 36%——认为"驾驶是我思考和享受独处的时间"。[22]

然而有理由认为，汽车和上下班是不利于社区生活的。证据表明，根据粗略的估计，每日上下班多花费的每 10 分钟将会对社区事务的参与减少 10%——公共会议的参与减少、召开委员会的次数减少、教堂活动的参加减少、志愿活动减少等。实际上，尽管上下班时间不像教育对公民参与的影响那么强大，它却比几乎任何其他人口统计因素的影响都更为重要。而且定时日志研究显示，上下班时间对于非正式社会交往有着类似的强大负面效应。[23]

很明显，社区居民上下班时间的增多甚至降低了不上下班人的平均的公民参与水平。实际上，高通勤社区所形成的"公民损失"（civic penalty），对全职员工和对退休居民以及其他劳动力队伍以外的人几乎是一样的，实质上对于减少周日教堂活动和参加世俗组织活动也是一样的。换言之，这似乎是一种典型的"互促效应"，个人行为的结果溢出到个人之外。用经济学家的术语就是，上下班有着负外部性（negative externalities）。

这一看似令人迷惑的事实实际上是个非常重要的线索，说明不利于公共生活的不单是花费在汽车中的时间，还包括家庭和工作地点之间的空间分离。例如马萨诸塞州的莱克星顿在过去 50 年间从一个中性的（middle–sex）乡村城市发展为沿着 128 号高速公路的麻省理工学院、哈佛大学的宿舍区，以及高科技郊区。尽管那里的生活方式仍是乡村化的，但比起大多数居民在镇内工作的时候，其公民生活自给自足的程度已经降低了。由于现在大多数居民每天都出门上班，许多公共组织已经遇到了困境，这一状况甚至也影响了那些仍在镇内工作的居民。不仅如此，现在，以工作为基础的联系，正在和以地域为基础的联系相互竞争，而不是相互促进。如果你的伙伴来自这个大都市区域的各个地方，你必须做出抉择——和邻居相处一晚上还是和同事相处一晚上（当然，你可能会厌倦了匆忙的驾车来往，而选择单独一个人待在家里）。简言之，郊区化的扩张对于上下班者和居家者而言，都是不利的。

可以肯定，郊区、汽车以及与此相关的城市扩张都不是全无益处的。美国人之所以选择迁往郊区、花更多的时间驾车，可能是因为我们发现，这能带来更大的空间、更大的住房、较低的购物和居住成本——而且可能也包括阶层和种族更大程度的分离——总体上补偿了我们在公

214

共交往方面付出的代价。另一方面，DDB 公司的 "Needham 生活方式"
对于地方选择的调查数据显示，在 20 世纪的最后 25 年里——市郊化快
速发展的时期，与在城市中心和小城镇生活比较，郊区生活的吸引力逐
渐在减少。[24]然而，不论我们的私人偏好如何，城市扩张似乎在过去的
30 – 40 年中对公民参与的减少产生了重大的作用，至少有 3 个明显的原因。

第一，城市扩张耗去了人们的时间。独自一人待在车里的时间增
多，意味着花在朋友与邻居身上、参加会议、参加社区项目等活动的时
间减少。尽管这是城市扩张和公民参与减少之间最为明显的联系，但它
却可能不是最重要的原因。

第二，城市扩张同社会分隔的增长相关联，同类人居住的社区似乎
压制了公民参与的热情，并减少了形成跨阶层、跨种族社会网络的机
会。对于沟通性社会资本而言，城市扩张是非常有害的。

第三，最为微妙却有可能影响最大的是，城市扩张破坏了社区的
"边界"（boundedness）。上下班时间在很大程度上很重要，是它造成了工
作、家庭和购物之间不断增长的分隔。30 多年前，当公民参与正处于
高潮时（我们是在事后才发现这一点的），政治科学家西德尼·维巴和
诺曼·奈尔发现，"范围、边界固定" 社区的居民参与地方事务的概率
大得多。实际上，维巴和奈尔发现，上下班本身对参与产生了强大的负
面效应。他们有预见性地写道，"那种似乎促进参与的社区——小型的
和相对独立的社区——正在变得越来越少。"[25]30 年后我们日常生活的物
理分裂对于公民参与产生了非常明显的抑制效果。

居住在大城市造成了一种 "扩张性的公民损失"，大约占到大多数公
民参与形式的 20%。过去 30 年间，我们当中越来越多的人开始引致这
种损失。再加上图 12 – 3 所显示的美国人口的市郊化情况，以及和扩张
有关的直接公民损失，可能要对本书第 2 章所指出的公民参与减少总量
的不到 10% 的比例负责。[26]像时间与金钱压力一样，它可以部分解释美
国的公民不参与。但它对这一减少的影响仅仅只是一小部分，因为公民
参与的减少在城市扩张所未波及的小城镇和农村也是同样明显。我们对
嫌疑人的追捕并未结束。

第 13 章
科技与大众传媒

如果后世从更远的距离来书写 20 世纪的历史，科技对通信和休闲的影响势必是重要的主题。在 20 世纪初，通信和娱乐产业还基本仅限于小型的出版社和音乐厅。直到 20 世纪的前 25 年即将结束的时候，"大众媒体"这个词汇才开始出现。然而，到了 20 世纪末，大型电信和娱乐产业的持续并购已经成为新经济时代最主要的基石。

在这一持续时间长达一个世纪的变革所产生的影响中，有两点尤其重要。首先，新闻和娱乐变得日益个人化。在体验最罕见的文化和最深奥的信息之时，我们都不必再和别人分享我们的喜好和时间。1900 年，音乐爱好者不得不在固定的时间和数十人一起听固定的节目，如果他们像当时大多数美国人一样一起生活在小城镇里，最有可能演奏音乐的就是当地热情的业余歌手。[1]2000 年，有了我的高保真 CD 随身听，不论我生活在哪里，我都能随时随地听到我想听的音乐。直到 1975 年，可供全美选择的电视频道依然相当有限。而不到 25 年之后，有线电视、卫星电视、音像制品和互联网为个人选择提供了爆炸性的机会。

其次，电子科技使我们可以私下里甚至只身一人，享受这种量身定做的娱乐。就在 20 世纪中期，廉价娱乐还主要局限在公共设施里，如棒球场、舞厅、电影院和游乐园。尽管到 30 年代的时候，收音机已经迅速成为另一种选择方式，但它只不过是那些即将改变美国人休闲方式的一系列电子发明的最初形式而已。在 20 世纪的后半期，电视及其衍生设施将休闲带到了我们的私人家庭。就像诗人 T. S. 艾略特（T. S. Eliot）在电视时代的早期观察到的，"这种娱乐媒介能使数百万人同时听到同一个笑话，但同时他们每个人仍处于寂寞中"。²这种将欢笑"罐装"的设计既反映了交谊可以增强欢乐这一经久不变的事实，也反映了试图以电子形式产生交谊这一新奇的现象。新闻和娱乐的电子传输在整个世纪里都在不断加速，结果几乎改变了美国人生活方式的所有特征。

即使以现代科技的标准衡量，这一变化的速度都是令人惊异的。表13－1显示了在20世纪一些现代设备逐渐进入美国家庭的速度。³这些设备——收音机、录像机以及最重要的电视机——提供的电子娱乐扩展到美国社会所有阶层家庭中的速度比其他设备要快5－10倍，而其他设备现在也几乎无处不在了。这些发明对于我们如何度过自己的时间所产生的影响甚至高于汽车。在本章，我们将考察它们是否也同样对美国社会资本的销蚀产生了影响。

表13－1：部分消费产品进入家庭的速度

技术发明	最早进入家庭的年份（1%）	美国用户数达到75%所用的时间（年）
电话	1890	67
汽车	1908	52
吸尘器	1913	48
空调	1952	约48
冰箱	1925	23
收音机	1923	14
录像机	1980	12
电视	1948	7

尽管现代传媒既提供信息也提供娱乐——实际上它们二者之间的界线越来越模糊——但从公民参与的角度考察，将这二者做某种区分还是很重要的。

大众传播与娱乐的第一种方式当然不是电子，而是印刷文字，其中最重要的是报纸。托克维尔曾清晰地看到大众传媒对公民参与的重

218

要性：

> 当人们之间不再有巩固的和永久的联系时，除非说服每个
> 必要的协作者，让他们相信自己的个人利益在要求他们将自己
> 的力量与其他一切人的力量自愿地联合起来，否则是无法使许
> 多人携起手来共同行动的。只有利用报纸，才能经常地和顺利
> 地做到这一点。只有报纸，才能在同一时间将同一思想灌输于
> 无数人的脑海。——如果没有报刊，就几乎不能有共同的
> 行动。[4]

　　将近两个世纪后，报纸读者依然是公共活动真正和模范的参与者。一般而言，读报的人比普通美国人年龄更大，教育水平更高，在社区的根基也更深。然而，即使保持年龄、教育和社区根基不变，阅读新闻的人也比那些只是从电视上收看新闻的人对世界更为关心，了解也更为深入。和人口学上具有相同特征的不读报者相比，长期读报者会参加更多的组织，更积极地参与社团和公共协会，参加地方会议的次数更多，更经常投票，更经常地为社区项目工作，甚至拜访朋友次数也更多，对邻居也有更多的信任。[5] 读报者都是"大人物与闲谈者"（Machers and Schmoozers）。

　　没有经过控制检验，我们无法确定何者为因，何者为果。实际上所有对媒体的非检验研究都发现，很难区分"选择效应"（有一定特性的人选择特定的媒体）和"媒体效应"（由于接触特定的媒体而发展起来这一特性）。在本章中我们将不断地遇到这一分析难题。但是，证据显示，读报者通常都是好公民。

　　因此，我们可能不应该对此感到有任何的惊奇，即过去几十年里，随着所有社会资本和公民参与的减少，报纸读者群也在逐步减少。1948年，当时平均每个美国成年人只有 9 年的正式学校教育，报纸的日发行量是每个家庭 1.3 份。这就是说，半个世纪之前，平均每个美国家庭每天读一份以上的报纸。50 年之后，学校教育提高了 50%，而报纸读者却减少了 57%，尽管读报确实和教育有着紧密的关系。[6]

　　读报是一种从成年初期就开始的持续性习惯。如果从很年轻时就读报，我们一般都会坚持下去。过去半个世纪报纸发行量的锐减，几乎都不是源于个体读者的减少。实际上，这些减少都是由于我们目前所熟悉的那种代际更替。就像图 13－1 表明的，出生在 20 世纪的前三分之一时期的美国人中有四分之三在该世纪结束时还和几十年前一样继续读日报。而他们那些出生在"婴儿潮"时期的子女中，只有不到一半延续了这一传统，到了他们的"X 一代"（译注：通常指 60 年代中期到 70 年代末出生的美国人）的孙子女，这一比例就继续缩减到四分之一。由于晚近的那些人似乎在他们长大的过程中不会成为报纸读者，随着读者一代被非读者一代取代，发行量就会持续下降。[7]扭转这一下滑趋势将是不容易的，因为我们所站立的土地每年都在松动脱落。

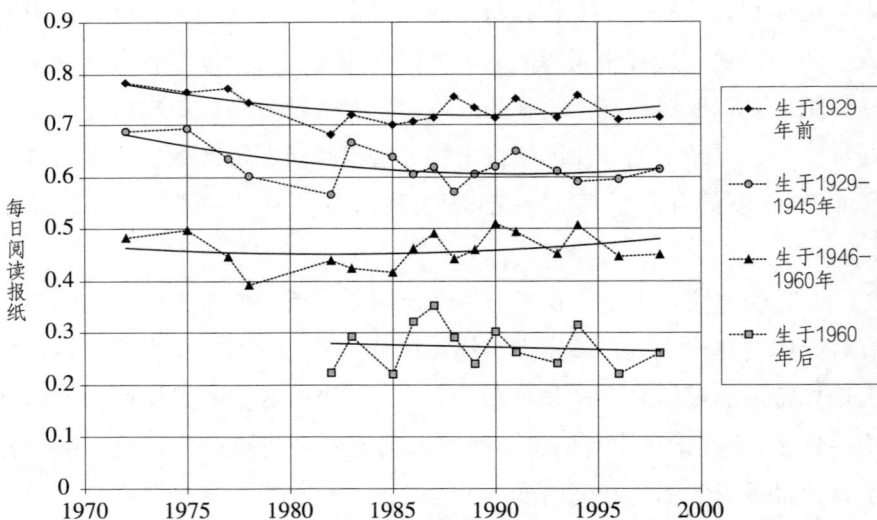

图 13－1：代际更替解释了阅读报纸的衰减

　　你可能会想，这一趋势很容易解释：电视。我们现在是看新闻，而不是读新闻。然而事情是要复杂得多的。美国人不是简单地将他们的新闻消费从印刷纸转移到了发光的屏幕上。实际上，和其他美国人相比，在电视上看新闻的美国人更倾向于读日报，而不是相反。[8]用经济学术语说，电视新闻和日报是"互补物"（complements），而非"替代品"（substitutes）。我们中的一部分人热衷新闻，一部分不热衷。

不是报纸读者，而是对新闻的兴趣在随着代际更替而减弱。像图13－2所示，如果人们被问及他们是否"需要每天获得新闻（世界新闻、美国新闻、体育新闻等）"时，答案最终取决于他们的出生时间。出生在1930年之前的人中，有大体稳定的三分之二回答"当然"或者"一般"需要。而他们的儿辈和孙辈（1960年之后出生者）对新闻的兴趣仅仅只有一半。不仅如此，图13－2还显示，完全没有证据表明，随着年轻一代年龄的增长，他们对新闻的兴趣也会增长，并最终达到其父辈和祖父辈的水平。

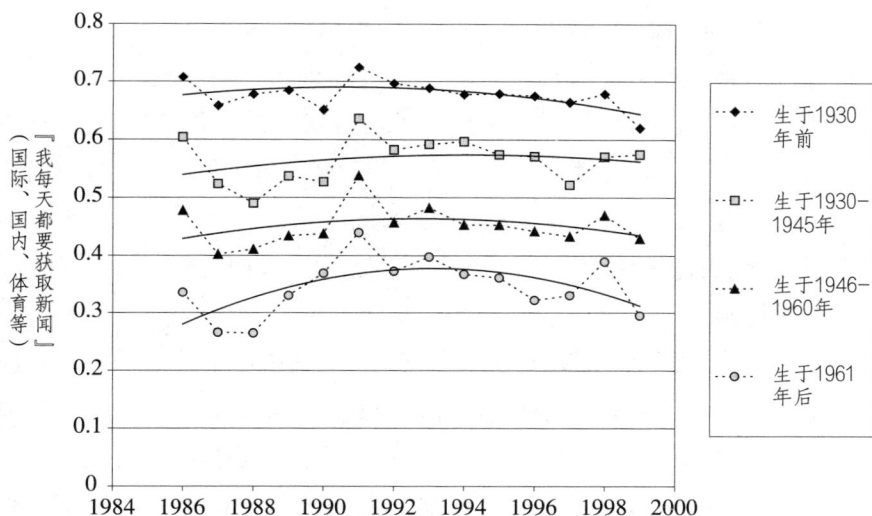

图13－2：新闻迷逐渐绝迹

由于看新闻和读新闻都源于相同的习惯，毫不奇怪的是，看电视新闻和公民参与有着正向联系。虽然我们中主要依赖电视新闻的人和那些依赖报纸的美国公民相比，其行为的公共性不够强，但不论如何，电视新闻观众要比大部分其他美国人更为公共化。经常收看电视新闻节目的观众（以及收听全国公共广播网的听众和收看地方电视新闻的观众）会比其他美国人花更多的时间用于社区项目，参加社团聚会更多，对于政治的关心也更为强烈（即使考虑年龄、教育、性别、收入等因素）。经常收看电视新闻的美国人（和那些不这么做的人相比）一般对于公共事务也了解更多，更经常投票，对于社区事务参与更积极，尽管他们参与的积极度不像报纸读者那么高。[9]

221　　不幸的是，和报纸读者一样，新闻观众也在减少，我们可以从图 13-2 看出这一点。近年来广播联播观众的减少甚至比报纸发行量的减少速度都快：例如，晚间新闻联播的长期观众占成年人的比例从 1993 年的 60% 下降到 1998 年的 38%。不仅如此，和报纸发行量一样，电视新闻收看的减少主要是代际差异造成的。新闻网的观众在快速老龄化，看看布罗考（Brokaw）、杰宁斯（Jennings）和拉兹（Rather）（译注：均为美国著名电视节目主持人）所主持的节目得到了哪些保健用品广告支持，我们就可以轻易地猜到这一点。根据国家广播公司新闻频道 1997 年所做的调查，所有实时节目观众的平均年龄是 42 岁，而晚间新闻节目观众的平均年龄达到了 57 岁。不仅如此，今天的新闻观众越来越多地在一闪念之间便调换频道：一般美国人表示，他们看新闻的时候手上都拿着遥控器。[10]

　　一些人从互联网新闻和有线电视新闻频道的崛起中看到了希望。但目前要预估这些新渠道的长期影响还为时过早。那就是说，初期的反馈并不令人鼓舞。首先，就像热衷电视新闻的人大多是报纸读者一样，大多数喜欢看互联网新闻或者有线电视新闻频道的人在新闻消费上也是"多面手"。例如，美国有线新闻网的观众和其他美国人相比，收看晚间新闻广播的概率也要高 1 倍。即使寄希望于互联网新闻的人也承认，"互联网正在崛起为其他传统新闻来源的辅助品——而非替代品。"实际上，当 20 世纪后半期互联网用户不断扩展时，通过它来关心公共事务的功能开始变得不那么重要了。[11]简言之，新型媒体主要是从不断缩水的传统新闻观众中拉走一部分，而不是扩充这些观众。

不仅如此，与依靠报纸、广播和电视获取新闻的人不同，那些主要是依靠互联网获取新闻的精通科技的少数美国人，实际上比其他公民更不倾向于参加公共活动。[12]当然，这并不说明互联网在抑制公共活动。这些互联网新闻的"新潮用户"可能从一开始就已经是不热衷于公共生活的人了。然而，互联网和有线电视新闻似乎不可能抵消广播电视观众和纸质新闻读者减少所引发的公民参与损失。

然而，电子媒体的大多数时间、力量和创造性不是投入到新闻上，而是投入到娱乐上的。看新闻并不妨碍你的社交健康。收看电视娱乐节目又如何呢？在这里我们必须从电视对美国人最基本的影响说起：在20世纪没有任何其他东西比它能更快速和深刻地影响了我们的休闲方式了。

1950年仅仅只有10%的美国家庭有电视机，但到了1959年，就达到了90%，这可能是有史以来一项革新科技最快的传播速度（互联网的扩展速度将和电视创造的纪录相当，但可能不会超越它）。这一道晴天霹雳所产生的回响在几十年里持续不息，人均收看时间在60年代增长了17%－20%，70年代又增长了7%－8%，从80年代早期到90年代后期增长了另一个7%－8%（见图13－3所示的尼尔森公司对家庭收看小时数的统计，这是对这一持续增长趋势的反映）。在早期，看电视主要集中在教育水平较低的人口中，但在70年代，教育水平更高的人们的收看时间也开始增加。年龄越大，收看时间越长，尤其是在退休之后。但电视发明后的每代人在出生时都处于一个更高的生活水平。部分是由于这种代际差异，"放什么看什么"的美国成年人——亦即我们中那些没有想着要看某个特定节目便打开电视机的人，其比例从1979年的29%快速上升到80年代末的43%。到1995年，每个家庭的平均看电视时间比50年代的水平高了50%多。[13]

222

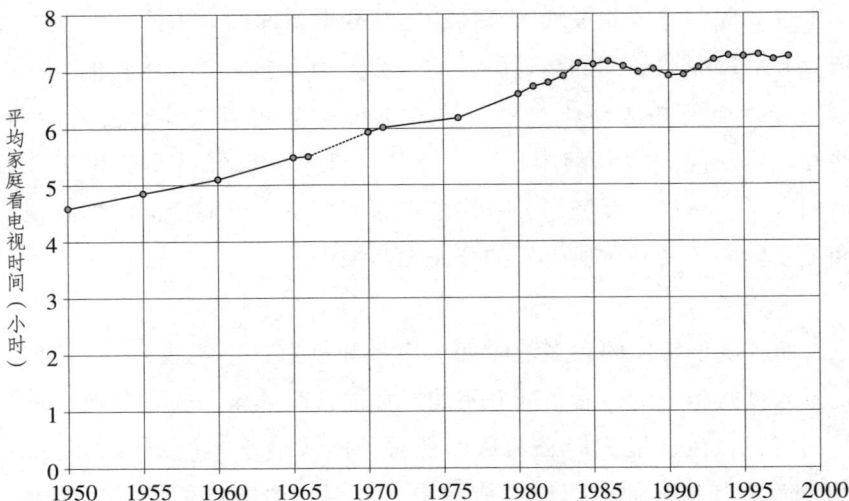

图 13 - 3：看电视半个世纪来的增长，1950 - 1998

大多数研究估计，美国人现在平均每天约看 4 小时电视，和世界其他地方的最高收看时间非常接近。不断进行定时研究的约翰·罗宾逊（John Robinson）和杰斐里·戈德白（Geoffrey Godbey）使用较为传统的定时记录技术，来研究人们如何分配时间，他们估计每天的时间接近 3 小时，但也总结道，看电视作为一种主要活动，在 1995 年占据了平均美国人自由时间的几乎 40%，比 1965 年上升了约三分之一。从 1965 年到 1995 年，我们的闲暇时间平均每周增多了 6 小时，而我们几乎将这多余的 6 小时都用来看电视。简言之，就像约翰·罗宾逊和杰斐里·戈德白总结的，"对于休闲时间而言，电视就是一只 800 磅重的大猩猩。"[14]

不仅如此，拥有多台电视机的家庭越来越多：到 90 年代末，四分之三的美国家庭有 1 台以上电视机，这使得单人看电视的概率更大了。小学六年级学生中在卧室里有台电视机的比例从 1970 年的 6% 上升到 1999 年的 77%（8 - 18 岁的小孩中有三分之二都说，他们在家吃饭时一般会让电视开着）。与此同时，在 80 年代录像机和音像游戏在美国家庭中的快速扩展又增加了其他形式的"看屏幕时间"。最后，在 90 年代，个人电脑和互联网大大扩展了进入美国家庭的信息和娱乐方式[15]（图 13 – 4 是对这些趋势的记录）。

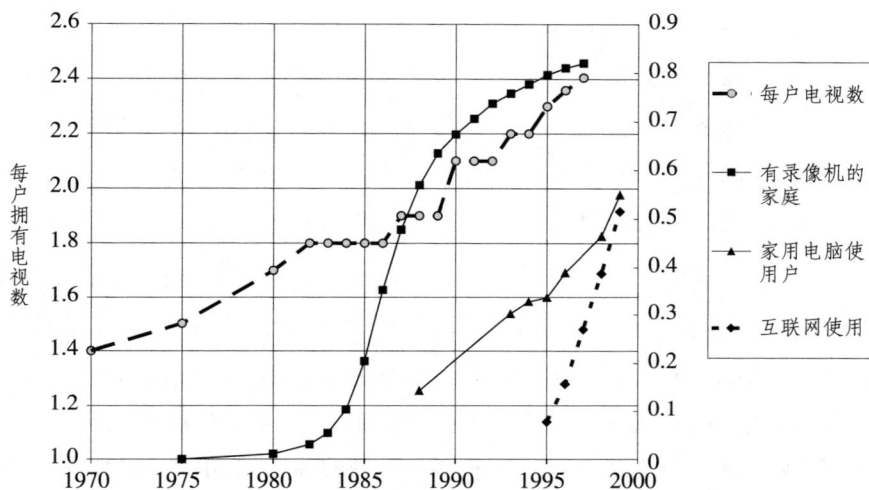

图 13 – 4：美国家庭电器设备的激增：录像机、电脑、
多余的电视机以及网络，1970 – 1999

　　电视革命最重要的后果是将我们带回家里。就在 1982 年，"斯克里普斯—霍华德"（Scripps – Howard）（译注：美国的一家报系）的一项调查表明，最为流行的休闲活动中，八成都是主要在家庭中进行的。根据 DDB 公司"Needham 生活方式"调查发现的 1975 年到 1999 年社会和公民参与程度各个方面的下降曲线中，有一条特别引人注目：称自己倾向于"在家度过一个安静的夜晚"的美国人人数持续上升。不奇怪的是，这么说的人对于电视娱乐都非常依赖。[16]尽管早期那些寄希望于这一新媒体的人们热切地认为，电视能带来"电子健康"，使家庭更为和睦，但过去半个世纪的真实情况却是令人担忧的。

　　社会批评家詹姆斯·霍华德·坎特勒（James Howard Kuntler）的论点一语中的：

　　　　近三代美国家庭都是以电视为中心的。它是家庭生活的焦

224

点，随之而来的是家庭生活变得内向化，和墙壁之外发生的任何事都无所关涉。(用建筑商的行话来说，电视机所在的房子被称为"家庭间"。一位建筑师朋友告诉我："人们不想承认全家人唯一一起做的事情就是看电视。") 同时，电视是一个家庭和外界联系的主要途径。家庭本身的物理封闭使得人们的生活和外界不再发生任何积极的联系；相反，它使人们困居室内，与世隔绝。就像通过空调的过滤，天气成为一种抽象概念一样，通过电视的过滤，外部世界也成为一种抽象。[17]

定时日志表明，夫妻花在一起看电视上的时间要比他们两人谈话的时间多出 2 – 3 倍，比他们离家参加社区活动的时间多 5 – 6 倍。不仅如此，随着家庭拥有电视数量的增多，即使一起看电视的情况也越来越少了。越来越多的电视观众是完全一个人看的。一项研究表明，至少一半的美国人经常一个人看电视，而根据另一项研究，三分之一的电视观众是独自看的。8 – 18 岁的儿童中这两个数字更为惊人：和父母一起看电视的时间不到 5%，完全一个人看电视的时间超过三分之一。[18]

看电视日益成为我们生活里一种更为习惯性而不是目的性的行为。从 1979 年到 1993 年罗珀调查机构曾 4 次向美国人提出两个有启发性的问题：

> 当你打开电视机时，你一般是先打开，然后寻找想看的节目，还是一般只有当你知道有个你想看的特定节目时，才将它打开？

> 有人喜欢即使在他们实际上不看的时候也将电视机开着，就像是做一种背景。你发现你自己经常是在并不看的时候还将电视开着，还是或者看电视，或者就把它关掉？

即使保持教育等人口统计学变量不变，选择性观众（即只是为了看一个特定节目才打开电视，而在不看时就关掉电视的人）与习惯性观众（不论电视播放什么都将其打开作为一种背景的人）相比，也会明显更多地参与社区生活。例如，选择性观众与其在人口学特征相同的其他美国人相比，参与"草根"组织的积极性高 23%，参加公共会议的概率也高出 33%。习惯性看电视对公民参与的损害尤其大。实际上，习惯性看电视对公民参与产生的消极影响和单纯看更多电视所造成的同样大。[19]

如图 13 - 5 显示，年复一年，我们渐渐变得越来越喜欢在电视频道上调来调去，而对我们想看什么却一无所知，在我们不再看的时候也会把它作为一种背景。就在距今很近的 70 年代，选择性观众还是比习惯性观众多 2 - 3 倍，而到了 90 年代中期，这一比例就倒过来了。1962年，电视才刚刚变得非常普及没几年时，《满洲候选人》（The Manchurian Candidate）一片的主角还可以说，"世界上有两种人———一种是一进房间便打开电视，另一种是一进房间便关掉电视。"[20]40 年后，第一种人已经变得更为常见，而第二种少之又少。

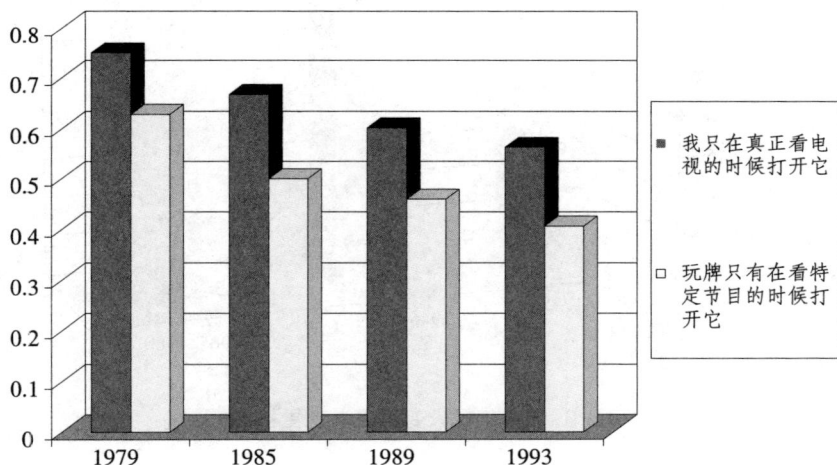

图 13 - 5：看电视成为了美国人的习惯，有选择地观看下滑

无处不在的电视依赖在较年轻的几代人中要普遍得多（在探讨中要记住，"较年轻"的人也包括 20 世纪末将会是 40 多岁的人）。即使将较年轻几代人中受过高等教育者同之前的几代人中受教育较少的人相比，

前者也是更不倾向于是选择性观众的。1933 年之前出生的美国人中（他们成长的时期还没有电视），在 1993 年 43% 的人是有选择地观看节目，而在 1963 年之后出生的人中，该年选择性观看节目的人只有 23%，前者几乎是后者的 2 倍。我们中那些在电视时代长大的人比年老的人更倾向于认为，电视是一个自然而持久的伙伴。如果说看电视是一种在儿童时代非常容易养成的习惯，那这就恰好是其带来的必然结果。简言之，即使是不同年龄群体，看电视的总时间是一样的——一般情况下是这样，不同代的人使用电视的方式却不同。因为习惯性看电视的上升趋势主要是由代际更替造成的，且这一趋势很难在短期内扭转。[21]

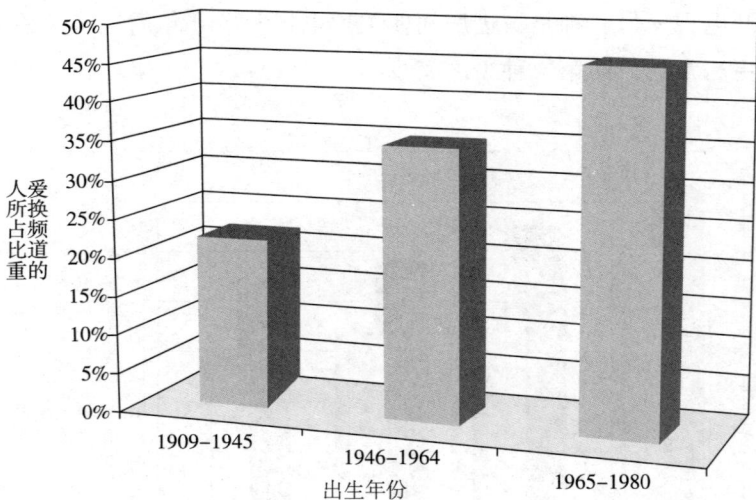

图 13 -6：年轻人变得更喜欢更换频道

习惯性收看并非不同代人之间在看电视方面的唯一差别。另一个差别是调换频道。图 13 -6 是根据 1996 年扬科洛维奇监测公司的一项调查绘制的，它显示当确实在看电视时，较年轻的几代人（包括"婴儿潮"一代的出生者，与其长辈们相比）更倾向于调换频道，"走马观花"（grazing）或"心猿意马"（multitasking），而不是简单地看同一个节目。其他学者发现，和 50 年代的中学生相比，90 年代的年轻人交朋友比较少，关系不够深厚且稳定性差。[22] 尽管我没有看到有系统性的证据能证明这一点，但我感到，频道的调换和社会关系的调换之间不只是有着语意上的相似性。

考察一下每天的不同时段里各有多少比例的美国人说自己在看电视，就可以最好地发现电视对我们生活无处不在的影响。1993－1998 年的 DDB 公司"Needham 生活方式"调查对受访者提问，在前一天的 10 个不同时间段中他们是否是在看电视——从早晨醒来到晚上上床。[227] 对于每一时间段，如果他们说是在看，就会被问及主要是为获取信息、为了娱乐，还是"只是作为一种背景"。图 13－7 记录了全国的平均值。

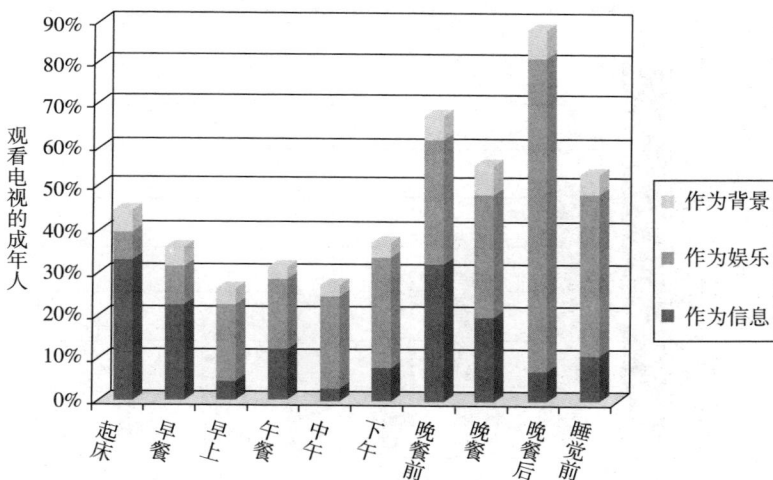

图 13－7：美国人一天观看电视的情况

在该天的所有时间段中，至少 1/4 的成年人说看过一会儿电视。这一比例在下班后升高到一半多，在被恰当地称为"黄金时间"的几小时中，达到了 86% 的最高值。[23] 在许多家庭，电视只是作为一种背景开着，就像是图像形式的"背景音乐"，但图 13－7 显示这种随便的使用时间在人们所说的看电视时间里只占相对较小的一部分。这些平均值的计算包括了工作和不工作的美国人，尽管很明显在工作时间内，工作者的数字要较低。约一半的美国人——不论已婚还是单身、为人父母还是没有子女——都表示在晚餐时会看电视，还有将近三分之一的人在早餐和午餐时看。[24]到20世纪末，电视已经在美国人的生活中变得无处不在。

通过另一个角度也可以看到，看电视在美国人生活中的统治地位，即将其和我们度过夜晚的其他方式比较。图13-8显示，81%的美国人表示，会在大多数夜晚看电视，只有56%的人会和家人交谈，36%的228 人会吃点心，27%的人会做家务，7%的人会遛狗。晚上看电视已经成为当代美国人生活里为数不多的普遍特征之一。[25]

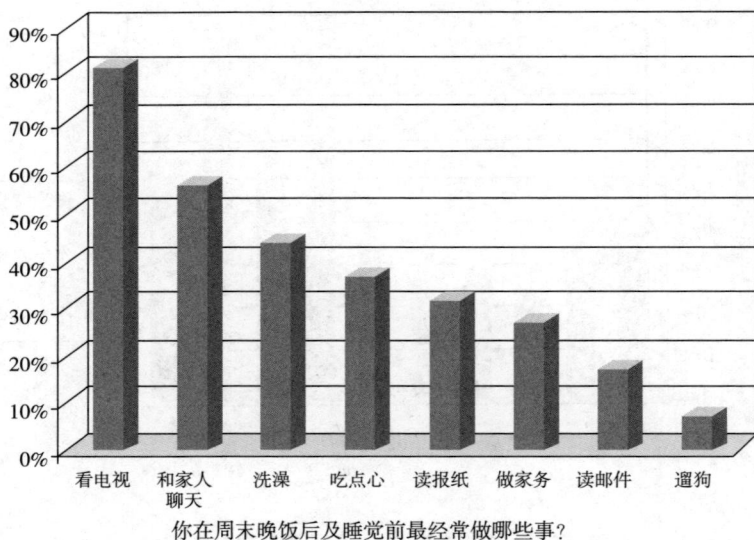

你在周末晚饭后及睡觉前最经常做哪些事？

图13-8：美国人晚间观看电视、从事上述活动的情况

美国人度过白天和黑夜方式的这一巨大改变，正好与不同代人公民参与的减少发生在同一段时间。看电视和公民参与的关系是什么呢？从一种相关意义上来看，答案很简单：看电视的增多意味着几乎每一种形式公共与社会参与的减少。看电视也和其他抑制公民参与的因素相关，包括贫困、年老、教育水平低等。因此，为了将电视和社会参与之间特有的关联从中区分出来，我们需要在统计学的意义上保持这些其他因素不变。在其他因素等同的情况下，这一分析表明，每天的看电视时间每增加 1 小时，就会导致大多数形式的公共活动减少约 10%——公共会议、地方委员会的参加和给国会写信等，都会减少。[26]

如果这一定时日志研究的估计是正确的，即 1995 年美国人要比在 1965 年每天多花将近 1 小时时间坐在电视机前，那么这一因素可能要对这一期间公民参与整体衰减的四分之一负责。[27]但我必须给这一估计加上两个限定，一个会加强这一估计，而另一个会削弱它。一方面，我还没有提供任何证据说明，因果关系是从看电视指向公民参与减少的，而不是相反；另一方面，这一估计假定，电视对公民参与的唯一影响是源自看电视的时间，而不是收看本身、看电视者和电视节目的一些特征。

在我们讨论这些重要的细节因素之前，图 13－9 提供了一些关于看电视和公民参与减少之间关系的证据。为了将年龄和教育的影响排除在外，我们在这里将注意力集中在处于工作年龄、受过大学教育的美国人（对于其他对电视更为依赖的人群，如退休者和教育水平较低者而言，这一模式更为明显）。在这一群体里，每天看电视不到 1 小时的人比每天看 3 小时以上的人公民参与的积极性要高一半。例如，看得少的人中有 39% 去年参加过一些有关城镇或学校事务的公共会议，而与其在人口统计学上具相同特征的看得多的人则只有 25%。在看得少的人中，去年有 28% 给国会写信，而看得多的人中只有 21%。在看得少的人中，有 29% 在某个地方组织中发挥领导作用，而看得多的人只有 18%。看得少的人去年发表演讲的概率比受过同样良好教育的看得多的人高将近 3 倍（14% 和 5%）。

229

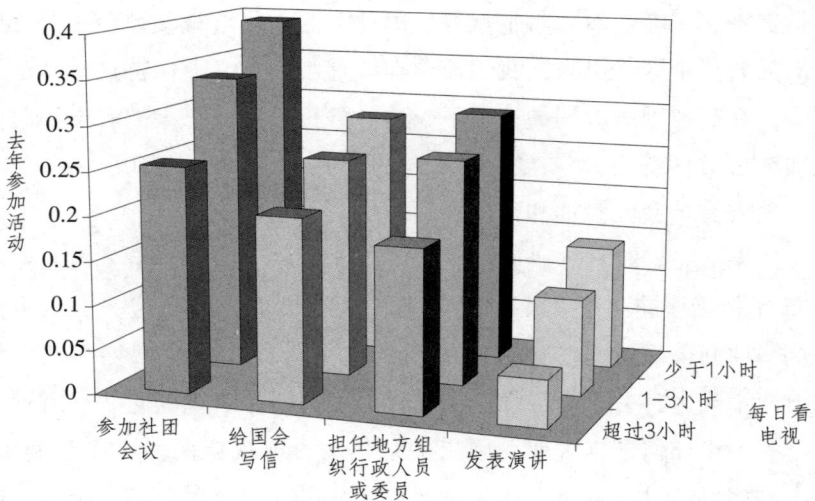

图 13 - 9：看更多的电视意味着更少的公民参与
（受过大学教育、工作的成年人）

看得多和看得少的人之间差别的重要性还可以由这一事实得到强化，那就是，即便在教育良好、处于工作年龄的美国特定群体中，看得多的人也要比看得少的人多出将近 1 倍。我们中越来越多的人将时间投入到看电视上，这和对公民生活的主要投入是不相符的。

在第 2 章里我们说过，在过去几十年中，集体形式的参与，如参加会议、为委员会服务或为某个政党工作，和个体形式的参与，如给国会写信或在请愿书上签名相比，其减少速度要快得多。两种类型的参与都会带来政治后果，但只有前者能促进社会联系的培育和加强。人们发现，电视对于个体性和集体性的公民参与都不利，但对于我们共同参与的活动尤为有害。然而（像往常一样保持人口学因素不变），看很长时间电视也削减了个体活动，如写信减少了约 10% - 15%，而多看同样长时间的电视造成的集体活动——如参加公共会议或在地方组织中发挥领导作用——减少多达 40%。简言之，电视在将我们的闲暇时光私人化的同时，也将我们的公共活动私人化了，对我们相互之间交流的抑制比对个人政治活动的抑制更甚。[28]

像我们已经看到的，通过看电视获取信息的新闻爱好者比大多数其他美国人都更关心公共问题。但我们大多数人看电视都是为了娱乐，而不是获取信息。美国人中有 7% 说他们主要是为了获取信息而看电视，而说自己主要为了娱乐而看的有 41%〔其余的人说同时为了获取信息和娱乐；信息和娱乐之间纠缠不清的界线——"信息娱乐"（infotainment）——是电视区别于书刊、广播等其他形式媒体的显著特征〕。[29]我们已经看到新闻和公共事务节目似乎至少会对公民参与产生积极效果。那么电视娱乐的效果如何？

要将电视娱乐对公民参与的效果单独考察，一个办法就是集中于那些认为"电视是我的主要娱乐形式"的人身上——他们占美国人的一半。不奇怪的是，这些人比其他美国人看电视更多，也更倾向于承认"你可以把我称为一位'电视虫'（couch potato）（译注：俗语，指一有时间就坐下来看电视的人）"。[30]就公民参与而言，对电视娱乐极端依赖的这些人和美国人口的另一半有着最显著的区别。

结合十几个其他可预测社会参与的因素（包括教育、代际、性别、地区、所住城市规模、工作职责、婚姻、子女、收入、经济拮据程度、宗教虔诚度、种族、地理流动性、上下班时间、住房等）一起考察，对电视娱乐的依赖不只是公民参与减少的一个重要指标，而且是我所发现的影响最为持久的指标。

认为电视是自己"主要娱乐方式"的人们，与在人口统计学上的其他特征相符，唯一区别只在于，与认为说电视不是娱乐方式的人相比，参加志愿活动和为社区项目工作较少、参加晚餐会和社团聚会较少、访友的时间较少、在家娱乐较少、野餐较少、对政治的兴趣较少、献血较少、给朋友写信较少、打长途电话较少、寄贺卡和电子邮件较少、因车辆延误而发怒却较多。对电视的依赖不仅与对社区生活参与的减少有关，也和所有其他形式的社会沟通的减少有关——不论是书面、口头还是电子沟通。就像图 13 – 10 – 图 13 – 14 显示的，这个简单的问题最终将那些最与世隔绝的美国人和参加社区活动最多的美国人区分开来。没有什么——不论是教育水平低、全职工作、在都市聚集地域长途上下班、贫困抑或经济拮据——要比依赖电视获得娱乐更广泛地影响到公民参与和社会联系的减少。[31]

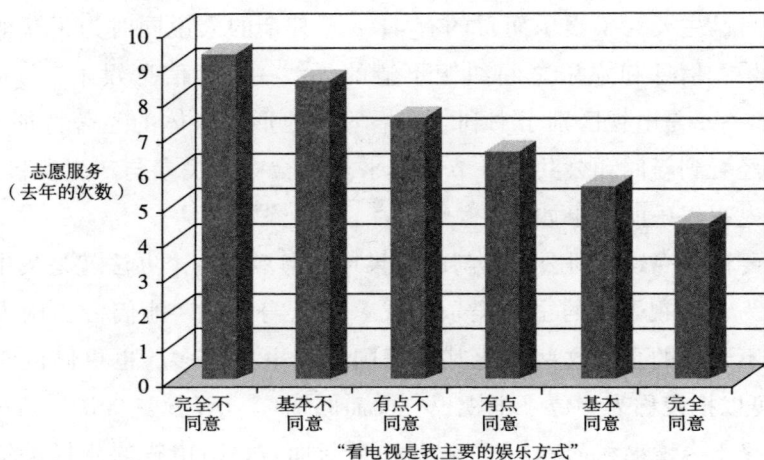

图 13 –10：看电视和志愿服务没有趋于一致

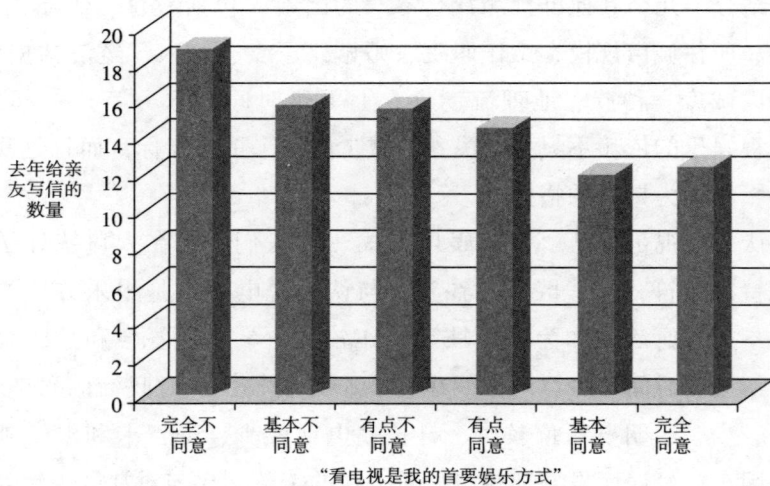

图 13 –11：看电视的人不乐于联系他人

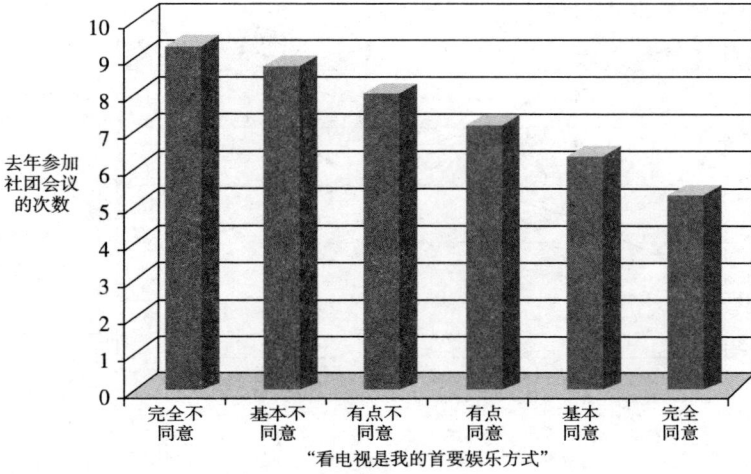

图 13－12：看电视和参加社团会议没有趋于一致

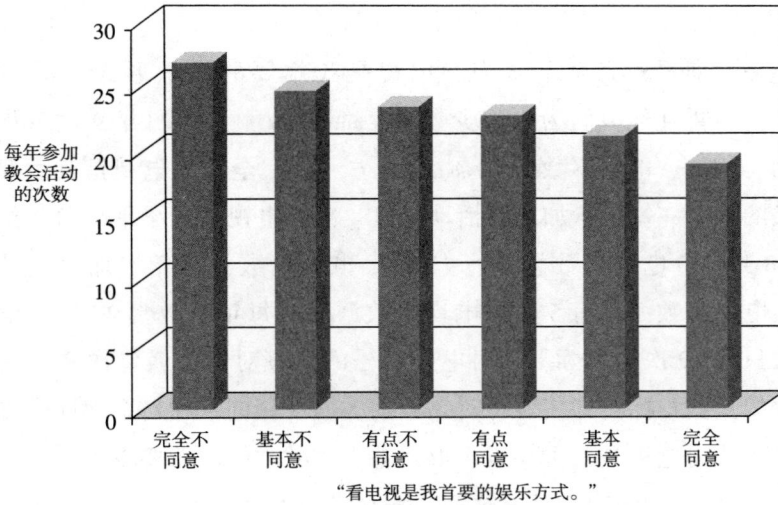

图 13－13：看电视和参加教会活动没有趋于一致

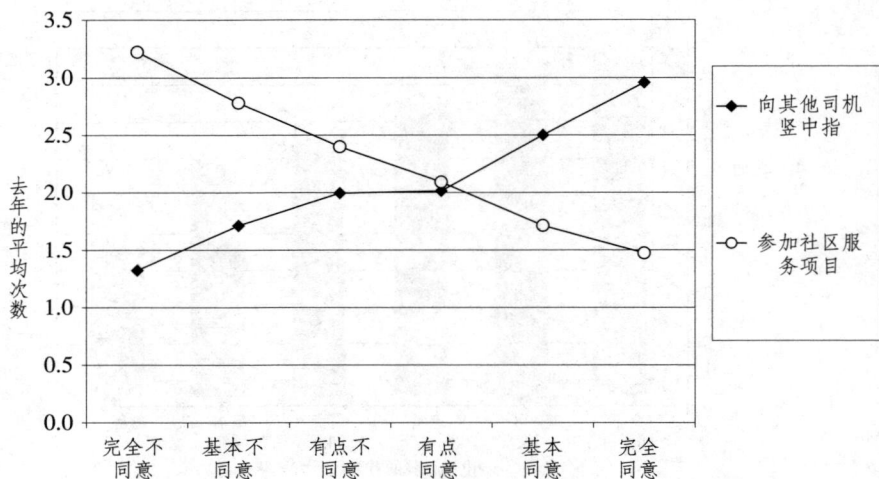

图 13 - 14：看电视和礼让没有趋于一致

平均来看，完全不认为"电视是我主要的娱乐形式"的美国人
——我们暂且称他们为电视少数派（minimalists）——每年 9 次参加志愿
活动。相反，电视多数派（maximalists）——完全认为电视是其主要娱乐
形式的人——每年参加志愿活动只有 4 次。电视少数派平均每年给亲友
写 18 封信，电视多数派只有 12 封。电视少数派每年参加 9 次社团聚
会，电视多数派只有 5 次。电视少数派平均每年去教堂 27 次，电视少
数派只有 19 次。实际上，对电视娱乐的依赖对于去教堂次数是一个很
有效的预测指标，即使保持对宗教的虔诚度相同。在对宗教同样虔诚的
人中，认为电视是其主要娱乐形式的人去教堂的次数要少得多。[32]

图 13 - 14 明确显示出这两个群体公共性的不同。电视少数派每年
参加 3 次多社区项目，而每年向其他开车者竖中指的次数只有不到 0.5
次。在电视多数派中这一衡量公共性的比率刚好倒过来——做下流手势
的次数是参加社区项目的 2 倍。"大人物"、"闲谈者"和其他有礼貌的
人大都来自占美国人口少数的电视少数派中。

我们可以找到抵制电视依赖的小环境，但即使在那里，也可以嗅到
破坏公民参与的某些气息。例如，考察来自东北部、40 - 55 岁、教育

良好、经济宽裕的女性——这是全国最倾向于否定电视娱乐的人口群体。即使在这一特定群体中，也有超过四分之一的人承认，电视是其主要的休闲活动。的的确确，和她们那些不依赖电视的姐妹们相比，染上电视病的人参加志愿活动的次数少62%，参加社团聚会的次数少37%，参加教堂活动的次数少27%，参加晚餐会的次数少21%，在家娱乐的次数少20%，对自己的生活表示不满的程度则多24%。[33]

看电视和社会参与之间的这种负面联系也体现在定时日志研究中，以及许多其他国家的调查中。不论是在美国还是在别国，看电视多的人（即使保持其他人口学因素不变）加入志愿者协会的概率明显要少，对其他人的信任也低得多。不论是美国还是别国，电视拥有和使用在各个人口群体中的普及都会伴随着亲戚、朋友、邻里之间联系的减少。看电视时间的增多意味着更多的时间会花在家庭中，而且是在室内，其代价是花在院子里、街道上和探访其他家庭的时间减少。[34]

有人十分精准地总结了电视对社会资本产生的影响，他是一位来自宾夕法尼亚州东南部一个传统、组织严密的亚米什（Amish）社区的成员。当到此访谈的民族志学者问及亚米什的居民，他们认可哪些科技创新，抵制哪些科技创新时，这位成员回答：

> 我们几乎总是可以分辨一种潮流带来的消息是好是坏。我们完全不希望拥有像电视和收音机这样的东西。它们将会破坏我们互相拜访的习惯。有了电视或收音机我们就会待在家里而不是去见其他人。拜访习惯之所以重要，是因为它能使人们关系更紧密。如果我们不去看他们，了解他们的生活，我们怎么能关心我们的邻居？[35]

到目前为止，我们已经发现，看电视尤其是对电视娱乐的依赖和公民参与的减少密切相关。然而，相关性并不证明因果关系。另一种解释可能是：一开始就处于隔离群体中的人会把电视看作最有吸引力的休闲方式而被其吸引。因为没有真正的实验证据——随机选取一些个人让其长期看电视（或长期不看）——我们就无法确定电视本身是否是参与

235

减少的原因（因为我们假定的电视产生的这些效果可能是在数年时间内形成的，在一个大学实验室里几分钟的收看不可能复制我们这里讨论的这些深远得多的效果）。

我们并没有掌握对这一关键问题的真正结论性证据，而且由于出于道德原因，法律禁止对人类进行实验，这样的证据在很长时间内还不可能获得（很难判断对这种实验提出最强烈的公共谴责的，是代表那些被迫看电视的人还是被迫不看电视的人）。另一方面，几类证据可以使本案的这一定罪变得较为可信。首先，公民参与减少这一流行病是在电视广泛普及之后10年多一点的时间开始的。不仅如此，任何个人群体在年轻时看电视越多，现在其公民参与降低的程度就越大，对此我们将会在第14章中看到更多细节。我们已经讲过，在一生里都和电视接触的较年轻几代人，其对电视的使用更加依赖，这种依赖性的使用则又与公民参与的减少有关。

有关因果关系的直接证据来自一些很有趣的研究，即调查一些刚引入电视与引入后不久的社区。这些研究中最值得注意的是对70年代加拿大北部3个孤立社区的研究。[36] 只是因为信号不好，一个社区［研究者给它起了个假名叫诺泰尔（Notel）］的居民在研究开始时还没有用电视。所使用的用以观察其效果的"疗法"是，给诺泰尔的居民引进一个频道——加拿大广播公司（CBC）。将诺泰尔的生活和另两个社区尤尼泰尔（Unitel）和马提泰尔（Multitel）做比较：尤尼泰尔虽然在其他方面和诺泰尔相似，但在研究的两年里，尤尼泰尔接受的信号只是从CBC改变为CBC加上3个美国商业电视网。马提泰尔在所有有关方面也都和其他两个城镇类似，只是在地理上隔离开来。在整个研究期间，马提泰尔可以收到所有4个频道。

加拿大研究者滕尼斯·麦克白·威廉姆斯（Tannis MacBeth Williams）和她的同事们解释了为何对这一组城镇的研究可以成为一项真正的实验：

> （诺泰尔）是一个典型的社区，唯一的区别是到了1973年还如此落伍，无法收看电视。它有道路相通，每天有两个方向

236

的公交车服务，其种族构成并不特殊。该镇只是不幸地处于一个山谷中，以致为这一地区服务的发射机刚好不能为大部分居民提供电视信号。[37]

同样重要的事实是，这一研究是在 VCR 录像机和卫星接收器还没有广泛普及之前进行的。换言之，几乎找不到另一同样的例子，即在一个工业化国家存在一个完全没有电视的社区。研究结果明显表明，引进电视后，诺泰尔居民对社区活动的参与就减少了。就像研究者所简洁阐述的：

> 在诺泰尔有电视之前，这一纵向标本的居民比尤尼泰尔和马提泰尔的居民都参加更多的社团活动和其他聚会，后二者没有发生变化。在引进电视后诺泰尔出现了明显的下降，而不论尤尼泰尔还是马提泰尔都没有变化。[38]

研究者还有疑问，即电视是只影响了那些过去对社区活动只是边缘性参与的人，还是也影响了活跃的领导者。他们的结论是：

> 电视明显影响了社区活动里的那些关键人物对活动的参与，而不仅仅是那些较为边缘的参与者。没有电视时和有电视时相比，居民更倾向于参与到他们社区活动的中心。[39]

这项研究有力地表明，电视不仅仅是社区参与度低的伴随物，而且实际上是后者的一个原因。电视的到来所产生的一个重大影响是，所有年龄的人们对社会、娱乐和社区活动的参加都减少了。电视使闲暇时间私人化了。

还有一些与此类似然而证明力稍弱的证据，来自对英格兰、南非、苏格兰、澳大利亚和美国一些地方电视引进后的研究。[40]关于电视对儿童社交能力的影响已经激烈争论了 30 多年。从一大堆有时相互冲突的研究结果中可以得出的最合理的结论似乎是，看电视过多可能会提高攻击性（尽管可能不是真正的暴力），可能降低学校中的表现，根据统计数据显示，还和"社会心理障碍"有关联，尽管对于这一效果有多大

237

部分是由于自我选择、多大部分纯属偶然，依然存在争议。年轻人看电
视过多会引起长大后对社会关系无知、愤世嫉俗和政治参与较少，随之
而来的是学业成就有限、收入较低。在对关于电视对美国人社会生活影
响的这些多学科文献进行了全面的研究后，乔治·卡姆斯托克（George
Comstock）和海荣·派克（Haejung Paik）总结道，电视的使用降低了人们
参与家庭之外的社会活动的程度。虽然这些研究都没有提供完全不可辩
驳的证据，来证明看电视造成公民参与减少这一假设，但对所有证据的
综合考虑明确地指向这一方向。[41]

如果说电视确实使公民参与减少，它是如何造成的？泛言之，有 3
种可能：

（1）电视占据了稀缺的时间。

（2）电视会产生抑制社会参与的心理影响。

（3）特定的电视节目内容减少参与公共活动的动机。

让我们逐一考察支持这三项假说的证据：

尽管每个人的一天都只有 24 小时，大多数形式的媒体参与和社会
参与都是正向联系的。听很多古典音乐的人比其他人更倾向于参加棒球
比赛，而不是相反。在住宅周围自己动手修建或修理的人比其他人更倾
向于多玩排球和在公共场合多发言。即使在人口统计学特征相同的人群
内，看电影多的人参加社团聚会、晚餐会、教堂活动等公共聚会也多，
献血和访友也更频繁。30 多年前社会心理学家罗孚·梅尔森（Rolf Mey-
ersohn）注意到了我们休闲活动中的这一模式，并简称之为"越多，就
越多"（the more, the more）。[42]

就像梅尔森观察到的，电视是这种普遍情况的最主要的例外——它
是唯一似乎在抑制参与其他休闲活动的休闲活动。看电视几乎以牺牲所
有室外社会活动为代价，尤其是社交聚会和闲谈。根据定时日志研究，
看电视增多的主要牺牲品是参加宗教活动、社交拜访、购物、聚会、运
动和参加组织等活动。与多看电视正向联系的少数活动包括睡觉、休
息、用餐、家务活、听广播和个人嗜好。看电视者都喜欢待在家里，而

且他们自己也承认这一点：看电视多的人一般都承认"我是个宅男（I am a homebody）"，而大多数看得少的人不会承认。政治科学家约翰·布雷汉（John Brehm）和温迪·瑞恩（Wendy Rahn）发现，看电视对公民参与有着如此强大的影响，以至于每天少看 1 小时电视所产生的促进公共交往效果，相当于受教育时间长 5－6 年。有理由认为，看电视引起的挤占效果可能对于像和朋友出去玩这样的无组织活动更为明显，而对于像协会会议这样更为正式的活动就没那么明显。[43]简言之，用于看电视的时间多就意味着用于社会生活的时间少。

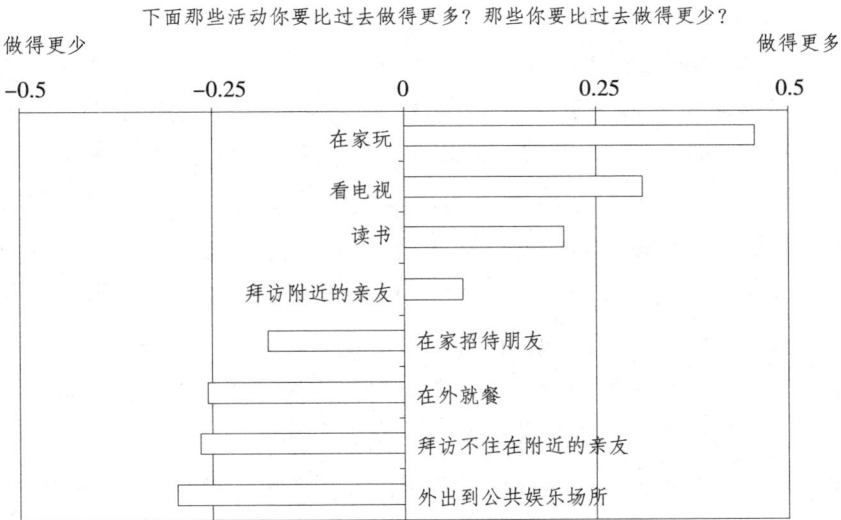

238

下面那些活动你要比过去做得更多？那些你要比过去做得更少？

做得更少

做得更多

-0.5	-0.25	0	0.25	0.5

在家玩
看电视
读书
拜访附近的亲友
在家招待朋友
在外就餐
拜访不住在附近的亲友
外出到公共娱乐场所

图 13－15：美国人在 1970 年代变得足不出户

罗珀调查机构在 70 年代做过几次调查，那正是（就像我们所知的）美国公民参与减少趋势开始的时候，美国人被问及他们近年来时间和精力的安排发生了什么变化。首先，如同图 13－15 所示，我们大幅度地转向家中的活动（尤其是看电视）并远离户外的社交。例如 47% 的美国人说他们看电视时间比过去长了，而只有 16% 的人说看得少了，净增长达到了 31%。与此相反，只有 11% 的人说，他们用来走访不在"附近"的亲友所花费的时间比过去多了,而有38%的人说,他们用在此上的时间少了,净下滑达到了27%。户外活动几乎无一例外地在不断减少,而室内活动(尤其是看电视)在不断增长。[44]

其次,称自己看电视花时间比过去增多的人,比那些人口统计学特征相同并称自己看电视减少的人,明显地更不倾向于参加公共会议、在地方组织中任职、在请愿书上签名等。相反,称自己比过去花更多时间访友的少数人,也更倾向于参与公民生活,甚至是在和人口统计学特征相同的组别相比,也是如此。[45]在这点上,看电视增多和公民参与减少之间的关联是非常明显的。

电视不仅偷窃了时间,它似乎还引发了沉闷无趣和消极被动。研究时间的学者罗伯特·库贝(Robert Kubey)和米哈利·斯科申米哈尔伊(Mihaly Csikszentmihalyi)使用一种精巧的方法来追踪我们对时间的使用及其对我们精神健康的影响。[46]他们说服实验受众在整整一周里都随身携带测量器,当测量器被随即激活并发出响声时,受众就写下他们正在做的事情和当时的感觉。库贝和斯科申米哈尔伊发现,看电视是一项放松、精神集中度低的活动。在看完后观众感到消沉、反应变慢。在看电视时间长的夜晚,人们也更倾向于参与其他低能耗甚至偷懒的活动,而在看得少的夜晚,同样的人会花更多时间参加运动和社团聚会等室外活动。看电视多带来大量自由时间的浪费、孤独和情绪问题。电视明显对于感觉不开心的人特别有吸引力,尤其是当他们没有别的事可做时。

电视本身可能不是产生这些负面情绪的主要原因,但它对于消除这些情绪也于事无补,充其量是暂时的逃避。正如库贝和斯科申米哈尔伊对他们研究所做的概括:

> 爱看电视者在电视上花费很多时间,却发现并不那么值得……尽管……在漫无头绪和独处的时候感觉很不好,就会促使人去看电视……但看得过多以及当今的很多电视上出现的快速蒙太奇,可能也会加重看电视多者的一种缺乏耐性的情绪,因为很多日常生活不像电视里那么多彩和热闹……看电视多者似

乎在使自己的习惯更加根深蒂固。一些电视观众变得越来越依赖定制电视的刺激或者类似的娱乐，他们日益变得不借助外部的帮助便无法度过闲暇时光。[47]

库贝和斯科申米哈尔伊发现，伴随看电视产生的心理问题在许多文化中都很常见。英国社会心理学家迈克尔·阿盖勒（Michael Argyle）发现，电视激发一种情绪状态，其最准确的描述是"放松、昏昏欲睡和 240消沉"。英国研究者苏·伯顿（Sue Bowden）和艾维那·欧弗（Avner Offer）发现：

> 电视是脱离沉闷最为廉价和不费力的途径。对电视的研究发现，在所有的家庭活动中，看电视所要求的精力集中度、反应、挑战和技巧最低。……看电视时的活动程度很低，看电视是一种释放紧张的放松行为。当儿童看电视时新陈代谢速度似乎减缓，导致他们的体重增加。[48]

如同库贝和斯科申米哈尔伊所总结的，电视肯定会让人上瘾，虽然可能只是一种轻微的上瘾。在实验研究中，一般要用很大的诱惑才能促使观众不看电视，尽管观众总是表示看电视同其他休闲活动甚至工作相比，都无法满足需要。1977 年《底特律自由报》（*Detroit Free Press*）发现，120 个家庭中只有 5 个愿意以放弃看电视来换取每月 500 美元的奖励。据其调查，真正放弃看电视的人出现了厌倦、焦虑、愤怒、消沉等情绪。一位妇女说，"那太可怕了。我们无事可做——夫妻两人聊天。"[49]

伯顿和欧弗总结道，和其他上瘾一样，

> 电视观众变得更加依赖、不灵敏、餍足……1989 年一位研究者发现，"电视行业的几乎每个人都强烈认为，观众注意力集中时间越来越短，为了留住观众，电视编辑必须速度更快，播放越来越多刺激的视觉影像。"……当用户习惯了这些新的刺激方式后，他们又需要一剂更有力的刺激药。[50]

尽管和我们的核心议题，即与公民参与和社会资本的关系没有直接联系，但最终发现，自认为生活中已对电视产生依赖与花样繁多的身体和心理疾病有关。DDB 公司"Needham 生活方式"调查刚好加入了关于头痛、消化不良和失眠的自我报告（因为这一调查最初的目的之一就是为制药业营销人员提供帮助，因此有这方面的报告并不奇怪）。我们将这 3 项报告归入一个指标："不适"——这项指标得分较高的人经常罹患头痛、胃痛和失眠病症。图 13－16 显示了不舒服和对电视娱乐的依赖密切相关。[51]

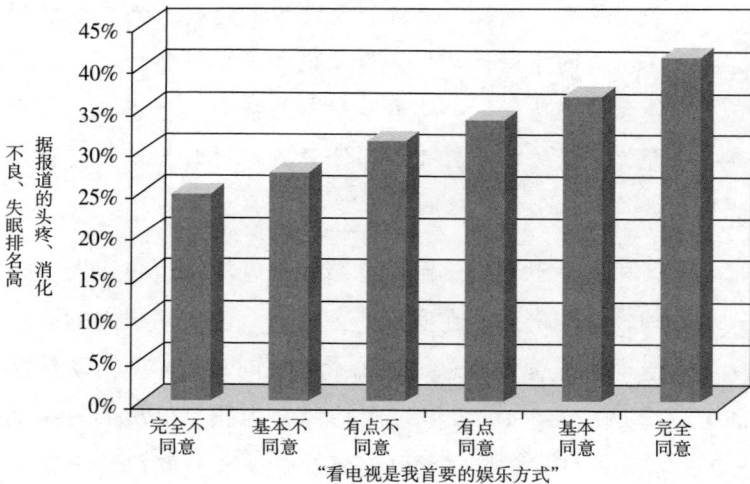

图 13－16：看电视的人感觉不舒服

像往常一样，我们要检查这一非同寻常的紧密关系是否可能只是一种假象——可能身体或经济状况不佳的人更容易头痛，也会看更多电视。然而在造成不适的几十个潜在因素中（包括自我描述的身体健康状况、经济紧张程度、锻炼频率、吸烟状况、宗教虔诚度、各种形式的社会联系，以及其他所有标准的人口统计学特征），远远超过其他因素。排在前 4 位的依次是身体健康状况、经济紧张程度、教育水平低（可代表所处社会阶层）和电视依赖。不奇怪的是，身体健康状况是对

241

"不适"影响最大的因素，而其他 3 项的影响程度基本相当。换言之，电视依赖与经济拮据和社会地位低给一个人的体质带来的破坏作用相当。由于没有实验研究，我们无法证明因果关系的指向，但说头痛的人会试图主要从电视中寻求安慰似乎说不过去（我们将在后面看到一些证据表明这中间代际差异也产生了作用）。但不论因果关系如何，不由得让人痛心的是，在 20 世纪末，一半以上的美国人都说电视是他们主要的娱乐方式。

和其他成瘾或强制性行为一样，看电视也是一个非常不舒服的过程。定时日志研究和"测量器"研究都发现，对于一般的观众，就其带来的愉悦程度而言，电视和做家务、做饭一样，远远落在其他休闲活动的后面，甚至低于工作。[52]电视之所以统治了我们的生活，不是因为它能带来巨大快乐，而是因为其成本最低。时间研究者约翰·罗宾逊和杰斐里·戈德白总结道：

> 电视的吸引力大多来自其无处不在和便利。……作为一项活动，看电视不需要预先计划，付出的成本接近于无，不需要身体活动，很少使人受到打击或惊奇，而且可以在自己家里舒服地看。[53]

242

看电视和社会联系的负面关联如此之大的另一个原因可能是，它提供了一种虚假的人际联系。任何人一旦当面遇到一位电视人物，都会有强烈的感觉，觉得和这个人久已相识。早间新闻主持人每天的问好和广受欢迎的演员每周的戏剧使我们认为自己认识这些人，关心他们，而且进入他们的生活中——无疑他们也有这样的感觉（或者我们潜意识里这么觉得）。

传播学理论家约书亚·梅尔维茨（Joshua Meyrowitz）注意到，电子媒体使得社会联系可以和物理接触分离。"电子媒体所创造的纽带和联系，与过去在特定地点通过亲身交流形成的纽带和联系相互竞争。亲身接触当然要更为'特别'，并带来更强烈和深厚的关系，但相对而言其次数是不断减少的。"政治传播学专家罗德里克·哈特（Roderick Hart）

认为，电视作为一种媒体，使人产生虚假的友谊感，仅仅使人们感到亲密、见多识广、聪明、勤奋和重要的感觉。结果是一种"遥控政治"，在其中我们作为观众觉得参与了自己的社区，而实际上并没有付出参与的努力。[54]就像垃圾食品一样，电视，尤其是电视娱乐，满足人们的贪欲却不能带来真正的营养。

在使我们知道了一切可以想象得到的社会和私人问题的同时，电视也使我们不喜欢就这些问题做任何事。"当所有其他问题的相对紧迫性看似大致均等时，"梅尔维茨写道，"许多人就会自然而然地选择专注于'第一位'的问题。"沿着这一脉络，政治科学家珊托·恩格阿（Shanto Iyengar）通过实验证明，电视节目大量涉及诸如贫困这样的问题，就会使得观众将这些问题归因于个人而不是社会性的错误，进而使我们自身降低了促使这些问题解决的责任感。政治科学家埃兰·马克布里德（Allan McBride）在对最受欢迎电视节目的内容进行了仔细分析后发现，"电视节目销蚀社会和政治资本，因为它讲述最多的人物和故事，反映的都是一种降低组织参与以及社会、政治义务感的生活方式。"在娱乐价值主导的环境下，电视传递了一种对世界事件坦诚直白和个人化的观点。电视使个性凌驾于问题之上，使利益团体凌驾于地方性团体之上。总而言之，看电视之所以和公共交往的减少密切相关，一个原因就是这一媒体本身产生的心理效果。[55]

243　　　也有可能电视传递的讯息——换言之，就是特定的节目内容——也部分造成了其明显的反公共效果。DDB 公司"Needham 生活方式"调查使我们得以探讨这一可能性，因为在关于社会联系和公民参与的问题之外，调查还专门列出了关于回答者认为"因为真正喜欢所以看"的特定节目的信息。尽管无法从这些证据找到因果关系，我们仍能得出一个大略的排序，即哪些节目吸引和（或）培养出最公民化的观众，哪些吸引和（或）培养出最没有公民性的观众。

处于这一衡量公共性的金字塔顶端的，（像往常一样保持年龄、社会阶层等标准的人口学特征不变）是新闻节目和教育频道。90 年代后期广播新闻网、公共事务展示、《整点新闻》和其他美国公共广播公司节目的观众，一般都比其他美国人更多地参与社区生活，部分也是因为这些观众倾向于排斥其他电视节目。在其底端的则是动作片［在早期以《正义前锋》（Dukes of Hazzard）和《迈阿密风云》（Miami Vice）为代表］、肥皂剧［如《达拉斯》（Dallas）和《飞越情海》（Melrose Place）］和所谓的"真实电视"（reality TV）［如《美国头号通缉犯》（America's Most Wanted）和《当今事件》（A Current Affair）］。[56]

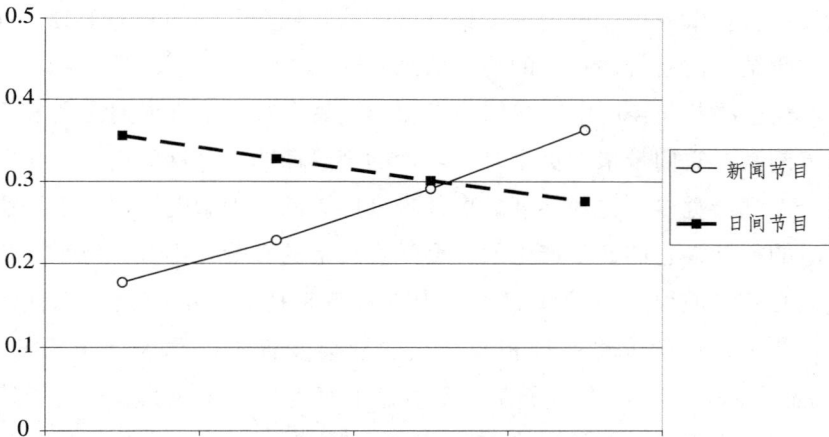

图 13 - 17：电视节目的种类与公民参与，控制了看电视花费的时间

　　要衡量不同节目对公民参与造成的效果（而不是简单衡量看该节目所花的时间），一个方法就是，既保持教育、收入、性别、年龄、种族、教育和婚姻状况等因素不变，也维持总的看电视时间不变，然后比较延长新闻节目时间和延长日间新闻节目产生的不同效果。如图 13 - 17 所示，一个人用在看新闻上的时间越多，就在社区中越积极，然而用在看肥皂剧、实况比赛、"脱口秀"上的时间越多，就在社区中越不积极。[57]换言之，即使在那些看电视时间同样长的人中，他们所看的内容也和他们参与公共生活的积极性密切相关。

　　《整点新闻》观众与《杰瑞·斯普林格秀》（Jerry Springer Show）（译

注：美国福克斯电视台谈话节目，主持人为 Jerry Springer，以内容低俗闻名）观众之间的明显区别说明了，并非所有的电视节目都是反社会性的。实验研究已经表明，促进社会性的节目能产生促进社会性效果，如激励利他主义。[58]不仅如此，电视（尤其是但不限于公共事务节目）有时能通过将整个国家共同经历的事件传达给观众，使他们对社会产生更深入和广泛的理解，如在肯尼迪遇刺、"挑战者号"爆炸、俄克拉荷马城爆炸等事件后所发生的情况。只是因为电视将同样痛苦的画面带到我们每个人的家里，它们才成为举国同悲的经历。就对公民参与最好的意义而言，电视可以成为一个聚会所、消弭社会差异的有力工具，并能增进团结，沟通传递重要的公共信息。

244　　在这些共同经历中，我们还必须加上黛安娜、小肯尼迪之死和辛普森审判案，它们带来的更多是戏剧性的观感而非社会性的启蒙。实际上每个人都会觉得，这些共度的事件带来巨大的心理影响。但由于不引发相应的行动，它们通常产生的社会学意义上的影响并不大。每个事件都扣人心弦，但很少能给我们的行为方式带来持久性的变化或者促进沟通。儿童心理学家将一种相当初级的社会发育阶段称为"平行游戏"（parallel play）——两个孩子在一个沙盘中每人玩一个玩具，但并不真正和另一个人交流。在健康发育中儿童会脱离"平行游戏"阶段。但电视在公共场合的大量存在使我们的发育停滞在这一阶段，很少将平行注意力转移到其他外部刺激上。

　　电视的"疯长"——如果可以这么说的话——主要是那些实证研究表明同公民分隔最紧密相关的节目逐渐变得越来越多，在所有电视节目中占据了很大一块。"目标营销"和 500 套有线电视频道的出现，预示着观众沿着社会、经济和个人兴趣的界线进一步分崩离析。[59]根据尼尔森媒体研究（Nielsen Media Research）的数据，平均每个家庭收到的频道数从 1985 年的 19 个提高到 1997 年的 49 个，而且继续提高。电视过去曾起到的营造全国共同的"水冷器"（water-cooler）文化的作用已经缩小，

245　因为我们越来越少的人是在看同样的节目。在 50 年代初期，三分之二的美国人打开电视收看收视率最高的节目［《我爱露西》（I Love Lucy）］；

70 年代初期最高收视率节目［《全家福》(All in the Family)］吸引了美国约一半的电视观众；到了 90 年代中期《急诊室的故事》(ER) 和《宋飞正传》(Seinfeld) 的观众比例就只有仅仅三分之一了。[60]这一市场分散化的趋势提供了更多机会并可因此提高用户满意度，但也深刻反映出电视阻挠我们走到一起的效果。

电视的另一个可能影响（不仅是节目，也包括电视广告）是我们滋生了物质主义的价值观。例如，根据媒体研究人员乔治·哥白纳 (George Gerbner) 及其同事的研究，常看电视的青春期少年"更倾向于希望高地位的、能给他们带来赚大笔钱机会的工作，但同时也希望他们的工作相对简单、有长的假期和时间来做其他事"。就像我们在下一章将要更详细地看到的，在电视普及程度最高的时期，大学新生中的物质主义趋向显著提高，而在大学中，和看电视少或完全不看的同学相比，看电视多的学生会变得更为物质主义。[61]

总而言之，电子通讯和娱乐的崛起是 20 世纪最强劲的社会潮流之一。在很多重要方面，这一革命照亮了我们的灵魂、启迪了我们的头脑，但也使我们的休闲趋向于私人化和被动。我们将越来越多的时间和金钱花在个人消费而非集体消费的产品和服务上。美国人的休闲时间日益以"眼球"为衡量尺度——营销战略分析师就是这么做的，因为看东西（尤其是电子屏幕）占据了我们越来越多的时间，而做事（尤其是和其他人一起）花的时间越来越少。对视觉娱乐的重视似乎在过去几十年间长大的那几代人中尤为明显。[62]看电视、录像，通过电脑视窗进入网络空间已经无比普通。而公共活动的共享则变得无比缺乏。

最能体现对这些趋势的顶礼膜拜的地方——说来似乎有些不大可能——就是康涅狄格州新伦敦 (New London) 的假日保龄球馆。在每条球道上方都有个巨大的电视屏幕播放晚间电视节目。即使人们组队打一个晚上，同组队员之间也不会就当日发生的事做活跃的交谈——不论公共还是私人事务。相反，每个人都默默盯着电视屏幕，等待着他或她的回合。即使在一块打保龄的时候，他们也是在独自看着屏幕。

这些新科技对美国人世界观的影响大多反映在较年轻的几代人中。

社会批评家斯文·比格斯（Sven Birkerts）强调了电视的发明所标志的历史性裂痕：

> 那是一块突起、一道门槛、一个点，在那之后，一切都变得不同了。我将把这条线大略地划在 50 年代的某个时候。那是电视介入美国人生活组织的时间，那时我们就开始在成长中习惯于两个平行的现实——一个是我们所生活于其中的，而每当我们希望在自己的生活中得到一些休息时便走入另一个现实。50 年代中期之后出生的人是新闻的载体；他们形成的力量将使我们对社区组织的那种"农村－小城镇－城市"式的理解最终失去——这种理解已经在消逝中的。变革的动力已使这样的区分变得毫无意义。[63]

在 20 世纪末美国人看电视时间更长、更习惯性、更普遍，更经常是单独看，而且更多地看那些尤其会造成公民参与减少的节目（娱乐，而不是新闻）。这些趋势的发生时间刚好和社会联系的全国性减少相契合，而且这些趋势在较年轻的几代人中更显著，而他们的参与度明显较低（就此我们在下一章将会更详细地看到）。不仅如此，正是那些最明显地依赖电视娱乐的美国人更倾向于从公共和社会生活中离去——他们和朋友相处时间较少，参与社区组织较少，参加公共事务也较少。

尽管它并不来自随机性的实验，它并不能完全对电视和其他电子娱乐形式的因果联系作出结论，但证据是有力而详尽的。过多使用这些新娱乐形式的人总是形单影只、被动消极、和他们的社区分离，但我们无法完全确证，如果没有电视，他们将会变得更爱社交。无论如何，在我们正在解开的这桩关于公民参与的谜案中，电视和类似的电子产品都至少是个从犯，甚至很有可能是主犯。

第 14 章
代际更替

我们追查造成公民参与减少原因的努力到目前为止是富有成效的，但仍未有定论。电视、市郊扩张、时间和金钱压力都造成了一定影响。然而，即使在那些与这些压力近乎完全绝缘的小型的、不断缩小的美国社区——富人、无子女、有工作、生活在大都市区域之外而且很少看电视的夫妻——其公民参与和社会生活过去 20 年也在持续减少。他们看似舒适地生活在 50 年代的"快乐谷"（Pleasantville）。然而，就是这些人，在 90 年代比他们在 70 年代的先辈参加社团聚会的次数少了一半，完全脱离社区生活的概率则提高了 4 倍。[1]像我们早先看到的，实际上，在全社会没有一个角落对这种反公共主义的流行病免疫。它影响了男性和女性，中心城市、郊区和小城镇，富人、穷人和中产阶级，黑人、白人和其他种群，工作者和不工作者，已婚夫妇和单身者，北部、南部、东西海岸和内地的人。

年龄是这种一致性中最明显的例外。作为所有形式的公民参与程度的一项估算指标，年龄的影响仅次于教育，而且公民参与的趋势在所有不同年龄的人群中都不一致。中年人和老年人比年轻人参与组织更多，也更积极，更经常去教堂、投票、读新闻和看新闻，更为博爱，对政治更感兴趣，参与社区项目更多，投票更多。[2]

有关年龄的一些特征，是解开我们谜题的关键。然而，这一线索却是极为模糊不清的，因为它同时可以说明两种非常不同的解释。不同年龄的人行为方式是不同的，这究竟是因为他们暂时还处于生命周期的不同时段，还是因为不同代的人有着固有的不同方式？年龄是一个非常有价值的线索，但它不像指纹或 DNA 那样，近乎无可辩驳，所以我们需要仔细考察证据。

在 20 年代末，60－70 岁美国男性的视力比他们年仅 20－30 岁的孙辈们差得多，这些老人也比他们的孙辈更多地担任过军职。然而，这两个和年龄有关的因素有着非常不同的根源。视力水平主要是由于生命周期：随着我们年岁日增，实际上每个人的视力都在下降。另一方面，担任军职的概率却是源于代际差异。20 年代出生的男性中，有约 80% 曾在军队服役，而 60 年代出生的男性只有 10%，这一差别完全是因为每个群体在 18 岁的时候所处的世界形势不同。视力反映了生命周期，而军职反映了代际差异。当孙辈达到祖辈的年龄时，他们的视力也将模糊，但他们将永远不会和祖辈有类似的服役经历。

如果只有在一个时间点上的证据，我们将无法区分生命周期与代际的影响，但如果我们在多年里研究一些特定人群，我们就能更容易将二者作出区分。两种影响有着非常不同的社会结果。生命周期的影响意味着每个人都变了，而社会作为一个整体却未变。代际影响意味着社会变了，尽管每个人没有变。几乎没有理由得出美国人的平均视力会在 21 世纪的前几十年出现下降，但可以完全确信，老兵数量将会越来越少。

因此，在我们得出无处不在的和年龄有关的公民参与水平差异是否真的呈现出代际特征，并且引发了社会改变之前，我们需要确定这些差异是否源于正常的生命周期更替。有了历经几十年研究留下的可参考证据，我们就能追踪每类人群当其成员经历不同生命周期时所发生的变化。如果后续的人群在他们年龄增长时总是重复相同的变动轨迹，我们就可以有理由确信，我们所观察的是一种生命周期模式。如果不是，和年龄有关的差异就更有可能是源于代际的不同。[3]

生命周期对社会行为模式的影响一般体现为 3 个方面——家庭需要（即婚姻和养育子女）、精力的逐渐衰退（从青春期到老年不断下降）和职业生涯（即加入和离开劳动力队伍）。不同的公民参与形式在不同生命周期阶段达到高峰。体育俱乐部吸引年轻人的关注。陪朋友在一起在一个人的 20 – 25 岁达到高峰，因结婚生子而降低，在 60 多岁时随着退休或寡居而反弹。和儿童有关的活动，如家长会、野餐、运动会多数是在为人父母的初期（20 – 30 岁）。参加公共组织和职业协会在男性和女性的 40 – 50 岁达到高峰。献血在一个人的 30 多岁时达到高峰，在 50 岁之后迅速下降，而捐钱却在生命后期上升。去教堂在一个人的 20 多岁时突增（随着结婚生子的开始），随后进入平台期，然后在老年人中再次轻微上升。过去志愿活动——如向家庭教师协会捐钱和担任少年棒球联赛教练——只是在一个人的 30 多岁时达到高峰，但在最近几十年里（就像我们在第 7 章中看到的），志愿活动出现了退休后的第二个高峰期。图 14 – 1 所示的是一般情况下公民参与的通常轨迹，从成年早期提高到中年的平台期，然后逐渐下降。这一峰状曲线代表了公民一生参与的自然趋势。[4]

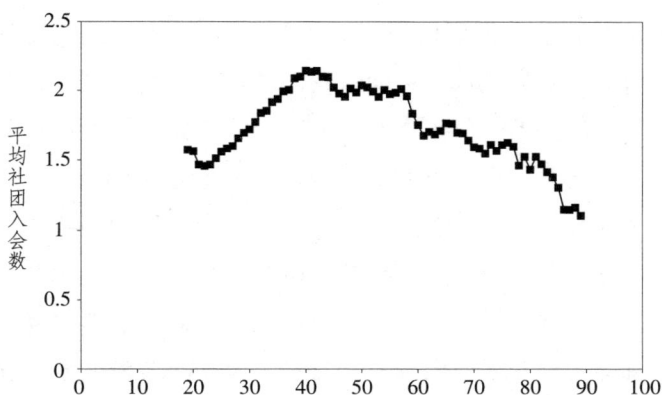

图 14 –1：随着年龄增长，社团入会的增长和下滑

　　假设这一通常的生命周期模式能完全解释和年龄有关的公民参与程度不同，那么老年美国人对公共生活的参与就应比中年人少得多。50 年代和 60 年代的经典社会学研究发现，情况正是这样。然而到了 90 年代，却出现了出人意料的情形——中年男性和女性反而不如老年人热心于公共事务。

　　不仅如此，按道理，随着"婴儿潮"一代经历正常的参与公共生活兴趣的发展周期，其应当会推动美国经历公民参与的增长潮流，因为随着"婴儿潮"一代跨越正常生命周期，其公民参与会出现提升。按照常理，我们应在 70 年代和 80 年代看到家庭教师协会成员的增多，教会成员的快速增多，并在 90 年代看到公民参与的蓬勃发展。（按照同一逻辑，我们应当还可以企盼，到 21 世纪 20 年代"婴儿潮"一代退休时能看到志愿和慈善活动的旺盛。）然而到目前为止，所有前述的公民参与高潮都没有出现——恰好相反，就像我们在本书中不断看到的："婴儿潮"一代及其子孙没有沿着由先辈开辟的同一条向上的公民小径来行走。这种公民参与意义上的"狗没有叫"（译注：福尔摩斯侦探故事中的著名情节，根据狗未叫判断疑犯应是被害人的熟人）的情况，对于美国过去几十年公民参与减少来说是一条重要的线索，因为没有按照预期出现生命周期引发高涨，反而是沉没下去，肯定是因为代际原因出人意料地造成了反向影响。对政治的兴趣和参与、去教堂、社区项目、慈善捐助、参加机构——就像我们已经看到的，这些以及其他形式的公民参与，都大大降低了，如果所有形式都降低，原因便是高度公共化的老一代被公共化程度更低的后辈们无情地替代了。[5]

　　我们可以通过研究相继两代人在度过生命周期的一些重要时刻时的公民参与状况，来清楚地观察到这一事实。表 14-1 显示了 4 个不同年龄群的人们在 20 世纪的最后 25 年里的变化模式。[6]虽然填满了数字，但此表却很值得凝神静视，因为它描绘了一幅过去 25 年里美国社会变化的惊人图景。实际上，此表保持生命周期差别不变，以便集中在代际差异上。例如，表的第一行说明了 4 个不同年龄群在 70 年代早期的读报者人数比例。这一时期，年轻成年人中只有将近一半（49%）的人每天读一份报纸，而其他 3 个年龄群体都有约四分之三，例如在 60 岁以上的人中有 76% 读报。第 2 行说明了在 90 年代中期处于同样年龄的 4 个群体各自的读报人数水平。在这一更近的时期，年轻成年人中的读报者下降到了 21%，不及 20 年前年轻成年人这一数字的一半，相比下降了 57%。在年龄层级的另一端，报纸读者比例下滑了一点，但只有

10％。表的第 3 行说明，报纸读者的下降速度在年轻人群中比在年老人群中快得多。在 90 年代超过 60 岁的人（即出生在 30 年代或更早的人）的读报者比例几乎和 70 年代同一年龄段的人相当。简言之，从 70 年代到 90 年代美国报纸读者的减少主要集中在较年轻的几代人中——过去 20 年里人群越年轻，下降速度就越快。

251

　　现在逐行看下去，你可以发现，这一相同的模式实际上对于所有形式的公民参与都适用。几乎在任何情形下，参与减少都集中在年轻人中，而在二战之间出生和长大的人中则最为微小。在 60 岁以上的人中，读报、在请愿书上签字、给编辑和国会写信在 90 年代几乎和 70 年代一样普遍，但在最年轻的人群中其概率在此期间下降了一半。在最老的人群中，1973－1974 年到 1997－1998 年去教堂的次数没有发生实质性改变，而在 30 岁以下的人中却下降了将近三分之一。即使在像参加工会、为某个政党工作这些各个年龄人群参与度都出现下降的事项上，在较年轻人群中下降的速度都是明显更快的。如该表最后 3 行所显示的，"罗珀社会和政治趋势"调查涉及的所有 12 项公共行为的参与，在 60 岁以上者中都降低了 11％，45－59 岁人群中降低了 22％，30－44 岁人群中降低了 32％，30 岁以下人群中降低了 44％。单看 70 年代的一行，我们看到了似曾相识的生命周期峰状曲线，最老人群明显比较年轻人群参与较少。然而到了 90 年代，生命周期峰状曲线变得平缓得多了，因为年轻人群现在只比老年人的参与多一点点。年龄越小，从社区生活中脱离的幅度就更大。这是一个强有力的线索，说明过去几十年美国公民参与的整体降低部分根源于代际差异。[7]

　　关于代际差异关键要问的问题，不是看你现在多大了，而是你年轻时是什么时候？[8]图 14－2 回答了这一问题，根据应答者的出生年排列公民参与的不同程度。[9]实际上，图 14－2 将美国人从左到右按照出生日期排列，从那些 20 世纪前三分之一时间出生的人开始，一直到他们出生于该世纪后三分之一时间的孙辈。对于每个相继的年龄群体，我们都提出了一系列测试社会资本和公民参与的问题：你在上次总统选举中是否投票？你多久读一份报？你属于哪个志愿者组织，如果有的话？你多久去一次教堂？去年你参加过几次社团聚会？你是否对政治感兴趣？去年你是否为某些社区项目工作？你认为大多数人都是可信任的，或是不应太过谨慎？

表 14 – 1：集中于年轻人群的所有公民不参与形式

参与形式	时间年限	年龄段			
		45 – 59	60 +	18 – 29	30 – 44
每日阅读新闻报纸	1972 – 1975	49%	72%	78%	76%
	1996 – 1998	21%	34%	53%	69%
	相对变化	– 57%	– 52%	– 31%	– 10%
每周到教堂	1973 – 1974	36%	43%	47%	48%
	1997 – 1998	25%	32%	37%	47%
	相对变化	– 30%	– 25%	– 22%	– 3%
签署请愿书	1973 – 1974	42%	42%	34%	22%
	1993 – 1994	23%	30%	31%	22%
	相对变化	– 46%	– 27%	– 8%	0%
工会成员	1973 – 1974	15%	18%	19%	10%
	1993 – 1994	5%	10%	13%	6%
	相对变化	– 64%	– 41%	– 32%	– 42%
参加公共会议	1973 – 1974	19%	34%	23%	10%
	1993 – 1994	8%	17%	15%	8%
	相对变化	– 57%	– 50%	– 34%	– 21%
给议员写信	1973 – 1974	13%	19%	19%	10%
	1993 – 1994	7%	17%	15%	8%
	相对变化	– 47%	– 34%	– 27%	– 15%

时间 参与形式	年限	年龄段			
		45－59	60＋	18－29	30－44
成为地方组织的官员或委员会成员	1973－1974	13%	21%	17%	10%
	1993－1994	6%	10%	10%	8%
	相对变化	－53%	－53%	－41%	－24%
给新闻报刊写信	1973－1974	6%	6%	5%	4%
	1993－1994	3%	5%	5%	4%
	相对变化	－49%	－18%	－9%	－4%
为政党工作	1973－1974	5%	7%	7%	5%
	1993－1994	2%	3%	4%	3%
	相对变化	－64%	－59%	－49%	－36%
竞选或担任公共职务	1973－1974	0.6%	1.5%	0.9%	0.6%
	1993－1994	0.3%	0.8%	0.8%	0.5%
	相对变化	－43%	－49%	－8%	－22%
参与这12种公民生活中的任何活动＊	1973－1974	56%	61%	54%	37%
	1993－1994	31%	42%	42%	33%
	相对变化	－44%	－31%	－22%	－11%

＊包括给议员写信，给编辑写信，撰写杂志文章，发布演说，参加游行，参加公共会议，为政党工作，担任地方组织的官员或者委员会委员，签署请愿书，竞选公职，以及（或者）属于一个建设好政府的组织。

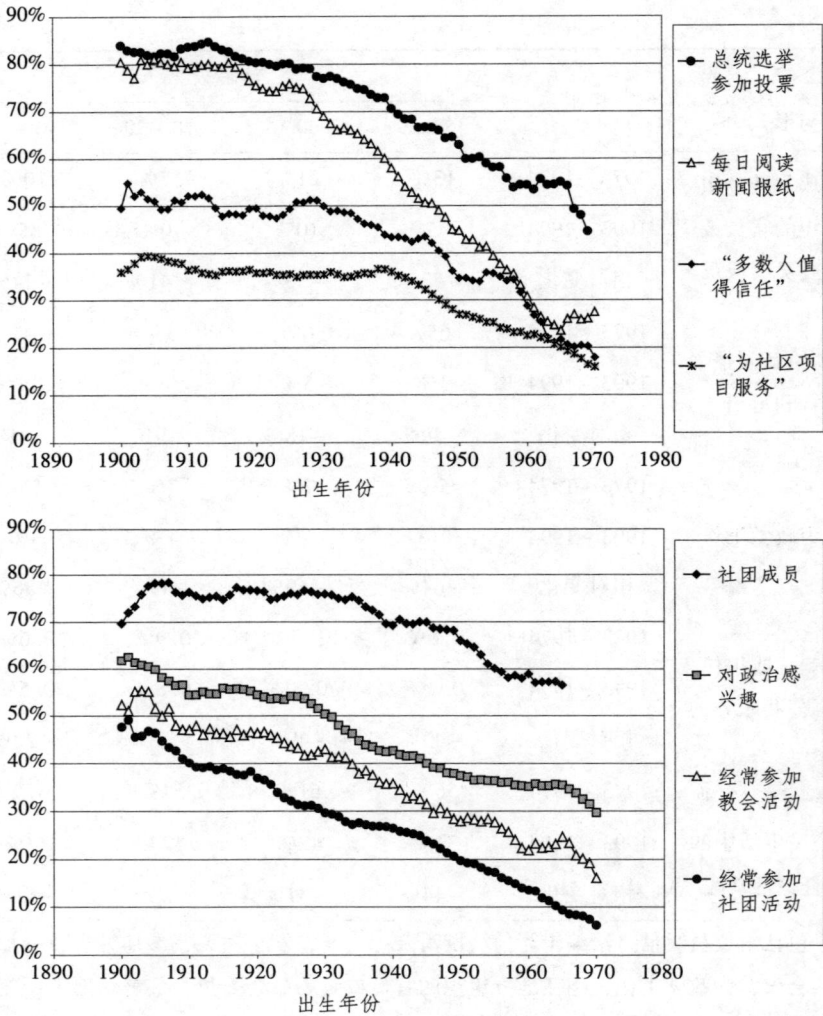

图 14－2：公民参与的代际趋势（保持教育程度不变）

当我们开始沿着这条线从最老的一代追溯年轻几代人时——从那些19 世纪结束时出生的人到"兴旺的 20 年代"（Roaring Twenties）出生的人——一开始我们看到公民参与和社会资本程度高而且相对稳定。然而非常突然，从 30 年代出生的男性和女性开始，我们就发现了公民参与减少的迹象。就实情而言，这些"婴儿潮"一代之前的人相对仍是较为

热心公共的，但和他们的上一代人相比，程度就稍有降低。当我们继续
沿这条线到了"婴儿潮"一代和"X一代"，参与、信任、投票、读
报、去教堂、志愿活动、对政治的兴趣的下降趋势不间断地持续了几乎
40年（去教堂和社团的次数在所有人群中都降低了，而不是像30年代 254
那样出现明显的分裂）。总而言之，图14-2表明在50年代之后达到成
年期的每代人都比其上一代对社区事务的参与少。

　　不论以什么标准看，这些代际差异都非常显著。保持教育水平一
致，20年代出生的一代参加的公共组织几乎是60年代后期出生的他们
孙辈的2倍（人均参加约1.9个，后者人均参加约1.1个）。这些祖辈
们比他们的孙辈对于他人的信任度要高1倍多（分别为50%和20%）。
他们参加投票的概率要比最年轻人群几乎多1倍（分别为80%-85%
和45%-50%）。对政治的兴趣要高近1倍（分别为55%和30%-
35%），经常去教堂的人数比例多近1倍（分别为45%和25%）。为某
个社区项目工作的概率高一倍（去年有35%的人这么做，而年轻一代
人中只有15%-25%）。祖辈是最后的新闻狂热爱好者：他们读日报的
概率几乎是最年轻一代的3倍（分别为75%和25%），他们还是电视新
闻的主要观众。[10]根据已经阐明的生命周期模式，我们很难期望最年轻
一代人能在任何时候追上他们祖辈们的公民参与水平。

　　用这把钥匙解开了密码，图14-2刻画了时间悠长的公民一代，即
大致在1910-1940年出生的人，这是一个宽泛的群体，他们基本上是
比较年轻的人，都更多参与社区事务，更让人信任。[11]这一代热心公民
事务的中坚是1925-1930年出生的人群，他们在"大萧条"期间上小
学，二战期间上高中（或者上战场），1948年或者1952年第一次投票，
50年代成家立业，在20年代末的幼年时期第一次看到电视。自从全国
性投票开始后，他们就一直是最为热心参与的人群——更多投票、参加
组织、阅读、信任他人、奉献。

　　不仅如此，尽管这一群体基本上比他们的儿孙辈们得到的正式教育
都少，但他们还是在公共领域发挥了这一领先作用。1900-1940年出
生的美国人中只有四分之一上完了高中，而此后出生的美国人中有一半

以上。单从正式教育的角度看，热心公共的一代人都是"自我成就"

255 的公民。就像著名社会学家查尔斯·蒂利（Charles Tilly）（出生于 1928
年）代表他那一代人所说的，"我们是最后的傻瓜。"[12]

这些情况显示，在二战后这一分水岭之后长大成人，与在此之前长
大成人的相比，会是完全不同的经历。就好像战后的几代人被反公共的
X 光照射过，使他们永久性地并日趋减少和社区的联系。不论这一作用
是怎样的，都是公民参与减少主要的原因——而不是 70 年代和 80 年代
发生。在我们悬案中，这十分重要。然而，为什么这种神秘的 X 光作
用要经历这么长时间才显现？也就是说，如果我们把公民参与减少的根
源追溯到 40 年代和 50 年代，这些影响为何没有当时就在全国家庭教师
协会会议、共济会免费住宿、红十字会、律师联盟、投票场所、教堂长
凳和保龄球馆中显现出来，而要等到 60 年代、70 和 80 年代才显露？

代际公共事务参与程度不同的效果等到几十年后才显现出来，是因
为两个重要的因素。首先，战后大学招生的扩张及时地给美国打入了一
剂促进公民参与的药剂，提前阻止了本应发生的政治和社会参与的灾难
性减少。[13]更重要的是，这种代际性发展产生的影响在其开始之后延后
了几十年，这是因为任何一代人要在成年人口中占据多数都需要这么长
时间。热心公共的一代（1910 – 1940 年的出生者）直到 1960 年才达到
顶点，该年于约翰·肯尼迪和理查德·尼克松中做出选择的选民中，他
们占了 2/3。并非偶然的是，我们在第二部分研究的社会资本的许多指
标在热心公共这一代的黄金时代都达到了最高峰。

"后公共"一代是直到 60 年代中期之后才大量步入成年，从而冲
淡并取代了较老人群的公民参与。到比尔·克林顿当选总统的 1992 年，
热心公共一代在选民中的比例已经比 1960 年刚好减少了一半。与此相
反，在 20 世纪的最后 25 年，"婴儿潮"一代和"X 一代"（即出生在
1945 年之后的美国人）占成年人的比例从 1/4 升到 3/4。这一代际变化
（加上不同代人公共性的不同）是过去几十年公民参与减少最为重要的
原因。

简言之，社会资本出现全国性持续减少的几十年，刚好就是尤为热

心公共事务的一代人人数上的优势被"后公共时代"人群取代的几十年。尽管热心公共一代有史无前例的高寿命，使他们在几十年里为美国的社会资本做出了超额贡献，但他们现在也退出舞台了。这一代里最年轻的人都在 20 世纪结束时达到了退休年龄。因此，代际研究几乎不可避免地导向这一结论，即公民参与的举国降低将会继续。

25 年多以前，正当公共关系减少的初始征象开始在美国政治中出现时，政治科学家艾瑟·德·索拉·普尔（Ithiel de Sola Pool）发现，核心问题将是——像他所正确指出的，当时做判断可能为时尚早——这一动向代表一场暂时的天气变化，还是一场更为持久的气候变化。[14]现在似乎可见，他当时发现了一场气候变迁的最初征兆。不仅如此，正如造成臭氧层的破坏的氟氯烃在扩散很多年后才在科学上被证明破坏发生了，美国社会资本的销蚀也只是在这一潜在过程开始后几十年才开始显现出来。就像密涅瓦的猫头鹰在黄昏时才起飞一样，到了热心公共的一代开始退休的时候，我们才开始感觉到他们对美国的社区生活来说是何等重要。要逆转他们离去的影响，将和使一浴缸已经变冷的水重新变热一样困难：需要加入许多沸水以提高平均温度。除非以后的几年中，美国经历一场公民参与的突然高涨，否则，21 世纪的美国人和 20 世纪末的相比，其参加组织、投票、捐助和信任他人的程度还要减少。

一个重要的后果是，热心公共的美国人垂垂老矣。虽然老人几乎总是比年轻人投票多一些，但这一体现在投票率上的代际差异从 60 年代到 90 年代大大加剧了。实际上，美国的公共生活已经逐渐凋零了将近 40 年，部分是由于今天的年长者能更长时间地保持着旺盛精力，但主要是因为和几十年前同龄人相比，今天的年轻人群和中年人群已经脱离参与（或者从一开始就没参加）。70 年代初期 60 岁以上的人构成了地方组织中官员和委员的 12%，社区志愿者的 20%，社团聚会参加人数的 24%。但到 90 年代中期，这些数字分别提高到了 20%、35% 和 38%。尽管在这 20 年中，老年人占成年人口的比例几乎没有变化，但他们对社区生活的贡献却几乎翻倍。[15]

老年一代对于公共生活的超额参与反映了不同人群对于如何花费时

256

间的自由选择。实际上，年老一代正在承担超出其比例的公共负担。与此同时，他们在争议问题上的声音由于自己的积极而得到了强化。在老年一代和较年轻的人出现利益不同的地方——例如是否征收地方税来支持学校——可以合理猜测，老年一代的观点要比几十年前有更大的分量。70年代中期，在关于城镇和学校事务的地方会议上，45岁以上的人占了参加者的三分之一，他们还占了给报纸编辑写信总数的三分之一，但20年后他们在公共会议和读者来信中的比例都提高到了一半。[16] 我们不需要假设年老却非常热心公共的这一代人非常自私——其实可能与此相反——我们更应该担心较年轻人群中自我弃权的趋势。

如果说热心公共一代是我们这出公民道德戏剧中的一号主角的话，那么二号主角就是1946–1964年出生的"婴儿潮"一代。在新世纪启幕时，这一巨大人群中的最年长者是55岁左右，最年轻者是35岁左右。"婴儿潮"一代占到了成年人口的三分之一以上，这一状况已经持续了20年并将还继续近20年。他们是美国历史上接受教育最良好的一代。"婴儿潮"一代在年轻时富足的经历，并且充满活力的社区活动是前所未有的，但成年后他们也经受了艰难时刻，尽管远不如他们的父母在"大萧条"时期那么艰难。[17]

"婴儿潮"一代是第一代终生接触电视的人，他们较其长辈更会漫无目的地打开电视机，并且在不看时仍让它开着。政治科学家保罗·莱特（Paul Light）发现：

> 当"婴儿潮"一代平均年龄达到16岁时，他/她已经看了1.2万–1.5万小时的电视，相当于连着15–20个月全天24小时地看……似无疑问，电视减少了"婴儿潮"一代和他们的同龄人及父母的沟通，而且这一代人第一次通过媒体接触真实世界。[18]

从政治角度看，60年代的事件给这一代人留下了难以磨灭的印记——民权运动（发生时他们大多仍在读小学）、肯尼迪和马丁·路德·金遇刺、越战伤痛和水门事件。可能正是由于这些原因——当然他们也是如此觉得的——他们不信任各种机构，疏远政治，而且（尽管在 60 年代和 70 年代有丰富的校园活动）明显更少参与公共生活——甚至比他们自己的孩子都少，在一些孩子中志愿活动已经开始稍成气候（像我们在第 7 章所看到的，在本章稍后还将再次看到）。尽管受过非常好的教育，但和他们的父母处于同龄时相比，"婴儿潮"一代对政治懂得较少。像专门记录"60 年代人"政治状况的迈克尔·德利·卡皮尼（Michael Delli Carpini）所说，"他们更少对政治感兴趣，更少经常性地跟踪政治进展，更少发表政治观点，更少获得准确的政治相关信息。"[19] 258
他们投票较少，竞选较少，参加政治会议较少，捐款较少，一般也比其他时代的人更逃避公民义务。[20]德利·卡皮尼总结道：

> 能将 60 年代人和之前几代人之间最明显区分开来的，不是他们中产生了另一种政治倾向，而是他们拒斥主流政治……简言之，这一代和早先几代人相比，拒斥他们所处的政治体系中的核心规范与组织。最能区分这一代人的，不是他们喜欢或做什么，而是他们不喜欢或不做什么。[21]

　　然而政治并不是"婴儿潮"一代退出的社会生活的唯一方面。"婴儿潮"一代结婚晚而且离婚率高。结婚和生儿育女都不再是责任，而是自由。尽管 96% 的"婴儿潮"一代是在宗教氛围下长大的，但 58% 都抛弃了这一传统，其中只有约三分之一后来又重新信教。在工作生活中，他们对官僚机构感到不舒服，对特定公司的忠诚度低，更坚持自我。这可能因为他们出生时正值战后初期美国社会高度一致化之时——父母加两名子女的家庭、镀铬汽车、预制房屋、满教室的孩子和电视剧《我爱露西》——他们非常强调个人主义和对多样化的宽容，拒斥传统的社会角色。"婴儿潮"一代大量涌入学校带来的一个负面效果是社交学习的减少，研究者表明，在较大学校中课外活动的参与会明显降低。这部分是因为，"婴儿潮"一代人数较大而自然产生竞争压力，他们不得不忍受期望落空和经济挫折。[22]

在整个生活中他们都比长辈能够表达出更多的自由意愿，更少对权威、宗教和爱国主义表示好感。比较 1967 年和 1973 年的高中毕业班，明显可以看到，即使在高中里，较晚的"婴儿潮"一代和较早的相比，更不可信任、合作性更差、对权威更嗤之以鼻、更以自我为中心、更为物质主义。一般而言，"婴儿潮"一代都是高度个人主义的，独处比在团队中感觉更舒服，更喜欢价值观而非规则。例如，和父母相比，他们对吸毒的道德反对感较低——更倾向于将毒品问题归罪于社会而不是个人，更不愿意在工作场所接受吸毒检测。还好"婴儿潮"一代从一开始就是异常宽容的一代——对于种族、性别和政治上的少数派思想更为开明。[23]我们将在第 22 章更详细地研究他们的政治观点，这是他们值得赞扬的方面。

在特定事项上，宽容、愤世嫉俗、"懒散"的"婴儿潮"一代也许 **259** 有可取之处，但他们的整体思维和态度已产生了高额的社会成本。民意调查分析师切尔·罗塞尔（Cheryl Russell）将"婴儿潮"一代直觉地定义为"自由人"（Free Agent）。[24]我们在以前几章中研究过的关于社会资本和公民参与的证据显明，这些"自由人"已降低了美国社区的活力——对社区生活志愿贡献减少、慈善捐助减少、信任减少、责任分担减少。

"婴儿潮"一代之后，给一代人命名变得更具争议了。我在这里按约定俗成将 1965 – 1980 年出生的人称为"X 一代"，虽然可能会对他们带来无意的冒犯。尽管"X 一代"的长辈们（尤其是"婴儿潮"一代）经常把当今美国社会的麻烦——尤其是物质主义和利己主义的泛滥——归罪于他们，我所展示的证据说明，这一指控对象是不当的。美国社会资本的销蚀在"X 一代"出生前就开始了，因此没有理由指责"X 一代"造成了这些不良趋势。也就是说，"X 一代"在很多方面反映了从二战刚结束时开始的代际变化趋势的延续性。

仔细研究表 14 – 1 会明显发现，几乎所有形式的公民参与——参加协会、去教堂、在请愿书上签字、参加公共会议——在那些在 90 年代正是 20 多岁的年轻人中都在继续下滑——他们即"X 一代"。在很多方面，这一代加速了"婴儿潮"一代中已经显现的利己主义趋势，因为

"X 一代"是"自由人"之后紧接着的一代。他们成人的时候正是私人产品和私利组织比社会共同利益更受推崇的时候。不像曾经参与过政治的"婴儿潮"一代,"X 一代"从来没有和政治产生过联系,因此他们强调个人和私利甚于公共和集体。不仅如此,他们目光凝滞、见异思迁、多才多艺,还是互动媒体专家。不论从个人还是全国的角度看,这一代人都经历了不确定(尤其因为 70 年代和 80 年代的低增长和通货膨胀压力),他们的生活充满不安全感(他们是离婚率飙升后的儿童)和缺乏集体成功的故事——没有诺曼底登陆和打败希特勒的辉煌、没有华盛顿欢欣的自由大游行和对种族主义与战争政策的胜利,实际上几乎没有任何一场"重大集体事件"。出于这些原因,可以理解为什么这群人非常以自我为中心。

"X 一代"也比他们的先辈处于同龄时更为物质主义,尽管可能中年的"婴儿潮"一代其物质主义更甚于他们。我们探究过去 30 年间美国年轻人价值观变化的一个有用工具,是由加州大学洛杉矶分校(UCLA)对大学新生的年度调查提供的(图 14 - 3 大体显示了主要趋势)。60 年代末 70 年代初,当"婴儿潮"一代步入大学时,有 45% - 50% 将密切关注政治和促使环境清洁列为非常重要的个人目标,而只有 40% 的人将"经济上非常富有"排到相同高度。在 1998 年当最后一批 260 "X 一代"步入大学时,持续增长 30 年的物质主义已经将关心政治和环境的比例分别降低到了 26% 和 19%,而经济富裕则飙升到 75%。密歇根大学对高中高年级学生进行的一项全国范围的独立民意调查证实了这一日益物质主义的趋势,将"有很多钱"列为非常重要的学生比例从 1976 年的 46% 飙升到 1990 年的 70%,到 90 年代中期又回落到 60% - 65%。[25]

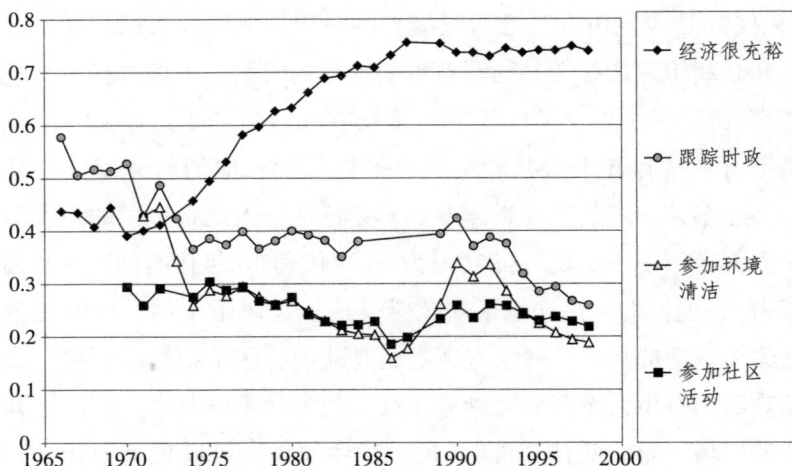

图 14 - 3：大学新生更加自私而非抱团，1966 - 1998

  这些价值观和"X一代"自行其事的行为是一致的。根据加州大学洛杉矶分校的调查，高中学生中的政治讨论在90年代后期只有60年代后期的一半。对学生会选举参与降低的速度比他们的父母对全国选举参与降低的速度都快，从60年代后期的约75%直线下降到90年代后期的20%。当高中高年级学生拿到包括联合劝募会、公民游说团体、癌症救治协会等一长串慈善捐助潜在接受者名单时，说自己"肯定"将至少向一个机构捐助（或已经捐助过）的人数比例从70年代中期到90年代中期下降了约1/4。[26]其中最有警示性的是，和20年前和他们同样年龄的人相比，"X一代"对他人的信任度下降了：高中高年级生中认为"大部分人都是可信任的"的比例，从1976年较晚的"婴儿潮"一代（认为46%是可信任的）到1995年较晚的"X一代"（认为23%是可信任的），刚好下降了一半。[27]

  当"X一代"成人时，这些特征会继续保留。"X一代"成年人中只有54%在不投票时有负罪感，而较老几代人则超过了70%，而且，"X一代"实际上投票也少得多，尤其是在地方选举中。和较老几代人相比——即使在这较老几代人和"X一代"现在的年龄相同时——他们

261

对政治的兴趣较低、对时事了解得较少（除了丑闻、名人和体育）、出席公共会议较少、联系公共官员较少、去教堂较少、和他人合作为一些社区项目服务较少、向教堂、慈善或政治团体捐钱较少。"X 一代"对于政治不是特别嗤之以鼻，对于政治领导人也不是特别挑剔——那些都是他们和父辈共同的特征——但"X 一代"自身更少倾向于参与这些事。[28]这些改变是学生自己、他们的父母、教师还是更广泛的社会的"错误"暂且不论——我更倾向于指责后者，而非前者——事实似乎是清楚的。对于集体行动——尤其是政治，"X 一代"比"婴儿潮"一代要更为陌生。

最近的几代人面临的明显挑战的例子，来自于一个很让人意想不到的来源：使用许多不同方法做研究的公共卫生流行病学家已经确证，随着代际推移，抑郁症和自杀情况存在长期增长的趋势。从 1940 年之后出生的一代人开始，抑郁症开始蔓延，而随着代际的推移一次次变得更为广泛。例如，一项研究发现，"在 1955 年之前出生的美国人中，只有 1% 在 75 岁前经受过一场严重的抑郁症发作；而在 1955 年之后出生的人中，有 6% 在 24 岁之前就开始抑郁了。"[29]心理学家马丁·希尔格曼（Martin Seligman）总结道，"过去两代人患抑郁症的比例增加了约 10 倍。"[30]

不幸的是，这一代际变化趋势的另一个表现是，在 20 世纪的后半期，自杀确实在美国年轻人中蔓延。从 1950 到 1995 年，15－19 岁青春期少年的自杀率翻了 4 倍多，而 20－24 岁成年人的自杀率从一个更高起始点几乎翻了 3 倍。这些增长的大部分，尽管不是全部，但都集中在年轻人中，而年轻女性试图自杀的次数更多。年轻人自杀的这一增长只是在我们所处的忙碌时代美国人总体自杀率提高的一部分吗？完全相反，如图 14－4 所示，年轻人自杀的这一爆炸性增长和年老群体中自杀同样明显的降低刚好相符。[31]

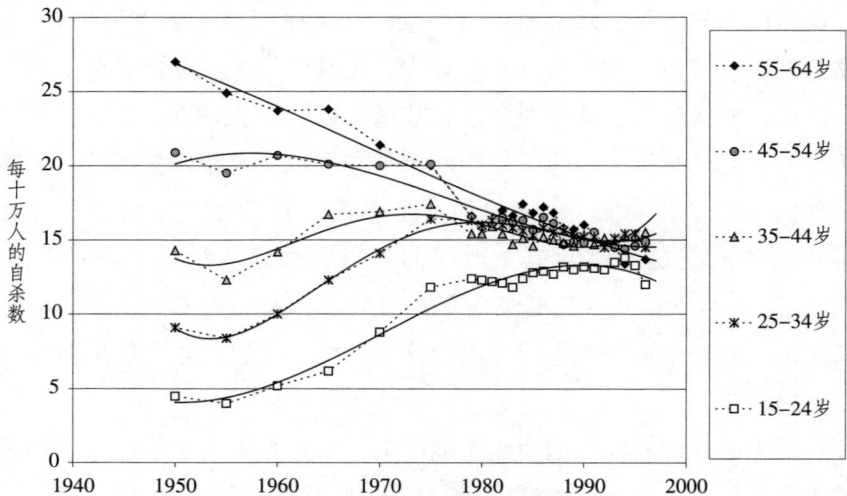

图 14 - 4：和年龄有关的自杀率的差别，1950 - 1995

在 20 世纪前半期，老年人的自杀率比年轻人高，可能是因为在生
262 命周期中积累的挫折感增多和身体的愈加虚弱。然而在 20 世纪的后半
期，老年人的自杀率变得越来越低，而年轻人的越来越高。实际上这恰
好是我们可以事先预见的趋势，因为在团结紧密的热心公共一代走向老
年（这冲淡了过去老年人中的高自杀率）的同时，不那么团结的"婴
儿潮"一代和"X 一代"长大了（这催升了过去年轻人的低自杀率）。
在 20 世纪结束时，20 和 30 年代出生和长大的美国人其自杀率要比世
纪中期出生和长大的约低一半，而 70 和 80 年代出生和长大的其自杀率
要比世纪中期出生和长大的高 2 - 3 倍。不论图 14 - 4 所示的是否全应
归因于代际社会资本差异，但该图表的确显示，1950 年后成年的人们
其生活经历和 1950 年前成年的人们非常不同。

实际上，很多西方国家都发现了更广泛的类似趋势，在其他人口自
杀率降低时，年轻人却提高了。因为周期性抑郁是自杀的主要诱发因素
之一，令人悲哀的是，已呈现的年轻人自杀率的提高与随代际推移而来
的抑郁症增多相一致。就像这一领域领先的研究者在几十个先进国家做
了几百项研究后总结的：

惊人的是，过去 50 年间心理失常增多这一现象只适用于青春期少年和年轻成年人，而不适用于更老的人。因此，其原因必定在于某些社会心理学或生物学上的改变打击了较年轻人群。[32]

自杀是伴随精神痛苦的一种强大而（庆幸的是）少见的症状。DDB公司"Needham 生活方式"调查列出了不那么痛苦却更为普遍的症状，如头痛、消化不良和失眠——我们总称为"不适"。如图 14 - 5 所示，70 年代中期这些症状的出现频率在各个年龄段均相差不大。平均而言，60 - 80 岁的人受胃病、偏头痛和整夜失眠困扰的概率，既不比儿孙辈高，也不比他们低。然而在其后的 20 年，尽管有些短期的波动，但这

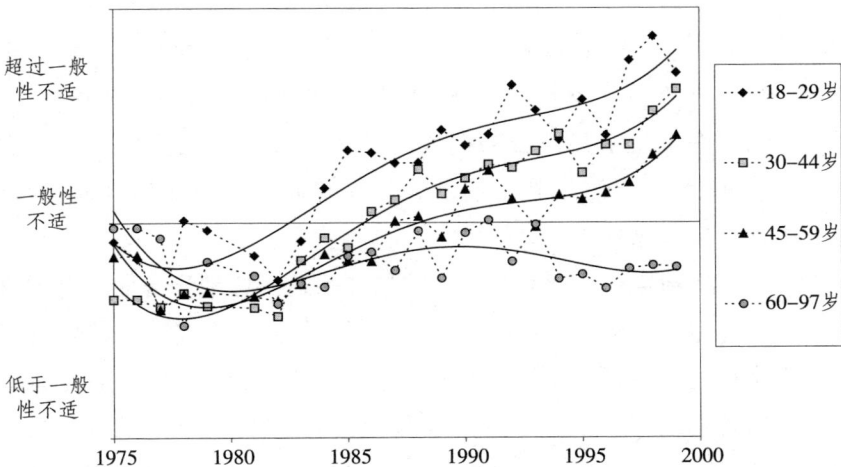

图 14 -5：身体不适代际间隔的加大（头疼、失眠、消化不良）

些不适症状在老年人中在趋向消失，而中年人和（主要是）年轻人，开始越来越多地患上。从 1975 - 1976 年到 1998 - 1999 年，30 岁以下成年人经常出现不适症状的比例从 31% 剧增到 45%，而 60 岁以上成年人出现的相同指标从 33% 下滑到 30%。这一扩大的差别有一半多一点可以归因于过去 25 年间年轻人遇到的经济紧张的强化，但依然无法解

释年轻人"不适"实际上的增长，因为即使在经济宽裕的人中，这一关于"不适"的代际差别也出现了持续的扩大。[33]

在同期（扣除生命周期效果后），45岁以下的人中对生活的总体满意度降低，而在45岁以上的人中，则稍有上升。40年代和50年代的调查发现，年轻人比老年人更快乐。到1975年年龄和快乐程度实际上已变得毫无联系。然而，到1999年年轻人就比老年人更不快乐了。[34]概言之，关于"不适"和不快乐的代际差异都在扩大。图14-4和图14-5表明的趋势是令人悲哀地完全契合的：在20世纪的最后几十年里，越年轻的人，所患的头痛、消化不良、失眠状况就越严重，对生活的总体满意度越低，甚至越有可能结束自己的生命。

在世纪中期的年轻美国人（那些我们希望冠以热心公共一代的人）比其他人都更快乐，心理调整得更好——例如，自杀率较低。到了世纪末同一代人（现在已经退休）仍然保持着非常良好的心态和身体状态。另一方面，在世纪末热心公共一代的子辈和孙辈（我们称之为"婴儿潮"一代和"X一代"）比他们的先辈在相同年龄时要感到痛苦得多，也更多地结束自己的生命。

264　　然而，美国年轻人朝向自杀、抑郁和不适的这种显著的、有据可查的和令人迷惑的趋势还没有得到广泛接受的解释。不过，与世隔绝可能是一个合理的解释。教育社会学家芭芭拉·施奈德（Barbara Schneider）和大卫·斯蒂文森（David Stevenson）近期发现，"美国十几岁的少年平均每天一般花约3.5小时独处……青春期少年单独度过的时间比和父母、朋友一起度过的多。"和50年代的青少年研究相比，90年代年轻人的朋友关系较少、不够深厚和稳固。类似地，马丁·希尔格曼指出，广泛传播的抑郁症的一个例外是组织严密、延续旧秩序的亚米什社区，尽管仔细的研究表明，该社区和美国社会整体相比其他心理疾病的发病率没有不同。他将年轻美国人中抑郁的增长归因于"泛滥的利己主义"，以及"使我们对较大型、传统的社区组织的义务感衰减的事件"。

如果我们可以依靠大型组织——宗教、国家、家庭，利己主义就不一定导致抑郁。如果你无法实现一些个人目标，就像我们都会遇到的，你就可以转向这些较大型组织寻找希望……但对于一个没有更大信仰的缓冲而孤独抵抗的人，无助和失败都会非常轻易地变成无助和绝望。[35]

265

我们的证据表明，这一趋势不仅包括自杀这种终极伤痛，还包括痛苦较弱的慢性症状。

有充分理由认为，与世隔绝是严重抑郁症的诱发因素。抑郁症有时造成与世隔绝（部分因为抑郁者选择隔绝，部分因为抑郁者不喜欢外出）。然而，也有理由认为，是与世隔绝导致了抑郁。[36]尽管没有考察所有的证据，但很难相信社会联系的代际减少及其伴随的自杀、抑郁和"不适"的代际增加是互不关联的。

在年轻几代人与世隔绝、公民参与减少的惨淡图景之上，必须强调一个重要的抵消性的事实：毫无疑问，过去 10 年间，年轻人的志愿活动和社区服务出现了显著增加。对 1998 年年度刚入大学的新生调查发现，在高中最后一年参加志愿活动的学生比例创了历史纪录——74%，1989 年只有 62%。一般性志愿活动也增多了，42% 的大一新生每周至少贡献一小时，1987 年只有 27%。"密歇根未来监测"（Michigan Monitoring the Future）和 DDB 公司"Needham 生活方式"调查也都证实了 90 年代高中学生志愿活动的这一好转趋势。

这一可喜并让人受鼓舞的志愿活动增加为何会发生现在仍不清楚。它可能只是部分反映了对社区服务的公共鼓励加强了一些（包括一些地方的毕业要求）。如果年轻人的这一志愿活动趋势只是因为官方施压拉动的，而不是伴随更广泛的社区组织的公民基础加固，不论是宗教还是世俗组织，那么，我们就不能乐观地认为这一增长将会是持久的。另一方面，一种更令人乐观的解释是，持续 40 年的代际间公民参与减少趋势最终会走向强弩之末。

总而言之，代际更替是我们的故事中的一个关键因素。然而，对所有的公共和社会参与减少，它并没有发挥同样强度的作用。去教堂、投票、政治兴趣、竞选活动、协会参与、社会信任的减少几乎可以完全归因于代际更替。在这些方面，主要驱动社会改变的是不同代人之间的差别，而不是个人习惯的改变。相反，各种非正式社交的减少，如打扑克牌、在家娱乐等，主要应归因于全社会范围的改变。因为，所有年龄和辈分的人都倾向于脱离这些活动。社团聚会、和家人和朋友聚餐、走访邻居、打保龄球、野餐、访友、寄贺卡减少的原因较复杂，混合了社会范围的改变和代际更替的效果。

266

换言之，过去几十年里，有一组力量影响了所有年龄的美国人。这些社会范围的力量对于私下社交活动的伤害尤大，如玩扑克牌和在家娱乐。随之而来的下降在短期还是较为强劲和明显的，因为实际上各代的个人行为都受到了影响。电子娱乐的诱惑是这些趋势的一个可能解释，因为它改变了我们所有人花费时间的方式。

第二组力量给不同代人带来了实质性的差别，却没有改变个人。这些代际力量尤其影响了公民参与，如宗教活动、信任、投票、关心新闻和志愿活动。因为，这些力量随着代际更替一直在起作用，其效果日益变得平缓和不直接显现。然而，20世纪前半期出生的美国人和后半期出生的相比，一直都更多地投票、去教堂、参加志愿活动、关心公共事务、信任其他人。

一些活动同时受到了社会范围影响和代际影响的冲击，前者冲击私人社交，后者冲击公共规范。社团聚会、家庭聚餐、领导地方组织都是这种改变的绝佳案例。因为这些活动同时受到了短期和长期变化的影响，它们见证了所有变化中最剧烈的形式，例如社团聚会下降了60%，担任地方组织官员或委员降低了53%，习惯分餐的家庭增加了60%。

由于代际差异和公民参与减少之间的关系随领域的不同而不同，要对代际差异在本书第二部分所述的减少负有多大责任做出一个单独的总结，将会带有误导性。但是，作为一个粗略的概算，可以公平地说，社会资本和公民参与总减少的几乎一半可以归因于代际差异。[37]然而，如果说今日美国公民不参与主要是代际性质的，那么，这不过是重新表达了我们的核心困惑而已。我们独自打保龄的根源可能可以追溯到40年代和 50 年代，而不是 60、70 年代和 80 年代，但究竟是何种力量使二战后成年的美国人和他们的父母（甚至是他们的弟兄姐妹）变得如此不同？

一些看似可能的简单因素同我们这一桩新谜案中的作案时间不相符合。例如，我们现在认为是关键阶段的时间里，家庭不稳定似乎有着不可反驳的不在场证明，因为代际差异造成的公民参与减少开始于 40 年代和 50 年代的儿童，而当时婚姻关系稳定。实际上美国的离婚率在 1945 年之后降低了，而离婚率最快速的提高直到 70 年代才发生，这已经是那些造成公民参与和社会信任减少程度最为剧烈的人群离家自立很久以后的事情了。类似地，在对我们问题的这一重新定义中，工作的母亲也被排除，因为 40、50 年代和 60 年代的儿童公民参与下降的时候，他们的母亲依然待在家里。公民参与的代际减少也无法轻易地归因于经济困难、经济富足或政府政策，因为似乎不论对于在平静的 50 年代、繁荣的 60 年代、不景气的 70 年代还是快捷的 80 年代成年的人，其参与下降的程度都一样。

另外几个因素更符合证据要求。首先，我们从代际角度重新考察核心谜题使得一种可能性大为增加，即在 1945 年达到高潮的战时民族团结和爱国主义的"时代精神"加强了人们对公益的热心。外部冲突增强内部团结是社会学上的常见现象。就像社会学先驱威廉姆·格雷汉姆·塞姆纳（William Graham Sumner）在 1906 年写的：

> 我们内部的差异在增长，"我群团体"（we - group）、"内群团体"（in - group）和其他人，或者"他群团体"（others - group）、"外群团体"（out - group）……"我群团体"内部的同志友谊和和平与他们对"他群团体"的敌意和战争之间是相互关联的……对团体的忠诚和牺牲、对团体以外人的仇恨和蔑视、内部的兄弟情谊和外部的好战黩武——都同时增长，它们是同一状态的不同产物。

　　我们在第 3 章说过，在 20 世纪的两场大战之后，对公共组织的参与都蔚然成风，政治科学家西达·斯考切波（Theda Skocpol）将这一论点扩展运用于整个美国历史。在第 5 章我们发现，历史上每当在大型战争期间和之后，协会成员数都会快速增长。历史学家苏珊·艾丽斯（Susan Ellis）和卡瑟琳·诺伊斯（Katherine Noyes）强调，要理解美国人热心志愿活动的缘由，就必须考虑美国参与战争的历史。"在走向战争之前的运动中，志愿者都会表现积极，或者为了支持赢得战争的努力，或者抗议战争，或者在战后重建社会。"[38]

　　在美国内战期间，北方妇女创立了"妇女救助会"（Ladies´ Aid Socie-ties），为士兵们制作绷带、缝制衣物和军用帐篷，最终"妇女救助会"的其中一支结合形成了"美国卫生局"（U. S. Sanitary Commission），并成为战争期间和战后最大的救助组织。1881 年卡拉·巴通（Clara Barton）总结自己在卫生局中担任战地护士的经验，成立了美国红十字会。美国内战也使得经历共同战争苦难培养起来的、强调友情和相互牺牲精神的兄弟情谊会大行其道。后来成为 19 世纪末 20 世纪初美国最大的 6 个协会中的 5 个——"皮西厄斯骑士会"（Knights of Pythias）、"农民协进会"（Grange）、"慈善与保护麋鹿会"（Benevolent and Protective Order of Elks）、"团结工人古老联盟"（Ancient Order of United Workmen）和"共和国大军"（Grand Army of the Republic）——都在 1864 – 1868 年创立。公共志愿活动一个类似的然而不常被提及的高潮发生在第一次世界大战期间。[39]

　　然而，最典型的例子是在二战期间和其后公共活动的强烈爆发（就像我们在第二部分多次看到的）。我们研究过其成员史的所有大型组织——从"家庭教师协会"、"妇女选民联盟"（League of Women Voters）、"美国机械工程师学会"（American Society of Mechanical Engineers）到"狮子会"（Lions Club）、"美国牙科学会"（American Dental Association）和"童子军"（Boy Scouts）——都在 40 年代中期和 60 年代中期突然扩展了自己的"市场份额"。我们已经看到，其他社区活动在战后也出现了类似的爆发，从组队打保龄球、打扑克，到参加教堂活动和对"联合劝募"的捐赠。

　　二战和美国历史上之前的大型战争一样，使得举国同仇，共同患难。[40]这场战争在一段时间里激发了全国性的爱国主义高潮和地方性的公共活动高峰。美国几乎每个人都受到了它的直接影响。1600 万男性和女性在军队中服役，还包括 600 万志愿者。他们和自己所处的家庭所代表的人数占总人口的至少四分之一。在 20 年代出生的男性中（这群人后来成为热心公共一代的核心），将近 80% 都在军队中服役。[41]数百万家庭的窗口上挂着蓝星旗，这代表有儿子或丈夫在军队中服役，也有很多人挂着哀伤的金星旗，代表所爱的人牺牲了。决定哪位年轻人将被送上战场的痛苦抉择，不是由遥远的联邦官僚机构做出的，而是由全国几千个规划部进行的。

　　爱国主义主题，包括平民义务——全民国防、配给、捐献废弃物资、销售战争国债——遍及于大众文化中，从广播节目到报纸的漫画栏目，从好莱坞、百老汇到"锡盘巷"(Tin Pan Alley)（译注：美国流行音乐创作集中地）。历史学家理查德·林格曼 (Richard Lingeman) 说，"到处都飘扬着美国国旗——各家门口、公共建筑门前、慈善寄宿地之外。'麋鹿会''狮子会''基瓦尼''扶轮社'，甚至野营地、加油站和汽车旅馆都到处飘扬。"即使在陌生人之间战争也加强了团结，"你只是觉得在餐馆或其他地方坐在你身旁的陌生人，他们和你对事物有着相同的感觉"。[42]

　　政府尽最大可能争取志愿活动的合作，对其控制只局限于细枝末节的方面——这一点都不是出于政治计算。在 1942 年国会选举之前，一位民主党人在表示对汽油配给的反对时这样写道，"总统对志愿协作的呼吁将得到爱国主义的支持……而且在政治上将更为安全。"[43]

　　财政部长亨利·摩根索 (Henry Morgenthau) 认为，迫切需要为销售战争国债而进行一场大规模宣传活动，它希望国债宣传将能"使国家同仇敌忾"。因此"蝙蝠侠"在漫画书的封面上挥舞着国债，贝蒂·嘉宝 (Betty Grable) 把一双尼龙袜拍卖了 4 万美元，马勒尼·迪翠克 (Marlene Dietrich) 乘一辆吉普车在俄亥俄州的 16 个城镇巡回宣传。这很有成效：为 2500 万工人增加收入的储蓄型国债计划，1944 年 E 型国债的销售吸

269

收了全国个人税后收入的 7.1% 。[44]

低音抒情歌王宾·克里斯拜（Bing Crosby）也参与到鼓励捐献废弃物资的宣传造势中：

> 垃圾再也不是垃圾，因为垃圾可以赢得战争。
>
> 你眼中的垃圾有了用武之处，因为垃圾再也不是垃圾。
>
> 锅碗瓢盆、旧垃圾桶、老旧不堪的水壶。
>
> 为了美国，今天就把它们收集起来，因为垃圾可以赢得
>
> 战争。[45]

以我们今天的狭隘心理所难以想象的是，这些呼吁收效巨大。1942年，由于严重缺乏橡胶，总统要求公众捐献"旧轮胎、旧胶皮雨衣、旧花园浇水管、胶皮鞋、胶皮浴帽、手套——你所有的橡胶制品"。"童子军"部署到各地的加油站中，提醒开车者捐献他们车内的橡胶底板。数百万美国人确实响应了总统的号召，在不到 4 周时间里，就收集了约 40 万吨废旧橡胶——相当于全国（加上前线的人数）男女老幼每人 6 磅。[46]

尤其是在战争初期，志愿者会如潮而来。1942 年的前 6 个月中，"平民国防队"的人数从 120 万增加到 700 万，到 1943 年中期有 1200多万美国人登记参加。这些志愿者戴着袖标，吹着口哨，手拿手电筒，在各处检查灯火管制的执行、筹划汽油净化方案和演习即时救助。1942年 4 月在芝加哥的大体育馆，有 1.6 万街区治安员举行大规模宣誓效忠仪式。地方社区通过"公共募捐"筹集资金为空袭警报员修建观察哨所。林格曼回忆道："在密苏里州汉尼拔镇（Hannibal）一个兵工厂举行的一次招募会上，先举行游行然后进行全镇大会，挤满了 4000 人，还有 1.5 万人因为站不下而等在外面。"与此同时，全国范围内红十字会的志愿者从 1940 年的 110 万飙升到 1945 年的 750 万，都投入到缝制绷带、带领献血者前往采血站、紧急防护演练等工作中。[47]

年轻人以无数的方式为投入战争而努力——"少年服役兵团"（Junior Service Corps）、"高中生胜利兵团"（High School Victory Corps）、童子军、

"少年红十字"（Junior Red Cross），以及同样重要的"4 – H 运动"［译注：指头脑（Head）、心灵（Heart）、健康（Health）和动手（Hand），教育农村地区青少年的运动］——那是"胜利花园"（Victory Garden）运动的先声。在这一流行最广的平民战争支持活动的顶峰时期，在全国各家的后院和闲置地中修建了将近 2000 万个"胜利花园"，出产的蔬菜达到全国产量的 40%。为了说明年轻人参与战争之处活动的范围之大，林格曼列出了在两年时间里印第安纳州加里（Gary）小学八年级学生的活动：

> 教年轻姑娘如何照看婴儿；收集留声机唱片；分发标语"为打胜仗而努力的工人们在睡觉"；在一艘被俘获的日本潜水艇展览会上出售战争邮票；和城市委员会讨论宵禁法案；分发反歧视黑人称呼的市场支持卡；辅修消防员和警察培训课程；收集 20 万磅废纸；每月平均出售总价 4 万美元的战争邮票；向全城每个家庭分发关于社会公益金（Community Chest）的材料；为"吃干吃净"（Clean Plate）活动做宣传（为了避免食物浪费）；购买战争国债和收集旧易拉罐支援军队；为军人图书馆收集书籍。[48]

战时的平民志愿活动利用了战前的组织体系，继而促进了战后公共活动的热潮。社会历史学家朱利·希贝尔（Julie Siebel）讲述过一个非常有启发性的例子。[49]在战前的美国，"少年联盟"（Junior League）曾组织全国各个社区上流社会的年轻女士为社会做贡献、为许多地方的"良好工作"志愿服务。早在 1929 年，"少年联盟"就发明了"志愿活动署"的概念，成为地方志愿活动的一种交流场所。即使在珍珠港事件之前，"美国少年联盟协会"（American Junior League Association）（AJLA）就开始和伊莉诺·罗斯福（Eleanor Roosevelt）（译注：二战时美国第一夫人）（她自己也曾是"少年联盟"的一员）一道，将已有的志愿活动署改造为官方性质的"全民国防志愿者办公室"（Civilian Defense Volunteer Offices）（CDVOs）。

随着战争爆发，AJLA 实际上成为政府的"平民战争服役办公室"（Office of Civilian War Services），到 1943 年底已经在全国建立了 4300 个 CD-

VO，其中的志愿者帮助准备学校午餐、协助日间托儿所中心的工作、动员废弃物资捐献、组织社会福利活动。战后很多这样的志愿者署成功地转型为和平时期服务部门。1947 年仍有 300 个这样的署在工作，是战前已有数目的 5 倍多。将这个数目再乘以许多倍，你就可以看到战后公民参与的大规模复兴所依赖的组织机制，我们在第二部分多次讲过这一复兴。

我的出发点不是讲这些努力的广泛性和有效性，甚或是将其激发的团队精神浪漫化。随着战争的进行，逐渐变得明显的是，这样的能量（尤其是成年志愿者的能量）如果投放到战争努力的其他方面将会更好，因而很多这样的项目到 1944 年就戛然而止了。然而，与此同时，它们证明了在全国历经艰辛时能够动员巨大的力量。社会学家罗伊德·瓦纳（Lloyd Warner）在研究了战争对一个城镇的影响后，谈到他发现了一种"无意识幸福"的感觉，因为"每个人都以一种协作而非个人的精神，为了同一个迫切的目标贡献力量"。历史学家理查德·伯伦贝格（Richard Polenberg）也说，"在很大程度上，参与一个共同的事业倾向于强化同志情谊和幸福感。"[50]这里对于我们的主题更重要的是，印第安纳州那些八年级学生（以及他们的师兄师姐）在以后的岁月中之所以能成为热心公共一代的可靠成员，这绝不是偶然的。

战争还以另一种方式培养社会团结感——调节公共和经济平衡。在象征意义上很重要的是，乔伊·迪马乔（Joe DiMaggio）（译注：当时美国的棒球明星）、克拉克·卡布勒（Clark Gable）、威廉姆·麦克尼·马丁（William McChesney Martin）（译注：纽约证券交易所所长）这些名人和罗斯福总统的所有 4 个儿子都参军了。当然，直接参加战斗的名人相对仍较少，但如果和越南战争相比足以发人深思，当时军事服役制度中臭名昭著的社会不平等状况直接促进了广泛的愤世嫉俗情绪。物质上，战争产业的大量工作、社团的联合、高税率、配给和一些其他因素结合在一起，意味着二战（在某种程度上可以和之前的"大萧条"相提并论）可能是美国经济史上最为促进平等化的事件。从 1939 年到 1945 年，最富的 1% 成年人拥有的个人财富比例从 31% 下降到 23%，收入最高的

271

5%的人其收入所占比例从 28% 下降到 19%。[51]

战争是造成社会变化的强大力量，但当然不是所有二战造成的社会变化都对美国的社会资本有利。珍珠港遇袭所引发的团结和自我牺牲精神的猛烈爆发，并没有在战争期间延续。例如，物资短缺和配给引发了囤积居奇和黑市交易。伯伦贝格写道，"战争持续得越长，平衡点就会越多地从公共和集体向私人和个体利益转移……五分之一的美国人告诉调查者，按黑市价格购买稀缺商品有时是可以原谅的。"[52] 不仅如此，大规模的人口迁移破坏了家庭和社区，加剧了地区、种族和阶层紧张。当在伊普西兰蒂（Ypsilanti，密歇根州）、帕斯卡郭拉（Pascaguola，密西西比州）和塞内卡（Seneca，伊利诺伊州）这些地方突然冒出大量的兵工厂时，原住民和新来者之间爆发了冲突。"原住民认为新来者是害虫"，这是当时一种典型的情绪。[53] 在一些方面种族紧张被战争加剧——最明显的是日裔美国人在加利福尼亚州被拘捕，还存在着反犹主义的增长和一些暴力事件，如 1943 年底特律的种族骚乱，其中 25 名黑人和 9 名白人死亡。另一方面，从历史的角度而言，战争引发的社会变化直接促进了 50 年代和 60 年代黑人民权运动的发展。

在 20 世纪结束时，美国人已经懂得了，没有什么故事里边全是英雄事迹（实际上我们有时感到英雄并不真实存在）。但 1945 年时，大多数美国人认为，刚过去的战争是正义的，而他们集体做出了可怕的牺牲——所有那些再也不会回家的儿女——由于胜利而在某种程度上而被证明是值得的。而 50 年代的朝鲜战争和 60 年代的越南战争中就没有这种感觉了。对这些战争中老兵的长期研究显示，越战老兵相对而言和社会隔离的程度高，而二战老兵即使在战争几十年后，仍更多地融入到社会中。[54]

1946 年 29 岁的约翰·F. 肯尼迪在竞选国会议员时说，"战争期间所显示的所有勇气都源自人们理解到他们之间是相互依赖的。人们甘冒自己生命的危险拯救其他人的生命，只是因为他们意识到可能第二天别人就也会拯救他们的生命——我们必须一起努力——我们必须保持和战时一样的团结。"当他这么说时，想必大多数听众都会点头。[55] 他们都是热心公共一代的成员。15 年后，当他劝诫全国，"不要问你的国家能为

272

你做什么；问你能为你的国家做什么。"现在已年过三十、成家立业的加里市的那些八年级学生想必也会做出同样反应，但悲哀的是，大部分美国人不再认同这些了。

在我们的证据中随处可见公民参与受到了强烈的代际影响，对其一个合理解释是，经过公共责任强化时代，其价值观和公共习惯在其中熏陶的一代人，后来被经历不同的人取代。本章所述的代际发展模式也有助于说明我在前一章中阐述的观点。热心公共一代是最后一群在没有电视的时代长大的美国人。任何一代人在成长时期对电视的接触越多，其在成人时期对公共事务的参与水平就越低。就像我们在第 13 章所看到的，60、70 年代和 80 年代长大的人不止比 30、40 年代和 50 年代长大的人看电视多，而且看电视的方式也不同——更为习惯性，甚至是无意识的——而看电视方式的不同继而和公民参与的程度不同相关。尽管仍然需要更多的研究来排除对这一论点的合理怀疑，但似乎在第 13 章所讨论的电视的影响和本章讨论的代际效果，在某些方面不过是同一硬币的两面而已。

就像政治科学家温迪·瑞恩所说的，在 50 多年后这些代际差异继续在后继的几代人的所表达的价值观中体现出来（如图 14-6 所示）。[56]这些变化可能是一场更大的社会变化的一部分，从公共价值观转向个人和物质主义的价值观。在图 14-3 中，通过大学新生在多年里表达的价值观，我们已经看到了这一转变无可争议的证据，美国全社会发生的类似转变也有相同的证据支持。1975 年罗珀公司所做的调查要求受访者定义"良好生活"有哪些要素，38% 的成年人选择"一大笔钱"，而也有同样的 38% 认为是"一个可以为社会福祉做贡献的工作"。之后每 3 年就提出同一个问题，到了 1996 年，希望奉献社会的人已经降到了 32%，而渴望得到一大笔钱的人增多到 63%。其他比例增长的良好生活重要要素包括一幢度假房屋（从 1975 年的 19% 增长到 1996 年的 43%）、第二台电视机（从 10% 到 34%）、一个游泳池（从 14% 到 36%）、第二辆车（从 30% 到 45%）、国外旅游（从 30% 到 44%）、一份比平均收入高的工作（从 45% 到 63%）和"非常漂亮"的衣服（从

36%到 48%)。相反，比例降低的要素包括幸福的婚姻（从 84%到
80%)、孩子（从 74%到 72%）和"一份有意思的工作"（从 69%到
61%)。图 14－7 总结了过去 25 年里美国人对"好生活"定义的变化。
进一步的分析表明，物质主义的这一增长大部分是因为代际更替，不甚
关心物质产品的一代人退出历史舞台，被更强调第二台电视机和非常漂
亮的衣服的一代人取代。[57]

"社区"（Community）对于不同人具有不同的含义。我们说国家社
区、"牙买加平原"社区（Jamaica Plain）（译注：美国马萨诸塞州一城镇
名)、同性恋社区、IBM 社区、天主教社区、耶鲁大学社区、非洲裔美 274
国社区、网络空间的"虚拟"社区等。在我们原则上可能属于的各种
各样的社区中，每个人都能找到一些归属感。对大多数人来说，我们最
深厚的归属感是我们最亲密的社会网络，尤其是家庭和朋友。在这一圈
子之外是工作、教堂、邻里、公共生活和其他种类的"虚弱纽带"，它
们构成了我们各自在社会资本中的份额。（不要忘记"虚弱纽带"尽管
不那么紧密，却可能有重大的集体性意义。）那么不同代人对社区的感
觉到底有何不同呢？

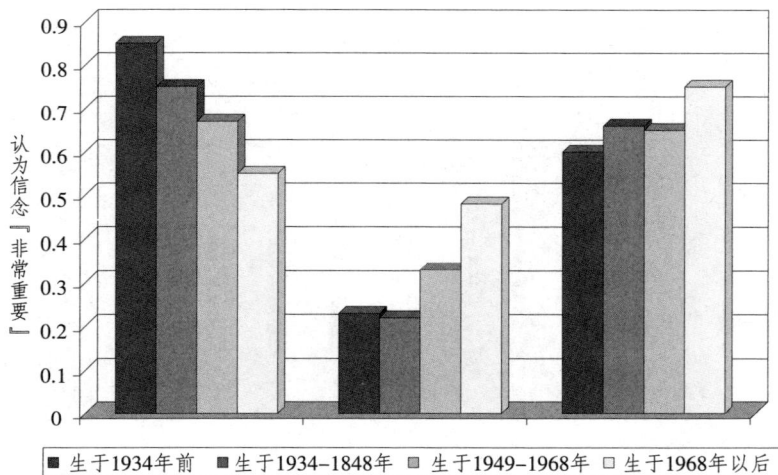

图 14－6：随着代际更替，爱国主义减少了，物质主义增强了

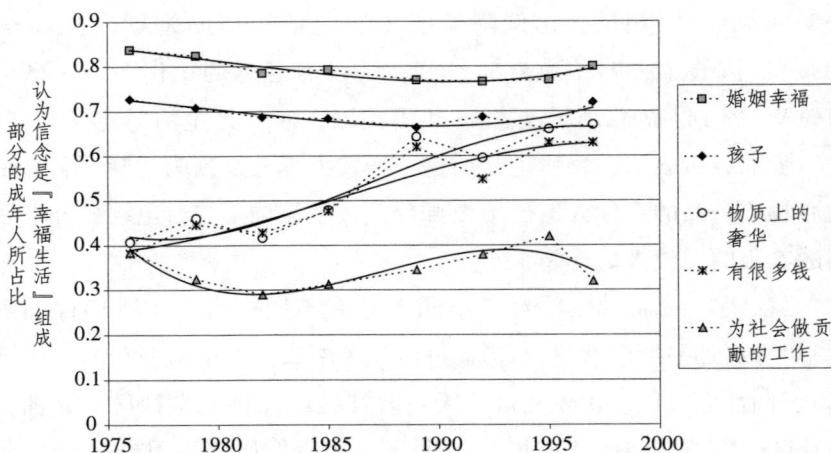

图 14 - 7：20 世纪的最后几十年物质主义的增强

20 世纪结束时，扬克洛维奇合伙公司就 "社区" 的意义调查了大量美国人："你在什么情况下会感到一种真正的归属感或者社区感？"[58] 如图 14 - 8 所示，各个年代的人最经常提到的都是家庭和朋友，其后是（对于不在家工作的人）同事。（参照我们在第 5 章的讨论，同事对于

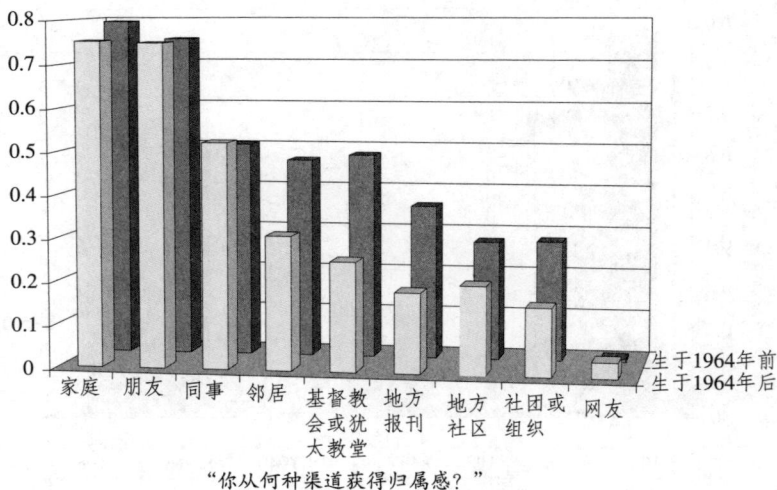

"你从何种渠道获得归属感？"

图 14 - 8：社区生活对不同代际的意义

年轻一代人和他们的长辈同样重要这一点很有趣。）在这一方面，归属感在各代人中没有不同。

　　然而，如果稍微深入考察，各代人的社区归属感就明显不同了。和"X 一代"相比，1946 年之前出生的人对他们的邻里、教堂、当地社区和所从属的集体和组织感到有归属感的将近高 1 倍（"婴儿潮"一代在 每一项上处于二者之间）。在年轻几代人中，这些居住地、宗教和组织性的纽带都大为磨损了。不奇怪的是，电子纽带对于"X 一代"要比对于年老一代重要，但即使在年轻人群中，朋友和亲属作为一种归属团体也要比网友重要 20 倍。在新世纪开始时，年轻一代人感到与公共社区——居住地、宗教、组织——的联系更少了，而且除了和老一代人类似的家庭、朋友、同事等纽带，没有任何方面可以实现归属感，以此抵消了上述联系的减少。

　　总结一下：20 世纪后 30 年里，美国公民参与减少的很大一部分应归因于，非常热心公共的一代人被几代对社区生活参与不够强的人（他们的子孙）取代。在考察这一剧烈的代际不连续性的原因时，我不得不做出这一结论，最近几十年公民参与的变化部分是由 20 世纪中期的全球灾难所影响的社会习惯和价值观塑造出来的。然而，我的观点不是说为了复兴公民参与，世界大战是一个必要或者值得称颂的手段。但我们必须承认，被我们习惯上所称的"那场战争"产生了持续性的影响——我已经证明，其中某些是非常正面的，但与此同时，我们也不能为好战的精神和不朽的牺牲歌功颂德（斯蒂芬·斯皮尔伯格在《拯救大兵瑞恩》一片中就非常成功地解决了这一两难困境）。20 世纪初的一代美国人既反思战争的恐怖，也反思其所培养起来的公共品德时，他们将自己的任务概括为寻找"战争的道德等价物"。[59]如果说本章讲述的故事对于公民参与的复兴具有任何实际含义的话，那就恰恰是这一点。

275

276

第 15 章

结案：什么杀死了公民参与？

关于在过去几十年里美国社会联系和公民参与销蚀背后的复杂因素，我们已经准备好要做出结案陈词。但首先，我们必须就另外几个嫌疑人重新质证一下已有证据。

首先，美国的家庭结构在过去几十年中在几个重要而且可能相关的方面发生了变化。公民参与的减少正好伴随着传统家庭单位——妈妈、爸爸和孩子——的崩溃。因为从某种意义上而言，家庭本身是社会资本的一个关键形式，因此其衰落可能是更广大的社区参与和信任减少的部分原因。相关的证据是怎样的呢？

关于家庭联系的逐渐松散有着确凿无疑的证据。除了持续一个世纪离婚率的提高（从 60 年代中期到 70 年代中期加速，随后又趋于平缓），以及近期发生的无子女家庭的增多之外，单身家庭的比例从 1950 年以来增长了 1 倍多，其部分原因是独居单身妈妈的增多。根据综合社会调查，目前已婚的美国成年人占全人口的比例从 1974 年的 74% 下降到 1998 年的 56%，而在家养育子女的成年人从 55% 下降到 38%。人口普查局报告指出，已婚同时在家养育子女的成年人——典型的“奥兹和哈里特”（Ozzie and Harriet）家庭（译注：《奥兹和哈里特的冒险》为一部美国喜剧片所讲述的家庭，代表拥有幸福夫妻生活的家庭）——从 1970 年的 40% 下降到 1997 年的 26%，下降了三分之一多。[1]

我们经常会在鸡尾酒会上通过自己的配偶和孩子来认识其他人。过去 30 年美国家庭结构和家庭生活的变化（更少的婚姻、更多的离婚、更少的孩子、更多的独居者）在多大程度上影响了公民参与的降低？

答案让人惊奇，"可能没有多少"。

婚姻和子女确实会改变一个人所处的社会网络。婚姻和子女都会增加花在社区组织和家中的时间，减少和朋友的非正式社交时间。然而，只参加两类组织、结婚以及是否有子女之间存在足够强的相关性，从而在总体上构成了差别，那就是教堂活动和与年轻人有关的活动。

已婚和有孩子的美国人参加宗教活动，包括加入教会、参加教堂活动以及与教堂相关的社会活动，其概率都要大得多。尽管我们并不清楚何者为因，何者为果，但联系确是很强的。不奇怪的是，父母对学校和年轻人团体的参与也较多（家庭教师协会、童子军等），也更倾向于"参加有关城镇或学校事务的公共会议"（着重强调）。最后，由于参加教会及青年活动是美国两种最为常见的志愿活动，为人父母者也比同年龄和社会地位的单身或无子女者更加倾向于参加志愿活动。

另一方面，婚姻和父母身份都不会促进对其他类型组织的参与。保持其他人口统计学特征不变，婚姻、子女与参与体育、政治、文化团体的程度之间呈反向关联，而且它们与参加商业和职业团体、服务俱乐部、种族团体、社区协会和业余爱好团体的程度之间完全没有关联。已婚者和人口学上与其特征相符的单身者相比，则更少参加社团聚会。

已婚者更倾向于（但只是稍微）捐助、参加晚餐聚会、在家娱乐和积极参与地方组织。另一方面，已婚者更不愿意和朋友、邻居进行非正式的社交。已婚者更愿意成为居家人士。因此，随着婚姻率下降，其对社会生活的主要影响本应当是将社会活动从家庭转移到更为公共的场所，但此类公民参与并没有产生广泛的影响。保持其他因素不变，对政治的兴趣确是在单身和无子女的成年人中比在已婚者和父母中稍高。像我们所看到的，抚养孩子对促进参与地方活动（领导、会议和志愿活动）更为重要。与婚姻单纯作为社区生活参与的一种预测要因相比，有父母身份要更重要些，但这种效果似乎不会扩展到与学校和年轻人有关的活动之外。

离婚从本质上来说和对宗教组织的参与呈反向关联，但似乎和其他形式，不论是正式还是非正式的社会参与都没有关联（既不是反向的也不是正向的）。和在人口学上特征相符的持久单身者相比，离婚者招待朋友的次数并不少（尽管他们组织晚餐会的次数确实稍少），参加志愿活动不少，参加社团聚会不少，为社区项目工作也不少，而且实际上在请愿书上签名还更多一些，参加公共会议更多一些，给国会写信更多一些。离婚本身似乎和公民参与减少的普遍趋势并没有重大关联。

传统的家庭单位衰落了（很大程度），宗教参与也衰落了（一点），因此，可能这二者之间有某种联系。然而，这一联系的性质是很不明显的。可能是传统家庭的分崩离析导致了宗教事务参加的减少，也可能是宗教参加的减少导致了离婚和其他非传统的家庭形式得到了更多的宽容。换言之，传统家庭的衰落可能加剧了传统宗教的衰落，但其反面也是同样可能的。不论如何，已有证据和这一论点并不相符，即公民参与和社会联系的总体减少可以归因于传统家庭的衰落。与此相反，在某种意义上家庭义务的减少本应当使更多时间空余出来，用于更多的社会和社区参与。

如果我们可以重新经历过去的 30－40 年，维持传统的家庭结构不变——这点可以在统计学上做到，在我们的调查中增加已婚者和父母的相对比例——我们可能会创造更多的宗教参与，而且我们必然会创造对学校和年轻人团体的更多参与。出于这两个原因，这种假设性的社会学设计将会稍稍提升志愿活动的平均水平（讽刺的是，志愿活动是少有的几种不需要对其下滑进行解释的公民参与形式之一）。然而，以这种方式修补家庭结构，实际上将不会对世俗组织（不论是"基瓦尼""全国有色人种协进会"，还是"美国医药协会"）的参与人数和活动产生影响，也不会阻止投票，使得为政党工作等政治活动减少。这将使我们和朋友、邻居相处的时间比我们现在所见到的程度更大地减少。简言之，除了和年轻人与教会有关的参与活动，这些我们需要解释的社会资本和公民参与主要的减少趋势没有一个可以归因于传统家庭结构的衰落。[2]在我看来，传统家庭价值观的销蚀造成的影响非常值得担忧，但我无法找到证据表明公民参与的减少属于此类。

　　种族在美国社会历史中是一个如此重要的因素，以至于我们社会的几乎所有其他特征都以某种方式与之相联系。因此，从直觉上感觉似乎有道理的是，在过去 20 年里种族可能在社会资本的销蚀中扮演了某种角色。实际上，社会联系和社会信任的减少开始于 60 年代民权运动取得重大成就之时。这一时间的巧合暗示了一种社会学上"白人逃亡" 280 的可能，即废止公共生活中种族隔离的法规使得白人从社区组织中脱离出去。对于社会资本减少的这一种族化解释是有争议的，也很难在这些简短的评论中予以阐明。然而，以下是一些基本事实。

　　第一，体现在社团会员数上种族差异并不大。至少在 80 年代之前，排除教育和收入差异因素，黑人平均比白人参加更多的组织，这主要是因为他们比处于相同地位的白人更倾向于参加宗教组织和种族团体，参加其他类型团体的概率则基本相同。[3]另一方面，就像我们在第 8 章中看到的，即使考虑到教育、收入等因素，社会信任方面的种族差异的确很大。很明显，社会信任方面的这些种族差异并不反映集体性的偏执心理，而是反映出许多代人的真实经历。

　　第二，社会资本的销蚀影响了所有种族。"白人逃亡"是公民参与降低的重要原因这一假说与事实并不相符，因为非裔美国人脱离宗教、公共组织和其他形式的社会联系的速度至少和美国白人是同样快的。实际上，70 年代到 90 年代公共活动最剧烈的下降存在于受过大学教育的非裔美国人中。比这更重要的是，在白人中公民参与下降的速度与种族容忍度或对种族隔离的支持程度是无关的。同更为宽容的白人相比，公开承认自己是白人种族主义者或持种族隔离主义观点的白人在这一时期对社区组织的脱离速度并不更快。"大人物"数的下降对于支持种族隔离的白人、反对种族隔离的白人和黑人基本都是一样的。[4]

　　第三，如果说公民参与的减少反映了在民权革命之后白人从种族融合的社区生活中脱离，这就难以和第 14 章描述的代际差异协调一致。在 20 世纪的前半期，即与美国社会 60 年代与 70 年代相比客观上种族隔离程度更高、主观上种族主义更浓厚的时候，在那时成年的美国人为何没有显现出任何明显的公民参与减少的征兆？如果说种族歧视应为美国公民参与的减少负责，公民参与的减少本应在那些最持偏见态度的人群和几代人中表现得更突出，但情况并不是这样。

这一证据不是结论性的，但不管美国社会依然存在的种族主义是多么严重，它确实动摇了那些认为种族主义是过去 25 年里造成公民参与持续减少的首要原因的某些观点，而将证明的任务交给他们。同样重要的是，这一证据也说明，即使能逆转过去 30 年民权运动的成果，也对阻止社会资本的损失无济于事。

281　　间接证据，尤其是社会联系减少的发生时间，已经使一些观察者认为，公民参与减少的一个重要原因——甚至可能是唯一的原因——是政府扩大和福利国家的发展。[5]据称，国家干预对私人力量的"挤出"破坏了公民社会。这是一个广泛得多的话题，我无法在这里详细解释，但可以稍做评论。

一方面，一些政府政策已经对社会资本造成了破坏。例如，50 年代和 60 年代所谓的贫民窟清理政策调整了物质资本，却由于扰乱了既存的社区联系而破坏了社会资本。同样可以想象的是，一些特定的社会开支和税收政策可能已经对热心公益的慈善事业产生了妨碍。但另一方面，要判断哪些政府政策是否应对保龄球队、家庭聚餐和文学社的减少负责，则要困难得多。

研究此问题的一个实证方式是，分析在政治干预程度不同时，社会参与和公共政策出现的不同，以考察政府的扩大是否导致了社会资本的萎缩。[6]浪费国家的公民并不比节俭国家的公民更多地参与公共活动。在发达的西方民主政体中，社会信任和团体会员数无论如何是和政府的规模正向关联的；社会资本最高的，似乎是开支巨大的斯堪的纳维亚半岛的福利国家。[7]当然这一简单的分析不能告诉我们，是社会联系促进福利开支，还是福利国家培养公民参与，抑或这二者都是一些其他尚未提到的因素所造成的。需要大量更细致的分析才能找到深藏其中的因果关系。然而，即使这一简单的发现，也无法和大政府破坏社会资本的说法轻易相符。

对于过去 50 年间美国政府规模趋势的研究强化了所谓福利国家应对我们社会资本的降低负责这一假说的疑问。图 15 – 1 显示，在过去50 年里，只有两个领域的变化是和政府规模相比于美国经济规模的变化程度相关：（1）从 1951 年到 1998 年国防开支持续地逐步降低。（2）从 1947 年到 1975 年国家和地方开支持续提高。另一方面，两个领域没有多大变化：（1）政府国内开支规模（在 40 年代末期和 90 年代末期其占 GDP 的平均比例都是 2.2%，60 年代中期的最高点是 2.7%）。（2）在过去 25 年里联邦开支与州和地方开支的相对规模。

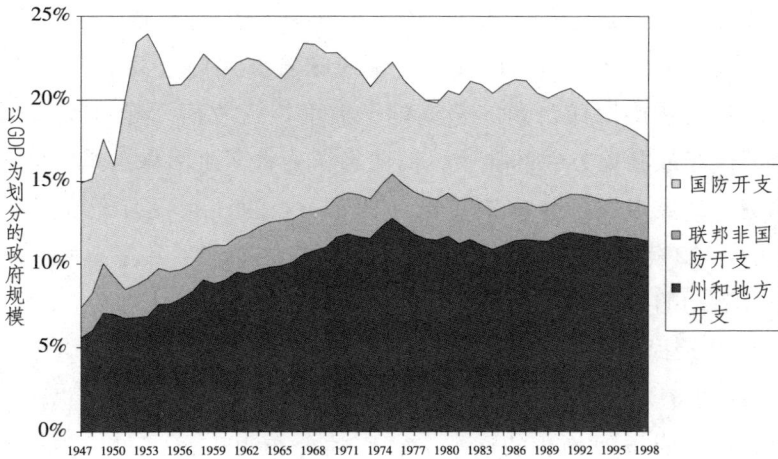

图 15 –1：政府开支，1947 –1998：州和地方政府在增加，
全国国防开支在下降

与此同时，实际上所有形式的社会资本都在 1947 年到 1965 年间大大增长，而在 1965 到 1998 年间大大下降。因此，任何将社会资本或公民参与的减少归咎于政府扩大，或联邦政府与州和地方政府相对规模的理论，在我看来似乎都和图 15 –1 所示的情况不符。 282

如果今日美国公民参与减少的主要原因不是政府扩大，那么是否可以归因于大公司、资本主义和市场呢？长期以来，思想深邃的社会批评家都担心资本主义会销蚀人际关系社会信任，从而破坏它本身成功所依赖的前提。[8]从格奥尔格·齐美尔（Georg Simmel）到卡尔·马克思（Karl Marx），许多19世纪的社会理论大师都认为，市场资本主义已经塑造了一个"冷酷社会"，缺乏友谊所必需的人际温暖，使人类之间的纽带贬值为简单的商品关系。与社会联系减少的这一一般性理论存在一个问题——那就是它过于宽泛了：美国实行市场资本主义已经几个世纪了，在此期间我们的社会资本和公民参与程度经历了大幅的动荡。一种常态的理论无法解释变化的事实。

283 　　然而，经济决定论的一种说法可能更有道理些——我们经济结构正在持续并加速国有化和全球化。分支广阔的跨国商业帝国对地方银行、商店和其他地区性公司的取代，经常意味着商人们公共责任感的减少。随着沃尔玛超市取代街角五金商铺、美国银行收购"第一国家银行"、无情的市场战胜地方性的业主，商业经营为社区生活做贡献的动力在减弱。例如，城市规划专家查尔斯·海因（Charles Heying）已经表明，20世纪的后30年，这一"公司去地方化"趋势如何导致了亚特兰大失去其公共活动的领导者。亚特兰大精英阶层的社会团结和公共责任感从30年代开始提高，在60年代达到高峰，然后到90年代一直下降，和我们所谈的社会资本其他形式基本呈现相同的轨迹。海因还提供了其他城市能够说明类似趋势的证据，它们的分布很广泛，包括芝加哥、费城、代顿、什里夫波特等。波士顿的一位顶极发展商曾私下里向我抱怨没有了拱顶会（The Vault），这是由当地商业领袖组成的一个著名小团体。"当你需要那些权力精英时他们在哪里？"他问道，"他们都四散在其他各个州的公司总部。"[9]

　　我毫不怀疑全球经济转型对于全美国的社区生活产生着重要的影响。然而，这一影响只是对于较大型的慈善和公共活动更为直接。较不明显的是，公司的去地方化如何能影响我们对教会活动、邀集朋友们一起打纸牌，甚或在总统大选中投票等事的兴趣。当然，公民参与减少和公司脱离地方化的联系是值得研究的。[10]

让我们总结一下已知的那些因素，它们对第二部分所描述的公民参与和社会资本的减少发挥了作用。

第一，时间和财富压力，包括夫妻双职工家庭所受的特殊压力，对于过去这些年里我们社会和社区参与的减少起到了明显作用。我的推测是，整个减少不到 10% 的部分应归因于这些因素。

第二，市郊化、上下班和城市扩张也起到了助推作用。然而类似地，一个合理的估计是，这些因素加在一起可能也只应为 10% 的下滑负责。

第三，电子娱乐——最主要的是电视——对于使我们的闲暇时间私人化也有实质性影响。我的粗略估计是，这一因素可能要为约 25% 的下滑负责。

第四，也是最为重要的是，代际更替——热心公共一代缓慢、持续而不可挽回地被他们参与较少的子辈和孙辈们替代了——是一个影响力非常大的因素。对于不同形式的公民参与，代际更替的影响差别很大——对于较为公共性的参与形式影响较大，对于私人的非正式社交则影响较小，但我们在第 14 章中根据经验做出粗略估算后的结论是，这一因素可能要为整个减少的一半负责。

由于代际更替和电视的长期影响是重叠交叉的，这使得我们对变迁 284 的核算要稍微复杂些。电视的影响不完全是代际性质的——即使热心公共一代中那些看电视很多的人也减少了公民参与，代际更替的影响也不是全部可以归咎于电视。（我们推测，二战逐渐消逝的影响也是很重要的，而且在"代际影响"的背后也许还潜藏着其他因素。）无论如何，可能变化总量的 10% – 15% 可以归因于代际更替和电视的共同影响——我们也许应将其简称为"电视世代"（the TV generation）[11]。

所有这些估计都应留有回旋余地，这部分是由于具体的影响对不同形式的公民参与存在着差别。例如，代际影响在解释参与教堂活动的减少时较为重要，而在解释访友减少时较为不重要。不管怎样，图 15 – 2 对于我们已经研究过的各个因素的相关重要性提供了一个粗略图景。饼状图中缺少的一块恰恰反映了我们现有理解的局限性。工作、市郊扩张、电视和代际更替都是这一故事的重要部分，但在我们的谜题中还有一些重要的因素尚未明确。

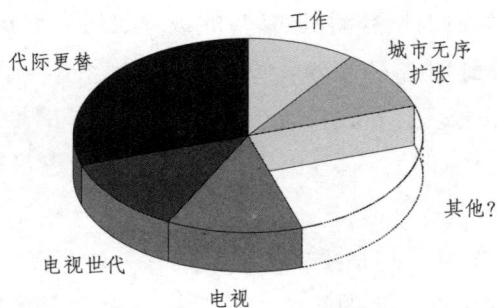

图 15 -2：导致公民不参与原因的大概估计，1965 -2000

第四部分

那会怎么样？

第 16 章

导　言

　　事实上，每种可能的测量都显示社会资本在过去两代人的时间里逐
渐地被销蚀了，有时甚至是急剧地被销蚀。定量证据是难以辩驳的，但
大部分美国人似乎不需要通过看这些图表来了解某种不好的事情已经在
他们的社区和国家里发生。美国人已经越来越深刻地感觉到，社会纽带
解体的程度在不断深化。在千禧年前夕，人们的怀旧情绪要比值钱的股
票更有市场，而这可能并非偶然。比如，新闻评论员汤姆·布罗考
(Tom Brokaw) 那本关于"二战"时期英勇一代的书，尽管收到了批评家
们含糊不清的评论，但却是一本异常成功的畅销书。在洛杉矶，当演员
杰米·斯图尔特 (Jimmy Stewart) ——现实生活中他是一名战斗英雄——
把人们心目中的英雄杰斐逊·斯密斯 (Jefferson Smith) 和乔治·贝利
(George Bailey) 搬上了银幕之后，便有断断续续的运动要求重新命名洛
杉矶机场。20 世纪末期，美国人的怀旧情绪并不是没有选择性地、盲
目地回忆往事，而是尝试着去再次体验一个时代，在那个时代，公共精
神真正地带来了更多的价值；在那个时代，社区（共同体）在真正地
"运转"。我们买书或重新命名机场，这似乎说明公民道德和社会资本
在深层次上起着作用。

　　我们是对的吗？社会资本是否真的有益于个人、社区，甚至是整个
国家呢？答案是肯定的，一项令人印象深刻并规模逐渐扩大的研究认
为，公民联系能够使我们变得健康、富有、睿智。无论你是意大利南方
的一个村民，还是美国内陆城市的一个穷人，或是某个高科技工业区内
的一名富有的企业家，缺少社会资本的生活都是难以想象的。

288   如果我们相信社会资本有利于个人和社区，我们首先必须要理解社会资本是如何发挥魔力的。高度的信任和公民参与通过各种各样的机制发挥作用，产生出社会所期望的结果。显然，这些起作用的机制会因环境以及外界争论而发生改变。但是，在通常意义上，社会资本有着很多的特性，这些特性可以帮助人们梦想成真。

　　首先，社会资本能够让公民更加轻松地解决集体问题。社会科学家一直以来都关注集体行动的"困境"。这种困境是普遍存在的，而且它们的变化是直接的。如果人们能相互合作并做好分内之事，通常人人都会从中获益。但是，如果每个人都想通过推卸责任获得更多，并且也希望别人完成分内之事，或者，即使是在他做错了、别人也逃避了责任的情况下，他也要比只有一个人傻傻付出时获得更多的好处。很显然，如果每个人都认为其他人将会这样做，那么所有的人就都会坐视不管，局面将会比所有人都贡献自己力量要糟糕得多。

　　通过税收体系支持政府就是一个集体行动的困境。在干燥的夏天，限制草坪喷灌和长期浇水也是如此。这些和其他有关协调的问题有着许多不同的名字——"集体行动问题"、"囚徒困境"、"搭便车问题"以及"公地悲剧"。但是，它们有一个共同的特征：通过一项制度机制，问题会得到最好的解决，这项机制有一种力量，能够保证人们的行为与集体所期望的相一致。社会规范和网络促使其提供这样的机制。

　　其次，社会资本是社区前进车轮的润滑剂。在人们能相互信任并值得相互信任的地方，以及在社会成员的互动可以重复或复制的地方，日常的商业和社会交往的成本将会大大降低。因为没有必要花费时间和金钱来确保人们维持既定的安排，或是在他们放弃的情况下就对他们进行惩处。像奥利弗·威廉姆森（Oliver Williamson）一样的经济学家们和像伊莉诺·奥斯特罗姆（Elinor Ostrom）一样的政治学家们已经阐明，在商业和自治组织中，社会资本是如何转换成金融资本和资源财富的。实际上，诺贝尔经济学奖获得者肯尼斯·阿罗（Kenneth Arrow）早已总结道，"事实上，每一笔商业交易其自身都含有信任的元素，任何延续了一段时间的交易更是如此。我们大概可以宣称，世界上多数的经济衰退都可以用缺乏相互信任来解释。"[1]

社会资本使我们获益良多第三种方法是，它拓宽了我们对与命运息息相关的诸多途径的认知。那些与他人——无论是家庭成员、朋友，还是玩保龄球的伙伴——有着活跃联系并相互信任的人们，能够培养并维持着一种对社会其他人有益的性格特征。参与者变得更加宽容、更少愤世嫉俗以及对别人的不幸抱有更多的同情。当人们缺乏同他人联系的时候，不管是在不经意谈话中的交换意见，还是在更加正式的协商里，他们都无法得知自己观点的真实性。没有这样的机会，人们很可能会按最坏的冲动而摇摆不定。如 1999 年大量的校园枪杀案，那些胡乱的暴力行为很多是犯罪后自认为"不合群的人们"犯下的，这并不是一件偶然的事情。

构成社会资本的网络也是有用信息的传输通道，而这些信息可以帮助我们达成目标。比如，就像我们将在第 19 章中要看到的，许多的美国人——可能是我们中的绝大多数——通过人际网络找到工作。经济社会学家们表明，如果没有社会资本，我们的经济前景将会面临严重衰退，即使我们有很多的人才和培训（"人力资本"）。同样地，缺乏公民互动的社区想要共享信息是比较困难的，而动员人们去抓住机遇或抵抗威胁也是比较难的。

社会资本还通过心理和生理层面的过程来提高人们的生活。越来越多的证据表明，社会资本丰富的人们能够更好地应对外伤，更有效地战胜疾病。社会资本如果不是替代品，也似乎是某种补充物，就好像我们在街角药房所买的三氮烷、安眠药、抗酸剂、维他命 C 以及其他药品一样。"早上打电话给我（或者事实上给任何人）"实际上可能要比"吃两片阿司匹林"对治愈某些病症更有疗效。

为了阐明这些机制如何在现实中运作，我们需要思考以下这个典型案例，该案例经过技术处理，可以为众多父母们描述一个真实的场景。鲍勃（Bob）和罗斯玛丽·斯密斯（Rosemary Smith）夫妇，是一个名叫乔纳森（Jonathan）的 6 岁孩子的父母，他们生活在一个喜悦和忧虑并存的城市社区里。鲍勃和罗斯玛丽原则上是支持公共教育的，他们很乐意将

289

上一年级的孩子放到拥有来自多元背景的孩子的环境中，而这正是公共教育所提供的机会。但是斯密斯家所在地的小学是一个混乱的地方：教师们士气低落，教室墙壁油漆剥落，并且也没有钱来支持课外活动或者购置电脑。出于对乔纳森学习能力和成长环境的担忧，鲍勃和罗斯玛丽有这样的选择，他们可以让孩子离开公立学校，以高价学费进入私立学校；或者他们可以继续留在那里并努力去改善公立学校的状况。他们将如何做呢？

我们不妨假设，斯密斯夫妇让他们的孩子继续留在那里，同时在乔纳森的学校发起一个家长教师联谊会。他们能够这么做要取决于两件事：其他相关的家长们是否也愿意加入其中；以及这样一个联谊会能够在多大程度上有效改进学校的状况。这就会涉及社会资本的概念。斯密斯夫妇对其邻居们了解越多、信任越多，就越有能力为新建的家长教师联谊会招募并维系可靠的成员。紧密的邻里间往往伴随很多的重叠关系，其中那些被他人依靠的个体就更加容易学习，而且他们能够更好地利用道德规劝来保证对即将来临的问题给予持续的关注。

290　　让我们假定斯密斯夫妇成功地发起了家长教师联谊会，并且几个月之后，该会有 17 个家长成为了活跃成员。基于现有的社会资本，这个新建的机构将能为有关的个人以及整个社区做什么呢？其中有一点就是，成为该机构的一分子后，家长们就必然会不断地受到公民技能的灌输。那些可能从未策划过一个项目、从未做过一次讲演、从未游说过政府官员甚至从未在一次会议上发过言的人们，会迫于压力而去做这些事情。而且，家长教师联谊会还建立并强化一种奉献的观念，并且将其扩展到部分学校行政人员、教师，甚至是学生之中。它也会强化人与人之间的关系，并且在家庭和教育者之间树立一种"我们的"认同感。在更加个人的意义上，家长教师联谊会必然会去建立、加强关于家长之间互利互惠的规范。几乎可以肯定的是，将来这些联系会以种种意想不到的方法产生回报。如果鲍勃现在失业，他会有 15 个其他的人可以指望，他可以从他们那里，得到相关的就业指导或是简单的精神支持。如果罗斯玛丽想要发起一个游说团体，以敦促该市提供更好的儿童健康设施，她将会有另外 15 个潜在的游说者以同样的理由支持她。在最次的程度上，鲍勃和罗斯玛丽能够和另外一两对夫妇在星期五晚上一起看电影。所有这些收获——公民技能、社会支持、工作联系、志愿行动、结伴看电影——之所以能够取得，只是因为斯密斯夫妇想促使其孩子所在学校拥有计算机。

社区联系并不是一个关于公民精神胜利的温暖童话。通过测量，有充足的证据现实，社会资本造成了我们生活的千差万别。我们在这一部分将考察五个具有代表性的领域：儿童福利和教育、安全而有益的邻里关系、经济繁荣、健康与幸福，以及民主社会的公民身份与政府绩效。我会证明，社会资本让我们变得更加聪明、更加健康、更加安全、更加富足，以及更有能力去管理一个公正而稳定的民主社会。

我所提出的绝大部分证据源自其他众多学科的著作。此外，我还通过比较 50 个州在社会资本和公民参与方面的差异来探寻分析其影响。由于那些比较将会以若干不同的形式出现，描述一下当代美国社会资本的地理分布是非常有意义的。

为了给不同的州的平均社会资本排出等级，我们综合了一定数量的独立测量，其摘要请参照表 16－1。从一些不同的资料中，我们汇编了在过去几年里对一定范围内参与公民和政治活动的州级测量，其中包括对团体成员身份、出席关于市镇或学校事务的公共会议，在一些地方组织中担任官员或作为委员会成员提供服务，参加俱乐部聚会、志愿者活动和社区计划，[2]在家庭招待朋友以及同朋友社交联谊，[3]社会信任，[4]选举 291
的参与，[5]非盈利组织和公民协会的参与频率。[6]

这 14 项关于正式和非正式的社区网络和社会信任的指标依次充分地相互关联，显示出一种从根本上来说是独一无二的特点。换句话说，这 14 项指标测量到的是社区中社会资本相互关联但又不同的若干方面，我们将它们归纳成一个单一的社会资本指数。[7]表 16－1 概括了这 14 项指标以及它们同综合指标间的相关性。

表 16 - 1：测量美国各州的社会资本

综合社会资本指数的构成	与指数的相关系数
社区组织生活的测量	
前一年在地方组织的委员会中任职（百分比）	0.88
前一年是担任一些社团或组织的官员（百分比）	0.83
每 1000 人中的公民或社区组织	0.78
前一年社团会议平均出席人数	0.78
团体全体成员平均数	0.74
参与公共事务的测量	
总统选举出席率，1988 年和 1992 年	0.84
去年市镇或学校事务的公共会议出席率（百分比）	0.77
社区志愿者活动的测量	
每千人口中非营利（501［c］3）组织的数量	0.82
去年花在社区项目上的平均时间数	0.65
去年志愿者工作的平均时间数	0.66
非正式社会交际能力的测量	
同意"我花很多的时间拜访朋友"	0.73
前一年家庭娱乐的平均时间数	0.67
社会信任的测量	
同意"大部分人是可以信赖的"	0.92
同意"大部分人是诚实的"	0.84

　　各州在这种基本测量上是存在的差异，排序较高的州与排序较低的州之间的比率接近于 3：1。例如，社会信任的变化范围从密西西比州的 17% 到北达科他州的 67%。人均协会成员身份的平均数的变化范围则从路易斯安那州和北加利福尼亚州的 1.3 到北达科他州的 3.3。最近一次的总统选举的出席率的变化从南加利福尼亚州的 42% 到明尼苏达州的 69%。每 1000 个居民中非营利组织的数目从密西西比州的 1.2 个到佛蒙特州的 3.6 个。每年参加社团聚会平均数的变动范围是从内华达州的 4 次到南达科他州和北达科他州的 11 次。志愿者活动的参与率，是从内华达州、密西西比州、路易斯安那州的每年 5 次到犹他州的每年 2 次。在过去一年里参加关于市镇或学校事务公共会议的人口比率的范围从乔治亚州和纽约州的 10% 到新罕布什尔州的 32%，犹他州的 29%，以及威斯康星州的 26%。²⁹²

　　表 16 - 1 中的相关性说明，州与州之间的这些差异是同时出现的。社区组织网络密度较高的地区往往有较频繁的有关地区事宜的公共会议，选举出席率较高的地区往往有比较高的社会信任度，有着许多地方社团的地区往往也会支持众多的非营利组织，等等。图 16 - 1 在地图上标示出了美国各州在社会资本和公民参与方面的差异，这看上去很像一幅气象图。

　　从地理学上来说，这幅全国社会资本的 "气压图" 是相当直观的。最主要的 "高压" 区的中心，位于密西西比河与密苏里河的上游源头，同时沿着加拿大的边境线向东西延伸。而主要的 "低压" 区则以密西西比河三角洲为中心，并以此为圆心向前邦联地区拓展。[8]加利福尼亚和大西洋中部各州接近于全国的平均水平。[9]至少用最基本的方法，我们能通过比较这些不同州的生活质量，来探求社会资本不同程度的影响。明尼苏达州与密西西比州在很多方面都有着明显的差异，不仅仅是社会资本的水平上。所以，我们必须警惕从单纯的相关性中推出因果关系的想法。但是，图表 16 - 1 中地区间的对比为研究社会资本将会造成何种差异的问题提供了一个有用的最初验证的基础。

独自打保龄

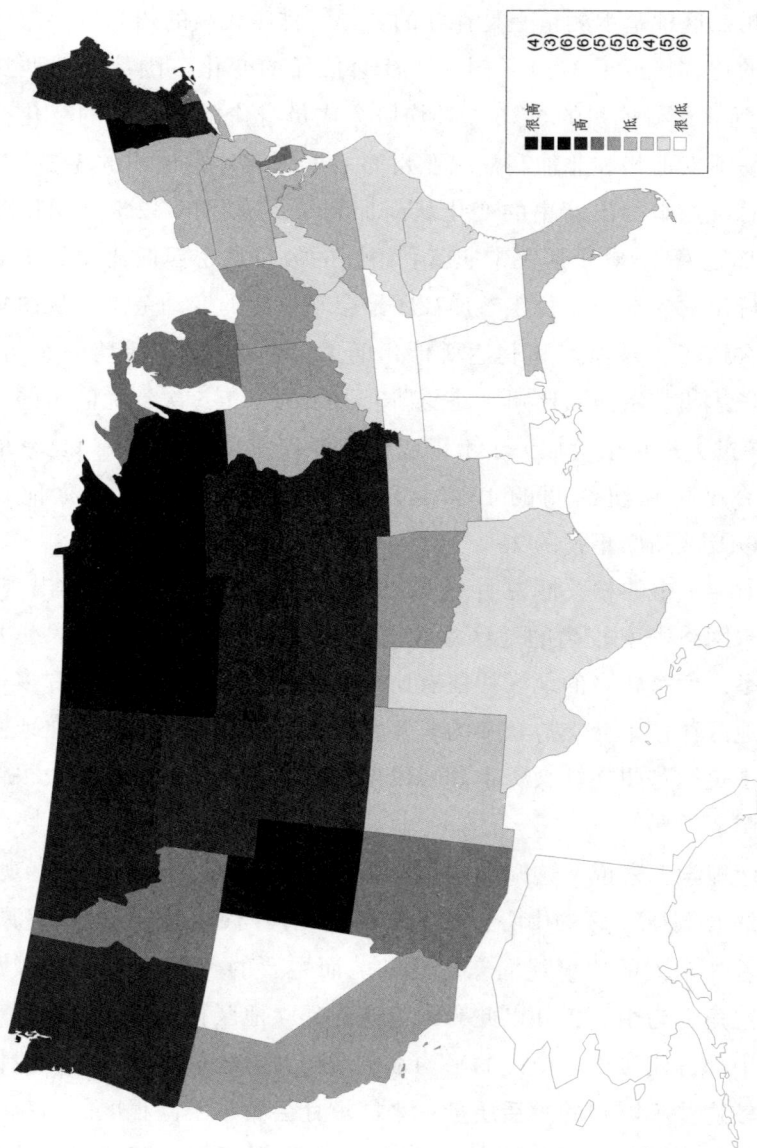

图 16-1　美国的社会资本

308

即使是粗略浏览这张美国社会资本资源图，人们也会提出这样一个问题，"这些差异究竟源自何处呢？"详细地回答这个问题是留待日后的任务，但是，这种状态有着深刻的历史根源。托克维尔，这位当代社会资本理论的先驱，在 19 世纪 30 年代到美国的旅行中曾精确地观察到相同的状况，并将此归因于——至少是部分地归因于——殖民地模式：

> 越往南方，乡镇的自治程度越低，乡镇的官员权限和职责越少，居民对乡镇事务的影响也不像其他地方那样直接，召开乡镇居民大会的时候越少，而大会讨论的问题的范围也越小。因此，民选官员的权力较大，选民的权力较小，乡镇的自治精神也较差和不强。……建立西北诸州的移民，大部分来自新英格兰，他们把故乡的行政习惯带到了第二故乡。[10]

294

沿着移民的足迹，有助于建立当代美国区域和地方的社会资本模式。州与州之间的这些差异和政治历史学家丹尼尔·艾拉扎（Daniel Elazar）在 20 世纪 50 年代所提出的"州的政治文化"差异有着惊人的相似，丹尼尔·艾拉扎还将此追溯到 19 世纪入境移民的模式。例如，一个令人惊奇的对 20 世纪 90 年代任何一州社会资本水平产生重要影响的因素，竟然是来自北欧诸国移民占人口中的比重。[11]

更加令人惊讶的是，20 世纪末期的低社会资本与 19 世纪上半期的奴隶制度有着空间上的相关性。那个时期奴隶制度越残酷的州，如今的公民性程度越低。事实上，奴隶制度是一种用来摧毁奴隶之间、奴隶与自由民之间社会资本的社会体制。被压迫者之间精心建立起的互惠网络，将会增强叛乱的危险，同样，奴隶与自由民之间平等主义的同情纽带将会削弱该体制的绝对合法性。在解放之后，南方支配阶层继续致力于抑制平等化社会关系的发展。在经历了长达一个世纪的大农场奴隶制之后，紧随着的又是一个世纪的种族隔离政治，因此，在这片土地上发现最低程度的社区社会资本不是一件偶然之事。不平等和社会团结之间是非常不协调的。

对于社会资本水平上的现代差异，移民和奴隶制度是否提供了唯一的解释，是一个值得更多关注的议题，远远超出了我个人在此所能做出的贡献。然而，这清晰的历史延续性是与我们正在探寻的问题的一个方面——社会资本是造成当代社会环境的原因还是其结果——相关联的。如果有关公民参与和社会交往的区域和地方模式是易消散的、不稳定的，那么社会资本和其他社会现实（比如教育绩效、公共卫生或犯罪行为）之间的相关性可能恰好反映了那些因素对于社会资本的作用。相反，如果社会资本的区域和地方特征反映的是长期存在的传统，那么看起来社会资本是当代社会环境的一个原因，而不仅仅是结果。

在这一部分，我所提出的个人和集体都可以在很多领域里从社会资本中获益的证据，虽然在一定范围内是令人印象深刻的，但这既不详尽，也不具有结论性。在诸如医学、犯罪学、城市社会学以及地方政治学等广泛领域的学者们，都在积极地探求社会资本的相关方面和它的结果。要想证明社会资本的力量，特别是要想详细地表明社会资本的效果如何以及在什么时候会是最清楚的和最有益的，那就需要更多的努力。在此，我并不打算得出一般性结论。但是，我们所考察的证据表明，从多种测量来看，它是紧密相关的，美国社会资本和公民参与确实在过去几十年里出现了衰退。上述的证据还强有力地说明，在许多完全不同的，但对于今天的美国人来说却是重要的领域中，投入更多的社会资本和公民参与可以使事态得到改善。

第 17 章

教育与儿童福利

社会资本强有力地影响着儿童的发展。近 50 年来的大量研究表明，一个孩子的家庭、学校、伙伴以及所在社区的信任、网络和互惠规则，对于孩子的机遇和选择以及由此而来的行为和发展，有着深远的影响。[1] 尽管社会资本的存在与多种正面效果有关联（特别在教育领域），但是，大部分的研究关注的是在社会资本赤字的地区生活和学习，孩子们受到不良影响的事物。其含意是十分清楚的：社会资本能够阻止坏事情发生在好孩子身上。

以州为单位的社会资本指数与对儿童生活的常用测量 [每年由安妮·E·凯西基金会（Annie E. Casey Foundation）出版的儿童福利指数（Kids Count Index）] 存在明显的趋同倾向，这就意味着在社会资本与儿童发展之间有着强相关关系。[2]（表 17-1 概括了儿童福利指数中关于儿童福利的若干测量。）

表 17-1：儿童福利指数（Kids Count Index）

出生重量较低的婴儿比例
婴儿死亡率（每 1000 名出生婴儿的死亡率）
儿童死亡率（每 100 000 名年龄在 1-14 岁之间儿童的死亡率）
每 100 000 名年龄在 15-19 岁之间的青年人死于意外事故、谋杀和自杀的比例
青少年的生育率（每 1000 名年龄在 15-17 岁之间的女性的生育率）
青少年高中辍学率（年龄在 16-19 岁之间）

青少年暴力犯罪的逮捕率（每 100 000 名年龄在 10－17 岁之间青少年的逮捕率）

逃学以及不工作的青年比例（年龄在 16－19 岁之间）

儿童贫困率

单亲家庭的比例

那些社会资本指标得分较高的州——这意味着这些州的公民更加相互信任、更多地加入组织、成为志愿者、投票以及同朋友社交——正是儿童活跃的州：在那里婴儿更健康地出生，青少年更不可能成为未婚父母、失学、卷入犯罪活动或者由于自杀或杀人在未成年前死亡。（见图 17－1）从统计上看，高社会资本与积极的儿童发展的相关性几近完美，几乎可以同社会科学家对类似数据的分析相媲美。[3] 在北达科他州、佛蒙特州、明尼苏达州、内布拉斯加州以及爱荷华州，各州都有良好公民意识的成人和受过良好培养的儿童；其他的州，主要是南方各州，在成人和青年人相应的方面都面临着巨大的挑战。

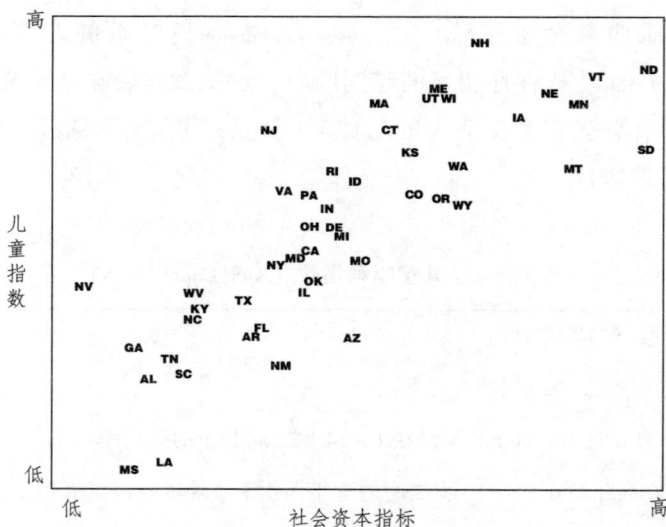

图 17－1：在社会资本高的州儿童状况更好

当然，社会资本与孩子们状况良好的结果之间的正相关性这样的一个事实，并不能说明社会资本导致了这些结果，或者相反地，说社会资本的缺乏就会导致孩子走向邪路。除了社会资本之外，各州在很多其他可能对儿童成长产生影响的方面也存在差异——父母的教育水平、贫困率、家庭结构、种族构成，等等。实际情况可能更为复杂，因为社会资本本身也和这些因素有着联系。因此，那些低教育程度成年人和低收入单亲家庭的比例特别大的州，可能不会像那些居民有良好的经济条件和实践技能去参与的州一样，有如此之多生气勃勃的公民社区。由于在儿童发展、社会资本和人口统计学因素之间有这么一组复杂的关系，我们必须要审慎，而不能从数据中得出似是而非的结论。我们真正想知道的是，我们所观察到的州与州之间在儿童成长方面的差异是直接地和社会资本自身有联系，还是和其他什么因素有联系，抑或是与那些同时影响儿童成长和社会资本的因素有联系。

幸运的是，现代统计方法允许我们在检验社会资本与儿童成长关系的时候通过控制其他因素不变的技术，从而帮助我们分清其中的疑惑。事实上，我们的分析发现，社会经济和人口统计学上的一些特征都是起作用的因素——当然，社会资本也是。[4]确实，在儿童福利指数的不同指标中，就对儿童生活影响的广度和深度而言，社会资本仅次于贫困率，排名第二。对青少年的出生率、死亡率、游手好闲（idleness）比率的增加来说，贫困是一个特别有力的影响因素，社区参与却正好起到相反的作用。社会资本在防止孩子过早不健康地降生，抑制十几岁的青少年失学、终日在大街上闲逛、生养私生子等方面有着特别的重要性。一个州的种族构成和单亲家庭比率也影响着儿童成长，尽管这种影响的一贯性和强度要低于贫困和较低社会资本的影响。总体上说，在考虑贫困、社会资本和人口统计学因素之后，成年人的教育水平对于儿童发展没有显著的独立影响。在预测保障少年儿童健康成长上，一个州的社会基础比任何其他因素都重要。

在邻里层面，甚至在单个家庭层面上研究家庭生活的学者也得到了相同的结论。很久以来，社区心理学家发现，在社区凝聚力较低的地方，虐待儿童的比率往往比较高。[5]例如，在一个被广泛引用的研究中，有两个邻里环境，其中一个儿童虐待率比较高，而另外一个较低，社会资本被证明是区别这两个社区的重要因素。这两个社区有着相似的收入水平，其中女性的就业比率和单亲家庭比率也相同。然而，在高风险社区，居民通常不愿意向邻居求助。在虐待儿童较多的地方，家长们往往更少地愿意相互交换照顾孩子或者允许孩子与邻里间的其他孩子玩耍。根据调查，对于"孩子放学回家后至少有一名家长在家"的情况，低风险社区要比高风险社区高出 3 倍。作者总结认为，在虐待儿童较多的地方，"家庭自身的问题看上去就是复合的，而不是邻里环境使然。在这种条件下，强有力的支持体系是十分需要的，但却又是最没有可能运转的"。[6]非正式的社会网络可以帮助孩子们在其父母最困难的时候得到保护。

在社会资本缺乏的情况下，单个儿童被证明特别有可能处于危险之中。如果可能的话，我们自然希望这些孩子正好可以非常容易地从社会联系中受益。比如，儿科专家达斯蒙德·K. 瑞安（Desmond K. Runyan）和他的同事，跟踪研究了一个很大的学前儿童群体，他们处在虐待和遗弃的高度风险中。几年之后，这些高危险孩子中的87%遭受着行为和情感上的问题。然而，对那些成功避免了这些问题的孩子而言，最有效的解释因素是：他们与其母亲嵌入在一个支持性社会网络中，生活于一个互相支持的邻里关系中，以及经常性地参加教会活动。诚如作者所言，甚至在学前时期，"父母的社会资本……会惠及他们的下一代，就像孩子们从他们父母的财力和人力资本中获益一样。社会资本对于那些财力较弱、教育资源较少的家庭而言，可能是最为关键的因素"。另外一项研究发现，对居住在市中心的非裔美国青少年而言，生活在较高社会资本社区的孩子，其堕落的可能性比生活在联系紧密程度较低社区的孩子更小；对于缺少强有力家庭关系的孩子而言，社区支持的积极效果特别明显。相似的结果在城市和农村社区都得到了发现。[7]

社会资本对儿童在其生命中顺利发展是有积极作用的。我们可以对社会资本与学校绩效的关系得出同样的结论。美国教育的质量在最近的几十年里得到了越来越多的关注；事实上，许多有识之士深信公共教育已经面临危机。[8]

　　然而，并不是所有州的状况都很差。从我们对健康儿童的研究所反映的情况来看，那些社会资本高的州，比其他公民活动程度低的州明显有更好的教育成果。就如同社会资本与学生在校率高度相关一样，社会资本指数与学生在小学、初中、高中里标准化测试的成绩也高度相关（见图 17 – 2）。[9]甚至在控制了其他许多可能对州的教育成果产生影响的因素——如种族构成、财富、经济不平等、成人的教育水平、贫困率、教育支出、教师薪水、班级规模、家庭结构和宗教信仰，以及私立学校　300

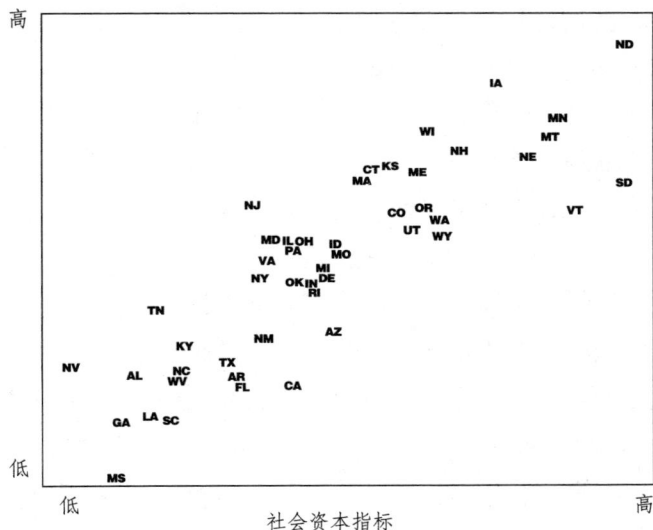

图 17 –2：在社会资本高的州学校运作更好

规模（其可能会从公立学校"挖走"较好的学生）——之后，社会资本的有益作用仍然持续存在。并不奇怪，在上述因素中，某些因素对州的测试成绩和失学率有着独立的影响，但令人惊讶的是，社会资本是唯一一个最为重要的解释因素。事实上，我们的分析表明，对于一些成果——尤其是 SAT 分数——种族、贫困和成人受教育水平的影响都是间接的。这些因素似乎影响着一个州的社会资本的水平，但社会资本——而不是贫困或者是人口统计学因素——主导着测试分数。[10]

出乎我们意料的是，相对于正式的、已制度化的社会资本水平而言，一个州非正式的社会资本水平是对学生成绩的一个更加有效的预测因素。换言之，同一个州居民参加社团聚会、出席教会活动和参与社区项目的次数相比，这个州的社会信任程度和人们之间相互非正式联系的频率（比如打牌、访友，以及诸如此类）与教育绩效的相关性更为紧密。这并不是说正式活动不重要。这一被认为是粗略的证据要说明的是，在那些有着密切人际交往的社区中还有一些因素——除了他们在物质上是多么贫困或富裕、成人自身的受教育程度如何、他们是何种种族、有怎样的宗教信仰的问题之外——正面地影响着儿童的教育。相反地，甚至是那些有着很多物质和文化优势的社区，如果该社区的成年人之间相互不联系、不交往的话，那么这个社区在孩子教育方面也表现得很差。悲哀的是，本书第二部分的证据显示，已经有越来越多的美国社区变得像这样了。

人们可以通过比较具体的例子来认识社会资本的重要性。我们不妨选择东海岸两个中等规模的州：北加利福尼亚州（根据 SAT 分数、成绩测试和失学率，该州在全美各州中排名第 41 位）和康涅狄格州（排在第 9 位）。控制这两个州在其他方面的差异（财富和贫困，种族，成人受教育水平，城市化水平，等等），根据我们的统计分析，要想让北加利福尼亚州的教育成果达到康涅狄格州的水平，北加利福尼亚州（Tar Heel State）的居民可以通过以下任何一种方式：将他们在总统选举中的出席率提高 50%；使他们参加社团聚会的频率提高 1 倍；使每千个居民中非盈利组织数量增加到目前的 3 倍；或者每个月参加教会活动的次数增加 2 倍。这些看上去可能是令人畏惧的挑战，需要大量的社区组织，无论如何，我并没有想要暗示一些联系——如成年人参加社团率与学校绩效之间的联系——是简单的、直接的和机械的。另一方面，数据还表明，北加利福尼亚州要想简单地通过传统的教育改革——比如通过降低班级规模——以达到同康涅狄格州绩效相称的水平，是非常困难的。因为比较社会资本的影响，班级规模对于州级绩效的影响是非常有限的，根本不可能通过简单地缩小班级规模来实现同样的绩效提高。[11]当然，用多管齐下的方法来改进教育，在事实上是需要的，因为并没有什么灵丹妙药；我只是想说明，比照那些更加常规的方法，社会资本所提供的潜在优势是惊人的强大。[12]

为什么一个州的社会交往的密度看起来对该州学生在学校中表现有着非常明显的影响呢？坦率地讲，答案并不是完全确信的，但是我们有一些重要的线索。在那些于社区事务中公民参与总体上较高的地区，老师们认为家长的支持水平较高，并且诸如携带武器到学校、打架斗殴、逃课以及对教育反感等学生品行不端的水平较低。甚至在考虑其他经济、社会和教育的因素之后（诸如贫困、种族成分、家庭结构、教育支出、班级规模等），社会基础同学生和父母对学校的参与之间的关联也是非常重要的。根据 1999 年爆发的一连串致命的校园暴力事件，有一件事情值得注意，在这些因素中，对州层面上学生暴力最强有力的预测因素是双亲家庭和以社区为基础的社会资本，相形之下，诸如贫困、城市化和父母受教育水平之类的社会条件的重要性变得有些微不足道。简单地说，社会资本水平高的州的家长们会更多地参与到孩子的教育中，在社会资本水平高的州的孩子们比在公民化程度较低的州的孩子更能专心苦读，而不是互相斗殴。[13]

社会资本较高的州的孩子们为什么表现较好的第二个原因，可能是他们花在看电视上的时间更少。如图 17-3 显示，孩子们看电视所花的平均时间和成人公民参与及社会交往的平均水平之间的负相关关系是十分显著的。（和前面一样，我们通过检验并确认这个相关关系并不是一个对其他如贫困、种族等因素的简单的、似是而非的反映。）实际情况可能是这样的，在那些保持有较高社会参与程度传统的社区，孩子们很自然地会致力于更有益地使用闲暇时光，而在那些成人之间社会交往与公民参与有限的地区则不然。

302

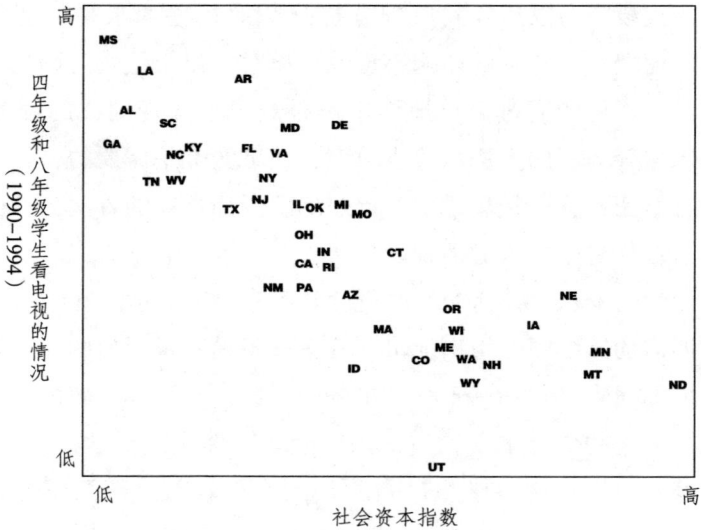

图 17 - 3：在社会资本高的州儿童看电视更少

　　州与州的比较分析再次肯定了近几十年的研究，这些研究表明，社区参与对于教学成果的影响是至关重要的。这些研究发现，学生的学习不仅受到发生在学校和家中的事情影响，还受到学校和较宽泛意义上的社区中社会网络、规范以及信任的影响。[14]实际上，家长教师联谊会的建立是让家长之间、家长和老师之间的社会资本制度化，从而使学校可以更好地实现它们的教学目标。

　　在过去几年中，家长教师联谊会成员的下降反映了很多家长和他们孩子的学校教育是相脱离的。这样的下降是一件令人惋惜的事情。因为研究表明，当家长和较宽泛意义上的社区与学校一起合作的时候，学生将会切实地和明显地受益。将社会资本与教育联系起来的最早的、最有影响的研究之一，是由已故的芝加哥大学社会学家詹姆斯·科尔曼（James Coleman）完成的，他为研究社会资本及其影响奠定了思想基础。科尔曼对天主教和其他宗教高中的低辍学率感到困惑。比如，公立高中中学生的辍学率是天主教高中里学生的 3 倍；非天主教的私立高中的失学率也是其 2 倍以上。此外，天主教学校在数学和口语技巧的教学方面表现得更有效率。科尔曼假设,天主教学校的成功并不是因为学生个体的特殊性格,而是包围学校的社会结构:学生家长各自之间有着多重的关系,他们既是地方教会的教友,也是学校家长会中的密友。而且这些家长社区为处在危险中的学生们提供了社会资源,同时也可使学校避免因为压力而削弱他们的核心课程。总之,科尔曼提醒到,我们不能理解 303 "那片年轻人嵌入其中的、聚集着他们亲人的领域的重要性,首先也是最重要的是家庭,其次是周围的成年人社区(在所有这些作用中都有宗教社区作为例子)"。[15]不幸的是,天主教学校的学生赖以受益的"功能性社区"正在被销蚀,因为教会和家庭都丧失了力量和凝聚力。可以预见,这种趋势将会伤害到所有来自不同社会经济状况群体的孩子们,尤其对弱势群体的孩子特别不利。

教育研究者安妮·亨德森(Anne Henderson)和南希·贝拉(Nancy Berla)总结了许多研究成果,这些研究倾向于认为,当家长们参与到他们孩子的教育当中,孩子们在学校里有比较好的表现,同时他们所上的学校也相对更好一些。她们的结论认为,"目前的证据是无需争议的。当学校和家庭一起努力支持教学,孩子们不仅仅在学校里往往会取得成功,甚至常常终其一生都会成功……当家长们参与到孩子们在家庭中的教育之时,他们的孩子在学校中也表现较好。当家长参与到学校教育的 304 时候,他们的孩子则会在学校里取得进步,而且他们所上的学校也相对较好。"[16]

让我们的目光从社区层面转移到学校层面。其他的研究者发现,校园内的社会资本对于学生、老师和行政人员都有非常多的好处。回溯过去至少 30 年的研究显示,规模较小的学校往往比大学校表现更好,部分是因为小学校为学生提供更多的机会和鼓励,以促使他们参与面对面的课外活动或担负学校社团的责任,等等。[17]

整体上,通过对芝加哥的学校和全国范围内天主教学校的多年份研究,安东尼·S.布莱克(Anthony S. Bryk)和他的同事们认为,"社区的"社会资本和"相互关联的信任"赋予一些学校以巨大的优势,即使是在考虑到教师背景和学生人口统计学因素的差异之后。作为学习的社区，天主教学校在很多方面不同于公立学校。天主教学校规模相对较小，在多元化的环境下，在学生和老师之间提供了一种高质量的互动关联，提供了一系列更为广泛的互动性课外活动，而且呈现出对学校使命与价值高度内在认同的特点。根据布莱克和他的同事们的观点，如果一所"平均水准"的公立学校——自然在人口学意义上该学校与天主教学校是可比的——同时采用与天主教学校相类似的"社区的组织"，那么这所公立学校在教师和职员的士气和学生对学术的兴趣方面将会有显著的提高。这所公立学校也会在逃课和教学失序现象上有明显的减少。[18]和科尔曼一样，布莱克和他的同事断定，天主教学校好于公立学校，并不是因为其中的老师和学校素质较好，而是因为"天主教学校从有着信任之特征的社会关系网络中受益，这种网络构成了一种形式上的'社会资本'"。[19]

一些城市正在运用这些知识在公立学校里面培养社会资本和公民参与。在这些最早的、最成功的，也是最长期学校改革的首创者中，耶鲁大学的儿童精神病学家詹姆斯·科姆尔（James Comer）发展出一个关于在学校、家长和社区之间建立有效联系的模型。一所科姆尔式学校的两条指导性原则包括，"所有成人之间的协调与合作都要着眼于孩子最好的教育利益"，以及"在每一个环节上要有家长的积极参与"。[20]科姆尔和他的同事们发现，父母的参与能够提高学校的绩效和家庭对孩子成绩的支持度——但只有在家长们被赋予真正的决策权力并被安排到与其知识和能力相称的位置上之时。[21]在那些此类要素没有出现的地方，家长们往往对此不再抱有幻想并且变得疑虑重重，从而破坏了对公立学校十分重要的、以社区为基础的社会资本。

在20世纪80年代末期，芝加哥进行了一场具有开创性的教育改革运动，这项运动的基石就是家长要参与决策。尽管改革计划进展得不如想象中的那么好，但评估者们发现，学校内部的社会资本还是起作用的。当在教师、家长和校长之间有高水平的信任之时，这些关键角色会更多地为学校发展的核心理念而奉献。在高信任的环境中，老师们感情上会忠于学校，会探索创新的教学方法，会接触家长，同时对学生的发

305

展有着很强的责任感。即使将其他任何影响改革成功概率的因素考虑在内，信任依然是一个重要的因素。[22]

正如这些研究所表明的，家长和社区参与是目前提升学校教育质量而进行的主要探索。事实上，两种存在较多争议的改革办法——创办特许学校（charter school）以及为孩子们上私立学校提供由公共财政支出的教育券（voucher）——可以被看作是家长们试图让孩子们获得"社区导向"的益处所做的努力，这些益处能够培养学生杰出的行为和表现。"自由选择"项目的批评者们担心，它们只会增强业已存在的教育不公。支持者们则坚持认为，将教育置于自由市场的无形之手将会为每个人改善质量，因为学校会为其产出而被迫竞争。尽管现在要区分哪一方正确还为时过早，但我们确有如下证据：如果"自由选择"项目有效，这些项目的成功可能较少地证实市场魔力，而较多地证明社会资本的魔力。教育改革运动鼓励孩子到规模较小、更加社区化的学校去上学，可能会有一些未曾意识到的结果：学生和家长参与社团、教室活动、管理实体以及教育游说团体的数量都会增加。[23]在这种意义上，此类的教育改革可能会是提高公民参与的动力，尽管只有那些最积极参与的家长会把他们的孩子转到新学校，但是这也转移了他们通过参与为其他孩子所创造的"正外部性"，其净效应有可能是加强了不平等。

邻里或社区层面上的社会资本明确地影响着孩子们的学习。但是，家庭内部的社会资本也同样有力地影响了青少年的成长。[24]那些以紧密社会联系为乐的家庭和那些给孩子们灌输互利互惠价值的家长们，更有可能"获得较大程度对价值的遵从和忠诚"。[25]即使让其他影响教育成绩因素，如家长的教育与收入、种族、家庭规模、地区和性别等保持不变，那些家长充分融入到子女生活和子女学校的孩子从高中辍学的可能性还是要小于那些缺少这些形式的社会资本的孩子。那些出席孩子所在学校的项目、帮助完成家庭作业和监督孩子校外行为的家长们，他们的子女可能有平均较高的成绩，可能会较多地参与室内活动，还往往会避开毒品或避免过失行为。[26]一项针对巴的摩尔地区不幸的低收入母亲的研究发现，在那些母亲与孩子之间有着高水平情感支持的家庭和那些母

306　亲有强有力的支持网络的家庭中，孩子明显有较多的可能从高中毕业、进入大学，并拥有一份稳定的工作。换言之，"处在危险之中"的孩子们可以在人生道路上取得成功，只要他们的母亲有足够的社会资本。[27]

　　社会资本的有益效果不仅局限于缺乏足够教育的社区或者仅仅限于小学和中学教育。事实上，准确地说，许多成绩良好的偏远学区也有着丰富充裕的社会资本，对于教育而言，其社会资本甚至比经济资本更为重要。相反地，那些缺乏社会交往的地区的学校，其教育工作相对较差，不管这个社区是多么的富有。而且，社会资本对于大学期间的教育也保持着很大的影响力。即使保持大学前的因素不变，包括志向等，课外活动及对朋友社会网络的参与都是对大学辍学率和大学成功的强烈影响因素。[28]换一句话说，在哈佛大学和在哈雷姆一样，社会交往都有助于提升教育成果。在美国人衰减的社会资本可能导致最严重后果的诸多领域里，我们的孩子所接受的（校内的和校外的）教育质量就是其中之一。

第 18 章

安全而有益的邻里关系

诚如我们在前面一章所见，在很大程度上，孩子的健康成长要依赖 他们成长时期所处的社会环境。有着高水平社会资本的邻里社区往往是培养子女的良好居所。在社会资本高的地方，公共场所往往比较整洁，人们相对比较友善，而且街道也更加安全。那么，信任、社会网络和公民参与是如何转变成美好的、安全的邻里社区的呢？

多年来，学者们，特别是犯罪学家们对此类问题感到困惑。大部分的早期研究关注这样的问题：为什么某些邻里社区看起来比其他社区有多得多的肆意破坏公物行为、墙壁涂鸦、街头犯罪和打群架现象。尽管人口流进流出，但这些邻里社区的特征却维持了好几十年。从 20 世纪 20 年代开始，美国一些最主要的犯罪学家们渐渐发展出了有关犯罪和少年犯罪的"社会生态学"理论。具体而言，这些理论各有不同，但是整体上，它们都把"社会解体"（social disorganization）看作造成不良行为的动力。这样的解体是许多城市社区的标志，在那里，人口流动很快，邻里之间不相往来，各族群难以融洽相处，地方性组织稀少，弱势的青年陷入了与成人世界相隔绝的"亚文化"当中。

著名的犯罪学家罗伯特·J.桑普森（Robert J. Sampson）总结了许多经验研究，得出结论认为，即便控制贫困和其他可能鼓励犯罪行为的因素，"有如下特征的社区面临的犯罪与暴力风险会增加：（1）居民间互相不知姓名和熟人较少的社区网络；（2）无人监管的青少年群体和对公共场所的控制不断被削弱；以及（3）在社区活动中组织基础薄弱并 且社会参与较低"。举例来说，全国范围的调查显示，与其他社会经济因素大体一致的邻里社区相比，生活在高迁移率的邻里社区比生活在一个相对稳定的邻里社区，会使你成为一个刑事罪犯的可能性提高1倍。然而，桑普森又说，"社会解体"学派并没有充分地解释这些邻里社区的特征是如何以及为什么导致了犯罪率的提高。[1]

简·雅克布斯（Jane Jacobs），研究城市生活的伟大学者，在她早已成为经典的1961年出版的著作《美国大城市的死与生》中提供了一个答案。雅克布斯注意到，"社会资本"——她是该术语的发明者之一——是安全和有序的城市与不安全和失序的城市最主要的区别。在对20世纪城市规划和重建的严厉控诉中，她认为在那些能促使邻里间非正式交往最大化的城市中，其街道是比较安全的，儿童能得到较好的照顾，同时人们也能与他们周边的事物更愉快地相处。对雅克布斯来说，经常和本地杂货商、左邻右舍（前一个门廊的家庭），以及在所属教区各街区走动的牧师接触，就像参与集市和便利地穿过公园一样，会在本地居民中发展出一种连贯的整体感和责任感。"综合这些偶然事件，在本地区内的公共接触——其中的大部分是偶然的，大多数都是不起眼的小事，所有这些都会被人们加以考量，并且不会有人强加于他——是一种让人们产生公共认同的感觉，是一个公共尊重和信任的网络，也是在个人和邻居有所求时的一种资源。"[2]

在这些有影响的研究之后的几十年里，许多不同学科的其他学者也都在致力于这项基础的研究。这些研究的结论是一致的，正如雅克布斯和其他犯罪学家曾预测的那样：在所有其他条件不变的情况下，社会资本水平越高，犯罪率越低。

以州为单位的凶杀案统计数据的分析是很能说明问题的（谋杀案发案率通常被认为是衡量犯罪活动的一个最可信的指数，它最少会因为受到来自不同司法管辖区域的影响而失真）。社会资本越高的州，谋杀率相应越低（见图18-1）。这种负相关性的强度令人惊讶——在人们可能发现的任何两个社会现象中这样的相关性都几乎接近完美。[3]当然，为什么高社会资本的州正巧谋杀率低是有很多原因的。比如，社会资本丰裕的州，往往更加富裕、教育水平较高、大型都市较少，还有在收入分配上相对更加平均。但是，如果对这些要素以及其他要素予以考虑而做进一步的分析，就会发现，社会资本与安全的街道之间的相关关系是真实的。事实上，和贫困、城市化以及种族构成一样，社会资本也是谋杀案是否盛行的一个重要的决定性因素。令人惊奇的是，在预测 1980 – 1995 年期间的人均凶杀案数量时，社会资本要比州的教育水平、单亲 309 家庭比率和收入不平等等指标更加重要。令人疑惑的是，当我们控制了州内对于犯罪的恐惧因素之后，该相关性依然很强；这个意外的事实暗示了因果关系的存在，至少部分地显示，社会资本与犯罪之间存在关联。[4]

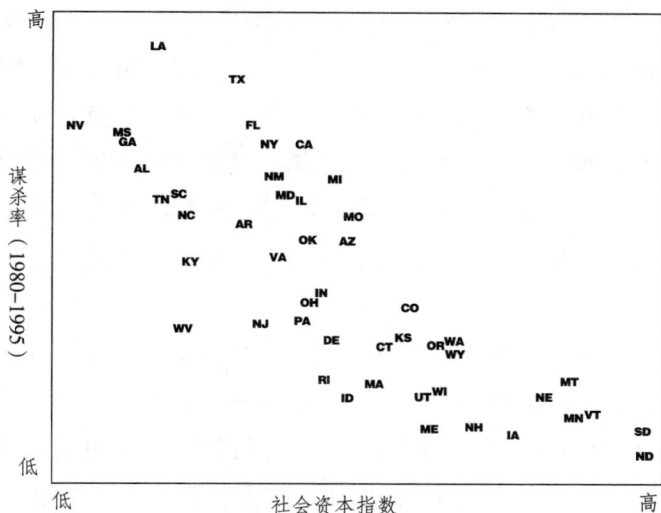

图 18 –1：在社会资本高的州暴力犯罪更少

我们的故事在此正好与历史学中一个古老的难题相交——为什么（美国）南方是不同的？历史学家们早在一个世纪之前就认识到这个事实，即命案在前邦联各州比在其他州要更加普遍。事实上，自内战前开始，凶杀案率在南方一直比其他州要高得多，而且这种差异或多或少已经持续出现于整个 20 世纪。比如，在 20 世纪八九十年代，南方的凶杀案率大致是北方的 2 倍。而且，同样的地区差别也同时在白人之间和黑人之间被发现。许多解释已经出现——心理学的、文化的、社会的、经济的，甚至是种族的。然而，即使我们让种族、年龄、经济不平等、城市化、教育、贫困与对谋杀率的预测因素保持不变，地区差异依然存在。关于"南方性（southernness）"的某种概念或许是与凶杀案可能性较高相关联的。

310

一些观察家谴责道，"一种南方世界观把社会的、政治的和有形的环境看作是敌对的……异常的热情好客与对陌生人怀有敌意存在共生现象。"其他的学者则认为，问题的关键是与众不同的南方人的"荣誉文化"，该文化产生于 19 世纪的决斗传统之中，而且可能还可以上溯到 18 世纪的移民模式。[5] 图 18 - 1 却表明，南方的社会资本（或者更确切地说，它的缺失）可能是缺少联系。一旦社会资本的差异被考虑进来，这古老的地区差异难题就不复存在了。如果南方缺乏良好发展的社会资本，它的暴力程度就不会超出你的预期。这种解释不仅能说明南方与北方之间整体上的差异，也可以说明南方和北方内部的各种差异。[6] 换言之，无论在什么地方，只要缺乏社会资本，破坏性大的暴力将是难以避免的。

为了深入研究社会资本与暴力犯罪之间的关系，我们可以利用最近几十年来的 DDB Needham 生活方式调查中提出的一个有价值的问题。受访者在调查中被问道："你同意还是不同意以下这句话？即在赤手空拳的打斗中我会比普通人更强。"平均来说，所有美国人中有 38% 会选择好斗的一项（在回答同意的选项里，男性差不多是女性的 2 倍，53% 比 26%，但是女性慢慢地缩小了这种好斗的差距，从 20 世纪 70 年代晚期的 20 - 25% 稳步增长到 20 世纪 90 年代的 30%）。更为重要的是，数据显示州与州之间存在着显著差异。在这个刻度量表的顶端，路易斯安那州、西维吉尼亚州和新墨西哥州三州将近有一半的居民同意上面提到的这句话，而在南达科塔州、缅因州、爱荷华州、明尼苏达州、新罕布什尔州和内布拉斯加州各州同意这句话的居民则略少于三分之一。如图 18 - 2 所示，好斗与低社会资本有很强的相关关系，可能是因为缺乏社区交往和社会信任的润滑作用，一个维持社会秩序的自助体系已经出现。无论如何，低社会资本水平州的公民们更加乐意迎战（可能因为他们需要这样），同时他们容易犯故意伤害罪。[7]

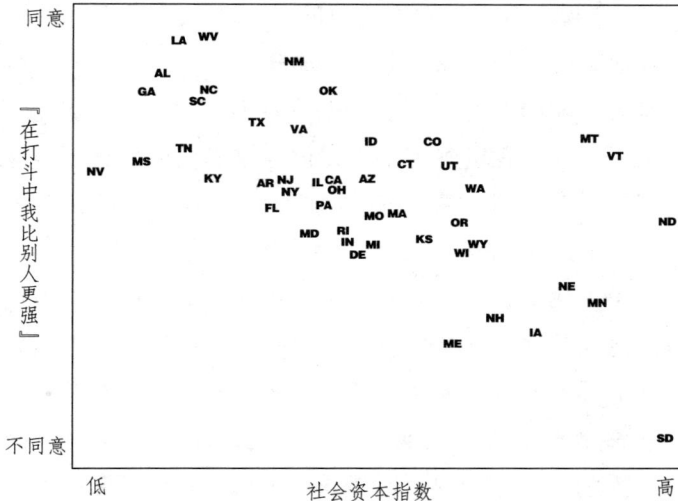

图 18－2：在社会资本高的州人们更不好斗

州之间的这些差异与一项研究非常吻合，该研究考察了地区以及普查层面上的犯罪率和青少年犯罪率。除了考察与犯罪有关的不良行为，这些研究运用复杂的统计技术来探寻困扰美国城市的其他问题——从儿童虐待到辍学率、从青少年过早怀孕到使用毒品中的所有事情——之中的"邻里社区效应"。[8]这些研究的同一前提假设就是，一个人的行为不仅取决于其自身的性格特征，也取决于其周围环境的特征——他的邻居、学校伙伴，等等。

这些研究曾是一场激烈争论的焦点，除了证明相似观念的人们往往趋向于集中在同一地点之外，它们是否真的还证明了其他东西？这些批评是这样的：当然，青少年辍学往往会集中在同一个邻里社区，但这并不是因为这些孩子相互影响致使他们离开了学校。相反，这种集中的出

311

现似乎是由于有着相同价值观的家庭或者不同父母互相间看着更加顺眼造成的。批评者正确地注意到，即使是最复杂的统计分析也难以辨别出那种无形的力量，这些力量会致使"一丘之貉"聚集在一起。而且，即使邻里社区效应的确存在，可比起诸如父母的培养和引导之类的"家庭影响"来说，可能是微不足道的。[9]

我认真地对待这些批评。但是，那些数量巨大的研究发现，邻里关系对犯罪是有影响的，这些研究不断说服我认可这种影响的真实存在。尽管邻里关系的影响程度各有不同，但是学者们已经证明，除了他们自己先天的冒险行为之外，那些生活在喜欢冒险同伴间的小孩更有可能"近墨者黑"。例如，在波士顿，那些其邻居伙伴使用毒品、犯罪和拉帮结派的孩子，实质上他们自身也更有可能有类似的行为，而不管他们原本的行为倾向怎样。在芝加哥，那些邻居中有大量专业白领人士的小孩从高中毕业的可能性，要比生活相对较低水平的邻居中的小孩高出 3 倍。[10]这些更多数量的研究表明，人们的内心不仅会受到他们自己的选择和环境的激励，也会受到他们邻居的选择和环境的激励。我的命运不仅取决于我是否好好学习、远离毒品、去教堂，还取决我的邻居们是否也这样做。

尽管这些分析方法并不总能让研究者精确地指出邻里社区效应是如何发挥作用的，但最新的一些学术努力有助于更好地理解那些过程。[11]研究者们开始相信，社会资本——或是缺少社会资本——是难题的一大部分。一方面，社会资本——个体通过信任网络和共同价值相互联系交往——的存在，为青少年提供了正面的行为准则，也为他们提供渠道去接近良师益友、先进模范、教育赞助者，以及与邻里社区外进行工作交往。[12]社会网络可能还会为个人提供情感和经济上的资助，也为社区机构提供政治优势、力量和志愿者。[13]相反地，如果缺乏积极规范、社区协会和非正式成人友谊及亲戚网络，孩子们就会放任自流。在这样的环境中，孩子们最有可能做出目光短浅的举动或产生自甘堕落的冲动。

同样，在这样的环境中，青少年最易于以帮派或邻居"帮会"的形式，创建他们自己的社会资本。诚如社会学家罗伯特·桑普森（Rob-

ert Sampson）所说，"缺少社会资本是社会解体社区的基本特征之一。"[14]
关于改变邻里交往水平的最佳证据表明，大部分的美国人比他们上一代
要更少地嵌入到邻里社区中。[15]这部分是因为女性——长期以来作为坚
定的邻里社区的建设者——和她们的母亲一代相比，越来越多地因白天
参加工作而不在社区。而且专业人士，他们曾经以其专业技能支撑社区
协会，现在却比他们父辈花更多的时间在工作上。正如我们在本书的第
二部分所说的，当今的人们越来越少地融入邻里生活、和邻居交往，以
及致力于社区活动。

事实上，邻居层面上的社会资本——社区的监督、社交、指导，以
及组织——的下降，是中心城市危机的一个重要特征，除了单纯的经济
因素。许多都市生活的学者都曾评论过从美国城市中成群流失出来的工
作机会和中产家庭。他们的离开代表着人力和金融资本的流逝，进而扩
展为社会资本的外流。美国最重要的城市社会学家，威廉姆·朱利斯·
威尔森（William Julius Wilson），在其 1987 年的经典著作《真正的弱者》
（*The Truly Disadvantaged*）曾经这样描述这种向下的螺旋："我的基本论题
不是聚居区文化不受抑制地随着市中心区较高收入家庭的迁移而消失，
而是在面临长久失业的时候，这些家庭的迁出使得市中心区基本机构
（包括教堂、商店、学校、娱乐设施等）难以为继。同时，随着这些基 313
本机构的衰弱，市中心区邻里之间的社区组织（这里的定义包括了社
区情感、积极的邻居认同和外在规范以及对异常行为的约束）一样也
会衰弱。"[16]

基于对费城中心区多年的研究，城市民族志学者伊利加·安德森
（Elijah Anderson）认为，低收入邻舍中的"道德凝聚力"（moral cohesion）
正在逐步下降。他也将社会资本的下降与金融和人力资本的外逃联系起
来。他总结道：中产阶级黑人的离开，"使得黑人社区中的极端重要的
道德和社会领袖的资源减少"。这意味着，年长的社区政治家们——
"老首长（old heads）"，就像安德森称呼他们的那样——坚守阵地，但是
他们的数量开始下降，同时他们也失掉了他们的道德权威。男性"老
首长"是"一个稳重的男人，这表示他坚强地致力于家庭生活、教会

活动，更为重要的是，还致力于将他自己那些由工作经验的积累发展而来的智慧传授给那些他认为值得传授的年轻孩子"。当合法工作逐渐消失，非法经济活动能带来暴利之时，他便"逐渐失去了作为典型模范的威望和可信性"。与此同时，社区里的"母亲们"，她们曾经屈身门廊、担当邻里的耳目，现在却"淹没于越来越多的'街童'之中——那些孩子几乎没有父母照料，放任自流"。妇女不再经过非正式的批准就代表邻居进行干预。"由于家庭看护和行为榜样消失或随着其影响力下降，同时由于失业与贫困变得更加持久"，安德森总结认为，"社区，特别是其中的孩子，变得更有可能沾染各种社会恶习，包括犯罪、毒品、家庭解体、普遍的道德沦丧和失业"。[17]

在城市中心工作和生活的人们认可安德森所描述的那些人和过程。而且，社会资本缺乏会导致犯罪和其他社会病，这并不仅仅表现在少数族群和贫困的邻里社区中。安德森从底层考察了社会资本如何巩固健康社区的基础，他的考察已经被量化为多种社区和个体数据的复杂分析。

其中最好的分析就是由罗伯特·J.桑普森（Robert J. Sampson）、斯蒂芬·劳登布什（Stephen Raudenbush）和菲尔顿·埃尔斯（Felton Earls）完成的、著名的关于芝加哥邻里社区的研究。该研究基于广泛调查和犯罪数据发现，两个特征——邻里之间的相互信任与互利互惠，和当他们看到孩子有不良行为时试图干预的意愿——对解释为什么有些社区比其他社区有较少犯罪倾向大有帮助。实际上，对于一个人是否可能会在邻里社区中受害这样的问题来说，邻里社区的"集体效能（collective efficacy）"是一个比社区贫穷度或居民不稳定性（residential instability）更好的预测变量。在芝加哥的这项研究中，社会资本的其他测量指标——比如个人在地方组织中的参与度，以邻里为基础的活动数量和邻里社区中亲朋好友的广度——似乎并不是特别地重要。更重要的是，这些作者们总结认为，"暴力犯罪降低更为直接的原因在于非正式的社会控制和居民的凝聚力。"[18]

314

桑普森和W.拜恩·格拉弗斯（W. Byron Groves）早先时候所做的一项研究发现，组织参与和社会关系在降低犯罪率当中起着重要作用。他们对英国犯罪数据的分析发现，在那些人们通过紧密的朋友关系和较为松散但更加多样的熟人关系联系在一起的地方，在那些人们积极参与地方委员会或社团组织的地方，往往少有抢劫、强奸、入室行窃、汽车失窃等案件发生。[19]关于这项研究最有趣的事情是，它发现了传统邻里社区的"威胁因素"——比如高度贫困和居民高迁移率——可能并不如人们所想象的那样是导致犯罪问题的一个重要成分。桑普森和格拉弗斯的分析表明，虽然较贫困、较不稳定的地区有较高的街头抢劫率，但这本身并不能简单地归因于贫困和不稳定。相反，这些地区的高犯罪率更大程度上是因为大人们不参加社区组织、不监管孩子以及没有通过朋友网络相互联系。同样地，一项对纽约12个邻里社区的研究发现，参与社区组织有助于减少不利的社会经济条件对青少年犯罪的影响。[20]换句话说，青年人抢劫或偷盗，不仅是因为他们贫穷，还因为成年人的网络和机构已经瓦解。

就像邻里社区会影响家庭一样，家庭也会影响邻里社区。用经济学术语来说，家庭的社会资本具有"正外部性"，会从家中溢出并进入街头。在北加利福尼亚州，学者发现，邻里社区中稳定家庭的大量存在会伴随着较低水平的青少年违法现象，这并不是因为他们的父母是行为榜样或监督者，而是因为，家长们培养了能很好适应社会且品行端正的孩子。因此，通过增加"好伙伴"的融合力，使其他家庭的孩子成为朋友，"好家庭"会产生涟漪效应（ripple effect）。[21]如果我们将青少年的恶习看成是一种会传染的疾病——一种会通过高中和朋友圈传播的行为水痘——那么稳定的家庭则提供了疫苗，这些疫苗能够减少携带病原及会传染他人的孩子的数量。

然而，家庭与邻里社区的融合可能并不总是有益的。如果邻里社区的规范和网络与民族志学者安德森所谓的"正派"（decent）价值不一致的话，[22]那么那些身陷社区的家庭可能会发现社区与他们自身更好的本性相冲突。一项关于北加利福尼亚州高中生的研究发现，父母对于孩子

315 朋友及其朋友父母的认识程度是孩子参与学校、拒绝酒精和毒品的一个强有力的指标。但是，此类"父母认识父母"的正面效应只有在那些校园参与和药品滥用不是问题的地方才会发现。在那些学生有更多麻烦的地区，父母的社会融合实际上会加剧与那些行为不端的伙伴们在一个社区生活的问题。[23]换而言之，社会性地融入到一个由行为不良者组成的社区，可能不会产生好的结果。

在那些建设性机构严重缺乏的地方发展起来的、以邻里为基础的社会资本中，城市中心区的帮派（gangs）可能也会被看作是一个具有误导性的例子。尽管专家承认帮派往往难以识别，要计数则更难，但是大部分的证据表明，他们的数量正在扩大。[24]这些帮派中的一部分是科层制的企业，他们唯一的业务就是买卖，特别是销售毒品和枪支。但这些帮派更接近于建立在以人际信任、互惠互利和誓死捍卫的友情等水平纽带（horizontal bonds）之上的互助型社会。[25]在很多案例中，帮派成员是宽容的，并能良好地融入主流社区。[26]

鲁斯·霍洛维茨（Ruth Horowitz）在其对芝加哥拉丁帮出色的研究中，记述了存在于他们之间的广泛的社会资本：

> 拉丁帮结集为一个群体已将近有 10 年，在此期间他们存在着或个人、或集体的频繁的物品、服务和个人信息的交换。小的交换频繁地出现，但是，较大规模的往往要经过数年才能完成。经常地借钱或相互买几圈啤酒给社会关系、大量的交换提供了日常连贯性。不管是谁出钱买啤酒，不会被问起，也不会被记账。小额的贷款和几顿便饭也是如此。一些更加重要的互助交换，比如在地位争夺中受到他人帮助或入狱之后不招供其他参与者，通常会持续一个相当长的时期。[27]

前洛杉矶帮派成员，桑里卡·沙库（Sanyika Shakur），用街头俗语解释了此类长期的交换："如果你在'帮派'里面，当你离开并事业有成了，就有责任付出双重补偿：你不仅有文化的责任，还有帮派责任。所谓文化责任，指的是如果你不回来，作出贡献，你就会破坏行规。所谓帮派责任，指的是如果你不回来，可能会被谋杀掉。"[28]

我必须强调，这里所描述的帮派生活中的互利互惠，表现了社会资本的形式。在很多方面，这些互惠的规则和网络在实现成员利益方式上，和保龄球队所包含的社会资本帮助其成员的方式是一样的。然而，帮会团结的目的明显会更多地伤害到旁观者。这个例子提醒我们，并非 316 所有社会资本的外部效应都是有益的。

其他帮会活动的研究者指出，在那些青少年没有机会进行较广泛的社会交往的社区，[29]和在那些其他"主流"机构如社区协会及兄弟会衰弱或缺乏的社区，[30]帮会是一个重要的社会组织。帮会成员被选区政治家当作政治组织过程中的骨干，[31]通过把有组织的犯罪辛迪加作为非法企业里合格雇员，[32]或者通过社区获取志愿劳动力、金钱和保护的资源。[33]后一点特别能说明问题。一项对华盛顿特区公租房发展中女性激进主义者的研究发现，毒品帮会是重要的捐助人，提供非常多的钱以资助那些由这些妇女们组织的儿童课外活动。一个激进主义者邀请了一名毒品走私贩到她新建的儿童中心访问，而且他们承诺这个女人所组织的活动可以在街上通行无阻，不会被街头恶棍找麻烦。[34]总之，尽管他们贩卖毒品并在街头制造暴力打斗，但帮会代表了一种形式的社会资本，提供互助互惠的、慈善、组织和社会控制的网络——虽然在他们自己身上，通常都是破坏性的。那些建设性社会资本和机构消亡的地方，帮会自然会去填补其中的空白。

所有这些并不是为了说明，美国城市中心区里没有建设性社会资本形式。美国的聚集区的氛围要比通常认识到的更加多元。大部分的居民有工作；大部分的家庭都很富足；大部分的孩子都在上学。[35]研究少数族群社区，特别是城市里的少数族群社区的民族志学者发现，丰富的精神和情感网络能使人们经受住由经济紊乱和"主流"白人机构冷漠带来的苦痛。在20多年之前，卡罗尔·斯塔科（Carol Stack）的经典研究《我所有的亲戚们》（All Our Kin），就介绍了美国白人发展和培育支持网络的故事，而这个网络是由"公寓"（the Flats）中黑人家庭建立的、位于中西部的一个城市中心社区。斯塔科所遇到的、在其中生活了3年的人中，大部分是第二代的北方人。他们中的大部分都是由单亲妈妈抚养的孩子，大多都需要依赖公共救济。斯塔科发现了大量的"个体联合，以便买卖和交换物品、资源和相互照看孩子"。她对"他们的自助合作行为的密度，以及这些亲戚或非亲戚之间的交换物品和劳务"印象深刻。[36]

尽管研究城市生活的学者发现，信任水平低下往往存在于城市贫民之中，但斯塔科反驳道，"公寓"里的居民必定有高水平的信任来维持他们的交换网络，因为付出几乎不会马上得到回报。斯塔科还提出，城市中心区不仅没有解体，而且（或者至少过去是）明显是组织良好的，那里拥有互利和感恩的网络，虽然它们是无形的。[37]这些网络采用一种拓展的、社会建构的和组织良好的"亲属群体"（Kin Groups）的形式，它们由亲戚、浪漫的情侣及其家庭成员、朋友和家庭成员以及朋友的朋友组成，因为他们不能单独实现目标。斯塔科关注城市贫民如何设法持续地拓展他们的网络。网络成员可能提供照看孩子、现金援助、临时借宿和其他形式的帮助。这也意味着，网络成员彼此互相监督，为逃避责任作证，严密地监视那些得到多于付出的人们。总之，"公寓"的描述充分地说明，挣扎在贫困线上的群体中也有丰富的社会资本。[38]

不幸的是，较近时期的研究表明，城市中心区社会网络不像斯塔科在20世纪60年代末期所发现的那样密集、有效，[39]因为就像不断蔓延的郊区和中心地区的小村庄一样，现在城市中心区的社会资本比它过去的时代要少。当然，在那些互利互惠体系中保存下来的地方，它们依然是穷人的重要资产，一种在观察城市底层时通常被忽略的资产。

简单地说，对于弱势邻里而言，社会资本通常是一样好东西。在社会资本缺乏的地区，贫困、成人失业和家庭解体的作用会被放大，使类似条件的孩子和成人生活变得更差。就像我们所看到的，最基本但也最有趣的证据显示，社会信任、组织参与和邻里融合能够帮助打开经济贫困和青少年不良行为的枷锁。当然，问题是贫困地区常常缺乏，并且也难以建立社会资本。一项对"邻里犯罪联防"项目的评论发现，该项目最有可能在那些最不需要它的地方获得成功——即已经从社会信任和社团网络受益的那部分中产阶级、稳定的邻里社区。[40]不像"良性循环"（virtuous circle）社会资本会有助于创造更多的社会资本，城市中心区通常被标上恶性循环的标签，低水平的信任和融合会导致高水平的犯罪，而这进一步会导致甚至是更低水平的信任和融合。社会资本密集的策略可能有助于"解开"这个恶性循环，但要实施这种策略颇有难度。

在 20 世纪 80 年代，在"社区治安"（community policing）的名义下，全美的警察机构开始实施一种"应用社会资本主义"策略，通过在执法官员和社区居民之间建立工作伙伴关系来寻求与犯罪活动作斗争。一些证据表明，社区治安确实降低了社会混乱和犯罪活动，这至少部分是通过创造和激活地方社会资本来实现的。在对芝加哥社区治安试点——所谓的芝加哥非传统治安方案（Chicago Alternative Policing Strategy，CAPS）——进行评估后，韦斯利·斯科甘（Wesley Skogan）和苏珊·哈内特（Susan Harnett）指出，"通过创造相对一致的参与机会，CAPS 在动员社区内所有部分更广泛地参与中迈出了第一步。"同样地，珍妮·贝利恩（Jenny Berrien）和克里斯托弗·温思普（Christopher Winship）从波士顿的 10 点联盟中（10 - Point Coalition）看到了希望，这是一项由地方牧师担任中介的警民合作项目。他们指出，只有在社区内有交往和信任——社会资本——的地方牧师，才能使这个策略得以运转。20 世纪 90 年代美国大城市犯罪率下降的一个原因，可能是这些城市的居民及其领袖或多或少地学会了使本地区社会资本更加有效地资本化。[41]

在这一章，我们考察了一些最突出的证据，它们说明社会资本有助于构建安全和有益的邻里社区，而缺乏社会资本会妨碍人们试图改进的努力（当然，社会资本并不是影响犯罪率的唯一因素，因此只有保持其他相关因素保持不变，才能够说社会资本的下降会导致犯罪率上升）。我的例证大部分来自对城市中心区及其居民的研究，那是因为几代学人都花费精力对这种环境进行了研究。在探寻社会交往对于社区生活产生影响的证据之时，我在此类文献中发现了非常丰富的经验证据和细致的解释。然而，值得强调的是，如果"郊区文化"和白人中产阶级社区的社会病得到同等程度关注的话，我们可能会得出对格洛斯潘特

（Grosse Point）社会资本缺乏的影响进行更为充分的评估，就像对底特律市中心区的评估那样。假设社会资本对于邻里生活的影响仅仅局限于贫困或少数族群社区，这是没有理由的。

强调社会资本在穷人社区所扮演的角色的第二个原因是：恰恰因为穷人（根据定义）几乎没有经济资本，获取人力资本（即教育）又面临巨大困难，因此，社会资本对于他们的福利而言，就显得意义特别重大。因而，尽管我们在第二、三部分的证据清楚地说明，社会资本和社区参与的销蚀对格洛斯潘特产生影响的严重程度是和底特律市中心区一样的，但这种发展的影响在中心城区表现得更为显著，那里缺少其他形式的社会资本的缓冲。20 世纪末期，影响郊区和农村校园的众多枪击案给我们敲响了警钟，随着社区瓦解在条件较好地区的持续发生，财富和教育并不足以防止集体灾难。

第 19 章
经济繁荣

就像社会资本高的地区有助于维持适宜居住的环境一样，这些地区
也往往容易取得成功。越来越多的研究表明，在那些信任与社会网络发
达的地方，个人、企业、社区，甚至是州也都显示出欣欣向荣的迹象。[1]
而且，像我们在前一章所看到的，社会资本能够缓解社会经济不利所产
生的潜在影响。

在个人层面上，社会交往往往会影响人生机遇。在社会关系好的富
有家庭成长起来的人，在市场中更有可能取得成功，不仅因为他们常常
比较富裕、接受较好的教育，而且还因为他们能够不断地利用他们的关
系。相反地，在社会孤立的农村和城市中心区成长起来的人，其发展会
受到抑制，这不仅因为他们常常在经济上和教育上是被剥夺的，还因为
他们的社会关系相对贫乏，而这些关系可以起到"扶持"（hand up）的
作用。[2]

经济学家创造的令人印象深刻的理论表明，社会关系能够影响人的
工作、奖金、升职和其他的经济利益。[3]社会网络给人们提供建议、指引
工作、提供战略信息和推荐信。在 20 世纪 70 年代有关"找工作"的
先驱性研究中，马克·格拉诺维特（Mark Granovetter）发现了与直觉相悖
的事实，人们在找工作时，不经意认识的人是比密友和家人更为重要的
资源。[4]我的亲朋好友——我的"强关系"——往往与我认识相同的人，
知道同样的机会。较远一些的熟人——我的"弱关系"——往往更有
可能将我和一些意想不到的机会联系在一起，因而那些弱关系在事实上
对我更有价值。

格拉诺维特的"弱关系力量"的发现，已经被其他关注社会流动的学者复制并发展。最近的一些研究发现，这样的"弱关系"对处于主流经济和社会体制边缘的人们的前途有特别强烈的影响。[5]正如通常情况那样，有关工作网络——或者是远离工作网络——如何在事实上真正影响市中心区居民就业前景的问题，一直处于热烈的争论当中。批评者认为，雇主的种族主义、[6]新的都市工作对教育的要求[7]，以及城市居民缺乏进入郊区发展中心的资源[8]都是同等重要或者是更为重要的障碍。但是，大量的基础性证据表明，社会资本是起作用的，而且它的存在可能有助于克服这些就业困难。[9]

比如，研究者已经说明，当社会网络和制度到位的时候，失业的人会利用它们来达成更好的目标。在族群性的移民社区中最容易观察到这种情形，在那里雇主要依靠他们的雇员招募和训练新员工。社会资本被认为可以加快培训速度、提升雇员士气和增强对企业忠诚度。将民族网络用于就业，有助于解释为什么某些族群能够永久地主导特定的行业或者产业。华人的服装业在纽约就是一个很好的例子。一项生态经济学（niche economies）的研究发现，对于大部分民族群体来说，如此稳定的雇佣事实上可把移民者的工资提高到拥有同样技能的白人的水平。移民网络还为企业家提供融资，不管是以家庭成员馈赠的形式，还是以轮流信用协会贷款的形式。[10]［轮流信用协会（Rotating Credit Association）是一个团体，通常以一个民族为基础，其中的成员定期向一个共同基金出资，然后每一个成员轮流得到全部或部分的基金。在那些正式信用机构不愿意或是不能够提供贷款给小借贷者的地方，此类的小额借贷形式非常盛行。］一项对于韩国企业主的研究发现，大约有70%的企业主是利用贷款资金开始创建自己的企业，而其中41%是从他们家族、24%是从朋友处借的钱（相比之下，37%是从金融机构贷款）。

社会关系的经济利益也超越了民族的界限。例如，对于失业群体的调查发现，他们在找工作的时候首先会找亲戚朋友帮忙。在一次调查中，足足有85%的青年人表示会利用人际网络找到工作，相比较而言只有54－58%的人声称他们利用了政府部门和报纸。在洛杉矶，在过去 5 年里找过工作的白人和黑人女性，有三分之二的人是因为他们在公司里有认识的人，通过这些帮助获得最近的或目前的工作。有趣的是，对于这些女性中的大部分人来说，那些直接帮助他们的人却住在她们自己的邻里社区之外。[11] 如果算上所有的人，一些不同的调查表明，大概有一半的人是通过朋友或亲戚找到工作的。[12] 其他的研究检验了制度化 321 的社会资本网络对于获取工作的重要性。例如，到教会的频率是城市中心区黑人青年能否得到高收入工作的一个很强有力的预测因素。但这些青年的宗教信仰对于他们的就业几乎没有影响，这表明参与教会在社会资本方面，而不是宗教方面，有助于这些青年的经济成功。[13]

　　社会网络的经济价值还远不止于此。社会学家罗纳德·S. 伯特（Ronald S. Burt）已经证明，一个职业经理人的文档夹所涵盖的社会和组织关系，对于他职业生涯的成功而言，至少和他的教育水平和经历一样重要。从阿尔巴尼亚到新加坡、从德累斯顿到底特律的大量研究发现，在所有的社会阶层和经济活动的全部方面，社会资本是影响职业发展、社会地位和经济回报的一个强有力的资源——可能甚至比人力资本都要重要（教育和经历）。通过研究芝加哥的银行业，布莱恩·伍兹（Brain Uzzi）发现，"那些与他们贷款方有商业往来的企业能够在贷款的时候享有较低的利率。"即使在买和卖方面，特别是大宗采购和有风险的交易，我们也都更喜欢和认识的人做生意。社会学家保罗·迪马基诺（Paul Dimaggio）和休·洛奇（Hugh Louch）发现，"与那些与陌生人做生意的人比较，和朋友或亲戚做生意的人对交易结果更加满意。"[14]

　　这些研究提供了可靠的证据表示社会资本是发挥作用的，因为我们的网络、如果它们足够大的话，可使我们联系到潜在的经济伙伴，提供高质量的信息，并为我们提供证明。[15] 而且，对许多白领的工作而言，我们的交往——我们接触其他人们和机构——正是我们的雇主雇佣我们的原因。一句话，社会网络有着无可辩驳的经济上的价值。

　　一个引起城市生活学者关注的问题是，那些事实上最需要社会网络的地方正好缺乏社会网络。例如在芝加哥，生活在赤贫中的黑人——威尔逊（Wilson）所说的"真正的穷人"——实际上比低贫困区的黑人更不可能有一个伙伴或好朋友。如果赤贫居民有一个伙伴或好朋友的话，在很大程度该伙伴很有可能没有读完高中，或者也较少有可能像较好邻里社区的黑人伙伴或朋友一样有稳定的工作。数据说明，"赤贫区的居民不仅有较少的社会关系，而且他们往往和有较少社会价值的人有关系，比如通过他们伙伴、父母、亲戚和好朋友的社会地位来测量。总之，他们拥有较少数量的社会资本"。[16] 研究其他城市的学者也得到了同样的结论。例如，一项关于布鲁克林区贫穷的、社会孤立的瑞德胡克街区（Red Hook）的研究发现了当地社区协会和教会活动的恶化。它们的恶化抑制了如雇主用"口头"[17]方式雇用的社会网络的发展。一项对洛杉矶郡的研究发现，邻里社区的贫困会使工人的薪水下降，这并不是因为他们缺少到高薪工作地上班的交通，而是因为他们缺乏网络，该网络可以让他们接触到能在第一时间告诉他们有好的工作机会的人。[18] 在理论上，社会交往可以是非常有益的——亚特兰大的一项研究发现，每名雇员可通过他的社交网络每年增加 1400 美金收入。[19] 但是，网络对白人常常比对其他少数族群更有利。从邻居那里得到工作信息的黑人，赚得要比通过邻居之外关系得到工作的黑人少。[20] 这表明，在弱势群体中，"建构"社会资本可能是最有利的形式。整体上而言，经济贫困地区的人们看起来要承受双倍的不利。他们缺少获取成功的物质资源，同时他们也缺少有助于他们聚集这些物质资源的社会资源。

在某些意义上，社会资本可能会产生经济上的阻碍作用。一些研究族群"小集群（niche）"经济——被一个移民群体主导的零售、制造或服务部门——的学者怀疑，他们信任和团结的紧密纽带可能限制了发展和流动。尽管族群社区为他们自己的企业家提供了启动资金和顾客群体，但是团结的压力能够把那些"过于"成功，或者是那些企图扩张、超越以族群为基础的市场的个人和生意拖垮。[21] 一些社会学家还注意到，社区里较不成功的成员常常会利用较成功的成员的义务感和责任感。因此，迅速成长起来的企业家经常要面对来自正在奋斗中的家庭成员和邻居对工作、金钱和其他好处的过分需求。为了实现他们全部的潜能，企业家可能不得不超越他们自己的民族群体或邻里社区，并塑造与更为广阔的世界的联系——顾客、金融机构和公民社团。[22] 在社会资本无效的时候，它必须另寻它法。

出于牟利需求，紧密网络也有可能会被商业利用。例如，安利和其他企业依赖半独立的代理人去招募其他人参与销售。在这些例子中，代理者被要求去号召朋友和家人去购买并销售产品，在某些情况下，这可以被看作是在某种程度上摧毁了良好社会关系互惠互信的缄默规则。然而，抛开这些例外，大部分学者同意，社会资本的确能帮助个人获得成功。唯一的争论就是，相对于人力资本和金融资本，社会资本在其中到底占有多大的分量。

如果社会资本能够对个人有利，那么它有助于邻里社区甚至整个国家去创造财富也就不足为奇了。这正以许多不同的方式发生着。在邻里社区层面上，社会资本对于自己拥有住房的人来说是一份可销售的资产。一项对匹兹堡的研究发现，当其他条件相当时，高社会资本的邻里社区（房子价格）下降的可能性要远远小于低社会资本的地区。[23] 在这样居民参加投票、社区组织持续活跃、邻里情感上相互依恋的地方，居民会将其看作是生活的好地方，其他人们也想搬入其中，因此，房产的价值就会维持在一个相对较高的水平。在考虑到其他可能影响房子价格的因素，如靠近市中心、种族构成和居民的社会经济状况等之后，社会参与对于房产的正面影响依然存在。这种经验是很清楚的，同时作为好邻居的房主，会把他们的社会资本存入银行。

在地方或区域层面，很多证据表明，经济主体之间的社会资本能够产生聚合的（aggregate）经济增长。这并不是说，拥有较多的保龄球联盟和家长教师联合会就必然会导致城市的经济繁荣。但是，在一定的条件下，经济主体之间的合作与自由市场竞争相比，可能是增长的一个更好的发动机。请看两个生动的例子。

1940 年，密西西比州的图佩罗是全国最穷的州中最穷的几个县之一。[24] 它没有独特的自然资源，没有庞大的大学或产业规划来支撑它的发展，没有高速公路，附近也没有人口中心。更加糟糕的是，1936 年它还遭受了美国有史以来死亡人口第四高的龙卷风的袭击，在接下来的

323

一年里，这里唯一重要的一所工厂也在存在严重分歧的罢工之后关闭。一个受过训练的社会学家，本地人乔治·麦克林（George McLean）在此前后回到家乡经办地方性报纸。通过非凡的领导才能，他把图佩罗的商业和公民领袖都团结在一个信念周围，即市镇和李郡（Lee County）周边地区只有作为一个社区来开发，它们的经济才能发展。考虑到该县的棉花经济前景黯淡，麦克林最早说服地方商业领袖和农民用他们的钱合伙购买种牛。该行动证明，创办利润丰厚的乳制品业能够增加地方收入，促进商业更加繁荣。为了建立一个较少等级的社会秩序，市镇的精英商会被解散，同时，一个对所有人开放的社区发展基金会开始步入正轨。该基金会的工作包括改善地方学校、发起社区组织、建设一个医疗中心和创建一个职业教育中心。与此同时，能为所有雇员支付高薪水并且以此为目标，这样的商业才能受到居民的欢迎。农村发展理事会在边远地区建立起来，以促进自助性的集体行动——从技术培训到环保卫生运动——在这些过去曾经反文化的环境中，人们为实现共同目标而产生了合作行动。

在此后的 50 年里，在麦克林及其继任者的领导之下，图佩罗成了全国社区和经济发展的模范，获得了许许多多的奖励，也吸引了不断到来的参观者，这些参观者渴望在他们自己的社区复制这个市镇的成功。

324 自 1983 年以来，李郡（Lee County）每年增加一千个工作岗位，吸引了上亿万美元的新投资，造就了无可辩驳的密西西比州最好的学校体系，建立了一所世界级的医院，并且将失业率和贫困率较好地保持在州的（有时候甚至是全国的）平均水平之下。该社区的成功是基于它毫不动摇地坚持这样一个信念，即公民只有集体地追逐目标，才能人人受益。今天在图佩罗，一个人要想不参加社区领导而享受社会重要成果，是不可想象的。图佩罗居民投资于社会资本——合作的网络和相互信任——并获得了切实的经济回报。

另外一个稍微有点不同的"社会资本路径"是加利福尼亚硅谷经济奇迹的根基。在一小群计算机企业家的领导下，同时受助于一个资源丰富的大学社区，硅谷作为世界高科技发展和制造中心而出现。其成功很大程度上是因为该地区横向的信息网络和刚起步企业间发展出的正式合作关系。尽管是名义上的竞争对手，但是这些公司的领导分享信息、问题，及解决技术。更重要的是，他们还在下班以后一起喝啤酒。他们发展出了贸易协会、产业会议，甚至是一个"家用计算机社团"——一个爱好者团体，其成员是 20 多家计算机公司的领导。在一个更换工作频率很高的行业，主要的参与者在不同的环境中，相互之间反复互动："一个同事可能会变成一个客户或者竞争者；今天的老板可能是明天的下属。"不仅没有产生焦虑或不信任，这种"持续的洗牌和再洗牌，反而往往会增强人际关系和网络的价值"。[25]这些非正式网络扩张到包括一些高科技纽带的外围公司：专攻知识产权的律师事务所和商业公司、风险资本家、供应商，等等。20 世纪 90 年代初期，当硅谷的经济出现滑坡，受到桑·乔斯（San Jose）商会庇护的地方企业利用他们存在的社会资本库存，建立了合资企业：硅谷。这个非盈利的网络组织帮助加强任何方面的公私合作，包括从税收到知识产权的许可。[26]

而硅谷在美国的主要竞争者，波士顿郊外的 128 通道走廊（the route 128 corridor）则没有发展出类似的公司间社会资本。相反地，它延续了公司等级、相互保密、自给自足和拉帮结派等传统规范。雇员下班之后几乎不会一起出去，也不会和来自其他公司的人一起出去。根据对两个高科技中心的最主要的研究，128 通道的"我依靠自己会成功"的哲学，在很大程度上应该对它相对于硅谷较低的绩效表现负责。"硅谷和 128 通道相反的经验表明，建立在地区网络上的产业体系比那些试验和学习都限于个别公司内的产业体系，更加灵活和更具技术上的活力。"[27] 325 英国伟大的经济学家阿尔弗雷德·马歇尔（Alfred Marshall）很早就认识到此类允许信息自由流通、相互学习和规模经济的"工业区"（industrial districts）的优势。[28]在硅谷之前，该模式已经出现在意大利中北部（手工艺品和生活消费品）、密歇根州西部（家具）和纽约州的罗切斯特（光学仪器）。

这都是在竞争不断加剧的全球经济中产生的合作模式。社会评论家弗兰西斯·福山认为，公民有较高社会信任水平——高社会资本——的经济会主导 21 世纪。当我们不能相信雇员或其他市场主体的时候，会在看管财产、服从安排、保险、法律服务和执行政府规章上花费钱财。[29] 相反地，组织理论家沃尔特·鲍威尔（Walter Powell）和简·方丹（Jane Fountain）对于生物技术产业的研究表明，社会网络，其具体化就是一条互利互惠的规则——也就是社会资本——是创新、相互学习和生产力提高的"重要因素"，它和物质资本、人力资本一样重要，特别是在高速发展的领域之中。[30]

　　理解社会资本与经济绩效之间的详细关联是目前正在活跃的研究领域，因此过多地断言社会资本的功效或者准确地描述社会交往的网络何时以及如何推进一个经济体的综合生产力，都是不成熟的。根据那些在遥远的地区如南非、印度尼西亚、俄罗斯、印度和布基纳法索等地开展的研究，关于社会资本与经济发展的研究在我们所谓的"第三世界"中进展迅速。同样丰富的研究工作也正在进行，这些研究关注美国人如何使那些社区通过投资社会资本和提高将已有社会资产资本化的能力来改进最贫穷地区的困境。[31] 目前，社会网络和经济成功在个人层面上的联系已经为人知晓。你可以相当有信心地认为，如果有一个较丰富的社会网络，你将会从中受益。然而，还有一点并不清楚：这仅仅是反映了你可以在既定的一块蛋糕中获得更大的份额，还是说我们所有人都可以获得更加丰富的社会网络，使所有人都从中受益。然而，早期的回报鼓励我们得出这样一种观点：恰当的社会资本提高经济效率；因此，我们所有人都会随着我们互惠网络的深入而受益，我们所有人也都因为其萎缩而要付出高昂的代价。

第 20 章
健康与幸福

在对社会资本产生影响的所有领域中，没有一个像健康与幸福那样 更好地体现出社会交往的重要性。有关社会凝聚力（social cohesion）对生理和心理健康产生影响的科学研究，可以追溯到 19 世纪社会学家艾米勒·涂尔干（Emile Durkheim）的开创性著作《自杀论》。他发现，自我毁灭不仅仅是个人的悲剧，也是社会学意义上通过个人融入社会的程度能预测到的结果——自杀在已婚人群、较紧密联系的宗教社区以及国家团结之时相对较少，而在急剧社会变迁使社会结构遭到破坏的时候，自杀则会更加频繁。社会交往以最深刻的方式影响着我们的生活。

最近几十年，公共卫生的研究者将这种开创性的视角拓展到所有健康领域，包括生理健康和心理健康。从对加利福尼亚州的阿拉梅达（Alameda）到密歇根州的塔卡姆塞（Tecumseh）悉心进行的大量研究都证实，社会交往是影响我们安宁生活最强有力的决定性因素之一。我们越多地融入社区，就会越少得感冒、心脏病、中风、癌症、抑郁症和各种各样的使人过早死亡的疾病。这种保护性的影响已经从亲密的家庭关系、朋友网络、参与社会活动甚至是简单参与宗教或其他公民社团活动中得到确认。换一句话说，贤人（machers）和愚者（schmoozers）都能获得这些明显的健康收益。

在评述了许多科学研究之后，社会学家詹姆斯·豪斯（James House）和他的同事们总结道，由社会融合和社会支持产生出对健康的正面贡献，可与如吸烟、肥胖、高血压和残疾等已经被生物医学确认的生理危 害因素相制衡。从统计上看，社会交往对健康的影响和吸烟对于健康的影响（在外科医生对吸烟者进行第一次综合诊断的时候）的强度是一样的。如果社会断裂的趋势如我在第二部分所说得那样普遍的话，那么"独自打保龄"就会成为对国家公共健康而言最严重的挑战之一。[1]

尽管研究者并不完全知道社会凝聚为什么与健康有关，但他们提出了许多可能的理论。首先，社会网络提供切实的帮助，比如金钱、康复照顾和交通，这些都可以降低精神和物质的压力，并提供一个安全网。如果你经常去教堂，那么当你不小心在浴盆滑倒并错过了一个礼拜天，就更有可能被他人注意到。其次，社会网络还有可能增强健康的规范——社会孤立的人们更有可能吸烟、酗酒、暴食并从事其他有害健康的行为。有社会凝聚力的社区最有可能组织起来，并为确保一流医疗服务而开展政治活动。[2]

最后，也是最能引发人兴趣的，社会资本事实上可能就像一个生理学上的触发机制，刺激人们的免疫系统去战胜疾病和缓解压力。正在进行的研究表明，社会孤立会对身体产生诸多生化影响。被隔离起来的动物比较少隔离的动物会产生更多的动脉硬化症，同时，孤独的动物和人群似乎都会表现出免疫力降低和血压升高的状况。该领域中最重要的研究者之一，莉莎·伯克曼（Lisa Berkman）推测，社会孤立是"一种慢性加重的症状，随着老化的加速而产生机体的反应"。[3]

一些研究证明，社区层面上的交往与健康之间有很强的关联性；其他研究则聚焦于个人，无论是在自然环境下还是在实验条件下。在很大程度上，这些研究要小心地解释一些容易混淆的因素——因为其他如生理、经济、制度、行为和人口等力量也可能会影响个体的健康。在很多情况下，这些研究都是纵向的：他们长年考察这些人，以求更好地理解生活方式的变化如何改善或破坏人们的健康。以此方式，研究者才能够证明，社会孤立在疾病之前产生，从而排除由疾病导致孤立的可能性。在过去的20年里，美国、北欧和日本许多此类研究表明，如果其他条件相似，与那些和家庭、朋友及社区有亲密关系的人相比，缺少社会交往的人由于各种原因造成的死亡可能性要高出2到5倍。[4]

328　　哈佛大学公共卫生学院的研究人员最近从事的一项研究，对全美社

会资本与生理健康之间的关系作了极好的全面评述。[5]利用来自全国 50
个州将近 17 万人的调查数据，这些研究人员发现，非裔美国人、没有
医疗保险的、体重过高的、吸烟的、低收入的和没有受过大学教育的人
们，比社会经济条件更好的人们有更大的可能得病。但是，这些研究人
员还发现了健康状况不佳和低社会资本之间异常强烈的相关联系。那些
居民最有可能回答健康状况一般和不良的州，也最可能是那些居民之间
相互不信任的州。[6]如果把一个高社会资本的州变成一个低社会资本的州
（低信任、低志愿团体成员），会增加这样一种可能性，即人们身体感
觉一般或不良的比例增至大约 40 - 70% 。当研究人员控制居民个人的
影响因素后，社会资本与个人健康之间的相关联系依然存在。事实上，
研究人员的结论认为，如果一个人想提高他的健康水平，搬迁到一个高
社会资本州的效果和戒烟的效果是一样的。我们自己的分析也补充证明
了这些研究者的结论。我们发现，在公共卫生的综合指数与社会资本指
数之间有强正相关关系，尽管同时在社会资本指数与所有原因导致的死
亡率之间有强负相关关系。[7]（关于公共卫生和卫生保健的测量参见表 329
20 - 1，关于公共卫生、死亡率与社会资本的相关关系参见图 20 - 1。）

表 20 – 1：哪个州有最好的健康和卫生保健？

Morgan – Quitno 最健康的州排序指标（1993 – 1998）

1. 出生体重过低的婴儿占所有出生婴儿的百分比（－）	13. 艾滋病率（－）
	14. 性传播疾病率（－）
2. 20 岁以下母亲的生育占安全生育的百分比（－）	15. 缺乏基本医疗保障人口的百分比（－）
3. 母亲没有或较晚得到育前保健的百分比（－）	16. 成人中酗酒者的比例（－）
	17. 成人中吸烟者的比例（－）
4. 死亡率（－）	18. 成人中肥胖者的比例（－）
5. 婴儿死亡率（－）	19. 上个月身体状况"不佳"的天数（－）
6. 根据年龄调整的估计的癌症死亡率（－）	20. 每 1000 平方英里的社区医院数（＋）
7. 自杀死亡率（－）	21. 每 100 000 人所拥有的社区医院病床数（＋）
8. 未参加医疗保险的人口的百分比	
9. 未保险人口百分比的变化（－）	22. 19 – 35 个月年龄儿童中完全免疫的百分比（＋）
10. 卫生保健支出占州国民生产总值的百分比（－）	23. 安全带的使用率（＋）
11. 人均个人卫生支出（－）	
12. 估计的新癌症发病率（－）	

州这一层面的发现固然能够说明问题，但是，更多的研究则提供了更加权威的证据，说明社会融合能够带来好处，并由此证明个人社会资本会影响个人健康。再也没有比宾夕法尼亚州罗塞托（Roseto）的联系更能说明问题的了。[8]这个意大利裔美国社区是一项跨越近 40 年的深入研究的对象，该研究始于 20 世纪 50 年代，当时的医学研究人员注意到一个令人高兴但又使人迷惑的现象。和邻近小镇的居民相比，罗塞托没有死于突发性心脏病的人。他们（年龄经过调整）的心脏病发病率要低于其邻镇的一半；在 7 年时间里，没有一个 47 岁以下的罗塞托居民死于突发性心脏病。研究人员试图寻找通常的解释：饮食、锻炼、体重、吸烟、遗传基因，等等。但是这些解释都没有切中答案要害——事

实上，罗塞托比他们临近镇的居民更有可能接触上述危害因素。这个小镇在19世纪由来自意大利南部相同村庄的人们所建立。通过地方领袖，这些移民创建了一个互助的社会、教堂、体育俱乐部、一个工会、一份报纸、巡逻部队以及一座公园和一个田径场。居民还发展出一个紧密联系的社区，在那里炫耀财富会受到人们的嘲笑、蔑视，而家庭观念和良善行为会得到强化。罗塞托学会了相互惠用经济的、情感的和其他形式的支持。白天他们聚集在门廊上谈古论今，晚上他们都被吸引到本地的俱乐部里。在20世纪60年代，研究人员开始猜想，社会资本（尽管他们没有使用这个术语）就是罗塞托人心脏健康的关键所在。研究者曾经担心，由于流动的年轻人开始拒斥紧密联系的意大利社会习俗，心脏病突发率将会开始上升。毫无疑问，在20世纪80年代，罗塞托的新一代成年人的心脏病突发率确实要高于他们附近的、人口状况相似的镇里的邻居们。

罗塞托的故事是一个特别生动和引人注目的例子。然而，很多其他研究支持了医学研究者的直觉，即社会凝聚是重要的，它不仅仅只是防止过早伤亡，而且也可以防治疾病并且可以加快恢复、痊愈。例如，加利福尼亚的一项长期研究发现，即使是对个人的健康状况、社会经济因素和预防性卫生保健的使用做出了解释之后，拥有最少社会关系的人还是有最高的危险死于心脏疾病、循环系统问题以及癌症（女性）。[9]其他的研究将较低的死亡率与志愿团体成员人数和参与文化活动[10]、礼拜出席人数[11]，打电话或访问亲朋好友以及普通的社交活动如在家举办聚会[12]、出席工会会议、拜访朋友、参加有组织体育活动或者成为高凝聚性军事团体等联系起来。[13]即使这些研究检验了其他可能影响死亡率的因素，如社会阶层、种族、性别、吸烟和饮酒、肥胖、缺少锻炼和（显著的）健康问题等，死亡率与社会资本的关系依然存在。换言之，事情并不这般简单，即健康的、有健康意识的、处于优势群体中的人们（他可能正巧也是较多参与社会活动的人）往往寿命较长。许多疾病都被证明会受到社会支持的影响，并且社会支持与死亡的关系要比与疾病的联系更为紧密，这种影响会发生在一般性身体预防中非常核心的层

331

面。这些研究所告诉我们的就是，实际上，社会参与对我们能活多久会产生独立的影响。

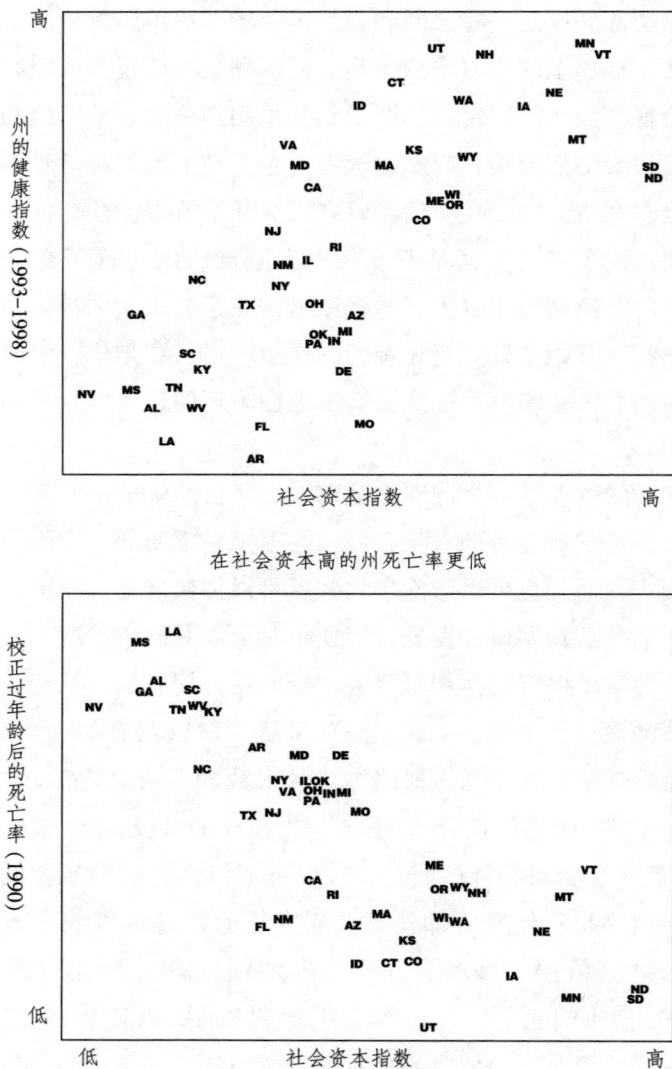

州的健康指数（1993-1998）

高

UT NH   MN VT
CT   WA   IA NE
ID
VA   KS   MT
MD   MA   WY
CA   WI   SD
          ME OR   ND
          CO
NJ
NM IL RI
NC   NY
          OH AZ
GA   TX
          OK MI
          PA IN
SC   DE
KY
NV MS TN
  AL WV
        FL   MO
    LA
        AR

社会资本指数   高

在社会资本高的州死亡率更低

校正过年龄后的死亡率（1990）

LA
MS
AL SC
GA
NV TN WV KY

AR MD DE
NC
NY IL OK
VA OH IN MI
TX NJ PA
        MO

          ME
CA   OR WY NH   VT
  RI   MT
NM   AZ MA   WI WA
FL   KS   NE
        ID CT CO
                IA
          MN   ND
                SD
低   UT

低   社会资本指数   高

图20-1：在社会资本高的州健康状况更佳

社会网络有助于你保持健康状态。卡内基-梅隆大学的一组研究人员关于社会关系更加复杂的人更少患感冒的发现并不是独一无二的。[14]例如，同社会网络薄弱的中风者相比，有强社会网络的中风者在中风后能较好地活动，生理上也能恢复得较好。[15]即使考虑到社会经济状况、人口因素、医疗保健水平和退休年限这些因素，参与社团、志愿者活动和地方政治的年长者也认为，他们自己总体上要比那些不参与这些活动的人更健康。[16]

这些研究的要旨在于：经验显示，对于一个不加入任何组织的人来说，当他决定加入一个团体之时，未来一年死亡的风险会减少一半。如果你既吸烟，也不加入任何组织，当你对究竟是戒烟，还是参加社团难以定夺之时。这些研究某种程度上是鼓舞人心的：因为加入一个团体要比减肥、规律锻炼或者戒烟更加容易。

但这些发现也是令人警醒的。诚如我们在第二部分所看到的，在过去的 25 年里，社会参与呈整体下降趋势。图 20 - 2 显示，在同一时期里，尽管在诊断和治疗方面取得了巨大进步，但自我报告的健康水平还是出现了显著的下降。[17]当然，根据许多客观的测量，包括平均寿命，美国人确实比以前更加健康了，但这些自我报告显示，我们的感觉越来越差。这些自我报告相应地与社会交往有紧密的联系，这就意味着，那些感觉较差的人实际上正是较少交往的美国人。仅有这些事实并不能证明我们的身体正在经受互不往来所造成的逐渐增加的危害，但是，联系到关于社会资本对于身体影响的较为系统的证据，这个证据就可以证明另一个论点，即社会资本的销蚀具有明显的不良后果。

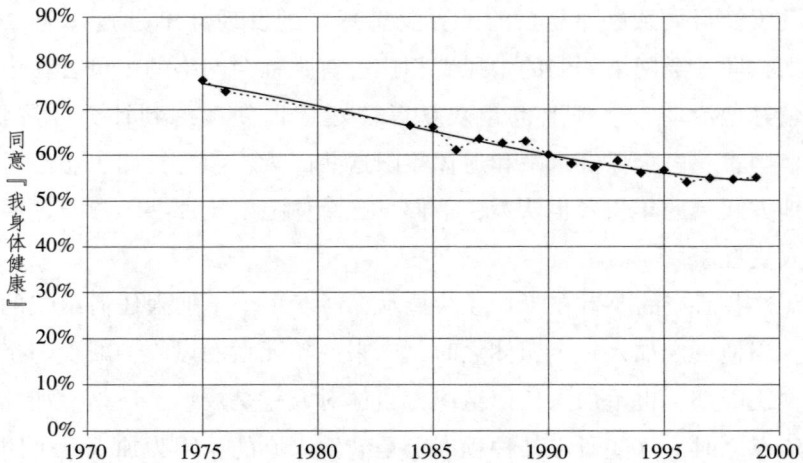

图20－2：美国人感觉没有过去健康了

在第14章我们发现了明显的一致性，即在相同几年里当社会交往出现下降时，抑郁症，甚至自杀也会有所增加。我们还注意到这种一致性有着深刻的世代根源，那些最少交往的几代人，正是饱受公共卫生专家所谓"抑郁药剂（Agent Blue）"折磨的人。在任何给定的年份，10%的美国人都正在遭受严重抑郁症的痛苦，而且在所有疾病中，抑郁症成了在整体上影响美国人的第四大疾病。很多研究表明，社会交往能抑制抑郁症，即使控制其他影响要素，低水平的社会支持也会直接影响抑郁症，而高水平的社会支持可以缓减症状并加快恢复。社会支持能缓减我们日常生活压力。面对面的联系似乎比地理上远距离的联系更有疗效。总之，即使只就抑郁症的范畴而言，我们也要为日益下降的社会交往付出沉重代价。[18]

无数的研究把社会和心理活动联系了起来：有亲密的朋友与知己、亲近的邻居和相互支持的同事的人，往往较少有可能经历沮丧、孤独、低自尊心和睡眠或饮食问题。如果其他条件一样，结婚的人们始终比未结婚的人幸福。这些发现将会使所有的美国人感到惊奇，因为在一个接一个的研究中，人们自称，和家庭成员、朋友或浪漫情侣和睦相处——

远比金钱和名声——更是他们幸福的先决条件。[19]一项关于生活满意度相关因素的研究（不仅在美国也是在全世界展开的、长达半个世纪之久的研究）得出了一个具有普遍性的发现是：一个人社会交往的广度和深度能最有效地预测其幸福感。[20]

通过检验来自 DDB Needham 生活方式调查资料中的一些问题，我们可以考察社会资本在产生温馨有爱的感觉中所占据的位置：

333

"我希望我能够远离现在的生活，从事完全不同的事情。"

"我对这些日子里生活中的事情感到非常满意。"

"如果我的生命能从头再来，肯定会做些不一样的事情。"

"我现在比以前快乐多了。"

对这些条目的回应是有高度相关性的，所以我把它们综合成一个单一的生活幸福指数。这个意义上的幸福是和物质生活水平相关的。一般地说，随着个人收入的提高，生活满意度（life contentment）也会提高。毕竟金钱能购买到幸福，但是婚姻则不然。在保持教育、年龄、性别、婚姻状况、收入和公民参与不变的情况下，结婚对于生活满意度的边际"效应"相当于在收入层级上大概向上浮动了 70 个百分点——比如，从 15% 到 85%。[21]用约整数来表示，结婚等于是把你年收入提高到原来4 倍水平的"幸福等价物"（happiness equivalent）。[22]

那么，教育和生活满意度的关系又如何呢？教育通过增强收入能力，和幸福有着重要的间接相关性，但是，如果保持收入（和年龄、性别以及其他因素）不变，教育自身对于生活满意度的边际相关性又如何呢？用约整数来表示的答案是，额外四年的教育——比如上大学——大体相当于是年收入翻一番的"幸福等价物"。

在粗略评估了金融资本（收入）、人力资本（教育）和一种形式的社会资本（婚姻）与生活满意度之间的相关关系后，我们现在可以提出关于幸福与不同形式的社会交往之间相关关系的问题。让我们问问定期参加社团活动的成员（那些每月出席 1 次的）、定期参加活动的志愿者（那些每月活动 1 次的）、经常在家中娱乐的人们（比如每月 1 次）

和定期礼拜的人们（比如 2 周 1 次）。其差异之大令人吃惊，定期参加社团活动、志愿者活动、家庭娱乐和做礼拜的幸福等价值和取得一个大学学位或者将你的收入提高到 2 倍多是一样的。作为生活幸福的预测因素，公民交往可与婚姻和财富相匹敌。[23]

如果每月进行 1 次的社团聚会是好的，那么，是否每天进行 1 次社团聚会就是 30 倍的好呢？答案是否定的。图 20 - 3 显示，社会交往对于幸福感的存在可能会出现经济学家所谓的"边际生产率递减"（declining marginal productivity）的现象。对于参与志愿者活动、社团活动和在家里娱乐的最大幸福回报似乎产生于"没有"和"每月 1 次"之间。3 周 1 次的社团会议（或聚会或志愿活动）几乎不能增加幸福感。在每 2 周相遇 1 次之后，增加的社会交往与幸福的边际相关系数实际上是负的——这是与日常经验相一致的另一个发现。但是，做礼拜在一定程度是不一样的，在那里，至少从每周 1 次的出勤可以看到，更多的礼拜有更多的快乐。

334

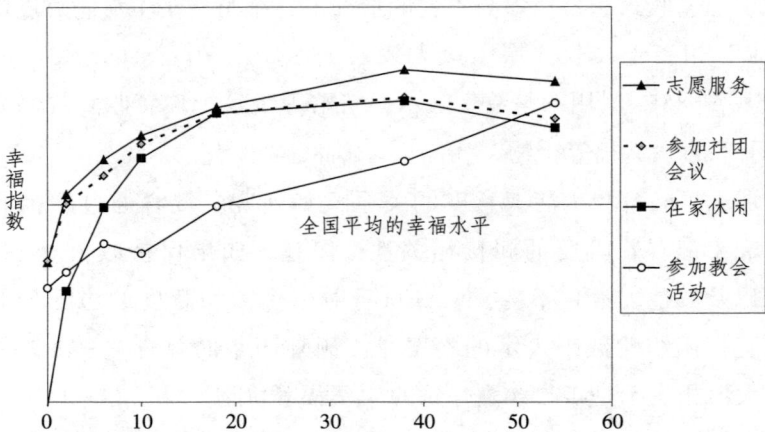

图 20 - 3：社会交往（至少适度）促进幸福

当然，为了方便粗略地计算，这个分析特意运用整数来表达。而且因果关系的方向是不明确的。可能是快乐的人比不快乐的人更有可能去

结婚、在工作中获得提拔、接受继续教育、去做礼拜、加入社团、举办
聚会，等等。我们目前的目的仅仅是想说明社会交往和人的心理有着深
刻的联系。甲壳虫乐队说得对：我们都"在朋友们的帮助中生活"。

在披头士（Fab Four）打顶金曲排行榜后的几十年里，美国成年人的
生活满意度在持续下降。粗略地看，满意度下降一半是和对经济状况的
担忧有关，而另一半则和社会资本的下降有关：更低结婚率以及与朋友
和社区的交往一直在减少。并不是所有的人群都是一样地沮丧。调查数
据显示，消沉情绪在青少年和中年人（20 – 55 岁）中最为强烈。而 55
岁以上的人们——我们所熟悉的经历了悠久公民传统的朋友们——实际
上比他们的上一代人更幸福。[24]

某些代际差异是源于对金钱的忧虑：尽管繁荣景象不断持续，但青
年和中年人在经济上依然缺少安全感。不过，一些不平等也是源自社会 335
交往。今天，青年和中年人往往比他们的前辈较少地可能有参加礼拜或
社团聚会之外的朋友。心理学家马丁·塞利格曼（Martin Seligman）认为，
越来越多的人感觉不满意，是因为现代社会对于个人支配和自由的崇尚
远甚于投身于社会责任和公共事业。这种转变促使我们在已有的基础上
产生了更高的期望，那就是我们能够通过选择和奋斗取得成功，并且使
我们在毫无准备的情况下去面对人生不可避免的失败。一旦我们处于回
头求助于社会资本——家庭、教会、朋友——的境地，这些社会资本却
并没有强大到足以缓冲我们的衰落。[25]这一章的证据显示，不管是我们
的私人生活，还是集体生活，在过去四分之一个世纪，我们为互相之间
的不联系付出了沉重的代价。

第 21 章

民 主

336   剧作家奥斯卡·王尔德（Oscar Wilde）曾打趣说，"社会主义给人们带来的麻烦是耗去了太多的夜晚。"[1]如果这么说是贴切的，那么自由民主又会耗去多少个夜晚呢？民主自治政府要求有积极参与的公民群体，这是几个世纪以来公认的真理。（直到20世纪中叶，一些政治理论家才开始宣称，良好的公民需要在投票箱前对竞选的政治家做出简单的选择，就像人们在若干相互竞争品牌的牙刷中做出选择一样。）[2]在这一章中，一方面我会思考传统的观点，即美国民主的兴盛需要公民承担公共责任；另一方面，我也会思考更广泛却富有争议的观点，即公共机构的良性发展依赖于，至少是部分地依赖于广泛参与的私人志愿团体——那些体现社会资本的公民参与网络。

参与式民主制（participatory democracy）的理念深深地植根于美国政治哲学中。在民主制试验的初期，便有托马斯·杰斐逊（Thomas Jefferson）建议修改宪法以推动草根民主。在1816年的一封信中，他建议"县要被划成一定规模的区，以便每个公民一有号召便可作出响应并采取个人行动"。区政府将负责从管理学校到照顾穷人、从运作警察和军事力量到维护公共道路。杰斐逊相信，"要使每个公民都成为离他最近、最具吸引力的政府的活动分子，使他产生一种对国家独立和共和制度的强烈感情而被深深吸引"。[3]

337   在此十年之后，托克维尔造访了美国沿海地区，做出了类似的观察。他认为，即使没有杰斐逊式的区政府，美国人的地方公民活动也扮演了相当于美国民主社会女仆的角色："很难以国家的名义将一个人从吸引他的小圈子里拉出来，"托克维尔观察到，"他们无法清楚地得知国家命运会对他们自己产生多大影响。但是，如果提议在他自己的屋后修一条马路，他便能马上看出在微小的公共事务和对他来说最大的私人事务之间的关联；他将发现，即使不用向他说明，在私人利益和公共利益之间也存在着紧密关联的纽带。"[4]

英国政治哲学家约翰·密尔（John Stuart Mill）称颂参与式民主制对于个人品性的作用。密尔写道，如果在公共生活中没有分享的参与，一个公民"从来不会想到任何集体利益，与他人之间没有任何共同追求的目标，而只有相互竞争，以及在某种意义上牺牲他们……一个邻居，不会是一个盟友或伙伴，因为他从来没有因为共同的利益而一起奋斗过，因此只能是一个对手"。相反，参与其中的公民"会响应号召……去权衡与自己无关的利益；如果有利益冲突，也会依据他的规则而不是一己私利来行事……他觉得自己是公众的一分子，任何有利于大家的事情也将有利于他"。[5]

杰出的进步主义哲学家约翰·杜威（John Dewey）曾深深思索过一个至今仍然适时的难题，那就是，如何使大规模的、科技发达的现代社会符合民主的迫切需求？"与公共生活相脱离的博爱、自由和平等是无法做到的空想……民主制必须从地方开始，所谓的地方就是邻里社区。"杜威的传记作家罗伯特·维斯布鲁克（Robert Westbrook）补充道："只有在地方，面对面的社团里，公民参与的成员才能相互对话，而这样的对话对于公共意识的形成和组织是非常重要的。"[6]

然而，美国建国之父中的许多人并没有过多考虑志愿者协会。众所周知，他们反对政党和地方政治团体，以及任何成员联合起来可能危及政治稳定的团体。詹姆斯·麦迪逊（James Madison）将因为特殊利益或热情而组织起来的团体称为"宗派的祸根"（mischiefs of faction），主张要以自由的名义宽容它的存在，但其影响必须受到限制。[7]麦迪逊的忧虑混杂于如今对华盛顿院外集团和特殊利益团体的批评声中。人们担心，选举出来的议员会受到"宗派"的控制，他们可能会牺牲整体利益来博取少数人的特别关照。在有关美国公民生活的通史中，迈克尔·舒德森

（Michael Schudson）总结道，这些建国者"没有达成多元主义的共识，仍然坚持认为有关共识、财产、美德以及尊重的观念都是自然而然产生的"。[8]我们稍后会看到，立国者们担心的"宗派的祸根"在当代关于社会资本与民主的争论中再一次出现。

338　　为了回应托克维尔的观察，许多当代的民主学者开始为"中间（mediating）"和"中介（intermediary）"组织辩护，认为它们是维持一种充满活力的民主制的基础，只是不自然地或间接地具有政治性。[9]志愿团体和公民社会的社会网络，即我们所说的"社会资本"对于民主的贡献体现在两个方面：他们对较广泛意义上的政体有"外部"作用，同时对参与者自己也有"内部"作用。

从外部来看，从教堂到专业社团，从麋鹿会到书友会，这些志愿团体可以让个人表达他们的利益和对政府的需求，可以保护他们自己免受政治领袖滥用权力的危害。政治信息通过社会网络进行传播，在这些网络中，公共生活得到了讨论。一如经常所说的，托克维尔清楚地看到了这一点："当一种观点被一个团体代表的时候，它必定以更加清晰和更加精确的形式出现。它清点自己的支持者并使他们参与到自己的事业中；这些支持者由此得以相互认识，并且强化其成员的热情。一个团体能够积聚不同大脑的能量并将其导向一个清晰明确的目标。"[10]

当人们通过邻里社团、家长教师协会、政治党派或甚至是全国倡议团体进行结社活动时，他们个人的、本来弱小的声音得到了强化和放大。政治哲学家艾米·古特曼（Amy Gutmann）写道，"如果没有一个愿意并且能够为我们大声表达观点和价值的团体，那么，让别人听到观点或者亲自影响政治过程的能力是非常有限的，除非碰巧我们非常有钱或者有名。"[11]公民交往并不一定要有正式的机构才能有效。比如，一项关于柏林墙倒塌之前东德民主运动的研究发现，招募往往同伙朋友的网络。相对于意识形态承诺、对镇压的恐惧、或正式组织活动等关系，非正式关系在影响谁参加运动时更加重要。[12]

实际上，社团和较不正式的公民参与网络在使他们的成员养成合作习惯、使他们形成公共精神的同时，也赋予了他们参与公共生活所必需的实践技能。托克维尔观察到，"只有通过人与人之间互利互惠的行动，才能丰富情感和思想、开阔胸襟、增进理解"。[13] 就像预防针一样，社区关系可以使人免于卷入那些充满脱离社会和放任不羁的个人的极端主义社团。过去 40 年政治心理学的研究表明，"远离社区、职业和团体协会的人是极端主义团体的主要支持者。"[14]

从积极的角度来看，志愿团体是学习社会和公民技能的地方——"民主学校（schools for democracy）"。成员在此学习如何组织会议、发表公开演讲、写信、组织活动以及文明地讨论公共问题。[15] 威廉姆·穆拉斯金（William Muraskin）关于普林斯·霍尔·马森里（Prince Hall Masonry）对非裔美国人公民技能影响的描述更为广泛： 339

> 作为一个社团，共济会被认为能够……激发和训练其成员的领导才能。通过兄弟会，成员学会了演绎许多布尔乔亚的社会角色，而这些角色是他们所缺乏或不曾经历的。通过传授这些角色，并为他们提供了一个实践的舞台，共济会努力使成员的领导潜质在实践中得以展现。[16]

关于当代美国公民技能最系统的研究表明，美国工人志愿团体和教堂为锻炼公民技能提供了最好的机会，甚至对于专业人员来说，这些团体在培养公民技能方面所起的作用也仅次于工作场所。宗教团体、文艺团体、青年团体以及互助会的三分之二或者以上的成员会通过做讲演或主持会议的方式锻炼其公民技能。[17] 特别是教堂，它是为数不多的留给低收入、少数族群和各种族弱势公民学习与政治相关技能并将其纳入政治运动中的重要机构之一。[18] 这意味着，其对于那些以平等主义民主为价值的人来说是极其重要的：如果没有这些机构，美国政治中的阶级偏见将会严重得多。[19]

就像团体协会反复灌输民主习惯一样，它们也适合作为深入协商重要公共议题的场所。政治理论家们最近重新开始关注"协商民主制"的前景和缺陷。[20] 其中一些人认为，当志愿团体成为国家缩影之时，它们最能在经济、民族和宗教上增进协商。[21] 另外的人则认为，即使是同质性的组织，也可通过将更多的人囊括在公共互动中来增强"协商民主"。比如，当少数族群推动非歧视法规，在学校课程和政府议事议程中强制要求关心民族利益之时，他们在事实上拓宽了参与的范围。[22]

志愿团体可能不仅仅是协商的场所，也为培养公民美德提供了机会，比如积极参与公共生活。[23]一项对于高中毕业班学生的追踪研究发现，不考虑学生的社会阶层、学术背景和自尊心理，毕业两年后那些在学校里参与志愿团体的人也比不参与者更有可能去投票、参与政治运动和讨论公共问题。[24]另一种公民美德是可信赖性（trustworthiness）。许多研究表明，当人们重复交往的时候，他们很少有可能推卸责任或欺骗。[25]第三种通过社会交往而获得的公民美德是互惠（reciprocity）。正如我们在第7章里一再看到的那样，人们卷入公民参与（从社团聚会、教堂户外餐到非正式的朋友小聚）网络越多，就越有可能表示出对他人的关心——成为志愿者、献血、捐助慈善团体，等等。对政治理论家来说，互惠同时还有另外一层意义——在民主争论中意见相反的双方在经过充分讨论之后，是否有可能为寻求共识在基本规则上达成一致，甚至（或特别在）他们对要做什么完全意见相左之时。[26]经常和公民同伴的联系不一定能确保他们和我同穿一双鞋，但社会隔离却肯定不能。

另一方面，许多明智的批评者提出了这样的质疑，即志愿团体是否必然有益于民主。[27]最明显的是，有些团体完全是反民主的——三K党（the KKK）是人们最喜欢使用的例子。不明智的理论家会宣称，每一个团体都有助于民主价值的形成。但是，即使我们把关注点局限在民主规范内行动的团体，一个共同的感受便是，社团——或者利益集团——扭曲了政府的决策。从20世纪60年代西奥多·洛维（Theodore Lowi）的《自由主义的终结》（*End of Liberalism*）到20世纪90年代乔纳森·劳齐（Jonathan Rauch）的《民主僵化症》（*Demosclerosis*），美国多元主义的批评者们认为，更加专业化的游说者们持久不变和相互冲突的吁求甚至麻痹了具有善意的政治家，遏制了对无效政府项目的削减和改进。[28]这令人想起麦迪逊的忧虑，即胡乱捣蛋的"宗派"会损害公共利益而为自己牟利。多元主义者的理想认为，不同团体之间的讨价还价可以实现最大多数人的最大利益，相反，我们认为最大的利益是通过对少数人最好的组织来实现的。

其次，结社中形成的关系对那些先天或后天有能力去组织并让别人知晓自己诉求的人非常有利。在多元主义的条件下，受过教育的、有钱的、有地位的人以及与他们社区利益团体成员有紧密关系的人们，比那些没有受过教育的、贫穷的和没有社会联系的人，更可能在政治上获得有利地位。[29]用我们的话来说，社会资本是自我增强的，对那些已有一定可交换社会资本的人最有利。事实上，就像每一项研究所表明的那样，只要结社主义是有阶级偏见的，那么，持多元主义民主观的人就会比持平等主义民主观的人更少。[30]用政治学家 E. E. 斯查德施奈德（E. E. Schattschneider）的名言来说就是："多元主义天堂的瑕疵就是，在天籁般的和声中会听见由上流社会所造成的刺耳杂音。"[31]

最后，对多元主义的批评还表明，它能够引发政治两极分化和愤世嫉俗。担心大众政党组织政治力量下降的政治学家认为，公民的团体政治天生就是一种极端主义政治，因为顽强坚守观点的人们往往成为领袖和积极分子。来自罗珀社会和政治趋势调查资料的证据实际上表明，意识形态极端主义和公民参与是有相关性的。尽管我们稍后就会看到，有证据显示这对我们目前的困境来说似乎有一些意外的涵义。

如果参与和极端主义有联系，那么就会产生许多重要的反应。首先，意识形态相同的志愿组织可能会增强其成员的观点，并且使他们从其他可能有价值的观点中分化出来。[32]在某些情况下，这种狭隘主义有可能培养出偏执和盲目的人。在一个两极化的志愿团体环境中，要达成双方可接受的、经过妥协的合理协商和讨价还价几乎是不可能的，因为每一方都在"原则上"拒绝退让。而且，政治两极化可能增加对政府解决问题能力愤世嫉俗的批评，并且降低公民参与和表达歧见的信心。[33]

这些都是严肃的思考。志愿团体并非在任何地方和任何时候都是有益的。他们可能会增强反自由的趋势；他们也有可能被反民主的力量滥用。而且，并不是每一个参与者都会成为一个更好的人：比如，有些加

341

入自助团体的人将学会同情与合作，而另一些人却会变得越来越自我中心主义。用政治学家南希·罗森布鲁姆（Nancy Rosenblum）的话来说："成员社团生活的道德意义是不确定的。"[34]

志愿团体并不是医治我们民主病痛之疾的万应灵药。而且，社会资本——规范、信任和协会网络——的缺失，并不会消除政治。但是，如果没有社会资本，我们却可能形成某种确定形式的政治。美国民主在历史上是在一个社会资本异常丰富的环境中逐渐发展而来的，同时，我们的许多制度和实践——比如，与其他工业化国家相比，我们的政治过程中地方分权达到了超常的程度——表明了对这种环境的适应。就像庄稼适应气候的变化一样，如果社会资本持久地减少的话，我们的政治实践也必须变化。那么，在一个社会资本和公民参与要低得多的环境中，美国政制又将如何运转呢？

一个缺乏面对面的社交和组织化的政治体系可能会采用一种佩罗风格（Perot–Style）的电子市政厅的形式，即一种全民投票的民主制度（plebiscitary democracy）。［译者注：佩罗风格的电子市政厅指的是罗斯·佩罗（Ross Perot）在1992年美国总统大选期间所倡导的一种电子政务形式，它将不同地点的人通过通信工具联系起来参加政治讨论和投票。］在那里，许多观点都能够表达，但只是没有实质内容的混杂噪声，既不能一个个地相互沟通，也不能为决策者提供更多的指导。电视政治中的政治行为，就好比看了《急诊室的春天》（ER）就想去救人于危难一样。这就像，你不可能通过遥控器便让病人的心脏重新起搏，你也不可能在没有直接、面对面参与的情况下马上激起公民意识。公民意识不是一场只有旁观者的体育比赛。

没有社会资本的政治是一种远离民众的政治。达拉斯或纽约演播室里访客之间的对话是不可靠的，因为这些"参与者"不需要长期地同异见相碰撞，并从中学习。真正的对话——那种在社区会议对房屋倒塌或学校预算进行的对话——从解决民主问题的视角来看，是更加"现实"的。如果没有这种面对面的互动，没有及时的反馈，没有将我们的观点强置于其他公民的质问之下，我们将会更容易地采取速效的解决方案，并且对不同意的人进行妖魔化。匿名对协商来说完全是一种诅咒。

如果政治协商的参与下降——如果参与民主争辩的声音越来越少——我们的政治会变得更加的刺耳和失衡。当大部分人匆匆逃会，那些留下来的人往往更加极端，因为他们对结果最为关心。比如，政治学家莫里斯·费里纳（Morris Fiorina）记述了他所生活的马萨诸塞州的康克德（Concord）一项普遍受欢迎、旨在扩大本地自然保护区的建议，是如何被一小撮环保主义的"真正信仰者"拖延，并最终陷入代价高昂的无休止争论的。[35]

罗珀社会和政治趋势调查说明，费里纳的经历是很具有代表性的：处于政治两极的美国人更多地参与公民生活，而温和主义者（中庸的人）逐渐趋于不参与。控制所有标准的人口统计学因素——收入、教育程度、城市规模、区域、年龄、性别、种族、职业、婚姻状况和家庭出身——自认为自己"非常"自由的或者"非常"保守的美国人，比持有相对中庸观点的公民，更有可能出席公共会议、致信议会、积极参与本地公民组织，甚至是去教堂。而且，意识形态的"极端主义"和参与之间的相关性在过去 25 年得到了加强，因为那些自认为意识形态上处于"中间道路"的人不成比例地消失于公共会议、地方组织、政党、集会及诸如此类的活动中。[36]

在 20 世纪 90 年代，那些自认为走中间道路的人参与公共会议、地方公民组织和政党的可能性只有 70 年代中期的一半。而自认为是"中庸的"自由主义者或者保守主义者的人参与下降了三分之一。下降最小的——平均小于五分之一的——是那些自认为"极端"自由主义的，或者"极端"保守主义的人群。在把他们自己描述成"极端"自由主义的、或者"极端"保守主义的人中，致信报社、致信议会，甚至讲演的可能性下降不足 2%，而在自称是"中庸的"自由主义的或者保守主义的人中，参与则下降了 15%，自称为"中间道路者"的人群则下降了将近 30%。[37]

具有讽刺意味的是，越来越多的美国人自认为他们的政治观点处于中间路线，或者处于中庸。但是，意识形态谱系中更为分化的两个极端（的人），在出席会议、写信、在委员会中供职等行为中占有越来越大的比例。更加温和的声音逐渐趋于沉寂，比较极端的观点渐渐在美国草根公民生活中占据更加明显的优势。在这种意义上，公民不参与使建国者们曾经担心的那个经典的"宗派"问题出现了恶化。

实际的参与和精神的参与同等重要，社会资本在此也是非常关键。调查显示，我们大部分的政治讨论都是在非正式场合进行的，在餐桌旁，或者在咖啡冷饮店。我们通过不经意的交谈来学习了解政治。你告诉我你所听到和想到的，以及你的朋友所听到和想到的，然后我把新的信息贮存在大脑信息库中，这促使我思考并修正对某个问题的看法。在正式的和非正式的社会网络世界里，通过与朋友和邻居相互交换信息，我们的观点才得以形成。社会资本使得政治信息得以扩散。[38]

然而，根据政治学家卡西·J.科亨（Cathy J. Cohen）和迈克尔·C.达文森（Michael C. Dawson）所指出的，这些非正式的网络并不是对每个人都是有效的。生活在美国城市中心的贫困区中的非裔美国人所遭受的不仅仅是经济的剥夺，还有政治信息和机会的剥夺。他们对于底特律贫困人口集中的社区所进行的研究发现，即使是那些他们自身不算贫困的居民，也比那些条件较好的社区里类似的居民更少参加礼拜、加入志愿团体、出席公共会议和谈论政治。[39]极度贫困社区里的人们感觉他们的政治代表性被剥夺了，并且将政治和社区参与看作徒劳无益。在一定程度上，对于真正弱势群体的现实评估长期存在着一种忽视，这种疏离的冷漠也反映了处于市中心区的社区通常缺少组织去动员公民们加入政治行动。换句话说，人们不参与是因为他们没有被动员起来，而没有被动员，他们就不能分享参与的果实。

但是，面对面的动员可能不是有效民主的必要条件。对于有庞大数量全国性成员的社团来说，如美国退休者协会（AARP）、奥特朋鸟类协会和全国有色人种协进会（NAACP），它们代表了全国散布在各地的成员的利益。就像我们雇佣技工来修车，雇佣资本经营者进行理财一样，有人可能会认为，我们通过美国退休者协会来保护将来退休者的利益，通过奥特朋鸟类协会来表达环保态度，通过全国有色人种协进会来表达我们对种族问题的怜悯之情等，这对我们而言，都不过是一种明智的劳动分工。迈克尔·C.达文森（Michael C. Dawson）承认，"这不是托克维尔式的民主"，"但是，这些组织或许能够高效地利用公民的力量。加入的公民或许能以较低的个人代价获得相同的公民回报（civic payoff）。如果我们把政治看成是一组公共政策的集合，那就更是如此。当公民每年加入塞拉俱乐部（Sierra Club）或是全国步枪协会（National Rifle Association）时，可能要比仅仅参加地方社团的午餐会，有更加令人满意的能力去影响政府。"[40]对一些知识分子来说，代表公民无疑是一种诱惑。[41]

但是，如果我们认为政治和民主是含义更加广泛的概念，而不仅仅局限于对狭隘利益的鼓吹，那么，由工作人员领导的、专业化的、以华盛顿为基础的倡议组织的暴增可能无法令人满意，因为在那些地方社团的午餐会中，公民技能得到了磨炼，明智的互相妥协的商议才得以出现。就如西达·斯考切波（Theda Skocpol）所争论的： 344

> 在传统美国公民社会中，成百万的男人和女人都能够相互影响，肩并肩地参与各类团体并在其中有更多的权利，同时也实现了对社区和国家事务的影响力……最近以来，这种古老的美国公民传统已经成为过去，被一堆由专业人士主导的倡议团体和名不副实的非盈利机构抛在一边。在这一过程中，共享的公民权利和让民主起到关键作用的理想已经被迫妥协。[42]

彼得·斯凯利（Peter Skerry）认为，有全国性成员的广泛组织往往不会受成员投入（input）的主导——毕竟，通常那只是他们付会费时签发的一张支票——而是被总部的职员所主导。这些人不可避免地被他们主要赞助人的意愿牵着鼻子走：富人、基金会甚至是那些间接资助很多组织的政府部门。因为这些志愿组织的成员在地理上散布在全国各地，所以，这些组织倾向于依赖媒体来推进其议程。为了获得更多的支持，媒体战略经常强调来自社团"敌人"的威胁，并且在整个过程中给我们营造一种充斥着装模作样和冲突连连的政治恐慌，而不是一种理性的争论。[43]

还有另外一个原因使这些大型的"三级"组织不能替代较为个人的政治参与：大部分的政治决策不是在华盛顿做出的。所以，为了真正有效，政治活动不能仅仅局限于将某人的会费邮寄给一个华盛顿的利益集团。例如，经济学家詹姆斯·T. 汉密尔顿（James T. Hamilton）发现，在人们拥有住房并投票的社区比人们租房居住和不投票的社区（让许多其他因素保持不变）更不可能建设排放有害垃圾的工厂。他总结认为，在决定在何处定址的时候，排放有害垃圾的工厂往往寻找在那些他们预期会有最少本地组织反对的地区。[44]从这个意义上看，地方层面的公民不参与就会削弱邻里社区的授权。当然，反之亦然，因为不参与和不授权不过是一枚硬币的两面。

社会资本不仅会影响什么进入政治，也会影响政治产生了什么。公民参与强烈影响政府绩效的最好说明不是来自于美国，而是来自于我和几个同事对鲜为人知的意大利地方政府所作的一项调查。[45]

345 从 1970 年开始，意大利在全国范围内建立了一系列强有力的地方政府。这 20 个新的机构在形式上几乎是一样的，但是它们所根植的社会、经济和文化环境却非常不同，其中包括了从前工业化的到后工业化的、从虔诚的天主教徒到狂热的共产主义者、从腐朽的封建社会到癫狂的现代社会的各种形态。就像植物学家把基因相同的种子种在不同地块里，并通过测量它们的生长状况来研究庄稼的生长发育一样，我们通过研究这些新的机构在不同环境中的演化去探索理解政府绩效。正如我们所期望的，事实证明，一些新政府的失败是令人沮丧的——效率低下、没有活力和贪污腐败。而其他政府却获得了显著的成功——创立新的托儿所日托项目和职业培训中心，推动投资和经济发展，率先倡导环保标准和开拓家庭诊所——有效地管理公共事务并能令他们的选民感到满意。

什么能够解释政府绩效的这些明显差异呢？一些看上去明显的答案原来是不相干的。地区与地区之间的政府组织太相似了，以至于很难解

第21章 民主

释政府绩效方面的差异。政党政治和意识形态也不能解释这些差异。富足和繁荣没有直接的影响。社会稳定、政治和谐或者人口迁移都不是关键所在。就如我们预期的那样，这些因素中没有一个与好政府有相关关系。可替代的最好的解释因素可能正是托克维尔曾经所期待的那样。公民参与的强大传统——投票率、读报率、合唱团和文艺团体的成员人数、狮子会和足球俱乐部——是一个成功地区的标志。

意大利的有些地区，如艾米拉—罗马格纳（Emilia‑Romagna）和托斯卡尼（Tuscany），有许多活跃的社区组织。这些地区的公民因公共事务、而不是因政府的恩赐而参与其中。他们信任彼此都会公正地行动并遵守法律。这些社区的领导者相对诚实，致力于社会公平。社会和政治网络被水平地、而不是等级化地组织起来。这些"公民社区"珍视精诚团结、公民参与和正直诚实的观念。民主制度在此运转了。

另外一个极端就是"非公民的"地区，如卡拉布里亚（Calabria）和西西里（Sicily），用法语中的词汇"缺少公民意识"（incivisme）来形容是非常合适的。那里没有真正的公民权利概念，社会和文化社团的参与不足。从当地居民的观点来看，公共事务是其他人的事情——他们属于要人（i notabili）、"老板"和"政客"——而与自己无关。几乎所有的人都同意，法律是为了被破坏而被制定出来的，但是可以威慑其他的违法行为，每一个人都需要更加严厉的法纪。陷入这些连锁的恶性循环，几乎所有人都感到无能为力、被剥削和不开心。毫不奇怪，这里的代议制政府比有更多公民社区的政府效力更低。

公民社区的历史根源源远流长。持久的公民参与和社会团结的传统 346 可以追溯到近一千年之前的11世纪，当时公社共和（communal republics）在佛罗伦萨、博洛尼亚、热那亚这样的地方得以建立，这也正是今天享有公民参与和良好政府的地方。这些公民遗产的核心是丰富的有组织的互利互惠和公民团结网络——中世纪公社（medieval communes）的同业公会、宗教互助会（兄弟会）和城堡自卫队；20世纪的合作社、互助社团、社区协会和合唱团队。

公民参与对于政府的需求和供给两个方面都产生了作用。在需求方面，公民社区里的公民期待较好的政府，他们（部分地通过他们自己的努力）便得到了它。正如我们较早的时候在对有害垃圾工厂的研究中所看到的，如果决策者期望公民坚持让他们担负政治责任，他们便更倾向于改变他们的念头，而不愿去面对公众的抗议。在供给方面，公民社区的社会结构和官员与公民的民主价值观都有助于代议制政府的绩效。用经济学的语言来说，社会资本能降低交易成本和缓减集体行动的两难困境。在人们相互熟悉、每周在合唱团训练或体育比赛中相互碰面并且彼此相信大家都会体面行事的地方，他们有一个规范，也有一个在其上面可以建立更深的合作事业的道德基础。在有社会资本的条件下，小政府（light - touch government）能够更有效率地运转。当公民监视邻里之间来往的时候，警察就能办理更多的案子。当邻居和亲戚为困境中的家长提供社会支持的时候，儿童福利部门就能把"家庭保障"工作做得更好。当家长志愿服务课堂并确保孩子完成家庭作业的时候，公立学校会办得更好。缺少社区参与的时候，政府雇员——官僚、社工、教师等等——的负担就会重得多，成功也显得更加遥不可及。

公民传统对美国来说也是一样重要的。就像我在第16章里简单解释的那样，在20世纪50年代政治学家丹尼尔·艾拉扎（Daniel Elazar）做了一项有关美国"政治文化"的开创性研究。[46]他的结论认为，美国有三种文化：一种是南方的"传统主义"文化；一种是沿大西洋中部和西部各州的"个人主义"文化以及集中在东北部、上中西部和沿太平洋西北部的"道德主义"文化。惊人的是，艾拉扎政治文化的地图看上去与图16-1中所描绘的社会资本的分布非常相像。"传统主义"的州，政治上往往被那些拒绝创新的精英所主导，往往也是社会资本最低的那些州。"个人主义"的州，政治上被强大的政党和职业政治家所左右，并且专注于经济增长，通常有处于中间水平的社会资本。"道德主义"的州——在那里，"好政府"、针对问题的运动和社会创新都会得到珍视——相对而言常常有很高的社会资本。从艾拉扎研究得出的政治文化指数[47]和我们的社会资本指数之间的相关性是出奇地高。[48]

公民传统也能预测美国政府的特性吗？具有启发性的研究发现，社

347

会资本高——"道德主义"丰富的州，往往在公共政策方面有非同寻常的创造力，并且拥有很好的系统来管制政府公务员的雇佣。政治在这些州较多地以问题为导向，关注社会和教育服务，而且看起来更少有腐败。初步研究表明，社会资本较高的州能维持政府较高的效力和较强的创新能力。[49]

在市一级，研究也发现，草根参与水平高的城市往往能削弱庇护性政治（patronage politics），[50]并能保证比较公平地分配联邦社区的发展基金。[51]有制度化社区组织的城市，比如波特兰（俄勒冈州）和圣保罗（明尼苏达州），能够更高效地通过那些本地人民所需要的计划。这些城市对于市政府的支持和信任水平也相对较高。[52]

高社会资本与有效政府绩效之间的关系回避了一个显而易见的问题：在社会资本下降和对政府信任下降之间是否也有一样的关系？在我们对民主的不满（discontent）和公民不参与（disengagement）之间是否也有类似联系？这是一个一般性假设，即对于政府的愤世嫉俗导致我们不参与政治，但是相反的逻辑也是可能的：我们之所以不满，是因为我们和邻居都退出了参与，这对政府的真正绩效造成了损伤。诚如珀果（Pogo）所说，"我们遇到的敌人就是我们自己。"

社会资本通过很多方面来影响政府。我们都同意，当每个人都缴纳他所欠税款的时候，国家将从中受益。没有人愿意资助骗税行为。税收系统的合法性，部分地因为我们持有这样一种信念：即我们所有的人都会尽自己分内的责任。然而，我们知道美国国税局（IRS）没有可能审计每一个人，因此理性的公民有很多的理由相信，如果他们缴纳自己的那部分，事实上他们会资助那些骗税的人们。这是唤醒我们不要再对国税局和整个税收体系抱有幻想的一个好办法。

但是，并不是每个人都被同样地唤醒了。研究表明，那些公民认为他们基本上是诚实的州，依法纳税的情况要好于低社会资本的州（参见图 21-1）。如果我们考虑到各州在社会资本、人均收入、收入不平等、种族构成、城市化水平和教育水平方面有所不同，那么，社会资本就是成功预测依法纳税的唯一因素。[53]同样地，调查发现，认为他人是不诚实的、或者不信任政府的个体纳税人，他们自己也更可能有骗税行为。[54]我的纳税意愿很大程度上取决于我的感觉，即其他人也会做相同的事情。实际上，在一个社会资本丰厚的社区，政府是"我们"的，不是"他们"的。在这个意义上，社会资本强化了政府的合法性：我纳税是因为我相信大部分其他人也会这么做，并且我认为税收系统也基本上在尽其本分。相反地，在一个居民之间缺少互利互惠关系的社区，我不会觉得一定要自愿纳税，因为我相信大部分人都在骗税，而且我认为税收系统是另一个被破坏了的政府项目，是"他们"的，而不是"我们"的。

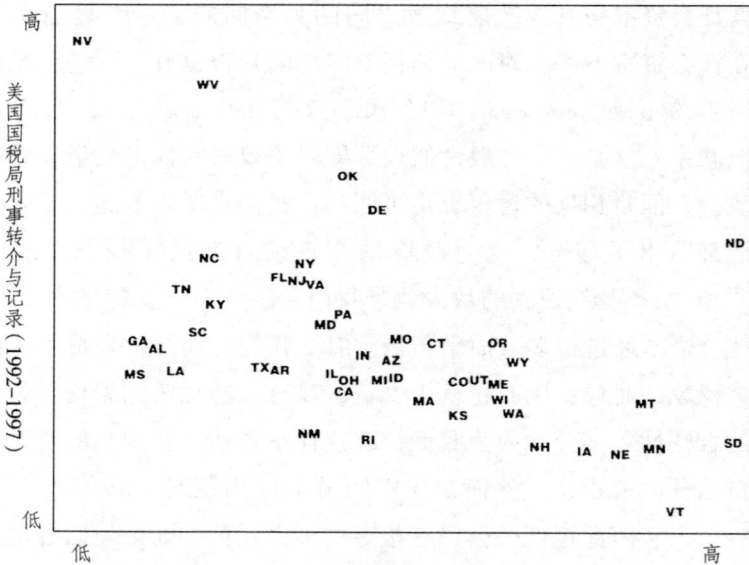

图21-1：社会资本高的地方更少逃税

在这种背景下，毫不奇怪的是，一个人的公民参与水平是同每十年进行一次的人口普查配合最好的预测指标之一。令人诧异的发现是，即使在我们控制了被认为会影响听众偏好和花费的所有其他因素——教育、财富、种族、避税和政府开支——之后，社会资本测量较高的社区，如参与率和社会信任较高的社区，对公共广播也会有更多的捐献。[55]公共广播是公共物品的典型例子——不管是否为此支付，我都会从中受益，而且我的捐献本身并不可能维持广播电台的存在。为什么任何一个理性的、利己主义的听众，甚至是一个沉溺于吉姆·勒若（Jim Lehrer）的听众都会给地方电台寄去一张支票呢？答案看起来是这样的，至少在那些社会资本丰裕的社区，公民规范维系着一个被扩大了的"利己主义"观念和一个对于互利互惠更加坚定的信念。如果我们社会资本的存量减少，我们当中越来越多的人就会一心想着去"搭便车"（free - riding），那不仅会忽略了"像你一样的观众"的诉求，也会导致对维系民主运转的诸多公民责任的忽视。

349

同样地，研究发现，当团结和信任的程度高的时候，军事团体就会更加有效。在面临突发危机的时候，有强社会网络和基层协会的社区比缺少此类公民资源的社区表现要好。[56]在所有这些情况下，我们的集体利益要求我们违背直接私利而行动，并且假设邻居们也会同样地采取集体行动。现代社会充满了搭便车和投机取巧的机会。民主没有要求公民成为无私的圣人，但是，在很多情况下，它假设绝大部分人在大多数时候都能抵抗欺骗的诱惑。越来越多的证据表明，社会资本增强了人们更善良、更包容的自我本性。民主制度的绩效相当程度上取决于社会资本。

第 22 章
社会资本的阴暗面

在美国文学中，中产阶级的社团活跃者是一个脸谱化的角色，作者常常用笨拙、小心眼、物质主义、势利、虚情假意、心胸狭窄等词语来描写他们。1998 年的电影《欢乐谷》(Pleasantville) 就讽刺 50 年代是一个乡巴佬的、憎恶女人的、种族主义的、法西斯主义和（最糟糕）乏味的时代。相比之下，90 年代则是一个更开明的、无拘无束的、色彩斑斓的时代。这种讽刺话题并非新近才有。早在 1865 年，亨利·大卫·梭罗（Henry David Thoreau）就在《大西洋月刊》中轻蔑地写道，"美国人已经蜕化成为一种奇怪的人，这种人可能因其嗜好社交以及明显智力低下而闻名于世。"[1]

辛克莱·刘易斯（Sinclair Lewis），美国第一个诺贝尔文学奖获得者，在他 1922 年关于乔治·F·白璧特（George F. Babbitt）的小说中，为我们的语言增添了"市侩作风（babbittry）"一词。白璧特（Babbitt）是一名房地产经纪人，俄亥俄州杰尼斯俱乐部（Zenith）的铁杆支持者，他是一名共和党员，身上佩戴着表链：

> 一个很大的、淡黄色的麋鹿牙齿——显示着他是友好保护麋鹿会（Brotherly and protective Order of Elks）的会员，在他裁剪精致、做工细腻的灰呢上衣的翻领上，别着支持者俱乐部（Boosters' Club）的徽章。这枚徽章简约精致，镌刻着两个词："努力吧，支持者们！(Boosters – Pep!)" 这让白璧特感到他对别人是忠诚和重要的。这把他和那些好朋友，那些表现得体、通情达理、在生意圈中重要的人物联系起来。这是他成为学生会

副主席，获得众多荣誉勋带，打开优等生荣誉学会之门的敲门砖。

他的社团和协会是他的精神食粮。作为一个在杰尼斯社团的正派男人，他会被要求必须加入这些不计其数的地方社团和繁荣的午餐社团中的一个，或者最好是两三个；包括扶轮会、基瓦尼会或者是支持者俱乐部；共济会、驼鹿会、梅森会、忠诚会、木匠会、猫头鹰会、老鹰会、马加比会、皮西厄斯骑士会、哥伦布骑士会，以及其他秘密的兄弟会，这些社团的特点是团员高度热情、道德品德优良、对宪法心存敬畏。加入这些社团有四个原因：首先这是应当做的事情；其次有利于生意，因为社团兄弟常常成为客户；其三，美国人不可能将格哈姆雷特（Geheimräte）或康美达托利（Commendatori），或者像尊贵的抄写员（High Worthy Recording Scribe）和巨岩（Grand Hoogow）这种华而不实的社团名字强加在上校、法官和教授身上来大献殷勤；最后，它允许被束缚的美国丈夫们每周能有一天晚上不在家里呆着。集会地就是他的露天广场，是他的路边咖啡店。他可以在那打撞球、谈论男人的话题，他也可以表现得既粗俗又英勇。正是这些原因，白璧特自己便是他所称的那种"社团活跃者"（Joiners）。[2]

像乔治·白璧特这样的角色赋予了社会资本一个坏名声。他们迫使我们需要谨慎地考察，在公民道德的黑暗面可能隐藏着某些缺陷。

法国大革命的旗帜代表着三种理想——自由、平等和博爱。博爱就像法国民主主义者赋予它的内涵一样，它另外一个名字就是我所用的术语"社会资本"。但这一旗帜以及随后的哲学辩论并没解决的问题是，这三项良善的追求是否总能相辅相成。两百多年来，大部分西方政治讨论发现，在自由和平等之间存在着此消彼长的关系。太多的自由或者说至少是太多的特定形式上的自由，可能会削弱平等。但我们较不了解的、却更令人不安的是，在将第三种价值纳入之后，应该如何在这三种价值间保持均衡：更多的博爱是否不利于自由和平等？所有的好事物并不必然是相辅相成的，所以一味地追求社会资本可能会对自由和平等造成无法接受的伤害。这一章我们将对这些规范性的难题进行讨论。

在社会资本与自由和宽容之间是否存在冲突？这曾经是并且依旧是古典自由主义者拒绝社区网络的理由：社区限制了自由，并且鼓励了不宽容。19 世纪富有洞察力的英国人沃尔特·白芝浩特（Walter Bagehot）描绘了社区的枷锁是如此地沉重：

> 你或许会谈论尼禄（Nero）和泰比里厄斯（Tiberius）的暴政；但是真正暴政却是你隔壁邻居的暴政。还有什么法律像他的法律那么残酷？还有什么束缚能像他这样的人的需求一样令人恼怒？还有什么专制政府的侦探能够像你邻居的眼睛一样有效地监视到你的家门？公共舆论是一种具有穿透性的影响力，而且它能强求对它自己的顺从；它要求用他人的思想思考，用他人的词汇说话，养成他人的习惯。[3]

在 20 世纪 50 年代的美国小镇里，人们深深地卷入到社区生活中，但是对许多人来说，这种过剩的社会资本看起来导致了强行一致和社会分隔。此后的 60 年代，宽容和多样性开始盛行，几乎伴随着事实上的社会资本下降。[4]像迈克尔·舒德森（Michael Schudson）和阿兰·沃尔夫（Alan Wolfe）这样有思想的评论家认为，在此后若干年里，美国人变得更加宽容了，但同时也变得较少与他人交往。[5]他们问道："为了获取自由而付出社区生活的代价，到底值不值？"

毫无疑问，90 年代的美国要比 50 年代、甚至是 1970 年的美国更加宽容。根据综合社会普查资料，表 22－1 概括了三个对支持种族融合、性别平等和公民自由的宽泛测量，以此观察支持反对观点的言论自由和写作自由。图 22－1 给出了在 20 世纪过去的 25 年里，美国人对于这三个领域态度的变化状况。事实上在 20 世纪过去的 25 年里，对所有概括在表 22－1 中的 21 个问题的态度都在朝着一个更加宽容的方向变化：对跨种族通婚更加宽容、对妇女参加工作更加宽容、对同性恋更加宽容等等。

表 22 – 1：种族融合、性别平等和公民自由的宽容指数

A. 对于种族融合的宽容（仅限白人）

1. 白人有权将黑人（Negroes/blacks/African American）拒绝在他们的社区之外，而且黑人应该尊重这种权利。（同意/不同意）

2. 你认为是否应该有法律来反对黑人和白人之间的婚姻？（是/否）

3. 在过去的几年里，你家庭中是否有人带黑人朋友回家吃饭？（是/否）

4. 假如有一个社区就关于房屋问题的表决，有两种可供表决的方案。第一个方案规定，房主能够自己决定将房子卖给谁，即使可能他不喜欢卖给黑人；第二个方案规定，房主不能因为他或她的种族和肤色而拒绝把房子卖给这人。你会投票支持哪一方？

5. 如果你所属的政党提名了一个黑人总统候选人，如果他的条件符合这份工作，你会投他的票吗？（是/否）

6. 如果你和你的朋友们都属于一个不让黑人加入的社会团体，你会尽力去改变规则以便黑人可以加入吗？（是/否）

B. 对于男女平等的宽容

1. 女性应该精心操持家务，而让男性去治理国家。（同意/不同意）

2. 如果她的丈夫有能力赡养她，你同意不同意一个已婚女人在公司或企业中赚钱？（同意/不同意）

3. 如果你所属的政党提名了一名女性总统候选人，如果她的条件符合这份工作，你会投她的票吗？（是/否）

4. 大多数的男人在情感上比大多数的女人更适合于搞政治。（同意/不同意）

5. 男人是事业成功者，女人照顾家庭，这对于任何深陷其中的人都是要好得多的状况。（同意/不同意）

C. 对于公民自由的宽容

1. 总有一些人，他们的思想被其他的人认为是坏的或者危险的。比如，有些人反对任何的教会和宗教。如果这样的人想要在你的社区发表一个反对教会和宗教的演讲，他是否应该得到允许呢？

2. 如果你的社区里有人建议应该将一本反对教会和宗教从你们的公共图书馆拿掉，你是否赞成把书拿掉呢？

关于如下方面的问题也会被提出：

· 一个相信黑人天生是劣等的人。

· 一个承认他是一个社区主义者的人。

· 一个提倡废除选举并且由军人统治国家的人。

· 一个承认他自己是同性恋的人。

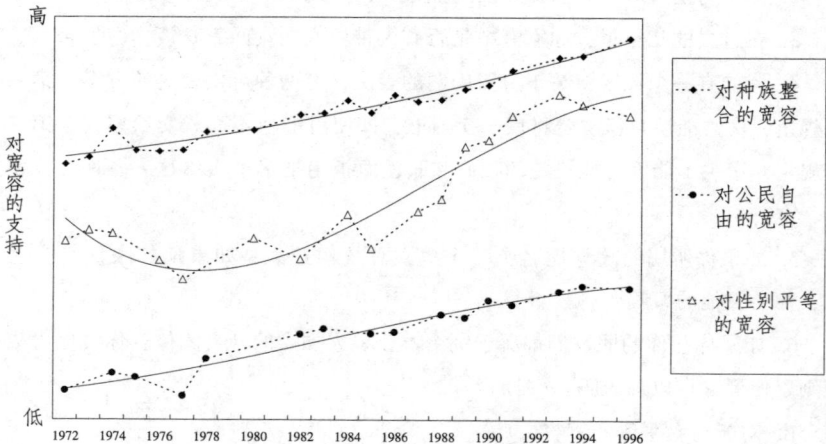

图 22 - 1：种族融合、公民自由和性别平等上的宽容在增长

近几十年里，人们宽容程度的增加变得更为广泛和明显。在 1956 年，50％ 的美国白人认为白人和黑人应该上不同的学校；1995 年，只有 4％ 的人持有同样观点。1963 年，45％ 美国白人说，如果黑人住进他隔壁他就会搬家；1997 年，只有 1％ 的人说同样的话。1973 年，仅有 20％ 的美国人回答最近有其他种族的人到他们家一起吃饭；但是，到 1996 年数字增加到一倍以上，逼近 42％。1987 年的时候，有 46％ 的美国人反对不同种族之间的约会，但是到了 1999 年这个数字下降了一半，达到 23％。1963 年，61％ 的美国人支持禁止不同种族间通婚的法律，但是到了 1998 年之后只有 11% 的人支持。不同种族间的社会沟通获得了加强，尽管——或者可能是因为——大多数形式的社会资本都在衰减。

在 1973 年，全美将近有一半的人（45%）赞成禁止在地方公共图书馆中收藏倡导同性恋的书籍，但是 25 年后这个数字下降到了 26%。从 1987 到与 1999 年，赞成解雇同性恋教师的美国人比例从二分之一以上下降到三分之一以下。1975 年，全美有一半的人赞成"大多数的男人在情感上比大多数的女人更适合于搞政治"以及"女人应该以家庭为重"。到了 1999 年，只有不到四分之一的人支持这种观点。在每一个统计趋势的背后，都代表着一群逐渐从（精神的）耻辱和压迫中解放出来的美国人。[6]

因此，从 60 年代中期到 90 年代末期，美国人实质上变得更加宽容了，也恰恰在这个时期（就像我们在第二部分所看到的），他们开始脱离公民生活和联系其他人。社会资本出现下降，而宽容度却提高了，这会是一种巧合吗？莫非旧式社团的衰败仅仅反映，人们的不参与（或者不再加入）是因为他们对女性、黑人等的态度比起他们父母来说更加宽容了，而这些社团却不是如此？更准确地说，难道我们变得更加宽容是因为从那些令人窒息、狭窄封闭的社会隔离层中解脱出来了？简单地说，在社会资本和不宽容之间的联系是否存在某种铁律，从而使社会资本的下降不可避免地成为与宽容个人主义的上升相伴随的事物？莫非最终我们会面临一个痛苦的甚至是专断式的价值选择——要么社区，要么个人主义，而不能两者兼得？自由或博爱，两者不可兼得。如果我们追求的是一种关系紧密的塞勒姆社区（Community of Salem），那么这是否仅仅是梦想的一部分，就如亚瑟·米勒（Arthur Miller）1953 年在《熔炉》（*The Crucible*）一书中所阐述的，那个我们躲避的"女巫"便是我们合不来的那些人吗？没有"女巫"，就没有塞勒姆社区。[7]

如果这个概念性的阐释是对的，那么同时关心自由和社区的人就将面临着一个痛苦的取舍。但是，凡事皆有一线希望。迈克尔·舒德森（Michael Schudson）认为，"组织团结下降确实造成了损失，但这是个人自由增加的反面，却也是一种收获。"[8]我们不再联络，但至少互不相扰。

355　　　　　　　　　　表22-2：社会资本和宽容：四种类型的社会

	低社会资本	高社会资本
高度宽容	（1）个人主义的：你做你的事情，我做我的事情	（3）公民社区（没有"女巫"的塞勒姆社区）
低度宽容	（2）无政府主义：一切的战争反对一切	（4）宗派社区（派内对派外；有"女巫"的塞勒姆社区）

　　但是，是否博爱的实现必须以牺牲自由为代价，就像要脑袋就必须掉尾巴一样？不参与真的是解放的"另一面"吗？在接受这个具有迷惑性的阐释前，不妨思考一下表22-2。至少在观念上，宽容和社会资本并不是从极端个人主义到极端宗派主义连续光谱上的两个末端。事实上，存在着四种逻辑上可能的社会类型。简单的"自由对社区"的解释，突出了（1）和（4）——有较多自由但几乎没有社区的个人主义社会和有社区但几乎没有自由的宗派主义社会。但是我们不应该很快地排除另外两种类型，特别是吸引人的把社会资本和宽容结合起来的第（3）种类型。社区和自由可能、至少在某些情况下可能和谐共存吗？

　　支持这项解释的第一个证据是，通常来说，较多参与社区的人与他们固守家中的邻居相比有更多的宽容性，而不是更少。许多研究发现，社会参与和宽容之间的相关关系，如果有的话，是正向的，而不是反向的，即使控制教育因素保持不变。谈到性别和种族，社会交往和宽容之间的正相关性特别强：人们参与社区组织越多，他们对于性别平等和种族融合的态度就越开放。

　　相对于社会孤立者来说，社团活跃分子和公民积极分子对不同意见和反传统的行为更为宽容，这种模式在50年代压抑的麦卡锡时期曾被社会科学家们首次发现，此后又一再地被验证。一项对5个美国城市公民参与倡议活动的综合研究发现，不考虑社会经济地位，在这些倡议活动中非常活跃的人员对不受欢迎和好争辩的发言者，远远比不参与者更加宽容。除了非常一般的发现，即宗教参与、特别是参与原教旨主义的教会是和不宽容有关联的，我至今没有发现一个证实了社区参与和不宽容之间假定关系的经验研究。[9]乔治·白璧特（George Babbitt）可能是傲慢自大和固执己见的，但是（经验证据表明），如果他没有受到杰尼斯喧闹的社区生活影响，他的偏执甚至可能会更加严重。

在社区层面上，社会资本和公民宽容之间有更强的正相关性。图 356 22－2 显示，高社会资本州的公民远比低社会资本州的公民对公民自由有更多的宽容、更倾向于为性别和种族平等做贡献。自由和博爱不仅不是无法共存的，还是相互支持的，而且当我们控制了如教育、收入、城市化等其他因素之后依然如此。相反地，那些居民独自打保龄的社区是美国最不宽容的地方。[10]

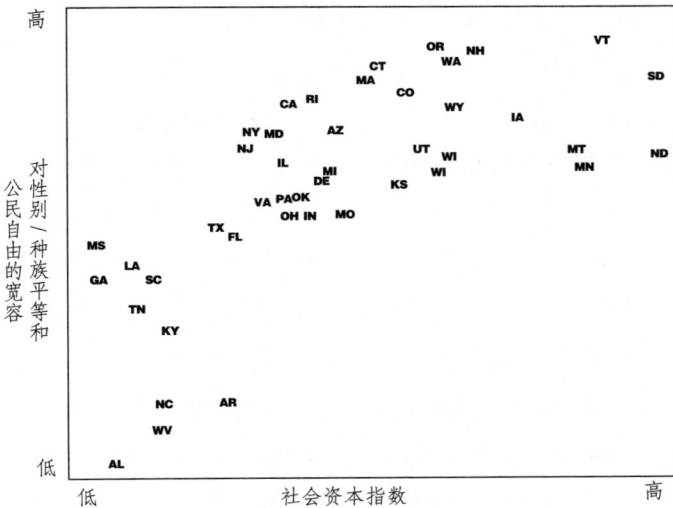

图 22－2：社会资本和宽容趋于一致

而且，根据最近的调查，过去三十年中越来越宽容的趋势和公民不参与并不单纯地是一个硬币的正反两面。过去几十年里，宽容和公民参与的大部分变化都可以追溯到世代更替带来的影响。那就是说，人们变得更少的参与、更多的宽容是因为更新的、较多宽容的、较少参与的一代人渐渐地代替了较年长的、较少宽容的、较多参与的一代人。但是，

357 这种在宽容与不宽容美国人之间的世代分际线，和在参与和不参与美国人之间的世代分际线是不一样的。

过去几十年里宽容的增多，几乎全部归结于 20 世纪上半叶出生的、较少宽容的人被较多宽容的"婴儿潮"一代和"X 一代"取代了。同生于 1945 年以前的美国人相比，那些生于此后的人到现在一直、而且始终一贯地更富有包容心。然而，这种由代际拉动的宽容增长似乎随着新人类的出现发生了停滞。就像社会家詹姆斯·C. 丹维斯（James C. Davis）若干年前所注意到的，生于 1970 和 80 年代的人们不再比生于 1940 和 1950 年的父母一辈更加宽容。就如我在第 14 章所谈到的，世代的转折点和社会资本是非常不同的。20 年代出生的人和 40 年代出生的人的公民习惯基本没有差别，但是 40 年代、甚至是 50 年代出生的人比 1970 和 80 年代出生的人有更多的公民精神。[11]

20 世纪上半叶的某些因素使得接下来的几代美国人变得更加宽容，但是世代的因素没有使得宽容在 20 世纪下半叶出生的一代人中有进一步的增加。最近的"X 一代"并不比早些时代的"婴儿潮"一代更加宽容。所以，从代际变化中获得最多宽容的时代已经成为过去。相反地，20 世纪下半叶美国发生的某些事情使得人们更少地参与公民活动。所以，参与问题上最大的世代损失依旧还未到来。

事实上，在美国没有哪一代人是比 1940 – 1945 年前后出生的这代人有更多参与或者更多的宽容。他们既是自由的社群主义者，又是一群出类拔萃的人。他们的父母同他们的参与一样多，但却不宽容。他们的孩子和他们一样宽容，但却较少参与。由于某些原因，这代人几乎全部继承了他们父母对于社区的感觉，但是他们摒弃了他们父母的不宽容和狭隘。多数情况下，他们都成功地将宽容传递给了下一代，但是却没能将自己所继承的社群主义的习惯传递给孩子们。公民权利运动就诞生于

这种自由社群主义的文化环境。但是，当我们步入新的世纪，这种文化环境已经开始衰颓，留下了一个日益分离、但却并不日益宽容的国家。谨慎地考察发现，过去几十年中宽容提高和公民参与下降在代际上的根源是非常不同的。没有理由假设社区参与必然会导致不自由的后果。实际上，观察不同的州和不同地区的社区，看起来真实的情况恰恰是相反的：社会资本和宽容有一种共生关系。

亨利·大卫·梭罗、辛克莱·刘易斯和沃尔特·白芝浩特并没有完全看错。毫无疑问，社区交往有些时候是难以忍受的。美国人的社团和教会正好比我们的社区和学校有更深的种族隔离。[12] 粘合性社会资本（bonding social capital）［区别于连接性社会资本（bridging social capital）］特别有可能产生不自由的后果。正如政治哲学家艾米·古特曼（Amy Gutmann）所观察到的：

> 尽管美国许多的社团活动都明确和直接地支持自由主义民主，但是其他社团的支持却不是那么明确和直接，有的甚至还全然地与自由主义民主为敌，潜在地破坏自由民主……当其他条件相同，一个社团全体成员在经济上、民族上和宗教上的同质性程度越高，则培育那些有益于民主社会公民资格的公共讨论和商议之类的能力也越强。[13]

社区传播者在过去助长了不宽容，而且他们的继承者在 21 世纪的需要被提升至一个更高的标准。这即是说，对美国自由的最大威胁是来自不参与的人们，而不是参与的人们。当今美国最不宽容的个人和社区是最少交往的、而不是最多交往的那些人。并没有证据显示，公民不参与便是反对偏执的一种有效方法，或者甚至说宽容是不参与带来的有益后果。

社会资本与平等有冲突吗？思想极端的人们长久以来有此担心。社会资本，特别是把我们和他人粘合在一起的社会资本，通常会加强社会分层。50 年代丰厚的社会资本是具有种族、性别和阶级上的排他性的。总体上来看，拥有社会资本的人比没有社会资本的人参与更多的公民活动。所以，加强志愿团体的社会和政治权力，可能会扩大阶级差别。

自由主义者和平等主义者常常以个人机会的名义反对某些形式的社会资本（从中世纪的行业公会到社区学校）。虽然我们并不总是要计算我们政策的间接社会成本，但我们还是有必要对私人社团的力量表示担忧。社会不平等可能会被嵌入进社会资本中。适合某些团体的规范和网络可能会成为其他团体的障碍，特别是如果这种规范是具有歧视性，或者这种网络是具有社会隔离性的情况下。对社会资本在维持社区生活中重要性的认识，并不能免除我们对如何界定"社区"的担忧——谁在社区里并因此受益于社会资本，谁又因为在社区外而不能受益。

这个逻辑是不是意味着我们必须从某些根本意义上要在社区和平等之间做出抉择？相关最近情况的证据是清楚明确的：答案是否定的。社
359 区和平等是互相促进的，而不是互不相容的。在几乎整个 20 世纪里，社会资本和经济平等都是共进退的。在财富和收入分配方面，1950 和 1960 年的美国比此前一个多世纪以来的任何时候都更加平均。就像我们在第二部分所看到的，而这 20 年间，社会交往和公民参与同样也处在一个制高点上。高平等度和高社会资本的数据记录是同时存在的。在两种情况下，都有详尽的证据显示，二次世界大战都是一个重要的时代转折点。[14]

相反，20 世纪最后 30 年却是一个平等程度增加和社会资本消减的时代。到 20 世纪末期，美国富人和穷人之间的差距近 30 年都在持续加大，这至少是一个世纪内不平等加大所能持续的最长时间。同时，相伴随的是第一次至少同样长时间的社会资本的持续下降。[15] 这两种趋势的时间都是令人惊讶的：大约在 1965 – 1970 年的某个时候，美国出现了逆转趋势，在经济上开始变得越来越不公平，人们在社会和政治上变得越来越少交往。这一对趋势说明，博爱和平等是互补的而不是冲突的价值观。

通过比较美国各州的平等和社会资本，同样的结论得到了加强。图 22 – 3 和图 22 – 4 表明，美国社会资本水平最高的各州恰恰是最以经济和公民平等为特点的州。[16] 图 22 – 3 显示，高社会资本的州更加倾向平均地分配收入，而低社会资本的州贫富差距则特别悬殊。图 22 – 4 显示，在社会资本高的州，来自不同社会阶层的人有可能平等地参与公共

会议、领导地方组织等等。而在低社会资本的州，公民生活则完全被富人控制，穷人被排除在外。总之，无论在空间上还是在时间上，平等和博爱之间有很强的正相关关系。

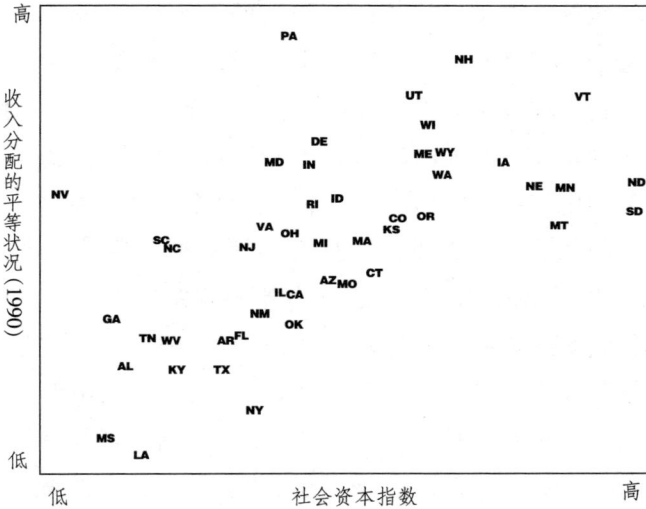

收入分配的平等状况（1990）

社会资本指数

图 22－3：社会资本和经济平等趋于一致

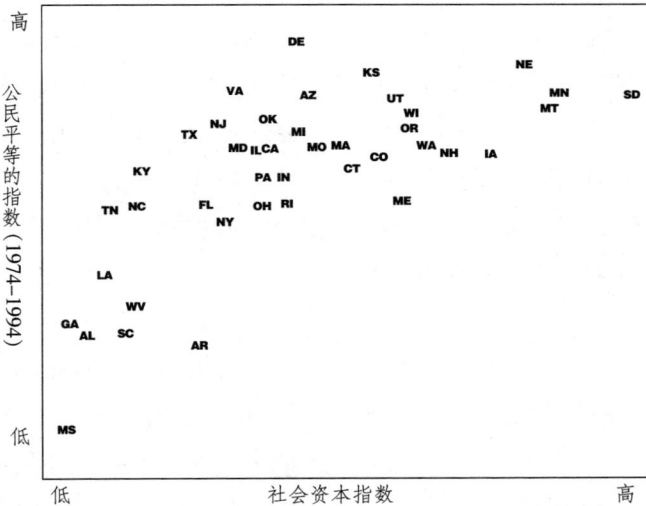

公民平等的指数（1974—1994）

社会资本指数

图 22－4：社会资本和公民平等趋于一致

　　这种简单的分析并不能辨明什么因素导致了什么后果。有好几种可能的情况。首先，社会资本可能有助于促进平等。从历史上，社会资本曾经是穷人的主要武器，因为他们没有其他形式的资本。对诸如少数族群和工人阶级等难以接近传统政治权力的人来说，"永远团结在一起"是一种自豪的、策略明智的战斗口号。因此，紧密联系的社区能够维持比较平均的社会和政治安排，这看起来是合理的。相反地，财富和权力巨大分化不利于参与的推广和广泛共享的社区融合，因此，因果关系的箭头从平等指向公民参与和社会资本，看起来也是合理的。还有第三种观点，社会交往和平等都是由同样的外部力量导致的，比如大规模的（并且是获得胜利的）战争所产生的拉平和稳定效应。

　　在此，我无法裁定这个复杂的历史问题，但这些证据有力地反驳了社会参与必然加大不平等的观点。相反地，每一个理由让我们认为，这个时代里的一对主要趋势——越来越不平等、越来越少参与——是彼此
360 相互加强的。因此，加强社会资本的努力应该和提高平等水平的努力同步推进。

　　有人可能很容易构想出各种方案，这些方案都认为支持其中的一种价值必然以牺牲其他价值为代价。这样的话，就会在博爱和自由、平等间导致很多实际的对立。然而，经验证据明确地驳斥了这种简单的观点，即获取更多博爱的唯一途径是牺牲自由和平等。为了安慰我们自己，认为美国社区的崩溃至少会带给我们一个较为自由、平等的美国是一种虚假的乐观主义。但拒绝为重建社区而付出，并且担心这种付出将导致不可避免的不宽容和不公正又是一种虚假的悲观主义。

　　然而，我们依然没有面对在某些方面最深刻也最荒谬的质疑，它可能会被用来反对倡导博爱——那就是，博爱从某种意义上是自相矛盾
361 的。社会资本通常最容易在反对其他的人或事的时候创造出来，而博爱自然地存在于具有社会同质性的团体中。传统南方白人的形象部分地被塑造成某种反对种族融合的形象，而犹太人是因为反犹太主义而团结起

来的，一些非裔美国人则担心融合有可能会破坏种族团结。分裂（divi-siveness）是社群主义者所提出的核心性规范问题。社会资本和社区团结的提升是否会必然导致波斯尼亚人和科索沃人的凶残仇恨？

我们无需跨越大西洋去发现有关这一困境的生动案例，因为它是典型的"美国困境"，就像冈纳·缪尔达尔（Gunnar Myrdal）在他对美国历史中的种族所做的经典分析所定的题目一样（此处指缪尔达尔的著作《美国的困境：黑人问题和现代民主》一书——译者注）。种族问题是围绕当代美国社会资本的礁石不断打转的道德歧见中最重要的体现。尽管在此试图对这些问题做出简短阐释可能是愚蠢的，但是，要不这么做的话又是不负责任的。

奴隶制度及其造成的种族隔离后果会阻遏社会联系，这也有可能导致两个被剥夺的种族间互不关联。就像我们在第16章中看到的，今天 362美国那些社会信任和其他形式社会资本最低的地方，也是历史上奴隶制和种族歧视政策最严重的地方。部分地看，公民权利运动致力于摧毁某种排外的、非连结性的社会资本形式——单种族学校、邻里社区等等。更深刻的问题在于，我们接下来要做什么，在某种程度上，这个问题在21世纪初也会像20世纪初那样被置于国家议程的高度。简单的回答是，创造"更多连接性的社会资本"——即创造更多跨越种族界限的连结。工作场所的融合，由于其困难程度，就像我们在第5章所提到的那样，是到目前为止这种方法所取得的最大成功。

另一方面，学校的融合提出了更加尖锐的问题，那就是如何在连接性和粘合性社会资本之间取得平衡。关于校巴的争论非常清楚地说明了这个困境，因为争论的双方都从根本上只考虑社会资本（尽管没有人使用那样的术语，但这是可以理解的）。校巴的支持者相信只有学校的种族融合，才能使美国在种族之间长久地生长出充分的社会资本——亲密无间、宽容、团结、信任、合作的习性和相互尊重。校巴的反对者回应认为，在美国的大部分地区，社区学校是建设社会资本的唯一场所——友谊、合作的习性、团结。校巴争论的最可悲之处在于，争论的双方都有可能是对的。

由于美利坚民族越来越差异化，我们可以把美国人面对的核心问题作如下呈现。如果我们有一根金色的魔杖，它能奇迹般地创造更多连接性的社会资本，我们肯定会想要使用它。但是，假设我们只有一根能够创造更多社会资本，但仅仅是一种粘合性社会资本的铝魔杖。这种更次一点的魔杖将会把更多的白人和黑人带入教堂，但可能不会是同一所教堂，将更多的西班牙人和更多的英国人带到足球场，但可能不会是同一个足球场。那么，我们还会用它吗？正如政治学家艾丽尼·麦当娜（Eileen MaDonagh）形象地指出："是社区合法地限定在种族范围之内、但每人都可以请他人一起吃饭比较好呢？还是社区不被限定在种族范围之内、但邻里间基本没有社会交往比较好呢？"[17]这就是校巴争论的具体体现。如果我们忽略它，我们复兴美国社区的努力可能会简单地导致一个更加分隔的社会。

我提出的许多证据都表明，不同层面上的社会资本是相互增强的——那种向朋友和家庭伸出援手的人往往是社区中最活跃的人，在社区之外也是一样的。但是，这并不意味着总会出现这种情况。博爱内部的张力突出了这个问题的一个侧面。有些粘合性社会资本可能会阻碍连接性社会资本的形成，反之亦然。那正是在校巴案例中所发生的情况。

363　　在本书前面我注意到，连接性和粘合性社会资本有益于不同的事情。和亲密朋友的强关系可能确保你在生病的时候有鸡汤喝，但是和远方熟人的弱关系更有可能帮你找到一份新工作。从集体的观点来看，我们所需要的社会资本规模取决于我们所面临的问题的大小。当我们解决"铝魔杖"困境之时，需要牢牢铭记这句话。如果我们必须要在建立连接性社会资本和建立粘合性社会资本的政策之间做出选择，那该怎么办？为了确保幼小的儿童得到他们所必需的激励和环境，粘合性的社会资本可能是最佳选择。不管这多么不符合公民"道德"，此时一点点"家庭主义"（familism）都可能会大有帮助。为了改进公共学校，我们需要社区层面的社会资本，不管这些是居民型社区（就像社区学校模式）还是意识相近家庭的社区（就像特许学校模式）。对于解决其他问题而言——比如决定什么类型的安全网，如果它存在的话，来取代福利体系

——毫无疑问，那就是要创建最广泛的、连接性的社会资本类型，因为那将最大程度地改善公共讨论的质量。总之，对我们最大的集体困境来说，需要的恰恰是那种最难建立的连接性社会资本。[18]这个挑战也是我们即将转入的下一部分的核心话题。下一部分，我们将讨论本书最重要的问题，那就是：我们现在应该怎么办？

第五部分

那该怎么办?

第 23 章

历史的教训：镀金时代与进步时代

在过去 30 年里，各种各样的社会、经济、科技的变化致使美国巨大的社会资本废旧过时。随着电视成为日常生活中的一部分，双职工家庭越来越多，城市向郊区扩展，以及不同代际价值观的转变，越来越多的人开始觉得妇女选民联盟、联合劝募协会以及或者圣地兄弟会以及每月到俱乐部打牌、甚至星期天和朋友去野餐已经不适合我们现在的生活方式。美国社会不断增加的社会资本赤字已经威胁到了我们的教育状况、社区安全、平等纳税、民主意识，以及诚实的生活态度，甚至我们的健康和幸福感。

社会资本遭受侵蚀是现代化的必然结果吗？我们对此能做些什么呢？有时候，面对诸如此类的基本问题，历史会告诉我们该怎么做。就社会资本侵蚀这个问题而言，在一段和我们现在颇为相似的历史时代，即 19 世纪末期和 20 世纪初期，这段被美国历史学家称为"镀金时代"（Gilded Age）与"进步时代"（Progressive Era）的时间里，我们意外地发现了一些颇有助益的经验。[1]美国社会在 19 世纪末面临的挑战，在诸多深刻的层次上预示了我们这个时代即将面临的挑战。

大约一个世纪以前，美国也在科技、经济和社会层面经历了巨大变化，同时也给美国社会提供了社会资本积累的机会。在内战结束后的三四十年里，工业革命、城市化进程、大规模的移民浪潮彻底改变了美国的社区。数百万的美国人离开农场远走他乡，搬去了芝加哥、密尔沃基、匹兹堡；数百万人离开了原来的社区，搬去了下东区（Lower East Side，指纽约市第十四大街的南部，主要居民是来自东欧的移民——译者注）或者北角（North End，指波士顿的意大利移民居住区——译者注）。在 19 世纪最后的 25 年里，美国经历了社会资本赤字的典型症状——犯罪率升高、城市生活堕落、教育状况差强人意、贫富差距不断扩大以及现在备受关注的政治腐败。

面对这些问题，人们开始寻找解决的办法。在 19 世纪末，一种不断增强的危机感，伴随着受到鼓舞的草根和全国性运动，汹涌的社会创新和政治改革浪潮席卷了整个美国。事实上，大多数今天美国人生活中的主要机构，都是在这段时期里建立或者发展起来的。进步时代不仅仅只是美国历史上民众热心社会建设的一个实例，当然，它肯定也不是完美无缺的，其中的一个原因是这段时期发生的事情和当代有颇多相似之处。本章将会回溯那个独特的时代，讲述一些可能会对我们富有鼓励性和启发性，并且部分具有警示性的故事。[2]

在 19 世纪后期，科技、经济和社会的变化改变了美国人的生活。大约在 1870 年至 1900 年之间，美国迅速地从一个传统的农业社会转变成了一个工业化的现代国家。在内战结束之时，美国仍然是 1830 年代托克维尔来访时候的美国，整个国家经济主要依靠小农场和小型的商业。但进入 20 世纪后，美国迅速成为了一个城市化的国家，来自欧洲乡村和美洲的移民大量涌进来，在工业化的工厂里辛勤劳动。

科技革命是美国改变的原因之一。到 1870 年，美国专利局登记的发明有 118 000 项。随后 40 年里，专利发明的数量飞速激增。一些新发明（如收割机）给农业生产带来了革命。另一些（如缝纫机和罐装食物）则改变了家庭生活。但最重要的还是那些为美国工业、交通运输和城市化革命奠定基础的发明，如蒸汽锅炉、炼钢工业、电力、电报和电话、电梯、气压制动机等等。例如钢铁生产，从 1870 年的 77 000 吨迅速增长到 1900 年的 1120 万吨。美国国内工厂的数量从 1865 年的 140 000 间增加到 1900 年的 512 000 间，而这些工厂的厂房扩大速度更快。1865 年，在新英格兰地区，一间典型的工厂只雇用了 200 到 300 个人。而到了 1915 年，福特汽车第一间工厂的工人则不少于

369

15 000 人。[3]

如同当时钢铁是美国的命脉一样，电力对美国的改变也起了决定性作用。新闻记者马克·苏里安（Mark Sullivan）在世纪之交时写道：

> 电力使美国飞跑起来，简直就像闪电一样快。输电网路自发电机房铺向全国，仿佛经济增长的神经一样。从城市到郊区再到遥远的乡村，输电能力越来越强。从乡村到农场，每个地方都可以看见电路开关，只要打开开关，人们就能用上电了。[4]

铁路和电报把分散在全国各地的孤立的小社区连接起来，使它们组成了一个一体化的国民经济单位。在 1870 年到 1900 年之间，全国铁路网络从 53 000 英里增加到 193 000 英里。历史学家西恩·丹尼斯·卡斯曼（Sean Dennis Cashman）说："跨州际的铁路网络把农场和工厂、城镇和乡村越来越紧密地联系起来。电报和电话，电力和媒体，使公众获得了更多的知识，提高了商业效率，也引发了更多的政治辩论。"[5]

跟随这些革命一起到来的，还有企业界的革命，此时也是现代企业萌芽的时期。在制造新就业机会的同时，例如新增的公司管理人员和工人，企业也减少了很多就业机会，例如小商人和独立的手艺人。在 1897 年和 1904 年之间，美国历史上第一次合并浪潮席卷了华尔街，造就了一大批新的企业，如标准石油公司、通用电气、杜邦公司、合众钢铁公司、美国烟草公司、纳贝斯克公司等等。事实上，就整个经济规模而言，只有 90 年代的大型合并能和 19 世纪末的合并浪潮一争高下。[6]

> 经济历史学家格伦·波特（Glenn Porter）在总结美国经济在结构和范围上的戏剧性变化时说：人们第一次通过有影响力的个人来认识整个工业界。铁路大亨科奈鲁斯·范德比特（Cornelius Vanderbilt），E. H. 哈里曼（E. H. Harriman）和 J. 希尔（J. Hill），收割机巨头希鲁斯·麦科米克（Cyrus McCormick），石油业的约翰·D. 洛克菲勒（John D. Rockefeller），金融界的 J. P. 摩根（J. P. Morgan），烟草业的詹姆斯·B. 杜克（James B. Duke），肉品包装业的卡斯塔瓦斯·斯威夫特（Custavus Swift）和菲利普·阿

莫尔（Philip Armour），钢铁业的安德鲁·卡内基（Andrew Carne-gie）。同样地，交通和通讯的改善，城市数量的增加，为百货公司、邮购公司和连锁店的兴起铺平了道路。蒙特古梅·瓦德（Montgomery Ward）和西尔斯（Sears），洛依巴克康柏里（Roebuck & Company）在邮购业领先，诸如 A&P 和乌尔沃斯（Woolworth）这样的批发商为连锁店的零售经营带来了新的方式。[7]

以物质水平来衡量，在内战结束后的半个世纪里，尽管有大量贫困的移民涌入，但美国的生活水平还是出现了大幅改善。人均财富增长了60%，人均 GNP 增长了133%。从1871年到1913年，美国经济平均年增长4.3%。[8]

然而，社会变化带来的影响无论是在阶级上还是时间上都呈现不均衡分布的状态。穷人和富人之间，甚至技术工人和非技术工人之间的差距变得越来越大。历史学家马克·瓦格伦·萨默斯（Mark Wahlgren Summers）认为，这种差距具体体现在"工作经验、对社会的满意程度、个人收入以及对个人生活的控制方面。"1896年，据查尔斯·B. 斯堡（Charles B. Spaur）估算，1%的美国人拥有着超过一半的国家财富，44%的底层家庭只拥有1.2%的社会财富。当代经济历史学家杰弗里·威廉姆森（Jeffrey Williamson）和彼得·林德特（Peter Lindert）的报告指出，在内战开始之前的工业化早期阶段，经济不平等就很严重，并且以很快的速度恶化，大约在一战的时候达到顶峰。在20世纪下半叶，经济不平等像19世纪时一样严重。尽管贫富差距越来越严重，但是美国工人的收入和生活水平在19世纪末和20世纪初的确得到了很大提高。[9]

几次严重的经济萧条（或者是很多人说的"恐慌"）打断了经济的突飞猛进。在1873－1877年和1893－1897年的经济萧条里，美国的失业率超过了16%。历史上，没有哪段经济低潮时期比1893－1897年带来的伤痛更深。从另一方面来说，这段时期过后，美国迎来了几乎连续20年不间断的经济增长。[10]这20年的繁荣造就了一个自信、有效率的社会，这个社会足以产生大量的创新来有效应对那时所产生的社会问题，如犯罪、暴力、疾病，城市污染、政治腐败，甚至愈加剧烈的贫富差距等等。同时，它也促使了很多不同性质的进步联盟产生了，这些组织一致认为通过有意识的改革，社会是可以进步的。

在内战结束到一战开始前的几十年里，同样是一个人口快速增长和城市化的新纪元。在 1870 年到 1900 年间，全国人口几乎增长了两倍，从 4000 万增加到 7600 万，城市人口从 1000 万增加到了 3000 万。大城市的发展速度很快，每年还有新的城市出现。在这段时期里，拥有 5 万人口的城市数量从 25 个增加到了 78 个。在 1870 年到 1890 年的 20 年里，波士顿的人口几乎增加到了 45 万，旧金山增加到 30 万，密尔沃基增加到 20 多万，丹佛增加到 10.7 万。芝加哥在 1860 年仅仅是个小村庄，到 1910 年时，已拥有 220 万人口。年复一年，大量的美洲和欧洲移民满怀着希望来到美国不断兴起的城市里，几家人合住在经济公寓或者新建起的高楼里。[11]这些移民不仅是生活在一个新的社区里，还生活在一个陌生、充满隔阂的环境中，很多人怀疑把他们生活的地方称为"社区"是否合适。

对于大多数城市居民来说，他们生活在一个新的国度。在 1870 - 1900 年间，大约有 1200 万移民来到美国，比过去 250 年里到美国来的人还多。在接下来的 14 年里，又有 1300 万移民来到美国。在 1870 年，美国工业工人有三分之一都是外国出生的移民。到 1900 年，这个数字超过了一半。在 1890 年，美国 20 个城市中，有 18 个城市的成年人大多是移民，成年移民的数字达到了 10 万。[12]

这些移民来自很多不同的地方，有欧洲的、加拿大的、东亚的。到 1890 年，最多的是德国人、爱尔兰人、法国人、加拿大人、英国人、挪威人、芬兰人、瑞典人。但是在接下来的 20 年里，正如历史学家斯蒂芬·蒂纳（Steven Diner）指出的一样：

> 来自南欧和东欧的天主教和犹太移民大量涌进美国，在美国工业经济扩张时期在众多工厂里工作。他们通常居住在外国人聚集的拥挤地区，为自己建造了天主教堂、犹太教堂，以及社区的公共机构。[13]

371

到 1890 年，移民浪潮带来的不同语言和不同习俗引发了一场关于
"美国化"和种族认同的辩论，在很多方面，这和今天关于"多元文
化"和"只说英语"（English only）的辩论很相似。历史学家西恩·丹尼
斯·卡斯曼（Sean Dennis Cashman）举例说，"在 1889 年和 1890 年，伊利
诺伊州和威斯康辛州决定把英语作为学校教育的语言，这引起了来自德
国和斯堪的纳维亚半岛移民的不满。"[14]

那个时候，不论一个人是来自爱荷华还是斯洛伐克的乡村，他都一
直会遭遇到从小到大未曾想到过的困境。通常他会找到工作，但同时也
会遭遇麻烦，因为城市工人经常失业。旧的"院外救助"（outdoor relief）
系统——地方、临时性的公共援助项目——淹没在新的需求之中，而新
的救助机构，比如慈善救济所等等，实际上也帮不上忙。当人们开始在
城市生活，由家庭、朋友和社区机构组成的传统社会安全保障系统已经
跟不上社会发展的需要了。[15]

372　　另一方面，也正是现实中收入不错的工作前景吸引了大批移民的到
来。尽管财富分布不平均，但这种新兴的财富却渐渐和发明创造结合起
来，产生出一种新的物质休闲文化。在 1896 年和 1902 年间，留声机和
电影的发明，预示着新世纪里大众休闲文化的巨大改变。早在 1908 年，
单单一个纽约就有超过 600 家简陋的电影院。到 1914 年，每年能生产
50 万张唱片，到 1921 年，这个数字超过了 1 亿。[16]早在 1897 年，都丽
（Dooley）先生［芬利·彼得·杜恩（Finley Peter Dunne）小说中的爱尔兰美国酒
吧招待角色］就嘲笑了人们的物质消费：

> 我看到美国从大西洋到太平洋的广阔大地上遍布着伊芙琳
> 小村标准埃尔公司的分店。我看到脚镣从奴隶身上的解脱，然
> 后他就可以再次被俄亥俄州执行的私刑处死……到处都是发
> 明……到处都是轧棉机、金酒、自行车、飞行器，到处都是投
> 掷镍币的角子机、磨粉机以及草地喷泉，还有收款机——自鸣
> 得意地认为乌鲁克（wurruk）代表着文明。[17]

10 年之后，哈佛大学哲学家威廉·詹姆斯（William James）用北方改

革者们惯用的礼貌方式表达了他对此的轻蔑。他悲叹人们对成功的绝对崇拜导致了道德的沦丧：整个国家，把成功理解为金钱，这是一种民族病。[18]

另一方面，在镀金年代里，文化上的变化更激烈。随着工业革命的推进，中产阶级男性和女性的生活圈子不再是绝对的隔绝。妇女有了新的公共角色，她们要求选举权，要求接受高等教育，要求和男性一样的工作和生活机会。也许这场变化中，最明显的改善便是妇女的教育状况（新发明的家用电器为中产阶级妇女节省了时间）以及新的休闲方式。在这个时代，妇女开始打破传统，参加本地的改革运动，其中有些还有了工作，包括从事法律和医疗行业，为进步时代的"新女性"打下了基础。[19]

对那些生活在这个时代的人来说，最令人吃惊的是变化飞快发展的速度。我经常谈到我们这个时代的变化有多快。然而，20 世纪末一个普通美国人经历的变化是无法和世纪初的一个普通波兰移民相提并论的。这个波兰移民，来自一个从 16 世纪起就没怎么改变过的地方，来到美国几年后，他就要去密歇根湖旁边的一个城市，去修建路易斯·苏里安（Louis Sullivan）设计的摩天大楼。即使对本土出生的美国人，19 世纪末的变化速度也是快得惊人。亨利·亚当斯（Henry Adams）在记叙他在波士顿的童年生活时说，对于当时的人们来说，一切都是新的。[20]

很多变化是好的，但也有很多不是。让我们像林肯·斯特芬斯（Lincoln Steffens）和雅克布·里斯（Jacob Riis）曾经所做的那样，从城市的堕落讲起。在镀金年代发展起来的城市是工业化带来的荒地，是罪恶、贫穷和疾病的中心，满是潮湿肮脏的贫民区和政治腐败。在 1810 年 – 1870 年，婴儿死亡率增加了三分之二。童工现象也很严重。在 1900 年，15 岁以下的小孩 1/5 在非农业领域工作，还有不计其数的小孩在农场工作。在世纪之交的美国城市，犯罪率激增，这就如同其他西方国家在工业化和城市化中所遭遇的痛楚一样。历史学家卡斯曼（Cashman）写道，"芝加哥某些地方的人口稠密程度比东京和加尔各答人口最多的地方还要多。整个社区拥挤、肮脏，散发着难闻的气味。粪便和垃圾散落在街上。在大城市里，肺炎、支气管炎、腹泻到处蔓延，这些都不足为奇。例如，匹兹堡有世界上最高的伤寒死亡率，1000 人里有 1.3 个人死亡。"[21]

1890 年丹麦裔记者雅克布·里斯在《富人不知穷人苦》（*How the Other Half Lives*）中对 19 世纪后期的美国城市的描述最为生动：

> 在合租屋里所有的事情都有助于邪恶滋生，因为这里是夺去生命的流行病温床，是罪犯的摇篮；每年向庇护所和工读学校输送 4 万人；在过去八年为我们的慈善机构输送了 500 万乞丐；并且创造了一支有 1 万人的街头流浪大军；最重要的是，由此给家庭生活造成了致命的道德损害。[22]

社会福利机构赫尔大厦的建立者简·亚当斯（Jane Adams）谴责公共服务的缺失。他说：

> 街道难以形容的肮脏，学校的数量不够，卫生法得不到执行，街道照明糟糕，铺路石很糟糕，小巷和窄一点的街道都没有铺路石。马厩更是臭气熏天。数以百计的住宅没有和街上的下水管道相连。[23]

374　　观察家们因传道者约西亚·斯庄（Josiah Strong）反对城市化的批评而欢欣鼓舞。斯庄认为："第一座城市是由第一个谋杀犯建立起来的，犯罪、罪恶、灾难从此开始蔓延。"[24]

对于新的中产阶级职业人士来说，大量城市的发展令他们感到不安。历史学家唐·科施纳（Don Kirschner）写道："在他们眼里，城市令人感到厌恶，商业瘫痪，文化隔绝，道德败坏，医疗系统无法运作，生活压抑，政治一团糟。"可以肯定的是，现在的历史学家都认为进步时代的批评家们夸大了镀金时代城市的道德堕落。例如，乔·泰福德（Jon Tieford）认为，19 世纪市政府的专家们有很多实际的成就，他们提供了清洁的用水、有效的交通，扩建了图书馆。甚至连政党集团也做了一些有益的事，尤其是让城市移民可以参加政治生活。尽管如历史学家罗伯特·巴罗斯（Robert Barrows）写道："慈善活动作为一种副产品并不能为

19 世纪末的政治生活中的行贿、贪污和渎职提供借口。"最著名的时政批评家，林肯·斯蒂芬斯（Lincoln Steffens）指出，最终的责任不在于政客，而是选民自己。他说："美国的恶政是由美国人民自己造成的。"[25]

城市政党为市区贫穷的移民、合法商业的合同签订和申请注册以及免受非法商业干扰提供了支持。同时，在黑帮势力的庇护下，回扣和腐败猖獗。例如，当时纽约市花了 179 729.60 美元，结果却只买了三张桌子和四十把椅子，这在当时是很大一笔钱了。历史学家斯蒂芬·蒂纳（Steven Diner）用了一个有点类似阐释一个世纪后美国中产阶级政治异化的术语来描述这种政治影响：

> 美国中产阶级看到托拉斯控制了国会议员，利用法庭和联邦的权力来镇压农民和工人的异议。根据美国理想，本应该代表民意的政府，似乎被特殊利益集团俘虏了。[26]

当普通美国人用羡慕的眼神投向社会上层时，他们看见的是洛克菲勒（Rockefeller）、摩根（Morgan）、卡内基（Carnegie）等工业巨子们无法想象的新财富。到了 20 世纪，大多数普通美国人面对着通货膨胀的问题，很少有保护自己的能力。新兴的工业企业压制了竞争，把经济力量转换成了政治力量。普通工人依靠这些大企业发的工资过活。他们不断努力试图成立工会，但直到 20 世纪初，这些努力都被暴力和周期性的镇压给遏制了，劳工在市场中权力受到了破坏。尽管这样，一波又一波的罢工还是显示了他们的不满。[27]

当我们满怀着痛苦往社会底层看时，很多本土出生的白人非常关心移民问题和非裔美国人问题。在当代美国，种族界限倾向于加强阶级之间的划分。历史学家内·艾文·帕特（Nell Irvin Painter）认为，"中上层阶级大多是新教徒，本土出生，或者是英国后裔，而工人阶级，尤其是蓝领工人，则通常是外国移民，天主教徒，或者是黑人。"19 世纪末期美国兴起了强烈的本土主义情绪，多种成分组成的联盟逐步兴起（担心移民的低工资会对他们构成威胁），此外还有新教徒保守分子（对不断来自南欧和东欧的犹太移民怀有敌意），甚至一些社会改革家（担心

375

非法移民会加剧城市问题)。到 1894 年,在爱荷华州的克林顿,本土主义者成立了美国保护协会(American Protective Association),到 1887 年,该协会成员达到了 250 万人(大约是 7% 的美国成年人),尽管随后它开始衰落。人们对外国人"堕落"的担忧促进了"让我们说不"的戒酒运动,这便号召本土出生的新教徒站出来同显而易见的、来自外国移民传统文化的"罪恶"作斗争。[28]

在美国历史上,最致命的民族优越感总是体现在种族问题上。随着 1877 年重建时期的结束,地方白人对解放后黑人的控制变得更加暴力。历史学家理查德·麦克科米克(Richard McCormick)认为,对南方黑人来说,"20 世纪初期,黑人在政治上完全被隔绝了,合法的种族隔离使黑人无法使用任何公共或私人的设施,一种对种族暴乱和死刑的厌恶爆发了出来。"在 1896 年 5 月 18 日,在臭名昭著的普雷西(Plessy)诉弗格森(Ferguson)案件中,最高法院通过了种族隔离法(Jim Crow Law)。在进入 20 世纪后,种族隔离迅速蔓延开来,从火车到汽车,从渡船到黑帮,从动物园到剧院,从医院到监狱。白人种族主义者的警惕情绪遍布南部、中西部、西部。到 1880 年代,滥用私刑变得相当普遍,并且在 1889 年和 1898 年间达到顶峰。在那十年间,美国平均每两天就会发生一起私刑案件。同时,在 1890 年到 1908 年里,几乎所有的南方州都剥夺了非裔美国人的政治权利,使用基于种族歧视的选举权限制手段——人头税、文化水平识字能力测试、保留条款,以及其他措施。在整个南方选举中,非裔美国人的投票数平均下降了 62%,在北卡罗来纳州下降了 100%,路易斯安那州下降了 99%,亚拉巴马州下降了 98%,佛罗里达州下降了 83%。[29]

种族隔离最严重的集中在美国南部,但是在北方很多市政机构也明确地排斥工人阶级、非裔美国人、犹太人和天主教徒。南方的激进人士想要把黑人从政治生活中排除出去,西部地区则对亚洲人充满敌意。同时,种族主义在全国获得了知识分子的支持。哈佛大学教授那桑·夏勒(Nathaniel Shaler)认为,奴隶解放运动后的黑人又回到了曾经的原始时代。政治历史学家威尔逊·卡雷·麦克威廉姆斯(Wilson Carey McWilliams）说，"泰迪·罗斯福（Teddy Roosevelt）和伍德罗·威尔逊（Woodrow Wilson）政府遇到了同样的事，自从废除奴隶制以来，美国国内的种族关系处于最差状况。"简单说，进步年代和种族隔离紧密相关。[30]

在 19 世纪末，美国被阶级和种族划分开来，这和我们今天很相像，尽管今天的分界线在细节上和一个世纪之前有所不同（例如，亚裔和西班牙裔代替犹太人和意大利裔成了种族歧视的目标）。交通和通讯革命对传统社区联系的影响也是我们现今社会同样争论的两难问题。铁路和乡村的免费快递，邮购公司和连锁店，被汽车打乱的本地贸易，受到地域威胁的社会联系。西尔斯、洛依巴克、蒙特古梅·沃德、A&P、伍德沃斯公司就是今天的沃尔玛和亚马逊公司。进步时代具有影响力的记者威廉·艾伦·怀特（William Allen White）写道：

> 不受约束的邮购公司会扼杀我们的小城镇，它会创造出一种适宜他们居住的大城市……在那里，陌生的富人和居住在一块的穷人将营造一种无法避免的等级森严感。友情，邻里关系，兄弟情谊，人际联系，或者当你和别人熟识后获得的一种志同道合的精神，是使各个州团结在一起的基石。[31]

爱荷华附近一家报纸的社论说，"当你心爱的人下葬之时，是马歇尔·菲尔德墓地公司流下了悲伤的眼泪，发表葬礼致辞，还是你家乡的商人？"[32]

新的通讯技术在世纪之交的哲学界引发了激烈的争论，这预示着美国当代对互联网影响的争论。一方面，乐观人士对新的科技感到欢欣鼓舞，认为这对于人们的交流是有益处的。在一个由铁路、电线、电报构建起的新社会里，利他主义扩散了。[33]威廉·艾伦·怀特（William Allen White）用乌托邦的眼光看待这一切，通讯科技的进步使国家有可能成为一个大社区。

> "电线、钢管、铁路、日报、电话，使我们成为了一体。这可能会促进今天每个人之间的相互了解。事实上，这预示着人们精神上的觉醒。"[34]

377　　　哲学家赫伯特·克罗里（Herbert Croly）认为，新的通讯媒介会使人民更倾向于"见面"，距离将不再是问题。因此，这也会使人们对代表的需求减少或者消失。在这些争论中，如果把电报和电话置换成互联网，在21世纪初听到这些议题会特别亲切。

　　另一方面，谨慎一些的社会观察家，例如约翰·杜威（John Dewey）和玛丽·帕克·弗勒特（Mary Parker Follett），他们关心的是怎样把新科技和面对面的交流联系在一起。尽管他们认同并且尊敬更大的新社会，但同时还对小的、旧的社区网络心存喜爱。杜威写道：

> 由蒸汽机和电力创造出来的伟大社会也是一个社会，但它不是社区。新的、相对冷漠和机械化的人类行为侵入了社区，这是现代生活的一个重要事实。机器侵入并瓦解了以前的小社区，却没有创造出一个更好的社区。[35]

> 弗勒特补充说：如果没有小的组织，就没有真正的团结可言，只有实际意义的联合，而不是想象中的联合。多元化的社区才会构成一个和谐、正常、不盲从的城市生活。这样，作为社区的成员之一，同时也意味着是一个负责的公民。[36]

　　弗勒特在罗克思布里工作，那里曾经是波士顿新建的有轨电车郊区，她发现"一个自由、充分的社区生活存在于一个持续繁荣的社区里，而现在人们已经忘记了这一点。"历史学家简·况德特（Jean Quandt）试图重新建立起面对面的社区关系，他写道：

> 弗勒特试图把社区中心带进机构里，以此来消除人们的冷漠，增强组织之间的相互理解，为教堂的一体化、贸易协会、青年组织制造一个本土框架。从社区中心开始建立一种面对面的交流仍然会是创造团结最有效的一种方法。[37]

　　进步人士还担心，人们专注于工作后，男人和女人将不再参加社区活动，休闲的时间也会减少。社会学家罗伯特·帕克（Robert Park）写道：以前我们自己参加政治、宗教、艺术、体育活动，现在我们都找人来代替。在这些文化和社区活动中，我们曾经一同分享乐趣，但现在工

作占据了我们的时间，很多人不再是演员，而成了观众。约翰·杜威之³⁷⁸
后的一位年轻进步知识分子指责廉价的娱乐活动使人们不再参加市民活
动："越来越多的、各种各样方便的娱乐活动使人们不再关心政治。以
前的人们也有很多娱乐方式，他们也一样工作，但却想着怎样使社会更
有效率……现在人们获得娱乐的途径多了，更方便了，这是从未有
过的。"[38]

　　进步时代的社会改革家（如同我们这个时代的一样）身处两难的
境地。在社会服务、公共保健、城市规划、教育、社区机构、文化慈善
救助方面，甚至游说方面，职业人士比"志愿者"的工作效率更好更
高。然而，如果不鼓励普通的志愿者协会，将会使普通民众对社会事务
的参与更少，加快政治寡头的发展。在选择职业化还是草根民主这个问
题上，进步人士们虽然和自己作过斗争，但最后还是职业化取得了
胜利。[39]

　　除了这些关于科技和职业化的隔靴搔痒的争论，在 19 世纪末，大
多数美国人感觉到社会道德正在受到侵蚀，社区在分崩瓦解。镀金时代
最主流的公共意识形态是社会达尔文主义。它的倡导者认为，社会进步
需要遵守适者生存这一原则，政府不应该或尽量少干预"市场的自然
法则"。在一个组织严密的社会里，有能力的人会成功，弱者会失败，
这种不受阻碍的自然淘汰过程会促使社会进步。尤为重要的是，这种认
知预示着当代美国社会对不受限制市场的崇拜再次盛行。然而，在 19
世纪末，社会达尔文主义的批评家在学界和政界都逐渐占据了上风。历
史学家帕特（Painter）写道："在世纪之交，越来越多的美国人意识到，
社会需要民主化，以便给每个人提供平等机会去改变生活，追求
幸福。"[40]

　　这种哲学上的倒 U 型曲线部分地来源于扒粪运动作家（muckraking
journalists）的揭批——雅克布·里斯（Jacob Riis）写的《富人不知穷人
苦》（1890）（*How the Other Half Lives*）描写了贫民窟的悲惨生活；林肯·斯
蒂芬斯（Lincoln Steffens）写的《城市之耻》（1904）（*Shame of the Cities*）批
判了城市的肮脏和政府的腐败；艾达·塔贝尔（Ida Tarbell）在麦克卢尔

（McClure）的杂志上批评了标准石油基金的恶行；爱普顿·辛克莱（Upton Sinclair）写的《丛林》（The Jungle，1905）则谴责了对移民劳工的虐待等等。[41]然而，除了这些具体的揭批外，进步知识分子更清楚地表达了对小镇生活的社区价值的追求，一种对物质主义、个人主义，以及"大"而新的美国所引发的怀旧情绪。

美国在一个世纪前所经历的社会变化的速度和程度非常令人迷惑。379 社会的巨变几乎影响到每个人，摧毁了传统的人际关系。他们用相当现代的方式表达了对社会分离的感受。沃尔特·李普曼（Walter Lippmann）在 1914 年写道：

> 我们对自己的存在感到不安。所有的关系都变得陌生，父母和子女，丈夫和妻子，员工和老板。我们不习惯一个复杂的文明。当个人交流和绝对权威消失的时候我们不知所措。没有先人来指导我们，以前的世纪没有类似的经验。我们把世界改变得太快了，以至于我们现在还不知道怎样去适应它。[42]

一年以后，普利策奖得主、小说家布斯布斯·塔克辛顿（Booth Tarkington）这样描述 19 世纪末他的家乡印第安纳波利斯（Indianapolis）在城市化进程中的社会变化：

> 在上一辈人生活的时代，这里没有巨大的烟囱，没有令人恶心、污浊的城市，只有一个宁静的城镇。这里的人们相互了解彼此，大家都是朋友。这是个惬意的地方，像一个大家庭。没有人特别有钱，尽管有少数人比较贫困。空气清新，大家都快乐地生活。[43]

城市历史学家罗伯特·巴罗斯（Robert Barrows）留意到了作者字里行间里对简单生活的怀念，他还说道，"塔克辛顿对简单生活的怀念反映出他那个时代的人们只能毫不犹疑地接受现实。"社会学家查尔斯·霍顿·库里（Charles Horton Cooley）亲身经历了这些变化，他在 1912 年写道："邻里之间的亲密关系被更宽的社会网络打破了，这些复杂的关系使住在同一个屋檐下的人们成了陌生人，减少了我们同邻居的一种经济和精神上的社区感。"[44]城市化、工业化、移民浪潮减弱了邻里关系。

进步思想家大都来自于小城镇，他们认识到小城镇生活使人压抑的特征。但同时，他们也怀念植根于人际交往之间社区生活的美好。威廉·艾伦·怀特（William Allen White）写道："通过去参加婚礼和见证一个小孩出生，我们之间可以产生出民主的邻里关系。"这种邻里感情构成了一个非正式的、关于相互帮助的社会网络，是社会资本的典型形式。历史学家况德特写道：

> 在小镇里，大家相互关心，谁生病、谁有麻烦大家很快就知道了。简·亚当斯记得乡村流言的作用：人们通过流言可以知道谁需要帮助，这样他们可以去帮忙。伴随着的，还有一种没有阶级意识的亲密感，小镇的风气形成了知识分子们的价值观，强调广泛参与社区生活和公共事务。结果是，政治民主在平等主义的基础上建立起来。[45]

380

提倡社区生活的进步人士谴责城市化和工业化对社区关系的侵蚀。冷漠、弱化的市场关系取代了家庭、朋友和小镇团结的坚实关系。他们的理论和同时期欧洲的社会理论家不同。作为第一个工业化国家，英国首先遭遇了自我追求和团结意识的碰撞。早在 1845 年，英国政治家本杰明·迪塞尔里（Benjamin Disraeli）就写道：

> 在大城市里，人们是由欲望抚育长大的。他们不合作，相互孤立起来，但也能创造财富。他们不关心邻居。教会告诉我要像爱自己一样爱邻居，但在现代社会里，邻居的地位不再得到承认。

在新的社会秩序下，美国人赞同他的观点："关系变得越来越肤浅，公众意见的约束力变弱，人们不再和邻居一起做些普通的事情。"[46]

不过这些思想家仍希望形式不同但价值观相同的社会关系在新的社会里能够得以重建。他们对社会变化的诊断提供了处方，而不仅仅是绝望的哀叹。历史学家况德特这样形容这些改革家对前景的乐观态度，"归属感，经历的相似，参与的道德感，在小城镇可能会更容易保存，但是这并没有阻止他们在其他地方的努力。"[47]因此，进步人士的中心任务就是在工业社会中的陌生地方寻找或创造新的方法来加强人们的社区意识。

进步时代的社会改革家开始看到社会的弊病、贫穷以及其他的问题反映在经济和社会层面，而不是在个人道德的沦落方面。在这个新的、更复杂、更独立的环境下，个人主义越来越不现实，并且逐渐被一个更有组织概念的社会取代。进步人士没有否认个人利益的重要性，但同时认为，人们也会被非物质的东西感动——比如关爱、荣誉，甚至是利他。

381

在镀金年代，对生活舒适的美国中产阶级来说，"慈善"和"美国化"便足以应对社会弊病。社会历史学家保罗·波义耳（Paul Boyer）写道：在那几十年里，中产阶级实际上逃避了移民城市和相关复杂问题，他们搬到郊区，隐居在社区里，带着嘲笑放弃了城市政治，让改变城市的工业资本主义继续向着未经检验、不受控制的方向发展。但是，历史学家杰弗里·A.查尔斯（Jeffrey A. Charles）说，"在世纪之交，落单的社交似乎不是对中产阶级危机感的正确反应……社会补救需要一种新的合作方式……服务社区。"[48]

在1912年的总统竞选中，伍德罗·威尔逊用选民能够理解的语言谈到了在接下来40年里美国将会发生的变化：

> 我们正在经历一个前所未有的时代。自从有历史记载以来，人与人之间的联系是以个人形式存在的。现在人们开始感到对自己的生活不再有控制权。今天，人们之间的日常关系与大量不相关的事务、组织联系在一起，而不是和其他单独的个人。这样的新时代没什么不好的，这将是一个人类关系的新纪元，是人生舞台的新背景。[49]

简单说来，这个时代和我们现在很像，洋溢着科技革新和不平等的繁荣，但也充满着对人际关系更紧密融合的怀旧情绪。就像现在一样，新的通讯方式重塑了社区形式，人们开始疑惑这些新的社区形式是不是黄铜矿（译注：这种矿石很容易被误认为是金子）。就像现在一样，近期经济繁荣带来的乐观主义正在滋长，它在同那种认为社会疾病几乎无法战胜、植根于艰难现实的悲观主义进行战斗。

和现在一样，新的财富集中和公司权力使人们对什么是真正的民主产生了怀疑。和现在一样，大量的贫困的少数族群向城市聚集产生了很多关于社会公正和稳定的基本问题。中产阶级在逃避和补救社会团结的境地里挣扎。

和现在一样，新的商业形式，工作形式，人类新的居住空间威胁到了旧的社会团结结构。和现在一样，移民浪潮改变了美国。和现在一样，对于物质主义和政治问题，人们更喜欢作壁上观而不是参与行动，这些似乎都阻止了理想中的改革。

除了这些，旧的社会关系结构受到了磨损，甚至是遭到了摧毁，被科技、经济和社会变化摧毁。一些对此很关注的观察家明白要重回往昔是不可能了，但少数人认为，这是一条通往更好未来的道路。

到世纪之交，在科技带来的自满之后，接踵而来的是不满、公民创造以及夹杂着不满和希望的有组织的改革努力。在接下来的十年里，这种蓬勃发展、多方面的运动——在镀金时代撒播了种子，期待着社会联系能从中萌芽——它将创造出美国历史上最有力的改革历史。

尽管浪漫的反对派还在思考应该回归到原来的小的、简单的、乡村田园的时代，进步人士却很实际，没有被这一美好的愿望吸引。他们崇尚过去的美好，但同时也明白回到过去是不可能的。尽管工业化有它的缺陷，但它创造出来的物质繁荣是社会进步的前提条件。问题不是要不要现代化，而是怎样改革我们的机构，使我们适应新世界的要求，以此来保证我们的传统价值观得到延续。

他们的态度是积极乐观的，没有宿命论，没有沮丧。进步人士独特的性格特征就是他们坚信这些社会魔鬼并不会自我修复，想要通过时间来治愈它是愚蠢的。正如赫伯特·克罗里（Herbert Croly）说的一样，他们不相信未来能很好地自己解决问题。[50]同样，我们也不应该相信。

历史学家理查德·麦克科米克（Richard McCormick）在 19 世纪最后几年写的东西，可能会对进入 21 世纪的美国人有教育意义：

在困难时期，很多美国人质疑社会机构的正确性，怀疑民主和经济平等在工业社会能不能成为可能。要回答这些问题，一些人开始用新的方法来解决问题。数以百计的人们把精力用到城市生活和工作中去。在他们的教堂里，新一代的牧师试图使宗教和这个世界相关，使宗教和弱势人群站在同一战线上。商人和职业人士试图超越他们所属的阶级，为城市进步获得更广泛的支持，全国上下的市政改革进入了一个新阶段。女子俱乐部把兴趣从讨论文学转移到了社会问题上。尽管在 10 年里，这些中上层的努力者没有达到顶峰，但当时进步主义的种子却在 1890 年代播种下来。[51]

383

19 世纪末美国市民生活复苏，其中一个重要特征是各种协会的兴盛繁荣。美国从建国开始就热衷于协会组织。[52]一些进步时代的协会可以追溯到 19 世纪 30 年代，很多其他协会成立于内战时期和战后。如我们在第 14 章里提到的，佩提亚骑士会（the Knights of Pythias），农民协进会（the Grange），麋鹿慈善保护协会（the Benevolent and Protective Order of Elks），古代联合工人协会（the Ancient Order of United Workmen），共和大军［the Grand Army of the Republic（GAR）］，它们都是在 1864 年到 1868 年成立的。其中 GAR 在 1885 年时会员超过了 30 万。[53]

然而，历史学家们认为，19 世纪末和 20 世纪初，在这些早期协会的基础上，一种新的市民协会的结构形成了。[54]对美国人来说，社团并不陌生，但是社区历史见证了社团在这段时期的繁荣。一场被称为社团运动的浪潮在全国蔓延，强调自助和业余性。亨利·马泰·罗伯特（Henry Martyn Robert）在 1876 年出版了《罗伯特议事指南》（*Robert's rules of order*），给不断涌现的社团和协会提供规则。各种关于怎样成立男子社团或者妇女社团的指南出现了。在 1880 年代到 1890 年代，大学里的兄弟会和姐妹会飞速发展。

19 世纪末，美国人前所未有地创办和参加了很多具有自愿性质的协会。从 1870 年开始到 1910 年，新型的协会增加了很多，旧式协会也颇为盛行，这些协会和州政府机构和国家机构的融合程度越来越高。在

佩罗亚和圣·路易斯，在波士顿和波伊斯，在百斯和保林格林，美国人
组织了成百上千的各类社团、教会、乡村房舍和职业组织。从繁华的大
都市到小乡村，协会数量的增加比人口的增加还要快。因此，协会的人
均密度——兄弟会、宗教性质、种族性质、工会、职业的、市政的，在
19 世纪下半叶都出现了快速增加。在进入 20 世纪后，这一速度才开始
减缓。（图 23 – 1 是关于全国 26 个不同社区内本地协会的人均密度）。[55]

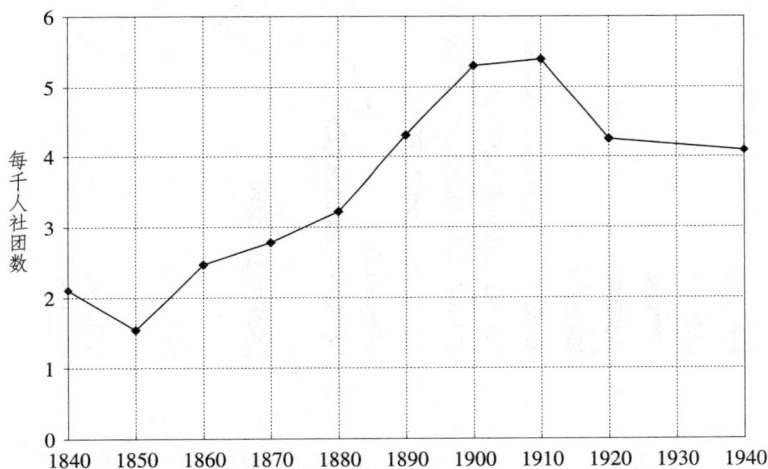

图 23 – 1：二十六个美国社团的组织密度，1840 – 1940

　　站在世纪之交，我们可以发现 20 世纪市民社会的基石是在 1870 年
到 1900 年之间奠定的。这段协会热潮在 20 世纪初停止，但是它的后继
者很快跟了上来，在镀金时代和进步时代建立的协会进入到了他们的会
员排行里。图 23 – 1 反映的不仅是协会的增加，同时也反映着市民活动
和企业活动在美国爆炸性的发展。从 1880 年到 1910 年，本地报纸迅速
发展，直至 1920 年到 1940 年才开始停止。[56]

　　在 1870 年到 1920 年，美国市民的创新能力是历史上任何一个时期
都不可比拟的，不仅是在社团的数量，还包括范围和持续时间。政治科
学家西达·斯考切波（Theda Skocpol）和她的同事证明，两个世纪内的大

型协会有一半是在 1870 年到 1920 年间建立起来的。[57]这些协会至少吸纳了整个国家 1% 的成年男性或女性。如图 23 - 2 显示的，在 19 世纪末，这些大型会员制协会迅速发展，在 1920 年到达了顶峰，并且在接下来的时间里一直保持着这个水平。

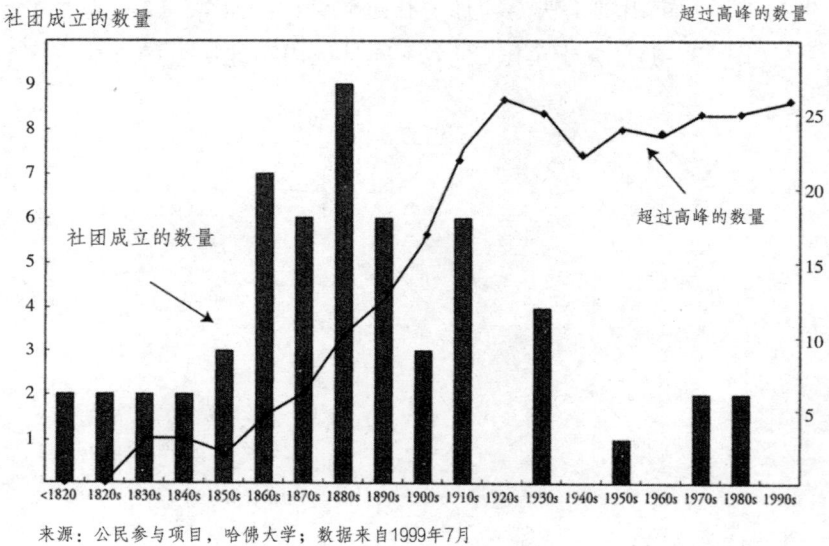

图 23 -2　会员人数多的大型社团成立和累积的影响范围

来源：公民参与项目，哈佛大学；数据来自1999年7月

事实上，可以毫不夸张地说，今天美国社会中主要的民间协会大约都是在上个世纪之交的前几十年里，在社会创造成果丰硕的那几十年里建立起来的。表 23 - 1 就是证据。如今我们很难找到一个主流协会不是在那几十年里建立的。

表 23 -1：社会资本创新，1870 -1920

组织名称	成立年份
National Rifle Association 全国步枪协会	1871
Shriners 圣地兄弟会	1872
Chautauqua Institute 乔特夸协会	1874

组织名称	成立年份
American Bar Association 全美律师协会	1878
Salvation Army （U. S.）救世军	1880
American Red Cross 美国红十字会	1881
American Association of University Women 美国大学妇女协会	1881
Knights of Columbus 哥伦布骑士会	1882
American Federation of Labor 美国劳工联合会	1886
International Association of Machinists （and later Aerospace Workers）国际机械师和航空航天工作人员协会	1888
Loyal Order of Moose 友爱互助会	1888
Women's Missionary Union （Southern Baptist）美国女公会	1888
Hull House （other settlement houses founded within a few years）赫尔大厦（社会服务所）	1889
General Federation of Women's Clubs 联邦妇女社团	1890
United Mine Workers 美国煤矿工人联合会	1890
International Brotherhood of Electrical Workers 国际电工联谊会	1891
International Longshoremen's Association 国际码头工人协会	1892
Sierra Club 峰峦社团	1892
National Council of Jewish Women 全国犹太妇女协会	1893
National Civic League 全美公民联盟	1894
American Bowling Congress 美国保龄球协会	1895
Sons of Norway 挪威之子	1895
American Nurses Association 美国护士协会	1896
Volunteers of America 美国义勇军	1896
Irish – American Historical Society 爱尔兰裔美国人历史协会	1897

组织名称	成立年份
Parent – Teacher Association（originally National Congress of Mothers）家长教师协会	1897
Fraternal Order of Eagles 战斗机老牌驾驶员兄弟会	1898
Gideon Society 基甸协会	1899
Veterans of Foreign Wars 海外退伍军人协会	1899
National Consumers League 全国消费者联盟	1899
International Ladies Garment Workers Union 国际女装工人联合工会	1900
4 – H	1901
Aid Association of Lutherans 路德教会援助协会	1902
Goodwill Industries 美国善念机构	1902
National Farmers Union 全国农场主联合会	1902
Big Brothers 大哥会	1903
International Brotherhood of Teamsters 国际卡车司机协会	1903
Sons of Poland 波兰之子	1903
National Audubon Society 全国奥杜邦协会	1905
Rotary 扶轮社	1905
Sons of Italy 意大利之子	1905
Boys Clubs of America 美国男孩俱乐部	1906
YWCA 女青年会	1906
Big Sisters 大姐会	1908
NAACP 全国有色人种协进会	1909
American Camping Association 美国夏令营协会	1910
Boy Scouts 男童子军	1910
Campfire Girls 女生营	1910

387

续表

组织名称	成立年份
Urban League 城市联盟	1910
Girl Scouts 女童子军	1912
Hadassah 汉达莎	1912
Community Chest（Later United Way）公益金（后来的联合劝募会）	1913
Community Foundations（Cleveland，Boston，Los Angeles，etc）社区基金会（克利夫兰、波士顿、洛杉矶等）	1914 – 1915
American Association of University Professors 美国大学教授协会	1915
Junior Chamber of Commerce（Jaycees）初级商会	1915
Kiwanis 基瓦尼	1915
Ku Klux Klan（second）三 K 党（二代）	1915
Women's International Bowling Congress 国际妇女保龄球联合会	1916
Civitan 西维坦	1917
Lions Club 狮子会	1917
American Legion 美国退伍军人协会	1919
Optimists 乐观者	1919
Business and Professional Women（BPW）商业及职业妇女联盟	1919
American Civil Liberties Union 美国公民自由联盟	1920
American Farm Bureau Federation 美国农场局	1920
League of Women Voters 妇女选民联盟	1920

　　除此之外，在那个高产的年代建立起来的协会通常都很长寿。例如，在《英卡塔 2000 世界年鉴》（*Encarta* 2000 *World Almanac*）列出的当代 506 个全国性协会中，包括大型的、小型的、有章程的、没有章程的、宗教性质的、职业性质的、社会性质的、政治性质的，在 1890 年到 1920 年这三十年里建立的协会比 1960 年到 1990 年这三十年里建立的

协会多出一倍。图 23 – 3 显示了所有 506 个协会的成立日期的分布，显示出在 19 世纪末、20 世纪初建立的协会仍然在美国市民生活中扮演着积极的角色。[58]这种类型的年龄分布——即年老的多过年轻的——意味着出生率的下降，或者新组织的死亡率出现了上升，或者两者都有。换句话说，和我们这个时代的组织创业相比，这些处于世纪转折点的创建者要么就是更多产，要么就是更成功，或者两者都是。

388

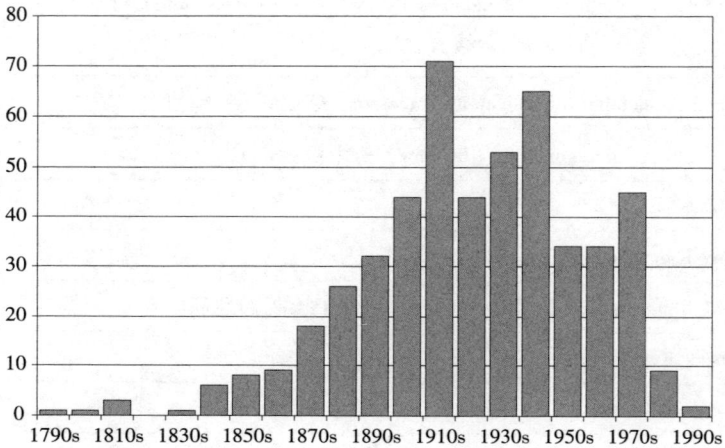

图 23 – 3：当代美国社团的成立时间

除此之外，新兴组织都被列入了最近出版的年鉴，不管多么有价值，它们也是邮寄名单的社团，如美国人基金会（People for the American Way），或者一些范围狭窄并且很容易消失的社团，比如投资研究及管理协会（the Association for Investment Management and Research），国际沙堡建造会（the International Society of Sand Castle Builders），新时代步行者协会（New Age Walkers），或者反对吸烟污染协会（the Group Against Somkers' Pollution）。在1890 年至 1920 年成立的协会，到目前为止却都已经维持了大约一个世纪了。这些协会更可能是涉及会员范围广泛的职业、市民，或者服务协会，比如童子军，全国杂货商协会（National Association of Grocers），红十字会，狮子会（相比之下，新时代步行者协会或者反对吸烟污染协会真的有可能维持到 2099 年吗？)

要在 20 世纪初的社会资本投资热潮中汲取经验，首先要注意的是它出现的多种不同形式。一个世纪以前的美国比我们现在更注重性别问题，那段时期大多数成立的协会都是以性别划分的，所以不奇怪那时候最著名的协会大多是兄弟会之类的。尽管共济会有更早的起源，但是兄弟会是在镀金时代真正大规模扩展开来的。W. S. 哈伍德（W. S. Harwood）在 1897 年写道，"每五个人或者八个人中，就有一个参加了兄弟会组织。"到 1910 年，历史学家大卫·贝托（David Beito）计算，"保守估计，超过 19 岁的成年男性有三分之一都是会员。" 389

在某种程度上，兄弟会代表着一种对那个快速变化时代的个人主义的反抗，是逃离混乱和不安定世界的一种避难方式。兄弟会提供了物质利益（例如人身和健康保险）和社会团结和宗教仪式。建立在互惠原则上的互助——今天的收益者，明天的捐助者——是这些协会的核心特征。历史学家贝托说："他们成功地在穷人之中建立了一个巨大的互助网络。"全国最大兄弟会——共济会（Masons）、奇人会（Odd Fellows）、佩西亚骑士会（Knights of Pythias）、古老联合工人协会（the Ancient Order of United Workmen）、全美现代伐木工协会（Modern Woodmen of America）——每个协会都有成千上万的会员分布在全国各地。贝托注意到，这种"地理的扩张结构……产生出一种便利的联合保险来减轻各地的危机，例如自然灾害或流行病"。最后，贝托说，

> 通过参加协会，接受一名新会员，设定价值观，协会致力于互助主义的提高，培养自强、节俭、领导才能、自治、自制、好道德，提供商业训练。这些价值观反映出兄弟般的共识，超越了那些看起来不可跨越的种族、性别和收入界限。

社会各阶级的人都参加了这些协会。兄弟会里有中产阶级，也有工人阶级。他们曾经因为种族和性别的原因被隔离。另一方面，正如贝托证明的，有很多类似兄弟会的非裔美国人、妇女协会同样起到互助和提升道德的功能。这些隔离或许是我们的价值观所厌恶的，但是作为一种

社会资本的提升，兄弟会绝对不仅仅限于白人男性中产阶级。如哥伦布骑士团，圣约之子会，霍尔王子共济会（Prince Hall Freemasonry）［服务于黑石匠会（Black Masons）的一个机构］举例说明的那样，各种不同种族的协会都倾向于大量扩张兄弟会。到 20 世纪早期，兄弟会受到新的服务机构（扶轮社、基瓦尼、狮子会、青年会等等）和职业协会的挑战。这些新机构提供商业合同，更具有现代化的面孔，更有市民激情，尽管其代价是以牺牲兄弟会里的"兄弟情谊"。[59]

在妇女之间，1873 年 – 1974 年在中西部兴起的或多或少自发的草根斗争运动重新激起了禁酒运动风潮并且导致了基督教妇女禁酒联合会（WCTU）的成立。这一协会作为道德和社会改革的工具快速扩张。协会领袖，弗兰西·维拉德（Frances Willard）接受了"包揽一切"的全国政策，WCTU 的成员们提倡监狱改革，成立青年组织，建立幼儿园，甚至赞同劳工改革。WCTU 在 1890 年代开始衰落，1898 年维拉德去世后，它重点关注禁酒问题。同时，新的妇女组织开始出现，在某种程度上它们是从很多独立的读书学习协会里诞生的。在 1890 年，这些跨地区的妇女协会网络联合在一起，成立了联邦妇女俱乐部。在这段时间，妇女协会在公共事务上直言不讳，在童工、妇女就业、幼儿园，以及很多其他社会改革，如妇女选举权问题上，都很积极。[60]

移民和少数族群成立的协会展现出 19 世纪末社会资本创建的另一个层面。大体说来，移民会使一个人的社会资本减少，因为他的大多数社会关系都留在原来的国家。因此移民会理智地去努力积累新的社会资本。所谓的连锁迁移（chain migration）是指从某地来的移民会在新社区里和另一个来自相同地方的人住在一起，这是一直以来人们的解决方法。另外，为了互助而成立的慈善协会是很多移民社区的基石，提供经济安全保障，社交生活，甚至还选派政治代表。一位唐人街的成员表达了移民社会资本的核心价值，他在 20 世纪早期的一项评论说道，"我们是一个陌生国家里的陌生人。我们必须有一个组织来统领大家，使大家变成朋友。"[61]

据历史学家罗兰·贝索夫（Rowland Berthoff）说，"移民习惯了比一般美国人更紧密的社区生活，他们快速地接受兄弟会的形式，以便团结起来，以此来预防不可知的松散的美国生活。"在那个时代最大的少数族群日耳曼人尤其喜欢结社。当意大利人、犹太人、波兰人，其他东南欧洲的移民在世纪之交到达美国时，他们很快就成立了互助协会，贷款协会，有社交性质的，也有体育活动类的，还有提供娱乐的社团，外文报纸，教堂，犹太教堂。到 1910 年，在大约 7000 个协会中，三分之二的波兰移民至少参加了其中一个，犹太人、斯洛伐克人、克罗地亚人的数字也很相近。另外，全国性的兄弟会组织，如圣约之子会、汉达莎、哥伦布骑士团，在世纪之交也吸引了更多的会员。[62]

在自由黑人中建立的协会也遵循类似的模式，包括互助性质的、协助举行葬礼的、社交性质的，还有兄弟会和妇女组织。黑人们从枷锁中挣脱出来，获得了新的公民权利，面对着巨大的社会紊乱，1870 年 – 1900 年间，他们在南方和北方成立和加入了数量众多的协会。世纪之交时，W. E. B. 杜波斯（W. E. B. Du Bois）在其经典研究《费城黑人》[391] (*The Philadelphia Negro*)中强调了黑人秘密组织的重要性，例如共济会和自由梅森会，提供了"单调工作的闲暇，为梦想和好奇心找到了栖身之处，为抵抗不幸提供了保障"——这些因素也是当时吸引白人加入各种协会的原因。正如我们在前面章节讨论的，在非裔美国人中，教会对于社会资本积累起到了非常重要的独特作用。同时，协会使黑人和白人联合起来支持社会改革——除此之外，还有全国有色人种协进会和城市联盟。[63]

尽管工业社会中的美国文化在某些方面开始变得世俗，这段时期的本地教会活动不再像从前那样受到人们追捧，但宗教仍然起到了重大作用。救世军倡导去那些没有教堂的贫困地区传教，游行、铜管乐队、"哈利路亚"在 1880 年从英国传到了美国。这是"社会福音"和"强健的基督教精神"的新纪元。社会福音运动象征着世纪之交自由主义新教神学家的努力，试图使教区里的中产阶级意识到城市贫苦等问题。社会福音代表着对个人主义、自由放任经济、不平等现象的反对，并且试图使宗教和新的社会、知识环境联系起来。

就是在这段时期，宗教历史学家 E. 布鲁克斯（E. Brooks）描述的社会教堂开始出现：在 19 世纪末，成千上万的教区发生了重大改变，不再只是接受宗教崇拜的地方，也为主日学校开放，为音乐会开放，开放对象还包括妇女会议、青年组织、童子军、慈善机构、戒酒协会、田径俱乐部，还有很多其他说不上名字的组织。亨利·沃德·比切尔（Henry Ward Beecher）建议耶鲁的神学家在他们的教区里多举办一些野餐活动，很多各种类型的教区除了野餐还开展体操活动，露营，成立篮球队，军事演习活动。在这一情况下，教堂不仅增加了日常维护的费用，而且还增加其他捐款。到 1923 年，慈善事业的捐款占到了城市和乡村的教堂捐款的 35%，在 20 世纪初从 14% 上升到 18%。[64]

在这一个时期，宗教鼓励、自我完善和公民参与紧密相互交织在一起。1874 年在纽约出现了湖区运动，其作为卫理公会主日学老师的夏季进修学校，由此兴起了全国范围的一系列进修学校，学习组织和讲座课程。到 1919 年，有评论家说"每 11 个人中就有 1 个是参加了湖区计划。"广播（随后的电视）提供了更加丰富多彩的娱乐，但给草根阶层和跨阶层进行公民议事的机会变少了。

天主教徒比新教徒更倾向于同情穷人的困境，绝不仅仅是因为天主教徒也是属于工人阶级。一直以来，教堂在黑人社区中总是扮演着一个特殊的角色。研究黑人教区的主流历史学家艾文莉·希金波萨（Evenly Higginbotham）认为，"教堂提供各种各样的角色，包括学校、图书馆、音乐会、餐馆、保险公司、职业培训、田径俱乐部。举行政治集会、妇女社团会议和学校毕业典礼。"简单说来，在这一时期，社会改革中的基督教激发了很多社会活动。当全力推崇社会改革的西奥多·罗斯福作为 1912 年的总统候选人时，参加进步大会的代表们自发地满怀情感地唱道："向前冲吧，基督教战士。"[65]

在这一时期，有组织的工人运动也成了美国人生活的重要部分。劳工骑士团成立的基石是"所有工人都应该参加一个大的工会"，它的成

392

员从 1880 年的 28 100 人增加到 1886 年的 729 000 人，但是到 1890 年
下降到 100 000 人，在 1894 年由于内部关于技术工人和非技术工人的
争端，以及黑人和白人之间的争端而崩溃。它的领导位置很快由美国劳
工联合会取代，还有一些有组织的行业工会——煤矿工会（1890 年成
立），电器工会（1891 年成立），码头工会（1892 年成立），制衣工会
（1900 年成立），卡车司机工会（1903 年）成立等等。仅仅七年的时间
（1897 年－1904 年），全国范围的工会组织成员从相当于非农业工人劳
动力的 3.5% 上升到 12.3%。这一次，工会的成果更持久，在接下来的
时间里，继续呈现良好的发展势态。[66]

历史学家托马斯·科查兰（Thomas Cochran）和威廉·米勒（William
Miller）认为，工会已经成为了其成员社交生活的一部分，而不仅仅只是
一种获得物质条件改善的方式：

> 工会的活动已经不仅仅只是工资和工会的问题——工会不
> 仅是社团、兄弟会的大众活动。为工会工作，派代表去和雇主
> 谈判是个人对生存环境控制权的重申。面对工伤和季节性失
> 业，互惠政策给人们提供了安全感，同时工会的社交活动、舞
> 会、野餐、培训，给人们提供了有益的休闲活动。[67]

进步年代的改革家们对青少年的发展尤为关注，在这方面他们投注
了特别的关注。在不到 10 年的时间里（1901 年－1910 年），青少年组
织大量成立，其中很多全国性的组织在 20 世纪发挥了重要作用，如童
子军，露营少女团（Campfire Girls），4H 协会（the 4－H），少男俱乐部和
少女俱乐部（Boys Clubs and Girls Clubs），大哥和大姐会（Big Brothers and Big
Sisters），美国夏令营协会（the American Camping Association），在 20 世纪头
20 年里，这些有组织透明化的夏令营机构发展迅速。

在这些年里，幼儿园和中学也得到了美国公共教育的认可，游乐场
在美国的小镇和城市也普及开来。1885 年在波士顿创立了沙园（sand
gardens），随后，游乐场迅速扩展到纽约、芝加哥、费城、洛杉矶等其
他城市，到 1906 年，美国游乐场协会成立。在成立这些公共娱乐中心

393

的时候，改革者们希望全家都能参与到健康的休闲活动中，而不是把孩子留在无人监护的大街上。随着虐待小孩现象的出现，1874 年人们参照纽约防止虐待动物协会成立了纽约防止虐待儿童协会，随后类似的协会在其他地方也出现了，到 1908 年，类似的这种地方协会有 55 个。总的说来，那个时期的美国不是仅仅悲叹"现在小孩的生活方式"，或是长期怀念着对乡村丧失了控制，进步主义者为了给青少年寻找一条有建设性的新路用尽了脑力，建立机构，提供资助。新的机构结合了持久的社会价值和运动、游戏时的欢乐，"童子军是值得信赖的，忠诚的，乐于助人的，友好的，礼貌的……" [68]

在进步年代最引人注目的社会发明是"睦邻之家"（Settlement House）的建立，这一想法来自于维多利亚时期的英格兰。"睦邻之家"召集生活在城市贫民区有理想的中产阶级的青年男女，对贫穷的移民给予教育和"道德提升"。简·亚当斯 1889 年在芝加哥建立了"赫尔大厦"（hull house），随后在其他城市，类似的协会也相继成立，1891 年有 6 个，到 1897 年有 74 个，到 1910 年则发展到将近 400 个。最开始，建立睦邻之家的主要目的是教授英语和基本生活知识，但它的活动范围很快扩展了，历史学家马克·瓦格伦·萨默斯（Mark Wahlgren Summers）认为：

394

在睦邻之家工作的青年男女成立了辩论会和提供一系列讲座，教会贫穷的母亲给小孩洗澡保持清洁卫生的重要性，培训她们的手工技能以便她们能在社会上找到工作。他们还为工作的父母开设幼儿园和日托中心。不久，赫尔大厦的宿舍里还有了美术展览厅、咖啡屋、体育馆和保育室。[69]

睦邻之家给贫穷的城市下层人们的生活提供了帮助。匹茨堡的睦邻之家给成千上万的儿童和他们的家长开办了"清新空气"项目。赫尔大厦的社团给了本尼·古德曼（Benny Goodman）第一支单簧管。讽刺的是，睦邻之家带来的长期的最深远的影响并不是接受服务的人，而是那些提供服务的青少年。简·亚当斯（Jane Addams）曾经希望通过和残酷现实的真实接触使大学生对生活有新的认识。从参加睦邻之家活动受益的人们有很多日后功成名就的，他们中不仅有社会改革家弗洛伦·凯利（Florence Kelley）和伊莉诺·罗斯福（Eleanor Roosevelt），还有热心公共事业的企业家吉拉德·斯沃普（Gerard Swope）（1922 年 - 1944 年通用电气总裁），沃尔特·舍曼·吉福特（Walter Sherman Gifford）（1925 年 - 1948 年 AT&T 总裁）。历史学家理查德·麦克科米克这样总结睦邻之家带来的长期影响：

> 对于任何人来说，睦邻之家像一个培训基地。人们在进步时代的改革的构想都来自于此：改善城市经济公寓的居住环境，建立公共游戏场，讨伐童工现象，为工作的妇女争取平等的待遇，还有很多其他事情……对于那些睦邻之家试图提供帮助的贫穷移民来说，睦邻之家的这些活动看起来可能有些不能理解，不过，在 1900 年代早期，睦邻之家的工作者们是有史以来为改善城市和工业化问题做得最多的人，也是最成功的。[70]

作为一种社会运动，进步主义的定义很宽泛并且多变。政治哲学家彼得·雷文（Peter Levine）认为，"任何一项运动，只要是吸引了爱普顿·辛克莱，J. 埃德加·胡佛，W. E. B. 杜波斯，罗伯特·塔夫特（Robert Taft），赫伯特·胡佛（Hebert Hoover），富兰克林·D. 罗斯福的，都很难被称为是运动。"[71]试图对此作出的任何简单解释，都可能会冒着犯下错误和不完整的风险。从我们的观点看来，进步时代代表了一种公民社群主义者对镀金时代意识形态上个人主义的回应。尽管它最终成了一项政治运动，但它的开始是为了更广泛的社会目标。在成功建立游乐场、博物馆、幼儿园、公共公园等设施的过程中，最重要的一部分是要 395 加强人们的合作习惯，同时并不抑制个人主义。纽约中央公园（1876 年开放）的设计者弗里德里克·罗·奥姆斯塔德（Frederick Law Olmsted），并不认为公园和娱乐地区是可以克服隔离和消除怀疑的方法。同样地，一位游乐场运动的热心支持者惊呼：

> 游乐场实际上在全国各地大量出现，每个地方的社会效果

都是一样的。就是说，它们带来了很好的社区精神，唤醒了民众意识和合作精神，形成了集体观念而不是个人主义。如果游乐场的概念得到广泛推广，国家从中获得的益处将会大大增加，会有更多的积极的、满意的、有进取心和爱国的公民，这些比开发矿藏或者去全世界收敛财富带给国家的好处更多。[72]

总的说来，虽然他们并没有使用这个术语，进步主义的一个重要目标仍是加强"社会资本"。[73]这个词组由进步主义时代的教育家 L. J. 汉尼方提出，用来阐述社区中心的价值。

教育和吸收的想法在幼儿园运动中得到了充分体现。美国第一家幼儿园是伊丽莎白·帕尔默·皮波迪（Elizabeth Palmer Peabody），一位"慷慨的妇人"在波士顿建立的，这是来自于德国进步教育家的想法。到1870年代末，幼儿园迅速扩展到全国，到1908年有超过400家幼儿园由妇女协会、禁酒会和教堂及其他机构管理。在早期，幼儿园的理念是鼓励儿童时期的活动。志愿者们为移民的小孩提供良好的教育环境，同时也给作为父母的移民传授为人父母的方法。围绕着幼儿园，一系列增进父母们交流沟通的组织也出现了，如母亲会、缝纫协会等等。这些创新运动中的一些特征包括，众多的志愿者，强调儿童活动，而不仅仅是学前教育，随着幼儿园成了公共教育系统中的一部分，幼儿园教师也开始争取职业认同，这些特征开始消失，但有一样仍然留了下来。在1897年成立的全国母亲协会（The National Congress of Mothers），这个组织是从1897年幼儿园运动的部分发展起来的，它继续组织着各地的父母和教师。在1924年全国母亲协会（the Congress of Mothers）正式更名为全国家长和教师联合会（即随后的 PTA）。[74]

396 如麦克科米克说的，进步主义的核心方法是使人们投身到公民活动中：

> 进步主义最大的成功在于一种独特的改革方法，这是从事各项事业的领导者们都会接受的方法。他们通常是先成立志愿者组织，调查一个问题，收集相关事实，根据最新的社会研究

结果来分析这些事实。从这样的分析中，找到可行的解决方法
并通过教育和道德说服来普及这一方法，如果成功了，也像公
共集会那样被某级政府所接管。[75]

各阶层的社会企业家，建立新的机构，通常一开始都不是出于政治
目的。早期的一个例子是禁酒会，其目标是在工业化和城市化的过程
中，建立一种"互惠责任感的内部结构"。通常，这些新机构都是在先
前的社会网络基础上建立起来的，尤其是宗教组织。各地和全国的改革
运动也依次在这些非正规或者非政治性的机构上建立起来。

一个常见的例子是：妇女读书会的转变，它先是成为一种民间运
动，然后发展成为了政治力量。在 1890 年代的萧条中，妇女读书会把
议程扩大到了社会服务。1890 年成立的联邦妇女社团（GFWC），开展活
动要求政府调查食品问题，加强住房管理，安全饮用水，妇女工作保
护，对穷人、病人、残疾人和儿童的服务。全国母亲会旨在教育母亲如
何抚养小孩，随后转向致力于支持成立婴儿健康诊所、青少年犯罪法
庭，为等候审判的青少年创立监护屋，以及幼儿园和游乐场。由于种族
隔离禁止参加联邦妇女社团，非裔美国人在 1896 年成立了美国有色妇
女全国协会（The National Association of Colored Women's Clubs of America），反对
饮酒，支持成立保育室、幼儿园，为未婚母亲提供住房。1910 年，争
取妇女选举权的积极分子瑞塔·柴尔德·多尔（Rheta Childe Dorr）写道，
"妇女的归宿就是家，但这个家不仅只是只有四面墙的个人的家，而是
整个社区。"[76]争取妇女选举权运动超越了阶级，但这仅仅只是世纪之交
妇女运动中的一部分。

连续的劳工迁移浪潮为社会团结和政治改革中交错进行的运动提供
了另一种解释。由于 19 世纪最后十年是美国历史上阶级冲突最突出的
时期，将劳工组织起来几乎已不再是茶话会这么简单。艾达·塔贝尔
（Ida Tarbell）在她的回忆录里写道："80 年代是个滴血的年代。"尽管最
近的劳工运动议程扩大到社会改革和阶级争斗上，但 19 世纪最长久的
工会组织主要目标是改善就业环境。世纪之交出现成立工会的高潮，然
而，在 1910 年 15 名工会积极分子被选举进入国会则是顶点，还有"社

397

会主义"的威胁，政客们把劳工改革放进了目标范围。在这一方面，跨越阶级的联盟仍然重要。1899 年由路罗伦斯·凯利（Florence Kelly）成立了全美消费者联盟，作为一个睦邻之家的成立人，他致力于让中产阶级妇女顾客们去抵制那些没有为女工提供良好工作环境的工厂所生产的商品。[77]

　　作为一种社会运动，进步主义没有去纠缠所谓"上层"或"下层"的分类。很多新成立的兄弟会、民间组织和改革机构代表了国家领导人招募新丁的努力，同时其他组织也在当地组织的鼓励下成立起来。其中一些，如 4－H 和农民协进会，实际上是联邦政府建立的。更重要的是，这种鼓励的侧面影响从一个社区扩散到另一个社区。政治科学家西达·斯考切波说，"这种组织扩散的方法和内战之前的美国浸信教会的传教方法颇为相似。"[78]

　　在进步主义观念扩散的过程中，侧面学习对于增加人们参与公民活动的影响很普遍。一个地方采取的鼓励措施在另一个社区发展并且扩散开来。通过追踪一个民间组织的发展历程我们可以看到这一过程是怎样的。在 1890 年代，仿照赫尔大厦举办像邀请约翰·杜威（John Dewey）这样的学者讲座，威斯康辛大学和芝加哥大学开办附属学校，都是以此来加深大学和成人公民的联系。在 20 世纪前十年，克利夫兰市长、著名的进步主义者汤姆·约翰逊（Tom Johnson）认为，可以通过周期性的会议把市民和政治领袖们吸引到对公共事务非正式的妥协商量上来。到 1907 年，在这些措施下，罗切斯特和纽约的民间组织在公立学校成立了定期的"社会中心"，利用公共资金为关于本地事务的辩论提供资金。

　　在三年的时间里，这种会议每年有几百场在罗切斯特举行，据 1910 年 3 月 20 号出版的《民主党与编年史》（*Democrat and Chronicle*）记载："本周社会中心和俱乐部的项目是很多样化的，晚上讨论了商业环境、健康、艺术、社会机构、高物价、酗酒问题和邻里关系。"参与这些公众思考没有阶级和教育背景的限制。到 1916 年，"社会中心"（或者社区中心）遍及全国，到达了西弗吉尼亚——L. J. 汉尼方提出"社会资本"的起源地。[79]

正如这个故事所描述的，尽管纽约、波士顿等大都市是公民复苏过程中的一部分，但是很多创造性的行动发生在中部地区的社区里，当地的积极分子想要在新世纪的社区里重建那种相互知根知底的关系。事实上，19 世纪末成立协会的浪潮开始于中部地区的小城镇上，而不是在商业化的大都市。中学运动在中西部和西部的小城镇发展得最快。历史学家艾瑟·林克（Arthur Link）和理查德·麦克科米克可能略为夸张了一点，但他们的总结抓住了这个运动的实质，"进步主义是唯一一个整个美国都参与了的全国性改革。"[80]

作为一项政治运动，进步主义在美国历史上最彻底的公共政策和机构复苏中起到了重要作用，能与之相比的只有罗斯福新政。在短短几十年里，投票保密制度（1888，肯塔基州）、公民创制和公民复决（1898，南达科他州）、预选选举（1900，明尼苏达州）、城市管理者制度（1903，德克萨斯州、加尔维斯敦）、参议院直接选举（1913）、妇女选举权（1893，科罗拉多州，1920 年的美国宪法），这些我们政治过程中的基本特征被州政府和各地政府所知，并且逐渐扩散到全国。同这些基本的政治改革不同，这同时也是历史上各地政府改革最激烈的一段时间。[81]

在全国范围内，进步主义和联邦储备系统（1913）、所得税（1913）、预算局（1921）为财政和货币政策提供了机构性的基石。美国历史上第一项保护消费者的立法（1906 年，美国食品暨药物管理和联邦肉品检验法案，1914 年，联邦贸易委员会）、第一部环境立法（1905 年，国家森林局和 1913 年，国家公园局）、成立商务劳工部（1913）和美国审计总署（1921）、加强反垄断管理（1903）、童工法（1916）、8 小时工作制（1916 年在铁路工人中首先实行）、工伤赔偿（1916）、第一部联邦通信产业管理条例（1910）、美国调查局（1908 年，1935 年更名为联邦调查局）、联邦竞选经费管理条例（1907）、近半个世纪的贸易自由化（1913）、西部州饮用水政策的基础（1902），以及母亲节（1914）、进步主义触及了公共政策领域的几乎各个方面。[82]通常，创新开始于州政府和当地政府的试验性的改革，然后变得强大，并开始对华盛顿有影响。

399 这些改革并没有如提倡者预想的那样全部都成功，现在回顾一下，其中一些甚至是失败的。不管怎样，作为一个整体，在一个禁止激烈改革的宪法体系里，这个一揽子改革还是取得了巨大成就，几乎遍及全国各阶层的政治运动，在 20 世纪前十年里在两党内都有很大影响。

大体说来，这一浪潮开始于 19 世纪最后 30 年，这些组织（如兄弟会和文化社团）主要关注成员的个人关心的事情，包括休闲和自助。在 19 世纪最后 10 年里和 20 世纪前 10 年里，这些协会（以及那段时间新成立的协会）渐渐将它们的注意力转移到了社区问题上，最后转向了政治改革。早先的那种面向内部的（inward - oriented）创造社会网络的阶段，为后来面向外部（outwaid - oriented）的政治改革阶段铺平了道路。[83] 和任何一项历史总结一样，这样的解释可能有些夸张，虽然圣地兄弟会有公共的一面，妇女选民联盟有私人的一面，但核心事实是，社会资本的投资对于政治改革来说，不是一个备选项，而是前提。这对于我们当代有很重要的启示意义。

我们不需要掩盖进步时代犯的错误，关于此类争论在历史学界已经有差不多一个世纪了。持批评态度的人在近半个世纪里占了上风，认为进步主义有赞同精英主义的倾向。当提出解决社会问题的"职业的"和"专家的"方案时，许多进步主义者采取了一种反政治的姿态，如果不是出于本意的话，它削弱了公民参与的积极性。在 1896 年后，投票到场率呈现出下降趋势。党内政治，尤其是政党机器，是进步主义者的最大敌人，他们通常喜欢事实上被中产阶级掌控的各种委员会。进步主义者意识到体系内部存在的腐败和依赖，但他们对政党削弱公共力量却视而不见。历史学家菲利普·埃廷顿（Philip Ethington）认为，"在许多同所谓进步时代（1890 - 1920 年代）有关的讽刺故事里，最可悲的便是民主被自己最亲近的朋友伤害了。"进步人士倡导的深思熟虑的民主并没有实现，我们得到的是其他人推崇的直接的、公民投票的民主。[84]

历史学家争论得更为激烈的是进步时代的社会改革，或者说是社会400 控制、社会革命。一些学者认为，中产阶级改革者组织这些志愿机构是为了向无助且没有知识的移民施加控制。另一些学者则认为，承认进步主义的领导人来自中产阶级，强调这些新机构有好的一面，是为了加强移民和工人阶级的社区力量，减少社会不平等。然而，一些学者仍然指出，中产阶级这么做的原因是出于他们的工人阶级"客户"的要求，减少由上到下的社会控制是为了忽略那些生活正在被改变的人们的意愿。历史学家佩特总结，"对工人阶级暴动的恐惧解释了大部分进步改革的原因。"[85]

甚至那些赞同新机构和它带来的政治影响的人们也意识到会出现过度的社会控制和个人主义主导的可能。[86]进步年代社群主义的冲动很容易出现过犹不及：在一战期间威廉·杜德利·弗尔克（William Dudley Foulke），全国城市联盟主席，建议如下草案应该在战后用于公共服务政策：

> 公共福利可能会要求某些人为了社区的利益而结婚生子。不管他们愿不愿意，都要时刻准备着。也可能会要求那些酗酒或者有奢侈等不良习惯的人们改过自新，不管是否有相关的禁止法律。可能会要求某些人接受军事训练或者组织州或市的机构，出于防御目的或为了改善社会发展。那些接到命令的人必须愿意牺牲他们的个人利益并且要积极响应。[87]

这种美国式的"老大哥主义"（big‐brother‐ism）表明了一种过度社区主义的风险。

更让人烦恼的是，种族隔离是进步年代公共议程的中心，如 1896 年通过种族隔离法案，1909 年全国有色人种协进会成立，1915 年第二个 3K 党成立。[88]进步年代里，不是所有的"公民创新"都是有益和进步的。那些想要在改革早期为当代美国寻找灵感的人们必须注意一种风险，那就是强调社区可能会加剧分化和排外。既然社会资本不可避免地在同类社区里更容易形成，强调它的创造可能会改变社会平衡。

但是，也有一些积极的经验。那些大约在 1880 – 1910 年成立的公民组织已经存在了近一个世纪。在这短短几十年里，美国社会的志愿结 401

构形成了现代模式。重要的是，在本书第二部分所描述的那种公民不参与趋势显示出在 20 世纪最后 25 年，这种结构出现了衰落。但是，在人类历史上，能够在千变万化的社会生活和经济转变时期，使一系列组织在一个世纪内持续并服务于社会，这是一个不小的功绩。

面对进步年代的困境、缺陷，19 世纪的领导人正确地诊断出了社会资本的问题。在 1890 年说"乡村生活更美好，大家都回到农场去吧"是件容易的事。但他们抵制住了这种诱惑，坚定地选择了更为困难但更受肯定的社会创新道路。同样地，在那些今天关心社会资本赤字的人们中，说"50 年代的生活更美好"也是一件的容易事，社会的紊乱都很容易使人们想回到过去。

相反，我的意思是说，为了重新唤起适合我们这个社会的公民生活，我们迫切地需要公民创新。我们的挑战是重新成立属于 21 世纪的童子军、睦邻之家、游乐场、全国有色人种协进会。我们今天所做的可能就像进步年代时的人们所做的一样，看起来没有任何意义。我们要准备好经历进步年代的人们所经历的一切。要愿意犯错，然后改正错误，这是社会改革要取得成功所需的代价。

站在 21 世纪的门槛上回首望去，很难想象没有童子军的年代。但是，就在一个世纪以前，可能那时也不会想到 20 世纪会是这样一幅图景，也不会想到汤姆·索亚在南北战争时期的密西西比沙洲帮还会牵涉到童帽、荣誉勋章以及童子军的誓言。（指马克·吐温《汤姆·索亚历险记》中主人公建立的海盗帮——译者注）无论如何，类似童子军的机构为青少年的社区建设提供了新的成功的场所。要解决今天的社会资本赤字问题，一些解决办法可能看起来很反常，我们要小心行事，不能因传统的观念而把公民创新的弦绷得太紧。进步时代的改革对我们的时代来说已经不再合适，但那个年代务实并热情的精神，以及那个时代的成就应该激励着我们前行。

第 24 章
社会资本家的议程

希伯来诗人在传道书里歌颂："观大千世界，万物皆有时，处处存 402
深意。" 当彼得·西格尔（Pete Seeger）在 20 世纪 60 年代把这句古老的
格言写入民谣时，或许就是美国人该挣脱侵扰式友爱的枷锁的时候了。
在我们进入一个新世纪的时候，也是重建社区组织之时。

在我们调查的开始，我意识到当今多数美国人已经隐约感觉到彼此
之间的联系在减少。在 20 世纪结束的时候，对很多人来说，就如同沃
尔特·李普曼（Walter Lippmann）在 20 世纪开始时感受到的一样，"我们
改变世界的速度太快了，而我们还不知道该怎样改变自己去适应这个新
世界。"我们对民意测验专家说，我们想要生活在一个更加文明、可以
相互信任、相互关爱的社区里。来自我们调查的证据显示，这种向往不
是简单的怀旧情绪或者"错觉"。美国人的看法并没有错，我们社区之
间的依存关系正在减弱，我们担心这种改变所带来的代价。然而，这种
挑战对我们来说，就如同先辈从镀金时代步入到进步时代一样，不是该
为社会改变而悲哀，而是应当引领这种改变。

创造（或者重建）社会资本不是一项简单的任务。如果有全国性
的危机发生，比如战争、经济萧条或者自然灾害，创造社会资本会容易
一点。但是，进入新世纪的美国并没有这些令人振奋的危机。过去几十
年里社区的衰落是静悄悄的，令人蒙蔽的。我们注意到了这对我们个人 403
生活和公共生活产生的不利影响，但最严重的后果是让我们想起了那个
古老的谜题："这幅画还缺了什么？"在那些不知不觉消逝的事物中，
削弱的社会资本是最明显的——邻里聚会、朋友聚会、来自陌生人的友

好问候、共同为公共事务努力，以及不计较个人得失。要解决问题首先就需要指出这些问题。

弄清我们的问题，甚至是描绘出它的大体样貌、判断出它的来源、审视它的含义，就如同我试图在本书中做的一样，是一个基础却又困难的挑战。在一个无法改变的世界中，妇女有工作、市场全球化、个人和企业的流动速度加快、娱乐电子化、科技大爆炸、世界绝大部分地区实现了和平，我们该怎样增添社会资本的储备？像多数社会问题一样，这是一个两面性的问题——有组织方面的，有个人方面的。用通俗的市场来比喻，我们需要弄清楚公民参与机会的供给和对其他机会的需求。

如同我们的先辈在进步年代所做的那样，我们需要建立新的结构和政策（公共和个人的）来使公民参与更加便利。稍后我会更加详细地解释，美国社会中各方面的领导人和活动家必须探索创新来回应公民机构正在受到的侵蚀。同时，我们要坚定团结，必须要克服广为熟悉的集体行动悖论。即使我个人私底下更喜欢充满活力的社区，也不可能靠一己之力达到目的——这不是一场会议，只要我出现就万事大吉了，这也不是只有我一个人参加的社团。一个人就能完成目标的想法固然充满吸引力，但是如果这样做，势必使人们在解决自己面临的问题之时更加困难。个人的行动对于重建社区来说是不够的，但它也是必需的。

所以，我们的挑战是在 21 世纪通过个人和集体的行动来重建社区。要解决我国的公民参与问题几乎是没有万应灵药的。从另一方面来说，由于近几年我一直推崇以进步时代的学者和实干家的加强交流作为榜样，我认为今天的美国人联合起来，共同再现进步时代那种积极的公民参与是可行的。"柱仙人掌研讨会：美国的公民参与"（Saguaro Seminar: Civic Engagement in America）使美国社会各个方面的思想者和行动者走到了一起，共同探讨问题和寻找答案。[1]接下来我将在这章里通过多种方式阐述我的建议。首先，要使美国人明白在我们每天做出的各种关于社会资本的决定里，集体起到的作用；其次，要激发大家想出适合我们这个时代的公民参与方式。

要想弄清楚怎样来重新积累我们的社会资本是个牵涉全国范围的问

404

题，也很耗时耗力，它不是一个学者或者一个组织就能解决得了的。社区研究的学者和活动家们，诸如阿玛蒂亚·艾佐伊（Amitai Etzioni）和威廉·加斯顿（William Galston）在这个方面已经做了长时间的研究。我谨想在本章中通过简单描述六个方面的问题来阐明我们面临的挑战：青少年和学校、工作场所、城市规划、宗教、艺术和文化、政治和政府。对每一个问题，我都会提出一些自己的建议，希望能够借此激发读者的想象力，共同探讨出更加富有建设性和创造力的解决方案。

　　从亚里士多德和罗素到威廉姆·詹姆斯（William James）和约翰·杜威（John Dewey）都有讨论过青少年的公民教育问题。他们深思了民主社会的公民道德、技能、知识和习惯的核心是什么，以及怎样灌输这些知识。这一起点对于今天的改革家来说尤为合适，因为，今天我们社会面临的最重要的一个问题就是在各个方面持续的公民参与缺失。美国社会资本的侵蚀不是由今天的年轻人开始的，而是他们父辈造成的，使美国社会的公民参与在 21 世纪早期得到恢复是所有美国人的义务。

　　所以，我为美国的父母、教育者以及美国的年轻人们提出了以下的挑战：让我们努力在 2010 年前使即将成年的那部分美国人在社会各层次的公民参与程度恢复到和我们祖父那一辈人相同年龄时的水平，同时创造出比他们那一代更多的连接性社会资本。衡量我们是否成功的一个重要方面是，我们是否能使选民人数达到 20 世纪 60 年代那样多。但是，我们的目标还要引起人们在其他更为重要的方面进行参与和思考，不仅是参加体育活动和唱诗班，还需要开展有组织的利他活动和草根社会运动。

　　在 21 世纪初达到这些目标的手段，以及衡量我们是否成功的标准，肯定会和 20 世纪中期有所不同。出于这个原因，需要"X 一代"和他们的后人拥有识别的技能，甚至要求这种能力要比"婴儿潮"的一代人，即他们的父辈更为出色。无论如何，一些看似过时的想法是有参考价值的。以公民教育为例，我们知道有效参与的前提是获得公共事务知识和实际参与。但在 20 世纪由美国教育部向中小学发放的"公民成绩单"的成效是令人失望的。[2]所以，我们的战略里应该包括改革学校的公民教育，不仅只是有"一项提案是怎样变成法律的？"，还应包括"我怎样才能有效地参与我所在社区的公共事务？"例如，在一堂由洛杉矶中南部的教师上的公民教育课中，可以和她的学生们一起探讨如何使很重要的公共改革有效实行，也可以探讨如何给社区的篮球场安装一盏路灯。

我们知道其他的方法也会有效。大量的证据显示，社区服务计划的确可以加强参与者的公民意识，尤其当活动是有意义、常规的，并且和学校课程结合在一起的时候。断断续续的服务没有很大效果，也很难想象临时保姆和为邻居看门这两种全国范围内最平常的社区服务（据1997年的调查显示）会有很好的效果。从另一方面来说，设计得很好的服务学习项目（越来越多的证据显示）完善了公民知识、加强了公民活动的有效性、增加了社会责任感和自尊，教授合作和领导能力，甚至有调查显示，这可以减少种族主义。[3]有趣的志愿者活动和强制性活动一样有效。我们在第7章曾谈到过，一个人在青年时期热衷于志愿者活动，那么他在成年后成为志愿者的可能性就会非常大。不同时代的人给出的建议，也能起到公民教育的作用，例如在波士顿公民学校计划，这项计划使成年志愿者和青少年志愿者在放学后一起工作，比如写故事或者建立网站。

增加成年后的公民和社会活动参与的另一个有效方法是参加课外活动（既有学校的也有个人的）。事实上，参加中学的音乐社团、田径队、义务社团等类似组织对于培养成年后的公民参与有重要意义。[4]从公民的角度来看，尽管在20世纪80年代和90年代学校课外活动的经费减少，但课外活动是相当有意义的。为了使2010年的公民参与得到恢复，纠正这一错误不失为明智之举。最后，我们知道小型学校在课外活动这一方面做得比大学校要好，小学校的学生有更多机会去演奏长号或者扮演李尔王。如同小城镇一样，小学校更能激发人们的互助和集体行动。所以，分散大型学校或创办更多"学校里的学校"肯定会有利于公民参与教育。

　　我们增加年轻人社会参与的努力不能仅限于学校。尽管现在还很难说在互联网时代还会不会有 4 - H 之类的机构，我们应该给那些最有想法的 X 或者 Y 一代人每年颁发简·亚当斯（Jane Addams）奖项。我们需要的不是徒有其表的公民教育，而是将价值观教育和娱乐结合在一起的新时代童子军价值观。我希望 20 世纪后期那些经历过公民参与缺失的人们来创造出一种有作用、有吸引力的方法来增强 21 世纪年轻一代对公民参与的热情。

　　20 世纪美国社会最有深远影响的变动是工作性质的改变，以及妇女开始像男人一样赚钱工作养活自己。工作场所的改变和美国在 19 世纪由农业国家转变为工业国家具有相同重要的意义。随着 21 世纪的到来，美国的各种机构，包括私人和公共的，工作场所的形式和内容都开始适应这种改变。如我们在第 11 章里所见的，这一工作革命和几乎同时发生的社会联系减少和公民参与缺失是相互关联的。所以，我希望美国的雇主、工会领导、公职人员和雇员本身，让我们在 2010 年之前使美国的工作场所能变得如家人般友善和像社区一样令人愉快，这样美国人能够在工作内和工作外都补充社会资本的储备。

　　幸好我们有证据证明，以社区和家庭为导向的工作场所对于雇主和雇员都有益。至少在全职工作中，这样的措施在招募和保持高质量工作和忠诚度方面是重要因素。据调查显示，美国工人的工作灵活度从 1990 年的 16% 上升到 1997 年的 30%。[5] 很多鼓励社会资本形成的雇佣措施带来的福利增强了家庭观念、有效的学校教育、更安全的社区、更积极的公共活动，在公司外却在流失，成本却固定不变。这一事实刺激公司减少了在社会资本方面的投资。相反地，禁止社区活动和家庭联系的工作场所产生出了一种被经济学家称为"负外部性"的经典案例，给社会增加了无意义的成本。

　　在环境污染这一案例上，现在大家已经公认税收和其他经济刺激是对负外部性很适合的治理工具，利用道德劝说来鼓励环境保护也是一种办法。同样地，我们应思考怎样奖励那些鼓励雇员的家庭观和公民参与

407 的公司，以及怎样鼓励其他公司效法这样来做。很多公司会给那些参与社区活动的员工放假，这一做法应该得到鼓励。但是，志愿行为只是公民参与的一种形式。有些公共政策，如 1993 年的"家庭与医疗休假法案"要求雇主配合公民履行陪审员制度的法律要求表明，公民和社会参与的公共利益可以使公众对公司有良好的认知。然而，照顾生病的家人不仅只是家庭责任，履行陪审员义务也不仅是公民责任，我们的劳工法应该进一步明确说明。

第 11 章已经明确指出，公民获得的益处与个人分红一样和兼职联系在一起。我们发现，对很多人来说，兼职工作对两个领域都有好处——既扩大了个人的社交圈子，又使个人有充裕的时间在工作之外追求其他的梦想。我们发现，做兼职工作的人们比那些全职的人或者失业的人更积极地参与到社区活动中。当然，不是人人都喜欢做兼职，但也有很多人喜欢，美国的公共或私人非盈利机构也刚刚开始意识到满足这一需求所带来的挑战。新世纪的公共事务议程应该重视这一点。

公民参与和社会资本也存在于工作场所之内，而不只是在工作之外。因此，我们的工作议程也应该包括在工作中创造社会资本的方法。既然对于社会资本来说，越来越多的工作场所多样化是件有价值却还没被完全开发的资产，那么，这一做法就应当得到鼓励。如第 5 章所说，一些鼓励性的措施——尤其是无法预料的工作激增，使创造出工作场所下的社会资本显得更为重要。雇主、工会、劳工关系专家和雇员在提高临时工、兼职者和独立承包人对社会联系的需要方面应该更具创造力。[6]最后，我们要质疑工作场所里没有公民生活这一说法。为什么雇主不给公民讨论组织和社团提供一些时间和空间？为什么不给员工的私人交流更多的保护呢？

随着 20 世纪结束，美国人逐渐意识到我们自己建造的各处鳞次栉比的高楼大厦、大都市在接下来的五十年里给个人和经济带来的代价——污染、拥挤、美好时光的消逝。在第 12 章里，我们发现无计划修建的大都市给我们的社区结构造成了伤害。所以，我希望美国城市和区域规划者、开发商、社区领导以及买房的人们，在 2010 年前少花点时间旅行，多花点时间和邻居相处。这样，我们生活的地方将会变得更加 408 和睦，我们的社区规划和公共利用空间会鼓励产生更多的与邻里和朋友的休闲社交。[7] 一个比较乐观的看法是，我们会比今天更了解我们的邻居。

举着"新城市主义"游行的城市规划者，在过去的一二十年里已经提供了很多有建设性的意见。[8] 不得不承认，到目前为止，比起衡量社区参与影响，人们在计算甚至在施行这些想法方面已经花了很多时间和精力。很有可能这些设计创新，如多用途区域、步行街网络、更多的公共空间的利用会增加社会资本，虽然这些设计不见得会有特别明显的效果。（俄亥俄州易斯顿的全新城镇，就包括一个类似改良火车站的城镇中心，尽管那里从来没有什么火车站）不管怎样，是时候开始评估这些可能的措施带来的影响了。[9]

新城市主义是一项正在进行的试验，以此来判断我们对良好社区生活的需求是不是胜过我们对私人后院、大型购物商场、便利的停车位的需求。最后，美国人会得到我们要求的实际空间，在过去，郊区扩张同样被（通常是无意地）诸如高速公路建设、住房贷款折扣等公共政策所影响。随着扩张的代价日益明显（经济的、环境的、社会的），不支持它的公共政策会越来越受欢迎，正如亚特兰大和波特兰发生的一样。最后，有创造性的思想家和如同哈里·波伊特（Harry Boyte），恩斯托·科特斯（Ernesto Cortes）和约翰·麦克奈特（John McKnight）一样的组织者在寻找和开发落后社区的资产方面已经倾注了很多心血。社区发展公司（Community Development Corporations）成立于 20 世纪 70 年代，其目的是为了加强落后社区的重建工作，现在已逐渐把注意力转到了社会资本的投资方面。像地方倡议支持公司［Local Initiatives Support Corporation（LISC）］等机构在这一领域已经获得了成功。[10] 我希望我们所有人投入到这项美好的事业中来，填补因种族、社会、地理原因而产生的不利于都市发展的分裂。

有宗教信仰基础的社区是美国社会资本的重要储存地，很难想象我们在改变过去几十年的错误时，如果忽略掉宗教方面会怎样。尤其是在公共领域，美国人为第一宪法修正案欢呼，这使得我们把宗教和多元化结合起来，避免了历史上类似的宗教问题纷争。从另一方面来说，不可否认宗教在美国历史上的公民复兴时期起到了重要作用。所以，我对美国的教士、非神职领导人、神学家和普通的教徒们提出挑战：共同创造出一个新时代的多元化且有社会责任感的"大觉醒"（great awakening），这样在 2010 年前美国人会比今天有更多的社区精神，同时，对美国的其他宗教也会更加宽容。

在我们的历史上，宗教对于创造社会资本曾经有过贡献，尤其是在三次"大觉醒"时期。在 1730－1760 年的"大觉醒"中，周游全国的教士把复兴带到了每一个角落。1800－1830 年的第二次"大觉醒"同样如此。历史学家争论这些福音传道者的目的，甚至他们的宗教属性，但这些运动使很多人把目光投向了穷人和奴隶，创办了教会和各种禁酒协会。其实最显著的是主日学校运动，把复兴和传授知识结合在一起，给无法正常上学的妇女（包括黑人和白人）及童工等上课。[11]

在前一章我们讨论过在 19 世纪末宗教和社会结合在一起的第三次重要时期，体现在社会福音运动和救世军等等运动当中。救世军"一次拯救世界上一个灵魂"的理念是原教旨主义和异端礼拜仪式的有趣组合，它相信帮助穷人，提高妇女的宗教地位，在传教问题上同等对待白人和黑人。[12]

这些是美国在 21 世纪"大觉醒"所需要的元素吗？以大型教堂为例，它们利用现代的市场营销理念和娱乐手段为它们的目标客户——住在郊区的中产阶级，提供宗教服务（虽然一开始以白人为主要目标，大型教堂也开始吸引其他种族）。这些教堂凭借它们的规模，通常看起来不近人情且枯燥乏味，但大型教堂的领袖是社会资本家，组织小型活动就可以创造出人们的关系网络，使不同信仰的人一起交流（甚至一起打保龄球）。

同时，在宗教领域的另一方面，如我们在第 4 章和第 9 章中看到的，福音传教者和原教旨主义的教堂（以及犹太教堂和其他宗教传统）构成了社会资本衰退的重要因素。

从公民角度来说，一次新的大觉醒（如果发生的话）不会是一次单纯的祝福。我们在第 4 章和第 22 章讨论过，劝服改变信仰的效果在创造出有紧密联系的社会资本方面更有效，非信仰者的宽容和原教旨主义并没有太大关系。在我们的文化里，如果不是因为法律的原因，新的一次大觉醒将可能会讨论宪法把教堂和国家分开的问题，如同围绕福利改革所产生的争论描述的那样，"慈善选择"给那些有宗教关系的社会服务机构提供了基金。从另一方面来说，我们同样能够在诸如福音教会呼唤重建等运动中察觉到普遍的、社会性的宗教参与迹象。另外，一些镀金时代和进步时代的创新，比如睦邻之家和湖区运动，尽管没有局限在宗教范围，但是也可以激发 21 世纪产生相同的组织。[13]

美国社会对未来社会资本影响最大的无疑是电子大众媒体，尤其是在互联网时代。如果我们要想彻底纠正过去几十年犯的错误，电子娱乐和通讯产业必须成为我们解决问题的工具之一，而不是问题之一。我希望美国的媒体巨子、新闻记者、互联网巨头，和你我一样的用户一起，找到方法，在 2010 年前让美国人少花些时间被动地坐在屏幕前，多花些时间和邻里亲朋交流。让我们找到一种新的电子娱乐的方式来增强我们的社区参与。最近的"公民新闻"活动可以成为这一战略的起点。[14]我在第 13 章中提到过，从技术上说，电视的巨大力量对于鼓励或者阻碍公民参与有着同样的作用。我希望那些控制美国娱乐产业的有才华的人们创造出一种新的娱乐方式，使用户不再留恋家里的沙发，而是投身到社区中去。

我们在第 9 章提到互联网可以用来增加人们的社区交流，不仅仅是用创建一个假的虚拟社区来代替真正的社区。我希望软件设计师们和通讯专家能够关注密歇根大学电脑科学家保罗·拉斯尼克（Paul Resnick）的呼吁，使互联网有利于社会资本的形成，创造出一个社区信息协会（community information corps）来鼓励年轻的电脑从业者利用他们的技能来

411

重建美国的社区。

在第 9 章里，我探讨了利用电脑通讯来建立社会资本会遇到的几个重要难题。其中一些难题，比如数字鸿沟，可能（也必须）被公共政策所涉及。其他的问题，如匿名问题，可能可以由技术来解决。从另一方面说，以电脑主导的交流同样给迄今为止不可想象的民主思考方式和社区创造带来了新的机会——例如城市范围内关于当地问题的讨论或者集体探寻当地历史。一些早期的调查建议，暂时地，但却是有希望地，能够随时进入本地电脑交流的居民利用新的工具来强化而不是取代他们和邻居面对面的交流，他们中一些人会成为社区生活的积极分子，就如同我们社会资本家希望的那样。[15] 在我看来，关键是找到让互联网科技加强而不是替代以时空为基础的面对面的社交网络。

要创造连接性社会资本，要求我们超越我们的社会、政治和专业背景，去和与我们不同的人交流联系。这也是为什么团队运动对于社会资本的创造有重要意义的原因。在这方面同样重要但却没有充分发掘的是文化和艺术活动。一起唱歌（像一起打保龄球一样）不需要人们有共同的意识形态或者同样的社会地位。从这一点说，我希望美国的艺术家们、文化机构的领导和资助者们，以及普通的美国人，在 2010 年前使更多的人参与文化活动（不仅仅是坐在一边欣赏），让我们以艺术作为中介，找到一种新的方法，把各行各业的人们召集起来，参加舞蹈社团、歌唱社团、社区的戏剧社等等。

艺术自身就有重大的意义，远远超出它能帮助美国的社区重建。美学的目的，不只是社会目的，明显是很重要的。在消除传统社会隔阂方面，艺术的力量是巨大的。此外，社会资本通常是文化活动有价值的副产品，这些文化活动的主要目的纯粹是出于艺术的。

利兹·勒曼（Liz Lerman）的"舞蹈交流"利用社区的现代舞活动创建了一个不太可能的社区联系，当朴茨茅斯（N. H）的造船厂倒闭时，把失业的造船厂工人和白领人士联系在一起，拉紧了当地社区的联系。路边剧团（The Roadside Theater Company）在阿巴拉契亚集合了所有当地人

412

来庆祝他们自己的传统，通过把当地的故事和音乐编成戏剧来重建社区信心。波士顿的非裔美国艺术家博物馆召集各种黑人组织（海地人、牙买加人、非洲裔巴西人和本土的黑人）来制作并展览鱼的雕塑，在新英格兰水族馆，来自华盛顿的托尼·布莱克曼（Toni Blackman）的自由联盟用结合了嘻哈音乐、摇滚诗、即兴表演的小说吸引了各阶层的人们。巴尔迪摩艺术博物馆通过邀请当地唱诗班和其他机构来表演，呼吁当地居民在自由星期四利用公共空间。芝加哥的 Gallery 37 为有发展前途的青年提供学徒机会，这些青年里有穷人和富人，有住在郊区的和城市里的，有黑人、白人、拉丁美洲人，他们到这里来寻找他们心中的缪斯女神，这样，就在艺术家和学徒之间创建一种社会联系。很多这些活动创造出了巨大的艺术价值，但最重要的是，它们创造出了社会资本，从某些方面来说，这一成就更为巨大。[16]

政治和政府是我们探寻美国社会资本旅程的起点，也是总结关于重建美国社区联系的终点。在目前经常缺乏关于民主的公共论坛的情况下，重建联系、信任和公民参与的需要比任何时候都更为迫切。我希望美国的政府公职人员、政治顾问、政治家以及所有公民，让我们在 2010 年之前使更多的美国人参与到社区的公共生活中来，竞选公职，参加公众会议，为委员会服务，组织竞选，参加投票。想要在十年里把过去三四十年的错误纠正过来可能有点过于困难，但对于美国民主来说，任何一部分的改善都可以带来益处。

竞选改革（尤其是竞选筹款改革）应该致力于在我们的联邦、州、本地选举中增加社会资本的重要性，减少金融资本的重要性。既然每个人拥有的时间是平等的，应该优先考虑以时间为基础的参与而不是以金钱为基础的参与，这样才会开始改变美国政治中越来越多的不平等。政府应该尽可能分散权力，使小城镇也有决定权。同时，也要意识到并且要补偿分权可能在平等和重新分配中出现的负面效应。事实上，意识到社会资本福利的自由主义人士应该准备好向下转移政府权力，同样地，保守主义人士应该准备好把资源从富有的社区向贫穷的社区转移。政府

413

资源和权力的分化在明尼阿波利斯、波特兰、西雅图等城市已经实行，并创造出了新的社会资本，虽然还需要更好的方法去保障平衡，避免出现城市分裂的倾向。

不管是哪一个政党的决策者都应该了解社会资本，在他们寻找新的机会增加社会资本存量时，应尽可能将对现有社会资本的损失降到最低。可以考虑一下"社会资本影响报告"（social-capital impact statement），但不要像环境影响报告那样，应该少一些官僚作风，但却同样有效地使人们关注可能会出现的不良后果。例如，印第安纳的印第安纳波利斯就出现过对社会资本带来的严重损害，当20世纪60年代初65号洲际公路穿过社区之时，曾造成了这半个世纪以来社区无意中出现的瓦解。由前市长斯蒂芬·古德斯密斯（Stephen Goldsmith）创立的前门联盟（front-porch alliance）在二十多年的时间里对重建印第安纳波利斯社区机构是非常有帮助的，但是古德斯密斯自己也说，如果能在一开始就避免这种损害该多好。[17]

有关社会资本创造的话题我在此还谈得过于简单，在这个话题的所有范围里，社会资本家应该避免错误的争论。其中之一就是"自上而下 VS 自下而上"（top-down versus bottom-up）的争论。国家的角色和当地机构的角色在重建美国社区方面应该是互补的，单方面是不能解决问题的。另一个错误的争论是，到底政府是问题所在还是解决问题的工具。准确的回答是，从历史上来看（如我在第15章中论述的），可能两者都是。美国历史上很多具有创造性的社会资本投资，从市镇代理（county agents）和4-H，再到社区大学和十美分运动（the March of Dimes），都是政府政策的结果。政府可能对我在本书中所追溯的社会资本流失的一小部分负有责任，而且它也不可能是解决问题的唯一方案，但是，要应对我所设定的2010年美国的挑战，没有政府的帮助是难以想象的。

最后，一个应该避免的错误争论是，重建美国社区信任和联系到底是需要改变个人还是改变机构。答案又是两者都需要。美国的主要公民组织，不管是公共的还是私人的，在创立一个世纪以后都已经有点过时了，在鼓励更多积极公民参与方面应该实行改革。不管我对这些机构改

革提出的建议是否有说服力，但重要的是，我们可能会有一场关于怎样
使我们的机构有利于社会资本积累的全国性辩论。最后，尽管机构改革
可能不会成功，事实上，它可能也不会发生——除非你我都痛下决心一
定要重建我们和邻居朋友的联系。一个世纪前，亨利·沃德·别切尔
（Henry Ward Becher）提出要多多举办一些野餐活动在今天看来也不完全
荒唐。具有讽刺意味的是，我们应该这样做，不是因为它会对美国有好
处，尽管事实的确如此，而是因为它对我们每个人都有好处。

附 录 I

测量社会变迁

本书的主要部分由系统性的、有关20世纪后半期社会变化趋势的定量证据所构成。此附录旨在阐明研究过程中所面临的核心方法论的挑战，以及我所采用的最主要的资料。

如第1章所述，受到全球变暖研究者分析方法的影响，我主要的研究策略是尽可能多地找到能够互相证实的独立资料。就像全球变暖一样，我们对社会变迁的探索会受到现实的制约，那就是，没人在此前搜集过满足我们现时需要的完整证据——对半个世纪以来朋友互信、帮助陌生人、商家诚信或街区集会次数的测量。那么，我们就需要寻找有力的证据，这种证据并非是一组单独的民意测验或连续进行的独立测量，而是由不同研究者得到的，在不同的连续调查里集中呈现出相关特点的资料。如果有可能，我们不仅仅需要观察民意调查数据的变化，还需要观察制度和行为的变化。

我们最核心的原则是：没有一个独立的数据资料是完美无缺的，资料越多越丰富，越有可能让我们避免受到同样的缺点所造成的影响。两个独立不同的证据（尽管不完美）要比一个好，超过两个则更好，尤其是在它们的缺点有所差异时。那什么是此项研究所采用的主要证据来源——即那些相当于我们所记录的树木年轮、冰核以及气象变化的资料呢？

在某些方面，组织的记录是最可信的指标，通过它们，我们可以比较美国人在20世纪50年代、70年代以及90年代的公民参与。由成千上万的社团秘书、政府文员、教堂司库在数十年内一丝不苟地进行的记录要比重新搜集"事情过去是怎样的？"这样的证据更为可信。在这种比较下，很多因素是（或基本上）保持恒定不变的：包括社团的成员、"成员"的含义、一丝不苟搜集信息的工作。当然，即便这些因素发生变化，如一个社团的"成员"（membership）的含义在 1938 年可能不会和 1998 年相同，当时"组员"（teamster）的概念现今也肯定发生了变化。但是，同其他类型的数据相比，由组织记录所产生的可比性问题要更为轻微。更重要的是，由于组织保存的记录是长期的，使我们的比较研究能够回溯到过去几十年甚至上百年，让我们能对现实做出更加长远的展望。那些会员数量 10% 的下降或年度间捐赠额的细微变化真的有那么重要吗？或仅仅是常见的下跌？只有长期的记录才能真正有用。

　　然而，以会员数量的记录度量社会变迁有几点严重后果。首先，组织本身有其生命周期，独立作用于社区兴衰之外。如果麋鹿会出现衰退，其地位就会被无数其他组织代替，但所有这些组织的成立时间太短、规模太小、活动太活跃，以至于无法保存它们详细的会员记录。而若我们将自己的观察限制于长期存在的组织的会员记录，那则会忽略那些新增的和快速增长的组织。

　　组织是有生命周期的，这产生了另一重要问题。那就是，如果我们仅仅观察一个社区内新组织的诞生不能得到任何有益启示，除非与此同时也对较老组织的死亡进行观察。研究发现，将近有一半现存的环保组织是在过去几十年成立的，但这对组织变化的趋势来说却什么也没有证明，除非我们也知道与此同时有多少类似的组织消失了。[1]这个问题在我们的名单没有排除已经死亡的那些组织之时显得特别重要（如若是真的，例如非营利组织的国内税收记录）。

　　第三，并非所有的社团活动都是由保存记录的组织进行的——实际上，可能大多数都不是。例如，一位学者估计有 80% 的社会团体代表了社会的"暗物质"（dark matter）——那些没有正式结构、没有地址、没有档案、没有报纸公告的社团，它们潜藏在正式的记录之下。[2]如果我们仅仅将视野局限在会员登记表上，那可能会忽略大量变与不变的事实。更严重的是，不论出于何种原因，如果社区生活变得更加富裕，但是组织变得更不正式，那么仅凭会员的数据记录做出判断可能会引致我们得出错误的结论。

组织记录的这些缺点在某种程度上可以通过20世纪最有用的发明之一来进行弥补——那就是系统性的社会调查。一项设计精良的民意调查可以提供有用的快照，来反映观点和态度的变化。并且，一系列可比对的社会调查还能对社会进行一种慢速拍照。就像用相机在固定不变的地点每天拍摄花园景观，便能反映出植物发芽和成长，对同一个调查问题，如果不断重复，也能够从中看出社会变迁令人惊奇的景观。

更重要的是，如果问题设计得足够巧妙，它就能比任何单一组织的研究更好地关注于更加多样、更富于变化的社会景象。通过调查，我们不仅能够观察妇女选民社团的参与情况，而且可以观察任何值得注意的受访者的社团。我们不仅可以获得正式的"市镇会议"的参与情况，而且可以扩大到任何基层会议的参与情况。最好的一点是，社会调查能够涵盖非正式的活动——不仅仅是投票，还包括同邻居聊天；不仅仅包括组织会员数，而且包括打扑克牌。简而言之，社会调查能照亮社区生活中的那些"暗物质"。

当然，社会调查除了上述所有价值外，至少有以下四点局限。

可比性（Comparability）：就像慢速摄影时需要保持相机不动，调查问题也必须（或多或少）保持不变才能捕捉到变化。例如，富有经验的民意测验专家知道，你越努力地调查，则得到的回应越多。一项民意调查所涵盖的组织成员数强烈依赖于调查进行的数量。所以实际上，对于"你感觉平均每个美国人参加多少社团？"这样的问题来说，像"如果我硬要问的话，你便可以尽量多地说出来。"[3]这样的回答不过是稍加夸大。更加重要的是，当调查者变得更加老练的时候，他们为那些粗心的学生设置了许多其他的陷阱："次序效应"（答案部分依赖于问题提出的顺序），"受访机构效应"（House Effect）（不同的机构在同样的问题上得出一贯不同的答案）等等都会出现。换句话说，我们的社会照相机很容易被轻易晃动。特别是在对比不同时间、由不同调查机构所提出的问题时。仅仅有很少的调查档案包涵着谨慎控制的数据，从而确保我们对社会的慢速摄影是可靠的。

连续性（Continuity）：我们随着时间推移进行持续观察的可靠度也高度依赖于我们所设置的镜头数量。在评估社会变迁的时候，两个观察要比一个好，超过两个则更好。通过单独一张照片或一项社会调查难以对变迁做出真正的说明。这非常明显，要不然的话就会有自作聪明的人宣称，通过单独的观察便感受到了社会变迁的方向——这就像只看看寒暑表就宣称全球变暖了一样愚蠢。[4]

经过一段时间后，观察两个时点的数据对检验是否发生了变化是有用的，但在标准不统一的时候这却往往不可靠。单独的一个测量失误——例如问题顺序的微调——可能会造成对整体趋势的误判。如假设一项 1964 年有关参加教堂活动的社会调查是在 8 月中旬的假期进行的，而 1994 年，这项调查则是在复活节的时候提出同样的问题。在这段时期内，我们可能会被误导认为，宗教活动在 20 世纪 90 年代出现了繁荣迹象。就像研究全球变暖的学者仅凭间隔 20 年的单独温度记录就做出判断是鲁莽的一样，如若仅基于少量数据，随机的变动便会使社会变迁的评估失效。

在一段时间内衡量多个时点会使研究更加可靠；如果给定的变量在 1 点到 2 点、2 点到 3 点、依次到 10 点出现了稳定的增长时，那么这种变化趋势在测量上的瑕疵几乎就看不出来。简而言之，要对社会变迁进行可靠的评价，我们需要的不只是具有可比性的测量，还需要使这些具有可比性的测量尽可能多地重复次进行。因此，在本书中我尤其信赖那些在 20 世纪 80、90 年代数十、甚至数百次提出相同问题的调查研究。

全面性（Comprehensiveness）：就像是会员名录的例子一样，我们的调查必须涵盖尽可能广泛的活动。即使一个问题确实是不变的，其作为测量指标的准确度也会随着时间发生变化。我们可能会认为，同打保龄球次数有关的问题是衡量非正式社会团结的指标。然而，如果打保龄球逐步被打垒球或踢足球等体育休闲活动替代了，那么实际上，组队打保龄球的下滑可能被打垒球和踢足球这两种团体活动所抵消了。[5]因此，我们必须把我们的网尽可能撒得开一些。

时效性（Timeliness）：由于社会变迁的进程是不平衡的，测量阶段必须同与假设范围和变化速度相符合。我们的兴趣不是抽象的"社会变迁"。我们想要知道，在过去大约半个世纪里我们的社区实际发生了什么变化。就像我们在研究气候变暖的时候，仅仅比较昨天和今天难以得出有价值的判断，只想通过对过去短短几年——或是对此而言是过去短短的几个世纪——的证据进行分析便推断出过去几十年发生的社会变迁也是很难的。因此，我们必须在询问任何变化趋势的时候，不仅仅问"发生了什么变化？"，还应该问"在哪个阶段发生了什么变化？"对我们论题的合理论证需要获得在过去 30 到 50 年内尽可能多的可比性数据。[6]

好消息是，一些全国性的调查档案提供了反映社会变迁轮廓的大量连续的可比性证据。但坏消息是，除了很少的例外，这些调查都开始于 20 世纪 70 年代中期后。[7]美国公民生活从 60 年代中期开始发生了一系列重要变化，但我们却在十年之后才通过少数几台镜头开始记录这一过程，对此进行质疑是不无道理的。在我们第一次按下社会慢速照相机的快门之时，无法确信在此前发生了什么，但是调查档案可能遗漏了一些最有趣的活动。这一缺点是我们利用组织记录的一个重要原因。也是为什么要对那些扩展到较早阶段的少数调查给予特别关注，如第 3、4 和 6 章所引用的密歇根大学的 NIMH 研究。

方法论上的最后一个问题是：我们需要测量出绝对或相对的变化吗？如果是相对变化，是相对于什么而言？我们是要采用参加者或集体捐献的绝对数呢，还是代替使用其他相对标准进行比较？社团和新闻记者时常夸大认为，从绝对意义上参与出现了增加——"XYZ 社团在本年的会员数再破纪录！""洛杉矶人社团的登记会员达到了顶峰！""向地方教会的捐赠始终维持在高水平!"但是绝对数可能会严重误导我们。

如果整体投票率增加5%,而符合投票年龄的人口增加10%,那么实际上参与出现了下降。相反,如果农庄庄员数下滑5%,而农民人数下滑了50%,那么平均每个农民的参与实际上是上升的。若地方家长教师协会会员数的下滑是由于今天家长更少了,我们就不能将其作为公民活动衰退的证据。相反地,若城里的律师翻倍增长了,而律师协会的会员数仅增加了5%,以此得出律师在职业生活中更加活跃的结论就是具有误导性的。简而言之,我们需要从整体上考虑经济学家所谓的"市场份额":那些符合条件并参与给定活动的人占多少比例?[8]

相对变化和绝对变化的一个重要区别(非常有争议)在于:当我们观测公民参与的变化之时,我们是否需要控制教育程度?对此的质疑是简单却有力的。教育程度是许多社会参与形式最强的影响因子之一——实际上,它通常是最重要的预测指标——从投票到负责地方委员会,再到举办晚宴。更重要的是,美国公众的教育水平在我们最感兴趣的阶段出现了急剧的增长。因此,当我们问到诸如大学毕业生的平均公民参与的问题时,"控制"教育水平是符合逻辑的。其实,通过这种方式控制教育水平,就是假定在教育水平增加的情况下,公民参与就会出现增加,而若其相对于教育水平出现了下滑,这便意味着可能有其他某种变量削减了参与。类似地,如果我们发现,尽管教育水平在增长,但美国人识字认词的能力却保持不变或出现了下滑,我们就必须找出其他与此同时导致识字率削减的变量(例如看电视)。至少到最近,控制教育程度是社会科学家估测社会和政治参与所普遍采用的方法。

然而,最近有学者指出,许多由教育产生的社会学影响可能是相对的,并非绝对的。[9]如果越来越多的人拥有大学学位,那么从社会学上看,文凭的重要性可能会贬值缩水。例如,假设社会地位同教育相关联,但我们不能仅仅以越来越多的美国人比过去接受更多教育,就推导出美国人比过去更有社会地位的结论。在某种程度上,教育仅仅是起到对人口分类的作用,并非能够直接增加人们的公民精神以及社会交往的知识与技能，"控制"教育变迁是具有误导性的。

对这个问题学者们并没有达成一致。核心问题是，（当保持我的教育水平不变）如果我身边的人都受到更高的教育，那么我是更乐意还是更不乐意参加公民活动呢？某些时候，教育的影响可能是相对的，比如（由于我身边学者所带来的压力）同一般场合相比，我可能要更少在大学城的公开会议上发言。在此类情况下，教育影响主要是相对的，我们不应该期待增加教育水平就会推动参与。在另一些情况下，则似乎我的参与兴趣实际上会随着邻居教育水平的增加而增长。例如，如果我居住在一个有很多受过教育的阅读者的社区，就会变得更加喜欢参加读书小组。在这些情况下，我们可以发现，教育水平的增加推动了参与率更快地增长。

本研究中那些暗含的证据强烈显示，教育对社会参与的影响明显是绝对的，而非相对的。[10]我的教育程度提升了我的社会参与，并且一般来说，你的教育水平并没有降低我的参与。因此，如果我们同时毕业于一所大学，我们都会变得更乐于公民参与。在这种情况下，控制教育水平的增长是恰当的。然而，这样做会夸大参与的下滑，并低估参与的增加。因此，我的讨论本质上是认同更保守的方法，那就是不要控制教育程度。

在本书所进行的分析里，我基本上控制了人口的变化，但我通常没有控制人口中受教育部分的变化。此处违背了我的基本假设。结局就是，本书所呈现的证据仅仅能够粗略地反映过去半个世纪以来美国公民参与的下滑趋势。

统计学上的控制也同本书另外一个一再出现的问题相关联，那就是对因果关系的评估。假设我们对看电视和公民参与之间的关系感兴趣，并且我们发现，看电视多的人很少参加社团活动。然而，在得出看电视阻碍了公民参与的结论之前，我们必须考虑其他因素，例如社会阶级可能会使这种因果关联变得似是而非：也许工人阶级看更多的电视，而社团领导权却是控制在中产阶级手中。检测这种可能性的一个方法就是，从统计上控制社会阶级变量，从结果分析相同阶级、却具有不同收视习惯的公民的参与率。

诸如多元回归分析等统计学方法使我们能够同时控制许多容易混淆的变量，尤其是当大量调查档案存在的时候。（恰如我们的例子）显然本书每一项归纳都符合此类详细的统计分析，我们同时控制了年龄（或出生年龄）、性别、教育、收入、种族、婚姻状况、子女状况、工作状况（全职、兼职工作抑或都不是）以及居住社区的规模等要素。另外，在可能的时候，我还控制了其他潜在的变量，包括调查年份、区域、经济担忧、住房所有、居住迁移状况（包括以前和未来）、上下班时间、主要娱乐活动、感觉上的时间压力、感觉上的健康状况及其他变量。可以肯定，像这样的控制尽管是必须的，但并非总是足以厘清混淆。因此，我要保证我们的论点所强调的那些数据易于被其他研究者获得，他们能够依照这些数据发现其他不同的解释。[11]然而，我也在本书中尽力排除明显的含混。为了避免复杂的统计学方法影响到我对主要论点的阐述，该书所使用的图示和表格主要使用了没有进行多变量控制的数据，但在每种情况下我都进行了大量的验证，以此确保其所强调的因果关系不是混淆的。[12]

关于本书所使用的图表是最后的装点门面的问题：对每一个论据我都尽可能提供了可获得的数据。然而，短期波动往往掩盖了长期发展趋势。例如，图 2 - 2 显示了商务部所提供的年度政治组织数量的数据。但仅对这个图表进行粗略的检验，便可发现，除了少数长期趋势下的偏斜（如 1995 年适度的下滑），曲线都呈现出一种清晰的两年一次的波动。（在竞选年份有更多的组织）在这个和其他所有图表中，我都用加点的线将其同实际数字连接起来，并且用更暗、更平滑的曲线代表长期趋势。这些暗线（按最符合条件多项式曲线计算）是为了能够使图表更加易于理解，但偏爱原始数据的人可以忽略这些暗线。

我们论据的主要来源是什么？那就是两项最为广泛使用的、关于美国人社会和政治行为的学术性社会调查研究档案——全国选举调查（NES）以及综合社会调查（GSS）。实际上，自 1952 年以来，每两年时间密歇根大学的调查研究中心就会在全国选举进行的同时，对美国人的政治行为进行抽样调查（NES）。而芝加哥大学全国民意调查中心基本上自 1974 年开始，就隔年对基本上相同人群的社会态度进行调查（GSS）。这两个档案都对美国人观点和态度变化提供了高度可靠的证据，我在本书中同时依靠了两个档案。然而，对于我们研究构想而言，NES 的作用是有局限性的，主要是因为它集中关注于选举，很少观察每天进行的公民参与。GSS 涵盖了更广泛的活动，尽管其中最令我们感兴趣的连续性观察主要局限在正规社团的会员数、参加教堂活动以及社会信任上。幸运的是，在这项研究的过程中，我和同事发现了其他一些重要的调查档案，它们能够弥补 NES 和 GSS 的不足。[13]

从 1973 年 9 月到 1994 年 10 月，罗珀调查公司基本上每年都会对全国范围内符合选举年龄的将近 2000 人进行十次访谈，产生一份受访者超过 410 000 人、时长超过 20 年的档案——称为罗珀社会与政治趋势数据。[14]这些调查在整个阶段抽样的方法基本上保持不变（考虑到性别、年龄和工作妇女的多阶、分层概率抽样）。许多同社会和政治有关的问题在这个阶段里被反复询问，我们很多的分析便得自于这个档案。当然，并非在所有的档案里都问了所有问题，我们基于对罗珀社会与政治趋势档案的证据分析，有时也会或多或少会低于 410 000 个访谈样本。（当有关问题出现的时候，我对特定的调查中的此类情况进行了说明。）然而，我们在每项单独调查里，都对一组同公民参与有关的核心问题（概括于表 2 - 1 中）和标准人口信息进行了同时提问，这些大量的样本能够帮助我们观察完整的参与方式，比如，竞选公职这种很少的活动。

在研究进行的过程中，我和同事碰上了第二个有关过去二十年公民和社会参与的年度调查档案：DDB Needham 生活方式调查档案（DDB）。这些令人惊奇的调查自 1975 年开始并还在继续，它提供了同社会、经济、政治和个人生活有关的数字的有规律的度量，问题从国际时事到宗教信仰、从经济担忧到避孕套使用情况。这项档案每年的调查样本为 3500 - 4000 人，到 1999 年包括了在 20 世纪后四分之一超过 87 000 名受访者的信息。从某种程度上说，由于其方法上的可靠，DDB Needham

生活方式调查可以说涵盖了 20 世纪后四分之一时间里美国社会变化最丰富的数据。由于它的独特性和重要性，我在此处需要对这个档案再多说一点。

从 1975 年开始，DDB Needham 广告部就委托一个名为市场实情（Market Fact）的商业调查公司向全国范围内一组美国家庭进行了调查，主要关注其消费偏好和行为。[15]这份差不多有 20 页的书面调查问卷大部分都被和洗涤剂、共有基金、汽车等商品有关的访谈所占据。然而，每年都会有一组核心问题同"生活方式"问题有关，包括了媒体收看情况、经济担忧、社会和政治态度、自尊心以及其他更广泛的社会行为，诸如阅读、旅游、运动和其他休闲活动，家庭生活和社区参与。

从 DDB Needham 生活方式的商业顾客的视角来看，这些"生活方式"问题对于制定市场战略，明确市场网络以及策划广告文案都是很有价值的。比如，去教堂的人是否更乐意寄明信片呢？对双职工家庭来说快餐店是否代替了家庭用餐？经常去电影院看电影的人是否在社会态度上变得更加自由？摇滚乐乐迷是否要比博物馆迷更加喜欢看周一晚上的足球比赛？[16]然而，从社会科学的视角来看，DDB Needham 生活方式调查数据提供了前所未有的对过去二十年社会行为变迁趋势的信息资料。

然而，DDB Needham 生活方式调查档案的数据并非没有缺陷。第一个重要的局限是明显但易于弥补的，而第二个则更加严重。第一个局限是，已婚家庭直到 1985 年才被纳入样本中。然而，我发现除了对 1985 年到 1999 年变化的少数情况来说，已婚和单身受访者的区别很大，尽管在许多情况下他们在水平上的差距不大。例如，已婚的人要比单身的人更经常参加到教堂活动，而单身的人则要比已婚的人更经常参加社团会议，但就这两组人群而言，参加教堂活动和社团活动的变迁趋势都是同样的。对所有可能由抽样产生的潜在问题值得分析的地方，我都单独对婚姻状况的数据进行了分析，从而验证了"缺失 1975 - 1984 年的单身信息"并没有推翻我们的结论。当意愿的水平和变化的轨迹随着婚姻状况而发生改变之时，我对整个 1975 - 1998 年期间的变化轨迹进行了适当的调整。[17]

第二点令人不安的局限是，DDB Needham 生活方式数据并非来自对人口的随机抽样，而是采用了所谓"固定样本追踪调查"（mail panels）的定额抽样方法。这类调查的参加者——商业调查公司经常使用——都是最初按照自己意图挑选出来的。假定那些少数被选参加的人可能会同其他没有被选的人差别很大，这种抽样过程需要我们认真考虑，是否有可能倾向性地采用这些数据。我在其他地方对这个潜在的问题进行了评估，但是有必要对它进行简略的说明。[18]

抽样调查开始于市场实情（Market Fact）公司从商事案件目录代理商那里获得大量美国人的名字、住址和人口特征之时——来源于驾驶证许可处、电话号码簿，以及其他许多地方。他们对这些列表进行了大量抽样，主要通过发送邮件的方式预先告知会定期打电话或发邮件询问顾客回答一些有关商品和服务的问题，就像其他期刊所做的那样。[19]按照市场实情公司管理者的说法，对类似邀请回复率在不同人群之间的表现是不同的——在少数族群和内地城市居民那少于1%，在中年、中产阶级的"中等美国人"间可能是 5 – 10%。公司从这种事先预设好的"固定样本追踪调查"抽样（一次可能为 500 000 人次）中进行随机挑选，然后对 DDB Needham 生活方式调查档案的人口特点进行平衡。（就像其他商业调查和全年调查一样）[20]每个生活方式调查的受访者都会收到一封书面调查问卷，他或她被请求在数周内完成填写并寄回。在这个阶段回复率（约为 70 – 80%）要比普通的随机抽样明显高出很多。据我所知，在过去二十年里，这种调查过程没有发生实质性的改变，尽管同某些学术性的调查档案的特有记录相比，它对调查过程记录保存得不够仔细，特别是欠缺最初的那部分喜欢回复邮件邀请的人的系统性数据。

同其他几种随机抽样的方法相比，邮寄面板抽样的方法可能会有几个缺点：

1. 由于最初召集回答者是通过邮件进行的，因此能用英语来书写就是一项关键要求，这样就不能完全呈现受教育的底线，例如非英语使用者。

2. 少数族群的有效回答率实际上要更低。[21]

3. 25 岁以下的成年人被略微低估了，可能是由于他们的流动性使得追踪调查很难进行。

对这部分人口特别普遍的社会特征在 DDB Needham 生活方式抽样中被低估了。从整数上看，抽样过低估计了 10% 的高中辍学率，10% 的单身受访者，过高估计了 10% 的家长，以及许多少数族群。更重要的是，抽样可能也低估了家庭收入的最高和最低水平。这些数据相当程度上代表了 80－90% 中等美国社会群体，而它们并没有很好地反映少数族群、最穷的人、最富的人，以及那些流动性很强的人。[22]它们可能也稍微高估了那些最迷恋于大众传媒的公众。这样，有关 DDB Needham 生活方式调查档案的核心问题就在于，我们在何种程度上能够在已知样本存在偏差的情况下，通过这些数据来判断社会趋势。

DDB Needham 生活方式的数据何种程度上代表了美国社会的趋势？在缺乏对社会行为全面调查的情况下——某种甚至连美国统计署都不再相信的东西——我们需要问两个核心问题：

1. 在某些实质方面，参加邮寄面板调研的人是不是从根本上同那些愿意回复普通调查的人是不同的？

2. 在历时情况下，生活方式同样本调查和普通调查之间的差别出现了多大程度的变化，从而能由此得出对变化趋势不可信的判断？

如果对问题 1 的回答为"是"，那么 DDB Needham 生活方式调查的数据在某些方面可能会说明得不精确。然而，只有在对问题 2 的回答也为"是"的情况下，生活方式调查所呈现的趋势才会对普通随机调查的趋势产生扭曲作用。可以肯定，一种持续的偏差是令人不安的，但是只有不断变化的偏差才会影响到我们对整体趋势的判断。

从邮寄面板调研受访者的抽样质量来看，这些研究提供了可靠的信息，使我们能对邮寄面板抽样和普通抽样的结论进行直接比较。首先，出人意料的是，除了刚才提到的人口差别之外（邮寄面板抽样更少关注年轻人、穷人和少数族群），这两种调查方法鲜有差异，甚至是那些对调查方法的差别尤为敏感的变量也是如此。在两个抽样调查里，无论是对信教者还是宗教信徒的问题都没有差别；那些对公共政策的看法的问题也没有差异（对税收政策、堕胎和枪支管制的看法）；那些利他行为（志愿活动、慈善捐赠）或一般性"正面"行为；基本消费倾向、购买习惯、对普通商品的使用和占有情况；健康状况；或娱乐时间也都没有差异。唯一的重要区别是：（1）党派性（邮寄面板调研要略微更不偏向民主党，可能主要是由于其对少数群体的低估）；（2）媒体使用情况（邮寄面板调研要略微倾向更多地看电视、更多地看报纸）。[23]从最近研究有关"易获得"和"难获得"样本结论进行的比较研究中可以看出，那种低回复率可能不会偏离实际结果。除了种族问题的明显偏差外，二者的结论在其他问题关注点、对媒体使用、参加每日活动以及对别人的感觉来说都没有明显区别。[24]

另外一项让我们更加确信的是，对两个最广为人知的全美消费者信心指数调查所进行的比较：一个依赖于普通随机抽样（密歇根大学），而另一个依赖于邮寄面板调研（大企业联合会）。两种方法所得出的长期变化都是很类似的（在超过三十年里，这两个指标之间的相关系数为 $R^2 = 0.55$）。对高密度的、月度间的变化而言，两项调查可能会偏好其中一个或另一个，但是从宽泛意义上来说，二者的年度趋势是非常类似的。

为了更好地探究 DDB Needham 生活方式数据的信度，针对这些数据里包含的多于 12 个不同问题［它们同综合社会调查的提问差不多基于同样时间段，这些测量问题包括对女权主义、吸食大麻、堕胎、对苏联的态度，对经济的担忧，服兵役，基本社会价值观，抽烟，影碟机使用，猎枪和手枪的拥有，以及（我们特别感兴趣的部分）社会信任，参加教堂活动，以及娱乐活动[25]］，对每个项目，我都提出了三个检验问题：

1. 如果考虑两个抽样问题表述的明显不同，那么对这些变量的回答程度会出现差异吗？

2. 两个抽样在反映基本变化方向的趋势上会有差异吗？

3. 这些变量间的人口关联的基本形式在两个样本间有差异吗？

当斯蒂芬·约尼什（Steven Yonish）和我在别的地方要作出详细报告的时候，我们发现对每个问题的回答都是"否定"的。[26]尽管在抽样（随机或定额）、提问程序（个人访谈或邮件调查问卷）以及某些情况下的问题陈述有所差异，但在描述和解释这种广泛的态度和行为方面，两个调查实际上难以区分。我发现，两个档案不仅在可比项目的变化趋势上几乎是相同的，而且在这些项目和人口类别之间的深层结构关联上也是很类似的。

比如，根据综合社会调查，一个 30 岁、受过 2 年大学教育、兼职工作、在一个中等规模新英格兰城市租住公寓、赞同吸食大麻合法化的白人单身母亲的概率在 1990 年是 35%，而在 DDB Needham 生活方式数据中类似的概率是 38%，这种抽样误差是可控的。同样地，若同时控制调查年份、出生年份、婚姻状况、就业状况、子女状况、教育、收入、种族、所属区域，以及居住的类型，GSS 数据认为妇女每年要比男人多参加 5.3 次教堂活动，而 DDB Needham 生活方式调查数据认为参加教堂活动在性别之间的差别是每年 4.8 次——也处于抽样误差可控范围的。DDB Needham 生活方式数据为 GSS 数据提供了严格的可比性检验——对这些主题而言最科学权威的数据——这增加了我们对 DDB Needham 生活方式调查档案的信心。

最后，两个档案都包含了一系列对娱乐活动的直接可比问题。附录表格 1 显示了对这类问题关于"在过去 12 个月内的娱乐和休闲活动"的回答。两个调查在这些活动上是非常相似的，在误差允许的范围内。有多少美国人在 1993 年去电影院？GSS 认为是 70%，DDB 认为是 72%。有多少人去打猎和钓鱼？GSS 认为是 37%，DDB 认为是 37%。去听古典音乐会的呢？GSS 认为是 16%，DDB 认为是 17%。换句话说，DDB Needham 生活方式调查用邮寄面板调研方式所展现的娱乐活动信息同综合社会调查随机抽样所得出的结论基本上是相同的。[27]

附录表格 1：两项全国性调查测量的娱乐活动

在过去 12 个月里的娱乐活动（1993）		
综合社会调查的用词 　DDB Needham 生活方式调查的用词	GSS	生活方式
出外在剧场看电影 　看电影	72%	70%
录制电视节目以便之后观看 　用录像机录制电视节目[a]	63%	70%
在花园种养蔬菜、花草 　在花园工作	62%	68%
参加任何形式的体育活动，比如垒球、篮球、游泳、高尔夫球、打保龄、滑冰或打网球 　打垒球或游泳、打高尔夫或打保龄球、滑冰、打网球[b]	59%	69%
参加业余或专业的体育活动 　参加一个体育活动	56%	56%
野营、远足或皮划艇 　野营或远足[c]	44%	44%
参观博物馆或展览 　参观画展或博物馆	41%	47%
制作工艺物品，比如陶艺、木工、缝衣、画画 　制作工艺品（针织等）[d]	41%	48%
打猎或钓鱼 　打猎/钓鱼	37%	37%
玩乐器，比如钢琴、吉他或小提琴	24%	23%
听古典音乐会或歌剧表演 　听古典音乐会	16%	17%
观看汽车、赛车、摩托车比赛 　观看汽车比赛[e]	16%	9%

a 生活方式数据仅提供了 1988–1991 年的数据，此处的数字是 1991 年的。

b 由于生活方式的问卷对这些体育活动是分开来问的，实际上进行了六项独立的调查。同 GSS 的单独问题相比，同生活方式得出结论之间的差别肯定会有所波动。

c 生活方式调查包含的远足为 1975 - 1984 和 1996 - 1997 年的信息；1993 年的数字进行了修改。皮划艇的数据从没有出现在生活方式调查里。

d 生活方式调查仅提供了 1994 - 1997 年的数据。此处 1993 年的数字是估计的。

e 生活方式调查仅提供了 1997 年观看汽车比赛的数据，以及此处使用的数字。

附录表格 2：对"按年度计算"估计次数的计算

GSS 回复选项	计算得分	DDB Needham 生活方式回复选项	计算得分
从不	0	在去年没有	0
少于一年一次	0.5	1 - 4 次	2
一年一次	1	5 - 8 次	6
每年很多次	6	9 - 11 次	10
一月一次	12	12 - 24 次	18
一月 2 - 3 次	30	25 - 51 次	38
几乎每周	40	超过 52 次	54
每周	52		
一周超过一次	60		

简而言之，就像冰核一样，尽管并非极度精准，但也是对气候变化的研究极有价值的信息材料，特别是在同其他测量指标参照比较之时，而对 20 世纪后四分之一时段的社会参与基本趋势来说，DDB Needham 生活方式档案就是一个极有价值的信息材料，特别是当这个档案的结论同其他测量标准的结论相一致的时候（在本书的分析中贯穿始终）。

综合社会调查和 DDB Needham 生活方式调查一般都会让受访者对参加各种活动的次数进行估计，比如到教堂活动，但是两个调查在使用组别上会略有差别。为了使两个档案的比较易于进行——更主要是简化对各类活动估计次数的陈述——我在每个项目里将原始数据转化为可估测的年度次数，参看附录表格 2 中的计算办法。理智的观察者可能会明确地区别"一年多次"是什么，就比如说它指的是数量，但我的结论并不会确切地关注在各个层面被赋予什么整数值。[28]

本书所经常使用的另一个有价值的数据档案来自于美国人时间使用计划（the Americans' Use of Time project），这项研究在近几十年由马里兰大学的约翰·罗宾逊（John Robinson）教授所负责，对1965、1975、1985、1995年全国范围内所选的样本进行了详细的定时日志（time diaries）研究。这些数据的大量详细信息可见罗宾逊和杰弗里·古德拜（Geoffrey Godbey）合著的书，《一生：美国人使用时间的惊人方式》（*Time for life: The Surprising Ways Americans Use Their Time*）。[29]然而，这些数据的特别之处值得简要说明一下。这些调查档案的一个主要优点就是，它们是从1965年开始的，而（其他数据显示）此时正是各种类型的社会资本出现下滑的时候。然而，1965年的数据在某些方面同随后的年份有所差别，1965年样本排除了那些居住在低于5万人的城镇，以及那些没有18岁到65岁间非农业劳动力的家庭。由于1965年的抽样调查排除了农村和退休家庭，那年的原始数据便同那年进行的一项全国抽样有细微的差别。因此，为了使1965年的数据同比其后年份（全国范围的数据）更具有可比性，我们依照全国范围抽样以及1965年抽样所涵盖的部分受访者在1975年和1985年之间的可见差别，对1965年的原始抽样数据进行了调整。另外，为了保证一周内每一天都能在最后的抽样调查里均衡地表现出来，我们还对原始数据进行了加权。这些调整会使我的结论同罗宾逊和古德拜所得出的结论有细小的偏差。

附 录 Ⅱ

图表来源

图	标　题	资料来源
2 – 1	按区域划分的总统选举投票趋，1820 – 1996	Walter Dean Burham，对选举到场人数的未刊估算。更早的估算，见 Walter Dean Burnham，"The Turnout Problem，" in *Elections American Style*，James Reichley，ed.（Washington，D. C.：Brookings，1987）。
2 – 2	雇用付薪职员的政治组织，1977 – 1996	U. S. Bureau of the Census，*Country Business Patterns*，1977 – 1996（Washington，D. C.，various years）。该图及随后对美国居民数量的统计来自 *Statistical Abstract of the United States*（Washington，D. C.：U. S. Bureau of the Census，various years）。
2 – 3	选举活动的公民参与，1952 – 1996	全国选举研究调查档案，1952 – 1996
2 – 4	公民参与的趋势（一）	罗珀社会与政治趋势调查档案，1973 – 1994
2 – 5	公民参与的趋势（二）	罗珀社会与政治趋势调查档案，1973 – 1994
2 – 6	公民参与的趋势（三）	罗珀社会与政治趋势调查档案，1973 – 1994
3 – 1	全国性非营利组织的增长，1968 – 1997	Encyclopedia of Associations 中的全国非营利组织部分（Detroit，Mich.：Gale Research，various years），见 *Statistical Abstract of the United States*（various years）

图	标题	资料来源
		见附录Ⅲ里面的社团列表及每个社团的"支持者"。会员数字来自各种织的全国总部以及这些组织的年度报告,参考咨询了国会图书馆,通过 World Almanac(New York: Press Pub. Co. [New York World], various years),Encyclopedia of Associations(Detroit, Mich.: Gale Research, various years),特定组织的历史资料(例如 Gordon S. Bish Thompson, Of Dreams and Deeds [St. Louis: Optimist International, 1989], and Edward E. Grusd, Bhai Brith: The Story of a Covenant [New York: Appleton - Century, 1966]),以及哈佛大学 Theda Skocpol 教授指导的公民参与项目补充了相关数据。我要感谢 Skocpol 教授分享会员数据,他对我对该数据的诠释没有责任。部分丢失年份的会员数字通过线性拟合趋势进行估测。某些社团的会员包括非美国公民,这些非美国公民成了总人数的一部分,只要条件允许,我们就在数据中排除了这些非美国公民,以便聚焦于美国内部的趋势。基本的会员人数的数据(例如成时老兵、农村青年等)来自于美国联邦统计署已刊及未刊的数据,特别是 Statistical of the United States(Washington. C.: U.S. Bureau of the Census, various years),以及 Historical Statistics of the United States: Colonial Times to 1970(Washington, D.C.: U.S. Bureau of the Census, 1975)。
3-2	32个有分会的全国社团的平均入会率, 1900-1997	1900-1997年期间的年度市场公开图表都进行了校准,这些年度 Z 值得分加权平均了所有 32 个社团的分数,得出了图 3-2。
3-3	PTA 的增长和衰退, 1910-1997	会员数字来源于 PTA 全国总部, 1950-1997,来自 Current Population Reports(Washington, D.C.: U.S. Bureau of the Census, various years). Series P2, T1; 1900-1950年,家有小孩的家庭,家有小孩的家庭数量是通过公立小学和中学的入学率估测来的,见 Historical Statistics of the United States, series H420,我们对家庭户数和家庭规模进行了交叉检查。尽管1900-1950年的估测并不精确,但1935年公立学校的入会率超过2600万;我的方法得出估测是2100万,是 PTA 成员的八成。实际家庭数完全不可能超过2500万或少于1500万,分别为 PTA 成员的十一或八成。
3-4	积极的组织参与, 1973-1994	罗珀社会与政治趋势调查档案, 1973-1994
3-5	参加社团会议方式逐步减少, 1975-1999	DDB Needham 生活方式调查档案, 1975-1999

460

续表

图	标　题	资料来源
4-1	教会成员数, 1936-1999	教派数据来自 Constant H. Jacquet Jr., *Yearbook of American and Canadian Churches*, 1984 (Nashville: Abingdon Press, 1984), 248, 以及该年鉴的更新版本; *Statistical Abstract of the United States* (various years); and Benton Johnson, "The Denominations: The Changing Map of Religious America," *Public Perspective* 4 (March/April 1993): 4. 有关教派数据的方法论方面的缺陷, 见 *Yearbook of American and Canadian Churches*, 1984 和更新版本的注释部分。盖洛普民意调查数据来自 George H. Gallup, The Gallup Poll: *Public Opinion 1935-1971* (New York: Random House, 1972); George Gallup Jr., *The Gallup Poll: Public Opinion* (Wilmington, Del.: Scholarly Resources Inc., various years); *Statistical Abstract of the United States*, 1997, 表格 86, 基于盖洛普公司进行的调查; Mayer, *Changing American Mind*, 379; and the Gallup Web site www. gallup. com/poll/indicators/indreligion/asp.
4-2	参加教会活动的趋势, 1940-1999	图表有关平均参加教会活动的数字来自盖洛普 ("上周", 1940-1999), 罗珀社会与政治趋势调查 ("上周", 1974-1998), 全国选举研究 ("经常", 1952-1968); "几乎每周", 1970-1998), 综合社会调查 ("几乎每周", 1972-1998), 以及 DDB Needham 生活方式调查 (至少 "每年 25 次", 1975-1999)。后面的三项调查和前面两项调查的每周数字基本稳定;相对的校准以对参加水平产生轻微影响, 但是不会改变基本趋势。全国选举研究的问卷格式从 1970 年发生了改变, 在 1990 年又再次变化, 但是这些改变没有实质性地影响图 4-2 的结果。如同文中的注释, 调查中参加教会活动绝对水平是否可靠是值得怀疑的。
5-1	美国工会会员数, 1900-1998	Barry T. Hirsch and John T. Addison, *The Economic Analysis of Unions* (Boston: Allen&Unwin, 1986), 46-47 (表格 3.1); Barry T. Hirsch and David A. Macpherson, *Union Membership and Earnings Data Book: Compilations from the Current Population Survey* (Washington, D. C.: Bureau of National Affairs, 1998), 10 (表 1).
5-2	8 个全国性专业社团的平均会员数, 1900-1997	见附录 III 里面的专业社团列表及每个社团的 "支持者"。会员数字来自代表性组织的全国总部, 每个专业团体的雇员数量来自 *Historical Statistics of the United States*, 以及由劳工统计署提供的未刊数据。
6-1	美国成年人的社交与休闲活动, 1986-1990	罗珀社会与政治趋势调查档案, 1986 年 6 月的调查, 1987 年 4 月的调查, 1990 年 6 月的调查。

续表

图	标 题	资料来源
6-2	选取的正式及非正式社会动的频率，1975–1998	DDB Needham 生活方式调查档案，1975–1998
6-3	社交拜访的下滑，1975–1999	DDB Needham 生活方式调查档案，1975–1999；罗珀社会与政治趋势以及罗珀报告（New York: Roper Starch Worldwide, various months）：造访朋友家：1982, 1984, 1990, 1993, 1995 年 3 月；朋友来家：1975, 1977, 1985, 1988, 1993, 1996 年 11 月。
6-4	家庭晚餐变得更不普遍，1977–1999	DDB Needham 生活方式调查档案，1977–1999
6-5	酒吧、饭店和小餐馆为快餐店所代替，1970–1998	1998 年 National Retail Census: Report to Retailers, Jack Richman, ed. （New York: Audit & Surveys Worldwide, 1998）.
6-6	美国打牌娱乐的增长，1900–1951	扑克销售来自税收记录; Jesse Frederick Steiner, American at Play: Recent Trends in Recreation and Leisure Time Activities (New York: McGraw–Hill, 1933), 138, 按 Annual Report of the Commissioner of Internal Revenue (Washington, D. C. Department of the Treasury, various years) 有关扑克牌的特许权税记录更新了数据; 14 岁及以上的人口: Historical Statistics of the United States, part1, 10, Series A 29–42.
6-7	打牌以及其他休闲活动，1975–1999	DDB Needham 生活方式调查档案，1977–1999
6-8	邻里互访的下滑，1974–1998	综合社会调查档案，1974–1998
6-9	按照定时日志研究测量的非正式社交活动，1965–1995	美国人"时间使用"数据档案，1965–1995. 见附录 I 有关该档案的详细说明。
6-10	健身活动维持不变（除了散步）	DDB Needham 生活方式调查档案，1974–1998
6-11	保龄球队的增长和下滑	美国保龄球协会年度报告，1994（Greendale, Wisc.: American Bowling Congress, 1994），更新了美国保龄球协会总部的信息。
6-12	体育赛事观众的增长，1960–1997	Historical Statistics of the United States: Statistical Abstract of the United States（various years）

续表

图	标　题	资料来源
7-1	参加社团和教会活动促进的志愿服务	DDB Needham 生活方式调查档案，1975-1999
7-2	交际应酬和助人为乐	DDB Needham 生活方式调查档案，1975-1999
7-3	参加社团和教会活动促进的献血行为	DDB Needham 生活方式调查档案，1981-1994，1986，1992-1994，以及 1999。"经常"献血意味着在过去一年至少献血一次，在过去三年献血两次，在过去五年献血五次。
7-4	慈善捐赠的增长和下滑，1929-1998	1929-1970 年的捐赠：David Hammack and Dennis A. Young, eds. , *Nonprofit Organization in a Market Economy*（San Francisco: Jossey Bass, 1993），表 2.1；该系列改进了来自于 Internal Revenue Service Statistics of Income: Individual Income Tax Returns and replaces earlier estimates such as series H399 in the 1975 edition of Historical Statistics of the United States 数据的估测程序。就像更早的连续曲线，这项连续曲线校正了"高估"的捐赠并包含了那些未记录的捐赠给 Internal Revenue Service 的估计。两个连续曲线的趋势基本上都是同一的，但是 Hammack-Young 连续趋势这段时期稍高水平的慷慨。*Contributions* 1967-98：*Giving USA* 1998, Ann E. Kaplan, ed. （New York: American Association of Fund-Raising Counsel Trust for Philanthropy, 1998）. *Income: Historical Statistics of the United States*, part Ⅰ, 225, series F25, 以及经济分析部，*National Income and Product Accounts*（U. S Department of Commerce, Washington, D. C., 1998）. 1929-1970 以及 1967-1998 年的连续趋向在四年里几乎和他们在 1967-1970 年的落后同时发生，二者总体上具有可比性。
7-5	新教徒、天主教徒、联合劝募会的捐赠的趋势，1920 年代-1990 年代	新教徒趋势：John and Sylvia Ronsvalle, *The State of Church Giving through 1995*（Champaign, Ill. : empty tomb, 1997），37. 天主教趋势：Andrew Greeley and William McManus, *Catholic Contributions; Sociology and Policy*（Chicago: Thomas More Press, 1987），更新于 Andrew Greeley, *The Catholic Myth: The Behavior and Beliefs of American Catholics*（New York: Charles Scribner's Sons, 1990），130，1989 年的更新来自于我对综合社会调查的计算，Greeley1987-1988 年的数据来源。United Ways: 分子的数据来自直接提供于美国联合劝募会; 1925-1950 年期间，我按 F Emerson Andrews, *Philanthropic Giving*（New York: Russell Sage Foundation, 1950），1942 年验证了数据。经济分析部分子的收入数据，*National Income and Product Accounts*.

续表

图	标　题	资料来源
7－6	据报道的1980年代及1990年代慈善捐赠的下滑	来自于扬科洛维奇维奇合伙公司（1981－1999）的未刊数据；罗珀政治与社会趋势调查档案（1980、1981、1983、1985、1986、1989、1991、1992和1994年11月）
7－7	志愿服务的增长，为社区项目服务的下滑，1975－1999	DDB Needham 生活方式调查档案，1975－1999
7－8	按年龄组别划分的志愿服务趋势，1975－1998	DDB Needham 生活方式调查档案，1975－1998
7－9	按年龄组别划分参与与社区项目的趋势，1975－1998	DDB Needham 生活方式调查档案，1975－1998
8－1	对诚信和道德在感觉上的下滑，1952－1998	1952, Ben Gaffin and Associates; 1965 and 1976, Gallup, 1998 Washington Post Survey, 前面三项来自 Poll on－line survey archive of the Roper Center for Public Opinion Research, University of Connecticut; the last from David S. Border and Richard Morin, "Struggle over New Standards," *Washington Post*(December 27,1998): A01.
8－2	信任在四十年内的衰减：成年人和青少年，1960－1999	该图的主要来源是综合社会调查（1972－1998）；全国选举研究（1964－1998）；DDB Needham 生活方式调查档案（1975－1999）；观测未来调查档案（高中生，1976－1996）。前面三项的来源在得到说明。第四项的来源是一项有密歇根调查研究中心举行的年度调查，由跨校政治和社会研究联合会提供。更多的数据搜集自 POLL on－line survey archive of the Roper Center for Public Opinion Research, University of Connecticut; Tom W. Smith, "Factors Relating to Misanthropy in Contemporary American Society," *Social Science Research* 26 (1997): 175; The World Values Surveys (1980, 1990, 1995), 由跨校政治和社会研究联合会提供; Robert E. Lane, "The Politics of Consensus in an Age of Affluence," *American Political Science Review* 58 (December 1965): 879; and Richard G. Niewmi, John Mueller, and Tom W. Smith, *Trends in Public Opinion* (New York: Greenwood Press, 1989), 303. 所有计算都排除了丢失的数据。DDB Needham 问题是一个六项设有是/答案的题目："多数人是诚实的。"该问题反映的25年间的趋势同"多数人值得信任"及"你不应太谨慎"等标准问题的趋势基本上都是相同的。尽管完全同意DDB Needham 问题的绝对水平要稍微高10%。

续表

图	标 题	资料来源
8-3	代际更替解释了多数社会信任的下降	DDB Needham 生活方式调查档案，1975-1999
8-4	看见停车信号遵守法规的变化	John Trinkaus, "Stop Sign Compliance: An Informal Look," *Psychological Report* 50 (1982): 288; Trinkaus, "Stop Sign Compliance: Another Look," *Perceptual and Motor Skills* 57 (1983): 922; Trinkaus, "Stop Sign Compliance, A Further Look," *Perceptual and Motor Skills* 67 (1988): 670; Trinkaus, "Stop Signs Compliance: A Follow-up Look," *Perceptual and Motor Skills* 76 (1993): 1218; Trinkaus, "Stop Sign Compliance: A Final Look," *Perceptual and Motor Skills* 85 (1997): 217-218.
8-5	美国犯罪率，1960-1997	Statistical Abstract of the U. S. 1997; *Crime in the U. S.* 1997 (Washington, D. C. : Federal Bureau of Investigation, 1998).
8-6	1970 年后警察和司法雇员数量的骤然上升	1900-1970: *Historical Statistics of the United States*, part I, D589-D592, 144; 1970-1996: *Statistical Abstract of the Unites States* 以及劳工统计署（BLS）直接提供的数据。这些数据代表了实际就业情况，而非具备专业资格的，因此法学院不再从事法律工作的毕业生被排除在外。BLS 以及统计署的数据足以保证对各种职业的历史变化分析时的实际定义具备可比性。
9-1	全国环保组织的爆炸性增长，1960-1998	1970 年后: Bosso, "The Color of Money," and Bosso, "Facing the Future." 1970 年前: Mitchell, Mertig, and Dunlap, "Twenty Years of Environmental Mobilization." 少数案例推算我丢失年份的数据以免在中断连续。
9-2	美国州选举投票中的创议，1900-1998	来自 Initiative and Referendum Institute 的 M. Dane Waters 提供的数据。
9-3	游行示威反抗者的高龄化	1974 年的数据来自 Samuel H. Barnes, Max Kaase, et al. *Political Action: An Eight Nation Study*, 1973-1976; 1981 年的数据来自 M. Kent Jennings, Jan W. VanDeth, et al. *Political Action II*, 1979-1981; 1980 和 1990 年的数据来自 *World Values Study Group*, *World Values Survey*, 1981-1984 以及 1990-1993。所有这些调查档案都通过跨校政治与社会研究政治联合会提供（University of Michigan: Ann Arbor, Michigan）。1995 年的数据来自 Ronald Inglehart 直接提供的 *World Values Survey*。

465

续表

图	标题	资料来源
9-4a	电话渗入美国人家庭生活;	家户普及数: Trends in Telephone Service (Washington, D. C.: Federal Communications Commission, September 1999) 工作人员的估计基于 Historical Statistics of the United States, II: 783 提供的数据,除了
9-4b	长途私人电话和信件作的趋势	1980 年和 1990 年的数据来自十年一度的调查。1920 年前的家庭拥有电话率是用人均所有电话的数据估测得来的。个人打电话和写信: 罗珀社会与政治趋势调查档案: 1973 - 1994。
11-1	美国妇女自主选择工作和为生活所需工作的情况, 1978 - 1999	DDB Needham 生活方式调查档案, 1978, 1980 - 1999
11-2	更多妇女必需工作, 1978 - 1999	DDB Needham 生活方式调查档案, 1978, 1980 - 1999
11-3	全职工作削减了社区参与	DDB Needham 生活方式调查档案, 1978, 1980 - 1999
12-1	主要大城市的社区参与有所衰退	罗珀社会与政治趋势调查档案, 1974 - 1994
12-2	主要大城市参加教会活动有所削减	DDB Needham 生活方式调查档案, 1975 - 1998
12-3	美国人的郊区化, 1950 - 1996	1950 - 1970 年的数据: Historical Statistics of the United States, I: 40, series A276 - 287; 1980 - 1990 年的数据, 1990 Census Population and Housing Unit Count (Washington, D. C.: U. S. Bureau of the Census, 1995), 表 48. 1992 - 1995 年的数据由统计署直接提供。需要注意为了保持 1980 年数字的可比性, 标准的都市区确定为 1990 年的情况。
13-1	代际更替解释了阅读报纸的衰减	综合社会调查档案, 1972 - 1998
13-2	新闻迷逐渐绝迹	DDB Needham 生活方式调查档案, 1986 - 1999
13-3	看电视半个世纪来的增长, 1950 - 1998	Nielsen Report on Television 1998 (New York: Nielsen, 1998); Communications Industry Report, 1997 (New York: Verious, Suhler&Associates, 1998); Cobbett S. Steinberg, TV Facts (New York: Facts on File, 1980). 数据局限于有电视的家庭
13-4	美国家庭家电器设备的激增	录像机和电视机的数据: Statistical Abstract of the United States (various years); computer and Internet usage, DDB Needham 生活方式调查档案, 1988 - 1999
13-5	看电视成为了美国人的习惯, 有选择地观看下滑	录像机和电视机的数据, 1975, 1979, 1985 和 1989 年 罗珀社会与政治趋势调查档案。

续表

图	标题	资料来源
13-6	年轻人变得更喜欢更换频道	J. Walker Smith and Ann Clurman, *Rocking the Ages: The Yankelovich Report on Generational Marketing*（New York: Harper Business, 1997），181, citing Yankelovich Monitor.
13-7	美国人一天观看电视的情况	DDB Needham 生活方式调查档案, 1993-1998
13-8	美国人晚间观看电视, 从事上述活动的情况	罗珀社会与政治趋势调查档案, 1985 和 1989 年
13-9	看更多的电视意味着更少的公民参与	罗珀社会与政治趋势调查档案, 1973, 1974, 1977, 1983, 1988, 1991, 1993 年; 分析局限于 30 岁到 59 岁间的受访者, 至少受过一些大学教育（N=13149）。
13-10	看电视和志愿服务没有趋于一致	DDB Needham 生活方式调查档案, 1975-1998
13-11	看电视的人不乐于联系他人	DDB Needham 生活方式调查档案, 1975-1978
13-12	看电视和参加社团会议没有趋于一致	DDB Needham 生活方式调查档案, 1975-1998
13-13	看电视和参加教会活动没有趋于一致	DDB Needham 生活方式调查档案, 1975-1998
13-14	看电视和社让没有趋于一致	DDB Needham 生活方式调查档案, 1975-1998（1997-1998 年 "向其他司机竖中指" 的数据）
13-15	美国人在 1970 年代变得足不出户	罗珀社会与政治趋势调查档案, 1974-1975, 1977, 1979
13-16	看电视的人感觉不舒服	DDB Needham 生活方式调查档案, 1975-1998
13-17	电视节目的种类与公民参与, 控制了电视花费的时间	罗珀社会与政治趋势调查档案, 1994, N=1482. 结论基于 Logistic 回归对概率的计算, 实行了 Monte Carlo 模拟方法。控制了包括教育, 家庭收入, 性别, 年龄, 种族, 婚姻状况, 就业状况, 社团规模, 研究年份, 看电视的首要时间, 收看体育节目, 以及观看电视总体时间的变量。
14-1	随着年龄增长, 社团人会的增长和下滑	综合社会调查档案, 1972-1994

续表

图	标题	资料来源
14-2	公民参与的代际趋势	投票: National Election Study, 1952-1996; 阅读新闻报纸: 综合社会调查, 1972-1998; 社会信任: 综合社会调查, 1972-1998; DDB Needham 生活方式调查, 1975-1998; 社团会员: 综合社会调查, 1974-1994; 对政治感兴趣: DDB Needham 生活方式调查, 1975-1998; 参加教会活动: 综合社会调查, 1972-1998; 参加社团活动: DDB Needham 生活方式调查, 1975-1998。
14-3	大学新生更加自私而非抱团, 1966-1998	UCLA大学新生调查档案, 1966-1998, 见 Linda J. Sax et al., *The American Freshman* (Los Angeles: CLA Higher Education Research Institute, 1998) 以及更早的版本。
14-4	和年龄有关的自杀率的差别, 1950-1995	*Sourcebook of Criminal Justice Statistics* -1995, Kathleen Maguire and Ann L. Pastore, eds. (Albany, N.Y.: Hindelang Criminal Justice Research Center, 1996), 365.
14-5	身体不适代际间隔的加大	DDB Needham 生活方式调查档案, 1975-1999
14-6	随着代际更替, 爱国主义减少了, 物质主义增强了	Wall Street Journal/NBC News Poll (July 1998)
14-7	20世纪的最后几十年物质主义的增强	罗珀社会与政治趋势调查档案, 1976, 1979, 1982, 1985, 1989, 1992, 对1995年和1997年的争论来自相关的罗珀报告 (New York: Roper Starch Worldwide, various years)。
14-8	社区生活对不同代际的意义	Yankelovich Partners, Inc. surveys, 1997-1999
15-1	政府开支, 1947-1998	经济分析署, *National Income Accounts* (U.S. Department of Commerce, Washington, D.C., 1999).
15-2	导致公民不参与原因的大概估计, 1965-2000	作者对第三部分多变量分析后得出的估计。
16-1	美国的社会资本	见表 16-1 下面的资料来源。
17-1	在社会资本高的州儿童状况更好	见表 16-1 和表 17-1 下面的资料来源。提供了 48 个州的数据。

续表

图	标题	资料来源
17-2	在社会资本高的州学校运作更好	表16-1下面的资料来源。我们对教育绩效的指数基于以下资料：(1) 州层次的数据来自 *Digest of Education Statistics*;1992 七个全国性 National Progress (NAEP) 测试, and NAEP 1996 Science Report Card for the Nation and the States, and NAEP 1996 Mathematics Report Card for the Nation and the States, all published by the National Center for Education Statistics (Washington, D.C.: Department of Education, carious years) 1994 年四年级学生的阅读成绩; 1996 年八年级学生的自然成绩; 1992, 1996 年的四年级学生数学成绩; 以及 1990, 1992, 1996 年的八年级数学成绩。(2) 参加 SAT 的分数来自 Brain Powell and Lala Carr Steelman, "Bewitched, Bothered, and Bewildering: The Use and Misuse of State SAT and ACT Scores," *Harvard Educational Review* 66 (1996) 38. (3) 六项对高中退学率的测量 (尽管不完全一样): 1990 年16岁-19岁 "退学" 比例来自 *Digest of Education Statistics*; 1992, 13; 1990 年 16-19 岁的那部分不到学校或未完成十二年教育的部分, 见 *Statistical Abstract of the U.S.*, 1995; 159; 1993-1995 年 16-19 岁没有入学或完成高中学习的部分, 见 Kids Count 1997; "公立高中的毕业率, 1989-1990", 见 *Victoria Van Son, CQ's State Fact Finder* (Washington, D.C.: Congressional Quarterly, 1993), 106; 1990-1992 年以及 1993-1995 年的完成高中比例 (*Digest of Education Statistics*: 1997)。 提供了 48 个州的数据。
17-3	在社会资本高的州儿童看电视更少	表16-1下面的资料来源, 见 *Digest of Education Statistics*: 1992 and *Digest of Education Statistics*。 NAEP 对 1990 年和 1992 年八年级学生以及 1992 年四年级学生每日观看电视的测量, 见 *Digest of Education Statistics*: 1995. 提供了 44 个州的数据。
18-1	在社会资本高的州的暴力犯罪更少	见表16-1下面的资料来源; *Crime in the Unites States, 1997* (Washington, D.C.: Federal Bureau of Investigation, 1998). 提供了 48 个州的数据。
18-2	在社会资本高的州人们更不好斗	见表16-1下面的资料来源; DDB Needham 生活方式调查档案, 1976-1998, 提供了 48 个州的数据。
20-1	在社会资本高的州健康状况更佳	见表4和表6下面的资料来源; Ichiro Kawachi, Bruce P. Kennedy, Kimberly Lochner, and Deborah Prothrow-Stith, "Social Capital, Income Inequality, and Mortality," *American Journal of Public Health* 87 (1997): 1491-1498. 提供了 48 个州的数据。

图	标 题	资料来源
20-2	美国人感觉没有过去健康了	DDB Needham 生活方式调查档案, 1975-1999
20-3	社会交往(至少适度)促进幸福	DDB Needham 生活方式调查档案, 1975-1998
21-1	社会资本高的地方更少逃税	见表 16-1 下面的资料来源; Internal Revenue Service criminal referrals and convictions per 100 000 population (1992-1997) factor scores, drawn from Transactional Records Access Clearinghouse, Syracuse University. 提供了 48 个州的数据。
22-1	种族融合、公民自由和性别平等上的宽容在增长	综合社会调查档案, 1974-1996
22-2	社会资本和宽容趋于一致	见表 16-1 下面的资料来源; 综合社会调查档案, 1974-1996, 提供了 43 个州的数据。
22-3	社会资本和经济平等趋于一致	见表 16-1 下面的资料来源; Kawachi, Kennedy, Lochner, and Prothrow-Stith, "Social Capital, Income Inequality and Mortality," 提供了 48 个州的数据。
22-4	社会资本和公民平等趋于一致	见 16-1 下面的资料来源; 综合社会调查档案, 1974-1994, 提供了 42 个州的数据。
23-1	二十六个美国社团的组织密度, 1840-1940	Gerald Gamm and Robert D. Putnam, "The Growth of Voluntary Associations in America, 1840-1940", Journal of Interdisciplinary History 29 (1999): 511-557.
23-2	会员人数多的大型社团的成立和增长	Theda Skocpol, "How Americans Became Civic," in Civic Engagement in American Democracy, Theda Skocpol and Morris P. Fiorina, eds. (Washington, D.C.: Brookings Institution Press, 1999): 54, 图表 2-3.
23-3	当代美国社团的成立时间	Encarta 2000 New World Almanac (Oxford: Helicon Publishing Ltd., 1998).

表	标 题	资料来源
2-1	政治与社区参与的增长	罗珀社会与政治趋势档案, 1974-1994

独自打保龄

续表

表	标　题	资料来源
13 – 1	部分消费产品进入家庭的速度	Sue Bowden and Avner Offer, "Household Appliances and the Use of Time: The United States and Britain Since the 1920s," *Economic History Review* 47 (November 1994): 729, 通过 *Statistical Abstract of the Unites States*, 1996 – 1998 补充了数据。
14 – 1	集中于中年年轻人群的所有公民不参与形式	新闻阅读: 综合社会调查, 1972 – 1998; 所有其他形式的参与: 罗珀社会与政治参与, 1974 – 1994, 由罗珀报告补充了参加教会活动的数据 (New York: Roper – Starch Worldwide, 1996 – 1998)。
	测量美国各州的社会资本: 社会资本指数的构成部分	
	去年在地方组织或委员会任职	罗珀社会与政治趋势档案, 1974 – 1994
	"多数人值得信任" vs. "不应太谨慎"	综合社会调查, 1974 – 1996
	同意 "多数人是诚实的"	DDB Needham 生活方式调查档案, 1975 – 1994
	总统选举的到场人数	美国联邦统计署, 1988 以及1992 年
	去年在地方组织担任行政的人员	罗珀社会与政治趋势调查档案, 1974 – 1994
16 – 1	501 (c) (3) 每千人的慈善组织	非营利组织年鉴, 1989 (San Francisco: Jossey – Bass, 1989)
	去年参加社团会议的频率	DDB Needham 生活方式调查档案, 1975 – 1998
	每千人的公民和社区组织	Country Business Patterns, 商务部, 1977 – 1992
	参加市镇或学校公共会议	罗珀社会与政治趋势, 1974 – 1994
	每人参加社团数量	综合社会调查, 1974 – 1996
	"我花很多时间拜访朋友"	DDB Needham 生活方式调查档案, 1975 – 1998
	在家请客的频率	DDB Needham 生活方式调查档案, 1975 – 1998
	去年参加志愿服务的频率	DDB Needham 生活方式调查档案, 1975 – 1998
	去年为社区项目服务的频率	DDB Needham 生活方式调查档案, 1975 – 1998
17 – 1	儿童福利指数 (Kids Count Index)	Annie E. Casey Foundation (Baltimore, Md., 1999), Web Site www. accf. org/kiscount/index/htm.

表	标 题	资料来源
20 – 1	哪个州有最好的健康和卫生保健?	*Morgan – Quitno Health Care State Ranking* (1993 – 1998), complied by Morgan – Quitno Press (Lawrence, Kans.) and downloaded from www. morganquitno. com.
22 – 1	种族融合、性别平等和公民自由的宽容指数	综合社会调查, 1974 – 1998
22 – 2	社会资本和宽容: 四种类型的社会	作者的分析
23 – 1	社会资本的创新, 1870 – 1920	基金会的成立时间来自于各种社团的全国总部, 通过 *World Almanac* (New York: Press Pub. Co. [New York World], various years), *Encyclopedia of Associations* (Detroit, Mich. : Gale Research, various years), 以及特定组织的历史资料补充了数据。

附录 Ⅲ

公民和专业社团的兴衰

组织	成立	每1000名会员的主要"支持者"	1940–1945 年到高峰年份增长的入会率	入会率达到高原期	入会高峰年份	入会率高原期结束	从高峰年份到1997年下滑的入会率	高峰年份的入会率（每千人）
公民社团								
4 – H	1901	农村青年	54%	1950	1950	1976	–26%	180
美国大学妇女协会（American Association of University Women）	1881	大学教育程度的女性	15%	1930	1955	1955	–84%	53
美国保龄球协会（American Bowling Congress）	1895	年满 20 岁的男性	434%	1964	1964	1979	–72%	83
美国退伍军人协会（American Legion）	1919	所有战时老兵	10%	1940	1945	1945	–47%	274
犹太国际服务组织（B'nai B'rith）	1843	犹太男性	90%	1947	1947	1965	est. –75%	78

续表

组织	成立	每 1000 名会员的主要 "支持者"	1940－1945 年到高峰年份增长的入会率	入会率达到高原期	入会高峰年份	入会率高原期结束	从高峰年份到 1997 年下滑的入会率	高峰年份的入会率（每千人）
成年人童子军（Boy and Girl Scout adult leaders）	1910－1912	5－17 岁的青年	190%	1957	1957	1958	－18%	50
男童子军和女童子军（Boy Scout and Girl Scout）	1910－1912	5－17 岁的青年	134%	1957	1972	1973	－8%	156
男童子军（Boy Scout）	1910	5－17 岁的男孩	118%	1958	1972	1997	－5%	190
女童子军（Girl Scout）	1912	5－17 岁的男孩	174%	1956	1969	1971	－15%	125
商业和职业妇女联盟 [Business and Professional Women（BPW）]	1919	白领女性	51%	1949	1951	1951	－89%	17
雄鹰会（Eagles）	1898	年满 20 岁的男性	82%	1947	1947	1950	－72%	29
东部之星联会（Eastern Star, Order of the）	1868	年满 20 岁的女性	18%	1930	1930	1961	－73%	50
麋鹿会（Elks）	1868	年满 20 岁的男性	107%	1962	1970	1977	－46%	25
联邦妇女社团（General Federation of Women's Clubs）	1890	年满 20 岁的女性	56%	1949	1956	1956	－84%	16
农民协进会（Grange）	1867	农村人	42%	1951	1952	1955	－79%	16
汉达莎（Hadassah）	1912	犹太女性	153%	1950	1983	1986	－15%	123
美国青年商会（Jacees）	1915	20－34 岁的男性	na	1973	1975	1978	－58%	5
同济会（Kiwanis）	1915	年满 20 岁的男性	94%	1956	1960	1966	－42%	5
哥伦布骑士会（Knights of Columbus）	1882	天主教男性	46%	1949	1954	1959	－6%	14

续表

组织	成立	每1000名会员的主要"支持者"	1940－1945年到高峰年份增长的入会率	入会率达到高原期	入会高峰年份	入会率高原期结束	从高峰年份到1997年下滑的入会率	高峰年份的入会率（每千人）
妇女选民联盟（League of Women Voters）	1920	年满20岁的女性	125%	1954	1965	1969	−61%	2
狮子会（Lions）	1917	年满20岁的男性	38%	1957	1967	1976	−58%	9
共济会（Masons）	1733	年满20岁的男性	181%	1927	1927	1957	−71%	90
麋鹿会（只有男性会员）	1888	年满20岁的男性	208%	1950	1980	1980	−35%	19
麋鹿会（只有女性会员）	1927	年满20岁的女性	69%	1990	1990	1995	−3%	6
全国有色人种协进会（NAACP）	1909	非裔美国人	0%	1944	1944	1969	−46%	31
奇人会（Odd Fellows）	1819	年满20岁的男性	85%	1920	1920	1920	−94%	54
乐观者（Optimists）	1919	年满20岁的男性	111%	1985	1990	1990	−24%	2
家长教师协会（Parent－Teacher Association）	1897	有18岁以下小孩的家庭	45%	1957	1960	1966	−60%	48
美国红十字会（志愿者）〔American Red Cross（volunteers）〕	1881	年满20岁的成年人	60%	1956	1956	1970	−61%	19
扶轮社（Rotary）	1905	年满20岁的男性	36%	1949	1967	1990	−25%	5
圣地兄弟会（Shriners）	1872	年满20岁的男性	110%	1958	1960	1962	−59%	15
海外作战退伍军人协会（Veterans of Foreign Wars）	1899	所有战时老兵	1121%	1945	1945	1995	−9%	114
女子保龄球协会（Women's Bowling Congress）	1917	年满20岁的女性	4%	1965	1978	1978	−66%	54

续表

组织	成立	每 1000 名会员的主要"支持者"	1940－1945 年到高峰年份增长的入会率	入会率达到高原期	入会高峰年份	入会率高原期结束	从高峰年份到 1997 年下滑的入会率	高峰年份的入会率（每千人）
妇女禁酒联合会（Women's Temperance Union）	1874	年满 20 岁的女性	85%	1920	1920	1920	－96%	11
中值	1900			1951	1959	1969	－58%	30
美国律师协会（American Bar Association）	1878	就职律师		1977	1977	1989		503
美国牙医协会（American Dental Association）	1859	有许可证的牙医		1960	1970	1970		960
美国建筑师学会（American Institute of Architects）	1857	就职建筑师		c. 1950	1970	c. 1970		409
美国注册会计师协会（American Institute of Certified Public Accountants）	1887	就职会计师		1987	1992－1993	1993		198
美国医学会（American Medical Association）	1847	注册药剂师		1949	1959	1959		745
美国护士协会（American Nursing Association）	1896	注册护士		na	1997 年之前	na		至少 176
美国机械工程师协会（American Society of Mechanical Engineers）	1880	就职机械工程师		1951	1930	1993		400

续表

组织	成立	每1000名会员的主要"支持者"	1940－1945年到高峰年份增长的入会率	入会率达到高原期	入会高峰年份	入会率高原期结束	从高峰年份到1997年下滑的入会率	高峰年份的入会率（每千人）
到1961年的美国电子和电气工程师学会以及通讯工程师学会；1961年后电子和电器工程师学会	1884	就职电子和电气工程师		1952	1961	1961		620
中值	1879			1952	1970	1970		456

注释：(1) 在所有有重要的样本中，非美国公民都排除在入会数的统计之外。

(2) 女性成员被排除在传统男性兄弟会入会人会数的统计之外（尽管在女性麋鹿庞会中单独进行了统计）。

(3) 二战时期的红十字会志愿者被排除在最高峰和下滑率的统计之外。

独自打保龄

4-H

犹太国际服务组织

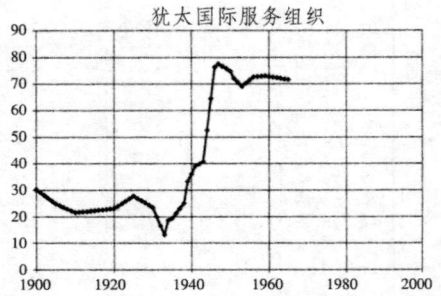

美国大学妇女协会

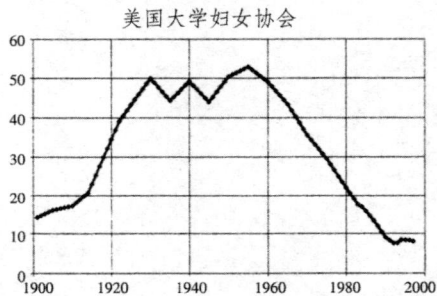

成年人童子军

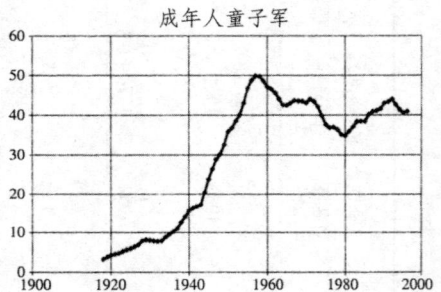

美国保龄球协会

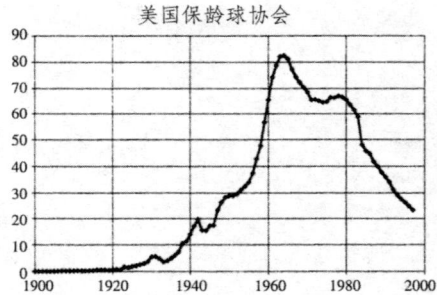

青年童子军

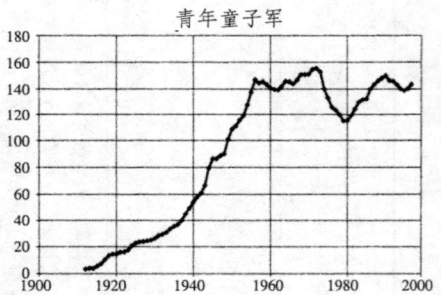

美国退伍军人协会

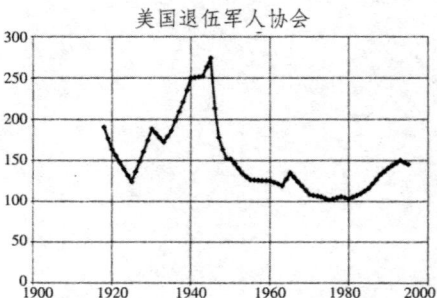

商业和职业妇女联盟

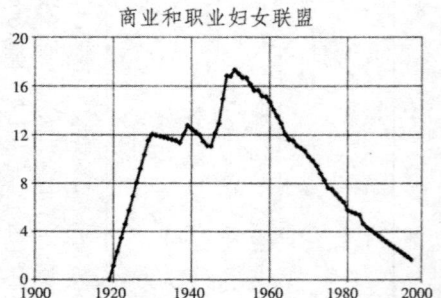

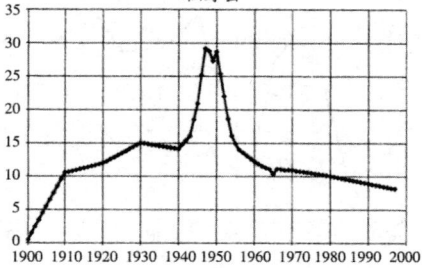

雄鹰会

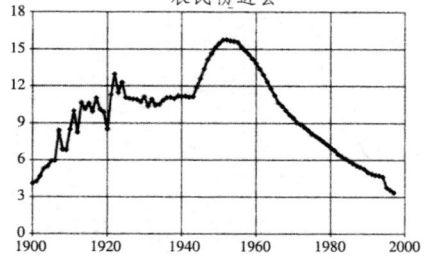

农民协进会

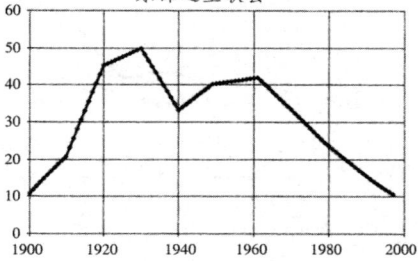

东部之星联会

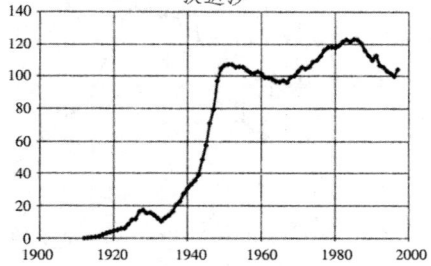

汉达莎

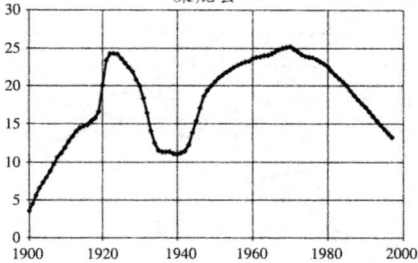

麋鹿会

初级商会

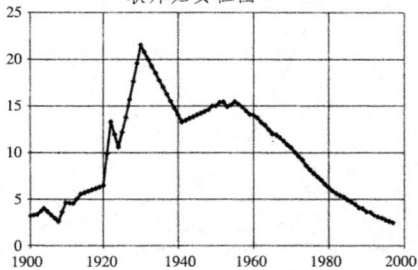

联邦妇女社团

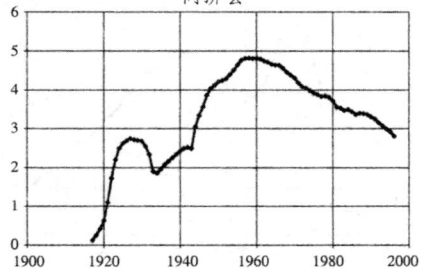

同济会

哥伦布骑士会

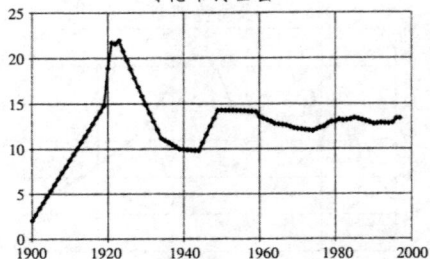

驼鹿会（男）

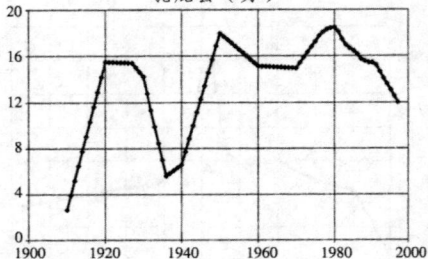

妇女选民联盟

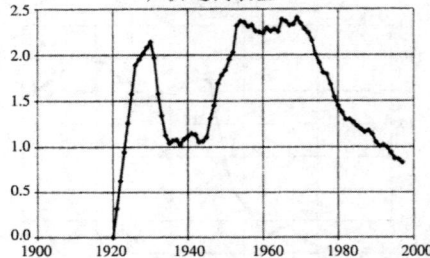

驼鹿会（女）

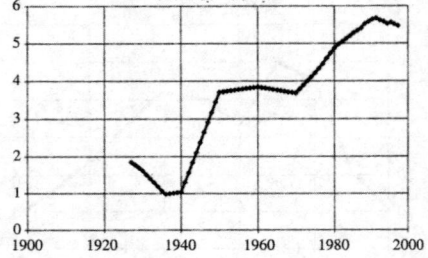

狮子会

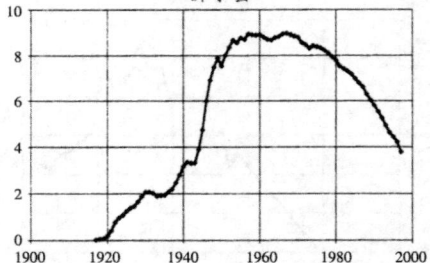

全国有色人种协进会

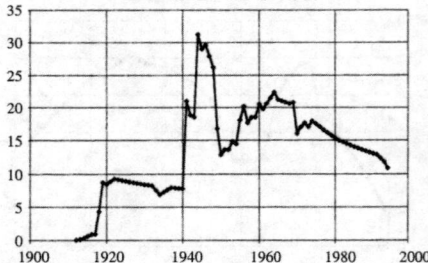

共济会

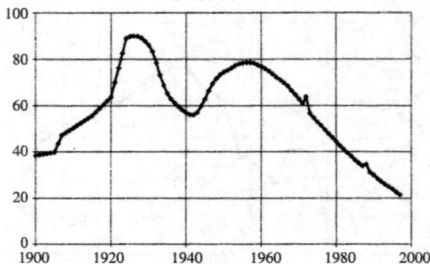

奇人会

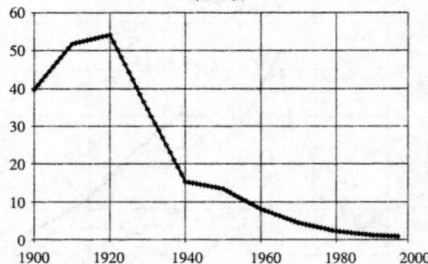

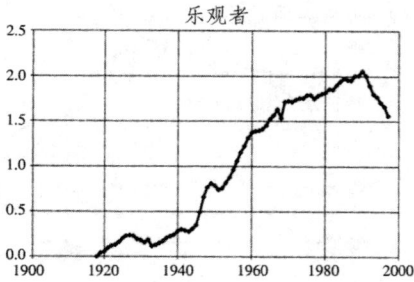

乐观者

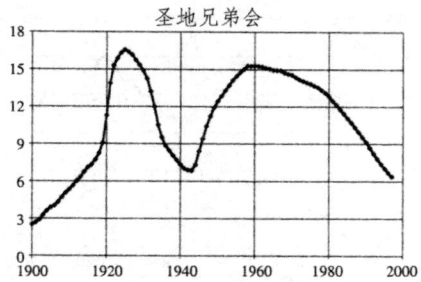

圣地兄弟会

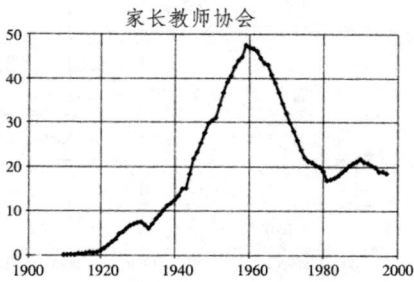

家长教师协会

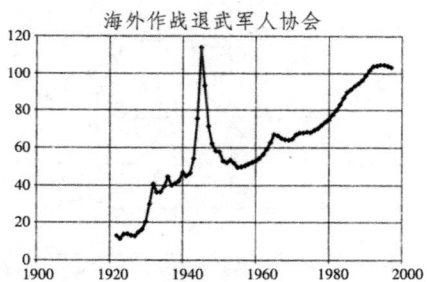

海外作战退武军人协会

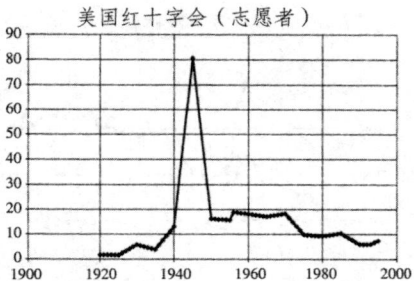

美国红十字会（志愿者）

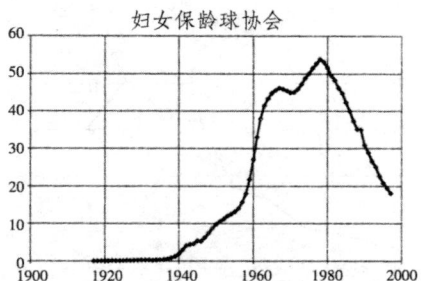

妇女保龄球协会

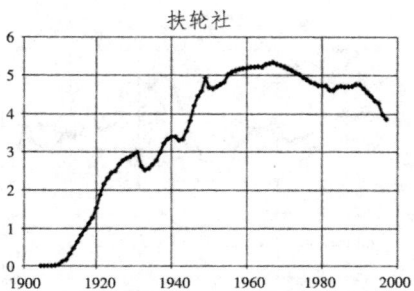

扶轮社

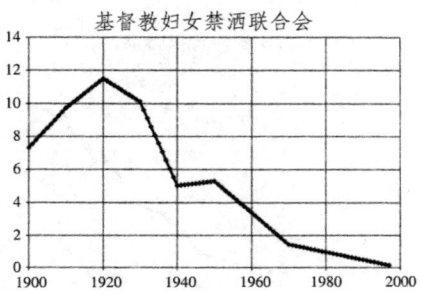

基督教妇女禁酒联合会

美国律师协会

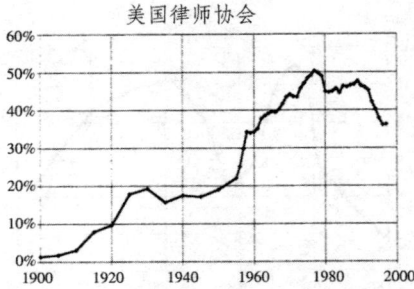

美国医学会

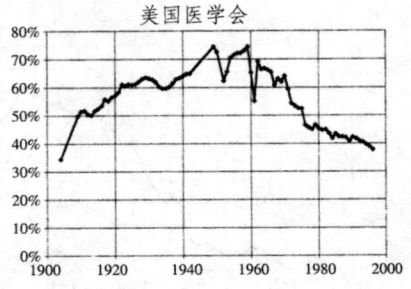

美国牙医协会

美国护士学会

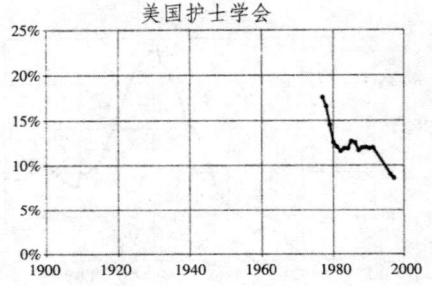

美国建筑师学会

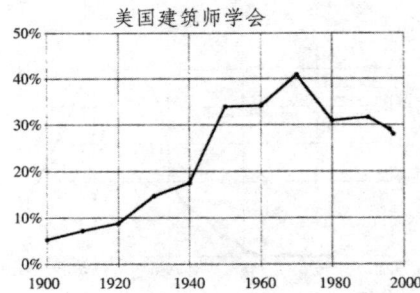

美国机械工程师协会

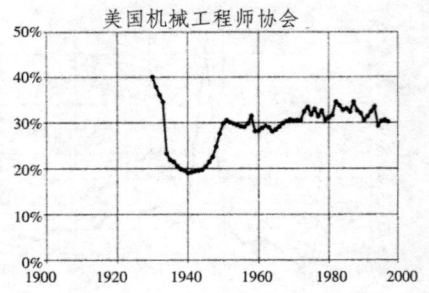

美国注册会计师协会

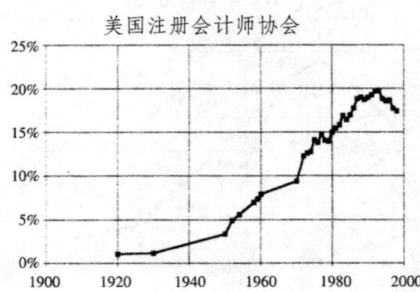

电器和电子工程师学会

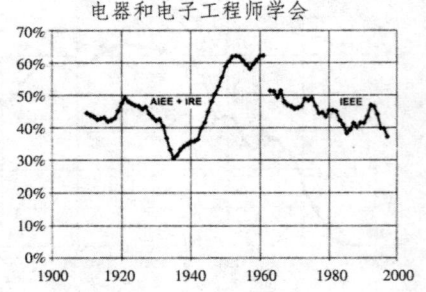

注 释

第 1 章 思考美国的社会变化

1. David Scott and Geoffrey Godbey, "Recreation Specialization in the Social World of Contract Bridge", *Journal of Leisure Research* 26 (1994): 275 – 295; Suzi Parker, "Elks, Lions May Go Way of the Dodo", *Christian Science Monitor*, August 24, 1998; John D. Cramer, "Relevance of Local NAACP Is Up for Debate", *Roanoke Times*, January 24, 1999; Dirk Johnson, "As Old Soldiers Die, V. F. W Halls Fade Away", *New York Times*, September 6, 1999. 非常感谢 David Scott 教授提供有关 Glenn Valley 桥牌社团的信息。Glenn Valley 是宾夕法尼亚州中部一个大学城的代称。

2. Christine Wicker, "A Common Thread of Decency", *Dallas Morning News*, May 1, 1999; David Streitfeld, "The Last Chapter: After 50 Years, Vassar Ends Its Famed Book Sale", *Washington Post*, April 28, 1999, C1; Caroline Louise Cole, "So Many New Uniforms, but So Few Musicians", *Boston Sunday Globe Northwest Weekly*, September 5, 1999, 1.

3. Jeffrey A. Charles, *Service Clubs in American Society: Rotary, Kiwanis, and Lions* (Urbana: University of Illinois Press, 1993), 157.

4. Eric Larrabee and Rolf Meyersohn, *Mass Leisure* (Glencoe, Ill: Free Press, 1958), 359, 摘引自 Foster Rhea Dulles, *A History of Recreation: America Learns to Play*, 2nd Ed. (New York: Appleton – Century – Crofts, 1965), 390.

5. *Life*, February 21, 1964, 91, 93. 非常感谢 Rob Paarlberg 在缅因州的跳蚤市场向我强调要重视这个关键问题。

6. Robert E. Lane, *Political Life: Why People Get Involved in Politics* (Glencoe, Ill.: Free Press, 1959), 94; Daniel Bell and Virginia Held, "The Community Revolution", *The Public Interest*, 16 (1969): 142.

7. 实际上，投票到场人数在 1976 年只有 53%，并呈现出下跌趋势。见 Richard A. Brody, "The Puzzle of Political Participation in American", in *The New American Political System*, ed. Anthony King (Washington, D. C.: American Enterprise Institute for Public Policy Research, 1978).

8. George H. Gallup. *The Gallup Poll: Public Opinion* 1935 – 1937 (New York: Random House, 1972); Karlyn Bowman, "Do you want to Be President?", *Public Perspective* 8 (February/March 1997): 40; *Robert E. Lane*, "The Politics of Consensus in an Age of Affluence", *American Political Science Review* 59 (December 1965): 879; and Richard G. Niemi, John Mueller, and Tom W. Smith, *Trends in Public Opinion* (New York: Greenwood Press, 1989), 303. 20 世纪 40、50、50 年代关于信赖的问卷与近期采用的问卷标准不具有直接可比性。

9. See Thomas R. Rochon, *Culture Moves: Ideas, Activism, and Changing Values* (Princeton, N. J.: Princeton University Press, 1998), 13 – 14.

10. Doug McAdam, *Freedom Summer* (New York: Oxford University Press, 1988), 14 – 15.

11. James Q. Wilson, "Why Are We Having a Wave of Violence?", *The New York Times Magazine*, May 19, 1968, 120.

12. Lyda Judson Hanifan, "The Rural School Community Center", *Annals of the American Academy of Political and Social Science* 67 (1916): 130 – 138, 引注于 130 页。作为实践改革家，汉尼方有意识地使用"资本"的概念来引起精于算计的商人和经济学家认识到社会资产对生产的重要性。在提出社会资本的概念后，他发现："对某些农村地区社会资本的大量流失欠缺研究，需要在书中加以重述。当时的问题是：

怎样能够改善现状？他通过研究一个西维吉尼亚农村社区在一年内如何增强社会资本以及通过这种资本提升创新、知识、道德和经济状况。"他的论文，记述了一系列社区活动家的实践改革活动，这些活动曾在 1913 年被西维吉尼亚教师作为"农村学校社区会议的参考"。*The Community Center*（Boston：Silver. Burdett，1920）。此处感谢 Brad Clarke 首先注意到社会资本概念的这种用法。

13. John R. Seeley，Alexander R. Sim，and Elizabeth W. Loosley，*Crestwood Heights：A Study of the Culture of Suburban Life*（New York：Basic Books，1956）；Jane Jacobs，*The Death and Life of Great American Cities*（New York：Random House，1961）；Glenn Loury，"A Dynamic Theory of Racial Income Differences"，in *Women，Minorities，and Employment Discrimination*，ed. P. A. Wallace and A. LeMund（Lexington，Mass.：Lexington Books，1977），153 – 188；Pierre Bourdieu，"Forms of Capital"，in *Handbook of Theory and Research for the Sociology of Educations*，ed. John G. Richardson（New York：Greenwood Press，1983），241 – 258；Ekkehart Schlicht，"Cognitive Dissonance in Economics"，in *Normengeleitetes Verhalten in den Sozialwissenschaften*（Berlin：Duncker an Humblot 1984），61 – 81；James S. Coleman，*Foundations of Social Theory*（Cambridge，Mass.：Harvard University Press，1990）。又见 George C. Homans，*Social Behavior：Its Elementary Forms*（New York：Harcourt，Brace & World，1961），378 – 98。除了 Loury 著作中 Coleman 所写的简介之外，我没有发现有任何理论家注意到社会资本概念的前述用法。要对"社会资本"的概念史有一个整体了解，可参见 Michael Woolcock，"Social Capital and Economic Development：Toward a Theoretical Synthesis and Policy Framework"，*Theory and Society* 27（1998）：151 – 208。

14. Ronald S. Burt，*Structural Holes：The Social Structure of Competition*（Cambridge，Mass，Harvard University Press，1992）；Ronald S. Burt，"The Contingent Value of Social Capital"，*Administrative Science Quarterly* 42（1997）：339 – 365；And Ronald S. Burt，"The Gender of Social Capital"，*Rationality & Society* 10（1998）：5 – 46；Claude S. Fischer（New York：Free Press，1977），19；James D. Montgomery，"Social Networks and

Labor – Market Outcomes：Toward an Economic Analysis"，*American Economic Review* 81（1991）：1408 – 1418，esp. table 1.

15. 在我早期的著作中，我强调了社会资本的公共层面，几乎忽略了社会资本对个人的回馈。见 Robert D. Putnam，"The Prosperous Community：Social Capital and Public Affairs"，*The American Prospect* 13（1993）：35 – 42，最近的版本。对于强调个人回馈的文献综述来说则排除了对集体层面的讨论，见 Alejandro Portes，"Social Capital：Its Origins and Applications in Modern Sociology"，*Annual Review of Sociology* 22（1998）：1 – 24。

16. Robert Frank 私人谈话记录。

17. Xavier de Souza Brigges，"Social Capital and the Cities：Advice to Change Agents"，*National Civic Review* 86（summer 1997）：111 – 117.

18. *U. S. News & World Report*（August 4，1997）：18. Fareed Zakaria，"Brigger Than the Family，Smaller Than the State"，*New York Times Book Review*，August 13，1995：1，此文指出，麦克维恩和他的朋友在一家保龄球馆总结说："如果麦克维恩先生独自打保龄的话，大家都会更好点。"有些时候，在特定的关系或网络中，甚至社会资本的内在影响也会产生负面作用，但这却没有其外在影响带来的负面作用普遍。

19. 在《使民主运转起来》 [*Making Democracy Work：Civic Traditions in Modern Italy*（Princeton，N. J.：Princeton University Press，1993）] 一书中，我忽略了社会资本可能带来反社会的可能性，但是在同年发表的"The Prosperous Community"，一文中，我清楚地认识到了这种可能。

20. 据我所知，Ross Gittel 和 Avis Vidal 对这种区分做出了贡献，见 *Community Organizing：Building Social Capital as a Development Strategy*（Thousand Oaks，Calif.：Sage，1998），8。

21. Mark S. Granovetter，"The Strength of Weak Ties"，*American Journal of Sociology* 78（1973）：1360 – 1380；Xavier de Souza Briggs，"Doing Democracy Up Close：Culture，Power，and Communication in Community Building"，*Journal of Planning Education and Research* 18（1998）：1 – 13.

22. 摘自 Richard D. Brown，"The Emergence

of Voluntary Associations in Massachusetts", *Journal of Voluntary Action Research* 2 (April 1973): 64 – 73, at 69。又见 Ashutosh Varshney, *Ethnic Conflicts and Civic Life: Hindus and Muslims in India* (New Haven, Conn: Yale University Press, 2000)。

23. Alexis de Tocqueville,《论美国的民主》, *Democracy in America*, ed. J. P. Mayer, trans. George Lawrence (Garden City, N. Y.: Doubleday, 1969), 506。又见 Wilson Carey McWilliams, *The Idea of Fraternity in America* (Berkeley: University of California Press, 1973), and Thomas Bender, *Community and Social Change in America* (Baltimore, Md. Johns Hopkins University Press, 1978)。

24. David Hackett Fischer, *Paul Revere's Ride* (New York: Oxford University Press, 1994)。

25. Barry Wellman, "The Community Question Re – Evaluated", in *Power, Community, and the City*, Michael Peter Smith, ed. (New Brunswick, N. J.: Transaction 1988), 81 – 107, 引注在 82 – 83 页。Pamela Paxton, "Is Social Capital Declining in the United States? A Multiple Indicator Assessment", *American Journal of Sociology* 105 (1999): 88 – 127.

26. *The Public Perspective* 8 (December/January 1997): 64; Robert Wuthnow, "Changing Character of Social Capital in the United States", in *The Dynamics of Social Capital in Comparative Perspective*, Robert D. Putnam, ed. (2000, forthcoming); *The Public Perspective* 10 (April/May 1999): 15; Wall Street Journal, June 24, 1999, A12; Mark J. Penn, "The Community Consensus", *Blueprint: Ideas for a New Century* (spring 1999). 没有观点的报道不予采用。

27. 例如，图 7 – 4 – 图 7 – 6 的数据来源于 6 个独立的慈善业趋势报告，我也发现了 4 个支持基本论证的额外资料，这些资料在注释中将简要提到。对方法论的进一步讨论，见附录。

28. Emma Jackson, "Buddy Had Kidney to Spare", *Ann Arbor News* (January 5, 1998). 感谢 Michael Dover 将这则故事发布在非营利和志愿行动组织的网络上，www. arnova. org/arnova_1. htm, January 6, 1998。

第 2 章　政治参与

1. 在 70 年代，美国人积极参与政治竞选

的人数大约是英国、德国、澳大利亚和荷兰的两倍；Samuel H. Barnes, Max Kaase, et al., *Political Action: Mass Participation in Five Western Democracies* (Beverly Hills, Calif: Sage, 1979), 541 – 542. 在 20 年后，美国签署请愿书的频率在 40 个新旧民主国家处于第 3 位；Russell Dalton, *Citizen Politics: Public Opinion and Political Parties in Advanced Western Democracies*, 2nd ed. (Chatham, N. J.: Chatham House, 1996), 74. 有关投票到场人数的论述，见 Dalton, *Citizen Politics*, 45。

2. 此处选民登记的数据来自于《美国统计摘要》，基于统计局对投票到场人数问卷。图 2 – 1 的数据，按照各州逐一对候选人选举进行计算，可能更为精确。然而，每种资料都显示了投票相对下降的趋势。有关地方选民登记的论述，见 Sidney Verba, Kay Lehman Schlozman, and Henry E. Brady, *Voice and Equality: Civic Voluntarism in American Politics* (Cambridge, Mass.: Harvard University Press, 1995), 69。严格地讲，投票行为可以是高度个人化的行为，在这种意义上并没有牵涉到社会资本。另一方面，更多证据（早期有关投票的研究）清楚显示投票是社会性行为，选民登记和社会约定是高度关联的。这些事实以及唾手可得的有关选民登记的时间和空间测度都使其成为衡量社会参与的非常有用的资料。

3. Dalton, *Citizen Politics*; Raymond E. Wolfinger and Steven H., Rosenstone, *Who Votes?* (New Haven, Conn.: Yale University Press, 1980); Frances Fox Piven and Richard A. Cloward, *Why Americans Don't Vote* (New York: Pantheon Books, 1988). Ruy Teixeira, *The Disappearing American Voter* (Washington, D. C.: Brookings Institution, 1992), 29 – 30. 此书总结了 1992 年推广流动汽车选民登记之前的数据。有关选民登记运动的花费数据来源于 National Association of Secretaries of State. Stephen Knack, "Drivers Wanted: Motor Voter and the Election of 1996", PS: *Political Science and Politics* 32 (June 1999): 237 – 243, 此文发现如果没有选民登记运动，1996 年选民登记会更加减少。

4. 图 2 – 1 仅限于总统选举，但是和非竞选年份的模式是相同的。非常感谢 Walter Dean Burnham 教授最近尚未出版的对美国历史上参选人数的估计。早期的预测，见 Walter Dean

Burnham, "The Turnout Problem", in *Elections A-merican Style*, ed. A. James Reichley（Washington, D. C.：Brookings Institution Press, 1987）, 113 – 114. 除了黑人被排除在选举投票之外, 由一党控制的南部低层白人的投票率也是一样。见 V. O. Key, *Southern Politics in State and Nation*（New York：Knopf, 1949）, and Piven and Cloward, *Why American Don't Vote*, 第 3 章。

5. James DeNardo, "The Turnout Crash of 1972", in *Politicians and Party Politics*, ed. John G. Geer（Baltimore. Md.：John Hopkins University Press, 1998）, 80 – 101.

6. 按照 Burnham 的说法, 除了旧联邦州之外的各州, 1998 年选举的投票率是自 1818 年以来的最低点。20 世纪早期美国北部投票率的下降也主要是由于类似限制人数的登记要求的政治改革。60 年代以后的下降发生在高投票水平的环境中。1896 年后 30 年的下降由于 1920 年妇女获得选举权被夸大了, 这使得两次接下来的选举投票登记人数暂时有所减少。在 1971 年, 投票年龄降到了 18 岁, 但这对过去 40 年来的整体下降仅仅扮演了微不足道的角色。

7. 见 Philip E. Converse, *The Dynamics of Party Support：Cohort Analyzing Party Identification*（Beverly Hills, Calif,：Sage, 1976）; Glenn Firebaugh, "Methods for Estimating Cohort Replacement Effects", in *Sociological Methodology* 1989, ed. C. C. Clogg（Oxford：Basil Blackwell, 1989）, 243 – 62; And William G. Mayer, *The Changing American Mind：How and Why American Public Opinion Changed Between* 1960 *and* 1988（Ann Arbor：University of Michigan Press, 1993）. 第三阶段的变化——生命周期变化——总是貌似数字上的变化。然而, 除了人口年龄结构的变化, 只要是子女简单模仿父母的生活模式, 纯粹生命周期的变化几乎不造成任何的社会变迁。20 世纪后半期的美国人口年龄结构的变化与美国人参与政治社会活动的变化完全相反, 这是因为, 当婴儿潮（1945 – 1965）时期处于高峰的这部分人口开始减少的时候, 参与活动就增加了, 而当婴儿成熟期（1965 – 2000）处于高峰的这部分人口开始增加时, 参与活动就开始下降了。换言之, 我认为更加细致地考虑生命周期会夸大参与活动的变化趋势。

8. 作者的计算来自 Roper Social and Political Trends archive。

9. Warren E. Miller and J. Merrill Shanks, *The New American Voter*（Cambridge, Mass.：Harvard University Press, 1996）, 69. 此书总结了此方面最全面的研究, 即 "不同年龄段的投票率——由于人口代际结构上的变化造成了投票登记人数全国范围内连续性的下降"。

10. Stephen Knack, "Social Altruism and Voter Turnout：Evidence from the 1991 NES Pilot Study"（College Park：University of Maryland, 1992）, M. Margaret Conway, *Political Participation in the United States*, 2nd ed.（Washington, D. C.：CQ Press, 1991）, 135; James A. McCann, "Electoral Participation and Local Community Activism：Spillover Effects, 1992 – 1996"（此论文提交给 1998 年美国政治学会年会）及此处相关研究索引。

11. Verba, Schlozman, *Brady, Voice and Equality*, 23 – 24 et passim. 有关投票登记人数下降的讨论, 见 Brody, "The Puzzle of Political Participation"; Wolfinger and Rosenstone, *Who Votes?*; Teixeira, *The Disappearing American Voter*; Steven J. Rosenstone and John Mark Hansen, *Mobilization, Participation, and Democracy in America*（New York Macmillan, 1993）; and Miller and Shanks, *The New American Voter*.

12. Verba, Schlozman, Brady, *Voice and Equality*, 362 et passim, and Michael X. Delli Carpini and Scott Keeter. *What Americans Know About Politics and Why it Matters*（New Haven, Conn.：Yale University Press, 1996）, 116 – 134, 196 – 199.

13. 在全书中, 由于活动频繁的程度普遍有变动, 我主要强调下滑率而不是绝对下滑量。换句话说, 参加某种活动的人口从 50% 降到 40% 以及 5% 降到 4%, 都代表了五分之一, 或 20% 的下滑。因为我们的样本总体上非常大, 因此极小的绝对差异也会对统计结果产生影响。在 Roper 数据里的长期线性趋势中, 显示对时事很关心的百分率从 1974 年的 50% 下滑到了 1998 年的 38%。在 DDB Needham 生活方式测量同意 "我对政治感兴趣" 的人从 1975 – 1976 年的 52% 大幅下降为 1998 – 1999 年的 42%。在一系列单独的 Roper 问卷问题中［见 Roper Report（New York：Roper Starch Worldwide, 1995 – 1998）——不在 Roper 社会与政治趋势问卷档案中］"最近一周" 讨论政治的美国人从 1980

年的51%下降为1996年的28%。

14. 无论是从出生年还是调查年的排序看，DDB Needham 生活方式调查中的政治兴趣和罗珀调查中对最近时事的兴趣都在衰退，而此时按出生年排序的衰退率非常高，按调查年份排序的衰退率却十分不明显。换言之，这个趋势整体上是一种群内变化，而不是群外变化。对这种方法论的论述，见 Firebaugh, "Methods for Estimating Cohort Replacement Effects", 243 – 62/ Stephen Earl Bennett, "Young Americans' Indifference to Media Coverage of Public Affairs", PS: *Political Science & Politics* 31 (September 1998): 540, 539, 此文认为 "18 – 29 岁间的个人比 30 岁以上的人更不愿意读、听、看政治新事，更不愿意关注媒体对公共事务的报道"。又见 Delli Carpini and Keeter, *What Americans Know About Politics*, 170。

15. Times Mirror Center for the People and the Press, "The Age of Indifference" (Washington, D. C.: Times Mirror Center, June 28, 1990). Delli Carpini and Keeter, *What Americans Known About Politics*, 172, 此书证实 "年龄代沟要比生命成长过程对知识间的差距影响更大"。

16. 根据对国家选举的研究，在 50 年代的两次总统选举中，认为对选举 "非常感兴趣" 的选民中，60 岁以上选民占 37%，30 岁以下的选民占 27%。在 90 年代的两次总统大选中，赞同此表述的选民中，60 岁以上选民占 40%，30 岁以下的选民占 15%。

17. Joseph A. Schlesinger, "The New American Political Party", *American Political Science Review* 79 (December 1985): 1152 – 1169; Larry Sabato, *The Party's Just Begun* (Glenview, Ill.: Scott, Foresman, 1988); John H. Aldrich, *Why Parties?* (Chicago: University of Chicago Press, 1995), esp. 15, 260. 作者对国家选举研究的分析，从 1952 – 1996 年。

18. Sabato, The Party's Just Begun, 76. 图 2 - 2 实际指的是全国范围内因为人口增长而呼吁调整社会保障税的那些政治组织。

19. 对政党认同的论述，见 Miller 和 Shanks, *The New American Voter*, 第 7 章; Rosenstone and Hansen, *Mobilization, Participation, and Democracy*, 第 5 章; 以及 Russell J. Dalton, "*Parties without Partisans: The Decline of Party Identifications Among Democratic Publics*", (Irvine:

University of California at Irvine, 1998)。独立的个人对政治和公共事务更不关注和参与。见 Angus Campbell, Philip E. Converse, Warren E. Miller, and Donald E. Stokes, *The American Voter* (New York: John Wiley & Sons, 1960), 以及 Miller and Shanks, *The New American Voter*。

20. 总统大选的参与下降要比中期选举强。约略有一半的总统年度选举活动的下降，以及全部中期选举活动的趋势下降是由于代际更替造成的。另外两种竞选的参与形式也在国家选举研究中有所体现：(1) 表明自己的政治偏好，如佩戴徽章、在汽车上张贴竞选贴画，或把屋子涂上标记。(2) 为竞选捐款。二者都显示出不规律的变化，这可能是由于问题表述方面的变化造成的。

21. 见作者在 NES 中的分析。有关政党的问题是："有任何政党中的党员呼吁、拜访，或告诉你有关竞选的事情吗?"

22. Marshall Ganz, "Voter in the Crosshairs: How Technology and the Market Are Destroying Politics", *The American Prospect* 16 (winter 1994): 100 – 109; Aldrich, *Why Parties?*; And R. Kenneth Godwin, "The Direct Marketing of Politics", in *The Politics of Interests*, ed. Mark Pereacca (Boulder, Colo.: Westview Press, 1992), 308 – 325. 有关竞选花费的数据见 Stephen J. Wayne, *The Road to the White House* 1996: *The Politics of Presidential Elections* (New York: St. Martin's Press, 1996), 30, 46; Herbert B. Asher, *Presidential Elections and American Politics: Voters, Candidates, and Campaigns Since* 1952, 5th ed. (Pacific Grover, Calif.: Brooks/Cole. 1992), 210 – 211; And Common Causes (August 1999). 有关草根组织衰退的一个例外——基督教右翼——在第 9 章被讨论到。

23. John Aldrich and Richard G. Niemi, "The Sixth American Party System: Electoral Change, 1952 – 1992", in *Broken Contract: Changing Relationships between Americans and Their Government*, ed. Stephen C. Craig (Boulder, Colo.: Westview Press, 1995), 87 – 109.

24. Verba, Schlozman, and Brady, *Voice and Equality*, 71 – 73, 77, 518. 政治社团的成员从成年人中占 8% 下降到 4%，但对政党或选举的贡献者从 13% 升到 23%。

25. Roper 社会与政治趋势民意调查在 1994

年 12 月一直持续，但是原始数据不再提供给学者。并且，对关键问题的表述以及格式从 1995 年 1 月开始发生了显著的变化，因此要同早期数据进行直接的对比不再可能。然而，变动后搜集的趋势数据表明了持续的下降（至少 1998 年全部趋势都在下降）。对这份档案的详细讨论，见附录 1。

26. 在抽样的误差中，Roper 报告中图 2 - 4 以及 NES 报告中图 2 - 3 的结果是非常一致的。Roper 图中的每一个数据基本上是 NES 被访者的 10 倍，Roper 数据的曲线也更加平缓。Mediamark Research annual surveys 显示了在 80 年代早期到 90 年代晚期"对政党或选举积极奔命"的频率相对下降了 38%。在此感谢 Mediamark 和 Julian Baym 和我分享这些数据。

27. 在 1973 年到 1976 年四年时间中被 Roper 研究随机选中的 64210 位美国受访者中，明确有 500 人（或 0.78%）说他们在过去的 12 个月里寻找或担任公职。到 1991 - 1994 年，这个数字缩减为 0.66%。由于采用的样本很大，因此这种时间趋势的统计偏差只有 1/25。

28. 作者对罗珀社会和政治趋势数据的分析。根据 MR 的调查现实，从 1980 年代早期到 1990 年代末，"积极参加某种地方公民活动"的频次下滑了 25%，而"参加公共会议"的频次下滑了 35%。

29. 对投票动议的进一步讨论，见第 9 章。罗珀数据中有关签名请愿书的证据，见 Dalton, *Citizen Politics*, 76，在 1975 - 1990 年鉴这种签署请愿书的行为变得更加普遍。对于离散趋势的另外一种解释参见 Dalton 对被访者是否"曾经"签署过请愿书的一项调查，而罗珀数据则主要关注在"过去的 12 个月"中的行为。由于年轻的受访者更倾向于签署请愿书，Dalton 研究中的"一生"数据和 Roper 报告中"年度"数据中的下降是一致的。由代表美国大型超市的食品营销研究所（FMI）在 1974 到 1985 年进行的九项全国调查显示，愿意拉上邻居去签请愿书的美国人从 1974 - 1977 年的 46% 下降到 1983 - 85 年的 30%；《消费行为与超市》（Washington, D. C.：Food Marketing Institute, 1983, 1985, 1994, 1995, 1996）。这三种资料是我提供有关请愿行为的时间序列数据方面的仅有资料。Roper 报告中有关给国会写信的数据表现得和 Verba、Schlozman、和 Brady 写的 Voice and Equality 一书中的数据不一致，但是

FMI 趋势调查验证了 Roper 报告的结论。因为 FMI 调查显示，受访者中曾经"写信给国会要求做些什么"的人数从 1974 - 1975 年到 1984 - 1985 年间下滑了 40%。也有些研究者发现了国会收信量的增长，但这同时伴随着个人写信量的减少，也有可能（似乎是真事）增长的国会信件很多是游说组织撰写的号称代表大众的信件；见 Malcolm E, Jewell 和 Samuel C. Patterson, *The Legislative Process in the United States*, 3rd（New York：Random House, 1977），306 - 307；Stephen E. Frantzich, *Write Your Congressman：Constituent Communications and Representation*（New York：Praeger, 1986）；David Thelen, *Becoming Citizens in the Age of Television*（Chicago：University of Chicago Press, 1996）。Roper 报告中的数据显示 1973 - 1994 年写信给编辑的人下降了 14%，但是 DDB Needham 报告的数据却粗略显示 1987 - 1988 年间同样活动增长了 10%。Mediamark 研究调查显示，80 年代早期到 90 年代晚期给编辑写信的频数下降了 15%，给当选官员写信讨论"公共事务"的人数下降了大约 20%，"拜访当选官员当面陈情"的人下降了 30%，向广播台或电视台写信或打电话的人下降了 35 - 40%。总而言之，综合考虑这些论证材料显示过去二三十年间美国人越来越不愿意表达他们对公共事务的看法。

30. 对罗珀数据的反驳见 Everett Carll Ladd, "The Data Just Don't Show Erosion of America's 'Social Capital'", *Public Perspective* 7（June/July 1996）：17。引注的论据见 Verba, Schlozman, and Brady, *Voice and Equality*，这部分参与社区合作的美国人在 1967 年到 1987 年间出现了增长。Verba 和他的同事们并不认为（私下说他们不相信）这些来自单一调查的证据能够和 Roper 连续 20 年逐月对超过两百个独立问题测量出来的变化证据相提并论。

31. Stephen Knack, "Civic Norms, Social Sanctions and Voter Turnout", *Rationality and Society* 4（April 1992）：146 - 47，此文论证了投票下降代表了社会联系的衰弱。Knack 是近年来呼吁关注社会联系的总体衰弱的重要学者之一。见他的"Why We Don't Vote - Or Say 'Thank You'", *Wall Street Journal*, December 31, 1990，以及 Norval D. Glenn, "Social Trends in the United States", *Public Opinion Quarterly* 51（winter 1987）：S109 - S126。

32. Lori Weber, *The Effects of Democratic Deliberation on Political Tolerance*（Ph. D. diss. , University of Colorado, 1999）, 24 - 42, 此文认为社会形式的参与（像出席会议）和提升政治宽容有关，个人形式的参与（向联系官员）则没有关系。

33. 在 1947 年，有一半左右的美国人完成了学校九年正式教育；这个数字在 1998 年变为了 30%。根据统计局的说法，完成高中教育的成年人从 1947 年的 31% 上升到 1998 年的82%。

34. 作者的分析见北卡罗来纳州大学社会科学研究院哈里斯民意调查。

第 3 章 公民参与

1. Tocqueville, *Democracy in American*, 513 - 517（译者注：见《论美国的民主》董果良中译本，第 635 - 639 页）。

2. 1981 年盖勒普调查显示，在加入志愿组织的人数中美国处于 12 个工业民主国家的首位；1991 年世界价值观调查发现，在 35 个调查国家里，美国紧随挪威排名第 4，前 3 名分别是瑞典、冰岛和荷兰。见 Verba, Schlozman, and Brady, Voice and Equality, 80。又见 Robert D. Putnam, "Bowling Alone: American's Declining Social Capital", *Journal of Democracy* 6（January 1995）: 65 - 78。

3. Murray Hausknecht, *The Joiners*（New York: Bedminster Press, 1962）; Nicholas Badchuk and Alan Booth, "Voluntary Association Membership: A Longitudinal Analysis", *American Sociological Review* 34（February 1969）: 31 - 45.

4. Gale 研究公司, *Encyclopedia of Associations*, 引注自全美统计摘要（历年）; Allan J. Cigler and Burdett A. Loomis, eds. , *Interest Group Politics*, 3rd ed.（Washington, D. C.: CQ Press, 1991）, 11; Kay Lehman Schlozman and John T. Tiemey, *Organized Interests and American Democracy*（New York: Harper & Row, 1986）; Jack L. Walker, *Mobilizing Interest Groups in America: Patrons, Professions, and Social Movements*（Ann Arbor: University of Michigan Press, 1991）; Frank R. Baumgartner and Beth L. Leech, *Basic Interests: The Importance of Groups in Politics and in Political Science*（Princeton, N. J.: Princeton University Press, 1998）, esp. 102 - 106.

5. David Horton Smith, "National Nonprofit, Voluntary Associations: Some Parameters", *Nonprofit and Voluntary Sector Quarterly* 21（Spring 1992）: 81 - 94. 我证实了 Smith 的发现，比较了从各个版本的《社团百科全书》中抽取了拥有个人会员的 200 个社团组织的部分随机样本（Detroit: Gale Research Co, 1956, 1968, 1978, 1988, and 1998）。平均每个组织的会员数从 1956 年的 111 000 下滑到 1998 年的 13 000。在此感谢 Adam Hickey 对此项及其他工作的帮助。

6. 在 1971 年里，19% 的全国非营利组织在华盛顿有他们的总部；到了 1981 年，有 29% 有总部。见 Robert H. Salisbury, "Interest Representation: The Dominance of Institutions", *American Political Science Review* 78（March 1984）: 64 - 76. 又见 Cigler and Loomis, *Interest Group Politics*, 3re ed. , and Smith, "National Nonprofit, Voluntary Associations"。

7. Theda Skocpol, "Advocates without Members: The Recent Transformation of American Civic Life", in *Civic Engagement in American Democracy*, eds. Theda Skocpol and Morris P, Fiorina（Washington, D. C.: Brookings Institution Press, 1999）, 461 - 509.

8. Jeffrey M. Berry, Lobbying for the People: *The Political Behavior of Public Interest Groups*（Princeton, N. J.: Princeton University Press, 1977）, 42. 在参见全国主要报纸、《国会季刊》、《社团百科全书》，以及拜访众多注册的游说家之后，Berry（第 14 页）总结道："这项调查代表了绝大多数——至少 80% 以上——在退出访谈的真正公益社团（1972 年 9 月到 1973 年 6 月）。"

9. 这些图的计算来自 Walker, Mobilizing Interest Groups in America 中的调查。在公民团体中，社团成立日和拥有个人会员的社团持续时间的相关系数是 $r = -.17$，统计显著性为 $.01$。有关没有个人成员的公共利益社团的异常现象的论述，见 Frank J. Sorauf, *The Wall of Separation*（Princeton University Press, 1976）; Berry, Lobbying for the People; Michael T. Hayes, "The New Group Universe", in *Interest Group Politics*, 2nd ed. , ed. Allan J. Cigler and Burdett A. Loomis（Washington, D. C.: Congressional Quarterly Press, 1986）, 134; and Theda Skocpol, "Civic America, Then and Now", in Putnam, *Dynamics of*

Social Capital in Comparative Perspective。

10. Charles R. Morris, *The AARP*: *American's Most Powerful Lobby* (New York: Times Books, 1996), 23 – 43. Cristine L. Day, *What Older Americans Think*: *Interest Groups and Aging Policy* (Princeton, N. J.: Princeton University Press, 1990), 66.

11. 社会学家使用"初级组织"的术语来表述最亲密的联系——家庭和密友,用"二级组织"来表述稍弱些的亲密联系,向教会、工会,以及社群组织。对现状的描述,见 Bernard Barber, "Participation and Mass Apathy in Associations", in *Studies in Leadership*, ed. A. W. Gouldner (New York: Harper, 1950)。

12. 当然,这些组织中的部分也向其会员提供商业服务,例如组织保险或是流行 T 恤,但就这一职能来说,它们和其他邮件订购的公司是分不清的。

13. 退伍军人会员的数据来自综合社会调查 (General Social Survey),1974 – 1994;有关健在退伍军人的数据来自退伍军人管理部门。有关工会会员的数据来自劳工部的年度调查;有关劳动组织的数量见《社团百科全书》(*Encyclopedia of Associations*)。

14. Christopher J. Bosso, "The Color of Money: Environmental Groups and the Pathologies of Fund Raising", in *Interest Group Politics*, 4th ed., ed. Allan J. Cigler and Burdett A. Loomis (Washington, D. C.: Congressional Quarterly, 1995), 101 – 130, esp. 117, 以及对工作人员的访谈。对"公民社团"直销式邮件联系的讨论,见 Jeffrey M. Berry, *The Interest Group Society*, 3rd ed. (New York: Longman, 1997), 77 – 80; 以及 Paul F. Johnson, "Interest Group Recruiting: Finding Members and Keeping Them", in *Interest Group Politics*, 5th ed., ed. Allan J. Cigler and Burdett A. Loomis (Washington, D. C.: Congressional Quarterly Press, 1998), 35 – 62。

15. 图 3 – 2 仅仅是粗略地概述了超过 30 个独立组织的经验观察;有兴趣的读者想要对每个组织的独立表格进行探究的话,可以参看附录 3 中的内容。由于图 3 – 2 中的会员数据横跨一个世纪,有一定的不确定性,并且其中的组织数据也有难以避免的含糊性,因此图 3 – 2 中的具体细节不应该被过度诠释。我试图涵盖全国范围内 50 年代到 60 年代的全部大型公民组

织,以及此后出现的或稍微小点的组织,比如 Hadassah、NAACP、Optimists 和 4 – H(劳动组织和专业社团没有在图 3 – 2 中体现,但是在第 5 章有所讨论)。由于图 3 – 2 的概述呈现了最为丰富多样的组织,因此我认为去代表了这类组织会员发展情况的历史趋势。为了能够使图 3 – 2 检验我的假设——20 世纪后三分之一的入会出现了下降趋势——我排除了部分在 20 世纪濒临灭亡的 19 世纪大型素质。例如 Redman 兄弟会,尽管我保留了一些在二战后依然强势存在的组织,例如 Odd 协会。如果涵盖了所有这些组织,20 世纪前半期组织活动的显著增长趋势以及此后的急剧下滑就会被削弱变得不明显。采用或者排除这些组织的数据不会决定性地改变图 3 – 2 中的基本概况。对于附录 3 中的每个组织,我计算了每年全国会员占有关人口的几分之几——如每 1000 个有孩子的家庭中 PTA 会员的占比,每 1000 个退休老兵中美国 Legion 会员的占比,每 1000 个犹太妇女中 Hadassah 会员的占比等。对没找到数据的年份,我依照邻近年份的数据进行了修改。为了相同地分析每个组织,不考虑其规模或者市场占有率,我估算了每个组织的"标准分"。并且,我还比较了特定年份某个组织的市场占有率和整个世纪中它的市场占有率,以及特定年份所有组织的平均标准分数。由于这种标准化的方法,纵向坐标中测量的并非是绝对的会员率,而是一个世纪以来平均趋势。在此,我要感谢 Theda Skocpol 对美国社团组织史许多非常有亮点的讨论,以及她慷慨分享了许多从她课题中与此主题有关的数据。但是,我对此处提出的论证和结论自负其责。见 Theda Skocpol, with assistance of Marshall Ganz, Ziad Munson, Bayliss Camp, Michele Swers, and Jennifer Oser, "How American Became Civic", in *Civic Engagement in American Democracy*, eds. Skocpol and Fiorina, 27 – 80。

16. 尽管 19 世纪社团主义的定量数据非常罕见,但是在 1865 – 1965 年间似乎只有 1930 年到 1935 年出现了明显的下降。有关证据和相关历史背景,见 Gerald Gamm and Robert D. Putnam, "The Growth of Voluntary Associations in America, 1840 – 1940", *Journal of Interdisciplinary History* 29 (spring 1999), 511 – 557。John Harp and Richard J. Gagan, "Changes in Rural Social Organizations: Comparative Data from Three Studies", *Rural Sociology* 34 (1969): 80 – 85, 此文

认为组织密度在 1924 – 1936 年间没有变化，但是在 1964 年上升了 50%，在此独立地验证了图 3 – 2 的概述。

17. 美国公民生活在 1865 年后以及 1918 年后也变得更趋活跃，即使面对可能的战后经济紊乱，但这种战后的增长都显得相对持久。1960 年后却在经济持续繁荣的时期出现了突然大下滑。换句话说，1960 年后的下降不能同样用战前的"正常状态"的来解释。

18. Babchuk and Booth，"Voluntary Association Membership"，34.

19. Susan Crawford and Peggy Levitt，"Social Change and Civic Engagement：The Case of the PTA"，in *Civic Engagement in American Democracy*，ed. Skocpol and Fiorina，249 – 296，引注位于 250 – 251 页。

20. PTO 的盈利仅仅是 PTA 损失的一小部分。*The Third PTA National Education Survey*（Los Angeles：Newsweek，1993）发现以学校为中心的家庭社团的三分之二归属于 PTA，所以即使极端不合理地假设 1960 年没有非附属性社团 PTO，非附属型社团的增长也不等于 PTA 下属组织会员数会出现下降。并且，至少作为大型非附属型地方社团的纽约联合家长会在 60 年代出现了会员的大幅减少。见 Sam Dillon，"A Surge in Advocacy Within Parent Groups"，*New York Times*，October 13，1993.

21. Tom W. Smith，"Trends in Voluntary Group Membership：Comments on Baurngartner and Walker"，*American Journal of Political Science* 34（August 1990）：646 – 661，引注在第 647 页（着重号）。

22. Frank R. Baumgartner and Jack L. Walker，"Survey Research and Membership：Comments on Baurngartner and Walker"，*American Journal of Political Science* 32（November 1988）：908 – 928；Smith，"Trends in Voluntary Group Membership".

23. Joseph Veroff，Elizabeth Douvan，and Richard A. Kulka，*The Inner American：A Self - Portrait from 1957 to 1975*（New York：Basic Books，1981）.

24. Veroff，Douvan，and Kulka，*Inner American*，17.

25. 只有以"社会团体"为名（从乡村社团到球队），会员数占到五分之一的社团在过去 20 年没有下滑。在此分类表中的会员率从 13% 增加到了 16%。

26. 这里的每项调查档案都在附录 1 中具体进行了讨论。

27. 在 1974 年到 1994 年进行的综合社会调查中 15 项独立的选项向美国人调查了"是否你是其中的会员"的问题，这个问题针对 15 个特定类型的社团，从兄弟会到教堂类组织，还包括囊括选定社团之外的"其他"选项。在 1993 年和 1994 年，仅有有限的 GSS 调查样本被询问了相关问题，因此这些年份的数据稍不可靠。

28. 这些数据来自 1987 年的综合社会调查。一项 1973 年进行的 Louis Harris 调查（Study number 2343 at the University of North Carolina Institute for Research in the Social Sciences）发现，在所有社团成员中有 40% 曾经担任过一次社团的管理者，实际上和 1987 年的 GSS 调查数据是一致的。

29. 作者对数据的分析见 Roper 社会与政治趋势档案。

30. William Safire，"On Language"，*New York Times*，August 13，1989.

31. 见附录 1 对方法论细节的讨论。

32. John P. Robinson and Geoffrey Godbey，*Time for Life*：*The Surprising Ways Americans Use Their Time*，2nd ed.（University Park：Pennsylvania State University Press，1999）。在此要感谢 Robinson 教授分享美国人时间使用档案以及 Dan Devroye 对数据的细致分析。我们的结论和 Robinson 和 Godbey 的发现有些许差别，这是由于我们一方面修正了 1965 年调查的数据异常，另一方面对一周内每天的日记数据给予同等的关注。对 1965 年数据进行的最重要的调整排除了少于 35 000 人或者成员已经退休的家庭社团。

33. 作者的分析见美国人时间使用档案（Americans' Use of Time archive）。

34. 此处使用每周刻度在上的表格（Scale - up formula）是假设一个人记录周三的活动就不会记录周四的活动。由于近似值可能会有细微的不精确，文中对参加一周课程的人的总体数字估计可能会轻度超过实际值。然热，粗略的近似值并不影响到随着时间发展规模或者趋势的变化。此书中所有关于时间使用的趋势的论述在统计意义上都是极为重要的。

35. Statistical Abstract of the United States 1997，表 406，补充了经济分析局的未公开数

据，美国商务部。

第4章　宗教参与

1. Seymour Martin Lipset, "Comment on Luckmann", in *Social Theory for a Changing Society*, ed. Pierre Bourdieu and James S. Coleman (Boulder, Colo.: Westview Press, 1991), 185 – 88, 引注在 187 页。

2. 为简化起见，我在这里用"教会"一词指代所有教派的宗教机构，包括清真寺、寺庙和犹太教会。

3. Phillip E. Hammond, Religion and Personal Autonomy: *The Third Disestablishment in America* (Columbia: University of South Carolina Press, 1992), xiv.

4. Roger Finke and Rodney Stark, *The Churching of America*, 1776 – 1990: *Winners and Losers in Our Religious Economy* (New Brunswick, N. J.: Rutgers University Press, 1992), esp. 16.

5. E. Brooks Holifield, "Toward a History of American Congregations", in *American Congregations*, *Volume 2*: *New Perspectives in the Study of Congregations*, ed. James P. Wind and James W. Lewis (Chicago: University of Chicago Press, 1994), 23 – 53, 引注在 24 页。

6. Wade Clark Roof and William McKinney, *American Mainline Religion*: *Its Changing Shape and Future* (New Brunswick, N. J.: Rutgers University Press, 1987), 6.

7. Sara Terry, "Resurrecting Hope", *The Boston Globe Magazine* (July 17, 1994), 22.

8. Hammond, *Religion and Personal Autonomy*, appendix A, 178 – 184; Holifield, "Towards a History of American Congregations", 44.

9. Verba, Schlozman, and Brady, *Voice and Equality*, esp. 282 – 83, 317 – 33, 377 – 84, and 518 – 21; Theodore F. Macaluso and John Wanat, "Voting Turnout & Religiosity", *Polity* 12 (fall 1979): 158 – 69; John M. Strate, Charles J. Parrish, Charles D. Elder, and Coit Ford, III, "Life Span Civic Development and Voting Participation", *American Political Science Review* 83 (June 1989): 443 – 64; Steven A. Peterson, "Church Participation and Political Participation: The Spillover Effect", *American Politics Quarterly* 20 (January 1992): 123 – 39; Fredrick C. Harris, "Something

Within: Religion as a Mobilizer of African – American Political Activism", *Journal of Politics* 56 (February 1994): 42 – 68; Kenneth D. Wald, Lyman A. Kellstedt, and David C. Leege, "Church Involvement and Political Behavior", in *Rediscovering the Religious Factor in American Politics*, ed. David C. Leege and Lyman A. Kellstedt (Armonk, N. Y.: M. E. Sharpe, 1993), esp. 130; Rosenstone and Hansen, *Mobilization*, *Participation*, *and Democracy in America*, 158.

10. 见作者对综合社会调查和 DDB Needham 生活方式调查数据的分析，涵盖了教育、收入、全职就业、性别、婚姻和父母地位、城市和乡村居住时间、年龄以及种族等变量。对宗教虔诚和社团行为之间的强烈关联的分析见 Hausknecht 在 50 年代的 The Joiners, 54 以及 Bernard Lazerwitz, "Membership in Voluntary Associations and Frequency of Church Attendance", *Journal for the Scientific Study of Religion* 2 (October 1962): 74 – 84。

11. 见作者对 1996 年全国选举的研究。

12. 在 DDB Needham 生活方式调查中，相比教育而言，到教堂做礼拜以及赞同"宗教在生活中很重要"是参加社团、志愿活动、访亲拜友，以及家庭娱乐活动等更为显著的预测指标。对 Roper 社会与政治趋势调查中所有有关公民参与的变量而言，谁上周去了教堂或是没去的差别就像高中生和大学本科生之间的差别那样大。

13. 见作者对 Scripps – Howard/Ohio 大学 1997 年 6 月对人际关系进行的全国调查。

14. Virginia A. Hodgkinson and Murray S. Weitzman, *Giving and Volunteering in the United States*: 1996 Edition (Washington, D. C.: Independent Sector, 1996), 5, 14, 121 – 31; Virginia A. Hodgkinson, Murray S. Weitzman, and Arthur D. Kirsch, "From Commitment to Action: How Religious Involvement Affects Giving and Volunteering", and Mordechai Rimor and Gary A. Tobin, "Jewish Giving Patterns to Jewish and Non – Jewish Philanthropy", both in *Faith and Philanthropy in America*, ed. Robert Wuthnow, Virginia A. Hodgkinson, and associates (San Francisco: Jossey – Bass, 1990, 93 – 114; 134 – 164. 对于完全相反的特例，见 John Wilson 和 Thomas Janoski, "The Contribution of Religion to Volunteer Work", *Sociology* of Religion 56（summer 1995）：137 – 52。

15. Kenneth D. Wald, *Religion and Politics in the United States*（New York：St. Martin's Press, 1987），29 – 30. 又见 Strate et al. , "Life Span Civic Development", 452。

16. Ram A. Cnaan, Amy Kasternakis, and Robert J. Wineburg, "Religious People, Religious Congregations, and Volunteerism in Human Services：Is There a Link？", *Nonprofit and Voluntary Sector Quarterly* 22（spring 1993）：33 – 51；Elton F. Jackson, Mark D. Bachmeier, James R. Wood, and Elizabeth A. Craft, "Volunteering and Charitable Giving：Do Religious and Associational Ties Promote Helping Behavior？", *Nonprofit and Voluntary Sector Quarterly* 24（spring 1995）：59 – 78；John Wilson and Marc Musick, "Who Cares？Toward and Integrated Theory of Volunteer Work", *American Sociological Review* 62（October 1997）：694 – 713. 在 DDB Needham 生活方式调查中，到教堂要比赞同"宗教在我生活中很重要"的指标更明显地预测志愿活动。

17. 此图中的数据来源于 1998 年全国宗教集会的调查，见 Mark Chaves, "Religious Congregations and Welfare Reform：Who Will Take Advantage of 'Charitable Choice'？", *American Sociological Review* 64（1999）；836 – 46, and Mark Chaves, "Congregations' Social Service Activities"（Washington, D. C. ：The Urban Institute, Center on Nonprofits and Philanthropy, 1999）。一些更高但是更没有代表性的活动率见 Virginia A. Hodgkinson, Murray S. Weitzman, and associates, From Belief to Commitment：The Community Service Activities and Finances of Religious Congregations in the United States：1993 Edition（Washington, D. C. L Independent Sector, 1993）。esp. 31, and Ram A. Cnaan, *Social and Community Involvement of Religious Congregations Housed in Historic Religious Properties：Findings from a Six – City Study*（Philadelphia：University of Pennsylvania School of Social Work, 1997）。又见 John J. DiIulio Jr. , "Support Black Churches：Faith, Outreach, and the Inner – City Poor", *The Brookings Review* 17（spring 1999）：42 – 45。Glenn C. Loury and Linda Datcher Loury, "Not by Bread Alone", *The Brookings Review* 15（winter 1997）：10 – 13；Samuel G. Freeman, *Upon this Rock：The*

Miracles of a Black Church（New York：HarperCollins, 1993）；And Mark R. Warren, "Community Building and Political Power：A Community Organizing Approach to Democratic Renewal", *American Behavioral Scientist* 41（September 1998）：78 – 92。

18. Aldon D. Morris, The Origins of the Civil Rights Movement：Black Communities Organizing for Change（New York：Free Press, 1984）。引注见第 4 页。又见 McAdam, Freedom Summer, and Doug McAdam, *Political Process and the Development of Black Insurgency* 1930 – 1970（Chicago：University of Chicago Press, 1982）。

19. Fredrick C. Harris, Something Within：*Religion in African – American Political Activism*（New York：Oxford University Press, 1999）, esp. 59, 63 – 64；C. Eric Lincoln and Lawrence H. Mamiya, *The Black Church in the African American Experience*（Durham, N. C. ：Duke University Press, 1990）；Mary Pattillo – McCoy, "Church Culture as a Strategy of Action in the Black Community", *American Sociological Review* 63（December 1998）：767 – 784. 非裔美国人对宗教更加虔信的假设为综合社会调查、全国选举研究、Roper 社会与政治趋势调查、DDB Needham 生活方式调查，以及 Verba, Schlozman, and Brady, Voice and Equality 的研究所证实。

20. C. Eric Lincoln, "The Black Church and Black Self – Determination"（paper presented at the annual meeting of the Association of Black Foundation Executives, Kansas City, Missouri, April 1989）。

21. 见 Mayer, *The Changing American Mind*, 375 – 76。根据盖洛普的调查（www. gallup. com/poll/indicators/indre ligion. asp），美国人中认为"宗教在我生活中很重要"的占比从 1952 年 75%下滑到 1978 年的 52%，但是在 1999 年大约回升到 60%。根据 DDB Needham 生活方式档案，"肯定"或"大致同意""宗教在我生活中很重要"的占比从 1981 年的 57%下滑到 1999 年 50%。与此相对比，普林斯顿宗教指数所衡量的指标从 1961 年到 1994 年都出现了或多或少更为连续的急剧下降。（这些指标包括对上帝的信仰、对宗教的偏好、相信上帝能够回答今天的问题、教会会员数、组织化宗教带来的自信、相信牧师是诚实的、相信宗教在生活中很重要，以及人们到基督教堂或犹太教堂。）C. Kirk Hadaway and David A Roozen，Rerouting the Protestant Mainstream：*Sources of Growth and Opportunities for Change*（Nashville，Tenn.：Abingdon Press，1995），43 – 44.

22. 芝加哥大学的 Martin Marty 教授的引注，见 "Spiritual America"，*U. S. News & World Report*. April 4. 1994。

23. Robert Wuthnow，*The Crisis in the Churches：Spiritual Malaise，Fiscal Woe*（New York：Oxford University Press，1997），vi. 有关世俗化的争议，见 Jeffrey K. Hadden，"Toward Desacralizing Secularization Theory"，*Social Forces* 65（March 1987）：587 – 611，Frank J. Lechner，"The Case against Secularization：A Rebuttal"，*Social Forces* 69（June 1991）：1103 – 19；and the special "Symposium：Surveys of U. S. Church Attendance"，*American Sociological Review* 63（February 1998）：111 – 45.

24. R. Steven Warner，"Work in Progress toward a New Paradigm for the Sociological Study of Religion in the Unites States"，*American Journal of Sociology* 98（March 1993）：1044 – 93，esp. 1049.

25. 有关教派的数据来源于 *Yearbook of American and Canadian Churches*，1984，ed. Constant H. Jacquet Jr.（Nashville，Tenn.：Abingdon Press，1984），248，and later editions of this yearbook；Statistical Abstract of the United States，1994；Benton Johnson，"The Denominations：The Changing Map of Religious America"，*Public Perspective* 4（March/April 1993）：4. 对教派相关数据的方法论缺陷的讨论，见 *Yearbook of American and Canadian Churches*，1984 and later editions of this yearbook 的注释。Statistical Abstract of the United States，1997（表格86）中盖洛普民意调查的数据来源于盖洛批公司的调查研究。George Gallup Jr.，*The Gallup Poll：Public Opinion*（Wilmington，Del.：Scholarly Resources Inc.，1986 and other years），the Gallup Web site. www. gallup. com/poll/indicators/indreligion. asp，and Mayer，*The Changing American Mind*，379. 在后来时间里，此系列调查将多年的问卷进行了统合，形成了一份单独的年度平均数据。Norval D. Glenn，"The Trend in 'No Religion' Respondents to U. S. National Surveys，Late 1950s to Early 1980s"，*Public Opinion Quarterly* 51（fall 1987）：293 – 314；*Religion in America*：1992 – 1993，ed. Robert Bezilla（Princeton，N. J.：Princeton Religion Research Center，1993），40.

26. 在 1939 年盖洛普民意调查所问的最长，并且最普遍得到的答案的问题是，"你自己在过去 7 天内参加过基督教会（或犹太教会）的活动没有？" 同样的问题也出现在1974 – 1993 年间 Roper 社会与政治趋势档案中："你上周以个人身份参加了以下哪项活动？……到教堂或者做宗教服务。" 在 1952 年到 1968 年进行的全国选举研究中曾问受访者，"你是按时、经常、很少还是从不去教堂？" 在 1968 年后，他们的问题是："你是每周，几乎每周，每月一次或两次，每年几次，还是从不去教堂（基督教堂或犹太教堂）？" 从 1967 年开始，国家民意研究中心（后来是综合社会调查）就问："你多久会参加宗教服务？" 从 1975 年开始 DDB Needham 生活方式调查就开始问："在过去的 12 个月中你是否到过教堂或其他与崇拜活动相关的场所？" 文中所说的每周参加活动的频率代表了 Roper 和盖勒普的调查结果，DDB Needham 和 GSS 的调查也估计每年 20 – 25 次参加教堂活动的类似数据。

27. 这些数据来源于一系列盖洛普民意调查以及全国选举研究。在第 3 章中注释 23 引用的 NIMH 调查在 1957 年到 1976 年参加美国人教堂活动下降了 20% ——这一结果和其他对该时期进行调查得出的证据相一致。

28. 这记录了各自不同变化的 5 份档案，是盖洛普民意调查 Gallup Polls（从 1975 – 1976 到 1998 – 1999 年间下降了 4%），罗珀社会与政治趋势 Roper Social and Political Trends（从 1974 – 1975 到 1997 – 1998 年下降了 19%），综合社会调查 General Social Survey（从 1974 – 1975 年到 1997 – 1998 年下降了 13%），以及 DDB Needham life Style Polls（从 1975 – 1976 到 1998 – 1999 年下滑了 15%）。第 6 份档案是扬科洛维奇合伙公司进行的，调查了有关至少 "偶尔" 参加的问题；由于门槛更低，其数据和图 4 – 2 中的并不具有可比性。但是这项指标也从 1978 – 1980 年的 64% 下滑到了 1997 – 1999 年的 49%，下滑了将近四分之一。

29. 图 4 – 2 来源于盖洛普民意调查（1940 – 1999）有关平均每周参加教堂活动的数字，罗珀社会与政治趋势调查（1974 – 1996），全国选举研究（1952 - 1992），DDB Needham 生活方式调查（1975 - 1999），以及综合社会调查（1972 - 1998）。这些档案中的最近 3 份和最早 2 份在"每周参加教堂活动"的调查进行了统一。选项的合并会改变回答参加教堂活动的绝对水平，但是这些变化并不影响基本趋势。全国选举研究调查里的问卷形式从 1970 年和 1990 年发生了变化，但是这些变化并没有对图 4 - 2 中采用的数据的结果造成显著影响。

30. 见 C. Kirk Hadaway, Penny Long Marler, and Mark Chaves, "What the Polls Don't Show: A Closer Look at U. S. Church Attendance", *American Sociology Review* 58（December 1993）: 741 - 52; Mark Chaves and James C. Cavendish, "More Evidence on U. S. Catholic Church Attendance", *Journal for the Scientific Study of Religion* 33（December 1994）: 376 - 81; And "Symposium: Surveys of U. S. Church Attendance"。根据 1996 年进行的综合社会调查，仅有 2% 没有在"上周"参加教堂活动的人参加了其他类型的宗教活动或者会议。因此标准问题并没有"遗漏"那些认为参加了牧师举行的回忆而非教堂服务活动的人们的重要数据。

31. 此处概述的调查包括了 1952 年进行的全国选举研究，该研究发现除了教堂成员外，宗教团体的成员数下降了 23%; 1955 年的调查，见 Hausknecht, The Joiners（20%）; 1987 年综合社会调查（14%）; 1989 年的调查，见 Verba, Schlozman, and Brady, Voice and Equality（8%），以及 1996 年的全国选举研究（13%）。5 份调查中对相关问题的表述可能有些许不同，但是随着近期调查问卷的增加，在 50 年代到 1980 - 1990 年代间宗教团体的入会率下降可能被低估了。

32. 根据综合社会调查，参加"与教堂有关联的团体"的入会率从 1974 年的 43% 逐步下滑到 90 年代的 34%。1987 年的综合社会调查发现，约有一半这类入会率与教堂教友的下降有关。由于教堂教友数量本身没有下滑得那么快，因此总的数据反应的至少是参加其他宗教团体下滑的急剧趋势。进一步显示出宗教社区活动加强的证据是：有三分之一是主流新教徒（32 - 25%）参加了与教堂有关的社团，而相比之下，福音教、正统派基督教、摩门教徒的数字为三分之二。见 Roof and McKinney, *American Mainline Religion*, 83 - 84, and Robert

Wuthnow, "Mobilizing Civic Engagement: The Changing Impact of Religious Involvement", in *Civic Engagement in American Democracy*, ed. Skocpol and Fiorina, 331 - 63。

33. 又见 Stanley Presser and Linda Stinson, "Data Collection Mode and Social Desirability Bias in Self - Reported Religious Attendance", *American Sociological Review* 63（February 1998）: 137 - 45。参加教堂活动急剧下滑 50% 的数据来自于对 1981 年和 1997 年对 3 - 12 岁儿童的定期日记。见 Sandra L. Hofferth and Jack Sandberg, "Changes in American Children's Time, 1981 - 1997"（见美国社会学会年会提交的论文, Chicago, Ill. , August 1999）, 30。

34. 见作者对 GSS、Roper、NES、NIMH、和 DDB Needham 生活方式数据的分析，还有定期日记的数据。（盖洛普的数据未对外部学者公开）得出这项结论的统计学方法论由 Firebaugh 的 "Methods for Estimating Cohort Replacement Effects" 一文所讨论。又见 James A. Davis, "Changeable Weather in a Cooling Climate atop the Liberal Plateau: Conversion and Replacement in Forty - Two General Social Survey Items, 1972 - 1989", *Public Opinion Quarterly* 56（fall 1992）: 261 - 306, esp. 301。

35. 对每美国人宗教行为中生命循环和代际模式的研究，见 Michael Hout and Andrew M. Greeley, "The Center Doesn't Hold: Church Attendance in the United States, 1940 - 1984", *American Sociological Review* 52（June 1987）: 325 - 345; Mark Chaves, "Secularization and Religious Revival: Evidence from U. S. Church Attendance Rates, 1972 - 1986", *Journal for the Scientific Study of Religion* 28（December 1989）: 464 - 477; Glenn Firebaugh and Brain Harley, "Trends in U. S. Church Attendance: Secularization and Revival, or Merely Lifecycle Effects", *Journal for the Scientific Study of Religion* 30（December 1991）: 487 - 500; Ross M. Stolzenberg, Mary Blair - Loy, and Linda J. Waite, "Religious Participation in Early Adulthood: Age and Family Life Cycle Effects on Church Membership", *American Sociological Review* 60（February 1995）: 84 - 103。

36. 见作者对 Roper 社会与政治趋势调查（1974 - 1998）及综合社会调查档案（1972 - 1998）的分析。

37. Wade Clark Roof, A Generation of Seekers: The Spiritual Journeys of the Baby Boom Generation (San Francisco: Harper, 1993); David A. Roozen and William McKinney, "The 'Big Chill' Generation Warms to Worship: A Research Note", Review of Religious Research 31 (March 1990): 314–322; Tom W. Smith, "Counting Flocks and Lost Sheep: Trends in Religious Preference Since World War II", GSS Social Change Report, no. 26 (Chicago: National Opinion Research Center, January 1991), 9; And Hadaway and Roozen, Rerouting the Protestant Mainstream, 40–42.

38. Roof and McKinney, American Mainline Religion, 18–19, 7–8, 32–33.

39. 对宗教间教徒流动的论述，见 Smith, "Counting Flocks and Lost Sheep", esp. 20; Hadaway and Marler, "All in the Family"; and Robert Wuthnow, The Restructuring of American Religion: Society and Faith since World War II (Princeton, N. J.: Princeton University Press, 1988); esp. 88–91. 对信徒的论述，见 Roger Finke and Rodney Stark, The Churching of America, 1776–1990. 239–245。

40. Wade Clark Roof, "American's Voluntary Establishment: Mainline Religion in Transition", in Religion and America: Spiritual Life in a Secular Age, ed. Mary Douglas and Steven Tipton (Boston: Beacon Press, 1983), 132, 137.

41. R. Stephen Warner, "Work in Progress toward a New Paradigm for the Sociological Study of Religion in the United States", 1076–78.

42. Roof and McKinney, American Mainline Religion, 170. 又见 John C. Green and James L. Guth, "From Lambs to Sheep: Denominational Change and Political Behavior", in Rediscovering the Religious Factor in American Politics, ed. David C. Leege and Lyman A. Kellstedt (Armonk, N. Y.: M. E. Sharpe, 1993), 105, 114; And Smith, "Counting Flocks and Lost Sheep", esp. 19–22.

43. Hammond, Religion and Personal Autonomy, 7–8 (引注), 30, 43, 55; Stephen Carter, The Culture of Disbelief (New York: Basic Books, 1993).

44. Presser and Stinson, "Data Collection Mode", 144. 这两份按时间排序的青年调查都

各自包括了对数千受访者的调查，所以此趋势是高度可靠的。

45. 按年度测量参加教堂活动的变量系数在综合社会调查以及 DDB Needham 生活方式档案中都从 0.9 (1974–1975) 增加到 1.1 (1998–1999)，在美国人时间使用档案的调查中从 7.5 (1975) 上升到 17.3 (1995)。又见 Glenn, "Trend in 'No Religion' Respondents", 309。

46. 在 1980 年和 1990 年，5 个州的流入基督教堂的人数出现了最为明显的增加，它们是密西西比州、亚拉巴马州、路易斯安那州、南加利福尼亚州和乔治亚州，而另外 5 个州出现了明显的下降，它们是佛蒙特州、新罕布什尔州、缅因州、俄勒冈州和马萨诸塞州。见 Statistical Abstract of the United States: 1996，表 89。又见 Hammond, Religion and Personal Autonomy, esp. 165。另一方面，这种宗教的区域分化在综合社会调查、Roper 社会与政治趋势和 DDB Needham 生活方式数据中并没有得到体现。

47. 见 Smith, "Counting Flocks and Lost Sheep", Roof and McKinney, American Mainline Religion, 16; And Finke and Stark, The Churching of America, 248，见对 1945–1952 以及 1985 年教派"市场份额"的变化。同样的情况——天主教和"无信仰"的"市场份额"在上升，而新教徒和犹太教徒的比例在下降——也出现在盖洛普民意调查 (1947–1999)、全国选举研究 (1948–1988)、洛杉矶大学年度新生调查 (1966–1997)、罗珀社会与政治趋势调查 (1974–1994)，以及综合社会调查 (1974–1998) 中。在罗珀调查中，新教徒在人口中的份额从 1973–1974 年的 62% 下降到了 1991–1992 年的 50%；在哈里斯民意调查中，份额从 1966 年的 67% 下降到 1992 年的 55%；综合社会调查，份额从 1972 年的 63% 下滑到了 1998 年的 53%；盖洛普民意调查中，份额从 1962 年的 70% 下滑到 1999 年的 55% 在 Hadaway and Roozen, Rerouting the Protestant Mainstream 的第 30 页中，新教徒占美国人口的比重在 1966 年到 1991 年间明显地下滑了 22%。从 1890 年到 1906 年，新教徒占美国人口的比重也出现了下滑，主要是由于大量天主教徒和犹太教徒从南欧或者东欧的移民造成的，但是这一时期下滑的比重肯定低于 10%。见 Finke and Stark, The Churching of America, 113。

48. 福音派和正统派这两个术语是在宽泛

意义上使用的，主要指那些强调信仰耶稣是个人救世主（相信复活转世），或多或少阅读圣经，同时相信基督教肩负传播上帝福音的责任的教会。尽管从宽泛意义上讲，这些教会在理论、社会、政治上都有较大差异。对福音派和正统基督教参加教会教友的变化趋势的论述，见 Penny Long Marler and C. Kirk Hadaway, "New Church Development and Denominational Growth (1950 – 1998)：Symptom or Cause?", in *Church and Denominational Growth*, ed. David A. Roozen and C. Kirk Hadaway (Nashville, Tenn. ：Abingdon Press, 1993), 47 – 86; Smith, "Counting Flocks and Lost Sheep", esp. 10 and 16; Finke and Stark, *The Churching of America*, esp. 248; Roof and McKinney, *American Mainline Religion*; Wuthnow, *The Restructuring of American Religion*; Wuthnow, "Mobilizing Civic Engagement"; Tom W. Smith, "Are Conservative Churches Growing?", *Review of Religious Research* 33 (June 1992)：305 – 329; David A. Roozen, "Denominations Grow as Individuals Join Congregations", in Roozen and Hadaway, *Church and Denominational Growth*, 15 – 35; And Wade Clark Roof, "America's Voluntary Establishment：Mainline Religion in Transition", 137 – 38。

49. 见作者对 GSS、Roper、NIMH、NES 和美国使用时间调查数据的分析。又见 Hout and Greeley, "The Center Doesn't Hold", and Presser and Stinson, "Data Collection Mode"。Smith ("Counting Flocks and Lost Sheep", 14) 注意到，在 1958 年到 1986 年间美国人口中参加平均每周参加新教服务的比重下滑了 6.6 个百分点，天主教的比重下滑了 4.6 个百分点。根据罗珀社会与政治趋势数据，在 1974 – 1975 年到 1991 – 1992 年间新教徒比重下滑了 6.1%，天主教下滑了 2.1%。Hout 和 Greeley 认为最近 30 年间到教堂活动的整个下滑是由于过去对梵蒂冈社会政策的不满的剧增，但是这种论点和两点事实不相符。第一，天主教徒参加活动率的急剧下滑时连续的。第二，新教徒中参加活动的下滑并没有表现为教友的低参与率，而是表现为教籍的低比例。

50. Darren E. Sherkat and Christopher G. Ellison, "The Politics of Black Religious Change：Disaffiliation from Black Mainline Denominations", *Social Forces* 70 (December 1991)：431 – 54, and Sherry Sherrod DuPree and Herbert C. DuPree, "The Explosive Growth of the African American Pentecostal Church", in *Yearbook of American and Canadian Churches* (Nashville, Tenn. ：Abingdon Press, 1993), 7 – 10。根据罗珀社会与政治趋势数据，在 1974 年到 1993 年间没有参加教堂活动的比例在黑人中每 10 年下降 2.7%（全部约下降 11%），在非黑人中每 10 年下降了 2.7%（全部约下降了 15%）。在同一时期，根据 GSS 的数据，教会团体的教籍在黑人中下滑了 18%，而在非黑人中下滑了 16%。

51. Finke and Stark, *The Churching of America*; Christian Smith, *American Evangelicalism：Embattled and Thriving* (Chicago：University of Chicago Press, 1998); And William G. McLoughlin, *Revivals, Awakenings and Reform：An Essay on Religion and Social Change in America*, 1607 – 1977 (Chicago：University of Chicago Press, 1978)。

52. Wade Clark Roof, "America's Voluntary Establishment：Mainline Religion in Transition", 134。

53. Wuthnow, "Mobilizing Civic Engagement", 6。天主教徒比新教徒更倾向于参加教会活动，但是新教徒组成的团体更加倾向于参加其他社会宗教性的事务；见 Verba, Schlozman, and Brady, *Voice and Equality*, 246 – 47, 320 – 25。

54. 此处我特别强调了 Wuthnow, "Mobilizing Civic Engagement" and Wilson and Janoski, "The Contribution of Religion to Volunteer Work", 138, 149 – 50。对于认为新教福音派完全参与到公共事务中的相反观点，见 Smith, *American Evangelicalism*, 又见 Mark Chaves 在 Christian Century 116 (1999)：227 – 29 中，对此书的批评。

55. George Marsden, "Preachers of Paradox：The New Religious Right in Historical Perspective", in Douglas and Tipton, *Religion and America*, 150 – 168, 引注在 161 页；有关慈善数据的是按照综合社会调查 1987 – 1989 年的数据计算的。

56. Nancy Tatom Ammerman, *Bible Believers：Fundamentalists in the Modern World* (New Brunswick, N. J. ：Rutgers University Press, 1987); George Will, "Chuck Colson's Miracle", *Washington Post*, May 30, 1999, B07; Joe Loconte, "Jailhouse Rock of Ages", *Policy Review* 84 (July/August 1997）：12 - 14；Chaves，"Religious Congregations and Welfare Reform"。

57. Wuthnow，"Mobilizing Civic Engagement"。

58. Wuthnow，"Mobilizing Civic Engagement"，14；又见 Wilson and Janoski，"The Contribution of Religion to Volunteer Work"，138，and Fredrick C. Harris，"Religious Institutions and African American Political Mobilization"，in *Classifying By Race*，ed. Paul E. Peterson（Princeton，N. J. ：Princeton University Press，1995）。Wuthnow and Hodgkinson，Faith and Philanthropy in America，第8章认为，自由新教教会要比保守教会更倾向于参与35项不同的公共事务——实际上是除了生命权抗议外的所有活动。

第5章　工作中的联系

1. 在美国和其他国家的历史中，战争和团体成员数量的增长是关联的。见 Richard B. Freeman，"Spurts in Union Growth：Defining Moments and Social Processes"，in *The Defining Moment：The Great Depression and the American Economy in the Twentieth Century*，ed. Michael D. Bordo，Claudia Goldin，and Eugene N. White（Chicago：University of Chicago Press，1998），265 - 295；And Gary N. Chaison and Joseph B. Rose，"The Macrodeterminants of Union Growth and Decline"，in *The State of the Unions*，*Industrial Relations Research Association Series*，ed. George Strauss，Daniel G. Gallaher，and Jack Fiorita（Madison，Wis. ：IRRA 1991），3 - 45，esp. 33。

2. 一项1953年的全国调查显示23%的受访者属于工会组织，它是志愿组织中唯一一普遍的入会形式。见 Charles R. Wright and Herbert H. Hyman，"Voluntary Association Memberships of American Adults：Evidence from National Sample Surveys"，*American Sociological Review* 23（June 1958）：284 - 294。可以肯定的是，与其他志愿组织相比，工会会员资格只不过是名义上的，这部分是由于工会条规规定部分工会成员是完全没有志愿义务的。另一方面，根据综合社会调查研究发现，1987年全部工会成员中有将近一半（46%）认为他们积极参加了工会的事务活动。

3. Paul Weiler，"The Representation Gap in the North American Workplace"，未出版的演讲，引自 *Chaison and Rose*，"The Macrodeterminants of Union Growth and Decline"，13。

4. 对于团体下滑的各种阐释，见 William T. Dickens and Jonathan S. Leonard，"Accounting for the Decline in Union Membership，1950 - 1980"，*Industrial & Labor Relations Review* 38（April 1985）：323 - 334；Leo Troy，"The Rise and Fall of American Trade Unions"，in *Unions in Transition：Entering the Second Century*，ed. Seymour Martin Lipset（San Francisco：ICS Press，1986），75 - 109；Michael Goldfield，*The Decline of Organized Labor in the United States*（Chicago：University of Chicago Press，1987）；Chaison and Rose，"The Macrodeterminants of Union Growth and Decline"；And Freeman，"Spurts in Union Growth"，Henry S. Farber，"Extent of Unionization in the United States"，in *Challenges and Choices Facing American Labor*，ed. Thomas A. Kochan（Cambridge，Mass. ：MIT Press，1985），15 - 43，统计数据见第38页，认为结构因素对整体下滑的贡献率40%。在 Richard B. Freeman and Jarnes L. Medoff，*What Do Unions Do?*（New York：Basic Books，1984）一书中，对此的估计是 55 - 60%。在 Chaison and Rose，*The Macrodeterminants of Union Growth and Decline* 一书中，他们认为产业结构的变化对总体下滑的贡献率要超过25%。

5. Troy，*The Rise and Fall of American Trade Unions*，87；And *Statistical Abstract of the United States*：1997，表 691；*Union Data Book* 1998（Washington，D. C. ：Bureau of National Affairs，1998）。

6. Henry S. Farber and Alan B. Krueger，"Union Membership in the United States：The Decline Continues"，National Bureau of Economic Research working paper no. W4216（Cambridge，Mass. ：National Bureau of Economic Research，1992），17 - 18.

7. Peter J. Pestillo，"Can the Unions Meet the Needs of a 'New' Work Force?"，*Monthly Labor Review* 102（February 1979）：33. 在 DDB Needham 生活方式调查中，赞同"工会在美国拥有过大的权力"的人从1977年的79%下滑到1998年的55%。

8. 对50年代的讨论，见 Murray Hausknecht，*The Joiners*；以及1952年全国选举研究。对80

年代和 90 年代的讨论，见综合社会调查；Verba, Schlozman, and Brady, *Voice and Equality*；以及 1996 年全国选举研究。

9. 见作者对综合社会调查的分析。另一方面，人口中专业或高层管理工作的比重都增长了大致同样的数量。在这些有资格加入专业组织的人中入会率随着时间变化有轻微的下滑趋势（统计意义上不明显）。

10. 图 5-2 力在描绘八个独立组织的大致图景。此处使用了图 3-2 中的标准化方法。由于没有在所有时段全部八个组织的数据，对年度平均数的估计有些许任意性。见附录 3 中对 8 个组织各自的表格。入会资格的数据来自于代表性组织的总部，专业组织的数字来源于 *Historical Statistical of the United States*: *Colonial Times to* 1970 (Washington, D. C.: U. S. Bureau of the Census, 1975) and Unpublished Data from the Bureau of Labor Statistics. 在每个案例里，我将全部人员划分为被全国性专业组织雇佣的人数，以及在政府和统计学家团体之间垮域工作的人数。1930 – 1940 年机械工程师的数据是估算的。仅有注册会计师才能成为美国职业审计师协会的成员，但是历史数据所显示的是全部会计师的数据，而不仅仅是注册会计师。这样，图 5-2 低估了注册会计师的入会数，但是大体的趋势——从 1900 到 1980 – 1990 年间市场占有率的上升以及此后的下滑——可能还是比较准确的。

11. 这种情况和许多其他专业社团相符，例如全国专业工程师社团，但是在此我们无法获得充足的数据详细地描绘出下滑的状况。

12. 面对入会率的下降，许多组织开拓了新的类目，开始在其附属领域中接纳学生、学徒和工人。这种做法增加了"市场占有率"的分子，但是并没有改变其分母（因此职业而被雇佣的那部分人），因此图 5-2 的趋势，可能低估了 70 年代以后的下跌情况。

13. 隶属于美国外科学会的所有外科医生的比例在 1975 年为 62%，1996 年为 64%。美国麻醉学会的全部麻醉医师的比例从 1970 年的 72% 下滑到 1996 年的 65%。

14. 感谢 Kristin Goss 和 David Pinto - Duschinsky 对我准备撰写本节所付出的特别帮助。

15. Alan Wolfe, "Developing Civil Society: Can the Workplace Replace Bowling?", *The Responsive Community* 8: 2 (spring 1998), 41 – 47.

引注在第 44 页。又见 Maria T. Poarch, "Ties That Bind: U. S. Suburban Residents on the Social and Civic Dimensions of Work", *Community*, *Work & Family* 1 (1998): 125 – 147。

16. *Statistical Abstract of the United States*, 1998, 表 644。

17. Arlie Russell Hochschild, *The Time Bind*: *When Work Becomes Home and Home Becomes Work* (New York: Henry Holt, 1997).

18. Maria T. Poarch, "Civic Life and Work: A Qualitative Study of Changing Patterns of Sociability and Civic Engagement in Everyday Life", (Ph. D. diss., Boston University, 1997), 166.

19. Michael Novak, *Business as a Calling* (New York: Free Press, 1996), 引注在第 146 – 50 页; Thomas H. Naylor, William H. Willimon, and Rolf Österberg, *The Search for Meaning in the Workplace* (Nashville, Tenn.: Abingdon Press, 1996); Carolyn R. Shaffer and Kristin Anundsen, *Creating Community Anywhere*: *Finding Support and Connection in a Fragmented World* (New York: Perigree, 1993).

20. Paul Osterman, "How Common Is Workplace Transformation and How Can We Explain Who Does It?", *Industrial and Labor Relations Review* 47 (January 1994): 173 – 188; Peter Cappelli, *The New Deal at Work*: *Managing the Market - Driven Workforce* (Boston: Harvard Business School Press, 1999): 146 – 147, and the works cited here: Claudia H. Deutsch, "Communication in the Workplace; Companies Using Coffee Bars to Get Ideas Brewing", *New York Times*, November 5, 1995; Arlie Russell Hochschild, "There is No Place Work", *New York Times Magazine*, April 20, 1997, 53.

21. Ellen Galinsky, James T. Bond, and Dana E. Friedman, *The Changing Workforce* (New York: Families and Work Institute, 1993), 24; James T. Bond, Ellen Galinsky, and Jennifer E. Swanberg, *The 1997 National Study of the Changing Workforce* (New York: Families and Work Institute, 1998), 106, 103, 161. 对工作中友谊的研究，见注释 24 中的文献。见作者对 Scripps - Howard/Ohio University 全国调查中有关人际交往的分析，June 1997.

22. 见盖洛普调查对美国黑人/白人的人际

第 5 章

关系进行的社会统计，行政摘要（Princeton，N. J.：Gallup Organization，June 1997）；Peter Marsden，"Core Discussion Networks of Americans"，*American Sociological Review* 52（1987）：122 - 131；Diana C. Mutz and Jeffrey J. Mondak，"Democracy at Work：Contributions of the Workplace Toward a Public Sphere"，未出版的手稿，April 1998。

23. 对此章节末相关证据的进一步讨论，也见第 14 章中对图表 77 的讨论。

24. Claude S. Fischer，*To Dwell Among Friends：Personal Networks in Town and City*（Chicago：University of Chicago Press，1982）；Barry Wellman，R. Y. Wong，David Tindall，and Nancy Naxer，"A Decade of Network Change：Turnover，Persistence and Stability in Personal Communities"，*Social Networks* 19（1997）：27 - 50；Bruce C. Straits，"Ego - Net Diversity：Same - and Cross - Sex Co - worker Ties"，*Social Networks* 18（1996）：29 - 45；Gwen Moore，"Structural Determinants of Men's and Women's Personal Networks"，*American Sociological Review* 53（1990）：726 - 735；Stephen R. Marks，"Intimacy in the Public Realm：The Case of Co - workers"，*Social Forces* 72（1994）：843 - 858；Peter Marsden，"Core Discussion Networks of Americans"。

25. Thomas R. Horton and Peter C. Reid，*Beyond the Trust Gap：Forging a New Partnership Between Managers and Their Employers*（Homewood，Ill.：Business One Irwin，1991），3；Cappelli，Bassi，et al.，*Change at work*，67 - 69；更综合性的分析见 Cappelli，*New Deal at Work*；and Charles Heckscher，*White Collar Blues：Management Loyalties in an Age of Corporate Restructuring*（New York：Basic Books，1995）。

26. Cappelli，*New Deal at Work*，17；对新职介绍的讨论，见 Horton and Reid，*Beyond the Trust Gap*，9。

27. 在 1989 年，有 63% 的工人认为比十年前雇员变得更不忠诚了，有 22% 的人认为雇员变得更加忠诚。在 Horton and Reid 所著的 *Beyond the Trust Gap* 一书中第 10 页引证了由扬科洛维奇·克兰西·舒尔曼进行的一项调查。当公司重组损害雇员的奉献精神时，却往往会提升生产力。见 Cappelli，*New Deal at Work*，45 - 46，122 - 136，and Cappelli，Bassi，et al.，Change at Work，53 - 65，79 - 84。

28. Heckscher，*White Collar Blues*，引注在第 6、12、49、73 页。Heckscher 发现在少数公司中有一种新的社区组织形式："在其位尽其全力，但是互相都不将其视为长期关系。" 又见 Horton and Reid，*Beyond the Trust Gap*，9 - 10，40 - 43；Cappelli，Bassi，er al.，*Change at Work*，79 - 84；And Richard Sennett，*The Corrosion of Character：The Personal Consequences of Work in the New Capitalism*（New York：W. W. Norton，1998）。

29. Cappelli，*New Deal at Work*，14。

30. 莱特基金会的观点，*Corporate Volunteer Programs：Benefits to Business*，Report 1029，*Fact Sheet*（Washington，D. C.，n. d.）；Hodgkinson and Weitzman，*Giving and Volunteering 1996*，4 - 111；*Giving and Volunteering in the United States：Findings from a National Survey*，1999 *Executive Summary*（Washington，D. C.：Independent Sector，1999）。那些被雇主特别问到的志愿者的比例甚至更低——约为 7 - 8%。

31. Lawrence Mishel，Jared Bernstein，and John Schmitt，*The State of Working America：1998 - 99*，*Economic Policy Institute*（Ithaca，N. Y.：Cornell University Press，1998），esp. 227 - 235；Cappelli，*New Deal at Work*，133 - 135。

32. Mishel，Bernstein，and Schmitt，*State of Working America*，242 - 250；Cappelli，*New Deal at Work*，136 - 144；Cappelli，Bassi，et al.，*Change at Work*，73 - 78；Sharon R. Cohany，"Workers in Alternative Employment Arrangements：A Second Look"，and Steven Hipple，"Contingent Work：Results from the Second Survey"。Both in *Monthly Labor Review*（November 1998）：3 - 35。

33. Ronald S. Burt and Mark Knez，"Trust and Third - Party Gossip"，in Roderick M. Kramer and Tom R. Tyler，eds.，*Trust in Organizations：Frontiers of Theory and Research*（Thousand Oaks，Calif.：Sage Publications，1996），68 - 89，esp. 77；Katherine J. Klein and Thomas A. D' Aunno，"Psychological Sense of Community in the Workplace"，*Journal of Community Psychological* 14（October 1986）：365 - 377，esp. 368；Fischer，*To Dwell Among Friends*. 根据 1986 年综合社会调查的数据，某人的密友是同事的比例仅仅占

兼职雇员和全职雇员的三分之二。

34. Jeanne S. Hurlbert, "Social Networks, Social Circles, and Job Satisfaction", *Work and Occupations*, 18 (1991): 415 – 430; Randy Hodson, "Group Relations at Work: Solidarity, Conflict, and Relations with Management", *Work and Occupations* 24 (1997): 426 – 452; Ronni Sandroff, "The Power of Office Friendships", *Working Mother* (November 1997): 35 – 36, and the works cited there.

35. 盖洛普每月调查, no. 332 (May 1993): 21; and http://www.gallup.com (October 1999); 回答"不知道"的受访者排除排外。Cheryl Russell, *The Master Trend: How the Baby Boom Generation Is Remaking America* (New York: Plenum Press, 1993), 64. 见作者对综合社会调查的分析, 1972 – 1998: 在对经济状况完全满意的工人中工作满意度从 65% 变为 61%, 对不满意其经济状况的工人而言工作满意度从 36% 变为 30%。Glenn Firebaugh and Brian Harley, "Trends in Job Satisfaction in the United States by Race, Gender, and Type of Occupation", *Sociology of Work* 5 (1995): 87 – 104 中的研究认为, 工作满意度在 80 年代没有发生变化, 在 Bond, Galinsky, and Swanberg 所写的 *The 1997 National Study of the Changing Workforce* 一书的第 7 章里认为在 1977 年到 1997 年工作满意度出现了适度变化。另一方面, Cappelli, *New Deal at Work*, 122 – 123 认为, 在几十年相对的稳定之后, 一些私人调查档案显示 80 年代工作满意度出现了下降。我认为, 尽管多数美国人相信对待工作的粗暴和无礼态度在增加, 但没有确实可靠的证据作支撑。见 John Marks, "The American Uncivil Wars", *U. S. News & World Report*, April 22. 1996; Joel H. Neuman and Robert A. Baron, "Aggression in the Workplace", in *Antisocial Behavior in Organizations*, eds. Robert A. Giacalone and Jerald Greenberg (Thousand Oaks, Calif.: Sage Publications, 1996), 37 – 67; And Christine M. Pearson, Lynne H. Anderson, and Judith W. Webner, "*When Workers Flout Convention: A Study of Workplace Incivility*" (unpublished ms., Chapel Hill: University of North Carolina, 1999).

36. Wolfe, "Developing Civic Society", 45.

37. John R. Aiello, "Computer – Based Work Monitoring: Electronic Surveillance and Its Effects",

Journal of Applied Social Psychology 23 (1993): 499 – 507; Cynthia L. Estlund, "Free Speech and Due Process in the Workplace", *Indiana Law Journal* 71 (1995): 101 – 151; David C. Yamada, "Voices from the Cubicle: Protecting and Encouraging Private Employee Speech in the Post – Industrial Workplace", *Berkeley Journal of Employment and Labor Law* 19 (1998): 1 – 51; "More U. S. Firms Checking E – mail, Computer Files, and Phone Calls" (New York: American Management Association, April 1999). 感谢 Jason Mazzone 对此节内容的贡献。

第 6 章　非正式社会联系

1. 社会心理学家通过实验已经发现了明显的证据说明, 即便是最不经意的社会交流都会对人们的互助行为产生巨大影响。让一位"陌生人"在走廊里与一位不知情的实验对象小谈两句, 实验对象如果对此人印象深刻, 此后就要比没有这一经历的实验者更乐于帮助此人。见 Bibb Latané and John M. Darley, *The Unresponsive Bystander: Why Doesn't He Help?* (Englewood Cliffs, N. J.: Prentice – Hall, 1970), 107 – 109。

2. 在 DDB Needham 生活方式调查和罗珀社会调查中, 在保持教育、年龄、性别、种族和婚姻状况等变量不变的情况下, 有关"大人物"活动的数据测度指标中每一个独立的双变量之间的关联是高度正相关的。而在同样的人口学特征下, 有关"闲谈者"的所有多对变量中的两个是高度负相关的。这种参加正式组织和非正式组织活动的差别清晰地呈现在对罗珀和 DDB Needham 调查数据进行的因子分析中。正式和非正式采纳与的关联式正向的, 但其关联强度为一般水平。

3. 在后面两节中的归纳都被人口学上的回归分析所证实, 包括对不同人群参加教堂和社团活动、义工活动、拜访朋友、在家娱乐、玩牌、逛酒吧及类似的回归分析, 见罗珀社会与政治趋势以及 DDB Needham 生活方式调查。

4. 尽管婚姻会提高女性寄贺卡的频率, 但会使男性寄贺卡的频率减半, 而且妻子工作与否对此没有影响。这一社会学的"发现", 在大多数夫妻看来其实毫不新奇。

5. 有关写信和打电话的数据来自罗珀社会与政治趋势和 DDB Needham 生活方式档案; 有关送礼的数据来源于盖洛普每月调查 293 (February 1990）：31 以及代表希尔斯公司的跨国沟通调查研究小组，1997；有关寄送明信片和拜访朋友的数据来自 DDB Needham 生活方式档案；有关电脑使用的数据来自统计局进行的"全美电脑使用调查"。（Washington, D. C.：Department of Commerce, 1999, 5, 9.）根据定时日记调查，女性比男性花费更多的时间拜访朋友以及进行非正式的谈话。Claude S. Fischer, *America Calling：A Social history of the Telephone*（Berkeley：University of California Press, 1992），引注见第 235 页。Fischer 发现女性更为经常地使用家庭电话。即使 90 年代被解放的年轻女性也"比男性更倾向于表达对他人生活状况的关心和责任"，见 Ann M. Beutel and Margret Mooney Marini, "Gender and Values", *American Sociological Review* 60（1995）：436 – 448, and Constance A. Flanagan et al., "'Ties That Bind：Correlates of Adolescents' Civic Commitments in Seven Countries", *Journal of Social Issues* 54（1998）：4457 – 4475。男性和女性间有关"社会感知"的差异甚至有遗传基础。见 D. H. Skuse et al., "Evidence from Turner's Syndrome of an Imprinted X – Linked Locus Affecting Cognitive Function", *Nature* 387（June 1997）：705 – 708。

6. 见作者对 DDB Needham 生活方式调查档案的分析。

7. Karen V. Hansen, *A Very Social Time：Crafting Community in Antebellum New England*（Berkeley：University of California Press, 1994），80。

8. Herbert Gans, *The Urban Villagers*（Glencoe, Ill.：Free Press, 1962）；Fischer, To Dwell Among Friends；And Wellman, *The Community Question Reevaluated*.

9. Robert R. Bell, *Worlds of Friendship*（Beverly Hills, Calif.：Sage, 1981）；Marsden, *Core Discussion Networks of Americans*.

10. 该问题所显示是 1982 年、1984 年、1990 年、1993 年以及 1995 年大致两千个全国样本中的情况。由于所引用调查晚上独自外出的次数在一次以上，所以答案应该至少追加 100%。

11. 罗珀调查的全国样本估计在 1986 年 6 月约有 2000 人，在 1990 年受调查人回答了一系列各种各样有关社会和休闲活动的问题，见图 6 – 1。

12. 邀请和外出的不一致反映了这样的事实，即在大多数宴会中客人的数量要比主人的人数多。

13. 见作者对"美国人时间使用调查"档案的分析。

14. 见作者对 DDB Needham 生活方式调查的分析。由于罗珀（上周、上月）和生活方式（去年）的问题陈述有所差异，所以不能对这些回答作直接的比较，但是基本情况大致一样。例如，到餐馆就餐、在家娱乐、参加社团、泡酒吧、看电影以及观看体育赛事的频率在三类调查中基本上是一样的。

15. 见作者对 DDB Needham 生活方式调查的分析。

16. 根据 DDB Needham 生活方式调查的数据，如图 6 – 2 所示，在 20 世纪的最后三分之一时间中平均频率为每年玩 12 次牌，看五场电影。

17. 图 6 – 3 的上半部分来自于 DDB Needham 生活方式调查的数据；下半部分来自于罗珀社会和政治趋势调查的数据。由于这两份调查档案在抽样和问题陈述方面的差异，图 6 – 3 的两个部分并具有直接可比性，但是二者都显示了在所有重要方面社交访问的类似下滑。DDB Needham 生活方式也显示，晚餐宴会（参加或邀请）从 70 年代中期的 7.1% 下滑到 90 年代的 3.7%。扬科洛维奇公司调查显示，同意"我几乎没有时间留给近期结交的新朋友"从 1985 – 1986 年的 23% 上升到 1998 – 1999 年的 32%。（在此我要感谢扬科洛维奇合伙公司分享有关数据）Mediamark Research 的年度调查显示，"邀请亲友到家里来"的频率从 80 年代早期到 90 年代晚期下滑了五分之一。最后，在 1938 到 1990 年间，盖洛普公司的调查员共有八次问到"你最喜欢的度过夜晚的方式是什么？"在整个这段时间里回答"跳舞"和"打牌玩游戏"的比率下降剧烈，在 70 年代以后回答"拜访朋友"以及"出去吃饭"的也下滑了。回答"看电视"和"与家人团聚"在此时期出现了增长，和罗珀及 DDB Needham 生活方式调查相一致，这显示了一种足不出户的基本状况。另一方面，由于陈述问题方面的变化，我更不相信盖洛普调查反映的变化趋势。[见 George Gallup Jr., *The Gallup Poll：Public Opinion*（Wilmington, Del.：Scholarly Resources Inc., 1986），104, 130.]根据综合社会调查，同意和"除了邻居之外的朋友"在晚上进行社交聚会，并超过每月一次的频数从 1974 - 1976 年的 40% 上升到 1994 - 1996 年 44%。对六分全国性调查档案的研究后，我发现最近几十年内仅有同友谊相关的基本趋势没有出现明显下滑。（和其他对友谊的测量不同，GSS 调查也无法证明交友现象在男性中要比女性更为普遍。）又见 Robert J. Sampson，"Local Friendship Ties and Community Attachment in Mass Society：A Multi-level Systemic Model"，*American Sociological Review* 53（October 1988）：766 - 779；Fischer，*To Dwell Among Friends*；Claude S. Fischer，Robert M. Jackson，et al.，*Networks and Places：Social Relations in the Urban Setting*（New York：Free Press，1977）。

18. 根据 DDB Needham 生活方式调查的数据，已婚美国人在餐馆晚餐的次数从 1975 - 1976 年的年均 18 次上升为 1998 - 1999 年的 21 次，而独身者则从 1985 - 1986 年的年均 19 次下降为 1998 - 1999 年的 18 次。国家餐饮协会（NRA）发现（www.resaurant.org/RUSA/trends/carving.htm），1981 年、1985 年以及 1991 年"每周为安排的商务酒席"为 1.2 次，1996 年为 1.3 次。为商务而准备的食物，则更多，外卖食品出现了迅速增长的情况，因此在餐馆用晚餐的次数下滑了。NRA 和生活方式调查的数据共同显示，只有早餐在过去几十年来的外出就餐中出现了迅速增长。过去 30 年来人均外出饮食方面的消费的增长微乎其微，从 1967 年的 476 美元（按 1997 年美元比价）上升到了 1997 年的 499 美元。见美国联邦统计局，"Annual Benchmark Report for Retail Trade：January 1988 Through December 1997"，*Current Business Reports*，Series BR/97 - RV（Washington，D.C.：1998）。根据联邦劳工局有关消费指出的调查数据，在家外对食品方面的支出占到总食品支出的分数在 1984 - 1997 年基本上保持稳定，波动于繁荣时期最高峰 43% 和萧条时期的最低点 38% 之间，并没有出现长期的变化趋势。同样的外出就餐的波动模式也出现在罗珀社会与政治趋势调查有关 70 年代早期到 90 年代早期的数据中，并没有出现变动趋势。NPD 定时日记的研究在尾注 40 描述到，在整个 90 年代外出就餐仅出现了细微的变动。简而言之，没有证据显示外出就餐的情况在过去几十年出现了增长。

19. 根据罗珀社会与政治趋势的调查在 1986 年到 1994 年间 3 次提出的问题，[见罗珀报告 94 - 10 的概述（New York：Roper Starch Worldwide，1995）]。62% 的美国人更喜欢"在家和朋友相聚"，有 31% 的美国人更喜欢"和朋友外出到餐馆、酒吧或社团"。在此期间里，那些喜欢外出的比例从 34% 下降到了 28%，而那些主动承认没有兴趣和朋友聚会的人的比例从 2% 上升为 6%。实际上，这种愿意呆在家里的感受适用于对于罗珀社会调查中几乎所有和休闲活动相关的指标，从看电影到听音乐会，再到外出野餐。

20. 根据 DDB Needham 生活方式的调查，美国成年人年均外出野餐从 1975 年的 4.9 次下降到 1999 年 2 次。John P. Robinson，"Where's the Boom？"，*American Demographics*（March 1987）：36，此文指出在 1962 年到 1982 年间外出野餐的比例下滑了 20%。

21. 见作者对 DDB Needham 生活方式调查的分析。DDB Needham 生活方式调查中已婚受访者同意"我们常会在大周末准备家庭早餐"的比例从 1975 年的 57% 下滑为 1995 年的 45%。尽管有孩子和没孩子的夫妻在家庭餐会的次数有所区别，但是长时间内的整体趋势还是较为明显的。

22. 单身户数的比例翻了一番，从 1960 年的 13% 上升为 1998 年的 26%，而之后夫妻的户数从 74% 下降为 53%。见 Lynne M. Casper and Ken Bryson，"Household and Family Characteristics：March 1998（Update）"，*Current Population Reports*，P20 - 515（Washington，D.C.：U.S. Bureau of the Censes，October 1998）。

23. *Roper Reports* 97 - 5（New York：Roper Starch Worldwide，1997），186 - 191，基于 1976 年、1986 年、1990 年、1995 年、1997 年的调查。有文证实了此趋势，见 Sandra Hofferth and Jack Sandberg，"Changes in American Children's Time，1981 - 1997"，*PSC Research Report* No. 98 - 431（Ann Arbor，Mich.：University of Michigan Population Studies Center，1998），该报告发现儿童和家庭人在周末一同用餐的时间在 1981 年到 1997 年间下降了 20%，家庭闲聊的时间则下降了一半。

24. 见作者对罗珀社会与政治趋势的分析 [对数据的讨论来自罗珀报告 1995 - 3（New York：Roper Starch Worldwide，1995）]，以及对综合社会调查、DDB Needham 生活方式调查的分析，运用了附录 1 中的年度化的表格，以及对斜率估计值的线性回归分析。

调查	问题陈述	时间	单身趋势	已婚趋势
Roper	是否在上周去过酒吧、夜店或迪斯科？	1982 – 1995	−39%	−60%
GSS	你去酒吧或酒馆的次数？	1974 – 1998	−31%	−41%
DDB	去年你去过多少次酒吧或酒馆？	1988 – 1999	−21%	−13%

25. 图 6 – 5 的数据来自 Jack Richman, ed., "1998 National Retail Censes", in *Report to Retails* (New York: Audits & Surveys Worldwide, 1998)。直到 1998 年，"咖啡馆和商店"仍没有被 Audits & Surveys 调查作为"其他"类别的单独类型进行分析。在此要感谢 Audits & Surveys 提供这些数据。

26. George Ritzer, The McDonaldization Society: *An Investigation into the Changing Character of Contemporary Social Life*, rev. ed. (Thousand Oaks, Calif.: Pine Forge Press, 1996), 132 – 136.

27. Ray Oldenburg, *The Great Good Place: Cafes, Coffee Shops, Community Centers, Beauty Parlors, General Stores, Bars, Hangouts, and How they Ger You Through the Day* (New York: Paragon House, 1989)。

28. 见 Oswald Jacoby and Albert H. More-head, *The Fireside Book of Cards* (New York: Simon & Schuster, 1957), 17, 1940 年的调查。在 50 年代前，美国所销售的每幅扑克牌都被征收一笔特别税。见 Jesse Frederick Steiner, *Americans at Play: Recent Trends in Recreation and Leisure Time Activities* (New York: McGraw – Hill, 1933)，第 138 页，及后面的财政部报告，我们更新了其数据。

29. 对本节的归纳，见 David Scott, "Narrative Analysis of a Declining Social World: The Case of Contract Bridge", *Play and Culture* 4 (February 1991): 11 – 23, 第 11 页; Babchuk and Booth,

"Voluntary Association Membership", 34; Bonnie H. Erickson and T. A. Nosanchuk, "How an Apolitical Association Politicizes", Canadian Review of Sociology and Anthropology 27 (May 1990): 206 – 219; and David Scott and Geoffrey C. Godbey, "An Analysis of Adult Play Groups: Social Versus Serious Participation in Contract Bridge", *Leisure Sciences* 14 (January/March 1992): 47 – 67.

30. 见作者对 DDB Needham 生活方式调查数据的分析。Mediamark Research 年度调查显示，在 80 年代早期到 90 年代之间玩牌的次数也类似地下滑了约 40%。

31. 这种计算假设，按照 DDB Needham 生活方式调查的数据，美国成年人每年人均玩 8.4 次（每年约下降了 0.4 次），对 1 亿 9200 万成年人来说，平均每场有 3.5 人在玩。

32. 见作者对 DDB Needham 生活方式数据的分析。在 1981 年到 1998 年之间 60 岁以上美国人中玩牌的次数下滑到 36%，但是在 60 岁以下的美国人中为 48%。在 70 年代中期年轻人玩牌的次数要比年长者多，但是到 90 年代这种情况出现了逆转。有关年龄的数据来自美国缔约桥牌协会，Memphis, Tennessee.

33. 儿童多种多样的游戏被独自玩电脑游戏所迅速取代，促使"背离以社群为基础的价值观和行为的根本性社会转换"（见 Adam Pertman, "Broad Fames? No Dice", *Boston Globe*, December 16, 1998）。

34. 见作者对 DDB Needham 生活方式调查的分析，1977 – 1996。

35. 见作者对 GSS 调查的分析，采用附录 1 所提供的年度化运算法。

36. 密歇根大学的 NIMH 研究在第 3 章的尾注 23 引述中阐明，美国成年人至少每周一次和亲友"聚一聚"的比例从 1957 年的 65% 下降到 1976 年 58%，在统计学上出现了较为明显的下滑。底特律居民中至少每周一次和邻居"聚一聚"的比例从 1955 年的 44% 下滑到 1971 年的 24%。见作者对密歇根大学 NIMH 研究和底特律的区域研究的分析，调查档案由跨校政治与社会研究财团所提供。

37. 见作者对 1996 年全国选举研究的分析。

38. 见 Barrett A. Lee, R. S. Oropesa, Barbara J. Metch, and Avery M. Guest, "Testing the Decline – of – Community Thesis: Neighborhood Organizations in Seattle，1929 and 1979"，*American Journal of Sociology* 89（1984）：1161 – 1188，引注见 1165；Alexander bon Hoffman，*Local Attachments：The Making of an American Urban Neighborhood*，1850 – 1920（Baltimore，Md.：John Hopkins University Press，1994）。又见 Robert A. Rosenbloom， " The Neighborhood Movement： Where Has It Come From? Where Is It Going?"，*Journal of Voluntary Action Research* 10 （April/ June 1981）：4 – 26；Matthew A. Crenson，*Neighborhood Politics*（Cambridge，Mass.：Harvard University Press，1983）；John R. Logan and Gordana Rabrenovic，"Neighborhood Associations：Their Issues，Their Allies，and Their Opponents"，*Urban Affairs Quarterly* 26（1990）：68 – 94；and Robert Fisher，*Let the People Decide：Neighborhood Organizing in America*，2nd ed.（New York：Twayne Publishers，1994）。Robert C. Ellickson，"New Institutions for Old Neighborhoods"，*Duke Law Journal* 48（1998）：75 – 110，Esp. 81。该文提供的证据显示业主协会（"居民社区协会"）最近出现了激增，很大程度上对郊区发展是一种新的市场手段。

39. *Criminal Victimization and Perceptions of Community Safety in* 12 *Cities*，1998（Washington，D. C.：U. S. Department of Justice，1999）：21. 另外有 61% 的受访者回答，他们和邻居互相答应关注对方的安全状况，这显示"自然"社会资本持久不衰的重要性，但是不幸的是这项研究并没有和长时期变化方面的事实。

40. 见 James R. Gillham and George A. Barnett， " Decaying Interest in Burglary Prevention， Residence on a Block with an Active Block Club， and Communication Linkage：A Routine Activities Approach"，*Journal of Crime & Justice* 17（1994）：23 – 48 以及此文引注的扩充文献，特别是第 24 页。

41. 见作者对美国人时间使用调查的分析。更详细的讨论，见表 2 – 1。我们此处的分析局限于对"基本"活动，排除了那些诸如照顾儿童或工作时进行交流的情况。由于在 1965 年记录电话谈话是矛盾的，因此非正式谈话的数字是不精确的。所有 1965 年的非正式社交活动的参与率基本上处于 58% 到 68% 之间，平均每天的时间长度则在 78 分钟到 89 分钟之间。图 6 – 9 中圆点标示的直线反映了这些不确定点的中

值。如果为了避免不确定性，将"非正式谈话"排除在分析之外，30 年来花费在"拜访朋友"上的时间的下滑还是很明显的。Robinson and Godbey，*Time for Life*，170 and 176，证实在 1965 到 1985 年间非正式社交活动出现了明显的下滑。在 DDB Needham 生活方式档案中，不管是结婚或单身的美国人的比例，回答他们"花费很多时间和朋友在一起"的比例在过去一二十年里下滑了大约 10%。

42. *Time Lines：How Americans Spent Their Time During the 90s*（Rosemont，Ill.：NPD Group，July 1999）. 在 1992 年到 1999 年间，每年 NPD 组织都会向三千成年人进行调查，让他们记录在 24 小时里没半小时在干啥。在我的分析中，男性和女性同样重要，周末和平时也同样重要，因此显示的是"合成的一周"。在此我要感谢 Harry Balzer 以及他在 NPD 的同事们和我分享这些研究成果；我对我的论述自负其责。

43. 见作者对 DDB Needham 生活方式调查、综合社会调查、美国人时间使用以及罗珀社会与政治趋势调查的分析。

44. 对于单身家庭，见前面的尾注 20。根据综合社会调查，所有已婚并小孩未满 19 岁的成年人的比重从 1975 年的 32% 下滑到 1998 年的 24%。

45. 作者的统计来自一些机构对参加体育活动的调查，包括国家体育用品协会（NSGA；1986 – 1997）、体育用品制造商协会（SGMA；1987 – 1997）、DDB Needham 生活方式调查（1985 – 1998）。还有国家健康统计中心举行的全国健康访谈调查（NHIS），该调查为 John P. Robinson and Geoffrey Godbey，"Has Fitness Peaked?"，*American Demographics*，September 1993，36 – 42，作者对 1995 年的 NCHS 的 NHIS 数据进行了更新。NSGA 的调查结果基于在去年至少参加给定体育活动至少 2 次的 7 岁以上人群。SGMA 的结论基于去年至少参加过一次体育活动的 6 岁以上的人群。生活方式调查的结论基于在去年至少参加过一次体育活动的成年人。NHIS 的结论基于在过去两周里那些曾就参加体育活动的成年人。这 4 份调查档案每个都对上万名美国人进行了调查，对不同的人群都各自提出了不同的问题。尽管如此，除了很少的例外，四分材料所呈现的发展水平和变化趋势是一致的。（这些证据比起综合社会调查的证据更加可靠，该调查仅仅基于每年对数百美国人

进行的案例研究。）在四分档案所测量的不同类型的体育活动中，只有徒步旅行（在 NSGA 研究中是上升的，而在 SGMA 和生活方式调查中是下降的）和自行车运动出现了差异（在 NSGA、SGMA 和生活方式调查中是下滑的，但在 NHIS 研究中是上升的）。NSGA 的数据有时（如 Statistical Abstract of the United States 中）没有针对总体人口增长进行调整。这种做法误导大家产生了美国人运动习惯恢复乐观趋势的印象。

46. NSGA 调查发现在 1986 年到 1997 年间下滑了 32%；SGMA 调查发现从 1987 年到 1997 年间下滑了 36%；生活方式调查发现在 1983 年到 1996 年间下滑了 34%；NHIS 研究认为在 1985 年到 1995 年约下滑了 25%。四者均同意在 90 年代晚期不到 1000 万美国成年人每年玩垒球的次数为至少 4 次。相反，美国统计摘要所记载了业余垒球协会宣称过去一二十年以来每年至少有 4100 万美国成年人玩垒球，这个数字基本保持不变。我没有找到有其他资料和此数字相吻合，这也许是因为管理部门懒于进行实际调查所造成的。

47. 根据 DDB Needham 生活方式调查档案，全国平均在家里锻炼的次数从 1986 年的 4% 下降到 1997 年的 6%。与此相反，NSGA、SGMA 以及 NHIS，基于对每年单独一小段时间的分析，发现在这些年在家里锻炼的次数有所增长。这项证据显示，可能许多美国人尝尝新鲜后，就对许多新购买的脚踏车和其他健身器材置之不理了。在所有活动里，在家里练习脚踏车是很难创造出社会资本的。

48. 根据 NSGA 的调查，7 岁以上的美国人每年至少玩 2 次足球的比例从 1986 年的 4% 增长到 1997 年的 6%，打篮球的比例从 10% 增长为 13%。相比之下，玩棒球的次数从 7% 下降到了 6%，玩垒球的次数从 10% 下降到 7%，玩排球的次数从 11% 下降到 7%。简而言之，玩足球和篮球获得的 5% 的增长必定被其他四项活动 9% 的下降抵消了。根据 SGMA 的调查，参加"六大项"团体体育活动（在 6 岁以上人口所占比）从 1987 年的 72% 下降到 1997 年的 62%。简而言之，两份调查档案都认为在近几十年里参加团体体育活动的人下滑了 10 - 15%。NSGA 调查认为，参加 36 项不同体育活动（根据参与率来统计）的总数从 1987 年到 1997 年间——从脚踏车、划船运动、疾走运动

——下滑了约 5%。SGMA 测量的 49 项不同的体育运动数据下滑了 4%。

49. 此表中的数据来自 DDB Needham 生活方式调查档案。20 岁美国人游泳次数从 80 年代早期的每年约 12 次下滑为不到 1998 年的一半，60 岁上的美国人游泳次数基本上还是维持在每年 4 次。在 1989 年到 1998 年间，60 岁以上美国人参加健康社团基本上翻了一番（从年均 1 次到年均 2 次），但是在 18 岁到 29 岁之间的美国人参加健康社团从每年 6 次下滑到了 5 次。同样的情况——年轻人群中下滑更多——为全国卫生统计中心在 1985 年到 1990 年间进行的调查所证实；见 Robinson and Godbey, "Has Fitness Peaked?", 38, 42. John P. Robinson, "Where's the Room?", 34 - 37，归纳了 1965 年和 1982 年的调查：1982 年 45 岁以上的美国人要比 1965 年的同龄人更活跃，而 1982 年 25 岁以下的美国人要比 1965 年的同龄人更加不活跃。

50. 根据 1998 年国家工业报告对运动产品制造商协会的描述，"在年轻美国人里愿意健身或从事与之有关的活动的人出现了令人不安的动向——（在 1986 年到 1997 年间）12 - 17 岁之间愿意参加任何体育、健身或者团体活动的美国年轻人（频率），在 1300 万年轻人中仅仅增加了 2.9%（按人均来算的话相当于下降了 4%）"。又见 "Is Working Out Uncool?", American Demographics, March 1996 and America's Youth in the 1990s, ed. Robert Bezilla (Princeton, N. J. : Gallup International Institute, 1993), 228。另一方面，Hafferth and Sandberg, "Changes in American Children's Time", 该报告发现学校里处于青春期之前的那些 3 - 12 岁的儿童花在校外体育运动的时间从 1981 年的 2 个半小时增加为 1997 年的 4 个小时。

51. 根据足球产业委员会的研究，从 1980 到 1995 年足球队里的年轻队员，标准上来说处于 5 到 19 岁之间的年轻人增长了 3 倍。另一方面，SGMA 和 NSGA 的调查档案都显示全国年均参加足球活动的水平基本上在 1990 年以后处于停滞状态，特别是年轻人的参与。又见 Youth Indicators 1996: Trends in the Well - Being of American Youth (Washington, D. C. : National Center for Education Statistics, 1996)，第 41 项指标。

52. 体育用品制造商协会的一份不连续报告 Gaining Ground: A Progress Report on Women in

Sports，1998 的第 3 章发现，"除了 6－11 岁的群体，女性经常参加体育活动的比例基本上没有任何变化。"实际上，该报告显示 25－35 岁之间的女性规律参加体育活动的比例从 1987 年的 8.3% 下滑到 1997 年 5.8%。讽刺的是，和她们的姐姐相比，那些受到教育法第九修正案保护成年人更不愿意参加体育活动。

53. 在 80 年代早期的逊色增长之后，加入健康社团（根据 International Health，Racquet & Sport Club Association）从 1987 年的每千个成年人中有 80 人增长到 1995 年的每千个成年人有 102 人。这些数字对在 DDB Needham 生活方式调查中的那些回答在去年参加过 9 次以上健康社团活动的人看来是比较明显的。基于对单次参与活动的统计，SGMA 调查显示 1987 年到 1997 年间增长了 51%。

54. 这幅和前幅图的数字来自 DDB Needham 生活方式调查档案。根据 1998 年的调查，有 29% 的美国人去年至少玩 9 次牌，和 9 次参加健康社团的次数一样频繁。甚至对那些受过大学教育的 20 多岁独身者而言，参加健康社团的仅仅稍微比玩牌的人多 4 次或 3 次。在 1989 年到 1999 年间，参加慢跑、健康社团以及健身课三者的人数基本上保持不变。散步运动的增长完集中在 50 岁以上的美国人中。在所有四组有关体育锻炼的数据里，散步运动是增长最高的。对肥胖的有关讨论，见 K. M. Flegal, et al. , "Overweight and Obesity in the United States：Prevalence and Trends, 1960－1994", *International al Journal of Obesity and Related Metabolic Disorders* 22（January 1998）：39－47, and Ali H. Mokdad, et al. , "The Spread of the Obesity Epidemic in the United States, 1991－1998", *Journal of the American Medical Association* 282（October 27, 1999）：1519－1522.

55. NSGA 调查的数据认为，玩保龄球的比例从 1986 年到 1997 年增长了 6%，而在 SGMA 调查中增长了 1%，在 NHIS 调查数据中增长了 1%，在 DDB Needham 生活方式调查数据中增长了 6%。简而言之，玩保龄球（和其他大多数其他体育运动不同）的增长基本上和人口增长保持了同步水平。

56. 见作者对 NSGA、SGMA 以及 DDB Needham 生活方式调查的分析。在所有健身活动中，散步、游泳、室内锻炼以及自行车运动更为普及，虽然比例更少，但钓鱼紧随其后。

打篮球和桌球是其后最受欢迎的运动，但是仅有玩保龄球的人数的四分之三。

57. 见作者对 DDB Needham 生活方式调查的分析。根据 1996 年的调查，20 多岁的美国人每年打 2.4 次保龄球，每年玩 1.7 次直排滑轮。对宇宙保龄的论述，见 Lisa Chadderdon, "AMF Is on a Roll", *Fast Company*, September 1998, 132。

58. 数据来自美国保龄球协会。

59. 每年玩保龄球的数字来自 *Statistical Abstract of the United States*：1998，表 437，265。其他资料或多或少低估了每年玩保龄球的人。美国选民研究委员会，"*Turnout Dips to 56－Year Low*"（Washington, D. C. ：CSAE, November 5, 1998），at www. epn. org/csar/cgans4. html，该报告显示至少有 7250 万美国人曾参与 1998 年的选举。

60. 参加赛马、赛狗、回力球在 80 年代赌博合法化后出现了增长，这些数据图 6－12 没有显示。我们似乎变得更加开始独自参与赌博活动。罗珀调查的数据经过按季度统计的调整后发现，甚至回答在上周外出观看体育比赛的受访者也出现了些微增长，从 70 年代早期的 8% 上升为 80 年代晚期的约 10－12%。根据 1993 年进行的调查，在电视前观看体育比赛的人数约是亲自参加体育活动的 3－5 倍；见 *Public Perspective* 5（March/April 1994），98。某种程度上，专业体育赛事的观看者的增加（包括准专业的赛事，如高校足球或篮球联赛）被观看业余体育赛事（如高中足球或篮球比赛）的下滑给抵消了，这种平衡可能反映了参加社区活动的净下滑。

61. 在对 1997－1998 年的 DDB Needham 生活方式调查档案进行的未发表的分析中，Thad Williamson（Department of Government, Harvard University, 1999）发现，在保持年龄、性别、教育，以及经济状况、婚姻状况、父母状况、一般娱乐活动水平不变的情况下，参加体育活动和公民参与之间是正相关的。然而，这种观看赛事的"前公民"效应似乎局限在观看业余赛事——小球队、高中足球比赛以及大学足球比赛。

62. 见作者对 DDB Needham 生活方式调查的分析。

63. 见作者对 DDB Needham 生活方式调查的分析。根据全国艺术基金会对参与文艺活动

的调查，参加音乐课的比例从 1982 年的 47%
下滑到 1992 年 40% 。

64. Music USA 1997（Carlsbad, Calif. : National Association of Music Merchants, 1997）: 37 – 38.

第 7 章 利他主义、志愿活动和慈善活动

1. Robert B. Westbrook, *John Dewey and American Democracy*（Ithaca, N. Y. : Cornell University Press, 1991）, 164. 又见 Theda Skocpol, "American's Voluntary Groups Thrive in a National Network", *The Brookings Review* 15（fall 1997）: 16 – 19。此处感谢 Gerald Gamm 和 Celia Borenstein 有关普罗维登斯的故事。

2. Everett Carll Ladd, *The Ladd Report*（New York: Free Press, 1999）, 131 – 145.

3. Andrew Carnegie, "Wealth", *North American Review* 148（June 1889）, 653 – 664.

4. F. Emerson Andrews, *Philanthropic Giving*（New York: Russell Sage Foundation, 1950）, 141. 20 世纪后期慈善事业加速专业化，例如，国家基金会社团的高级执行官的会员数上涨了 10 倍，从 1979 年的 1900 人上升到 1997 年的 18 800人。

5. The Chronicle of Philanthropy, October 30, 1997, Debra Blum. "研究显示，美国人每 10 000人中拥有 7 个慈善组织。" *The Chronicle of Philanthropy*, August 7, 1997. 税法有助于解释近期有组织慈善活动的增长。

6. Tocqueville, *Democracy in American*, 526. 前面一节来源于 Volunteering : Hodgkinson and Weitzman, Giving and Volunteering. Philanthropy: Ann E. Kaplan, ed. , Giving USA 1998（New York: AAFRC Trust for Philanthropy, 1998）. Blood: E. L. Wallace, et al. , "Collection and Transfusion of Blood and Blood Components in the United States, 1992", *Transfusion* 35（October 1995）: 802 – 812. 根据哈里斯民意调查 88 #（December 24, 1996）, 76% 的献血者认为 "想要帮助别人" 是他们献血的原因。1989 survey: Lichang Lee, Jane Allyn Piliavin, and Vaughn R. A. Call, "Giving Time, Money, and Blood: A Comparative Analysis"（Madison, Wisc. : University of Wisconsin, 1998）. 所有 3 项估测都会由于公众期望让人看起来利他而有所偏差，但是相对长期而言还是准确的。

7. *Giving and Volunteering*: 1996, 35 – 38, and Jane Allyn Piliavin and Hong – Wen Charng, "Altruism: A Review of Recent Theory and Research", *Annual Review of Sociology* 16（1990）: 27 – 65, esp. 56.

8. 以下的总结经常见于科学文献，也为作者对 DDB Needham 生活方式调查、罗珀社会与政治趋势档案的分析所印证。同时也见于 1996 年的奉献和志愿行为调查数据。

9. Paul G. Schervish and John J. Havens, "Do the Poor Pay More? Is the U – Shaped Curve Correct?", *Nonprofit and Voluntary Sector Quarterly* 24（spring 1995）: 79 – 90.

10. 作者对 DDB Needham 生活方式调查、罗珀社会与政治趋势档案的分析。（在 DDB Needham 生活方式数据中，农村地区规律献血的人数要比大城市略微少，但是这并非常见的发现。）对于不同利他主义的表现，见 Charles Korte 和 Nancy Kerr, "Responses to Altruistic Opportunities in Urban and Nonurban Settings", *Journal of Social Psychology* 95（April 1975）: 183 – 184; James S. House and Sharon Wolf, "Effects of Urban Residence on Interpersonal Trust and Helping Behavior", *Journal of Personality and Social Psychology* 36（1978）: 1029 – 1043; Thomas C. Wilson, "Settlement Type and Interpersonal Estrangement: A Test of the Theories of Wirth and Gans", *Social Forces* 64（September 1985）: 139 – 150; Nancy Mehrkens Steblay, "Helping Behavior in Rural and Urban Environments: A MetaAnalysis", *Psychological Bulletin* 102（November 1987）: 346 – 356; Jane Allyn Piliavin, "Why Do They Give the Gift of Life? A Review of Research on Blood Donors Since 1977", *Transfusion* 30（June 1990）: 444 – 459; David Horton Smith, "Determinants of Voluntary Association Participation and Volunteering: A Literature Review", *Nonprofit and Voluntary Sector Quarterly* 23（fall 1994）: 243 – 263; and Julian Wolpert, *Patterns of Generosity in America: Who's Holding the Safety Net?*（New York: Twentieth Century Fund Press, 1993）.

11. 对年龄、慈善和志愿活动的论述，以及作者对 DDB Needham 生活方式调查、罗珀社会与政治趋势档案的分析，见 Giving and Volunteering Series; Charles T. Clotfelter, *Federal Tax Policy and Charitable Giving*（Chicago: University of Chicago Press, 1985); Anne Statham and Patricia Rhoton, "Mature and Young Women's Volunteer Work, 1974 – 1981" (Columbus, Ohio: Center for Human Resource Research, Ohio State University, February 1986); Richard B. Freeman, "Working for Nothing: The Supply of Volunteer Labor", National Bureau of Economic Research working paper no. 5435 (Cambridge, Mass.: National Bureau of Economic Research, January 1996); And Wilson and Musick, "Who Cares?"。尽管波士顿学院的社会学家 Paul Schervish 在未出版的著作中认为，这类奉献占美国人慈善活动的份额在逐步增加，但我对慈善活动的兴趣在于其作为一项描绘普通美国人利他主义和社会资本的指标，而非其作为非盈利部门维持者的角色，因此我并不集中关注通过财富的奉献行为。Teresa Odendahl, *Charity Begins at Home: Generosity and Self – Interest Among the Philanthropic Elite* (New York: Basic Books, 1990), and Francie Ostrower, *Why the Wealthy Give: The Culture of Elite Philanthropy* (Princeton, N. J.: Princeton University Press, 1995), 该文显示富人的社会资本对于他们的奉献是关键的。

12. 对于工作和志愿活动的论述，见 David Horton Smith, "Determinants of Voluntary Association Participation and Volunteering", Richard B. Freeman, "Working for Nothing"; And Lewis M. Segal, Four Essays on the Supply of Volunteer Labor and Econometrics (Ph. D. diss., Northwestern University, 1993)。DDB Needham 生活方式调查和罗珀社会与政治趋势调查都证实，兼职雇员参加志愿活动的次数要比全职雇员或无薪雇员高。

13. Giving and Volunteering 1996, 6. 这份材料显示（见 4 – 131 页），有多少人参加志愿活动和他们在社区组织中和他人的非正式关系之间存在强烈的正相关性。

14. 图 7 – 1 以及相关的讨论基于作者对 DDB Needham 生活方式档案的分析和盖洛普民意调查中单独部门奉献和志愿活动数据的证实。

15. 见作者对 DDB Needham 生活方式调查数据的分析。这些关联性是在对其他人口学特征指标的严格控制下得出的。

16. John Wilson and Marc Musick, "Who Cares?", and John Wilson and Marc Musick, "Attachment to Volunteering", *Sociological Forum* 14

(June 1999): 243 – 272. 家庭联系——一种特殊形式的社会资本——也是志愿活动的一个预测性指标。家庭中的志愿活动，例如自助行为。见 Giving and Volunteering 1996, 4 – 90; Segal, Four Essays; Freeman, "Working for Nothing", 8 – 9。

17. Giving and Volunteering: 1996, 6, 4 – 92 to 4 – 95. Richard D. Reddy, "Individual Philanthropy and Giving Behavior". In *Participation in Social and Political Activities*, ed. David Horton Smith and Jacqueline Macaulay (San Francisco: Jossey – Bass, 1980), 370 – 399, 此文总结了从 1957 – 1975 年进行的 7 项研究；越多的参与，越多的贡献。罗珀社会与政治趋势调查中有关慈善奉献的数据证实了这种形式。在一项多元回归分析对公民参与行为给出了最佳的预测指标（尤其是组织领导力和参加会议的情况），其次是出生年份和受教育程度。

18. 根据 DDB Needham 生活方式调查，15% 的经常参加教会或者社团活动的人经常献血，比不参加活动的 10% 要多。根据罗珀社会与政治趋势调查，有 20% 的在地方组织担任官员、委员会成员，或者参加地方公共事务会议的人在过去一年也会献血，比 10% 的美国人要多。对 DDB Needham 生活方式调查和罗珀调查进行多元回归分析显示，献血活动的最强的预测指标是年龄和性别（女性和老年人更少献血，可能主要是生理原因），全职雇佣（可能是因为在工作中会有献血活动），参加教会和社团的活动，志愿活动的频率，小城镇居民数，受教育程度，逐次递减。对慈善活动、利他行为和社会资本的论述，见 Reddy, "Individual Philanthropy and Giving Behavior"; Piliavin and Charng, "Altruism"; Jane Allyn Piliavin and Peter L. Callero, *Giving Blood: The Development of an Altruistic Identity* (Baltimore, Md.: Johns Hopkins University Press, 1991); Amato, "Personality and Social Network Involvement as Predicators of Helping"; And Krzysztof Kaniasty and Fran H. Norris, "In Search of Altruistic Community: Patterns of Social Support Mobilization Following Hurricane Hugo", *American Journal of Community Psychology* 23 (August 1995): 447 – 477.

19. Gabriel Berger, Factors Explaining Volunteering for Organizations in General, and Social Welfare Organizations in Particular (Ph. D. diss., Branders University, 1991); And Amato, "Personality and Social Network Involvement as Predictors of Helping". 如果没有进行随机分配——在那些参与教会和公共组织的人以及那些拒绝参加这些活动的人之间——我们就不能够排除一些无法测度，但能够解释奉献、志愿活动以及社区参与关联的"社会倾向"。但是，这些关联之间的细致形式显示这不太可能实现。

20. 见 Giving and Volunteering: 1996 and Alvin W. Drake, Stan N. Finkelstein, and Harvey M. Sapolsky, *The American Blood Supply* (Cambridge, Mass.: MIT Press, 1982)。"被问过"是人们参加志愿活动的一项有力决定因素，甚至在控制其他社会和心理变量的情况下。见 Berger, *Factors Explaining Volunteering*: *Freeman*, "*Working for Nothing*"; And Richard B. Freeman, "*Give to Charity? - Well, Since You Asked*" (Cambridge, Mass.: Harvard University, 1993)。

21. 对于本节论点的证据，见 Wilson and Musick, "Who Cares?"; Amato, "Personality and Social Network Involvement as Predictors of Helping"; Harvey Hornstein, *Cruelty and Kindness: A New Look at Aggression and Altruism* (Englewood Cliffs, N. J.: Prentice-Hall, 1976), esp. 133; And Giving and Volunteering: 1996, 4-88. 这些材料 (见第4-129-131页) 显示，在控制其他社会和心理变量不变的情况下，年轻人志愿活动是成年人志愿活动的强烈预测指标。这种社会关联和奉献、志愿活动的联系需要对所有相关人口学特征要素进行控制，包括教育、收入、年龄、性别、参军情况，以及工作地位。实际上，对社会关联的测量往往将人口特征指标的联系缩减至不明显。这些结论为 Hauseknecht, The Joiners, 100, 109 所证实；(基于作者对 DDB Needham 生活方式调查、罗珀社会与政治趋势，以及单一部门数据档案的分析，使用了对社群参与和利他行为不同评分的办法。) Paul R. Amato, "Personality and Social Network Involvement as Predictors of Helping Behavior in Everyday Life", *Social Psychology Quarterly* 53 (March 1990): 31-43; Smith, "Determinants of Voluntary Association Participation and Volunteering"; Jackson, et al. "Volunteering and Charitable Giving"; And Wilson and Musick, "Who Cares?".

22. Ladd. "The Data Just Don't Show Erosion of America's 'Social Capital'", 17.

23. 数据来自 Statistical Abstract of the United States: 1997。

24. "Tithe: to contribute or pay a tenth part of one's annual income." *The American Heritage Dictionary of the English Language*, Third Edition (New York: Houghton Mifflin Company, 1992).

25. 所有对个人慈善行为历史的估测都或多或少是粗略的，因此找到长期一致的数据就很关键。图2-3的资料在附录2中给出。我们的分析集中在给定的个体上，因为它和社会资本最相关。从非营利部门的金融状况看，部分偏移的趋势发生在慈善组织和富裕赞助人的遗赠物的增长上，但是这些发展反映了利他行为处于牛市而非实际状况。同时，企业慈善捐助占扣除税前所得工资的比率在80年代早期出现了急剧增长，但此后出现了大幅下滑。见 Giving USA: 1998, 对所有非个人捐助的讨论。有关图7-4所描述前半阶段的独立资料来源，*The U.S. Treasury Department Report on Private Foundation* (Washington, D.C.: Government Printing Office, 1965), 67, 估计在1929年到1962年间个人赠礼作为调整后总收入的一部分，其比例上升到了78%。一些独立的材料证实了图7-4中后半阶段的下滑趋势：(1) The Filer Commission report, *Giving in America*: *Toward a Stronger Voluntary Sector* (Washington, D.C.: Commission on Private Philanthropy and Public Needs, 1975), 82-83, 该报告显示在1960年到1972年间个人慈善行为下降了15%。(2) The Department of Labor's regular Consumer Expenditure Survey, 该报告显示家庭捐赠在税后收入的占比从1984年到85年间的3.4%稳固下滑为1996-97年间的2.7%, 在15年左右下滑了超过五分之一。由于 John 和 Sylvia Ronsvalle 在 *The State of Church Giving Through 1995* 所描述的技术方面的原因 (Champaign, Ill.: empty tomb, 1997), 第6章, 图7-4所使用给定美国数据也许低估了1967年的下降，但是此处我采用了他们，处于方法论上的保守做法。给出的80年代晚期的变量反映了税法变化对于慈善捐赠的削减作用。例如，在1986年所有纳税人的捐赠都要被扣税，但是同年的一项禁令却扭转了这种趋势。

26. 图7-5的来源在附录Ⅱ中给出了说明。根据罗珀报告95-4 (New York: Roper Starch Worldwide, 1995), 19%的美国人在过去12个月向联合劝募会捐款，相比之下向基督教会和犹太教会捐款的人是 53%，向其他所有医疗慈善机构的总计为 23%，向所有青年团体捐款的为 16%，向所有环保组织捐赠的占到 7%，如此等等。向联合劝募会捐赠的人要比其他主要捐赠团体更具有代表性，因为其他团体往往集中呈现一种单独的社会网络（例如，环保主义的捐赠者主要是受过高等教育，年轻团体的捐赠者主要是学龄儿童的家长，诸如此类）。而联合劝募会则给出了非同寻常的俗世慷慨行为的全国变化趋势的替代指标。图 7-5 给出的新教徒捐赠的数据涵盖了主流的教派和南部浸礼教徒。1968 年以后的数据给出了 29 个基督教派的全面样本，包括大多数福音教派。这些更为完整的数据显示了比图 7-5 中趋势甚至更为急剧的下滑。（在 1968-1996 年之间下滑了 17%。）这一部分讨论的每个时间序列——总捐赠、新教徒捐赠、天主教徒捐赠，以及联合劝募会捐赠——都来自完全独立的资料来源，因此在过去 40 年里同时出现的下降趋势是完全经得起检验的。

27. 根据 John 和 Sylvia Ronsvalle，*The State of Church Giving through* 1995，24-27，在 1968 年到 1995 年间，隶属于全国福音教会下的八个教派的宗教捐赠占到自由支配收入的份额从 6.1% 下降到 4.1%，隶属于主流全国基督教委员会的八个教派的捐赠从 3.3% 下滑到 2.9%。

28. 这些数字基于对所有 29 个浸礼新教徒的样本，来自 John 和 Sylvia Ronsvalle，*The State of Church Giving through* 1995，John 和 Sylvia Ronsvalle 将数据更新至 1997 年，*The State of Church Giving through* 1997（Champaign，Ill.：empty tomb，1999），42。

29. 这些数字是从图 7-5 中统计出来的；天主教徒捐赠占收入的比重在 1963 年-1984 年之间出现了 57% 的明显下滑，John 和 Sylvia Ronsvalle，"A Comparison of the Growth in Church Contributions with United State Per Capital Income"，in *Yearbook of American and Canadian Churches*：*1989*，ed. Constant H. Jacquet Jr.（Nashville，Tenn.：Abingdon Press，1989），275。Peter Dobkin Hall and Colin B. Burke，"Voluntary，Nonprofit，and Religious Entities and Activities"，in *Historical Statistics of the United States*：*Millennial Edition*（New York：Cambridge University Press，2000），该文提供了罗马天主教徒在 1929 年到 59 年慈善捐赠的数据。尽管无法同

我们在 1960 年到 89 年的数据直接比较，但是 Hall 的数据显示每名天主教徒的捐赠从 1929 年到 1945 年下降了 49%（作为全国人均收入的一部分），在 1945 年到 1960 年间又回复了 7%。所以，在 20 世纪后 70 年中，天主教徒和新教徒的认捐捐赠（作为收入的一部分）都呈现出大致相同的轨迹——在大萧条时期急剧下滑，战后出现缓慢回复，1960 年后稳步下降。

30. 见作者对罗珀社会和政治趋势调查以及扬科维奇合伙公司无私提供的扬科维奇·摩尼特研究报告的分析。在罗珀调查中，受访者被问到 "你个人在上月从事了什么活动？"，这一系列广泛的选项涵盖了 "看牙医" 到 "租碟"，也包括 "向慈善团体捐赠"。为了避免调查出现季节性的变动，这项提问总是在 10 月的时候进行。在扬科维奇研究报告的受访者被问到有关宗教活动的问题，是否 "偶尔参加宗教活动？" 诸如 "做礼拜" "查圣经" "做志愿" "做祈祷" 等。尽管这系列调查从 1987 年才开始，但这些数据基本上和 Giving and Volunteering in the United States 所显示同类数据是一致的。

31. 对宗教的估测来自 Sylvia Ronsvalle，*The State of Church Giving through* 1995，48-49；对联合劝募会的估测以及总捐赠来自作者对 U-nited Way 和 Giving USA 的数据计算。

32. Wuthnow，*The Crisis in the Churches*.

33. Greeley and McManus，*Catholic Contributions*，63.

34. Robert Wuthnow，"The Changing Character of Social Capital in the United States"，in Putnam，*Dynamics of Social Capital in Comparative Perspective*；And Diane Colasanto，"Voluntarism：American Show Commitment to Helping Those in Need"，Gallup Report（November 1989）：19. 相反，部分其他证据来源并没有证实平均参加志愿活动有任何的增长。Giving and Volunteering in the United States，1999，基于由独立部门进行的为期两年一次的调查，显示每周参加志愿活动的平均小时数从 1987 年的 2.1 小时缓慢持续地下滑到 1999 年的 1.9 小时，这主要是由于规律性的志愿活动被不规律的或偶发的志愿活动所替代。在过去 30 年里，社会心理学家进行了许多同 "自发性互助行为" 的研究——归还失物、帮助陌生人等。Nancy Mehrkens Steblay，in "Helping Behavior in Rural and Urban Environ-

第 7 章

ment"，该文回顾了65项这类研究，发现城市互助行为逐年出现下降，没有城市之外的补偿。

35. "规律地"参加意味着在上周参加教会以及每月至少参加一次社团聚会。此种意义上规律性的社区参与从1975年的22%下降到了1999年的9%，那些从不参加教会或社团聚会活动的人从11%上升到了20%。参加教会和社团活动的人的志愿活动每年从15次上升到了24次，而不参加者的同样比率从每年8次下降为2.8次。

36. Wilson and Musick, "Attachment to Volunteering", *Giving and Volunteering in the United States*, 1999. 1，显示在1999年全部41%自称为志愿者"仅仅偶尔付出时间参与活动，并称只做这一次"。

37. 图7-8和图7-9都是基于作者对DDB Needham生活方式档案的分析。录入的数据来自对每个年龄组别每年志愿活动或社区项目的回归频数的计算，乘以上23年并除以最初的得分。然而，在1975-1976年和1997-1998年间的平均数字变动——或仅是志愿者占比的简单变化——对每个年龄组别而言都能得基本相同的结论。每个指标都合并了单身和已婚成年人的数据，但是类似的模式在每个单独组别中都呈现出来。在60岁以上的人中，单身者要比已婚者多，在中年人的组别中，单身志愿者较少。可能是，年长志愿者帮助克服社会孤立，而中年志愿者主要通过家庭关系做同样的事情。来自独立部门 Giving and Volunteering 在1987年到1999年的每两年度进行调查数据，尽管要比DDB Needham数据更加易变和不健全，但也反映了45岁以上受访者志愿行为的上升（特别是那些超过75岁的人），与此伴随的是45岁以下人的同类活动基本上很少或没有增长。

38. 根据全国预防活在协会，全国范围内志愿消防员从1983年的884 600下降到1997年803 350人，专职消防员从226 600上升到275 700人。大多数50 000以下的社区都是有消防部门的消防员提供防护。根据 *Comprehensive Report on Blood Collection and Transfusion in the United States in* 1997（Bethesda, Md.：National Blood Data Resource Center, May 1999），29，全国范围内献血者数量（排除了自我导向的鲜血）从1987年下降到1997了约20%。根据 *Public Opinion Online*（Roper Center at University of Connecticut, Storrs），编目号 0197588和

0197588，那些声称不献血是为了避免感染艾滋病的公众比率从1989年8月的48%下滑到1995年6月的24%。从1979年到1987年的数据，尽管不能同后来的数据直接进行比较，显示了献血比率的上升，但是1987年后的下滑要比早先的上涨要多。有关过去后四分之一世纪的调查都一致地发现，50岁之后的献血行为下滑剧烈，因此下滑自这些人1937出生于"捐献池塘"（第14章最后部分所说的"悠久的公民传统"）中时就开始。对代际因素对献血行为衰退的影响，也见 Eric Nagourney, "Blood Shortage：Answers Scarce, Too", *New York Times*, October 5, 1999, D8。

39. Kristin A. Goss, "Volunteering and the Long Civic Generation", *Nonprofit and Voluntary Sector Quarterly* 28（1999）：378-415. 又见 Susan Chambré, "Volunteerism by Elders：Past Trends and Future Prospects", *Gerontologist* 33（April 1993）：221-228。

40. Robinson and Godbey, Time for Life；John P. Robinson, Perla Werner, and Geoffrey Godbey, "Freeing Up the Golden Years", *American Demographics*, October 1997, 20-24.

41. 控制年龄、教育程度、年份、性别、收入、参加教会活动、参加社团活动，以及父亲或母亲社会地位等因素，志愿活动和对政治的兴趣是正关联的，而和同意"诚实的人选不上"是负相关的。在经常从事活动的志愿者中，58%的人声称他们对政治感兴趣，相比之下非志愿者该比率为41%。仅有42%经常从事志愿活动的志愿者赞同"诚实的人选不上"，相对的非志愿者为49%。这种志愿活动和政治参与的联系在过去四分之一世纪里保持着稳定的正相关关系。

第8章 互惠、诚实与信任

1. David Hume［*A Treatise of Human Nature*, book 3, part 2, section 5（1740）］. 见 Robert Sugden, *The Economics of Rights*, Co-operation and Welfare（Oxford：Basil Blackwell, 1986），106。（见中译本《人性论》，关文运译、郑之骧校，商务印书馆1980年版，第561页。）

2. Michael Taylor, *Community, Anarchy, and Liberty*（New York：Cambridge University Press, 1982），28-29. 又见 Alvin W. Gouldner, "The Norm of Reciprocity：A Preliminary Statement", American Sociological Review 25 （April 1960）：161 – 178。

3. Tocqueville, Democracy in America, 525 – 528.

4. Francis Fukuyama, Trust (New York：Free Press, 1995)；Rafael La Porta, Florencio Lopez – de – Silanes, Andrei Shleifer, and Robert W. Vishny, "Trust in Large Organizations", American Economic Review Papers and Proceedings 87 (May 1997)：333 – 338；Stephen Knack and Philip Keefer, "Does Social Capital Have an Economic Payoff? A Cross – country Investigation", Quarterly Journal of Economics 112 (1997)：1251 – 1288；And Kenneth J. Arrow, "Gifts and Exchanges", Philosophy and Public Affairs 1 (summer 1972)：343 – 362.

5. Ichiro Kawachi, Bruce P. Kennedy, and Kimberly Lochner, "Long Live Community：Social Capital as Public Health", The American Prospect, November/December 1997, 56 – 59.

6. 有关一般性社会信任（缺乏矛盾的信任）和欺骗（存在矛盾的信任）不存在关联的论述。见 Julian B. Rotter, "Interpersonal Trust, Trustworthiness, and Gullibility", American Psychologist 35 (January 1980)：1 – 7。

7. 在此要感谢 Russell Hardin 向我阐明重要的区别。见 "Street Level Epistemology of Trust", Politics & Society 21 (December 1993)：505 – 529.

8. Diego Gambetta, "Can we Trust Trust?", in Trust：Making and Breaking Cooperative Relations, ed. Diego Gambetta (Oxford：Blackwell, 1988), 221.

9. Mark Granovetter, "Economic Action and Social Structure：The Problem of Embeddedness", American Journal of Sociology 91 (November 1985)：481 – 510；Coleman, Foundations, 300 – 321；Putnam, Making Democracy Work, ch. 6；Margaret Levi, "Social and Unsocial Capital：A Review Essay of Robert Putnam's Making Democracy Work", Politics & Society 24 (March 1996)：45 – 55；Edward Glaeser, David Laibson, Jose Scheinkman, and Christine Soutter, "What Is Social Capital? The Determinants of Trust and Trustworthiness", National Bureau of Economic Research Working Paper 7216 (Cambridge, Mass.：National Bureau of Eco-

nomic Research, July 1999).

10. Bernard Williams, "Formal Structures and Social Reality", in Gambetta, Trust, 3 – 13；Ronald S. Burt and Marc Knez, "Trust and Third – Party Gossip", in Trust in Organizations, ed. Roderick M. Kramer and Tom R. Tyler (Thousand Oaks, Calif.：Sage Publications, 1996), 68 – 89. 这种深厚和单薄信任之间的区分和 Toshio Yamagishi 和 Midori Yamagishi 所作的区分是类似的（但并非完全相同），"Trust and Commitment in the United States and Japan", Motivation and Emotion 18 (June 1994)：129 – 66，此文区分了"信任"和"奉献"。

11. Rotter (Interpersonal Trust, Trustworthiness, and Gullibility, 2) 定义"广义上的其他"为"没有大量个人阅历的一个人或者集团。"在能够提供的45个州的数据中，组织密度（基于罗珀社会和政治趋势调查）和社会信任（基于综合社会调查和 DDB Needham 生活方式调查）的相关度为 $R^2 = .52$。

12. "深厚信任"和"单薄信任"显现出连续性的终结。"深厚信任"针对的是辐射范围较短的信任，涵盖的仅仅是那些同被信赖者关系紧密的，从社会学上讲，"单薄信任"针对的是辐射范围长的信任，涵盖了多数同被信赖者社会联系较远的人们。

13. Wendy M. Rahn and John E. Transue, "Social Trust and Value Change：The Decline of Social Capital in American Youth, 1976 – 1995", Political Psychology 19 (September 1998)：545 – 565，引注在第545页.

14. 对本节论据的归纳，见 John Brehm and Wendy Rahn, "Individual – Level Evidence for the Causes and Consequences of Social Capital", American Journal of Political Science 41 (July 1997)：999 – 1023；Eric Uslaner, "Faith, Hope, and Charity：Trust and Collective Action" (College Park：University of Maryland, 1995)；John T. Scholz, "Trust, Taxes, and Compliance", in Trust and Governance, Russell Sage Foundation Series on Trust, vol. 1, ed. Valerie A. Braithwaite and Margaret Levi (New York：Russell Safe Foundation, 1998), 135 – 166；Young – dahl Song and Tinsley E. Yarbrough, "Tax Ethics and Taxpayer Attitudes：A Survey", Public Administration Review 38 (September/October 1978)：442 – 452；Steven

独自打保龄

第
8
章

M. Sheffrin and Robert K. Triest, "Can Brute Deterrence Backfire? Perceptions and Attitudes in Taxpayer Compliance", in *Why People Pay Taxes: Tax Compliance and Enforcement*, ed. Joel Slemrod (Ann Arbor: University of Michigan Press, 1992), 193 – 218; John T. Scholz and Mark Lubell, "Trust and Taxpaying: Testing the Heuristic Approach to Collective Action", *American Journal of Political Science* 42 (April 1998): 398 – 417; Stephen Knack, "Civic Norms, Social Sanctions, and Voter Turnout", 145; Rotter, "Interpersonal Trust, Trustworthiness, and Gullibility"; 以及 Robert Smith 未刊的对 1991 年罗珀调查的分析。(Cambridge, Mass., June 1998); 此处要感谢 Dr. Smith 分享他的分析。调查的细节, 见 Public Attitude Monitor 1991 (Wheaton, Ill.: Insurance Research Council, 1991)。根据 DDB Needham 生活方式调查的数据, 控制住其他各种人口特征要素, 社会信任和参加社团会议和教会服务的频率是有关的, 同献血频率则更为有关。

15. 对这些要素之间的因果关联曾引起一场剧烈的争论。这场辩论很重要, 但无论在理论还是经验层面, 都仍然是混杂的。然而, 这对我此处进行的讨论是次要的。对该问题进行的第一步重要探索, 见 Glaser, Laibson, Scheinkman, and Soutter, "What Is Social Capital?"。

16. 实际上, 社会和政治信任对于跨个人、跨国家、跨时段都是关联的, 但是社会科学家们对于为什么会这样还没有达成共识。有学者认为天生容易轻信的性格解释了两者, 有学者则认为两者都受到同样事物的影响——繁荣, 政府绩效, 或类似因素。有学者认为两者通过复杂的因果链产生作用; 例如, 也许低社会信任导致了政治冲突, 然后导致了政府绩效降低, 然后导致了对政府的不信任。对于这一系列观点, 见 Levi 和 Braithwaite, *Trust and Governance*; Susan Pharr and Robert D. Putnam, eds., *What's Troubling the Trilateral Democracies?* (Princeton, N. J.: Princeton University Press 2000); Robert Wuthnow, "The Changing Character of Social Capital in the United States"; Brehm and Rahn, "Individual – Level Evidence"; Tom W. Smith, "Factors Relating to Misanthropy in Contemporary American Society", *Social Science Research* 26 (June 1997): 170 – 196; And Ken Newton, "Social and Political Trust", in *Critical Citizens: Global Support*

for Democratic Government, ed. Pippa Norris (Oxford: Oxford University Press, 1999)。

17. 对信任陌生人和此问题有关的经验证据, 见 Eric Uslaner, *Moral Foundations of Trust* (待出)。

18. Kenneth Newton, "Social Capital and Democracy", *American Behavioral Scientist* 40 (March/ April 1997): 575 – 586.

19. 作者对 GSS 和 DDB Needham 生活方式调查档案的分析, 对其他人口学特征都进行了全面控制。对 GSS 调查的独立分析验证了这种模式; 见 Smith, "Factor Relating to Misanthropy"。

20. 对于此段归纳的支持证据, 见 *Uniform Crime Rates for the United States* 1997 (Washington, D. C.: Federal Bureau of Investigation, 1998), 链接为 www. fbi. gov/ucr/Cius _ 97/ 97crime/97crime. pdf; Brehm and Rahn, "Individual – Level Evidence"; Alfred DeMaris and Renxin Yang, "Race, Alienation and Interpersonal Mistrust", *Sociological Spectrum* 14 (October/December 1994): 327 – 349; Tom W. Smith, "Factors Relating to Misanthropy"; Korte and Kerr, "Response to Altruistic Opportunities in Urban and Nonurban Settings", 183 – 84; Stanley Milgram, "The Experience of Living in Cities", *Science* 167 (March 1970): 1461 – 1468; Robert B. Smith 未刊的分析, 见注释第 14; 以及 Paul Blumberg, *The Predatory Society: Deception in the American Marketplace* (New York: Oxford University Press 1989), 163。

21. 有趣的是《读者文摘》支持的一项有关广义的互惠行为的详细报告。装有 50 美元并附有假想失主姓名和住址的钱夹被遗失在 14 个不同欧洲国家的城市街道上。归还钱包的频率同社会资本的国家得分直接高度关联 (r = .67)。换言之, 那些市民被认为"多数人值得信任"的地方, 这些人基本符合要求, 在那些使命回答"你不应对人太小心谨慎"的地方也是一样的。这些精彩的研究结果见 Knack and Keefer, "Does Social Capital Have an Economic Payoff?", 1257。

22. 社会心理学家发现, 在面对变化环境或者情境的时候或多或少, 个人心理以及认知反映所表现的社会信任或多或少都是静态的。参见如 Sharon G. Goto, "To Trust or Not to Trust:

514

Situational and Dispositional Determinants", *Social Behavior and Personality* 24（1996）：119 – 132。Eric Uslaner 在他即将刊出的 The Moral Foundation of Trust 辩称，一般性的或单薄信任来自个人的乐观主义，而它有来自儿童时期的体验。

23. Robert Wuthnow, "The Role of Trust in Civic Renewal", The National Commission on Civic Renewal, working paper no. 1（College Park：University of Maryland, 1997）。Glaeser, Laibson, Scheinkman, and Soutter, "What Is Social Capital?"该文辩称规范问题预测的是行为的可信性，而不是信任本身。

24. In *The Cynical Americans*：*Living and Working in and Age of Discontent and Disillusion*（San Francisco：Jossey – Bass, 1989）, Donald L. Kanter and Philip H. Mirvis 指出，受访的 72% 的雇工赞同"对他人的基本信任和信心都在逐步下降"。

25. Lane, "Politics of Consensus", 879; and Niemi, Mueller, and Smith, *Trends in Public Opinion*, 303. 该文指出赞同"大多数人都值得信任"从 1942 – 1948 年的 66% 攀升到 1963 – 1964 年的 77%，之后下滑到 1966 年的 71% 以及 1983 年 56%。这些数据不能同该书其他地方所引用的标准信任问题进行对比，注释中阐明的调查仅仅提出了单独选项"大多数人值得信任"，而标准问题提出的则是在"大多数人值得信任"和"你不应太小心谨慎"之间的选择。导致相对不信任指数降低了 20%。

26. 图 8 – 2 概括的调查如下：

调查档案	时间	早期的信任	晚期的信任	每十年的相对变化
NORC – 综合社会调查	1972 – 1998	48%	39%	– 7%
全国选举研究	1964 – 1998	55%	40%	– 8%
DDB Needham 生活方式	1975 – 1999	42%	25%	– 16%
观测未来（高中生）	1976 – 1996	46%	24%	– 23%

图 8 – 2 的来源将在附录 1 中陈述。除了 DDB Needham 生活方式调查以外，有其他调查都提出了这样的问题："总体上将，你承认大多数值得信任，或你不应该对别人太防范？" DDB Needham 生活方式调查提出了赞同或不赞同"多数人是诚实的" 6 个层次的问题。因为这份调查缺乏清晰的相对不信任的材料，因此会取得 20% 多的赞同，但是在另一方面，该问题呈现出双重特性。要使该问题和其他更具有可比性，我使用了那些"完全"或"大致"赞同的受访者的百分比，但是此处从任何意义上都不能直接导出结论。

27. 对年轻人的社会不信任，见 Rahn and Transue, "Social Trust and Value Change"。Rahn 教授首先指出美国长期社会资本的趋势的代际基础值得一书。

28. 本节的论据在作者对 DDB Needham 生活方式和综合社会调查档案的分析中有所描述。Firebaugh 对随后的方法进行了阐释，"Methods for Estimating Cohort Replacement Effects"，大多数的社会信任的累积性下滑都是由于年龄代际更替。这完全和社会信任在高中班级历年的急剧下滑是一致的，如在 1976 – 1996 年间的预测未来调查。对同人群有关的社会信任下滑的独立论点，见 Smith, "Factors Relating to Misanthropy"。该结论不受连续的代际变化具体转折点的影响。

29. Robert M. Groves and Mick P. Couper, *Nonresponse in Household Interview Surveys*（New York：Wiley, 1998）, 155 – 187. 又见 John Goyder, *The Silent Minority*：*Nonrespondents on Sample Surveys*（Cambridge, U. K. : Polity Press, 1987）, esp. 64; John Brehm, *The Phantom Respondents*：*Opinion Surveys and Political Representation*（Ann Arbor：University of Michigan Press, 1993）, and Joop J. Hox and Edith D. de Leeuw, "A Comparison of Nonresponse in Mail, Telephone, and Face – to – Face Surveys", *Quality & Quantity* 28（November 1994）：329 – 344。相反的观点，见 Tom W. Smith, "Trends in Survey Non – Response", *International Journal of Public Opinion Research* 7（1995）：157 – 171。

30. 根据 Louis Harris & Associates 调查，见北加州大学社会科学研究中心数据档案，1974 – 1976 年有 15% 的受访者回答了未列出的电话号码，1997 年为 25%。单独来说，抽样调查公司发现未列出的家庭比例从 1984 年的 22% 上升到了 1997 年的 30%："萨克拉曼多是未列出最多的地方。" *The Frame*：*A Quarterly Newsletter for Survey Researchers* (March 1997)，at www. worldopinion. com/newsstand. taf? f = a&id = 1248. 对于来电筛选，见 William G. Mayer，"The Rise of the New Media"，*Public Opinion Quarterly* 58 (spring 1994)：124 – 146，表格在 146 页，基于 Roper 调查；Robert W. Oldendick and Michael W. Link，"The Answering Machine Generation：Who are They and What Problem Do They Pose for Survey Research?"，*Public Opinion Quarterly* 58 (summer 1994)：264 – 273，见 268 页；And Michael L. Link and Robert W. Oldendick，"Calling Screening：Is it Really a Problem for Survey Research?"，*Public Opinion Quarterly* 63 (1999)：577 – 589.

31. 对邮件统计回复的论述，见 Mick P. Couper，Eleanor Singer，Richard A. Kulka，"Participation in the 1990 Decennial Census：Politics，Privacy，Pressures"，*American Politics Quarterly* 26 (January 1998)：59 – 80，我要感谢 Kristin Goss and Stephen Knack 提供有关统计部门的数据。对 2000 年统计的详细陈述，统计局指出公民参与是统计参与率的强预测指标，比公开宣传的鼓励参与率要得多。见 Nancy Bates and Sara Buckley，"Reported Exposure to Paid Advertising and Likelihood of Returning a Census Form"，(该文提交于 54 节美国公众观研究协会 54 届年会，St. Petersburg，Fla. ，May 1999)。

32. 对公路疯狂驾驶行为的论述，见 Matthew L. Wald，"Temper Cited as Cause of 28，000 Road Death a Year"，*New York Times*，July 18，1997。对于怀疑观点的讨论，见 Michael Fumento，"'Road Rage' Versus Reality"，*Atlantic Monthly*，August 1998。然而，Fumento 指出在红灯处的撞车在 1992 – 1996 年增长了 14%，红灯停行处致命的撞车上升了 19%。对超速行驶的容忍从 1990 年的 20% 上升到了 1997 年的 46%，开放高速公路上对超速行驶的容忍保持 50% 不变，根据 Public Attitude Monitor 5 (Wheaton，Ill. ：Insurance Research Council，1997)，8 对盖洛普调查结论的讨论，见 George Gallup Jr. and Frank Newport，"Americans Take Their Automobiles Seriously"，*Gallup Poll Monthly*，no. 308 (May 1991)，46 – 61，esp. 58 – 59 and *Gallup Poll Monthly* (August 1997)：60。更多的验证，见 *The Public Perspective* 8 (December/ January 1997)：64。

33. 见附录 2 为图 8 – 4 提供的来源。感谢 Stephen Knack 的此条引注。

34. 图 8 – 5 根据 FBI 统一罪案报告有关罪案 (暴力或非暴力) 以及谋杀案累计的数据。对谋杀率的测量更加可靠但是和家庭不和、毒品打击的起伏密切相关，和全国一般性违法情况的关联更不明显。70 年代以前的全国性犯罪受害率的调查无法提供。

35. 见，例如，Fox Butterfield，"Decline of Violent Crimes Is Linked to Crack Market"，*New York Times*，December 28，1998.

36. 我要感谢 Sam Bowels 对此方法的最初介绍。

37. 对全美人口或全部就业人口而言，该论点都是符合的。又见 Richard L. Abel，*American Lawyers* (New York：Oxford University Press，1989)。

38. Richard H. Sander and E. Douglass Williams，"Why Are There So Many Lawyers? Perspectives on a Turbulent Market"，*Law and Social Inquiry Journal* 14 (1989)，433.

39. 此节和前面章节的统计数据来自 Historical Statistics of the United States：Series D589 – D592；Statistical Abstract of the United States (various years)，series no. 637；由劳工统计署直接提供数据。

40. Robert Clark，"Why So Many Lawyers"，*Fordham Law Review* 61 (1993)：275.

41. 见 Marc Galanter，"The Day After the Litigation Panic"，*New Directions in Liability Law*，ed. Walter Olson (New York：The Academy of Political Science，1988)，18 – 30；Marc Galanter，"Real World Torts：An Antidote to Anecdote"，*Maryland Law Review* 46 (1996)：1093 – 1160；Marc Galanter and Thomas Palay，*Tournament of Lawyers* (Chicago：University of Chicago Press，1991)。

42. Marc Galanter，"The Faces of Mistrust：The Image of Lawyers in *Public Opinion*，Jokes，and Political Discourse"，*University of Cincinnati Law Review* 66 (spring 1998)：805 – 845，引注见 806 – 807 页。

43. R. J. Gilson and R. H. Mnookin，"Disputing Through Agents：Cooperation and Conflict Between Lawyers in Litigation"，*Columbia Law Re-

view 94（1994）：509 – 66，引自 Tom R. Tyler，"Trust and Democratic Governance"，in *Trust and Governance*，Valerie Braithwaite and Margaret Levi，eds.（New York：Russell Sage Foundation，1999），269 – 294，见 288 页。

第 9 章 反潮流？小型团体、社会运动与网络

1. Robert Wuthnow，*Sharing the Journey：Support Groups and America's New Quest for Community*（New York Free Press，1994），特别是 45 – 46，59 – 76，170，320。

2. Theodora Penny Martin，*The Sound of Our Own Voices：Women's Study Clubs* 1860 – 1910（Boston：Beacon Press，1987），引注在 172 页；And Theda Skocpol，Protecting Soldiers and Mothers：*The Political Origins of Social Policy in the United States*（Cambridge，Mass.：Harvard University Press，Belknap Press，1992）。

3. Ellen Slezak，*The Book Group Book*（Chicago：Chicago Review Press，1993），14。

4. James A. Davis，*Great Books and Small Groups*（Glencoe，Ill.：Free Press，1961），又见作者对 1996 年全国选举研究的分析，将文学、研究和讨论小组的入会同其他形式的社区参与关联起来，并控制了其他人口特征。

5. Robert Oliphant，"My Say"，*Publishers Weekly*，January 4，1985，72；Mary Mackay，"Brooking a Group Adventure"，Belles Letters：*A Review of Books by Women* 8（summer 1993）：26。The Study Circle Resource Center 以及 The Kettering Foundation 赞助了全国范围内的研究和阅读小组。

6. 1967 年进行的调查［Sidney Verba and Norman H. Nie，*Participation in America：Political Democracy and Social Equality*（New York：Harper & Row，1972）］以及 1996 年国家选举研究发现，文学、艺术、研究或者讨论小组明显的参与上升（4%）。作者对综合社会调查的分析认为，在 1974 年到 1994 年之间这类组织的入会率没有明显的变化，如果我们控制教育和婚姻变化的话，则出现了明显的下滑。根据经典著作项目的工作人员所说，阅读小组的全国项目自 1947 年开始，到现在还不到 60 年代的参与人数的一半。

7. Alfred H. Katz，*Self – Help in America：A Social Movement Perspective*（New York：Twayne Publishers，1993）；Irving Peter Gellman，*The Sober Alcoholic：An Organizational Analysis of Alcoholics Anonymous*（New Haven，Conn.：College and University Press，1964）；Nan Robertson，Getting Better：*Inside Alcoholics Anonymous*（New York：William Morrow，1988），88，155 – 56。

8. 见作者对 1996 年国家选举研究的分析；Morton A. Lieberman and Lonnie R. Snowden，"Problems in Assessing Prevalence and Membership Characteristics of Self – Help Group Participants"，*Journal of Applied Behavioral Science* 29（June 1993）：166 – 180。

9. Wuthnow，Sharing the Journey，158。

10. Lieberman and Snowden，"Problems in Assessing Prevalence and Membership Characteristics of Self – Help Group Participations"，176 – 178。对于自助组织的相反观点，见 Frank Riessman and David Carroll，*Redefining Self – Help：Policy and Practice*（San Francisco：Jossey – Bass，1995）；Katz，Self – Help in America（1993）；and Wendy Kaminer，*I'm Dysfunctional，You're Dysfunctional：The Recovery Movement and Other Self – Help Fashions*（Relating，Mass.：Addison – Wesley，1992）。

11. Alfred H. Katz and Eugene I. Bender，eds.，*The Strength in Us；Self – Help Groups in the Modern World*（New York：Franklin Watts，1976），6。

12. Riessman and Carroll，*Redefining Self – Help*；Katz，*Self – Help in America*。

13. 见作者对 1996 年国家选举研究的分析。Lieberman and Snowden，"Problems in Assessing Prevalence and Membership Characteristics of Self – Help Group Participation"，170。

14. Wuthnow，*Sharing the Journey*，3 – 6。Wuthnow 认为（322），那些更大的"小"团体（超过 20 个成员）鼓励其成员聚焦更为广泛的议题，但是更小的"小"团体（10 – 20 个成员）则不这样做。又见 Wuthnow 的 *Loose Connections：Joining Together in America's Fragmented Communities*（Cambridge，Mass.：Harvard University Press，1998）。

15. Jack L. Walker，*Mobilizing Interest Groups in America*，esp. 35 – 40；W. Douglas Costain and Anne N. Costain，"The Political Strategies of Social

Movements： A Comparison of the Women's and Environmental Movements", *Congress and the Presidency* 19 （spring 1992）：1 – 27.

16. Rochon, *Culture Moves*.

17. McAdam, *Freedom Summer*, 63 – 64, and 271 ff. ; Doug McAdam and Ronnelle Paulsen, "Specifying the Relationship between Social Ties and Activism", *American Journal of Sociology* 99 （November 1993）：640 – 667; Morris, Origins of the Civil Rights Movement; Edward J. Walsh and Rex H. Warland, "Social Movement Involvement in the Wake of a Nuclear Accident： Activists and Free Riders in the TMI （Three Mile Island） Area", *American Sociological Review* 48 （December 1983）：764 – 780; Sara Diamond, *Roads to Dominion： Right – Wing Movements and Political Power in the United States* （New York： Guilford Press, 1995）; John D. McCarthy, "Pro – Life and Pro – Choice Mobilization： Infrastructure Deficits and New Technologies", in *Social Movements in an Organizational Society： Collected Essays*, ed. Mayer N. Zald and John D. McCarthy （New Brunswick, N. J. ： Transaction Books, 1987）, 49 – 66, esp. 55 – 56; Rochon, *Culture Moves*, ch. 4.

18. Mario Diani, "Social Movements and Social Capital： A network Perspective on Movement Outcomes", *Mobilization： An International Journal* 2 （September 1997）：129 – 147; Carmen Sirianni and Lewis Friedland, "Social Capital and Civic Innovation： Learning and Capacity Building from the 1960s to the 1990s" （该文提交于美国社会学会年会, Washington, D. C. , 1995）; And www. cpn. rog/sections/new_ citizenship/theory/socialcapital_ civicinnov. thml

19. McAdam, Freedom Summer, 132, 190; Kenneth T. Andrews, " The Impacts of Social Movements on the Political Process： The Civil Rights Movement and Black Electoral Politics in Mississippi ", *American Sociological Review* 62 （1997）：800 – 819.

20. Debra C. Minkoff, "Producing Social Capital", *American Behavioral Scientist* 40 （March/April 1997）：606 – 619.

21. Margit Mayer, "Social Movement Research and Social Movement Practice： The U. S. Pattern", in *Research on Social Movements： The State of the Art in Western Europe and the USA*, ed. Dieter Rucht （Boulder, Colo. ： Westview Press, 1991）：47 – 120, 引注见第 64 页。

22. John D. McCarthy, "Pro – life and Pro – Choice Mobilization", 58.

23. McCarthy, " Pro – life and Pro – Choice Mobilization"; Suzanne Staggenborg, *The Pro – Choice Movement： Organization and Activism in the Abortion Conflict* （New York： Oxford University Press, 1991）, 5 – 6, 146.

24. 对 NARAL 官员的访谈。

25. Minkoff, " Producing Social Capital", 613.

26. Sidney Tarrow 对这场论辩的两个方面都进行了讨论。他的 "反抗者循环" 理论, 最终悄然消失, 见 Sidney Tarrow, *Power in Movement： Social Movements and Contentious Politics*, 2nd ed. （New York： Cambridge University Press, 1998）, esp. 141 – 160。另一方面, 有关他对 "运动社会" 的持久的思考, 见 Davis S. Meyer and Sidney Tarrow, " A Movement Society： Contentious politics for a New Century", in *The Social Movement Society： Contentious Politics for a New Century*, ed. Davis S. Meyer and Sidney Tarrow （Lanham, Md. L Rowman and Littlefield, 1998）, 1 – 28, esp. 4。Ronald Inglehart, *Modernization and Post modernization： Culture, Economic, and Political Change in 43 Societies* （Princeton, N. J. ： Princeton University Press, 1997）, esp. 313, 认为 "精英挑战" 型性格变得更加普遍。对于有关社会运动最终成为一般利益集团或 "专业运动组织" 运动的讨论, 见 Frances Fox Piven and Richard A. Cloward, *Poor People's Movement： Why They Succeed, How They Fail* （New York： Vintage Books, 1977）, and John D. McCarthy and Mayer Zald, *The Trend of Social Movement in America： Professionalization and Resource Mobilization* （Morristown, N. J. ： General Learning Press, 1973）。

27. Morris, *Origins of the Civil Rights Movement*, 182 – 185, 191; McAdam, Freedom Summer; Anne N. Costain, *Inviting Women's Rebellion： A Political Process Interpretation of the Women's Movements*" （Baltimore, Md. ： John Hopkins University Press, 1992 ） esp, 79 – 121; Debra Minkoff, "The Sequencing of Social Movements", *American Sociological Review* 62 （October 1997）：

779－799, esp. 789；And Anne Costain, Richard Braunstein, and Heidi Berggren, "Framing the Women's Movement", in *Women, Media, And Politics*, ed. Pippa Norris (New York：Oxford University Press, 1997), 205－220.

28. Riley E. Dunlap and Angela G. Mertig, eds., *American Environmentalism：The U. S. Environmental Movement*, 1970－1990 (New York：Taylor and Francis, 1992)；Costain and Costain, "The Political Strategies of Social Movements"；and Ronald Snow, *Inside the Environmental Movement：Meeting the Leadership Challenge* (Washington, D. C.：Island Press, 1992), 9.

29. 本节所有1970年后环保团体的会员数据见 Christopher J. Bosso, "The Color of Money：Environmental Groups and the Pathologies of Fund Raising", in Cigler and Loomis, *Interest Group Politics*, 4th ed.. 101－130；And Christopher J. Bosso, "Facing the Future：Environmentalists and the New Political Landscape", in *Interest Group Politics*, 5th ed., Allan J. Cigler and Burdett A. Loomis, eds. (Washington, D. C. L Congressional Quarterly Press, 1999)。在此感谢 Boos 教授帮助我理解环保运动。1970年以前的数据见 Robert Cameron Mitchell, Angela F. Mertig. And Riley E. Dunlap and Mertig, *American Environmentalism*, 11－26。对于少数的案例,我补充了空白年份的数据。

30. Robert C. Mitchell et al., "Twenty Year of Environmental Mobilization", 17；Bosso, "Color of Money", 117.

31. 后面三节没有来源的引注和数据来自 Paul E. Johnson, "Interest Group Recruiting：Finding Members and Keeping Them", in Cigler and Loomis, *Interest Group Politics*, 5th ed., 35－62；and Bosso, "Color of Money", esp. 113－115。又见 Grant Jordan and William Maloney, *The Protest Business? Mobilizing Campaign Groups* (Manchester, England：Manchester University Press, 1997)。

32. Mitchell, Mertig, and Dunlap, "*Twenty Years of Environmental Mobilization*", 13.

33. Bosso, "Color of Money", 113－114.

34. Gregg Easterbrook, "Junk－Mail Politics", *New Republic*, April 25, 1988, 21. 引用于 Jeffery M. Berry, *The Interest Group Society*, 3rd

ed. (New York：Longman, 1997), 77。

35. Andrew S. McFarland, *Common Cause：Lobbying in the Public Interest* (Chatham, N. J.：Chatham House Publishers, 1984), 46.

36. 见一个主要环保组织"会员与市场"助理主任的 E－mail。

37. R. Kenneth Godwin, *One Billion Dollars of Influence* (Chatham, N. J.：Chatham House, 1988), 55－65, 以及此处引用的著作；John D. McCarthy, "Pro－life and Pro－Choice Mobilization", 49－66, esp. 62－63.

38. 图3－2所代表的32个组织中,仅有这两个19世纪的大型组织的入会率在20年代出现了高峰 (The Women's Christian Temperance Union and the International Order of Odd Fellows), 并从二战后的高峰期到世纪末损失了将近85%的既有会员。

39. Christopher J. Bosso, "Review of the Protest Business? Mobilizing Campaign Groups, by Grant Jordan and William Maloney", *American Political Science Review* 93 (June 1999)：467.

40. Linda L. Fowler and Ronald G. Shaiko, "The Grass Roots Connection：Environmental Activists and Senate Roll Calls", *American Journal of Political Science* 31 (August 1987)：484－510, 引注见490页。

41. 第三级团体的资金捐赠的数据在第7章中对慈善捐助趋势的描述中得到了说明, 概述于图7－4中。

42. Kelly Paterson, "The Political Firepower of the National Rifle Association", in Cigler and Loomis, *Interest Group Politics*, 5th ed., 130.

43. John D. McCarthy, "Pro－life and Pro－Choice Mobilization", 62.

44. Tarrow, *Power in Movement*, 133.

45. Jordan and Maloney, *The Protest Business*, 191. 这份调查针对的是两个组织中的英国会员, 尽管没有理由怀疑调查结果也能够应用在美国会员身上。Godwin, One Billion Dollars of Influence, 48, 认为"对于大多数团体而言, 其目标是成为一个安静的贡献者, 而不是成为积极的参与者"。

46. John D. Maloney, *The Protest Business*, 169.

47. McCarthy and Zald, *The Trend of Social Movements*, 3. Ronald G. Shaiko, "More Bang for

第 9 章

the Buck", in Cigler and Loomis, *Interest Group Politics*, 3rd ed., 124.

48. Bosso, "Facing the Future". 又见 Mitchell, Mertig, and Dunlap, "Twenty Years of Environmental Mobilization", 21 – 23.

49. 在经典研究中，如 *Political Parties* [Glencoe, Ill.：Free Press, 1962（1911）], Robert Mitchels 认为甚至是最民主化的组织也不可避免地受到少数精英的影响。

50. "Yogurt – eaters for Wilderness", Sierra（January/February 1989）, 22, 引注于 Philip A. Mundo, *Interest Groups：Cases and Characteristics*（Chicago：Nelson – Hall, 1992）, 178。我们询问了 2 到 3 个州的代表者，这几个州的全国性环保组织都有州或地方章程以便于观测哪部分成员的资金贡献度更高。观测范围从 1.5% 到 15%，包括了那些被低估的数据。在 1998 年，有 27 082 名德克萨斯州的扶轮社成员，来自于国际扶轮会员服务中心（Evanston, Ill.）。扶轮社的会员必须参加 60% 的周会，但是多数都是参加了 100%。

51. Riley E. Dunlap and Angela G. Mertig, "The Evolution of the U. S. Environmental Movement from 1970 to 1990：An Overview", in Dunlap and Mertig, *American Environmentalism*, 6（加了着重号）。

52. 盖洛普数据引自 Riley E. Dunlap, "Trends in Public Opinion Toward Environmental Issues：1965 – 1990", in Dunlap and Mertig, *American Environmentalism*, 113, and Gallup/CNN/USA Today poll, April 13 – 14, 1999。

53. 本节使用的调查数据来自综合社会调查, 1993 – 94. GSS 调查的预测看似被过分夸大了。在 90 年代，所有主要环保组织的会员数合计起来达到每年 600 – 700 万。这数字包括了重复计算，因为对于列表上组织的平均捐赠会员而言，仍然是未来 3 年中的捐赠者。然而，假设所有向一个组织捐赠的所有成员在此后两年离开了组织，至多有 1600 万美国人，或 8% 的所有成年美国人，能够在五年中维持捐赠，GSS 调查的数据则显示为 49%。对于次一级的环保捐赠的低估不能解释这种巨大的差别。

54. 杨科洛维奇合伙公司档案未刊研究成果。Roper Report 97 – 3（New York：Roper Starch Worldwide, 1997）, 117 – 121, 认为在 1989 年到 1997 年间美国人的垃圾回收情况上升剧烈

（e. g., "一般意义上将回收的垃圾进行分类的" 从 14% 跃升到 39%），这也许是由于地方垃圾回收项目的扩展，但是 "一般意义上时不时向政治家写信表达自己关于环境问题的观点" 的人从 20% 下滑到 17%。在撰写本书的过程中，我和多位专家取得了联系，他们有学者也有社会活动家，讨论了草根环保运动。他们几乎毫无例外地承认草根环保运动出现了增长。然而，唯一的例外，却没有人能够为其提供可靠的证据支持。这个案例是由全国野生动物联合会（NEF）自 1978 年以来进行的有关州和地方政府的一系列研究。这类组织的原始数字出现了连年增长。然而，在过去 30 年里，NEF 进一步发现，一旦考虑实质性的增长的话，这类团体的数字实际上是下滑的。例如，在有 1968 年以前成立年份的目录中，到 1999 年目录显示的团体仅有三分之一还在原有目录中。甚至对这早期低估的些微调整也使明显增长变为实际的下滑。要感谢 Arkadi Gerney 对此项研究的帮助。其他有关草根环保组织的增长的证据，例如，列文于 Nicholas Freudenberg and Carol Steinsapir, "Not in Our Backyards：The Grassroots environmental Movement", in *American Environmentalism：The U. S. Environmental Movement*, 1970 – 1990, edited by Riley E. Dunlap and Angela G. Mertig（New York：Taylor & Francis, 1992）, 29。此类论据的可信性被大多数列表上的草根组织从未清理已不存在这一事实严重地削弱了。另外一些同假设过去几十年里环保激进主义增长的反面证据来自 UCLA 对成百上千名大学新生进行的年度调查。那些认为 "参与到活动中来清洁环境" 是他们人生中的重要目标的比例从 1972 年的 45% 下降到 1998 年的 19%。见 Linda J. Sax er al., *The American Freshman*（Los Angeles：UCLA Higher Education Research Institute, 1998）以及本系列早期的几辑。在 90 年代，反环保运动出现了增长，特别是西部，如 "明智使用" 或 "财产权利" 等旗号的运动，但是我们发现有任何可靠证据支持草根组织卷入其中。

55. 对于宗教权利的讨论，见 Robert C. Liebman and Robert Wuthnow, eds., *The New Christian Right：Mobilization and Legitimation*（Hawthorne, N. Y.：Aldine Publishing Company, 1983）; Diamond, Roads to Dominion; Justin Watson, *The Christian Coalition：Dreams of Restoration, Demands for Recognition*（New York：St.

注 释

Martin's Press, 1997); And Smith, *American E-vangelicalism*。在 1998 年，基督教联盟声称有 170 万的会员，超过 1425 个分会。更多的报告认为上述情况是普遍变动的，基督教联盟实际上是直接通过邮件来运作的。见 Laurie Goodstein, "Coalition's Woes May Hinder Goals of Christian Right", *New York Times*, August 2, 1999。

56. Wuthnow, *The Restructuring of American Religion*, 173 – 214.

57. Robert Wuthnow, "The Political Rebirth of American Evangelicals", in Liebman and Wuthnow, *The New Christian Right*, 167 – 185.

58. Smith, *American Evangelicalism*, 39.

59. James L. Guth. John C. Green, Lyman A. Kellstedt, and Corwin E. Smidt, "Onward Christian Soldiers, Religious Activist Groups in American Politics", in Cigler and Loomis, *Interest Group Politics*, 4thed., 55 – 76.

60. Guth, Green, Kellstedt, and Smidt, "Onward Christian Soldiers", 63, 73.

61. 这个图中的归纳来自 James L. Guth, Lyman A. Kellstedt, Corwin E. Smidt, and John C. Green, "Thunder on the Right: Religious Interest Group Mobilization in the 1996 Election", in Cigler and Loomis, *Interest Group Politics*, 5th ed., 169 – 192.

62. 数据来自公民投票和创议研究中心 M. Dane Waters 的慷慨贡献。见 M. Dane Waters, "A Century Later – The Experiment with Citizen – Initiated Legislation Continues", *The Public Perspective* (special issue: America at the Polls: 1998) 10 (December/January 1999): 123 – 144, esp. 128。

63. David D. Schmidt, Citizen Lawmakers: *The Ballot Initiative Revolution* (Philadelphia: Temple University Press, 1989).

64. David B. Magleby, "Direct Legislation in the American States", in *Referendums around the World*, eds. David Butler and Austin Ranney (Washington, D. C.: AEI Press, 1994): 230 – 233.

65. Caroline J. Tolbert, Daniel H. Lowenstein, and Todd Donovan, "Election Law and Rules for Using Initiatives", in *Citizens as Legislators: Direct Democracy in the United States*, eds. Shaun

Bowler, Todd Donovan, and Caroline J. Tolbert (Columbus: Ohio State University Press, 1998): 35 (emphasis added). 又见 Bowler, Donovan, and Tolbert 那卷的其他章节; David B. Magleby, *Direct Legislation: Voting on Ballot Propositions in the United States* (Baltimore, Md.: Johns Hopkins University Press, 1984); Thomas E. Cronin, *Direct Democracy: The Politics of Initiative, Referendum, and Recall* (Cambridge, Mass.: Harvard University Press, 1989), and M. Dane Walters, "A Century Later – The Experiment with Citizen – Initiated Legislation Continues"。

66. 本节相关论点的论据, 见 Betty H Zisk, Money, *Media, and the Grass Roots: State Ballot Issues and the Electoral Process* (Newbury Park, Calif.: Sage, 1987)。

67. Zisk, Money, *Media, and the Grass Roots*, 250.

68. Kevin Djo Everett, "Professionalization and Protest: Changes in the Social Movement Sector, 1961 – 1983", *Social Forces* 70 (June 1992): 957 – 975.

69. Debra E. Blum, "Men's Group Lays Off Entire Staff", *The Chronicle of Philanthropy*, March 12, 1998. "诺言履行者" 组织随后恢复了运作，但是在组织规模上和一年后的 "挺身阻挡" 组织维持在此前的一半大小。See "Promise Keepers at a Prayerful Crossroads; One Year After Mall Rally, Men's Religious Group Grapplers with Message, Money", *Washington Post*, October 7, 1998.

70. 本节归纳的论据来自 Verba, Schlozman, and Brady, *Voice and Equality*, 50, 60, 88 – 89; Dalton, Citizen Politics, 67 – 85; Matthew Cozat, "Are the Times A – Changin? Assessing the Acceptance of Protest in Western Democracies", in Meter and Tarrow, *The Social Movement Society*, 59 – 81; 以及作者对 General Social Survey (1973, 1996), *Political Action Studies* (1974; 1981), Roper Social and Political Trends surveys (1978, 1980, 1985, 1994), 以 及 the World Value Surveys (1980, 1990, 1995) 的分析。由图 9 – 3 中抵抗游行的 "灰色" 部分所证实，罗珀调查发现所有自称 45 岁及之上的示威者的部分从 1978 年 17% 翻番至 1994 年的 19%。Dalton 注意到，来自 1974 年到 1995 年进行的

第9章

521

五份 Political Action 和 World Survey 调查中的数据显示了成年人曾参加过抵抗示威游行的从 1974 年的 16% 上升到 1995 年的 19%；曾参加合法游行的从 12% 上升到 16%；曾参与自发罢工行为的从 2% 上升到 4%；曾参加静坐示威的保持在 2%。然而这些调查同样显示，曾参加示威的所有成年人的平均年龄从 1974 年 35 岁稳步增加到 1995 年 46 岁；该时期的模仿示威者是那些 60 岁的老年退伍军人。

71. Meyer and Tarrow，"A Movement Society"，8.

72. 所有同电话有关的资料，来自 Federal Communication Commission，Statistics of Communications Common Carriers（formerly Statistics of the Communication Industry in the U. S.）（Washington，D. C.：Government Printing Office 1945 – 1999）。所有同 1982 年私务电话有关的资料，来自 Fisher，America Calling，226；对于长途私人电话和信件的变化趋势，见作者对罗珀社会与政治趋势调查加上罗珀 1995 年 8 月报告的分析。对于 1998 年电话使用情况，见 Pew Research Center for the People & the Press，Biennial News Consumption Survey，www. peoplepress. org/ med98que. htm.

73. 对电话产生的社会影响的预测，见 Ithiel de Sola Pool，*Forecasting the Telephone：A Retrospective Technology Assessment of the Telephone*（Norwood, N. J.：Ablex Publishing，1983）；Sidney Aronson，"Bell's Electrical Toy：What's the Use? The Sociology of Early Telephone Usage"，and Asa Briggs，"The Pleasure Telephone：A Chapter in the Prehistory of the Media"，both in *The Social Impact of the Telephone*，ed. Ithiel de Sola Pool（Cambridge，Mass.：MIT Press，1977）；Fischer，American Calling，引注在第 82 页。感谢 David Campbell 对电话社会影响的评论。

74. Pool，"Introduction"，in *Social Impact of the Telephone*，de. Pool，4.

75. Alan H. Wurtzel and Colin Turner，"The Latent Functions of the Telephone：What Missing the Extension Means"，in *Social Impact of the Telephone*，ed. Pool，246 –61.

76. Sidney H. Aronson，"The Sociology of Telephone"，*International Journal of Comparative Sociology* 12（September 1971）：1962；Fisher，America Calling，195；Malcolm M. Willey and Stuart A. Rice，*Communication Agencies and Social Life*（New York：McGraw – Hill，1933）；Martin Mayer，"The Telephone and the Uses of Time"，in *Social Impact of the Telephone*，ed. Pool，225 – 45，引注在 226 页及 230 页。

77. Fischer，*American Calling*，3，242，253，265 –66.

78. Daniel J. Boorstin，*The Americans：The Democratic Experience*（New York：Vintage Books，1974），391.

79. 技术扩散见表 13 – 1 下部以及相关讨论；时间使用见 John Robinson，Shawn Levin，and Brain Hak，"Computer Time"，*American Demographics*，August 1998；有关网络使用见图 13 – 4 下面以及 "64. 2 Million American Adults Regularly Use the Internet"，*Mediamark Press release*（May 12，1999）；AARP Web Site："Silver Stringers Get New Life on Line"，*Boston Globe*，December 25，1998.

80. 青年人与网络见 Project Vote Smart/ Pew Charitable Trust 1999 Survey（Philipsburg，Mont.：Project Vote Smart，1999），（www. votersmart. org/ youthsurvey/phtml? checking = /，accessed October 5，1999）；AARP Wrb site："Silver Stringers Get New Life on Line"，*Boston Globe*，December 25，1998。

81. 宗教服务见 "God Goes Online"，*Wall Street Journal*，March 26，1999，W1；有关祈祷见 Joshua Cooper Ramo，"Finding God on the Wed"，*Time*，December 16，1996，60 – 65；"Praying on the Internet"，*Christian Century*，April 16，1997；有关婚姻见 "The Knot：Weddings for the Real World Launchers Wedding Day"，*Business Wire*，June 24，1997；有关葬礼和治丧咨询见 "Post – moderns Meet Moderns：Online Funerals Is Mourners' Way to Go"，*Associated Press*，in the Sacramento Bee，August 25，1996，A7；Sarah Wyatt，"Comfort and Counsel in Times of Grief"，*New York Times*，August 18，1997；事实上的示威和游说见 "We Shall All Log – On：Digital Demonstrators Unite on the Web"，*Wall Street Journal*，December 3，1998，B1；Rebecca Fairley Raney，"Flash Campaigns：Online Activism at Warp Speed"，*New York Times*，June 3，1999；Internet and community：William A. Galston，"(How) Does the Internet Affect Community? Some Speculations in Search of

Evidence", in *Democracy. com? Governance in a Networked World*, eds. Elaine Ciulla Kamarck and Joseph S. Nye, Jr. (Hollis, N. H. : Hollis Publishing 1999), 45 – 61.

82. Philip Aspden and James F. Katz, "A Nation of Strangers?", *Communications of the ACM* 40 (December 1997): 81 – 86; "The Internet News Audience Goes Ordinary", Pew Research Center for the People & the Press (www. peopel – press. org/tech98mor. htm, accessed on August 15, 1999), esp, 15; 见作者对 DDB Needham 生活方式调查档案的分析。又见 Bruce Bimber, "Information and Civic Engagement in America: Political Effects of Information Technology" (unpublished ms. University of California at Santa Barbara, 1999) 的类似发现。

83. Barry Wellman, Janet Salaff, Dimitrina Dimitrova, Laura Garton, Milena Gulia, and Caroline Haythonthwaite, "Computer Networks as Social Networks: Collaborative Work, Telework, and Virtual Community", *Annual Review of Sociology* 22 (1996): 213 – 238, 引注在 213 页, 以及 Barry Wellman and Milena Gulia, "Virtual Communities as Communities: Net Surfers Don't Ride Alone", in *Communities in Cyberspace*, Marc A. Smith and Peter Kollock, eds. (New York: Routledge, 1999), 167 – 194, 引注在 188 页。

84. Starr Roxanne Hilz and Murray Turoff, *The Network Nation: Human Communication Via Computer* (Reading, Mass. : Addison – Wesley, 1978), 引于 Nitin Nohria and Robert F. Eccles, "Face – to – Face: Making Network Organization Work", in *Networks and Organizations: Structure, Form, and Action*, Nitin Nohria and Robert F. Eccles, eds. (Boston: Harvard Business School Press, 1992), 289; Michael Stangelove, "The Internet, Electric Gaia and the Rise of the Uncensored Self", *Computer – Mediated Communication Magazine* 1 (September 1994), 11.

85. Howard Rheingold, *The Virtual Community: Homesteading on the Electronic Frontier* (Reading, Mass. : Addison – Wesley, 1993), 1; John Perry Barlow, Sven Birkets, Kevin Kelly, and Mark Slouka, "What Are We Doing On – Line", *Harper's* (August 1995): 35 – 46, 引注在 40 页。

86. John Seely Brown and Paul Duguid, *The*

Social Life of Information (Boston: Harvard Business School Press, 2000), 引注在 31 页; Laura Garton and Barry and Barry Wellman, "Social Impacts of Electronic Mail in Organizations: A Review of the Research Literature", *Communication Yearbook* 18 (Thousand Oaks, Calif. : Sage, 1995), 434 – 453, esp. 445 – 447.

87. Michael L. Dertouzos, *What Will Be: How the New World of Information Will Change Our Lives* (San Francisco: HarperEdge, 1997), 157 – 160.

88. Rhengold, *Virtual Community*, 422; Starr Roxanne Hiltz and Murray Turoff, *The Networked Organization* (Cambridge, Mass. : MIT Press, 1993); Peter Steiner, "On the Internet, No One Knows You're a Dog", *New Yorker*, July 5, 1993, 61.

89. Lee Sproull and Sara B. Kiesler, *Connections: New Ways of Working in the Networked Organization* (Cambridge, Mass. : MIT Press, 1991).

90. Peter Kollock and Mark A. Smith, "Communities in Cyberspace", in *Communities in Cyberspace*, Smith and Kollock, eds. (New York: Routledge, 1999), 3 – 25, 引注 13 页。

91. Mark S. Bonchek, *From Broadcast to Netcast: The Internet and the Flow of Political Information*, Ph. D. diss. (Harvard University, 1997), esp. 99 – 109.

92. Brown and Duguid, *Social Life of Information*, 226.

93. 见作者对 DDB Needham 生活方式调查中网络使用的分析; Falling Through the Net II: New Data on the Digital Divide (Washington, D. C. : National Telecommunications and Information Administration, 1999), at www. ntua, dic. goc/ntiahome/net2/falling/html accessed on July 1, 1999; Manuel Castells, *The Rise of the Network Society* (Cambridge, Mass. : Blackwell, 1996), 363 – 64; Pippa Norris, "Who Surfs Café Europe? Virtual Democracy in the U. S. and Western Europe", 该文提交于美国政治学会年会 (Atlanta, September 1999)。

94. Dertouzos, *What Will Be*, 299.

95. Albert Mehrabian, *Silent Message: Implicit Communications of Emotions and Attitudes*, 2ne ed. (Belmont Calif. : Wadsworth, 1981), III, as cited in Brittney F. Chenault, "Developing Personal and

第 9 章

Emotional Relationships Via Computer – Mediared Communication", *Computer – Mediated Communication Magazine* 5 (May 1998): 1. at www. december. com/cmc/, ag/1998/may/chenault. html, as consulted October 16. 1999. 对进化和诚实的论述，见 Robert H. Frank, *Passions Within Reason: The Strategic Roles of the Emotions* (New York: Norton, 1988)。

96. 比较面对面和通过电脑沟通的研究很多。见 Nohria and Eccles, "Face – to – Face", esp. 292 – 299, 出自引注之处; Sara Kiesler, Jane Siegel, and Timothy W. Mcguire, "Social Psychological Aspects of Computer – Mediated Communication", *American Psychologist* 39 (1984): 1123 – 1134; L. K. Trevino, E. H. Lengel, and R. L. Daft, "Media Symbolism, Media Richness, and Media Choice in Organizations: A Symbolic Interactionist Perspective", *Communication Research* 14 (1987): 553 – 574; Lee Sproull and Sara Kiesler, "Computers, Networks, and Work", *Scientific American* 265 [3] (1991): 116 – 127; Poppy Lauretta Mcleod, "An Assessment of the Experimental Literature on Electronic Support of Group Work: Results of a Meta – Analysis", *Human – Computer Interaction* 7 (1992): 257 – 280; Joseph B. Walther, "Interpersonal Effects in Computer – Mediated Interaction: A Relational Perspective", *Communication Research* 19 (1992): 52 – 90; Joseph B. Walther, "Anticipated Ongoing Interaction Versus Channel Effects on Relational Communication in Computer – Mediated Interaction", *Human – Computer Interaction* 20 (1994): 473 – 501; M. Lea and R. Spears, "Love at First Byte? Building Personal Relationship over Computer Networks", in *Understudied Relationships: Off the Beaten Track*, eds. J. T. Wood and S. Duck (Newbury Park, Calif. : 1995), 197 – 233; Garton and Barry Wellman, "Social Impacts"; Susan G. Straus, "Technology, Group Process, and Group Outcomes: Testing the Connections in Computer – Mediated and Face – to – Face Groups", *Human – Computer Interaction* 12 (1997): 227 – 265, esp. 233 – 236; Elena Rocco, "Trust Breaks Down in Electronic Contexts but Can Be Repaired by Some Initial Face – to – Face Contact", *Computer – Human Interaction* [CHI] Proceedings (Los Angeles, Calif. : April 1998), 492 – 502。科学家们仍没有就面对面沟通和通过电脑沟通的差异具体造成哪些不同后果达成共识——面对面交流中的"社会到场"越丰富，以文字为基础的交流越缓慢，越符合面对面交流情境下的假定关系，还是其他。Brown and Duguid, *Social Life of Information*, 41 – 52, 该文提供了关于真实生活和虚拟世界中商谈的有用观点。

97. Brown and Duguid, Social Life of Information, 61. 对脾气暴怒的论述见 Martin Lea, Tim O'shea, Pat Fung, and Russell Spears, " 'Flaming' in Computer – Mediated Communication: Observation, Explanations, Implications", in *Contexts of Computer – Mediated Communication*, Martin Lea, ed. (New York: Harvester Wheatsheaf, 1992), 89 – 112; Garton and Wellman, "Social Impact", 441 – 442, and Straus, "Technology", 234 – 235. Rocco ("Trust Breaks Down") 发现面对面的交流要比通过电脑的沟通促进合作。

98. Nohria and Eccles, "Face – to – Face", 300 – 301; Andrew Cohill and Andrea Kavanaugh, *Community Networks: Lessons from Balckburg, Virginia* (Norwood, Mass. : Artech House, 2000).

99. Galaston, " (How) Does the Internet Affect Community?".

100. Brid O'Connaill, Steve Whittaker, and Sylvia Wilbue, "Conversations over Video Conference: An Evaluation of the Spoken Aspects of Vedio – Mediated Communication", *Human – Computer Interaction* 8 (1993): 389 – 428; Abigail J. Sellen, "Remote Conversation: The Effects of Mediating Talk with Technology", *Human – Computer Interaction* 10 (1995): 401 – 444.

101. Marshall van Alstyne and Erik Brynjolfsson, "Electronic Communities: Global Village or Cyberbalkanization?" (1996), web. mit. edu/marshall/www/Abstracts/html. Accessd on October 1, 1999. 见 Bruce Bimber, "The Internet and Political Transformation: Populism, Community, and Accelerated Pluralism", *Polity* 31 (1998): 133 – 60。对有关网络会促使"现今利益集团政治的分化"的讨论。

102. Stephen Doheny – Farina, *The Wired Neghborhood* (New Haven, Conn. : Yale University Press, 1996), 16.

103. 感谢 Paul Resnick 不断向我就网络与

社会资本的关系介绍和提供富有见地的反思。

104. Time, September 27, 1999; Robert Kraut, Michael Patterson, Vicki Lundmark, and Sara Kiesler, "Internet Paradox: A Social Technology That Reduces Social Involvement and Psychological Well - Being?", *American Psychologist* 53 (September 1998): 1017 - 1031.

105. Emmanuel Koku, Nancy Nazer, and Barry Wellman, "Neting Scholars: Online and Offline", *American Behavioral Scientist* 43 (2000, 待出)。Keith N. Hampton and Barry Wellman, "Netville On - line and Off - line: Observing and Surveying a Wired Suburb", *American Behavioral Scientist* 43 (November/December 1999): 475 - 492, 该文指出有网络连接的多伦多社区居民主要通过电脑的沟通加强邻里间的联系, 而更少突破有形空间界限延展他们的社会网络。Wellman 还在 "The Global Village Isn't So Global", Connections 22 (1999): 14 - 16 一文还提到了一项试验性的研究, 该研究分析了加州大学研究生的电子邮件, 发现将近有三分之二的又见来自湾区, 一般来自伯克利校内。在此感谢 Barry Wellman 对于本节主题的有益观点和他驾驶 BMW 车的技能。有关电话沟通以及面对面交流的辅助性证据是互相补充的, 而非竞争性的。见 Jess Gaspar and Edward L. Glaeser, "Information Technology and the Future of Cities", *Journal of Urban Economics* 43 (1998): 136 - 156。

106. Dertouzos, What Willl Be, 300; Brown and Duguid, *Social Life of Information*, 226, 引自 Dan Huttenlocher。

第 10 章　导言

1. Morris Janowitz, *The Community Press in and Urban Setting: The Social Elements of Urbanism*, 2nd ed. (Chicago: University of Chicago Press, 1967), xvii; Fischer, Jackson, et al., *Networks and Places*, 201 - 203.

2. Wuthnow, *Sharing the Journey*, 6.

3. 同类的观点, 见 Robert J. Sampson, "Local Friendship Ties", 766 - 779。

4. 见作者对综合社会调查、DDB Needham 生活方式调查、罗珀社会与政治趋势档案的分析。Henry E. Brady, Kay L. Schlozman, Sidney Verba, and Laurel Elms, "Who Bowls? Class,

Race, and Political Inequality, 1973 - 1994" (该报告提交于美国政治科学年会, Boston, September 1998), 证实了在公民不参与的情况下, 阶级差异没有出现。

5. 本节的归纳来自于作者对 DDB Needham 生活方式调查、罗珀社会与政治趋势, 以及综合社会调查档案的分析。此分析控制了其他人口特征变量, 包括性别、种族、婚姻、父母, 以及就业状态、年龄、工资和资金担忧, 还包括住房所有权。

6. 对教育能够解释政治参与的差异, 见 Verba, Schlozman, and Brady, *Voice and Equality*; And Norman H. Nie, Jane Junn, and Kenneth Stehlik - Barry, *Education and Democratic Citizenship in America* (Chicago: University of Chicago Press, 1996), 以及附录 1。

7. Statistical Abstract of the United States 1998 (Washington, D. C.: U. S. Census Bureau, 1998), 由作者对综合社会调查的分析补充。

8. 如同前面所注释的, 协同效应可能会变得不明显或切断集聚过程中个人层面存在的因果关联。

第 11 章　时间与金钱压力

1. Verba, Schlozman, and Brady, *Voice and Equality*, 129; *Giving and Volunteering*: 1996, 4 - 112; Robinson and Godbey, *Time for Life*, 231; 见作者对 DDB Needham 生活方式和 GSS 调查的多变量分析。例如, 在 DDB Needham 调查中, 之前一年至少每月 "工作到很晚" 的那部分美国人从 1985 年的 29% 稳步攀升到 1999 年的 38%。

2. Ellen R. McGrattan and Richard Rogerson, "Changes in Hours Worked Since 1950", *Federal Reserve Bank of Minneapolis Quarterly Review* 22 (winter 1998): 2 - 19. 有关工作时间的近期适度而全面的概述, 见 *Report on the American Workforce* 1999 (Washington, D. C.: Department of Labor, 1999), 第 3 章。如下讨论, 逐步增加的稳定性掩盖了次级团体间大量重新配置的时间。

3. Robinson and Godbey, *Time for Life*, 339. 空闲时间是没有用在工作、家务、照顾家庭和个人、用餐以及睡觉上的时间。对工作时间发展趋势的争论, 见 Robinson and Godbey, *Time for Life*; Juliet B. Schor, *The Overworked American*

(New York: Basic Books, 1991); McGrattan and Rogerson, "Changes in Hours"; Mary T. Coleman and John Pencavel, "Changes in Work Hours of Male Employees, 1940 – 1988", *Industrial and Labor Relations Review* 46 (January 1993): 262 – 283; Mary T. Coleman and John Pencavel, "Trends in Market Work Behavior of Women Since 1940", *Industrial and Labor Relations Review* 46 (July 1993): 653 – 676; Laura Leete and Juliet B. Schor, "Assessing the Time Squeeze Hypothesis: Hours Worked in the United States, 1969 – 1989", *Industrial Relations* 33 (January 1994): 25 – 43; Barry Bluestone and Stephen Rose, "Overworked and Underemployed", *The American Prospect* 31 (March/April 1997): 58 – 69; Mishel, Bernstein, and Schmitt, *The State of Working America*, esp. 17 – 18, 123.

4. 见作者对哈里斯民意投票的分析,来自于北加州大学路易斯·哈里斯民意调查档案。Robinson and Godbey, *Time for Life*, 126 – 129. 定时日记比调查收回的数据更为可靠,显示出更少工作时间和更多休闲时间。

5. Schor, The Overworked American; Robinson and Godbey, *Time for Life*, 217 – 218; Report on the American Workforce 1999, 95, 100.

6. Juliet Schor, "Civic Engagement and Working Hours: Do Americans Really Have More Free Time than Ever Before?", in *Working Time, Overwork and Underemployment: Trends, Theory and Policy Perspective*, eds. Lonnie Golden and Deborah M. Figart (London: Routledge, 2000 forthcoming).

7. 见作者对综合社会调查和 DDB Needham 生活方式数据的反洗,控制了性别、种族、出生时间、受访时间、教育、收入、资金担忧、区域、城市规模、婚姻状况和工作地位、健康状况、迁移意向、房屋拥有状况、县域居民的平均交通时间的变量。我们有关 DDB Needham 有关时间压力的指标基于四个紧密关联的选项,前三项是同意或不同意的问题陈述:(1)"我大多数时间工作很努力";(2)"我有很多空闲时间"(打负分);(3)"我感到大多数时间都有压力";以及(4)"在过去 12 个月里面你曾经工作到很晚的次数是多少?"

8. Richard B. Freeman, "Working for Nothing: The Supply of Volunteer Labor", *National Bu-*

reau of Economic Research Working Paper no. 5435 (Cambridge, Mass.: National Bureau of Economic Research, 1996), 28 – 34; Verba, Schlozman, Henry E. Brady, Sidney Verba, Jennifer Erkulwater, and Laurel Elms, "Why Can't They Be Like We Were? Life Cycle, Generation, and Political Participation"(该文提交于美国政治科学学会年会, Atlanta, September 1999);见作者对 DDB Needham 生活方式调查数据的分析。

9. John Robinson, "The Time Squeeze", *American Demographics*, February 1990. 时间压力和对电视的依赖在 DDB Needham 数据中是强烈负相关的。

10. 见作者对 DDB Needham 生活方式数据的分析。

11. 见作者对 DDB Needham 生活方式数据的分析。资金担忧通过四个有关赞同与否的问题来测量:"不管你的工资增涨多快无法跟上我们的需求"(同意);"我们的家庭今天已经负债过重"(同意);"和邻居比起来,我们手头有更多的余钱可用"(不同意);以及"我们的家庭收入高到足以满足我们所有的重要需求了"(不同意)。只要对标准的人口特征进行控制,这四项问题就同公民与社会不参与之间有着强烈的负相关关系。当然,社会参与和资金担忧的负相关并没有证明有因果联系。也许对社会资本的投资扮演了经济颓势的缓冲作用,或者参与社会活动的人相比其他人更易于获得经济上的满足,尤其是那些物质主义的人。(感谢 Lara Putnam 的这些观点)在任何情况下,控制资金方面的担忧仅仅能轻微地削弱在第二部分所讨论的公民和社会参与的基本下滑趋势。

12. Juliet B. Schor, *The Overspent American: Upscaling, Downshifting, and the New Consumer* (New York: Harper, 1999); Robert H. Frank, Luxury Fever, *Why Money Fails to Satisfy in an Era of Excess* (New York: Free Press, 1999). 更多有关逐渐增加的物质主义的论述,见图 14 – 7。

13. Marie Jahoda, Paul Lazarsfeld, and Hans Zeisel, *Marienthal* (Chicago: Aldine – Atherton, 1933 [1971]) / EliGinzberg, *The Unemployed* (New York: Harper and Brothers, 1943); Richard C. Wilcock and Walter H. Franke, *Unwanted Workers* (New York" Free Press of Glencoe, 1963).

14. 对本段和后面部分的归纳是基于作者

对 DDB Needham 生活方式调查、罗珀社会与政治趋势，以及综合社会调查档案的分析。保持工资、教育、年龄、性别、种族、婚姻、父母状况以及调查年份不变，GSS 社会调查中选举出场人数和团体成员数在资金满足方面呈现正向相关关系。

15. Caroline Hodges Persell，"The Interdependence of Social Justice and Civil Society"（New York: New York University, 1996）；W. Lance Bennett，"The UnCivic Culture: Communication, Identity, and the Rise of Lifestyle Politics"，*PS: Political Science & Politics* 31（December 1998）: 741 – 761.

16. 作者对 DDB Needham 生活方式调查的分析。

17. Robert Wuthnow，"Changing Character of Social Capital in the United States"；Burnham, "Turnout Problem"，给出了 60 年代到 80 年代中期的论据，从活动到场人数来看蓝领工人要比白领同事下滑快 2 倍。尽管我几乎不能发现公民参与主要集中在底层社会群体的结论，但我对 1966 年到 1990 年的来自北加州大学 Harris 民意调查档案中投票选举的分析认为在社会层级的底部分化正在加剧。在此意义上，我发现该处能对政治态度和行为的"边缘化"解释提供支持。

18. Theda Skocpol，"Unraveling from Above"，*The American Prospect*，March/April 1996，20 – 25.

19. 作者对 DDB Needham 生活方式调查、综合社会调查，以及罗珀社会与政治趋势档案的分析，使用了宽泛的社会参与和社会经济特权的一套指标。又见 Verba et al.，"Who Bowls?"。

20. 此处的归纳基于大量对综合社会调查、DDB Needham 生活方式调查以及罗珀社会与政治趋势调查的多元变量分析，从多项人口指标预测了公民参与的程度，包括工资、资金担忧和调查年度。无论是主观上还是客观上，甚至在最为严格的经济控制下，此期限趋势的刻度也不超过 5 – 10%。

21. 劳工统计局；Coleman and Pencavel, "Trends in Market Work Behavior of Women". McGrattan and Rogerson，"Changes in Hours"，该文估计每名妇女周付薪工作时在 1960 年到 1990 年间增加了 7 个小时。Leete and Schor，"Assess-

ing the Time Squeeze"，该文估计妇女的付薪工作时间从 1969 年到 1989 年每周增加了 6 个小时；Report on the American Workforce，84，该报告估计从 1976 年到 1998 年间每周增加了 6 个小时。这些研究使用了不同的方法涵盖了不同的阶段，但是总体上都趋于观测到在这三十年里平均对每个妇女而言每天至少多进行一小时的付薪工作。基于定时日志的数据，Robinson and Godbey，*Time for Life*，346，估计在 1965 年到 1995 年间对于所有妇女而言付薪工作的增加为每周 8 小时，在可自由处理的时间里获得了每周 5 小时的净效益。

22. Ithiel de Sola Pool and Manfred Kochen，"Contacts and Influence"，*Social Networks* 1（1978 – 79）: 5 – 51；Patricia Klobus Edwards, John N. Edwards, and Ann DeWitt Watts，"Women, Work, and Social Participation"，*Journal of Voluntary Action Research* 13（January/March 1984）: 7 – 22；作者对罗珀社会与政治趋势和 GSS 档案的分析。Robinson and Godbey，*Time for Life* 指出，未受雇的妇女要比全职妇女花更多时间在志愿组织上。这为 DDB Needham 档案的论据所证实，见图 11 – 2。

23. 见作者对罗珀社会与政治趋势档案的分析。保持标准人口变量不变，全职雇佣的妇女同地方组织领导力、签名活动、给过或写信以及其他公共形式的社区参与之间的轻微上涨存在关联。

24. 见作者对 DDB Needham 生活方式研究调查的分析，预测了工作场所单身妈妈们的公民参与，保持所有其他人口变量不变。

25. 见作者对 DDB Needham 生活方式调查和美国人时间使用档案的分析。Verba, Schlozman, and Brady, Voice and Equality, 259，发现男性在政治上更为积极，而女性在宗教组织中更要积极；而在世俗和非政治性的参与活动中则没有性别差异。

26. 见作者对罗珀社会与政治趋势档案的分析。本段的归纳所指的是全职工作的净效应，保持了教育、种族、资金困扰、居住迁移、婚姻以及父母、出生日期，以及调查年份的不变。同样的趋势也出现在美国人时间使用档案中，见 Laura Tiehen，"Has Working Caused Married Women to Volunteer Less? Evidence from Time Diary Data 1965 to 1993"，该文提交于第 28 届非营利组织和志愿行动研究会年会（ARNOVA），

Washington, D. C. , November 4 – 6, 1999。在罗珀社会与政治数据中也是一样，保持其他人口变量不变的情况下，全职工作妇女的丈夫们参加教会活动更加少。

27. 见作者对综合社会调查的分析（学校服务组织的会员情况），DDB Needham 生活方式调查（社团出席情况），美国人使用时间档案（时间分配）情况。

28. 完整的问题是："在当今社会中，许多妇女在家成为全职太太，也有许多妇女出外选择付薪工作，而其他的则兼而有之选择兼职工作，下面标注了主要原因的哪一选项最符合您的情况？（1）全职太太，因为我个人很满意成为全职太太，并不乐意出外工作；（2）全职太太，因为我认为有必要在家里更好地照顾孩子，即使我想出外工作；（3）兼职工作者，因为我至少能从在外工作中偶尔获得个人满足；（4）兼职工作者，因为我在外工作能够帮扶家用；（5）全职工作者，因为能从我的工作中获得满足感；（6）全职工作者，因为我的工资能够贴补家用。"如同在附录 I 中所注释的，DDB Needham 生活方式调查没有包含 1985 年之前的受访者。为了拓展我们对趋势的分析至 1978 年，我以单身妇女在 1985 – 1999 年的趋势设算了她们的工作状态和偏好，即 1978 年到 1984 年间的单身妇女情况。如果我们将分析局限在 1985 – 1999 年，尽管妇女工作情况的变化程度将会缩短，然而，基本结论不会因此改变。

29. 该发现由罗珀研究的结论所证实，及"全部妇女中那些认为宁愿呆在家而不是出外工作的部分在 1992 年为 53%，比 1985 年的 43% 增加了许多，扭转了自 70 年代早期以来的统计数据的下滑趋势"。Russell, Master Trend, 65. 在分析图 11 – 2 细节的时候，需要注意到附录 1 中 DDB Needham 生活方式样本的特点。我没有理由质疑图 11 – 2 的形式，但是我发现并没有包含女性工作偏好跨时信息的档案足以提供支持。

30. 图 11 – 3 的纵行代表了非标准的 OLS 系数的回归分析，假定的变量了各种女性工作情况，控制了教育、出生年份、调查年份、婚姻和父母状况、资金担忧，以及迁移意愿。派出了资金担忧，低收入对于公民参与没有基本的影响。

31. 同样的模式也出现在综合社会调查中；见 Nicholas Zill, "Family Change and Student A-chievement: What We Have Learned, What It Means for Schools", in *Family – School Links: How Do They Affect Educational Outcomes?*, eds. Alan Booth and Judith Dunn (Mahwah, N. J. : Lawrence Erlbaum, 1996), 23；以及 Marc Musick and John Wilson, "Women's Labor Force Participation and Volunteer Work", 该文提交于非营利组织与志愿活动研究会年会（Washington, D. C. : 1999）。

32. 这些估计控制了教育、年龄、资金担忧，以及婚姻和父母状况。

33. 那些自主选择工作的妇女（不管是全职还是兼职）要比那些为了需要工作的妇女甚至更少参加教会活动。在此案例中使用自主选择也许是贴切的，在此意义上那些严格奉行宗教习俗的女性可能会选择传统的家庭角色。

34. 我分析了在女性社会交往中工作、父母和婚姻状况之间存在的关联。除了单身母亲外，上述讨论，无论是妇女的父母和婚姻状况，全职工作都阻碍了社会联系。

35. 对 DDB Needham 生活方式数据的多变量分析指出，没有全职工作的妇女主要将他们多余的时间投入到公民活动中，而兼职工作的男性则不这么做。

36. 见作者对综合社会调查数据的分析。我此前的著作里完全采用了 GSS 对正式会员数量的记录，因此导致了某种猜测——尤其更多现有的充足论据显示出相反的状况——即全职工作可能没有阻碍妇女的社会参与。见我的 "Tuning In, Tuning Out: The Strange Disappearance of Social Capital in America", *PS: Political Science and Politics* 28 (December 1995): 664 – 683；以及 "The Stranger Disappearance of Civic America", *The American Prospect*, winter 1996, 34 – 38。

37. 参见我对影响女性参加工会的封底计算（back – of – the – envelope）：自主选择的家庭妇女和为了需要的全职工作女性在参加社团活动的差别——每年约 2 次。在 1978 年到 1999 年之间，根据我们的数据，大致 10 人里面有 1 个人（净值）从最喜欢参加社团的类别移至不乐意参加社团的类别。如果该段时间没有妇女加入到工作行列，也许还能有所"挽回"。对每个成年人每年两次社团聚会，而同年的实际下滑则为每年 5 次（见第 3 章）。对其他形式公民参与的比较计算粗略估计，有 10% 的下滑同该要素有关。这种计算忽略的妻子工作对她丈夫的影响，但是总体上来说这种影响是小的。这种工作状况和参与之间的单向联系忽视了女性工作的协同影响——如果，例如，某些妇女选择工作同时也削减了其他那些呆在家里妇女参加社团的情况。

38. 见作者对 DDB Needham 生活方式和罗珀社会与政治趋势档案的分析。DDB Needham 生活方式的分析将富裕定义为按四分位法测量的资金担忧的最低四分位部分。过去 20 年里富裕家庭主妇的数量下滑至三分之二，是工作女性的 8%。罗珀社会与政治趋势调查则将富裕定义为工资收入的最上面四分位数部分。（没有对资金担忧的直接测量）

39. 本节所讨论的女性工作对资担忧的影响不能简单地加总，因为如我们所看到的，两个变量之间存在部分重叠。我最佳的估测是合并二者大约会导致社会关联十分之一的下滑。

第 12 章　流动性与扩张

1. Sally Ann Shumaker and Daniel Stokols, "Residential Mobility as a Social Issue and Research Topic", *Journal of Social Issues* 38 (1982): 1 – 19, 以及作者对于 DDB Needham 生活方式调查的分析。

2. J. Miller McPherson and William G. Lockwood, "The Longitudinal Study of Voluntary Association Memberships: A Multivariate Analysis", *Journal of Voluntary Action Research* 9 (January/December 1980): 74 – 84; Wolfinger and Rosenstone, Who Votes?, esp. 50 – 54; Robert J. Sampson, "Linking the Micro – and Macrolevel Dimensions of Community Social Organization", *Social Forces* 70 (September 1991): 43 – 64; Sampson, "Local Friendship Ties"; Steven J. Rosenstone and John Mark Hansen, *Mobilization, Participation, and Democracy in America*, esp. 157 – 58; Verba, Schlozman, and Brady, *Voice and Equality*, 452 – 455; Johanne Boisjoly, Greg J. Duncan, and Sandra Hofferth, "Access to Social Capital", *Journal of Family Issues* 16 (September 1995): 609 – 631; Hausknecht, Joiners, 47 – 48; 见作者对 DDB Needham 生活方式调查的分析，控制了标准的人口变量，包括年龄、性别、种族、教育、收入，以及婚姻、父母、就业状况。

3. Sampson, "Local Friendship Ties"; Robert

D. Crutchfield, Michael R. Geerken, and Walter R. Gove, "Crime Rate and Social Integration: The Impact of Metropolitan Mobility", *Criminology* 20 (November 1982): 467 – 478; Robert Audette, Robert Algozzine, and Michelle Warden, "Mobility and School Achievement", *Psychological Report* 72 (April 1993): 701 – 702; John Eckenrode, Elizabeth Rowe, Molly Laird, and Jacqueline Brathwaite, "Mobility as a Mediator of the Effects of Child Maltreatment on Academic Performance", *Child Development* 66 (August 1995): 1130 – 1142; And John Hagan, Ross MacMillan, and Blair Wheaton, "New Kid in Town: Social Capital and the Life Course Effects of Family Migration on Children", *American Sociological Review* 61 (June 1996): 368 – 385. 有关的反面证据，见 Peter H. Rossi, *Why Families Move* (Beverly Hills, Calif.: Sage, 1980); And Fischer, Jackson, et al., *Networks and Places*, 177 – 184。

4. Larry E. Long, *Migration and Residential Mobility in the United States* (New York: Russell Sage Foundation, 1988); Schumaker and Stokols, "Residential Mobility"; *Historical Statistics of the United States* I: 646; *Statistical Abstract of the United States* 1998; U. S. Census Bureau, "Housing Vacancies and Homeownership", at www.census. gov/hhes/www/housing/hvs/historic/histt14/html; Fischer, Jackson, et al., *Networks and Places*, 191 – 192; 见作者对全国选举研究和 DDB Needham 生活方式调查的分析。最近的一项研究发现 20 世纪后半叶的迁移水平可能要比 1860 年到 1920 年之间的阶段更高。但是这项研究也发现 1960 – 1990 年的迁移水平要比 1940 – 1960 年的要低；见 Patricia Kelly Hall and Steven Ruggles, "Moving Through Time: Internet Migration Patterns of Americans, 1850 – 1990", 论文提交于 Social Science History Association meetings (Forth Worth, Tex.: November 1999)。虽然美国人平均在过去二十年在本地居住的倾向更高，我们每 5 年会迁移一次——每 2. 1 年会改变租住地方，每 8. 2 年会改变居家环境。Randolph E. Schmid, "Americans Move about Every 5 Years", Associated Press, October 29, 1998, 引用了统计局的研究。有关迁移下滑的可能预测是，现今年轻单身人可能要稍微比他们在过去几十年前的同类人更愿意迁移，但是这种趋势

过于局限，很难导致社会联系的累积下滑。见
作者对 DDB Needham 生活方式调查的分析；
Matthew Klein, "Where America Lives", *American
Demographics*, January 1998, citing National Asso-
ciation of Home Builders。

5. 见作者对 DDB Needham 生活方式调查、
罗珀社会与政治趋势调查、综合社会调查档案
的分析，控制了教育、年龄、种族、收入、婚
姻状况，以及居住稳定性的变量。在罗珀社会
与政治趋势调查中，对每部分公民参与的任何
一个而言，大城市和城郊的居住者都要更少地
参与，特别是要与组织工作，成为地方组织委
员会的官员、参加公共会议、作公共演讲的时
候。又见 John Eric Oliver, *Civil Society in Subur-
bia: The Effects of Metropolitan Social Contexts on
Participation in Voluntary Organization* (Ph. D.
diss., University of California at Berkeley, 1997),
esp. 64, and Hausknecht, Joiners, 18 – 21。

6. 这种模式事实上显现在 DDB Needham 生
活方式和罗珀社会与政治趋势数据的所有指标
中，控制了所有标准的人口变量。有关城市规
模的精确归类在两份档案中有所不同，如图
12 – 1 和 12 – 2 所示，但是两份档案都显示，
从农村地区到大城市的公民参与都出现了衰退。

7. DDB Needham 生活方式调查涵盖了关于
受访者更愿意在哪居住的问题——大城市还是
小城镇，城区还是郊区。当实际居住地和意愿
居住地都被加入社会参与测量的多元回归分析
后，实际居住地总是重要的，而意愿居住地则
很少这样。

8. John D. Kasarda, Stephen J. Appold,
Stuart H. Sweeney, and Elaine Sieff, "Central –
City and Suburban Migration Patterns: Is a Turn-
around on the Horizon?", *Housing Policy Debate* 8
(1997): 307 –358.

9. Mark Twain (1867) 引用于 Bayrd Still,
Urban America: A History with Documents (Boston:
Little, Brown, 1974), 198; Henry George, *Pro-
gress and Poverty* (1884) 摘录于 *City and Country
in America*, ed. David R. Weimer (New York:
Appleton – Century – Crofts, 1962), 60。

10. 罗珀社会与政治趋势调查显示了80年
代晚期小城市和农村地区的公民"繁荣与兴
盛"循环，在这种形环境下缓解了单向下滑的
趋势，但是这种模式并没有出现在 DDB Need-
ham 生活方式、综合社会调查，或是全国选举

研究的调查中，因此这更可能是统计上出现的
差错。

11. 公园森林的广告, Inc., November 8,
1952, 引用于 William H. Whyte Jr., *The Organi-
zation Man* (new York: Simon & Schuster, 1956),
284。

12. Whyte, Organization Man, 引注在 287
页; Herbert J. Gans, *The Levittowners: Ways of
Life and Politics in a New Suburban Community*
(New York: Pantheon Books, 1967); Claude S.
Fischer and Robert Max Jackson, "Suburbanism
and Localism", in Fischer et al., *Networks and
Places*, 117 – 138; Seeley, Sim, and Loosley,
Crestwood Height。相反, Bennett M. Berger,
*Working Class Suburb: A study of Autoworkers in
Suburbia* (Berkeley: University of California Press,
1960), and Basil G. Zimmer and Amos H. Haw-
ley, "The Significance of Membership in Associa-
tions", *American Journal of Sociology* 65 (Septem-
ber 1959): 196 – 201, 发现在战后早期的郊区
基本上没有或很少有非一般性的社区参与。

13. Peter O. Muller, *Contemporary Suburban
American* (Englewood Cliffs, N. J. L Prentice –
Hall, 1981); Gregory R. Weiher, *The Fractured
Metropolis: Political Fragmentation and Metropoli-
tan Segregation* (Albany: State University of New
York Press, 1991); Douglas Massey and Mitchell
Eggers, "The Spatial Concentration of Affluence
and Poverty During the 1970s", *Urban Affairs
Quarterly* 29 (December 1993): 299 –315; Evan
McKenzie, *Privatopia: Homeowner Association and
the Rise of Residential Private Government* (New Ha-
ven, Conn.: Yale University Press, 1994); and
Edward J. Blakely and Mary Gail Snyder, *Fortress
American: Gated Communities in the United States*
(Washington, D. C.: Brookings Institute, 1997).
McKenzie 发现全国范围内的私房户主协会从
1970 年的 10 000 人逐步增长到 1992 年的
150 000人，代表了3200 万美国人。

14. www. concordhomes. com/ co/ co_ greenfield.
html. 反讽的是, Greenfield 和 Whyte's Park For-
est 之间仅有数里之遥。

15. Blakely and Snyder, Fortress America; J.
Eric Oliver, "The Effects of Metropolitan Economic
Segregation on Local Civic Participation", *American
Journal of Political Science* 43 (January 1999):

186 - 212，引注在 205 页。对于社区间区隔的细致研究还处于早期阶段。

16. M. P. Baumgartner, *The Moral Order of a Suburb* (New York: Oxford University Press, 1988); Duany and Plater - Zyberk，引用于 William Schneider, "The Suburban Century Begins"。*The Atlantic Monthly*, July 1992, 33 - 44, at 37。

17. Lewis Munford, *The Culture of Cities* (New York: Harcourt, Brace, 1938), 412; Robert E. Lang and Karen A. Danielsen, "Gated Communities in America: Willing Out the World?", *Housing Policy Debate* 8 (1997): 873.

18. Kenneth T. Jackson, *Crabgrass Frontier: The Suburbanization of the United States* (New York: Oxford University Press, 1985), 引注在 272、279 - 80 页。

19. Robert Fishman, *Bourgeois Utopias: The Rise and Fall of Suburbia* (New York, Anchor Books, 1991); James Howard Kunstler, *The Geography of Nowhere: The Rise and Decline of America's Man - Made Landscape* (New York: Simon & Schuster, 1993); *The New Urbanism: Toward and Architecture of Community*, ed. Peter Katz (New York: McGraw0Hillm 1994); Thomas W. Hanchett, "U. S. Tax Policy and the Shopping Center Boom of the 1950s and 1960s", *American Historical Review* 101 (October 1996): 1082 - 1110; Kenneth T. Jackson, "All the World's a Mall: Reflections on the Social and Economic Consequences of the American Shopping Center", *American Historical Review* (October 1996): 1111 - 1121; Margaret Crawford, "The World in a Shopping Mall", in *Variations on a Theme Park: The New American City and the End of Public Space*, Michael Sorkin, ed. (New York: Noonday Press, 1992); Jackson, Crabgrass Frontier, 265.

20. *Statistical Abstract of the United States*: 1998, 636; *The Public Perspective* 10 (February/March 1999): 26; Brad Edmondson, "In the Driver's Seat", *American Demographics*, March 1998, at www/americandemographics/com; and National Association of Home Builders from Census data, at www. Nahb. com/facts/forecast/sf. html (参考了 January 27, 2000)。

21. 本段和前面两端的数据来自 Patricia S. Hu and Jennifer R. Young, "Summary of Travel Trends: 1995 Nationwide Personal Transportation Survey", prepared for U. S. Department of Transportation (Oak Ridge, Tenn.: Center for Transportation Analysis, Oak Ridge National Laboratory, January 1999), www. cta. ornl. gov/npts/1995/Doc/trends_ report 18. pdf, 以及和早前相比的调整数据。*Statistical Abstract of the United States*: 1998, 636; *Our Nation's Travel*: 1995 *National Personal Transportation Survey Early Results Report* (Washington, D. C.: U. S Department of Transportation, 1998), "Work at Home in 1997", a report from the Bureau of Labor Statistics, http://stats. bls. gov/news. release/homey. nws. htm; William G. Deming, "Work at Home: Data from the GPS", *Monthly Labor Review* (February 1994): 14 - 20; Patricia L. Mokhtarian and Dennis K. Henderson, "Analyzing the Travel Behavior of Home - Based Workers in the 1991 CALTRANS statewide Travel Survey", *Journal of Transportation and Statistics* (October 1998): 25 - 41; David Schrank and Tim Lomax, *The 1999 Annual Urban Mobility Study* (College Station: Texas Transportation Institute, Texas A&M University, 1999). At http://mobility. tamu. edu/. *Our Nation's Travel* 1995 年估算单独乘公交车上下班的为 80%; Gallup (www. gallup. com) 则在 1998 年的 12 月估算通勤率为 90%。其他有关通勤时间的数据则提出单程时间为 20 分钟，出现了增长。这些数据包括了十年调查 (1980 - 1990).; 罗珀社会与政治趋势调查 (1973 - 1998); 以及美国人时间使用研究 (1965 - 1985)。罗珀报告 98 - 3 (New York: Roper Starch Worldwide, 1998), 150, 提供了最长最新的时间序列数据，指出甚至是考虑到在家工作的情况，上下班交通花了超过 20 分钟的雇员从 1973 年的 29% 上升到 1999 年的 38%。*Report on the American Workforce* 1999, 117, 该报告显示在家完成所有工作的那部分劳动力，包括自主就业或在晚上带工作回家的人，从 1991 年的 18.3% 下滑到 1997 年的 17.7%。

22. Edmondson, "In the Driver's Seat."

23. 见作者对 DDB Needham 生活方式、罗珀社会与政治趋势，以及美国人时间使用档案的分析，控制了所有标准人口变量。在罗珀和时间使用调查中，上下班时间是基于受访者自己的估计，但是 DDB Needham 调查分析的变量则是县域受访居民出行时间的平均数。所有估测的方法都显示多 10 分钟的通勤时间对公民参与的所有指标而言意味着少了 10% 的参与。

24. 在超过 200 万人居住的大城市中, 那些确定或大体上更愿意居住在大城市而不是小城市的人从 1975 年的 38% 下滑到 1999 年的 31%。对于郊区和汽车的争论, 见 Jane Holtz, Kay, *Asphalt Nation: How the Automobile Took Over America and How We Can Take It Back* (New York: Crown, 1997); Richard Moe and Carter Wilkie, *Changing Place: Rebuilding Community in the Age of Sprawl* (New York: Henry Holt, 1997); And James Q. Wilson. "Cars and Their Enemies", *Commentary* 104 (July 1997): 17 – 23。

25. Verba and Nie, *Participation in America* 236, 247.

26. 居住在大城市里的比重自 70 年代中期以来增长了约有 10%, 与该区域有关的犯罪活动取整数的话为 20%, 如图 12 – 1、12 – 2 所示, 以及我们对上下班时间影响效果的分析。如果美国人还按照 70 年代中期那样的空间结构来居住, 累积性的社区参与也许会高出 2%, 相比之下第二部分标记下滑了 20 – 40%。这项计算是粗略不精确的, 而且排除了互相关联的效应。

第 13 章 科技与大众传媒

1. 在我写作本书的新罕布什尔州, 几乎所有的小城镇在当时都有自己的地方乐队, 现在则已很少了。

2. T. S. Eliot, *New York Post*, September 22, 1963.

3. Sue Bowden and Avner Offer, "Household Appliances and the Use of Time: The United States and Britain Since the 1920s", *Economic History Review* 47 (November 1994): 729, 由 *Statistical Abstract of the United States* 的数据补充。

4. Tocqueville, *Democracy in America*, 517 – 518. (译者注: 见中译本《美国的民主》第 641 页, 董果良译, 商务印书馆 1988 年 12 月第 1 版。)

5. 见作者对综合社会调查, DDB Needham 生活方式, 以及罗珀档案的分析, 控制了出生年份、性别、教育、收入、婚姻、父母以及工作状况、城市规模、种族和房屋所有状况的变量。引用的文本中惯性的报纸读者要在各种形式的参与活动中约比其他人多 10 – 20%。又

见 Pippa Norris, "Does Television Erode Social Capital? A Reply to Putnam", *PS: Political Science & Politics* 29 (September 1996): 474 – 80, esp. 479; *So Many Choices, So Little Time* (Vienna, Va.: Newspaper Association of America, 1998), 15, 18; 以及 Delli Carpini and Keeter, *What Americans Know About Politics*。

6. Statistical Abstract of the United States (various years) and Historical Statistics of the United States.

7. 见作者对综合社会调查的分析; *So Many Choices, So Little Time: Statistical Abstract of the United States*; And Stu Tolley, "The Abyss That Is Destroying Daily Newspaper Reading" (Vienna, Va.: Newspaper Association of America, 1998), at www. naa. org/marketscope/research/cohort/htm.

8. 根据 1998 年的 DDB Needham 生活方式调查, 有一半从报纸上阅读新闻的美国人也会收看电视播放的晚间新闻, 而不阅读报纸的人相比之下为四分之一。即使严格控制了所有标准人口变量这种关联也仍然存在。

9. 见作者对 DDB Needham 生活方式 1998 年调查的分析; Jack M. McLeod, Katie Daily, Zhongshi Guo, William P. Eveland Jr., Jan Bayer, Seungchan Yang, and Hsu Wang, "Community Integration, Local Media Use and Democratic Processes", *Communication Research* 23 (1996): 179 – 209; Norris, "Does Television Erode Social Capital?"; Starch Earl Bennett, and Richard S. Flickinger, "Americans' Exposure and Attention to Electronic and Print Media and Their Impact on Democratic Citizenship" (论文提交于中西部政治科学学会年会, Chicago, 1998)。

10. Pew Research Center for the People & the Press, *Internet News Takes Off, Biennial News Consumption Survey* (Washington, D. C.: Pew Research Center for the People & the Press, 1998), at www. people – press. org/med98rpt/htm; Time Mirror Center, "Age of Indifference"; William G. Mayer, "The Polls – Poll Trends: Trends in Media Usage", *Public Opinion Quarterly* 57 (June 1993): 593 – 611; Stephen Earl Bennett and Eric W. Rademacher, "The Age of Indifference' Revisited: Patterns of Political Interest, Media Exposure, and Knowledge among Generation X", in *After the Boom: The Politics of Generation X*. eds. Stephen

C. Craig and Stephen Earl Bennett (Lanham, Md. : Rowman & Littlefield, 1997) ; And Cliff Zukin, *Generation X and the News : Road Closed?* (Radio and Television News Directors Foundation, 1997), at www. rtndg. org/rtndf/genx/index. html. Richard Davis and Diana Owen, *New Media and American Politics* (New York : Oxford University Press, 1998), 136, 认为在 1975 年将近有一半的家庭每晚都收看广播新闻, 而 1997 年同样的比例为四分之一。

11. Pew Center, *Internet News Takes Off* ; Norris, "Who Surfs?", 80 – 82 ; 见作者对 1998 年 DDB Needham 生活方式调查档案的分析, 来自于对 CNN 文本归纳的资料。

12. 见作者对 DDB Needham 生活方式 1996 – 1998 年调查档案的分析 : 那些回答首先通过网络获取新闻来源的受访者要比其他美国人更少参加志愿活动, 花时间和朋友在一起, 信任他人, 诸如此类。

13. *Statistical Abstract of the United States* (various years) ; Veronis, Suhler & Associates, *Communications Industry Report : Five Year Historical Report* (1991 – 1995) (New York : Veronis, Suhler & Associates, 1996) ; Cobbett S. Steinberg, *TV Facts* (New York : Facts on File, 1980) ; Russell, Master Trend, 59 ; "People, Opinion, and Polls : American Popular Culture", *Public Perspective*, August/September 1995 : 47 ; Robert T. Bowe, *The Changing Television Audience in America* (New York : Columbia University Press, 1985), esp. 33, 46 ; George Comstock et al. , *Television and Human Behavior* (New York : Columbia University Press, 1978) ; George Comstock, *Evolution of American Television* (Newbury Park, Calif. : Sage Publications, 1989) ; And Doris A. Graber, *Mass Media and American Politics* (Washington. D. C. : CQ Press, 1993).

14. 本段的数据排除了电视仅仅作为背景播放的时间。Comstock, *Evolution of American Television*, 17, 指出 "在 80 年代晚期的任意一天, 平均每户拥有电视的家庭约收看 8 小时"。根据 Eurodata TV (One Television in the World : Audience Report, April 1999), 美国人每天观看电视的时间在 47 个国家里排名第 3, 仅次于日本和墨西哥。感谢 Pippa Norris 对媒体和参与的建议。Robinson and Godbey, *Time for Life*, 136 –

153, 340 – 341.

15. *Statistical Abstract of the United States* (various years) ; *Kids & Media @ The New Millennium* (Menlo Park, Calif. : Henry J. Kaiser Family Foundation, 1999), 13. 图 13 – 4 所提供的网络登录的数据来自于 DDB Needham 生活方式档案 ; 这些属于和其他有关网络使用的情况很一致, 例如概述与 Nua Internet Surveys (Dublin, Ireland : Nua Ltd. , 1999) 中的 Nielsen and IntelliQuest 调查, at www. nua. ie/surveys/how_ many_ online/n_ america/html (参考了 December 11, 1999) and the January 1999 report by Pew Research Center for the People & the Press, www. People – press. org/tech98sum. htm.

16. Where Does the Time Go? *The United Media Enterprises Report on Leisure in America* (New York : Newspaper Enterprise Association, 1983), 10 ; 见作者对 DDB Needham 生活方式档案的分析。愿意待在家里享受宁静夜晚的人从 1975 年的 68% 上升到 1999 年的 77%。那些回答同意的人也更倾向于赞同 "电视是我们主要的娱乐方式"。

17. Kunstler, *Geography of Nowhere*, 167.

18. Paul William Kingston and Steven L. Nock, "Time Together Among Dual Earner Couples", *American Sociological Review* 52 (June 1987) : 391 – 400 ; Zukin, Generation X and the News ; Diane Crispell, "TV Soloists", *American Demographics*, May 1997, 32 ; Robert Kubey and Mihaly Csikszentmihalyi, *Television and the Quality of Life : How Viewing Shapes Everyday Experience* (Hillsdale, N. J. : Lawrence Erlbaum, 1990), 74 ; Kids & Media, 62 – 63. 在 1996 年, 76% 的儿童 (从 9 – 17 岁) 有他们自己的卧室, 59% 拥有自己的电视, 55% 拥有自己的数字/卫星网络, 36% 有视频游戏、39% 有录影机 ; 来源 : www. yankelovich. com/press2. htm.

19. 见作者对罗珀社会与政治趋势 1979、1985、1989 年和 1993 年的调查分析 ; David E. Campbell, Steven Yonish, and Robert D. Putnam, "Turning Out Revisited : A Closer Look at the Causal Links between Television and Social Capital", 论文提交于美国政治科学学会年会 (Atlanta, Ga. , September 1999)。感谢我的合著者对于该主题的很多观点。但我对此处得出的结论自负其责。

第 13 章

20. 感谢 Steven Yonish 在他有关深夜电影的研究工作注意到这种趋势。

21. 见作者对罗珀社会与政治趋势档案的分析。在图 13-5 中超过一半的趋势反映了代际差别。代际要比其他人口特征变量对习惯行为都有预测力。又见 Campbell, Yonish, and Putnam, "Turning In, Turning Out Revisited".

22. Barbara Schneider and David Stevenson, *The Ambitious Generation: America's Teenagers, Motivated but Directionless* (New Haven, Conn.: Yale University Press, 1999), 189-211.

23. 图 13-6 的预测仅限于对工作日的观察，但周末也是同样的。这些调查并没有反映每段时期内有多少时间是花费在看电视上；并且它们在某种程度上都夸大了任何给定时点公众收看电视情况。对观看电视的这种模式的验证，见 Kubey and Csikszentmihalyi, *Television and the Quality of Life*, 75 (for the United States); And Michael Argyle, *Social Psychology of Everyday Life* (New York: Routledge, 1991), 111 (for the United Kingdom)。

24. 见作者对 DDB Needham 生活方式调查数据的分析，1993-1998。吃饭时候看电视的比率在已婚有孩子的夫妇是 39%，而其他成年人为 55%，另外有 7% 的成年人说他们吃饭的时候播放电视节目作为背景。根据 *America's Youth in 1990s*, Bezilla, ed., 39, and Catherine McGrath, "Busy Teenagers", *American Demographics*, *July* 1998, 37-38，在 1990 年，有 39% 的青年人回答他们在晚餐时候看电视，该数字一直增长到 1997 年的 50%。

25. 见作者对罗珀社会与政治趋势档案的分析，基于 1985 年和 1989 年的调查。观看电视的数字包括了新闻（58%）和其他节目（68%）。

26. 本段和后面两段的所有估测都是基于对 1973、1974、1977、1983、1988、1991 和 1993 年罗珀调查的多元变量的回归分析，控制了教育、收入、婚姻、父母以及工作状况、性别、年龄、种族、地区，以及城市规模。罗珀档案里仅有社会阶级（通过教育和收入测量）在所有各种形式的公民参与预测指标中同观看电视的情况相反。图 13-9 限于对满足工作年龄、受过大学教育的受访者以及衡量参与的四个一般性指标，显示出甚至对人口中最普通的参与也呈现出强烈的负相关，但是这种模式表

现在所有人群和衡量参与的指标中。对于满足工作年龄、受过大学教育的美国人，17% 的回答每天观看电视的时间少于 1 小时，54% 回答 1-3 小时，29% 回答超过 3 小时。而对所有人而言，同样的数据分别为 12%、43% 和 45%。

27. 这项估测旨在估计电视对公民参与潜在影响的大小，在过去一个世纪的三分之一，公民参与下滑了约 40%，而这些年观看电视可能对 10% 的下滑负有责任。

28. 这种模式出现在罗珀社会与政治趋势和 DDB Needham 生活方式数据中；见 Campbell, Yonish, and Putnam, "Turning In, Turning Out Revisited"。

29. 本段的证据来自罗珀社会与政治趋势 1973-1975 年、1988 年，以及 1993 年的调查；又见 Campbell, Yonish, and Putnam, "Turning In, Turning Out Revisited"。

30. 本段和后面四段的所有归纳都是基于作者对 DDB Needham 生活方式调查档案的分析。那些同意"看电视是我娱乐生活中的首要选择"的部分从 70 年代的 47% 上升到 90 年代 53%。（难以解释的在于，这部分人在 1987-88 年急剧上涨到 60-65%，但后面出现了下滑，但是总体的趋势还是上升的。）那些回答看电视是娱乐项目的部分，有 47% 的人也承认"我是电视虫"，相比之下其他美国人则为 17%。基于回答看电视受访者每天的具体时间，那些回答看电视是首要的娱乐形式要比其他美国人多看 40%。这一问题有效地将每两个美国人中那个对电视娱乐产生依赖的那个人挑了出来。

31. 图 13-10 至 13-14 显示了双变量的关系，但是本段及前段的所有归纳是基于多元回归分析，控制了性别、种族、出生年份、调查年份、教育、收入、资金担忧、地区、城市大小、婚姻、父母，以及就业状况、健康状况、迁移意愿、住房状况、时间压力以及县域居民的上下班时间。在基本上每个案例中，那些自认为依赖电视娱乐（通过六分刻度来测量）是两三个最强预测指标之一；其在所有公共和私人的社会测量中是最相符的预测指标。

32. 见作者对 DDB Needham 生活方式档案的分析。对宗教的虔诚是通过同意"宗教在我生命中是重要的"来衡量的。

33. 1975-1998 年间的 DDB Needham 生活方式调查包括了 300 个大学女毕业生，她们年

龄为 30 到 44 岁，经济地位较高，居住在新英格兰或亚特兰大中部。文中的统计比较了这部分女性中同意"看电视是我生活中的首要娱乐方式"的 28% 和另外 72% 不同意的妇女的公民参与。这些比较控制了性别、地区、教育、资金困扰以及年龄，这 5 项指标和电视娱乐最紧密相关。对满意度的衡量，见第 20 章。

34. Robinson and Godbey, *Time for Life*, 139 – 144；Harwood K. McClerking and Kristina C. Miler, "The Deleterious Effect of Television Viewership on Membership in Voluntary Organization"（该文准备提交于南部政治科学学会年会，Norfolk, Va., November 1997）；Harwood K. McClerking, Kristina C. Miler, and Irfan Nooruddin, "Must See TV? A Non – Random Assignment Model of Television and Membership"（该文准备提交于美国政治科学学会年会，Boston, September 1998）；And Pippa Norris, "Blaming the Messenger? Television and Civic Malaise", in Pharr and Putnam, *What's Troubling the Trilateral Democracies?*。

35. Tay Keong Tan, "Science, Sacrifice, and Shoo – Fly Pies: An Inquiry Into the Social Capital and Organizational Strategies of the Amish Community in Lancaster County, Pennsylvania"（Ph. D. diss., Harvard University, 1998）.

36. *The Impact of Television: A Natural Experiment in Three Communities*, ed. Tannis MacBeth Williams（Orlando, Fla.: Academic Press, 1986）. 感谢 David Campbell 评论了电视对社区生活的影响。

37. Williams, *Impact of Television*, 2.

38. 同上，166。

39. 同上，178。

40. William A. Belson, "Effects of Television on the Interests and Initiative of Ault Viewers in Greater London", *British Journal of Psychology* 50（1959）: 145 – 158；Wilbur Schramm, Jack Lyle, and Edwin B. Parker, *Television in the Lives of our Children*（Stanford, Calif.: Stanford University Press, 1961），对美国的讨论；J. R. Brown, J. K. Cramond, and R. J. Wilde, "Displacement Effects of Television and the Child's Functional Orientation to Media", in *The Uses of Mass Communications: Current Perspectives on Gratifications*, eds. Jay G. Blumler and Elihu Katz（Beverly Hills, Ca-

lif.: Sage, 1974），对苏格兰的讨论；John P. Murray and Susan Kippax, "Children's Social Behavior in Three Towns with Differing Television Experience", *Journal of Communication* 28（1978）: 19 – 29，对澳大利亚的讨论；以及 Diana C. Mutz, Donald F. Robertz, and D. P. van Vuuren, "Reconsidering the Displacement Hypothesis: Television's Influence on Children's Time Use", *Communication Research* 20（1993）: 51 – 75，对南非的讨论。Karl Erik Rosengren and Sven Windahl, *Media Matter: TV Use in Childhood and Adolescence*（Norwood, N. J.: Ablex, 1989），该文指出了瑞典儿童研究所提供了反例。

41. Richard G. Niemi and Jane Junn, *Civic Education: What Makes Students Learn*（New Haven, Conn.: Yale University Press, 1999）；Alan S. Zuckerman, "First Steps into Politics: The Political Bases of the Decisions of Young People to Engage in Political Discussion"（Providence, R. I.: Brown University, 1998）；Jay Braatz and Robert D. Putnam, "Community – Based Social Capital and Educational Performance: Exploring New Evidence"（Cambridge, Mass.: Harvard University, 1999）；John Condry, "Thief of Time, Unfaithful Servant: Television and the American Child", *Daedalus* 122（winter 1993）: 259 – 278；William T. Bielby, "The Cost of Watching Television: A Longitudinal Assessment of the Effects of Heavy Viewing on Earnings", 工作论文（Boston: Harvard University School of Public Health. n. d.）；*George Comstock and Haejung Paik, Television and the American Child*（New York: Academic Press, 1991），72, 86。

42. 见作者对 DDB Needham 生活方式和罗珀社会与政治趋势档案的分析，控制了教育、收入、都市化、年龄、婚姻和父母状况、工作状况、性别、种族和地区。同样的模式出现在两个档案中。Rolf Meyersohn, "*Television and the Rest of Leisure*", *Public Opinion Quarterly* 32（spring 1968）: 102 – 112.

43. Comstock et al., *Television and Human Behavior*；John P. Robinson, "Television and Leisure Time: A New Scenario", *Journal of Communication* 31（winter 1981）: 120 – 130；*Comstock*, *Evolution of American Television*；*Bower*, *Changing television Audience*；Robinson and Godbey, *Time for*

第 13 章

Life；Kubey and Csikszentmihalyi，*Television and Quality of Life*；Brehm and Rahn，"Individual – Level Evidence"，1015，and Brehm and Rahn，*Personal Communication*；Schramm, Lyle, and Parker，*Television in the Lives of our Children*；Comstock and Paik，T*elevision and the American Child*；Mutz, Roberts, and van Vuuren，"Reconsidering the Displacement Hypothesis"．见作者对 1993 – 1998 年 DDB Needham 生活方式调查的分析；39% 回答一天看两档或更少电视的受访者"大体上"或"肯定"同意"我是一个居家者"，相比之下那些回答观看超过 6 档节目的则为50%。又见我的"Turning In，Turning Out"。

44. 70 年代不断增加的保护措施在 DDB Needham 生活方式 1975 – 1976 年间的调查中得到印证。受访者回答更多的活动是呆在家里，花时间和家人与朋友在一起，和家人一起晚餐，以及看电视——简而言之，单独在家、陪家人或朋友。回答出现下降的活动是在家玩乐、出外晚餐，以及看电影——简而言之，出外或正式娱乐。

45. 见作者对 1974、1975、1977 年及 1979 年罗珀社会与政治趋势的分析。控制了性别、年龄、教育以及城市规模，还有父母、婚姻以及工作状况，回答比过去看电视更多的受访者要比回答更少看电视的受访者少 25 – 35% 参与社区活动。又见 Campbell, Yonish, and Putnam，"Turning In，Turning Out Revisited"．

46. Kubey and Csikszentmihalyi，*Television and the Quality of Life*. 此处作者回顾了对看电视的心理影响的研究成果。又见 Neil Postman，*Amusing Ourselves to Death：Public Discourse in the Age of Show Business* (New York：Viking, 1985)．

47. Kubey and Csikszentmihalyi，*Television and the Quality of Life*, 164 – 165.

48. Michael Argyle，*Social Psychology of Everyday Life*, 110；Bowden and Offer，"Household Appliances"，735 – 736.

49. Kubey and Csikszentmihalyi，*Television and the Quality of Life*, 164 – 165.

50. Bowden and Offer，"Household Appliances"，739 – 741.

51. 本段和后面几段的数据来自作者对 DDB Needham 生活方式档案的分析。3 项紧密相关的回答是否的问题合并为一项衡量身体乏力的指标：（1）"我要比别人更多头疼"，（2）"我

又失眠的情况"，（3）"我经常消化不良"。每一种症状都和对电视的依赖独立关联，但是消化不良是最不相关的一项，因此看电视很晚分散注意力同消化不良之间的关系并非最基本的关联。图 13 – 16 中的"高"从上到下的三栏代表了有头痛、消化不良、失眠症状的人群。我不能排除同头痛、消化不良和失眠的繁多电视广告增加了怀疑疾病的可能。

52. Bowden and Offer，737 – 738；Robinson，"TV and Leisure"，129；F. Thomas Juster，"Preferences for Work and Leisure"，in *Time，Goods，and Well – Being*，F. Thomas Juster and Frank P. Stafford，eds．(Ann Arbor：Institute for Social Research，University of Michigan，1985)，333 – 351；Robinson and Godbey，*Time for Life*，242 – 250. 在 DDB Needham 生活方式数据中，对电视娱乐的依赖是对不快乐的最强预测指标（在第 20 章给出衡量），基本上等同于资金担忧和单身的作用（是典型的对不快乐的强烈预测指标）。

53. Robinson and Godbey，*Time for Life*，149.

54. 本段和后段来自 Joshua Meyrowitz，*No Sense of Place：The Impact of Electronic Media on Social Behavior* (New York：Oxford University Press，1985)，318；Roderick P. Hart，*Seducing America：How Television Charms the Modern Voter* (New York：Oxford University Press，1994)；Shanto Iyengar，*Is Anyone Responsible？How Television Frames Political Issues* (Chicago：University of Chicago Press，1991)；Allan McBride，"Television，Individualism，and Social Capital"，*PS：Political Science & Politics* 31 (September 1998)：542 – 552；Lawrence K. Grossman，*The Electronic Republic：Reshaping Democracy in the Information Age* (New York：Penguin，1995)．

55. 一些以"卑鄙世界的影响"为标题的研究项目认为看电视过多会产生反人类症，例如对犯罪率估计过高。见 George Gerbner，Larry Gross，Michael Morgan，and Nancy Signorielli，"The 'Mainstreaming' of America：Violence Profile No. 11"，*Journal of Communication* 30 (summer 1980)：10 – 29；Antony N. Dobb and Glenn F. Macdonald，"Television Viewing and Fear of Victimization：Is the Relationship Causal？"，*Journal of Personality and Social Psychology* 37 (1979)：170 – 179；Paul M. Hirsch，"The 'Scary World' of the Nonviewer and Other Anomalies：A

Re – analysis of Gerbner et al. 's Findings on Cultivation Analysis, Part I ", *Communication Research* 7 (October 1980): 403 – 456; Michael Hughes, "The Fruits of Cultivation Analysis: A Re – examination of the Effects of Television Watching on Fear of Victimization, Alienation, and the Approval of Violence", *Public Opinion Quarterly* 44 (1980): 287 – 303; Comstock, The Evolution of American Television, 265 – 269; L. J. Shrum, Robert S. Wyer Jr. and Thomas C. O' Guinn, "The Effects of Television Consumption on Social Perceptions: The Use of Priming Procedures to Investigate Psychological Process", *Journal of Consumer Research* 24 (March 1998): 447 – 458. Brehm and Rahn, "Individual – Level Evidence", Dhavan V. Shah, "Civic Engagement, Interpersonal Trust, and Television Use: An Individual – Level Assessment of Social Capital", *Political Psychology* 19 (September 1998): 469 – 496, 我对 DDB Needham 数据的分析认为不信任和看电视之间的关联是有欺骗性的。

56. 见作者对 DDB Needham 生活方式档案的分析。感谢 Rusty Silverstein, Dan Devroye, David Campbell, and Steve Yonish 对本项研究的帮助。此工作的灵感归功于 Shah, "Civic Engagement"。

57. 图 13 – 17 根据 Campbell, Yonish, and Putnam, "Turning In, Turning Out Revisited" 绘制。

58. J. Philipe Rushton, "Television and Prosocial Behavior", in *Television and Behavior: Ten Years of Scientific Progress and Implications for the Eighties*, eds. David Pearl, Lorraine Bouthilet, and Joyce Lazar (Rockville, Md. : National Institute of Mental Health, U. S. Department of Health and Human Services, 1982), 248 – 258, and Susan Hearold, "A Synthesis of 1. 043 Effects of Television on Social Behavior", in *Public Communication and Behavior*, vol. 1, ed. George Comstock (New York: Academic Press, 1986), 65 – 133.

59. Joseph Turow, *Breaking Up America: Advertisers and the New Media World* (Chicago: University of Chicago Press, 1997).

60. Nielsen *Media Research*, 1998 *Rerort on Television* (New York: 1998), 19, 23.

61. Rahn and Transue "Social Trust and Value

Change"; George Gerbner, Larry Gross, Michael Morgan, and Nancy Signorielli, "Growing Up with Television: The Cultivation Perspective", in *Media Effects: Advances in Theory and Research*, ed. Jennings Bryant and Dolf Zillman (Hillsdale, N. J. : Lawrence Erlbaum Associates, 1994), 17 – 41, 引注在 31 页; Alexander W. Astin, *What Matters in College*? (San Francisco: Jossey – Bass, 1993), 310.

62. Robert E. Lane, "The Road Not Taken: Friendship, Consumerism, and Happiness", *Critical Review* 8 (fall 1994): 521 – 554; Nicholas Zill and John Robinson, "The Generation X Difference", *American Demographics* 17 (April 1995): 24 – 31.

63. Sven Birkerts, *The Gutenberg Elegies* (Boston: Faber and Faber, 1994), 214 – 215.

第 14 章　代际更替

1. 在 DDB Needham 生活方式调查中那些否认看电视是首要娱乐活动的受访者，主要居住在 50 000 人以下的城镇，在全国范围内处于家庭收入的前列，已婚丈夫从事的是全职工作，每年的社团会议从 1970 年 16 次下降到 90 年代的 9 次。在罗珀调查中那些每天观看电视少于一小时的受访者，主要居住在 250 000 人以下的城镇，收入处于平均水平，其妻子没有全职工作或是已婚男性，没有参加 12 种形式的公民参与的人在 70 年代的 17%，在 80 年代是 28%，在 90 年代是 37%。Frank Bryan 发现一个有关 75 个佛蒙特州城镇的样本，平均人口为 1000 人，出席市镇会议的注册选民从 1970 – 73 年的 27% 下降到 1998 年的 15%。Frank M. Bryan, Personal Communication and Real Democracy (unpublished ms. , 1999)，引注于 Joseph F. Zimmerman, *The New England Town Meeting: Democracy in Action* (Westport, Conn. : Praeger, 1999), 93 – 97。

2. 见作者对 DDB Needham 生活方式、罗珀社会与政治趋势、综合社会调查，以及全国选举研究档案的分析，控制了标准人口变量。

3. 生命周期和代际效应也许同时起到作用。对于该方法论问题的技术处理，见第 2 章的注释 7。

4. 见作者对 GSS、罗珀、DDB Needham 生活方式档案的分析; Babchuk and Booth, "Voluntary Association Membership"; And S. Cutler, "Age Differences in Voluntary Association Membership", *Social Forces* 55（1976）：43 – 58.

5. Wendy Rahn 对强调社会资本下滑的代际基础有所贡献。

6. 为了增加可靠性，表 14 – 1 积累了每 20 年末的若干年资料。除了工会成员和参加教会活动的人，在其他调查中提供了充足的证据，表 14 – 1 的每一项目都是基于对 5000 – 7000 个受访者的提问，因此甚至最小的绝对偏差都是高度可靠的。

7. 在美国人时间使用档案中也是这样，几乎所有跨代际参加宗教和世俗组织的活动都下滑了。

8. David Butler and Donald Stokes, *Political Change in Britain*：*The Evolution of Electoral Choice* (London：Macmillan, 1974)。

9. 图 14 – 2 绘制的是过去三分之一个世纪里按出生年份对公民参与的预测（约从 1970 – 1975 到 1995 – 2000）。为了控制生命周期早年和晚年的影响度，图 14 – 2 排除了 25 岁以下和 80 岁以上的受访者。这些调查中很少有受访者出生于 19 世纪晚期便于辨别出相继出生人口的差异。然而，这些不足的数据（在图 14 – 2 并不相切）显示，上个世纪之交可能是公民参与增加的时期。同样，很少有出生于 70 年代后的受访者出现在全国调查档案中让其足够可信，尽管微小的结果显示了 40 年公民参与的猛跌也许降到了最低点。第二部分显示公民参与的下滑是基本的，甚至在没有控制教育的情况下也是如此，但是，为了说明代际差异，图 14 – 2 保持各种出生人群的教育构成不变。为了抵消相对较小的逐年样本以及控制教育程度的差别，图 14 – 2 按 5 年中低于高中程度、等于高中程度或超过高中程度的受访者的变动平均数绘制了图表。图 14 – 2 主要提炼于生命周期和时间效应，但是该数据背后的分析探讨了可能的解释，我不认为代际解释严重地误导了所有重要的方面。可操作的标准为投票：全国选举研究（1952 – 1996）总统大选年投票情况；报纸：综合社会调查（1972 – 1998）每日读报情况；社会信任：GSS（1972 – 1998）赞同"大多数人值得信任"；社区项目：DDB（1975 – 1998）在过去一年至少工作于一个社区的情况；社团会员资格：GSS（1974 – 1994）至少是一个社团的成员的；对政治的兴趣：DDB（1975 –

1998）赞同"我对政治感兴趣"的；教会：GSS（1972 – 1998）在"过去每周"至少参加教会活动的；社团：DDB（1975 – 1998）在过去 1 年里参加 9 个或更多社团会议的。

10. 见 Zukin, Generation X and the News。

11. 1910 – 1940 年的一代也看起来要比更老的一代有公民参与精神，至少从同一样本中出生在 19 世纪末期的很少的受访者来看是这样。

12. 在我没有看出的对早期版本的评论。

13. Miller and Shanks, *New American Voter*, 57.

14. Ithiel de Sola Pool, "Public Opinion", in *Handbook of Communication*, ed. Ithiel de Sola Pool et al. (Chicago：Rand McNally, 1973), 818 – 821.

15. 见作者对全国选举研究、罗珀社会与政治趋势、DDB Needham 生活方式调查以及 GSS 档案的分析。这些 21 – 29 岁及 55 岁以上出席总统选举的差距从 60 年代、70 年代的 16% 上升到 80 年代和 90 年代的 25%。又见 Time Mirror Center, "Age of Indifference", 25。

16. 见作者对罗珀社会与政治趋势档案的分析。在这些年里，45 岁及以上的成年人所占比轻微从 44% 上涨到 48%。

17. Michael X. Delli Carpini, *Stability and Change in American Politics*：*The Coming of Age of the Generation of the 1960s* (New York：New York University Press, 1986)；Paul C. Light, *Baby Boomers* (New York：W. W. Norton, 1988)；And Cheryl Russell, *The Master Trend*.

18. Light, *Baby Boomers*, 123 – 125.

19. Delli Carpini, *Stability and Change*, 150.

20. Russell, *The Master Trend*; Delli Carpini, *Stability and Change*; M. Kent Jennings and Richard G. Niemi, *Generations and Politics*：*A Panel Study of Young Adults and Their Parents* (Princeton, N. J.：Princeton University Press, 1981)；以及作者对罗珀社会与政治趋势和 DDB Needham 生活方式档案的分析。

21. Delli Carpini, *Stability and Change in American Politics*, 326.

22. Light, *Baby Boomers*, 32, 136, and 49, 引用 Richard Easterlin, *Birth and Fortune*：*The Impact of Numbers on Personal Welfare* (New York：Basic Books, 1980)。

23. Jennings and Niemi, *Generations and Politics*, 215 – 226；Light, *Baby Boomers*, 28；Daniel Yankelovich, "How Changes in the Economy Are Reshaping American Values", in *Values and Public Policy*, Henry J. Aaron, Thomas E. Mann, and Timothy Taylor, eds. (Washington, D. C.：Brooking, 1994), 16 – 53.

24. Russell, *The Master Trend*.

25. Rahn and Transue, "Social Trust and Value Change". 又见美国教育部国家教育统计中心对高中及其他进行的 1974 年、1984 年和 1994 年的调查。还包括 R. A. Easterlin and E. M. Cummings, "Private Materialism, Personal Self – Fulfillment, Family Life and Public Interest：The Nature, Effects, and Causes of Recent Changes in the Values of American Youth", *Public Opinion Quarterly* 55 (winter 1991)：499 – 533。

26. 见作者对观测未来调查档案的分析，由密歇根大学跨校联合政治和社会研究所提供。从 70 年代中期的 14 – 15% 下滑到 90 年代中期的 10 – 11%。由于样本很大，因此这些估测是比较可靠的。

27. 见作者对观测未来调查档案的分析。"未决定"的受访者被排除在分析之外，尽管将他们包含在内也不会影响基本的趋势。

28. Bennett and Rademacher, "The 'Age of Indifference' Revisited"；Zukin, *Generation X and the News*；Diana Owen and Molly W. Sonner, " 'Think Globally, Act Locally'：Why Political Science Underestimates the NEXT Generation" (该文提交于美国中西部政治科学年会, Chicago, April 1995)；Diana Owen, "Mixed Signals：Generation X's Attitudes toward the Political System", in Craig and Bennett, *After the Boom*, 85 – 106；Times Mirror Center, "The Age of Indifference", 26 – 28；以及作者对罗珀社会与政治趋势档案的分析。由于图 14 – 3 保持生命周期不变，X 一代的低参与率不能简单归因于他们的年轻。

29. Myrna Weissman, Martha Livingston Bruce, Philo J. Leaf, Louise P. Florio, and Charles Holzer Ⅲ, "Affective Disorders", in *Psychiatric Disorders in America：The Epidemiological Catchment Area Study*, Lee N. Robins and Darrel A. Regier, eds. (New York：Free Press, 1991), 53 – 80，引注在第 80 页。该材料包括一个附录评估和排除了该证据的可能出现的方法论缺陷。

30. Martin E. P. Seligman, "Boomer Blues", *Psychology Today* (October 1988)：50 – 55，引注在第 50 页。又见 Gerald L. Klerman, "The Current Age of Youthful Melancholia：Evidence for Increase in Depression among Adolescents and Young Adults", *British Journal of Psychiatry* 152 (1988)：4 – 14；Gerald L. Klerman and Myrna Weissman, "Increasing Rates of Depression", *Journal of American Medical Association* 268 (December 2, 1992)：3098 – 3105；Peter M. Lewisohn, Paul Rohde, John R. Seeley, and Scott A. Fischer, "Age – Cohort Changes in the Lifetime Occurrence of Depression and Other Mental Disorders", *Journal of Abnormal Psychology* 102 (1993)：110 – 120；And Eric Fombonne, "Depressive Disorders：Time Trends and Possible Explanatory Mechanisms", in *Psychosocial Disorders in Young People：Time Trends and Their Causes*, ed. Michael Rutter and David J. Smith, eds. (New York：Wiley and Sons, 1995), 544 – 615.

31. *Sourcebook of Criminal Justice Statistics 1995*, ed. Kathleen Maguire and Ann L. Pastore (Albany, N. Y.：Hindelang Criminal Justice Research Center, 1996), 365. 又见 U. S. Public Health Service, *The Surgeon General's Call to Action to Prevent Suicide* (Washington, D. C.：1999), 以及此处引用的研究。对于那些我定义为"有悠久公民精神传统"的低自杀率的讨论, 见 Max A. Woodbury, Kenneth G. Manton, and Dan Blazer, "Trends in U. S. Suicide Mortality Rates 1968 to 1982：Race and Sex Differences in Age, Period and Cohort Components", *International Journal of Epidemiology* 17 (1988)：356 – 362, esp. 360。对其他国家更为广泛的比较模式, 见 C. Pritchard, "New Patterns of Suicide by Age and Gender in the United Kingdom and the Western World 1974 – 1992：An Indicator of Social Change?", *Social Psychiatry and Psychiatry Epidemiology* 31 (1996)：227 – 234。

32. Michael Rutter and David J. Smith, "Toward Casual Explanations of Time Trends in Psychosocial Disorders of Young People", in *Psychosocial Disorders in Young People*, Rutter and Smith, eds., 807.

33. 对于我们衡量不适的指标的讨论, 见第 13 章的注释 50。一些不适症状呈现出生命周期的效应——失眠随着年龄增加轻微上升，而头疼随着年龄增加出现下滑——但是生命周期的差异从图 14–5 中筛选了出来。"高度"不适意味着所有受访者的前面三行在超过了 20 岁，但任何合理的焦点都会产生同样的结果。在过去三分之一世纪里年轻人的资金担忧出现了增长，而资金担忧造成了头疼、消化不良以及夜间失眠的症状。当我们资金担忧的指标加入对不适症状的多元回归预测（包括性别、教育、年龄，对电视娱乐的依赖，以及年龄和年份的互动关系），互动关系的非标准回归系数——一项同增加的代际差异有关的衡量变量——结束于 60% 但仍保持很重要。

34. Ed Diener, "Subjective Well – Being", *Psychological Bulletin* 95 (1984): 542–575, esp. 554. W. A. Stock, M. A. Okun, M. J. Haring, and R. W. Witter, "Age and Subjective Well – being: A Meta – analysis", in R. J. Light (ed.), *Evaluation Studies*: *Annual Review*, vol. 8 (Beverly Hills, Calif.: Sage, 1983), 279–302; D. D. Witt, G. D. Lowe, C. W. Peek, and E. W. Curry, "The Changing Relationship between Age and Happiness: Emerging Trend or Methodological Artifact?", *Social Forces* 58 (1979): 1302–1307; 以及作者对 DDB Needham 生活方式档案的分析。我们有关生活满足的指标，见第 20 章。

35. Schneider and Stevenson, *Ambitious Generation*, 189 – 221, 引注在 192 页; Seligman, "Boomer Blues", 52, 55.

36. L. I. Pearlin, M. A. Lieberman, E. G. Menaghan, and J. T. Mullan, " The Stress Process ", *Journal of Health and Social Behavior* 22 (1981): 337 – 356; P. Cohen, E. L. Struening, G. L. Muhlin, L. E. Genevie, S. R. Kaplan, and H. B. Peck, "Community Stressors, Mediating Conditions and Wellbeing in Urban Neighborhoods", *Journal of Community Psychology* 10 (1982): 377 – 391; A. Billing and R. Moos, "Social Support and Functioning among Community and Clinical Groups: A Panel Model", *Journal of Behavior Medicine* 5 (1982): 295 – 311; Nan Lin and W. M. Ensel, "Depression – Mobility and Its Social Etiology: The Role of Life Events and Social Support", *Journal of Health and Social Behavior* 25 (1984): 176 – 188; G. A. Kaplan, R. E. Roberts, T. C. Camacho, and J. C. Coyne, "Psy-

chosocial Predicators of Depression", *American Journal of Epidemiology* 125 (1987): 206 – 220.

37. 此归纳概括了作者对罗珀社会与政治趋势调查、DDB Needham 生活方式调查、综合社会调查、全国选举研究、美国人使用时间档案、观测未来档案以及其他调查中有关公民参与和社会资本之间的多对变量进行的大量多元回归分析。（对罗珀社会与政治趋势档案的代际分析很复杂，因为"年龄"——按出生年份——在这些调查中只是粗略的，因为对这些数据的回归分析为代际解释提供了比较含糊的论证。另一方面，表 14–1 提供了罗珀数据中有关代际影响的论据。）这些分析的中心问题是：当控制代际因素的时候（例如，通过出生年份来做回归分析），哪部分在若干年内出现了下滑趋势？如像更早所讨论的那样，一些有关公民参与的指标——投票、参加教会、读报、对公共事务的兴趣以及社会信任——实际上在 20 世纪的最后三分之一的净变动都归因于代际更替。这种模式能在图表 39、13–1 中看到，事实上如果出生年月和调查年份在同样的回归中加入考虑的话，调查年份会变得对其他变量很不重要。而其他同社会资本有关的指标，例如参加社团和家庭晚餐，如果控制了代际因素的话差不多有一半左右的趋势会被排除。对于闲聊的衡量，例如打牌和在家休闲，控制了代际因素则基本上对趋势没有影响。

38. William Graham Summer, *Folkways*: *A Study of the Sociological Importance of Usages*, *Manners*, *Customs*, *Mores*, *and Morals* (Boston: Ginn, 1911), 12 – 13; Lewis A. Coser, *The Functions of Social Conflict* (Glencoe, Ill.: Free Press, 1956); Arthur A. Stein, "Conflict and Cohesion", *Journal of Conflict Resolution* 20 (1976): 142 – 172; Theda Skocpol, Ziad Munson, Marshall Ganz, and Andrew Karch, "War and the Development of American Civil Society", 该文为美国社会学会年会准备 (Chicago, August 1999); Susan J. Ellis. And Katherine H. Noyes, *By the People*: *A History of Americans as Volunteers*, rev. ed. (San Francisco: Jossey – Bass, 1990), 引注在第 13 页。

39. Charles, *Service Clubs*, 15 – 16, 31.

40. 感谢 Wendy Rahn 和 Theda Skocpol 对战争影响的精彩讨论，特别是第二次世界大战对社会资本和公民参与的影响。见 Theda Skocpol,

第14章

with the assistance of Marshall Ganz, Ziad Munson, Bayliss Camp, Michele Swers, and Jennifer Oser, "How Americans Became Civic", in *Civic Engagement in American Democracy*, eds. Skocpol and Fiorina, 27 – 80, and Tom Brokaw, *The Greatest Generation* (New York: Random House, 1998)。

41. John Morton Blum. *V Was for Victory: Politics and American Culture during World War* Ⅱ (New York: Harcourt, Brace, Jovanovich, 1976), 339; 见作者对综合社会调查 (1974 – 94) 以及 DDB Needham 生活方式档案的分析 (1983 – 88)。老兵们没有比他们那代人更多地参与公民活动。二战对公民生活习惯的持续影响不仅仅局限在战场上。或者也许是战争的冷酷无情抵消了社群生活的影响。

42. Richard R. Lingeman, *Don't You Know Theres a War On?The American Home Front*,*1941 – 1945* (New York: G. P. Putnam's Sons, 1970), 71; Bill Gold, 引于 Roy Hoopes, *Americans Remember the Home Front: An Oral Narrative* (New York: Hawthorne, 1977), xii。

43. Richard Polenberg, *War and Society: The United States*, 1941 – 1945 (New York: J. B. Lippincott, 1972), 17。

44. Polenberg, *War and Society*, 29 – 30. .

45. 克里斯拜广告词出现在压胶的战史大事记中, The Home Front, 1938 – 1945 (Petaluma, Calif.: The Mind's Eye, 1985) Lingeman, Don't You Know, 237, 估计有 335 000 吨;

46. Polenberg, *War and Society*, 16, 认为是 450 000 吨。总统请愿书引用于 Polenberg, *War and Society*, 16。

47. Lingeman, *Don't You Know*, 52, 59, 62, 250; 全国红十字组织会员纪录。

48. Lingeman, *Don't You Know*, 251.

49. Julie Siebel, "Silent Partners/Active Leaders: The Association of Junior Leagues, The Office of Civilian Defense, and Community Welfare in World War Ⅱ" (Ph. D. diss., University of Southern California, 1999).

50. Polenberg, *War and Society*, 132, 引用了 W. Lloyd Warner, "The American Town", in *American Society in Wartime*, William Fielding Ogburn, ed. (Chicago: University of Chicago Press, 1943), 45 – 46.

51. Jeffrey G. Williamson and Peter H. Lindert, *American Inequality: A Macroeconomic History* (New York: Academic Press, 1980), esp. 53 – 54 and 82 – 92, 数据在 54 到 315 页。又见 Polenberg, *War and Society*, 94。第一次世界大战同样急剧削减了经济不平等，但是战争带来的平等效应在一两年内就消失了，但是二战后财富和收入更加公平的分配持续了很长时间，甚至到 70 年代早期还有所提升。

52. Polenberg, *War and Society*, 137. 回想过去，我们也许会惊奇那时差不多有 80% 的美国人认为黑市交易是绝不合理的。

53. Polenberg, War and Society, 140 – 145, 引注在 143 页。Brain M. Downing, *The Paths of Glory: War and Social Change in Twentieth – Century America* (forthcoming 2000), 认为战争对群体生活的毁灭作用超出了其正面作用。

54. *Personal Communication*, Robert Rosenheck, M. D. (New Haven, Conn., Veterans' Administration).

55. Blum, *V Was for Victory*, 340.

56. 感谢 Rahn 教授提供图 14 – 6 的数据，来自于 1998 年 7 月 Wall Street Journal/ NBC News Poll。

57. 见作者对罗珀社会与政治趋势 1991 年档案的分析，对 1994 年到 1996 年相关罗珀报告的争论。(New York: Roper Starch Worldwide, various years)。图 14 – 7 的"物质奢侈者"代表了那些至少在 6 项定义"生活好"的答案中选择 2 项的受访者：1 超过平均工资水平的工作，1 个游泳池，1 个度假住宅，很漂亮的衣服，第 2 台彩电，第 2 辆车。控制收入、教育、婚姻状况、性别和城市规模，调查年份和出生年份等对物质主义很强的预测指标，但是出生年份（代表了代际差异）要更表现得更为强烈。

58. 可供选择的项目是这些：我的家庭；我的老朋友；我的新朋友；我的邻居；我的基督教会/犹太教会；和我工作的人；我的地方社区；认读地方新闻报纸；我所属的组织或社团；我家小孩朋友的父母；读特定的有趣杂志；在网上遇到的网友。可以选择多项。为了简化图 14 – 8，我合并了"老"和"新"朋友，并且排除了"我家小孩朋友的父母"以及"特定有趣杂志"。总之，9% 所提到的杂志以及 28% 其他父母所提到的其他孩子的父母；它们都不能反映出代际变化呈现出的差异。"同事"的计算基于那些至少在家外进行兼职工作的受访者。

大量的统计分析由扬科洛维奇公司所决定，排除了出生于1978年后的受访者；为了简化图14-8，我忽略了婴儿潮一代（出生于1946-1964）；在其他两组人群中它们几乎毫无例外地下滑到中部。1997年、1998年和1999年的调查几乎没有明显的差别；图14-8提供了这三年的平均值。感谢扬科维奇合伙公司提供这些数据。

59. William James, "The Moral Equivalent of War" (New York: American Association for International Conciliation, 1910).

第15章 结案：什么杀死了公民参与？

1. Theodore Caplow, Howard M. Bahr, John Modell, and Bruce Chadwick, *Recent Social Trends in the United States*: 1960 – 1990 (Montreal: McGill – Queen's University Press, 1991), 47, 106, 11; U. S. Bureau of the Census, Current Population Reports, Series P20 – 509, "Household and Family Characteristics: March 1997", and earlier reports. 见作者对综合社会调查的分析。

2. 接下来几段的所有归纳都是基于作者对罗珀社会与政治趋势、DDB Needham 生活方式、美国人时间使用、综合社会调查以及全国选举研究档案的分析，控制了所有标准的人口变量。这个结论我在 "Turning In, Turning Out" 的有所不同，基于更为广泛的同家庭结构和社会关联相联系的论据。

3. Verba, Schlozman, and Brady, *Voice and Equality*, 241 – 247.

4. 见作者对综合社会调查、罗珀社会与政治趋势，以及 DDB Needham 生活方式档案的分析。白人对分离主义的支持通过 GSS 调查的这一问题来衡量："如果你和你朋友所属的社交社团不允许黑人加入，你会尝试改变规定使黑人能够加入吗？"如果通过是否支持居民分立或是反异族通婚法来衡量是否为白人种族主义者，也能得到同样的结果。

5. Fukuyama, *Trust*, 313 – 314. 对政府项目是否排除了慈善行为和志愿活动，损耗了社会资本，见 Paul L. Menchik and Burton A. Weisbrod, "Volunteer Labor Supply", *Journal of Public Economics* 32 (1987): 159 – 183; Susan Chambre, "Kindling Points of Light: Volunteering as Public Policy", *Nonprofit and Voluntary Studies Quarterly* 19 (1989): 249 – 268; Richard Stein-berg, "The Theory of Crowding Out: Donations, Local Government Spending, and the 'New Federalism,'", *in Philanthropic Giving*, Richard Magat, ed. (New York: Oxford University Press, 1989), 143 – 156; Marvin Olasky, *The Tragedy of American Compassion* (Washington, D. C.: Regnery Gateway, 1992), 1 – 83; Robert Moffitt, "Incentive Effects of the U. S. Welfare System: A Review", *Journal of Economic Literature* 30 (1992): 1 – 61; Deborah Stone, "The Durability of Social Capital", *Journal of Health Politics*, *Policy*, *and Law* 20 (1995): 689 – 694; And J. David Greenstone and Paul E. Peterson, *Race and Authority in Urban Politics*: *Community Participation and the War on Poverty* (New York: Russell Sage Foundation, 1973)。

6. 社会资本水平在全国的差异，例如在第四部分所讨论的那样，是基本的、紧密关联的、几乎不变的，至少在70年代到90年代是如此。

7. Putnam, "Turning In, Turning Out", 671.

8. Daniel Bell, *The Cultural Contradictions of Capitalism*, 20th anniv. ed. (New York: Basic Books, 1996); Robert E. Lane, *The Market Experience* (New York: Cambridge University Press, 1991).

9. Charles H. Heying, "Civic Elites and Corporate Delocalization: An Alternative Explanation for Declining Civic Engagement", *American Behavioral Scientist* 40 (1997): 657 – 668.

10. 作者对70年代到80年代公民不参与增加了犯罪率的另一可能解释。然而，我们控制了其他因素对关联的影响（教育、种族、收入、代际、性别、婚姻、父母，以及工作状态、资金担忧、城市规模、房屋所有、迁移状况、上下班时间，以及对电视的依赖度），没有任何周围村镇的实际犯罪率或是潜在对犯罪的担忧同参加社团、在家休闲、拜访朋友、对正直感兴趣，或是参加社区项目等公民参与的指标存在关联。我发现没有论据表明第二部分所描述的公民不参与是增长犯罪率的后果。

11. 这些有关各种因变量相对重要性的粗略估测来自于对本研究主要数据组和所有同社会和政治参与有关的所有主要指标的多元回归分析。实际上，我问到："如果相关的因变量（工作场所妇女所占比、经济担忧、城郊率、看电视等情况）在20世纪的后三分之一没有发生变化的话，公民参与或社会资本是否会出现了下滑?"可以肯定的是，这种方法归纳自对各种指标和假设的分析，排除了所有互动关系。然而，作为一项总体概述其并没有违背基本证据。

第 16 章　导言

1. Kenneth J. Arrow, "Gifts and Exchanges", *Philosophy and Public Affairs* I （summer 1972）：357.

2. 社团成员的测量来自第 3 章所述的综合社会调查，涵盖了 40 个州的情况。对公共会议和地方组织领导的测量来自第 2 章所述的罗珀档案，涵盖了 43 个州的情况。对社团会议、志愿活动和社区项目的测量来自第 3 章和第 7 章所述的 DDB Needham 生活方式档案，涵盖了 48 个州的情况。

3. DDB Needham 档案提出的具体问题是："我花了很多时间拜访朋友"（赞成或不赞成）以及"去年我多少次在家里娱乐?"涵盖了 48 个州的情况。

4. 具体问题来自 DDB Needham 档案（"大多数人是诚实的"），该问题涵盖了 48 个州的情况，综合社会调查（"大多数人可被信任"和"不应该对别人过分谨慎"），该问题涵盖了 41 个州的情况。尽管这两项州级对社会信任的测量调查在方法论上非常相似。（对所有可供数据州 r = 0.79；在每项调查中至少有一百名受访者的 38 个州 r = 0.85。）

5. 我们测量到场人数依据的是参加 1988 年 – 1992 年总统大选投票的超过选举年龄的选民比例，见 U. S Statistical Abstract, 1994：289. 这些数据涵盖了所有 50 个州。

6. 我们测量非营利组织的依据是 1989 年每个州此类组织的数量（见 1992 – 1993 年非营利年鉴），按 1990 年各州人数划分。（感谢 Tom W. Rice 教授向我指出该数据。）这项测量基本上是保持不变的；我们 1989 年使用的测量和 1992 年所使用的测量高度相关（r = 0.89）。我们对公民组织活动的衡量依据 1977 年到 1992 年商务部有关"公民和社区组织"（SIC 8640）的平均数目，按每年的州人口数划分。这两项数据都涵盖了 50 个州。

7. 对这 14 个指标的 91 种可能双变量关联中，有 88 个在 0.05 或更多上都是高度相关的，没有一项是负相关的。91 项指标的平均关联度

为 r = 0.56。这种一致性是很强烈的，给定数据来自三项独立的调查档案以及三个不同的政府部门。综合指标为 14 项分变量测量的平均标准分数。为了扩大样本的数量，我们在计算机输入了 14 项指标中数据不明的那五项的样本的平均数；该程序使我们能够涵盖在分析中除了阿拉斯加和夏威夷以外的所有州。实际上，对 14 项分变量的基本要素分析所得出的变量分数而言，这项指标是完全相同的。

8. 图 16 – 1 中明显平滑斜线的例外从直观上是可以解释的——内华达不寻常的低，而摩门犹他则相对较高。

9. 另一项有关社会资本的可能指标——参加教会情况——从经验上同其他此处使用的指标很不相关。1974 – 1994 年综合社会调查中回答"几乎每周"提供宗教服务的那部分受访者同我们的社会资本指标没有关联。（r = 0.06）一些宗教习俗较高的州（如亚拉巴马州）在我们以社区为基础的社会资本测量中较低，但是另外一些相对的宗教州（如明尼苏达州）在社会资本上很高。相反，南达科他州在社会资本上很高但参加教堂活动率低，夏威夷州两者都较低。

10. Tocqueville, *Democracy in America*, 81. 见中译本托克维尔著：《论美国的民主》，董果良译，商务印书馆 1997 年版，第 89 页。

11. 我们在 80 年代和 90 年代州层面的社会资本的测量是相关的，$R^2 = 0.52$, 见 Daniel J. Elazar 所创设的"州级政治文化"来衡量，American Federalism：A View from the States（New York：Crowell, 1966），基于 Ira Sharkansky 对 50 年代州政治的描述和此后量化观察，见"The Utility of Elazar's Political Culture", *Polity* 2（1969）：66 – 83. 在一项引人注目而重要的研究中，Tom W. Rice 和 Jan L. Feldman 指出"当代美国人的公民文化和与他们拥有共同祖先的当代欧洲公民的态度非常相似"，尽管其所指的"母国"已经过了好几代时间，见"Civic Culture and Democracy from Europe to America", *Journal of Politics* 59（1997）：1143 – 1172.

第 17 章　教育与儿童福利

1. Urie Bronfenbrenner, Phyllis Moen, and James Carbarino, "Child, Family, and Community", in Ross D. Parke, ed. *Review of Child Development Research*, vol. 7.（Chicago：University of

Chicago Press，1984）。

2. Kids Count Index from Annie E. Casey Foundation（Baltimore，Md.，1999），Web site：www. aecf. prg/kidcount/index. htm.

3. 皮尔森相关系数为 +0.80。1 分代表了完全的线性关系；社会科学家大多认为 0.40 分以上代表了强相关关系。

4. 这项结论来自于十项一般多元回归分析。观察的基本单位是 50 个州，排除了华盛顿州。使用了以下十项单独变量：1995 年 15 – 17 岁之间每千名妇女的出生率；1995 年儿童贫困的比例；1995 年非正常婴儿出生率；1995 年不就学或不工作的青少年（16 – 19 岁）的比例；1995 年的婴儿死亡率；1995 年的儿童死亡率（1 – 14 岁之间）；高中青少年退学率（16 – 17 岁）；青少年意外、凶杀、自杀死亡率（15 – 19 岁）；1995 年青少年暴力犯罪逮捕率（10 – 17 岁）；以及 1997 年综合儿童指数。在每项回归模型中，以下变量都同时受到了控制：州贫困率（1987 – 1992）；1990 年白人占总人口的比率；单亲家庭占所有家庭的比率；成年人高中毕业率。在所有模型中，贫困率是对七项负面效应的显著预测指标（p < 0.05）；同时，社会资本指数的低分是五项负面效应的显著预测指标。种族构成以及单亲家庭比例分别在四项和三项模型中表现显著，但是效应相对较少，并且这些预测指标还分别会在二项和三项模型中指向错误方向。成人高中毕业率在十项变量中的七项里指向错误方向。成年大学毕业生也被研究过，但是它作为预测指标也不明显。对整体上儿童福利的预测，只有贫困和社会资本呈现出主要的独立作用，都在统计上达到了 0.001 的重要性。

5. Jill E. Korbin and Claudia J. Coulton，"Understanding the Neighborhood Context for Children and Families：Combining Epidemiological and Ethnographic Approaches"，in Jeanne Brooks – Gunn，Greg J. Duncan，and J. Lawrence Aber，eds.，*Neighborhood Poverty*，*Volume* II（New York：Russell Sage Foundation，1997），65 – 79. 又见 Susan P. Lumber and Maury A. Nation，"Violence within the Neighborhood and Community"，in *Violence against Children in the Family and the Community*，eds. Penelope K. Trickett and Cynthia J. Schellenbach（Washington，D. C.：American Psychological Association，1998），191 – 194；

Robert J. Sampson，Jeffrey D. Morenoff，and Felton Earls，"Beyond Social Capital：Spatial Dynamics of Collective Efficacy for Children"，*American Sociological Review* 64（1999）：633 – 660.

6. James Garbarino and Deborah Sherman，"High – Risk Neighborhoods and High – Risk Families：The Human Ecology of Child Maltreatment"，*Child Development* 51（1980）：188 – 198.

7. D. K. Runyan，W. M. Hunter，et al.，"Children Who Prosper in Unfavorable Environments：The Relationship to Social Capital"，*Pediatrics* 101（January 1998）：12 – 18；Howard C. Stevenson，"Raising Safe Villages：Cultural Ecological Factors that Influence the Emotional Adjustment of Adolescents"，*Journal of Black Psychology* 24（1998）：44 – 59；A. J. De Young，"The Disappearance of 'Social Capital' in Rural America：Are All Rural Children 'At Risk'？"*Rural Special Education Quarterly* 10（1989）：38 – 45.

8. Ronald A. Wolk，ed.，Quality Counts：A Report Card on the Condition of Public Education in the 50 States（Washington，D. C.：Editorial Projects in Education，1997），3.

9. 分析中排除了哥伦比亚地区，我们发现社会资本和 90 年代七项全国教育发展评估测验相关联：四年级数学，1992：r = .81；四年级数学，1996：r = .67；八年级数学，1990：r = .90；八年级数学，1992：r = .91；八年级数学，1996：r = .88；四年级阅读，1994：r = .68；八年级自然，1996：r = .85。另外，社会资本之术同各州学校评估测验的平均数相关联，校正了各州参加测试的误差（r = .67）、社会资本指标同各州高中在 1990 – 1995 年累计辍学率也是负相关的（r = – .79）。

10. 见作者对州级教育绩效数据、DDB Needham 生活方式和罗珀社会与政治趋势档案数据的分析。合并统计了州层面的数据，州层面的种族构成、贫困、和成年人教育水平。本章所有同各州教育绩效的分析都控制了单亲家庭率，1984 – 1990；小学教师率，1988 – 1990；州贫困率，1987 – 1990；非白人比例，1990；人均收入，1980 – 1990；收入平均状况（基尼系数），1990；至少拥有高中学位的成年人占人口比例，1990；每名小学生的教育投入，1989 – 1990 到 1991 – 1992（按实际美元）以及平均教师薪酬，1989，都对州级生活成本的误差进行了校正；公立学校中的小学和中学生比例；各州人口中天主教徒的比例；以及基于宗教习俗的一项综合调查。

11. 严格说来，统计分析指出如果通过调整学生教师的比率，将北加州的教育绩效提到康涅狄克州的水平，会使平均每个班级的小学生减少到 20—25 人，但是这些数据如果在北加州的平均班级规模下，实际小学生的数量是 17 人。这一事实从统计上提出，想依靠缩小班级规模来解决教育问题是不切实际的。

12. 见作者对州层面教育绩效的数据、DDB Needham 生活方式和罗珀社会与政治趋势档案的分析，对州层面的数据进行了合并计算。

13. 在对学生品行不端作为独立变量进行的多变量回归分析中，社区社会资本的标准贝他系数为 $-.612$，相比之下单亲家庭为 $.333$，至少拥有四年高中学历的成年人所占比为 $.261$，小学教师率为 $.226$。所有都呈现强相关性（$p < .05$）或表现更佳（社会资本关联很强 $p = .0002$）。其他的人口、经济以及教育变量内含于最初的模型都表现不突出。独立变量是高中教师对四项问题感知的一项指数：学生持有武器的情况、逃课情况、情感淡漠以及学生间的暴力现象。

14. P. W. Cookson, *School Choice: The Struggle for the Soul of American Education* (New Haven, Conn.: Yale University Press, 1994); Sharon G. Rollow and Anthony S. Bryk, "The Chicago Experiment: The Potential and Reality of Reform", *Equity and Choice* 9. No. 3 (spring 1993): 22 – 32.

15. James S. Coleman and Thomas Hoffer, Public and Private High Schools: The Impact of Community (New York: Basic Books, 1987), 94, 133 – 135, 231, 229. 相反的证据见 Stephen L. Morgan and Aage B. Sørensen, "A Test of Coleman's Social Capital Explanation of School Effects", *American Sociological Review* 64 (1999): 661 – 681.

16. Anne T. Henderson and Nancy Berla, *A New Generation of Evidence: The Family Is Critical to Student Achievement* (Washington, D. C.: National Committee for Citizens in Education, 1994), 1.

17. Roger G. Barker and Paul V. Gump, *Big School, Small School: High School Size and Student*

Behavior (Stanford, Calif.: Stanford University Press, 1964); Kenneth R. Turner, "Why Some Public High Schools Are More Successful in Preventing Dropout: The Critical Role of School Size", 未刊学位论文, Harvard University Graduate School of Education, 1991.

18. Anthony S. Bryk, Valerie E. Lee, and Peter B. Holland, Catholic School and the Common Good (Cambridge, Mass.: Harvard University Press, 1993). 例如，如果天主教学校公共组织考虑在内的话，公立学校里 50% 受雇教师将增至 84%，在职员道德方面变得更加公共化的 50% 的公立学校将增至 89%；逃课率为 30%；课堂秩序混乱为 28%；学生对学习兴趣为 66%。见 288 页。

19. Bryk, Lee, and Holland, Catholic Schools (1993), 314.

20. James P. Comer and Norris M. Haynes, *Summary of School Development Program Effects* (New Haven, Conn.: Yale Child Study Center, 1992).

21. James P. Comer, *School Power: Implications of an Intervention Project* (New York: Free Press, 1980), 126 – 28. 又见 Wendy Glasgow Winters, *African – American Mothers and Urban Schools: The Power of Participation* (New York: Lexington Press, 1993).

22. Anthony S. Bryk and Barbara Schneider, "Social Trust: A Moral Resource for School Improvement", in G. G. Whelage and J. A. White, eds., *Rebuilding the Village: Social Capital and Education in America* (London: Falmer Press, forthcoming). 又见 Donald Moore, "What Makes These Schools Stand Out?" (Chicago: Designs for Change, April 1998), 1 – 19 and 93 – 103.

23. 那些鼓励学生参加课内外活动的小学校对教育研究者而言十分常见，总体上看参加学校课外活动对未来生活中的公民参与是强预测指标。见之前注释 17 引用的资料和第 24 章的注释 4。

24. Coleman, "Social Capital in the Creation of Human Capital."

25. Frank F. Furstenberg Jr. and Mary Elizabeth Hughes, "The Influence of Neighborhoods on Children's Development: A Theoretical Perspective and a Research Agenda", in Jeanne Brooks –

Gunn, Greg J. Duncan, and J. Lawrence Aber, eds. *Neighborhood Poverty*: Volume II (New York: Russell Sage Foundation, 1997), 43.

26. Nancy Darling and Lawrence Steinberg, "Community Influences on Adolescent Achievement and Deviance", in Brooks – Gunn, Duncan, and Aber, eds. *Neighborhood Poverty*: Volume II, 120 – 131; Jay Teachman, Kathleen Paasch, and Karen Carver, "Social Capital and the Generation of Human Capital", *Social Forces* 75 (1999): 1343 – 1359.

27. Frank F. Furstenberg Jr. and Mary Elizabeth Hughes, "Social Capital and Successful Development among At – Risk Youth", *Journal of Marriage and the Family* 57 (August 1995): 580 – 592.

28. Ernest T. Pascarella and Patrick T. Terenzini, *How College Affects Students*: *Findings and Insights from Twenty Years of Research* (San Francisco: Jossey – Bass, 1991); Uri Treisman, "Studying Students Studying Calculus: A Look at the Lives of Minority Mathematics Students in College", *College Mathematics Journal* 23 (1992): 362 – 372. Alexander W. Astin, "What Matters in College", *Liberal Education* (fall 1993): 4 – 14; Alexander W. Astin, "Involvement in Learning Revisited: Lessons We have Learned", *Journal of College Student Development* 37 (1996): 123 – 134.

第 18 章　安全而有益的邻里关系

1. Robert J. Sampson and Jeffrey D. Morenoff, "Ecological Perspectives on the Neighborhood Context of Urban Poverty: Past and Present", in Jeanne Brooks – Gunn, Greg J. Duncan, and J. Lawrence Aber, eds. , *Neighborhood Crime*, James Q. Wilson and Joan Petersilia, eds. (San Francisco: Institute for Contemporary Studies Press, 1995), 193 – 216.

2. Jacob, *Death and Life of Great American Cities*, 56.

3. 各州平均谋杀犯罪率（1980 – 1995）和社会资本指标间的皮尔森相关系数为 − 0. 8, − 1. 0 代表了完全的负线性相关。

4. 在多元回归中，有 55 个州被作为分析单位，最符合的模型包括了四个重要的变量：

社会资本指数、平均贫困率（1987 – 1990）、白人所占比（1990）、城市人口所占比（1990）。其他一些有关但并非重要的变量是单亲家庭率（1984 – 1990）；平均个人收入（1990, in $1992）；至少受过四年大学教育的人口比例（1990）；至少受过四年高中教育的人口比例（1990）；天主教徒比例；收入差距的基尼系数（1990）；DDB Needham 生活方式调查回答"对家庭遭受犯罪骚扰心存担忧"的回答。如果高犯罪率指向的社会资本，代表社会交往中对犯罪的担忧，控制对犯罪担忧的变量就能够排除犯罪 – 社会资本关联，但是实际上并没有发生；犯罪和社会资本的部分关联仍在保持在较高水平 r = − . 53. Mitchell B. Chamlin and John K. Cochran, "Social Altruism and Crime", *Criminology* 35 (1997): 203 – 227, 该文指出（控制其他的相关变量，例如贫困、不平等、种族、居住迁移，以及家庭结构），那些联合劝募会贡献较大、收入水平较高的城市的犯罪率要更低，作为另一个社会资本的指标。

5. Sheldon Hackney, "Southern Violence", *American Historical Review* 73 (1969): 906 – 925, 引注在 925 页。Richard E. Nisbett and Dov Cohen, Culture of Honor: *The Psychology of Violence in the South* (Boulder, Colo. : Westview Press, 1996); Raymond D. Gastil, "Homicide and a Regional Culture of Violence", *American Sociological Review* 36 (1971): 412 – 427; Steven F. Messner, "Regional and Racial Effects on the Urban Homicide Rate: The Subculture of Violence Revisited", *American Journal of Sociology*, 88 (1983): 997 – 1007;（批判观点）Colin Loftin and Robert H. Hill, "Regional Subculture and Homicide: An Examination of the Gastil – Hackney Thesis", *American Sociological Review* 39 (1974): 714 – 724.

6. 该结论是基于对 55 个州在 1980 – 1995 年间的谋杀率预测的大量多元变量分析，基于贫困率、收入水平、收入不均等、教育水平、城镇化率、种族构成，以及我们对社会资本的标准度量和南北差距。在所有实际要求中考虑社会资本后，南北差距因素变得不重要了。各种模型里最不精确的预测指标是居住在北方的白人率，贫困率、城镇化和社会资本有共同的重要性。在旧邦联之外的 39 个州里，社会资本和谋杀率的双变量指标呈现强相关性 r = − . 74.

7. 见作者对 DDB Needham 生活方式调查的

分析。此处社会资本的作用也看似有区域差异。南方人显得比北方热闹更加好斗，但是如果我们控制社会资本的差异，这些地区间的差异就会消失，当我们控制了地区因素（如仅仅观察北部的州），社会资本和粗暴好战的负相关性就呈现出来。

8. 对于邻里关系的作用，见 Christopher Jencks and Susan E. Mayer, "The Social Consequences of Growing Up in a Poor Neighborhood", in L. E. Lynn Jr. and M. G. H. McGeary, eds. , *Inner – City Poverty in the United States* (Washington, D. C. : National Academy Press, 1990), 111 –186; and Martha A. Gephart, "Neighborhoods and Communities as Contexts for Development", in Jeanne Brooks – Gunn, Greg J. Duncan, and J. Lawrence Aber, eds. , *Neighborhood Poverty: Volume* Ⅰ (New York: Russell Sage Foundation, 1997), 1 – 43.

9. W. N. Evans, W. E. Oates, and R. M. Schwab, "Measuring Peer Group Effects: A Study of Teenager Behavior", *Journal of Political Economy* 100 (1992): 966 – 991. Greg J. Duncan, James P. Connell, and Pamela K. Klebanov, "Conceptual and Methodological Issues in Estimating Causal Effects of Neighborhoods and Family Conditions on Individual Development", in Brooks – Gunn, Duncan, and Aber, eds. , *Neighborhood Poverty*: volume Ⅰ, 219 – 250; and Jencks and Mayer, "Social Consequences. "

10. Anne C. Case and Lawrence F. Katz, "The Company You Keep: The Effects of Family and Neighborhood on Disadvantaged Youths ", NBER Working Paper 3705 (Cambridge, Mass. : National Bureau of Economic Research, 1991); M. E. Ensminger, R. P. Lamkin, and N. Jacobson, "School Leaving: A Longitudinal Perspective Including Neighborhood Effects", *Child Development* 67 (1996): 2400 –2416.

11. Susan E. Mayer and Christopher Jencks, "Growing Up in Poor Neighborhoods: How Much Does It Matter?" *Science*, March 17, 1989, 1441 – 1445; and Ingrid Gould Ellen and Margery Austin Turner, "Does Neighborhood Matter? Assessing Recent Evidence", *Housing Policy Debate* 8 (1997): 833 – 866.

12. Furstenberg and Hughes, "The Influence of Neighborhoods on Children's Development "; Margery Austin Turner, Ingrid Gould Ellen, Sheila O' Leary, and Katherine Carnevale, "Location, Location, Location: How Does Neighborhood Environment Affect the Well – Bring of Families and Children?" 未刊稿 ms. , May, 1997.

13. Turner, Ellen, O'Leary, and Carnevale, "Location, Location, Location. "

14. Robert J. Sampson, "Family Management and Child Development: Insights from Social Disorganization Theory", in Joan McCord, ed. , *Facts, Framework, and Forecasts: Advances in Criminological Theory*, vol. 3 (New Brunswick, N. J. : Transaction Publishers, 1992), 63 – 93.

15. 见第 6 章。

16. William Julius Wilson, *The Truly Disadvantaged* (Chicago University of Chicago Press, 1987), 144.

17. Elijah Anderson, *Streetwise: Race, Class, and Change in an Urban Community* (Chicago: University of Chicago Press, 1990), 4, 69, 72.

18. Robert J. Sampson, Stephen W. Raudenbush, and Felton Earls, "Crime: A Multilevel Study of Collective Efficacy", *Science* 277 (August 15, 1997): 918 –924.

19. R. J. Sampson and W. B. Groves, "Community Structure and Crime: Testing Social Disorganization Theory", *American Journal of Sociology* 94, no. 4 (1989): 774 – 802. 又见 Edward L. Glaeser, Bruce Sacerdote, and Jose A. Scheinkman, *Crime and Social Interactions*, NBER Working Paper 5026 (Cambridge, Mass. : National Bureau of Economic Research, 1995).

20. Ora Simcha – Fagan and Joseph E. Schwartz, "Neighborhood and Delinquency: An Assessment of Contextual Effects. " *Criminology* 24, no. 4 (1986): 667 –703.

21. Darling and Steinberg, "Community Influences on Adolescent Achievement and Deviance. " 120 – 131.

22. Elijah Anderson, *Streetwise: Race, Class, and Change in an Urban Community* (New York: Norton, 1999).

23. Darling and Steinberg, "Community Influences. "

24. Herbert C. Covey, Scott Menard, and

Robert J. Franzese, *Juvenile Gangs*, 2nd ed. (Springfield, Ill: Charles C. Thomas Publisher, 1997), 23 - 30, 161 - 185.

25. 在此感谢 Karen Ferree 对帮派和社会资本文献的评论。

26. Joan W. Moore, *Homeboys*.

27. Ruth Horowitz, *Honor and the American Dream* (New Brunswick, N. J.: Rutgers University Press, 1983), 187.

28. Shakur 的惨痛经历，见 Kody Scott [Sanyika Shakur], *Monster: The Autobiography of an L. A. Gang Member* (New York: Penguin, 1994).

29. Moore, Homeboys.

30. John Hagedorn and Perry Macon, *People and Folks: Gangs, Crime and the Underclass in a Rustbelt City* (Chicago: Lakeview Press, 1998).

31. Martin Sanchez Jankowski, *Islands in the Street: Gangs and American Urban Society* (Berkeley: University of California Press, 1991).

32. Ko - Lin Chin, "Chinese Gangs and Extortion", in Ronald Huff, ed., *Gangs in America* (Newbury Park, Calif: Sage Books, 1990).

33. Jankowski, *Islands*; Moore, *Homeboys*.

34. Kristin A. Goss, "'We All Have to Come Together: Moms' Role in Disarming Kids in the Nation's Capital", 硕士论文, Duke University, 1996.

35. Paul A. Jargowsky, "Beyond the Street Corner: The Hidden Diversity of High - Poverty Neighborhoods." *Urban Geography* 17 (1996): 579 - 603.

36. Carol B. Stack, All Our Kin: Strategies for Survival in a Black Community (New York: Harper & Row, 1974), 28.

37. Elliot Liebow, Tally's Corner: A Study of Negro Street Corner Men (Boston: Little, Brown, 1967), 该文指出在未婚和未就业的城市街头闲逛者中，社会关系非常单薄和短暂。见 Rainwater Behind Ghetto Walls, 一项对圣路易斯臭名昭著的 Pruitt - Igoe 住房计划的研究, (Chicago: Aldine De Gruyter, 1970) 向我们描绘了一幅家庭和邻里间不信任和疏远的社会景象。

38. 至少有一个学者曾挑战过家族社会关系对低收入家庭必定有好处的假设。当家庭成员贩卖或食用毒品时，这些社交网络通过代际关系成为了毒品食用的传送带。又见 Eloise Dunlap, "The Impact of Drugs on Family Life and Kin Networks in the Inner - City African - American Single Parent Household", in Adele V. Harrell and George E. Peterson, eds. *Drugs, Crime, and Social Isolation: Barriers to Urban Opportunity* (Washington, D.C.: Urban Institute Press, 1992).

39. Mary Benin and Verna M. Keith, "The Social Support of Employed African American and Anglo Mother", *Journal of Family Issues* 16 (1995): 275 - 297; R. Kelly Raley, "Black - White Differences in Kin Contact and Exchange Among Never Married Adults", *Journal of Family Issues* 16 (1995): 77 - 103; Dennis P. Hogan, David J. Eggebeen, and Clifford C. Clogg, "The Structure of Intergenerational Exchangers in American Families", *American Journal of Sociology* 98 (1993): 1428 - 1458; Dennis P. Hogan, Ling - Xin Hao, and William L. Parish, "Race, Kin Networks, and Assistance to Mother - Headed Families", *Social Forces* 68 (1990): 797 - 812.

40. Wesley F. Skogan, "Community Organizations and Crime", in Michael Tonry and Norval Morris, eds. *Crime and Justice: A Review of Research*, volume 10 (Chicago: University of Chicago Press, 1988).

41. Wesley Skogan and Susan Hartnett, *Community Policing: Chicago Style* (New York: Oxford University Press, 1997), 引注在 160 页; Christopher Winship and Jenny Berrien, "Boston Cops and Black Churches", *Public Interest* 136 (1999): 52 - 68.

第19章 经济繁荣

1. Fukuyama, Trust: La Porta et al., "Trust in Large Organizations"; Knack and Keefer, "Does Social Capital Have an Economic Payoff?"

2. 经济学家 Glenn C. Loury, 社会资本概念的创造者之一，指出甚至美国白种人的人力和金融资本被排除在外，主流美国人组织丰富的社会管理——它们的"社会资本"——甚至能够给少数群体中的中产阶级提供难以获得的好处。见 Glenn C. Loury, "The Economics of Discrimination: Getting to the Core of the Problem", *Harvard Journal of African American Public Policy* I (1992): 91 - 110.

3. Mary Corcoran, Linda Datcher, and Greg Duncan, "Most Workers Find Jobs through Word of Mouth", *Monthly Labor Review* (August 1980): 33 – 35; Montgomery, "Social Networks and Labor – Market Outcomes"; Burt, "Contingent Value of Social Capital"; Maura A. Belliveau, Charles A. O' Reilly III, and James B. Wade, "Social Capital at the Top: Effects of Social Similarity and Status on CEO Compensation", *Academy of Management Journal* 39 (1996): 1568 – 1593; Joel M. Podolny and James N. Baron, "Resources and Relationships in the Workplace: Social Networks and Mobility in the Workplace", *American Sociological Review* 62 (1997): 673 – 693.

4. Mark S. Granovetter, *Getting a Job* (Cambridge, Mass. : Harvard University Press, 1974); Granovetter, "The Strength of Weak Ties. "

5. Jay Macleod, *Ain't No Making It: Aspirations and Attainment in a Low – Income Neighborhood*, 2nd ed. (Boulder, Colo. : Westview Press, 1985).

6. Joleen Kirschenmann and Kathryn M. Neckerman, " 'We'd love to Hire Them, But…' : The Meaning of Race for Employers", in Christopher Jencks and Paul E. Peterson, eds. , *The Urban Underclass* (Washington, D. C. " Brookings Institution, 1991), 203 – 232; David T. Ellwood, "The Spatial Mismatch Hypothesis: Are There Teenager Jobs Missing in the Ghetto?" in Richard B. Freeman and Henry J. Holzer, eds. , *The Black Youth Employment Crisis* (Chicago: University of Chicago Press, 1986), 147 – 185.

7. John D. Kasarda, "Urban Change and Minority Opportunities", in Paul E. Peterson, ed. , *The New Urban Reality* (Washington, D. C. : Brookings Institution, 1985); John D. Kasarda, "Urban Industrial Transition and the Underclass", *Annals of the American Academy of Political and Social Science* 501 (January 1989): 26 – 47.

8. John D. Kasarda, "Urban Industrial Transition and the Underclass"; Henry J. Holzer, "The Spatial Mismatch Hypothesis: What Has the Evidence Shown?" *Urban Studies* 28, no. 1 (1991): 105 – 122.

9. Katherine M. O'Regan, "The Effect of Social Networks and Concentrated Poverty on Black and Hispanic Youth Employment", *Annals of Regional Science* 27, no. 4 (December 1993): 327 – 342.

10. Roger Waldinger, *Still the Promised City?* (Cambridge, Mass. : Harvard University Press, 1996); Ivan Light, *Ethnic Enterprise in America: Business and Welfare Among Chinese, Japanese, and Blacks* (Berkeley: University of California Press, 1972).

11. James H. Johnson Jr. , Elisa Jayne Bienenstock, and Walter C. Farrell Jr. , "Bridging Social Networks and Female Labor Force Participation in a Multi – Ethnic Metropolis", in *Prismatic Metropolis: Analyzing Inequality in Los Angeles*, Lawrence D. Bobo, Melvin L. Oliver, James H. Johnson, Jr. , and Abel Valenzuela, eds. (New York: Russell Sage Foundation, 2000).

12. Corcoran, Datcher, and Duncan, "Most Workers Find Jobs through Word of Mouth"; and Gary P. Green, Leann M. Tigges, and Irene Browne, "Social Resources, Job Search, and Poverty in Atlanta", *Research in Community Sociology* 5 (1995): 161 – 182.

13. Richard B. Freeman, "Who Escapes? The Relation of Churchgoing and Other Background Factors to the Socioeconomic Performance of Black Male Youths from Inner – City Tracts", in Richard B. Freeman and Henry J. Holzer, eds. , *The Black Youth Employment Crisis* (Chicago: University of Chicago Press, 1986), 353 – 376.

14. Burt, Structural Holes; Burt, "The Contingent Value of Social Capital"; Nan Lin, "Social Networks and Status Attainment", *Annual Review of Sociology* 25 (1999): 467 – 487, and the work cited there; Brain Uzzi, "Embeddedness in the Making of Financial Capital: How Social Relations and Networks Benefit Firms Seeking Financing", *American Sociological Review* 64 (1999) 481 – 505; Paul Dimaggio and Hugh Louch, "Socially Embedded Consumer Transactions: For What Kinds of Purchases Do People Most Often Use Networks?" *American Sociological Review* 63 (1998): 619 – 637.

15. Philip Kasinitz and Jan Rosenberg, "Missing the Connection: Social Isolation and Employment on the Brooklyn Waterfront", *Social Problems* 43, no. 2 (May 1996): 180 – 196.

第
19
章

16. Loic J. D. Wacquant and William Julius Wilson, "The Cost of Racial and Class Exclusion in the Inner City", *Annals of the American Academy of Political and Social Sciences* 501 (1990): 8 – 25.

17. Kasinitz and Rosenberg, "Missing the Connection."

18. Manuel Pastor Jr. and Ara Robinson Adams, "Keeping Down with the Joneses: Neighbors, Networks, and Wages", *Review of Regional Studies* 26, no. 2 (1996): 115 – 145.

19. Green, Tigges, and Browne, "Social Resources."

20. Ibid.

21. Catherine Zimmer and Howard Aldrich, "Resource Mobilization Through Ethnic Networks: Kinship and Friendship Ties of Shopkeepers in England", *Sociological Perspectives* 30 (1987): 422 – 445.

22. Alejandro Portes and Julia Sensenbrenner, "Embeddedness and Immigration: Notes on the Social Determinants of Economic Action", *American Journal of Sociology* 98, no. 6 (May 1993): 1320 – 1350; Woolcock; "Social Capital and Economic Development."

23. Kenneth Temkin and William Rohe, "Social Capital and Neighborhood Stability: An Empirical Investigation", *Housing Policy Debate* 9, no. 1 (1998): 61 – 88.

24. 这则有关 Tupelo 发展的故事借自 Vaughn L. Grisham Jr., *Tupelo: The Evolution of a Community* (Dayton, Ohio: Kettering Foundation, 1999) 的精彩记述。

25. AnnaLee Saxenian, *Regional Advantage: Culture and Competition in Silicon Valley and Route 128* (Cambridge, Mass.: Harvard University Press, 1994), 36.

26. Dara Elizabeth Menashi, *Making Public/Private Collaboration Productive: Lessons for Creating Social Capital*, 未刊博士论文, John F. Kennedy School of Government, Harvard University, 1997.

27. Saxenian, *Regional Advantage*, 161.

28. Michael J. Piore and Charles F. Sable, *The Second Industrial Divide: Possibilities for Prosperity* (New York: Basic Books, 1984).

29. Francis Fukuyama, Trust; William G. Ouchi, "Markets, Bureaucracies and Class", *Administrative Science Quarterly* 25, no. 1 (March 1980): 129 – 141; Lynne G. Zucker, "Production of Trust: Institutional Sources of Economic Structure, 1840 – 1920", *Research in Organizational Behavior* 8 (1986): 53 – 111.

30. Walter W. Powell, Kenneth W. Koput, and Laurel Simith – Doerr, "Interorganizational Collaboration and the Locus of Innovation: Networks of Learning in Biotechnology", *Administrative Science Quarterly* 41 (1996): 116 – 145; Jane A. Fountain, "Social Capital: A Key Enabler of Innovation", in *Investing in Innovation: Toward a Consensus Strategy for Federal Technology Policy*, L. M. Branscomb and J. Keller, eds. (Cambridge, Mass.: MIT Press, 1998): 85 – 111.

31. 最近有关社会资本和经济增长的著作, 见 *Social Capital: A Multifaceted Perspective*, Partha Dasgupta and Ismail Serageldin, eds. (Washington, D. C.: The World Bank, 2000); *Social Capital and Poor Communities*, Susan Saegert, J. Phillip Thompson, and Mark R. Warren, eds. (即将出版); and Michael Woolcock, *Using Social Capital: Getting the Social Relations Right in the Theory and Practice of Economic Development* (Princeton, N. J.: Princeton University Press, 2000).

第 20 章　健康与幸福

1. 对健康和社会联系的大量文献的概述, 见 James S. House, Karl R. Landis, and Debra Umberson, "Social Relationships and Health", *Science* 241 (1988): 540 – 545; Lisa F. Beckman, "The Role of Social Relations in Health Promotion", *Psychosomatic Medicine* 57 (1995): 245 – 254; and Teresa E. Seeman, "Social Ties and Health: The Benefits of Social Integration", *Annual of Epidemiology* 6 (1996): 442 – 451. 其他有价值的综述包括 Benjamin C. Amick III, Sol Levine, Alvin R. Tarlov, and Diana Chapman Walsh, eds., Society and Health (New York: Oxford University Press, 1995), esp. Donald L. Patrick and Thomas M. Wickizer, "Community and Health", 46 – 92; Richard G. Wilkinson, *Unhealthy Societies: From Inequality to Well – Being* (New York: Routledge, 1996); Linda K. George, "Social Factors and Illness", in *Handbook of Aging and the Social Sciences* 4th ed. , Robert H. Binstock and Linda K. George, eds. (New York: Academic Press, 1996), 229 – 252; Frank W. Young and Nina Glasgow, "Voluntary Social Participation and Health", *Research on Aging* 20 (1998): 339 – 362; Sherman A. James, Amy J. Schulz, and Juliana van Olphen, "Social Capital, Poverty, and Community Health: An Exploration of Linkages", in *Using Social Capital*, Saegert, Thompson, and Warren, eds.

2. B. H. Kaplan, J. C. Cassel, and S. Gore, "Social Support and Health", Medical Care (supp.) 15, no. 5 (1977): 47 – 58. L. F. Berkman, "The Relationship of Social Networks and Social Support to Morbidity and Mortality", in S. Cohen and S. L. Syme, eds., *Social Support and Health* (Orlando, Fla.: Academic Press, 1985), 241 – 262; J. S. House, D. Umberson, and K. R. Landis, "Structures and Processes of Social Support", *Annual Review of Sociology* 14 (1988): 293 – 318. Ichro Kawachi, Bruce P. Kennedy, and Roberta Glass, "Social Capital and Self – Related Health: A Contextual Analysis", *American Journal of Public Health* 89 (1999): 1187 – 1193.

3. Lisa Berkman, "The Changing and Heterogeneous Nature of Aging and Longevity: A Social and Biomedical Perspective", *Annual Review of Gerontology and Geriatrics* 8 (1988): 37 – 68; Lisa Beckman and Thomas Glass, "Social Integration, Social Networks, Social Support and Health", in *Social Epidemiology*, Lisa F. Berkman and Ichiro Kawachi, eds. (New York, Oxford University Press, 2000), 137 – 174; T. E. Seeman, L. F. Berkman, and D. Blazer, et al., "Social Ties and Support and Support and Neuroendocrine Function: The MacArthur Studies of Successful Aging", *Annals of Behavioral Medicine* 16 (1994): 95 – 106; Sheldon Cohen, "Health Psychology: Psychological Factors and Physical Disease from the Perspective of Human Psychoneuroimmunology", *Annual Review of Psychology* 47 (1996): 113 – 142.

4. Berkman and Glass, "Social Integration, Social Networks, Social Support, and Health."

5. Kawachi et al., "Social Capital and Self – Rated Health."

6. 身体状况健康或不健康的人口比例（通过人口统计学加权后）同各州不信任排名（低、中、高）的皮尔逊相关系数 r 为 0.71；身体健康或不健康同（通过人口统计学加权后）各州互相帮助排名（低、中、高）的皮尔逊相关系数 r 为 - 0.66。

7. 55 各州的社会资本指标和摩根 – 奎特诺健康指数（1991 – 98）之间的皮尔逊相关系数 r 等于 0.78，以一般社会科学标准看来很强；相比之家，社会资本指标和校准年龄后的全因死亡率的相关系数为 - 0.81。感谢 Ichiro Kawachi 提供对死亡率的这项测量。

8 感谢 Kimberly Lochner 引起我对 Roseto 历史的关注，以及向我介绍社会联系对健康产生影响的相关文献。对 Roseto 的关键研究是 J. G. Bruhn and S. Wolf, *The Roseto Story: An Anatomy of Health* (Norman, Okla.: University of Oklahoma Press, 1979); S. Wolf and J. G. Bruhn, *The Power of Clan: The Influence of Human Relationships on Heart Disease* (New Brunswick, N. J.: Transaction Publishers, 1993); B. Egolf, J. Lasker, S. Wolf, and L. Potvin, "The Roseto Effect: A Fifty – Year Comparison of Mortality Rates", *American Journal of Epidemiology* 125, no. 6 (1992): 1089 – 1092.

9. L. F. Berkman and S. L. Syme, "Social Networks, Host Resistance and Morality: A Nine Year Follow – up of Alameda County Residents", *American Journal of Epidemiology* 109 (1979): 186 – 204.

10. J. House, C. Robbins, and H. Metzner, "The Association of Social Relationships and Activities with Mortality: Prospective Evidence from the Tecumseh Community Health Study", *American Journal of Epidemiology* 116, no. 1 (1982): 123 – 140. 这项研究仅关注了男性。

11. House, Robbins, and Metzner (1982); 这项研究仅关注了女性. T. E. Seeman, G. A. Kaplan, L. Knudsen, R. Cohen, and J. Guralnik, "Social Network Ties and Mortality among the Elderly in the Alameda County Study", *American Journal of Epidemiology* 126, no. 4 (1987): 714 – 723; 这项研究发现社会孤立仅对 60 岁以上人的死亡率有预测作用。

12. D. Blazer, "Social Support and Mortality in an Elderly Community Population", *American*

第20章

Journal of Epidemiology 115, no. 5 (1982): 684 – 694; K. Orth – Gomer and J. V. Johnson, "Social Network Interaction and Mortality", *Journal of Chronic Diseases* 40, no. 10 (1987): 949 – 957.

13. L. Welin, G. Tibblin, K. Svardsudd, B. Tibblin, S. Ander – Peciva, B. Larsson, and L. Wilhelmsen, "Prospective Study of Special Influences on Mortality", The Lancet, April 20, 1985, 915 – 918; Frederick J. Manning and Terrence D. Fullerton, "Health and Well – Being in Highly Cohesive Units of the U/S/ Army", *Journal of Applied Social Psychology* 18 (1988): 503 – 519.

14. Sheldon Cohen et al., "Social Ties and Susceptibility to the Common Cold", *Journal of the American Medical Association* 277 (June 25, 1997): 1940 – 1944.

15. A. Colantonio, S. V. Kasl, A. M. Ostfeld, and L. Berkman, "Psychosocial Predictors of Stroke Outcomes in an Elderly Population", *Journal of Gorontology* 48, no. 5 (1993): S261 – S268.

16. Young and Glasgow, "Voluntary Social Participatiopn and Health".

17. Angus Deaton and G. H. Paxson, "Aging and Inequality in Income and Health", *American Economic Review* 88 (1998): 252, report "there has been no improvement and possibly some deterioration, in health status across cohorts born after 1945, and there were larger improvements across those born before 1945".

18. R. C. Kessler et al., "Lifetime and 12 – Month Prevalence of DSM – Ⅲ – R Psychiatric Disorders in the UnitedStates, *Archives of Ceneral Psychiatry* 51(1994):8 – 19; C. J. Murray and A. D. Lopez, "Evidence – Based Health Policy – Lessons from the Global Burden of Disease Study," *Science* 274 (1996): 740 – 743; L. I. Pearlin et al., "The Stress Proess"; G. A. Kaplan et al.," "Psychosocial Predictors of Depression"; A. G. Billings and R. H. Moos, "Life Stressors and Social Resources Affect Posttreatment Outcomes Among Depressed Patients," *Journal of Abnormal Psychiatry* 94 (1985): 140 – 153; C. D. Sherbourne, R. D. Hays, and K. B. Wells, "Personal and Psychosocial Risk Factors for Physical and Mental Health Outcomes and Course of Depression among Depressed Patients," *Journal of Consulting and Clinical Psychology* 63 (1995): 345 – 355; and T. E. Seeman and L. F. Berkman, "Structural Characteristics of Social Networks and Their Relationship with Social Support in the Elderly: Who Provides Support," *Social Science and Medicine* 26(1988): 737 – 749. I am indebted to Julie Donahue for her fine work on this topic.

19. L. I. Pearlin, M. A. Lieberman, E. G. Menaghan, J. T. Mullan, "The Stress Process," *Journal of Health and Social Behavior* 22, no. 4 (1981): 337 – 356; A. Billings and R. Moos, "Social Support and Functioning Among Community and Clinical Groups: A Panel Model," *Journal of Behavioral Medicine* 5, no. 3 (1982): 295 – 311; G. A. Kaplan, R. E. Roberts, T. C. Camacho, and J. C. Coyne, "Psychosocial Predictors of Depression," *American Journal of Epidemiology* 125, no. 2, (1987), 206 – 220; P. Cohen, E. L. Struening, G. L. Muhlin, L. E. Genevie, S. R. Kaplan, and H. B. Peck, "Community Stressors, Mediatin Conditions and Well – being in Urban Neighborhoods," *Journal of Community Psychology* 10(1982):377 – 391; David G. Myers, "Close Relationships and Quality of Life," in D. Kahneman, E. Diener, and N. Schwartz, eds., *Well – being:The Foundations of Hedonic Psychology* (New York: Russell Sage Foundation, 1999).

20. Michael Argyle, *The Psychology of Happiness* (London: Metheun, 1987); Ed Diener, "Subjective Wellbeing," *Psychological Bulletin* 95 (1984): 542 – 575; Ed Diener, "Assessing Subjective Well – being," *Social Indicators Research*, 31 (1994): 103 – 157; David G. Myers and Ed Diener, "Who Is Happy?" *Psychological Science* 6(1995): 10 – 19; Ruut Veenhover, "Developments in Satisfaction – Research," *Social Indicators Research*, 37 (1996): 1 – 46; and works cited there.

21. 这些数据, 以及大多数研究都发现, 婚姻对生活幸福的影响, 对男性和女性都是相同的。这和有些报告所说的, 婚姻对男性幸福产生更正面影响的结论是相反的。

22. 在连续生活方式调查中, 收入是通过收入档次来测量的, 定义为每年收入美元。为了增加跨时段的可比较性, 我们把每个调查中的收入档次转化变为在每年收入分配中平均百分位排名。通过百分数来测量收入满意度的影响是非线性的，但是，把收入转变为收入的百分比也不是线性关系。因此，收入任何特定变化所带来的"幸福等价物"在数量级上是明确的，但却不详细。

23. 此处的结果是基于 DDB 生活方式样本的多元回归分析，包括年龄、性别、教育、收入、婚姻状况、不同类型的公民参与方式。其结果显示，除了教育的影响，以及社会联系对幸福的影响这两项，女性显示的影响要更大之外，对男性和女性基本是一样的。收入、教育和社会联系对单身人群的影响要比已婚人群的影响更大。例如，参加俱乐部会议对单身人群幸福的影响要比对已婚人群的影响高两倍。换句话说，婚姻本身就是是生活满意的强大推进剂，有了婚姻，其他因素才变得更加重要。相反，甚至在穷人、为受教育和社会隔离的人群来说，婚姻也对满意提供了基本的缓冲作用。

24. 见作者对 DDB Needham 生活方式和 Harris 民意调查数据的分析。

25. Martin E. P. Seligman, "Boomer Blues", *Psychology Today*, October 1988, 50 – 55.

第 21 章 民 主

1. 尽管人们普遍认为这则格言出自王尔德，但我无法对此加以确证。

2. Joseph Schumpeter, *Capitalism*, *Socialism*, *and Democracy* (London: Harper and Brothers, 1942).

3. Jefferson to Kercheval, July 12, 1816, in Merrill Peterson, ed., *Writings* (New York: Library of America, 1984), 1227, 引注于 James P. Young, *Reconsidering American Liberalism* (Boulder, Colo.: Westview Press,, 1996), 86.

4. Tocqueville, *Democracy in America*, 511.

5. 文本来自 John Stuart Mill, *Considerations on Representative Government* (1861), at English – www. hss. cmu. edu/philosophy/mill – representative – govt. txt.

6. John Dewey, The Public and Its Problems, 引注于 Robert B. Westbrook, *John Dewey and American Democracy* (Ithaca, N. Y.: Cornell University Press, 1991), 314.

7. James Madison, *Federalist*, 10.

8. Michael Schudson, *The Good Citizen: A History American Civic Life* (New York: Free Press, 1998), 55.

9. 参见，例如，Peter L. Berger and Richard John Neuhaus, *To Empower People: From State to Civil Society* (Washington, D. C.: AEI Press, 1977; 1996).

10. Tocqueville, *Democracy in America*, 190.

11. Amy Gutmann, "Freedom of Association: An Introductory Essay", in Amy Gutmann, ed., *Freedom of Association* (Princeton, N. J.: Princeton University Press, 1998), 3.

12. Karl – Dieter Opp and Christiane Gern, "Dissident Groups, Personal Networks, and Spontaneous Cooperation: The East German Revolution of 1989", *American Sociological Review* 58 (1993): 659 – 680.

13. Tocqueville, *Democracy in America*, 190.

14. William Kornhauser, *The Politics of Mass Society* (Glencoe, Ill.: Free Press, 1959), 73.

15. Verba, Schlozman, Brady, *Voice and Equality*, 304 – 333.

16. William A. Muraskin, *Middle – Class Blacks in a White Society: Prince Hall Freemasonry in America* (Berkeley: University of California Press, 1975), 27.

17. Verba, Schlozman, Brady, *Voice and Equality*, 378.

18. Frederick C. Harris, "Religious Institutions and African American Political Mobilization", in Paul Peterson, ed., *Classifying by Race* (Princeton, N. J.: Princeton University Press, 1995), 299. 论据显示有组织的公理教会，例如新教教派，要比具有科层体系的教会，例如天主教或福音教派为郊区居民提供更多发展公民技巧的机会。在公民技巧的实践方面，新教徒要比天主教徒的机会多出三倍。Verba, Schlozman, Brady, V*oice and Equality*, 321 – 322, 329.

19. Verba, Schlozman, Brady, *Voice and Equality*, 385.

20. Jon Elster, ed., *Deliberative Democracy* (Cambridge, UK: Cambridge University Press, 1998)' Amy Gutmann and Dennis Thompson, *Democracy and Disagreement* (Cambridge, Mass.: Harvard University Press, 1996); J. Bohman, *Public Deliberation* (Cambridge, Mass.: MIT Press, 1996); C. Nino, The Constitution of *Deliberative Democracy* (New Haven, Conn.: Yale University Press, 1996).

21. Gutmann "Freedom of Association", 25.

22. 参见，例如，Will Kymlicka, "Ethnic Associations and Democratic Citizenship", in Gutmann, *Freedom of Association*, 177 – 213.

23. 见 Michael Walzer, "The Civil Society Argument", in Ronald Beiner, ed., *Theorizing Citizenship* (Albany: State University of New York Press, 1995).

24. Michael Hanks, "Youth, Voluntary Associations, and Political Socialization", *Social Forces* 60 (1981): 211 – 223.

25. David Sally, "Conversation and Cooperation in Social Dilemmas: A Meta – Analysis of Experiments from 1958 to 1992", *Rationality and Society* 7, no. 1 (1995): 58 – 92.

26. Gutmann and Thompson, *Democracy and Disagreement*, 52 – 53.

27. 参看，例如，Rosenblum, *Membership and Morals* (Princeton, N. J.: Princeton University Press, 1998); Daniel Schulman, "Voluntary Organization Involvement and Political Participation", *Journal of Voluntary Action Research* 7 (1978): 86 – 105.

28. Theodore J. Lowi, *The End of Liberalism: Ideology, Policy, and the Crisis of Public Authority* (New York: Norton, 1969); Jonathan Rauch, *Demosclerosis: The Silent Killer of American Government* (New York: Times Books, 1994).

29. Michael Walzer, "The Civil Society Argument", in Ronald Beiner, ed., *Theorizing Citizenship* (Albany: State University of New York Press, 1995).

30. 参见，例如，Hausknecht, The Joiners; Verba, Schlozman, Brady, *Voice and Equality*; and David Horton Smith, "Determinants of Voluntary Association Participation and Volunteering: A Literature Review", *Nonprofit and Voluntary Sector Quarterly* 23, no. 3. (fall 1994): 243 – 263.

31. E. E. Schattschneider, *The Semisovereign People: A Realist's View of Democracy in America* (New York: Holt, Rinehart & Winston, 1960).

32. Seymour Martin Lipset, *Political Man: The Social Bases of Politics* (Garden City, N. Y.: Doubleday, 1960); Samuel Stouffer, *Communism, Conformity and Civil Liberties* (New York: Doubleday, 1955); Sheri Berman, "Civil Society and the Collapse of the Weimar Republic", *World Politics* 49 (April 1997): 401 – 429.

33. Samuel P. Huntington, "The Democratic Distemper", *The Public Interest* 41 (fall 1975): 9 – 38.

34. Rosenblum, *Membership and Morals*, 155.

35. Morris P. Fiorina, "Extreme Voices: The Dark Side of Civic Engagement", in Skocpol and Fiorina, eds., *Civic Engagement in American Democracy*. Fiorina 的小故事很有启发，他在结论中呼吁更多的公民参与式正确的。但不幸的是，他文章中的部分篇章混淆了 a) 社区中高度的公民参与 b) 代议制体系或特权公民参与的决策制定过程，仅仅有少部分公民参与。前者带有行为的特性，后者带有制度的特性。（二者可能有因果或历史的关联，但是并非同一件事。）令人困惑的是，Fiorina 使用了公民参与的术语来指代二者，但是他的文章论述了 b) 的负面作用，而不是 a) 的负面作用。同论文的标题相反，他的论据显示了公民不参与的负面影响。

36. 本段和随后段落的归纳来自于作者对罗珀社会与政治趋势档案的分析。有关自我意识形态的回答基于该问题："无论是从政治性还是社会性来说，现在你会如何定位你的整体观点？——是非常保守、一般保守、中间道路、一般自由、还是非常自由？"

37. 我计算出了 1974 年到 1994 年间每十二项基本参与形式中的每五类意识形态的自我认知所呈现出来的线性趋势，并且指出了过去二十一年里 1974 年参与比例的净值变化。该方法对于年度的异常值要比其他测量更加反映明显，使得对不同参与形式的比较变得更加容易，但是任何合理的度量都得出相同的结论：越是意识形态的自我认知偏向极端，在这二十年间参与率就下滑得相对越小。

38. Gabriel Weimann, "On the Importance of Marginality: One More Step in the Two – Step Flow of Communication", *American Sociological Review* 47 (December 1982): 764 – 773; Gabriel Weimann, "The Strength of Weak Conversational Ties in the Flow of Information and Influence", *Social Network* 5 (1983): 245 – 267; Matthew A. Crenson, "Social Networks and Political Processes in Urban Neighborhoods", *American Journal of Political Science* 22. No 3 (August 1978): 578 –

第
21
章

594. Michael MacKuen and Courtney Brown, "Political Context and Attitude Change", *American Political Science Review* 81 (June 1987): 471 – 490; Robert Huckfeldt and John Sprague, *Citizens, Politics, and Social Communication: Information and Influence in an Election Campaign* (New York: Cambridge University Press, 1995).

39. Cathy J. Cohen and Michael C. Dawson, "Neighborhood Poverty and African American Politics", *American Political Science Review* 87 (1993): 286 – 302.

40. Michael Schudson, "What If Civic Life Didn't Die?" *The American Prospect* 25 (1996): 17 – 20, 引注在第 18 页。

41. Tarrow, *Power in Movement*, 133.

42. Theda Skocpol, "Advocates without Members: The Recent Transformation of American Civic Life", in Skocpol and Fiorina, eds., *Civic Engagement in American Democracy*, 505 – 506.

43. Peter Skerry, "The Strange Politics of Affirmative Action", *Wilson Quarterly* (Winter 1997): 39 – 46.

44. James T. Hamilton, "Testing for Environmental Racism: Prejudice, Profits, Political Power?", *Journal of Policy Analysis and Management* 14, no. 1 (1995): 107 – 132.

45. Robert D. Putnam with Robert Leonardi and Raffaella Nanetti, *Making Democracy Work: Civic Traditions in Modern Italy* (Princeton, N. J.: Princeton University Press, 1993).

46. Daniel Elazar, *American Federalism: A View from the States* (New York: Crowell, 1966).

47. Ira Sharkansky, "The Utility of Elazar's Political Culture", *Polity* 2 (1969): 66 – 83.

48. 皮尔逊相关系数为 0.77, 1.0 代表了完全的线性相关关系。

49. Charles A. Johnson, "Political Culture in American States: Elazar's Formulation Examined", *American Journal of Political Science* 20 (1976): 491 – 509; Ira Sharkansky, *Regionalism in American Politics* (Indianapolis, Ind.: Bobbs – Merrill, 1970); Richard A. Joslyn, "Manifestations of Elazar's Political Subcultures: State Public Opinion and the Content of Political Campaign Advertising", John Kincaid, "Political Culture and the Quality of Urban Life", and Susan Welch and John G. Pe-

ters, "State Political Culture and the Attitudes of State Senators Toward Social, Economic Welfare, and Corruption Issues", all in *Political Culture, Public Policy and the American States*, John Kincaid, ed. (Philadelphia: Institute for the Study of Human Issues, 1982), 59 – 80; 121 – 149; 151 – 159; Tom W. Rice and Alexander F. Sumberg, "Civic Culture and Government Performance in the American States", *Publius* 27 (1997): 99 – 114; Maureen Rand Oakley, "Explaining the Adoption of Morality Policy Innovations: The Case of Feral Homicide Policy", 论文提交于美国政治科学学会年会 (Atlanta, Ga., September 1999).

50. 赞助性的政治经常建基于深厚社会资本之上。当他们可能造成政府无效和加剧种族分化时, 它对政治动员的作用经常是很有效的。

51. Margaret Weir, "Power, Money, and Politics in Community Development", in Ronald F. Ferguson and William T. Dickens, eds., *Urban Problems and Community Development* (Washington, D. C.: Brookings Institution Press, 1999).

52. Jeffrey M. Berry, Kent E. Portney, and Ken Thomson, *The Rebirth of Urban Democracy* (Washington, D. C.: Brookings Institution Press, 1993).

53. 对跨国家的预测顺从率的回归分析, 仅有社会资本指标被证明是具有统计学重要意义的变量。其他变量——人均收入、收入不平等、种族构成、都市化、教育——都不重要。对顺从背后的社会资本和信任的角色的论述, 见 Tyler, "Trust and Democratic Governance."

54. Young – dahl Song and Tinsley E. Yarbrough, "Tax Ethics and Taxpayer Attitudes: A Survey", *Public Administration Review* 38 (1978): 442 – 452; Steven M. Sheffrin and Robert K. Triest, "Can Brute Deterrence Backfire: Perceptions and Attitudes in Taxpayer Compliance", in *Why People Pay Taxes: Tax Compliance and Enforcement*, Joel Slemrod, ed. (Ann Arbor: University of Michigan Press, 1992), 193 – 222; Scholz and Lubell, "Trust and Taxpaying"; and Schloz, "Trust, Taxes, and Compliance."

55. Martha E. Kropf and Stephen Knack, "Viewers Like You: Community Norms and Contributions to Public Broadcasting", unpub. Ms. (Kansas City: University pf Missouri, Kansas City

第21章

Department of Political Science, 1999）.

56. Jennifer M. Coston, Terry Cooper, and Richard A. Sundeen, "Response of Community Organizations to the Civil Unrest in Los Angeles", *Nonprofit and Voluntary Sector Quarterly* 22（1993）: 357. And Krzysztof Kaniasty and Fran H. Norris, "In Search of Altruistic Community: Patterns of Social Support Mobilization Following Hurricane Hugo", *American Journal of Community Psychology*, 23（1995）: 447 – 477. 有关小型组织的稳固性和军事效力相关文献是非常多的，其中很多直接和社会资本理论相关联。见 Edward A. Shils and Morris Janowitz, "Cohesion and Disintegration in the Wehrmacht in World War Ⅱ", *Public Opinion Quarterly* 12（1948）: 280 – 315; Samuel A. Stouffer et al., *The American Soldier*（Princeton, N. J.: Princeton University Press, 1949）; and Anthony Kellett, *Combat Motivation: The Behavior of Soldiers in Battle*（Boston: Kluwer – Nijhoff, 1982）.

第22章　社会资本的阴暗面

1. Henry David Thoreau, "Life without Principle", *Atlantic Monthly* XII（1863）: 484 – 495, 引于 McWilliams, *Idea of Fraternity in America*, 296.

2. Sinclair Lewis, *Babbitt*（New York: Harcourt, Brace & World, 1950［1922］）: 203. *The American Heritage Dictionary of the English Language*, 3rd ed.（New York: Houghton Mifflin, 1992），将"市侩"定义为"一群追求其经济和社会理想，自我满足、气量狭小的中产阶级。"

3. *The Collected Works of Walter Bagehot*, ed. Norman St John – Stevas（London: The Economist, 1965 – 1986）, vol. iii, 243.

4. 盖洛普社会民意调查（历年）; John L. Sullivan, James E. Piereson, and George E. Marcus, *Political Tolerance and American Democracy*（Chicago: University of Chicago Press, 1982）, esp. 26 – 53; Glenn, "Social Trends in the United States"; John Mueller, "Trends in Political Tolerance", *Public Opinion Quarterly* 52（1988）: 1 – 25; Davis, "Changeable Weather in a Cooling Climate atop the Liberal Plateau"; Benjamin I. Page and Robert Y. Shapiro, *The Rational Public: Fifty Years of Trends in American's Policy Preferences*

（Chicago: University of Chicago Press, 1992）; Thomas C. Wilson, "Trends in Tolerance Toward Rightist and Leftist Groups, 1976 – 1988." *Public Opinion Quarterly* 58（1994）: 539 – 556; George E. Marcus, John L. Sullivan, Elizabeth Thesis – Morse, and Sandra L. Wood, *With Malice Toward Some: How People Make Civil Liberties Judgments*（New York: Cambridge University Press, 1995）; Howard Schumann, Charlotte Steeh, Lawrence Bobo, and Maria Krysan, *Racial Attitudes in America: Trends and Interpretations*, rev. ed.（Cambridge, Mass.: Harvard University Press, 1997）. 学者们对宽容是否总体上出现了增加，或是仅仅宽容某些特定群体（如左派）进行了激烈的辩论; 目前达成的共识认为宽容有所变化，在总体上也有所增加。

5. Schudson, *The Good Citizen*; Alan Wolfe, *One Nation After All*（New York: Viking Press, 1998）.

6. 前两段的数据来源是: Schumann et al., *Racial Attitudes in America*, 104 – 105; 117; Pew Research Center for the People & the Press 的档案（www. people – press. org/）; Gallup Poll Social Audit（various years）; 以及作者对综合社会调查及 DDB Needham 生活方式档案的分析。研究者不赞同白人受访者回答有关种族问题的偏好趋向要比他们在行为上的真实变化反映出其政治正确性，但是多数研究者认为变化太大以至于同记录的有所偏差。

7. 我所描述的这一情境来自于 Amy Gutmann 对社群主义政治哲学的清晰批评: "Communitarian Critics of Liberalism", *Philosophy & Public Affairs* 14（1985）: 308 – 322, 见 319 页。

8. Schudson, *The Good Citizen*, 307（强调部分）.

9. 前面两段的数据来源来自: 作者对综合社会调查以及美国教育部全国住户教育调查中1996年成年人公民参与调查的分析; Berry, Portney, and Thomson, *Rebirth of Urban Democracy*, 220 – 221; Samuel C. Stouffer, *Communism, Conformity and Civil Liberties*（New York: Doubleday, 1956）; Clyde Z. Nunn, Harry J. Crockett, and J. Allen Williams Jr., *Tolerance for Nonconformity*（San Francisco: Jossey – Bass, 1978）; Herbert McClosky and Alida Brill, *Dimensions of Tolerance: What Americans Believe about Civil Lib-*

erties（New York：Russell Sage Foundation，1983）；James L. Gibson and Richard D. Bingham，*Civil Liberties and Nazis：The Skokie Free Speech Controversy*（New York：Praeger，1985）；Page and Shapiro，*Rational Public*；John L. Sullivan，Patrick Walsh，Michal Shamir，David G. Barnum，and James L. Gibson，"Why Are Politicians More Tolerant? Selective Recruitment and Socialization Among Political Elites in New Zealand，Israel，Britain，and the United States"，*British Journal of Political Science* 23（1993）：51 – 76。并非所有的研究都发现宽容和公民参与有正相关性，但没有发现有任何负相关性。Lori Weber，The Effects of Democratic Deliberation on Political Tolerance（Ph. D. diss.，University of Colorado，1999），24 – 42，所述调查来自 Verba，Schlozman，and Brady，*Voice and Equality*，发现政治参与的"社会"形式（例如参加会议）同政治宽容的增加相关联，而"个人"形式的政治参与（例如同官员联系）则没有关联。另一方面，很多研究认为当控制潜在的混杂变量后，宗教参与同政治不宽容相关联；见，例如，Stouffer，*Communism，Conformity and Civil Liberties*；Nunn，Crockett，and Williams，*Tolerance for Nonconformity*；and Kathleen Beatty and Oliver Walter，"Religious Preference and Practice：Reevaluating Their Impact on Political Tolerance"，*Public Opinion Quarterly* 48（1984）：318 – 329。

10. 我在表 22 – 1 里面累计了州层面所有三项有关宽容的指标。提供了 45 个州的平均宽容度的可靠估测。由于对各州而言所有这些指标都紧密关联，在经济利益中，图表 22 – 2 合并了所有三项有关宽容的变量——性别和种族差异以及公民自由度——为一项单独的指标。然而，同样的形式分别运用于各个测量的时候会出现差别。图表 22 – 2 表明了社会资本同宽容之间的双变量关系，但是在多变量分析中这种关联非常表现得非常粗略，对所有单独衡量的有关宽容的单一变量而言都具有同样的强度。控制了教育、收入、种族、都市化、收入平等、甚至是区域（北方/南方）后，社会资本指标同性别平等的关联程度较强（r = .48），同公民自由相关（r = .44），同白人的种族宽容度（r = .45），以及图 22 – 2 中所显示的对宽容的综合指标相关（r = .50）。社会资本对州层次的宽容度的预测要比其他所有标准社会经济要素更

强。

11. 其他研究者也注意到宽容的增长主要得力于战前和战后的代际差异，要比最近的代际差异更明显。见 Davis，"Changeable Weather in a Cooling Climate atop the Liberal Plateau"；Thomas C. Wilson，"Trends in Tolerance toward Rightist and Leftist Groups，1976 – 1988：Effects of Attitude Change and Cohort Succession"，*Public Opinion Quarterly* 58（1994）：539 – 556；Schumann et al.，*Racial Attitudes in America*；Kevin A. Hill，"Generations and Tolerance：Is Youth Really a Liberalizing Factor?" in Craig and Bennett，*After the Boom*；and Kenneth H. Stehlik – Barry，"The Growth of Political Tolerance 1976 – 96"，该文为美国政治科学学会年会准备（Boston，September 3 – 6，1998）。

12. Gallup Social Audit survey，1997，available at www. gallup. com/Special_ Report/black – white. htm.

13. Amy Gutmann，"An introductory Essay"，19. 25.

14. Robert D. Plotnick，Eugene Smolensky，Eirik Evenhouse，and Siobhan Reilly，"The Twentieth Century Record of Inequality and Poverty in the United States."（Madison，Wisc.：University of Wisconsin Institute for Research on Poverty Discussion Paper no. 1166 – 98，1998）；Williamson and Lindert，*American Inequality*.

15. 对 20 世纪 20 世纪的最近三十年的经济不平等的增长，见 Edward N. Wolff，*Top Heavy：A Study of the Increasing Inequality of Wealth in America*（New York：Twentieth Century Fund Press，1995）；Mishel，Bernstein，and Schmitt，*State of Working America*，37 – 90.

16. 图表 22 – 3 中对经济不平等衡量基于收入分配；特别是，对收入不平等基尼系数测量。有许多对经济平等的不同测量方式，但是所有合理的测量都得出基本相同的结论：社会资本和经济平等是正相关的。图表 22 – 3 中所使用的公民平等的指数基于政治参与率的阶级差异，通过罗珀社会与政治趋势调查测量。对这些调查中所呈现的十二种政治参与形式——签名、参加公共会议等等——我们从收入分配的顶部到底部记录了其发生率。这些对公民不平等的各种各样的测量都是高度内部关联的，通过它们（除了一项有关竞选官员的测量出现

异常外）我们得到了相关因素的分数。我们颠倒了分数得出的正数代表了相对较高的公民平等，或换句话说，在占人口五分之一的最富人口和最穷人口中公民参与率基本上没有什么差别。在此感谢 Bruce P. Kennedy 建立这项测量，我对其使用自负其责。

17. 私人的沟通。

18. 再次感谢 Lara Putnam 阐明这些令人困惑的问题。

第23章　历史的教训：镀金时代与进步时代

1. 两个术语的指代范围均不准确，但大致讲来，镀金时代指的是 1870 年－1900 年，进步时代指 1900 年－1915 年。如同任何历史分界一样，这种划分不是严格的，因为和进步运动相关的发展在 1900 年之前已经开始，和镀金时代相关的发展在 1900 年以后也还在继续。

2. 下文如果同传统历史记载相符合，并非自认为是对 1865 年到 1920 年美国历史的全面回顾。有关镀金时代向进步时代的概论，见 Nell Irvin Painter, *Standing at Armageddon*: *The United States*, 1877 – 1919 (New York: Norton, 1987); Richard L. McCormick, "Public Life in Industrial America, 1877–1917", in *The New American History*, ed. Eric Froner (Philadelphia: Temple University Press, 1990), 93 – 117; John Whiteclay Chambers II, *The Tyranny of Chang*: *America in the Progressive Era*, 1890 - 1920 (New York: St. Martin's Press, 1992); Sean Dennis Cashman, *America in the Gilded Age*: *From the Death of Lincoln to the Rise of Theodore Roosevelt*, 3rd ed. (New York: New York University Press, 1993); *The Gilded Age*: *Essays on the Origins of Modern America*, ed. Charles W. Calhoun (Wilmington, Del.: Scholarly Resources, 1996); Mark Wahlgren Summers, *The Gilded Age*: *or*, *The Hazard of New Functions* (Upper Saddle River, N. J.: Prentice – Hall, 1997); Steven J. Diner, *A Very Different Age*: *Americans of the Progressive Era* (New York: Hill & Wang, 1998); Sidney M. Milkis and Jerome M. Mileur, eds., *Progressivism and the New Democracy* (Amherst, Mass.: University of Massachusetts Press, 1999). 经典的阐释包括 Benjamin Parke De Witt, *The Progressive Movement*: *A Non – partisan*, *Comprehensive Discussion of Current Tendencies in American Politics* (Seattle:

University of Washington Press, 1968 ［1915］); Richard Hofstadter, *The Age of Reform*: *From Bryan to F. D. R.* (New York: Alfred A. Knopf, 1985 ［1955］); Samuel P. Hays, *The Response to Industrialism*, 1885 – 1914 (Chicago: University of Chicago Press, 1957); Robert H. Wiebe, *The Search for Order*: 1877 – 1920 (New York: Hill and Wang, 1967); Thomas Bender, *Toward an Urban Vision*: *Ideas and Institutions in Nineteenth Century America* (Baltimore, Md.: Johns Hopkins University Press, 1982); and Paul Boyer, *Urban Masses and Moral Order in America*: 1820 – 1920 (Cambridge, Mass.: Harvard University Press, 1978). 我并非历史学家，但我再次重复英国社会学家 T. H. Marshall 的主张："历史学家的任务是筛选混杂可疑的大量材料，并为他人提供细致专业的评估。当然他们不应责难社会学家用自己的见解用于分析历史学家们的著作。" T. H. Marshall, *Class*, *Citizenship*, *and Social Development* (New York: Doubleday & Co., 1964), 35.

3. *Historical Statistics of the United States*, vol. 2, 958 – 959; Cashman, *America in the Gilded Age*, 100; Calhoun, Gilded Age, xii; and Howard Husock, "Elks Clubs, Settlement Houses, Labor Unions and the Anti – Saloon League: Nineteenth and Early Twentieth – Century America Copes with Change", John F. Kennedy School of Government case no. C105 – 97 – 1381. 0 (Cambridge, Mass.: Harvard University, 1997), 1 – 2. 在本段里我经常叙述这份总结资料；感谢 Howard Husock 娴熟地向我们提供了论据，以及他有关进步时代精深渊博的学识。

4. 引于 Cashman, *America in the Gilded Age*, 19.

5. Cashman, *America in the Gilded Age*, 8 – 9, 23. 有关"岛屿社区"的论述，见 Wiebe, Search for Order.

6. Diner, *Very Different Age*, 49; Summers, *Gilded Age*, 283; Ralph Nelson, *Merger Movements in American Industry*: 1895 – 1956 (Princeton, N. J.: Princeton University Press, 1959); Devra L. Golbe and Lawrence J. White, "Mergers and Acquisitions in the U. S. Economy: An Aggregate and Historical Overview", in Mergers and Acquisitions, ed. Alan J. Auerbach (Chicago: University of Chicago Press, 1988), 25 – 47, esp. 图表 9. 7

和 9.8 在第 273 和 275 页；Mergers and Acquisitions, ed. Gregory Marchildon (Cambridge, Mass.: Cambridge University Press, 1991); Patrick Gaughan, Mergers, *Acquisitions, and Corporate Restructurings* (New York: John Wiley & Sons, Inc., 1996). 最新的数据，见 Mergerstat at www. mergerstat. com/free_ reports/free_ reports_ m_ and_ a_ activity. html.

7. Glenn Porter, "Industrialization and the Rise of Big Business", in Calhoun, *Gilded Age*, 9, 14 – 15.

8. Thomas C. Cochran and William Miller, *The Age of Enterprise: A Social History of Industrial America* (New York: Harper, 1961), 230, 引于 Husock, "Elks Clubs, Settlement Houses", 2; *Historical Statistics of the United States*, vol. 1, 224 – 225.

9. Wahlgren Summers, Gilded Age, 138, 122; Cashman, *America in the Gilded Age*, 354; Painter, *Standing at Armageddon*, xix – xx; Eric Amesen, "American Workers and the Labor Movement in the Late Nineteenth Century", in Calhoun, *Gilded Age*, 42 – 43; Williamson and Lindert, *American Inequality*; and Claudia Goldin and Lawrence F. Katz, "The Returns to Skill across the Twentieth Century United States", unpublished ms. (Cambridge, Mass.: Harvard University Department of Economics, 1999). 经济史学家认为不平等的增强是从 1830 年代或 1840 年约到 1910 年（在那段时间内增长最快），从 1910 年约到 1940 年可能出现了减弱，从 1940 年约到 1970 年则肯定出现了减弱，自 1970 年到现在则肯定出现了增强。不平等的削弱在一战和二战期间得到了集中体现。

10. Amesen, "American Workers", 42; McCormick, "Public Life", 103. 实际的人均 GNP 在 1896 年到 1912 年间几乎每年都在增长，只有在 1902、1904 年和 1907 – 1908 年间出现稍微的衰退，根据 *Historical Statistics*, vol. 1, 224.

11. *Historical Statistics*, vol. 1, 8, 11 – 12; Robert G. Borrows, "Urbanizing America", in Calhoun, *Gilded Age*, 91 – 110. "城市" 在统计局的定义中是指这段时期拥有 2500 以上人口的聚集地。差不多囊括了从美国农村迁移到城市的新居民的一半人口以及外国移民的一半人口。

12. Historical Statistics, vol. 1, 105 – 06;

Calhoun, *Gilded Age*, xiii; Cashman, *America in the Gilded Age*, 146. 尽管受到移民潮影响，外国出生人口所占比仅从 1860 年的 13.2% 增长到 1910 年的 14.5%。在 1997 年该项数据未 9.7%: Dianne Schmidley and Herman A. Alvarado, "The Foreign – Born Population in the United States: March 1997 (Update)", *Current Population Report*, no. p20 – 507 (Washington, D. C.: U. S. Census Bureau, March 1998).

13. Diner, *Very Different Age*, 5.

14. Cashman, *America in the Gilded Age*, 92; 又见 Diner, *A Very Different Age*, 101.

15. Husock, "Elks Clubs, Settlement Houses …", 4, 引用了 Cochran and Miller, *Age of Enterprise*; Painter, *Standing at Armageddon*, xx.

16. Painter, *Standing at Armageddon*, 172; McCormick, "Public Life in Industrial America", 103; Cashman, *America in the Gilded Age*, 20; Wahlgren Summers, *Gilded Age*, 4.

17. 引证于 Cashman, *America in the Gilded Age*, 4.

18. 引证于 James T. Patterson, *America in the Twentieth Century: A History*, 2nd ed. (New York: Harcourt Brace Jovanovich, 1983), 33.

19. Stacy A. Cordery, "Women in Industrializing America", in Calhoun, *Gilded Age*, 111 – 135.

20. Henry Adams, *The Education of Henry Adams: An Autobiography* (Boston: Houghton Mifflin, 1961 [1918]), 53.

21. Husock, "Elks Clubs, Settlement Houses …", 4; Painter, *Standing at Armageddon*, xxii; Cashman, *America in the Gilded Age*, 148. 19 世纪可靠地犯罪统计非常罕见，但是自杀——一般被认为是暴力犯罪的先导——在 20 世纪最初出现了急剧下滑。见 Ted Robert Gurr, "Historical Trends in Violent Crime: A Critical Review of the Evidence", in *Crime and Justice: An Annual Review of Research*, vol. 3, ed. Michael Tonry and Norval Morris (Chicago: University of Chicago Press, 1981, 295 – 353, esp. 图表 2 在第 325 页；以及司法部统计局，"Homicide Trends in the U. S.", at www. ojp. usdoj. gov/bjs.

22. Jacobs Riis, *How the Other Half Lives* (New York: Penguin Books, 1997 [1890]), 6.

23. 引于 Painter, *Standing at Armageddon*,

xxii – xxiii.

24. Josiah Strong, *The Twentieth Century City* (New York: Baker and Taylor, 1898), 181, 引于 Richard Hofstadter, *The Age of Reform: From Bryan to F. D. R.* (New York: Knopf, 1955), 175.

25. Don S. Kirschner, *The Paradox of Professionalism: Reform and Public Service in Urban America*, 1900 – 1940 (New York: Greenwood Press, 1986), 179; Jon C. Teaford, *The Unheralded Triumph: City Government in America*, 1870 – 1900 (Baltimore, Md.: Johns Hopkins University Press, 1984); Terrence J. McDonald, *The Parameters of Urban Fiscal Policy: Socio – Economic Change and Political Culture in San Francisco*, 1860 – 1906 (Berkeley: University of California Press, 1986); Borrows, "Urbanizing America", in Calhoun, *Gilded Age*, 107; Lincoln Steffens, *The Shame of the Cities* (New York: Hill and Wang, 1957 [1904]), 2.

26. Diner, *A Very Different Age*, 5. Charles W. Calhoun, "The Political Culture: Public Life and the Conduct of Politics", in *Gilded Age*, ed. Calhoun, 185 – 213, 批评了镀金时代的古板政客。

27. Cashman, *American in the Gilded Age*, 36 – 72, 100 – 134; Amesen, "American Workers and the Labor Movement", 39 – 61.

28. Painter, *Standing at Armageddon*, xxix; Cashman, *America in the Gilded Age*, 97 – 98; Wahlgren Summers, *Gilded Age*, 174 – 178; Joseph R. Gusfield, *Symbolic Crusade: Status Politics and the American Temperance Movement* (Urbana: University of Illinois Press, 1963); Bordin, *Woman and Temperance*; Paul Aaron and David Musto, "Temperance and Prohibition in America: A Historical Overview", in *Alcohol and Public Policy: Beyond the Shadow of Prohibition*, eds. Mark H. Moore and Dean R. Gerstein (Washington, D. C.: National Academy Press, 1981), 127 – 181.

29. McCormick, "Public Life in Industrial America", 110; Cashman, *America in the Gilded Age*, 238 – 240, 242; Wahlgren Summers, *Gilded Age*, 156 – 161, 259; Leslie H. Fishel Jr., "The African – American Experience", in Calhoun, *Gilded Age*, 137 – 161.

30. Wahlgren Summers, *Gilded Age*, 157; Mc-

Williams, *Idea of Fraternity in America*, 503; Eileen L. McDonagh, "Race, Class, and Gender in the Progressive Era", in *Progressivism*, eds. Milkis and Mileur, 145 – 191.

31. Emporia (Kan.) Gazette, February 1, 1912, 引于 Jean B. Quandt, *From the Small Town to the Great Community: The Social Thought of Progressive Intellectuals* (New Brunswick, N. J.: Rutgers University Press, 1970), 17.

32. Diner, *Very Different Age*, 45.

33. Quandt, *Small Town to Great Community*, 23 – 35. 感谢 Brad Clarke 有关进步时代政治思想的评论。

34. William Allen White, *The Old Order Changeth: A View of American Democracy* (New York: Macmillan, 1910), 250 – 252.

35. 引于 Michael J. Sandel, *Democracy's Discontent: America in Search of a Public Philosophy* (Cambridge, Mass.: Harvard University Press, 1996), 208.

36. Quandt, *Small Town to Great Community*, 44 – 45, 引用了 Mary Parker Follett, *The New State* (New York: Longmans, Green, 1918), 251.

37. Quandt, *Small Town to Great Community*, 39, 41.

38. Robert Park, *Society: Collective Behavior, News and Opinion, Sociology and Modern Society*, ed. Everett Cherrington Hughes et al. (Glencoe, Ill.: Free Press, 1955 [1918]), 147, 引于 Quandt, *Small Town to Great Community*, 146; John Dewey, *The Public and Its Problems* (Denver, Colo.: Alan Swallow, 1927), 138 – 139.

39. Clarke Chambers, *Seedtime of Reform: American Social Service and Social Action*, 1918 – 1933 (Minneapolis: University of Minnesota Press, 1963); Kathleen D. McCarthy, *Noblesse Oblige: Charity and Cultural Philanthropy in Chicago*, 1849 – 1929 (Chicago: University of Chicago Press, 1982); Paul Starr, *The Social Transformation of American Medicine* (New York: Basic Books, 1982); Judith Ann Trolander, *Professionalism and Social Change: From the Settlement House Movement to Neighborhood Centers*, 1886 *to the Present* (New York: Columbia University Press, 1987); William H. Wilson, *The City Beautiful Movement* (Baltimore, Md.: Johns Hopkins University Press, 1989）; Robyn Muncy, *Creating a Female Dominion in American Reform*, 1890 – 1935 (New York: Oxford University Press, 1991）; Robert Fisher, *Let the People Decide: Neighborhood Organizing in America*, 2nd ed. (New York: Twayne Publishers, 1994）; Steven G. Brint, *In an Age of Experts: The Changing Role of Professionals in Politics and Public Life* (Princeton, N. J.: Princeton University Press, 1994）.

40. Painter, *Standing at Armageddon*, xliii; Wahlgren Summers, *Gilded Age*, 119; Patterson, *America in the Twentieth Century*, 40.

41. Diner, *Very Different Age*, 203 – 205; Patterson, *America in the Twentieth Century*, 40.

42. Walter Lippman, *Drift and Mastery* (Englewood Cliffs, N. J.: Prentice – Hall, 1961 [1914]）, 92, 引于 Sandel, *Democracy's Discontent*, 205 – 206, 强调部分。

43. Booth Tarkington, *The Turmoil* (New York: Grosset & Dunlap, 1915）, 2, 引于 Barrows, "Urbanizing America", in Calhoun, *Gilded Age*, 91.

44. Barrows, "Urbanizing America", in Calhoun, *Gilded Age*, 91. Cooley 引于 *Roderick D. McKenzie on Human Ecology*, ed. Amos H. Hawley (Chicago: University of Chicago Press, 1968）, 72.

45. Quandt, *Small Town to Great Community*, 5, 7.

46. Benjamin Disraeli, Sybil, or, *The Two Nations* (London: H. Colbum, 1845）, bk. 2, ch. 5; Quandt, *Small Town to Great Community*, 19.

47. Quandt, *Small Town to Great Community*, 10.

48. Boyer, Urban Masses, esp. 161; Charles, Service Clubs, 25; Bender, *Urban Vision*; Hays, *Response to Industrialism*; Quandt, *Small Town to Great Community*, esp. 28; McWilliams, Idea of Fraternity, esp. 484.

49. Woodrow Wilson, *The New Freedom* (New York: Doubleday, Page & Company, 1913）, 引于 Diner, *Very Different Age*, 标题页和第 200 页。

50. McWilliams, *Idea of Fraternity*, 487.

51. McCormick, "Public Life in Industrial America", in Foner, *New American History*, 103 – 104.

52. Skocpol, "How Americans Became Civic."

53. Theda Skocpol, "Civic America, Then and Now", in Putnam, *Dynamics of Social Capital in Comparative Perspective*; Wahlgren Summers, *Gilded Age*, 49.

54. 更详尽的文献见 Gamm and Putnam, "Growth of Voluntary Associations."

55. 有关方法论的详细描述，见 Gamm and Putnam, "Growth of Voluntary Associations"，来自图表 23 – 1 以及相关段落的描述。

56. 见 Glenn R. Carroll, "Organizational Ecology", *Annual Review of Sociology* 10 (1984): 71 – 93, esp. 第 88 页的图表 2c。

57. Skocpol, "How Americans Became Civic." 这些延续下来组织的比率最大时候达到 58 中有 29 个。超过一半这类 1870 – 1930 年间建立的大型组织仍然留存下来（无论如何削弱）——在 43 个中能达到 24 个。

58. *Encarta 2000 New World Almanac* 2000. 并非所有主要的组织都包含在该列表中，但是基本上代表了美国社团的情况。对所有社团的类似分析列于 1999 年 *World Almanac*，也得出明显相同的结论。Claudia Goldin and Lawrence F. Katz., "The Shaping of Higher Education: The Formative Years in the United States, 1890 to 1940", *Journal of Economic Perspectives* 13 (1999): 37 – 61, and NBER Working Paper No. W6537 (April 1998)，显示 1890 – 1910 年也是美国历史上建立大学和学习型社会的高峰时期。

59. 有关前面四段，见 W. S. Harwood, "Secret Societies in America", *North American Review* 164 (1897): 617, 620, and David T. Beito, *From Mutual Aid to the Welfare State: Fraternal Societies and Social Services*, 1890 – 1967 (Chapel Hill: University of North Carolina Press, 2000)，引注在第 14 页、第 10 页、第 3 页、第 27 页。Beito 说明兄弟会的功能之一是提供生命、健康和意外保险，这些服务由私人企业和政府来提供担保，始于 20 年代和 30 年代，兄弟会逐步丧失了这种职能。

60. McCormick, "Public Life in Industrial America", in Foner, *New American History*, 108; Skocpol, *Protecting Soldiers and Mothers*, ch. 6; Painter, *Standing at Armageddon*, esp. 105.

61. Diner, Very Different Age, 72, 76 – 101,

引注在第 92 页。又见 Beito, *From Mutual Aid to the Welfare State. Ch. 2.* 对移民社群互助行为的论述。

62. Rowland Berthoff, *An Unsettled People: Social Order and Disorder in American History* (New York: Harper & Row, 1971), 273; Diner, Very Different Age, 91.

63. W. E. B. Du Bois, *The Philadelphia Negro: A Social Study* (New York: Schocken Books, 1967 [1899]), 224 – 233. 引于 Loretta J. Williams, *Black Freemasonry and Middle – Class Realities* (Columbia: University of Missouri Press, 1980), 85; Jesse Thomas Moore Jr., A *Search for Equality: The National Urban League*, 1910 – 1961 (University Park: Pennsylvania State University Press, 1981); Ralph Watkins, "A Reappraisal of Volunteer Associations in the African American Community", *Afro – American in New York Life and History* 14 (1990): 51 – 60; Evelyn Brooks Higginbotham, *Righteous Discontent: The Women's Movement in the Black Baptist Church*, 1880 – 1920 (Cambridge: Harvard University Press, 1993); Firor Scott, "Most Invisible of All"; Diner, *Very Different Age*, 141 – 147; Wahlgren Summers, *Gilded Age*, 288. 未刊证据显示这种增长模式得到了持续, 见 Gamm and Putnam, "Growth of Voluntary Associations."

64. E. Brooks Holifield, "Toward a History of American Congregations", in James P. Wind and James W. Lewis, eds., *American Congregations*, vol. 2 (Chicago: University of Chicago Press, 1994), 23 – 53, 引注在第 39 – 41 页。

65. Higginbotham, *Righteous Discontent*, 7; Arthur S. Link and Richard L. McCormick, *Progressivism* (Wheeling. Ill.: Harlan Davidson, 1983), 23; Cashman, *America in the Gilded Age*, 370; McWilliams, *Idea of Fraternity*, 479 – 481. 对肖陶扩村 (Chautauqua) 的论述, 见 Theodore Morrison, *Chautauqua: A Center for Education, Religion, and the Arts in America* (Chicago: University of Chicago Press, 1974), 引注在第 181 页。

66. Painter, *Standing at Armageddon*, 44, 95, et passim; Husock, "Elks Clubs, Settlement Houses …", 7; Leo Troy, *Trade Union Membership*, 1897 – 1962 (New York: National Bureau of Economic Research; distributed by Columbia University Press, 1965), 2. 会员从 1905 年到 1909 年出现了萎缩, 但此后出现了增长。

67. Cochran and Miller, *Age of Enterprise*, 235.

68. Boyer, *Urban Masses*; LeRoy Ashby, *Saving the Waifs: Reformers and Dependent Children*, 1890 – 1917 (Philadelphia: Temple University Press, 1984); Dominick Cavallo, *Muscles and Morals: Organized Playgrounds and Urban Reform*, 1880 – 1920 (Philadelphia: University of Pennsylvania Press, 1981); Lela B. Costin, "Unraveling the Mary Ellen Legend: Origins of the 'Cruelty' Movement", *Social Service Review* 65 (1991): 203 – 223; Michael B. Katz, "Child – Saving", *History of Education Quarterly* 26 (1986): 413 – 424; Macleod, *Building Character in the American Boy*; Franklin M. Reck, *The 4 – H Story* (Chicago: National Committee on Boys and Girls Club Work, 1951); Michael Rosenthal, *The Character Factory: Baden – Powell and the Origins of the Boy Scout Movement* (New York: Pantheon Books, 1984); Claudia Goldin, "America's Graduation from High School: The Evolution and Spread of Secondary Schooling in the Twentieth Century", *Journal of Economic History* 58 (1998): 345 – 374.

69. Wahlgren Summers, *Gilded Age*, 177.

70. Husock, "Elks Clubs, Settlement Houses …", 9; Painter, *Standing at Armageddon*, 107; McCormick, "Public Life in Industrial America", in Foner, *New American History*, 109; Diner, *Very Different Age*, 21 – 23; and Allen F. Davis, *Spearheads for Reform: The Social Settlements and the Progressive Movement*, 1890 – 1914 (New Brunswick, N. J.: Rutgers University Press, 1984). 有关团体推动社区运动的另外观点, 见 Ruth Hutchinson Crocker, *Social Work and Social Order: The Settlement House Movement in Two Industrial Cities*, 1889 – 1930 (Urbana: University of Illinois Press, 1992), and Elizabeth Lasch – Quinn, *Black Neighbors: Race and the Limits of Reform in the Settlement House Movement* (Chapel Hill: University of North Carolina Press, 1993) and 此处引注的著作。

71. Peter Levine, *The New Progressive Era: Toward a Fair and Deliberative Democracy* (Boulder, Colo.：Rowman & Littlefield, 2000）, xi. Peter G. Filene, "An Obituary for 'The Progressive Movement,'" *American Quarterly* 22（1970）: 20 – 34.

72. Myron T. Scudder, "Rural Recreation：A Socializing Factor", *Country Life* 40（March 1912）: 175 – 190, 引注在第 185 – 186 页。又见 Cavallo, *Muscles and Morals*, 8.

73. Michael Sandel, *Democracy's Discontent*, 210; McWilliams, *Idea of Fraternity*, 475.

74. Husock, "Elks Clubs, Settlement Houses …", 8; Marvin Lazerson, "Urban Reform and the Schools：Kindergartens in Massachusetts, 1870 – 1915", *History of Education Quarterly*（summer 1971）, 115 – 142; and Michael Steven Shapiro, *Child's Garden：The Kindergarten Movement from Froebel to Dewey*（University Park：Pennsylvania State University Press, 1983）. 感谢 Melissa Buis 对美国历史中社会资本重要方面的著作。

75. McCormick, "Public Life in Industrial America", in Foner, *New American History*, 107. 美国社会科学作为改革的辅助工具诞生于这一阶段；见 Anthony Oberschall, "The Institutionalization of American Sociology", in *The Establishment of Empirical Sociology：Studies in Continuity, Discontinuity, and Institutionalization*, ed. Anthony Oberschall（New York：Harper & Row, 1972）, esp. 198, and Dorothy Ross, *The Origins of American Social Science*（Cambridge, U. K.：Cambridge University Press, 1991.）有关进步党人对公民参与和之间民主的贡献的精到观点, 见 Levine, *New Progressive Era*.

76. Diner, *Very Different Era*, 21, 202.

77. Ida M. Tarbell, *All in the Day's Work：An Autobiography*（New York：Macmillan, 1939）, 82, 引于 Painter, *Standing at Armageddon*, 72; Painter, *Standing at Armageddon*, 211, 245; Diner, *Very Different Age*, 210.

78. Skocpol, "How Americans Became Civic", 61.

79. Kevin Mattson, *Creating a Democratic Public：The Struggle for Urban Participatory Democracy During the Progressive Era*（University Park：Pennsylvania State University Press, 1998）, 引注在 56、59 页。同样的情况, 见 David C. Hammack, "Community Foundations：The Delicate

Question of Purpose", 重印于 *Making the Nonprofit Sector in the United States：A Reader*, David C. Hammack, ed.（Bloomington：India University Press, 1998）, 330 – 353.

80. Gamm and Putnam, "Growth of Voluntary Associations"; Claudia Goldin and Lawrence Katz, "Human Capital and Social Capital：The Rise of Secondary Schooling in America, 1910 – 1940", *Journal of Interdisciplinary History* 29（1999）: 683 – 723; Link and McCormick, *Progressivism*, 9.

81. Jon C. Teaford, The Unheralded Triumph; Kenneth Fox, *Better City Government：Innovation in American Urban Politics*, 1850 – 1937（Philadelphia：Temple University Press, 1977）; Martin J. Schiesl, *The Politics of Efficiency：Municipal Administration and Reform in America*, 1880 – 1920（Berkeley：University of California Press, 1977）; Link and McCormick, Progressivism, 28 – 32.

82. 见历史学家 Morton Keller 的三部曲：*Affairs of State：Public Life in Late Nineteenth – Century America*（Cambridge, Mass.：Harvard University Press, 1977）; *Regulating a New Economy：Public Policy and Economic Change in America*, 1900 – 1933（Cambridge, Mass.：Harvard University Press, 1990）; 以及 *Regulating a New Society：Public Policy and Social Change in America*, 1900 – 1933（Cambridge, Mass.：Harvard University Press, 1994）; Skocpol, *Protecting Soldiers and Mothers*.

83. Skocpol, *Protecting Soldiers and Mothers*, 321 – 372; Elisabeth S. Clemens, "Securing Political Returns to Social Capital：Women's Associations in the United States, 1880s – 1920s", *Journal of Interdisciplinary History* 29（1999）: 613 – 638.

84. Link and McCormick, *Progressivism*, esp. ch. 3, "Social Justice and Social Control"; McCormick, "Public Life in Industrial America", in Foner, *New American History*, 110 – 114; McWilliams, *Idea of Fraternity*, 498 – 502; Philip J. Ethington, "The Metropolis and Multicultural Ethics；Direct Democracy versus Deliberative Democracy in the Progressive Era", in *Progressivism*, eds. Milkis and Mileur, 192 – 225, 引注在 192 页。对到场人数的讨论, 见第 2 章, 图表 1, 已刊本。

85. Linda Gordon, *Heroes of their Own Lives：The Politics and History of Family Violence*, Boston

1880 – 1960（New York：Penguin，1988）；Painter，Standing at Armageddon，xii.

86. C. H. Henderson，"The Place and Function of Voluntary Associations"，*American Journal of Sociology* 1（1895）：327 – 334；Louis Wirth，"Urbanism as a Way of Life"，American Journal of Sociology 44（1938）：1 – 24；Arthur M. Schlesinger，"Biography of a Nation of Joiners"，*American Historical Review* 50（October 1944）：1 – 25；and Oscar and Mary Handlin，*The Dimensions of Liberty*（Cambridge，Mass.：Belknap Press of Harvard University Press，1961）.

87. 引注在 Kirschner，*Paradox of Professionalism*，15.

88. Husock，"Elks Clubs，Settlement Houses …"，6. 第二代的 3K 党也反移民、反天主教、反犯罪和原教旨主义特质，在中西部地区比较壮大，但是在南方比较弱。

第 24 章　社会资本家的议程

1. Saguaro 研讨会由 33 个学问专精的思想家和实践家，他们定期聚会力图探寻增进美国人关联性和社区制度的可行观点。参加者背景、专业、地域多样；包括 Xavier de Souza Briggs，Bliss Browne，Kirbyjon Caldwell，John Dilulio，E. J. Dionne，E. J. Dionne，Carolyn Doggett，Lewis Feldstein，Chris Gates，Stephen Goldsmith，Amy Gutmann，Henry Izumizaki，Louise Kennedy，Vanessa Kirsch，Carol Lamm，Liz Leman，Glenn Loury，John Mascotte，Martha Minow，Mark Moore，Barak Obama，Peter Pierce，Ralph Reed，Paul Resnick，Kris Rondeau，Tom Sander，Juan Sepulveda，Robert Sexton，Harry Spence，George Stephanopoulos，Dorothy Stoneman，Lisa Sullivan，Jim Wallis，Vin Weber，and William Julius Wilson. 对我的观点他们都不承担责任。更多有关 Saguaro 研讨会的信息可通过联系哈佛大学肯尼迪政府管理学院的研讨会行政人员获得，或访问 ksgwww. harvard. edu／saguaro。有关美国民主复兴的补充观点，见 Levine，*New Progressive Era*.

2. Delli Carpini and Keeter，*What Americans Know About Politics and Why It Matters*；A. D. Lutkus et al.，*The NAEP 1998 Civics Report Card for the Nation*（Washington，D. C.：U. S. Department of Education，National Center for Education Statistics，1999）.

3. Fred M. Newmann and Robert A. Rutter，"The Effects of High School Community Service Programs on Students' Social Development"（Washington，D. C.：National Institute of Education，December 1983）；Virginia Hodgkinson and Murray S. Weitzman，*Volunteering and Giving Among Teenagers 12 to 17 Years of Age*（Washington，D. C.：Independent Sector，1997）；Richard Battistoni，"Service Learning and Democratic Citizenship"，Theory into Practice 35（1997）：150 – 156；Thomas Janoski，Mark Musick，and John Wilson，"Being Volunteered? The Impact of Social Participation and Pro – Social Attitudes on Volunteering"，*Sociological Forum* 13（September 1998）：495 – 519；Alan Melchior and Larry Orr，*Evaluation of National and Community Service Programs，Overview：National Evaluation of Serve – America*（Subtitle B1）（Washington，D. C.：Corporation for National Service，October 20，1995）；Alexander W. Astin and Linda J. Sax，"How Undergraduates Are Affected by Service Participation"，*Journal of College Student Development* 39，no. 3（May／June 1998）：251 – 263；Dwight E. Giles Jr. and Janet Eyler，"The Impact of a College Community Service Laboratory on Students' Personal，Social，and Cognitive Outcomes"，*Journal of Adolescence* 17（1994）：327 – 339；Richard G. Niemi，Mary Hepburn，and Chris Chapman，"Community Service by High School Students：A Cure for Civic Ills?" *Political Behavior*（forthcoming，2000）以及该处引用的著作。"服务式学习"指的是体现在课堂作业中的社区服务，大多数研究者认为这对培养公民习惯非常有效。在 1999 年约有 57% 的美国 6 – 12 年级的学生参加了某种类型的社会服务活动，比 1996 年的 49% 有所增加；另一方面，仅有稍微比这些活动一半多的学生（30% 的学生）体验了服务式学习。见 "Youth Service – Learning and Community Service among 6th – through 12th Grade Students in the United States，1996 – 1999"（Washington，D. C.：National Center for Education Statistics，1999）.

4. James Youniss，Jeffrey A. McLellan，and Miranda Yates，"What We Know about Engendering Civic Identity"，*American Behavioral Scientist*（March／April 1997）：620 – 631；Elizabeth Smith，

"Extracurricular Activities and Political Participation: Exploring the Connection", 该文提交于 1998 年中西部政治科学学会年会, 未刊论文, 1998; Michael Hanks, "Youth, Voluntary Associations, and Political Socialization", Social Forces 60 (1981): 211 – 223; Verba, Schlozman, and Brady, *Voice and Equality*, 423 – 442, 449, 452; Paul Allen Beck and M. Kent Jennings, "Pathways to Participation", *American Political Science Review* 76 (1982): 94 – 108; David Ziblatt, "High School Extracurricular Activities and Political Socialization", *Annals of the American Academy of Political and Social Science* 361 (1965): 20 – 31; John Wilson and Thomas Janoski, "Contribution of Religion to Volunteer Work", Sociology of Religion 56 (1995): 137 – 152; Nicholas Zill, Christin Winquist Nord, and Laura Spencer Loomis, "Adolescent Time Use, Risky Behavior, and Outcomes: An Analysis of National Data" (at http://aspe.os.dhhs.gov/hsp/cyp/xstimuse.htm).

5. Sandra E. Black and Lisa M. Lynch, "How to Compete: The Impact of Workplace Practices and Information Technology on Productivity" (Cambridge, Mass.: National Bureau of Economic Research working paper Series #6120, August 1997); *Report on the American Workforce* 1999, 103. 对工作、家庭和社区议题更广泛的讨论, 见有关家庭和工作场所的出版物, 连接 www.familiesandwork.org/.

6. 其中一个在该地区进行的小组试验是 Working Today (www.workingtoday.org).

7. 更为清晰的理性讨论, 见 Richard Moe and Carter Wilkie, *Changing Places: Rebuilding Community in the Age of Sprawl* (New York: Henry Holt, 1997).

8. 有关的概论, 见 William Fulton, *New Urbanism: Hope or Hype for American Communities?* (Cambridge, Mass.: Lincoln Institute of Land Policy, 1996). 新城市主义联合会制定了一项由建筑商、建筑师、规划师、政府官员和其他人签署的规章。

9. 对庆典里微妙的第一印象, 见 Douglas Frantz and Catherine Collins, Celebration, *U.S.A: Living in Disney's Brave New Town* (New York: Henry Holt, 1999), and Andrew Ross, *The Celebration Chronicles: Life, Liberty and the Pursuit of Property Value in Disney's New Town* (New York: Ballantine Books, 1999).

10. John L. McKnight and John P. Kretzmann, *Building Communities from the Inside Out: A Path Toward Finding and Mobilizing a Community's Assets* (Chicago, Ill.: ACTA Publications, 1993); Harry C. Boyte and Nancy N. Kari, *Building America: The Democratic Promise of Public Work* (Philadelphia: Temple University Press, 1996). 由 Ernesto Cortes 所领导的德克萨斯产业基金在高效地组织社区的技巧方面具有领先地位; 一项有用的概览, 见 Mark Russell Warren, *Social Capital and Community Development*, Ferguson and Dickens, eds., and Xavier de Souza Briggs and Elizabeth Mueller, *From Neighborhood to Community: Evidence on the Social Effects of Community Development* (New York: Community Development Research Center, New School for Social Research, 1997).

11. William G. McLoughlin, *Revivals, Awakenings, and Reform*; Marshall William Fishwick, *Great Awakenings: Popular Religion and Popular Culture* (New York: Haworth Press, 1995); Anne Boylan, *Sunday School: The Formation of an American Institution*, 1790 – 1880 (New Haven, Conn.: Yale University Press, 1988); Boyer, *Urban Masses and Moral Order*, 34 – 53.

12. Diane Winston, *Red – Hot and Righteous: The Urban Religion of the Salvation Army* (Cambridge, Mass.: Harvard University Press, 1999).

13. 1995 年的福音主义者, 以 Jim Wallis 为首的旅居者们组成了一个福音主义的联盟, 其政治观点从极端自由到极端保守, 涵盖广泛。见 Jim Wallis, *Faith Works* (New York: Random House, 2000). 又见 Howard Husock, "Bringing Back the Settlement House", *The Public Interest* 109 (Fall 1992): 53 –72.

14. Lewis A. Friedland, Jay Rosen, and Lisa Austin, *Civic Journalism: A New Approach to Citizenship* (1994) at www.cpn.org/sections/topics/journalism; Jay Rosen and Paul Taylor, *The New News v. the Old News: Press and Politics in the 1990s* (New York: Twentieth Century Fund Press, 1992); James Fallows, *Breaking the News* (New York: Vintage Books, 1997); Frank Denton and Esther Thorson, "Civic Journalism: Does It

Work?"（a Special Report for the Pew Center for Civic Journalism, 1997），见 www. pewcenter. org/doingcj/research/r_ doesit. html. 一项有深度的批评，见 Charlotte Grimes, "Whither the Civic Journalism Bandwagon?" Discussion Paper D－36, Joan Shorenstein Center on Press and Politics（John F. Kennedy School of Government, Harvard University：1999）.

15. Keith Hampton and Barry Wellman, "Examining Community in the Digital Neighborhood：Early Results from Canada's Wired Suburb", in Lecture Notes in Computer Science, Toru Ishida and Katherine Isbister, eds.（Berlin：Springer－Verlag, 2000）; Andrea Kavanaugh, "The Impact of the Internet on Community：A Social Network Analysis"（Blacksburg, Va.：Blacksburg Electronic Village, Virginia Polytechnic Institute and State University, 1999）; Andrew S. Patrick, "Personal and Social Impacts of Going On－Line：Lessons from the National Capital FreeNet"（Ottawa, Canada：Communications Research Center, 1997）, at http：//debra. dgbt. doc. ca/services－research/survey/impacts. 在评估早期利润的时候应适度谨慎，特别是个项自主选择的可能性的时候。更一般的情况，见 Douglas Schuler, *New Community Networks：Wired for Change*（New York：Addison－Wesley, 1996）.

16. 对于该处引用项目的相关信息，见 Liz Lerman Dance Exchange at www. danceexchange. org/lizhome. html; Roadside Theater at www. appalshop. org/rst/99rstabt. htm; Baltimore Museum of Art at www. artbma. org; Galley 37 at www. gallery37. org. 又见 *Opening the Door to the Entire Community：How Museums Are Using Permanent Collections to Engage Audiences*（New York：Lila Wallace Reader's Digest Fund, November 1998）, 见 www. wallacefunds. org/lilaframeset-pub. htm.

17. 对印第安纳波利斯的前门联盟的论述，见 www. indygov. com/mayor/fpa/. 对邻里型政府的论述，见 Berry, Portney, and Thomson, *The Rebirth of Urban Democracy*.

附录Ⅰ：测量社会变迁

1. 此类错误的例子，见 Lester M. Salamon, "The Rise of the Nonprofit Sector", *Foreign Affairs*

73（1994）：109－122，特别是第111页，以及 Nicholas Freudenberg 和 Carol Steinsapir, "Not in Our Backyards：The Grassroots Environmental Movement", in *American Environmentalism：The U. S. Environment Movement*, 1970－1990, Riley E. Dunlap 和 Angela G. Mertig 编（New York：Taylor & Francis, 1992）, 29.

2. David Horton Smith, "The Rest of the Nonprofit Sector：Grassroots Associations as the Dark Matter Ignored in Prevailing 'Flat Earth' Maps of the Sector", *Nonprofit and Voluntary Sector Quarterly* 26（June 1997）：115－131.

3. Verba, Schlozman, Brady, Voice and E-quality, 62. 指出对组织成员单项问题的回答——"例如，工会或专业组织、兄弟会、休闲组织、政治问题讨论会、社团或学校组织等等"——49%的受访者回答至少是其中一个组织的成员。对是否参加19种特定类型组织实际回答的调查发现，共有79%的人认为至少参加一个组织。

4. 了解情况更多的专家们否定了这种简单的感觉；如见 Andrew Kohut, "Trust and Citizen Engagement in Metropolitan Philadelphia：A Case Study"（Washington, D. C.：Pew Research Center on the People & the Press, 1997）.

5. 实际上，这种常被引用的范例（比如 Nicholas Lemann, "Kicking in Groups：Alleged Decline of America's Communal Capital", *Atlantic Monthly*［April 1996］：22－27; Robert J. Samuelson, "'Bowling Alone' Is Bunk", *Washington Post*［April 10, 1996］：A19）是具有欺骗性的。就如第6章所指出的，四个不同的全国性调查档案证明打垒球在80年代中期到90年代晚期之间下滑了三分之一。尽管踢足球毫无疑问地出现了增长，即使算上观看者，也仅占成年人的少数。高于美国体育健身协会，低于20%的美国少年在1993年玩球超过一次。由于少于30%的美国人是学生的家长，所以在1993年少于6%的成年人是年轻踢球者的家长；相反，同年又多于18%的人打保龄球超过一次。简而言之，打保龄球的美国人是踢球者家长的三倍。甚至——很难以置信地——每个单身的美国踢足球者的爸爸和妈妈开始定期出席孩子的游戏，也无法抵消保龄球队的削减的趋势。实际上，DDB Needham 生活方式调查显示家长参加孩子活动的比例在90年代要比70年代更低。爸爸和妈妈定期参加孩子的踢球活动肯定能够建立社会资本，但是太稀少了，相对来说，它是一个重要的反潮流。

6. 对不加区别的混同在一两年内"变化"和在过去半个世纪"变化"的数据的批评，间 Everett C. Ladd, "The Data Just Don't Show Erosion of America's ' Social Capital, ' " *The Public Perspective* 7 (June/July 1996): 5 – 22.

7. 在我们主要利用的四个调查档案里，综合社会调查开始于 1972 年，罗珀社会与政治趋势开始于 1974 年，DDB Needham 生活方式调查开始于 1975 年。全国选举调查开始于 1952 年，但是其主要局限于对全国选举和竞选行为的研究。

8. 另一个对绝对或相对变化的问题牵涉到金钱。如同第 7 章所解释，大方慷慨应该通过个人收入中捐献给慈善组织的比例来测量，而非美元的绝对数额。

9. Norman H. Nie, Jane Junn, and Kenneth Stehlik – Barry, *Education and Democratic Citizenship in America* (Chicago: University of Chicago Press, 1996).

10. John Helliwell and Robert D. Putnam, "Education and Social Capital", 未刊手稿。

11. 在本研究中所使用的主要数据档案的获取信息见 www. bowlingalone. com.

12. 图表 53、65 和 73 都采用了多变量控制。

13. NES 的数据来自密歇根大学政治学与社会科学跨学校联合研究会。GSS 数据来自于康涅狄格大学的罗珀民意研究中心（康州）。

14. 这些调查的原始数据是康涅狄格大学的罗珀民意研究中心（康州）收集的。然而，由于存档方面的困难，这些数据直到最近才对研究者公开，感谢来自哈佛大学和加州大学伯克利分校联合工作小组的协助。我要感谢斯蒂芬·约尼什、亨利·布莱迪及他的同事们在繁琐工作背后所付出的艰巨努力。早期对政治参与的分析是基于累积的罗珀数据，见 Rosenstone and Hansen, Mobilization, Participation, and Democracy. 罗珀民意调查在 1994 年 12 月后继续进行，但此后的原始数据面向全部学术研究者开放了，关键问题在那时候出现了重要的变化，因此直接同原先的数据比较不再可能，从 1995 年第一次调查得出这 12 种公民活动每种都出现了一次急速"棘轮"增长，但以新的标

准来看，每种活动都在随后趋向缩减。换句话说，尽管在本书中对罗珀数据的分析限制在 1973 – 1994 年，并没有理由得出在此后公民参与会出现下降。本书所使用的 1995 年到 1998 年罗珀调查所累积的数据来自于康涅狄格大学罗珀中心所出版的两月一期的罗珀报告（New York: Roper Starch Worldwide, 1995 – 1998）。

15. 我要感谢德万·沙汉，以前我在明尼苏达大学的研究生以及他现在的导师威廉·韦尔斯教授，他们提醒我 DDB Needham 生活方式调查档案的存在。DDB Needham 公司的马蒂·霍恩、道格·休斯、克里斯·卡拉汉及他们的同事为我提供了这些数据并回答了随后的问题。市场实情公司的西德·格罗恩曼和他的同事帮我理解他们所使用的方法及其潜在优缺点。有关的背景资料，见 Lifestyle and Psychographics, ed. William D. Wells (Chicago: American Marketing Association, 1974), and William D. Wells, "Psychographics: A Critical Review. " *Journal of Marketing Research* 12 (1975): 196 – 213.

16. 对所有这些问题的回答都为"是"。

17. 这种调查牵涉到对 1985 – 1999 年间已婚和单身受访者间的"水平"差异进行估计，用这种差别来估计单身受访这在 1975 – 1984 年期间的年度得分，然后通过设计混合了已婚和未婚受访者的"综合"样本来估计 1975 – 1984 年间的年度得分。在少数情况下已婚和单身受访者的"水平"差别在 1985 – 1999 年出现了变化，我将这种区别推回到 1975 – 1984 年期间。这个过程假设在年份和婚姻状况间有可能存在非线性关系，但我并未发现有任何证据支持本研究此种类型的任何变量存在关联。

18. Robert D. Putnam and Steven Yonish, "How Important Is Response Rate? An Evaluation of a ' Mail Panel ' Survey Archive. " 未刊手稿。(Cambridge, Mass.: Harvard University, 1999)

19. 调查对象定期会收到一个小礼物——比如一个便签本和小手袋——以感谢完成那么多的问卷调查。

20. 西德·格罗恩曼认为（"Multi – purpose Household Panels and General Samples: How Similar and How Different?"该文提交于美国民意研究中心的年会，Denvers, Mass. , 1994，在原文中着重强调）抽样就是要"尽可能得出约略的实际家庭收入分配、人口密度、面板成员年龄和被九个统计区域内家庭大小规模。"然后

应用于综合平衡实际的被调查对象，从而符合最终抽样的目标群体的人口组成特点。问卷向差不多5000名受访者基础，可用的回复平均为3500－4000名。

21. 这在普通抽样里也是适用的，但是邮寄小组抽样的不一致更明显。

22. 尽管问题并非完全可比，同GSS数据相比，DDB数据事实上包含了10%过多拥有自己住房的人。也有证据显示，对受教育程度较低的人在最近的年份里某种程度上取样不足。

23. 格罗恩曼在"Multi－purpose Household Panels"用市场实情公司邮寄小组调研和随机电话调查的数据比较了面板和非面板样本。尽管政党确认的不一致在统计上是很明显的，但是在这种对比中比较微弱。1996年NES发现有38%的民主党人，28%的共和党人，以及33%的无党派人；而在同年生活方式抽样发现有37%的民主党人，31%的共和党人和32%的无党派人。

24. Andrew Kohut, "Conservative Opinion Not Underestimated, but Racial Hostility Missed" (Washington, D. C.: Pew Research Center on the People & the Press 1998). 又见 Penny Visser, Jon Krosnick, Jesse Marquette, and Michael Curtin, "Mail Surveying for Election Forecasting: An Evaluation of the Columbus Dispatch Poll", Public Opinion Quarterly 60 (1996): 181 – 227.

25. 我发现在两项调查里没有成对的问题会使两组数据的比较带来质疑。这样，我就没有挑选出来比较以支持我的结论

26. Putnam and Yonish, "How Important Is Response Rate?"

27. 我也同时比较了DDB Needham生活方式在1982年和1984年的结果，基本上罗珀调查的可比证据都涉及外出就餐、看电影、观看体育赛事。罗珀问卷问的是"你在过去一周是否参加了这些活动？"而生活方式问卷问的是，"在过去一年你参加过多少次这些活动？"当罗珀调查的"上周"回答转为"每年的次数"（乘以52），结果同生活方式调查的回答是很相似的。（外出就餐：每年19次；看电影：每年5次；观看赛事：罗珀调查显示为每年4次；生活方式调查显示为每年5次。）

28. 根据全部GSS样本，在通过对所有变量进行设计运算后，这些指标的内在关联系数为 $R^2 = .99$。（Michael Hout and Andrew Greeley, "Exchange on Overreporting of U.S. Church Attendance", *American Sociological Review* 63 [1998]: 116）

29. 第2版（University Park: Pennsylvania State University, 1999）. 我要感谢罗宾逊教授自1995年来向我的研究提供了精选的数据。

索 引

《独自打保龄》背后的故事

本书得以完成恰好推翻了其核心假设。我的论点是，互惠行为（不求回报地帮助别人）出现了全面的下滑。但是，若没有那些自发主动的、意想不到的、不求回报的慷慨帮助，我将无法完成本书的写作。在此，我谨表达对别人的感激。

本书的写作最早开始于 1992 年初，那时，我刚完成《使民主运转起来》，这本书对意大利地方政府进行了 20 年的研究。我在就任哈佛大学肯尼迪政府管理学院院长之后，逐渐将注意力集中到美国民主问题上来。意大利研究项目得出的结论之一是——民主有赖于社会资本——我认为它对当代美国也同样富有启发。

在此后的两年中，由于受到乔·欧尔伦（Joel Orlen）和美国艺术与科学院的支持和鼓励，我发起了一系列同社会资本与经济发展、城市贫困、美国民主相关的学术研讨会。慢慢地，彼特·B. 伊文斯（Peter B. Evans）、苏珊·哈尔（Susan Pharr）、西达·斯考切波（Theda Skocpol）加入了我的研究项目并负责指导工作，虽然他们的概念和观点与我的主要观点有所差异，但是我从其中获益颇丰。我们的研究得到卡内基公司、福特基金会以及洛克菲勒基金会的慷慨赞助。我要感谢艾尔贝塔·亚瑟斯（Alberta Arthurs）、克利福德·钱宁（Clifford Chanin）、芭芭拉·芬伯格（Barbara Finberg）、彼特·古德马克（Peter Goldmark）、大卫·亨伯格（David Hamburg）、迈克尔·李普斯基（Michael Lipsky）、杰拉尔丁·曼宁（Geraldine Mannion）以及他们的同事，感谢他们那时把资金欣然投入我们理论严谨和实际收益还处于不确定状态的研究项目。我也要感谢仅见过三次面的世界记者协会的大卫·波迪特（David Boldt）、乔纳森·S. 科恩（Jonathan S. Cohn）、保罗·索曼（Paul Solman），他们温和但坚定地逼迫我将论题扩展到学术圈外。

此后，我便开始有一搭无一搭地搜罗能够反映美国公民参与趋势的统计证据，当时还无法确认这些可靠数据是否能够支持我的预感。哈罗德·A. 波拉克（Harold A. Pollack），还有那时候我的"研究团队"，花费了技术和精力去搜集最初的证据，并对我的论点进行了质疑。在 1994 年初，我们积累了足够的数据，比如家长教师协会（PTA）和兄弟会的入会率，并开始慢慢摆脱单纯照搬式研究。在那年春季的一次早餐会上，一位热情的朋友彼特·艾克曼（Peter Ackerman）提到，保龄球队的发展趋势似乎同我的构想相符合。几周后，我的同事杰克·多纳胡（Jack Donahue）听到了这则故事，他说美国人似乎在"独自打保龄球"。我们一致赞同，这可以成为一篇论文的精彩标题。可见，我在那时候就已经开始从朋友那里得到很多帮助了。

就像我在之前的研究项目中形成的习惯一样，我先大概形成相关论点的最初版本，然后听取我的同事的批评，进而将其加工改造成更为细致精巧的版本。我受邀于阿克瑟尔·哈德鲁斯（Axel Hadenius）、迪特里克（Dietrich）、玛丽莲·罗斯彻梅尔（Marilyn Rueschemeyer）以及伯恩·韦托克（Bjorn Wittrock），同意在 1994 年 8 月瑞典乌普萨拉的学术会议上提出最初的回应。到 5 月的时候，我给一位朋友写信，提出希望"在 1995 年编纂完成一卷有关该问题的著作，读者群不仅仅局限于学术圈"。（在这卷著作中，读者将发现实际上我在许多方面都没有达成目标。）1995 年 1 月，乌普萨拉论文的删节版在一本重要但名声不大的杂志——《民主杂志》（*Journal of Democracy*）上刊出。正如所料，该文引来了洪水般的抨击。

直到 1995 年 1 月之前，我都是"学术异类"（正如此后的一个评论精准地观察到）。尽管我在过去三十年出版了许多的著作和文章（其中许多要比《独自打保龄》学术上更加严谨），但是却没有一本引起如此广泛的公共关注。如今，我受邀访问戴维营，被脱口秀主持人看重，（相当于当代美国世俗正典的）《人物》杂志（*People*）刊登了我和妻子罗斯玛丽（Rosemary）的合影。这并非是由于大家都是事后诸葛亮，而是由于我无意中阐明了许多普通美国人久久萦绕于心的忧虑（这段经历很快让我认识到，媒体的关注会导致一系列个人行为：来自亲友、同事、陌生人的无私帮助很快使我成为了值得炫耀的全国最精致的保龄球纪念品的拥有者——从保龄球徽章、围巾、领带、再到调味瓶套装）。这种热情是令人兴奋的。但是，当我在1995年2月给两位朋友写信表明"这些令人兴奋的东西虽然很漂亮，但是却让我远离了我的电脑，我原本打算写出更完满的著作——我们的市场导向战略也许会导致远离产品本身发展的危险"。

我清醒地认识到，当时设想的论题仅依赖于有限的证据。为了加深讨论，我需要更多的时间和帮助。那些慷慨的赞助者，包括阿斯本非营利部门研究基金会、科林·坎贝尔（以及洛克菲勒兄弟基金）、克莱格·德克斯塔（Craig Dukstra）和苏珊·韦斯利（Susan Wisely）［以及百合花基金会（Lily Endowment）］、查尔斯·海克（Charles Heck）［以及三边委员会（Trilateral Commission）］、保罗·莱特（Paul Light）和里贝卡·里梅尔（Rebecca Rimel）［以及皮鲁信托慈善会（Pew Charitable Trusts）］和弗兰克·维尔（Frank Weil）［以及诺曼基金会（Norman Foundation）］，他们向我们提供了鼓励和重要的资料。我要特别感谢那些赞助研究项目的受益人，尽管他们急切地想得到"需要做什么"的明确结论，但仍然对我们在尽快给出可能的解决方案之前需要注重事实证据给予了足够的尊重。

事实上，我需要熟悉许多新的文献。我的大部分论题——实际上此书的大部分——需要到融会贯通过去几十年里各领域学者做出的大量令人敬佩的研究成果。要在有生之年完成这项工作，需要别人的帮助。我们有着资源充足、富有思想、精力充沛的研究团队，我怀疑，恐怕很难再找到比这更好的团队了。在过去几年里，我们不断地更新和招募新的研究人员。我们的研究团队发展出一套定期开会的方式，由报告人提交报告互相辩论，这在我的一生中是智识上获益最丰富的阶段。尽管所有参与讨论的人都坚信，我们探讨的话题相当重要，但许多对我的理论所进行的探讨性批评也正来自于我的团队。到1999年，我们的研究团队已经有将近200人，包括辛迪·亚当斯（Cindy Adams）、内尔·阿里森（Neil Allison）、马亚恩·巴拉克索（Maryann Barakso）、本·博格（Ben Berger）、杰·布拉兹（Jay Braatz）、梅丽莎·布斯（Melissa Buis）、大卫·E. 坎贝尔

（David E. Campbell）、布拉德·克拉克（Brad Clarke）、乔尔·克拉克威斯特（Zoe Clarkwest）、本·德费尔（Ben Deufel）、丹·德维热（Dan Devroye）、卡伦·费里（Karen Ferree）、凯特·菲茨帕特里克（Kate Fitzpatrick）、阿钦·冯（Archon Fung）、阿卡迪·杰尼（Arkadi Gerney）、克里斯丁·格斯（Kristin Goss）、路易斯·海耶斯（Louise Hayes）、艾撒多拉·海菲戈特（Isadora Helfgott）、亚当·海克（Adam Hickey）、斯科特·雅克布斯（Scott Jacobs）、波特拉姆·约翰逊（Bertram Johnson）、杰弗里·科林（Jeffery Kling）、莉莎·拉斯金（Lisa Laskin）、科林斯坦·拉斯基（Kristen Laskey）、乔纳森·里曼（Jonathan Leeman）、金伯利·罗奇那（Kimberly Lochner）、卡伦·马普（Karen Mapp）、斯蒂芬·马歇尔（Stephen Marshall）、杰森·马佐恩（Jason Mazzone）、维克多·蒙蒂尔拉（Victor Mendiola）、罗伯·米奇（Rob Mickey）、伊丽莎白·莫顿（Elizabeth Morton）、查得·诺耶斯（Chad Noyes）、艾米·佩尔姆特（Amy Perlmutter）、大卫·品图达钦斯基（David Pinto－Duschinsky）、约翰·里克特（Johnson Rector）、A. J. 罗宾逊（A. J. Robinson）、艾米丽·雷欧（Emily Ryo）、亚历山大·萨缪尔（Alexandra Samuel）、安德鲁·施奈勒（Andrew Schneller）、罗斯丁·希尔维斯塔（Rustin Silverstein）、扎克·斯滕（Zach Stern）、汉娜·斯泰尔斯（Hannah Stires）、马鲁茨·冯·德·韦恩（Mauritz van der Veen）、格里夫里·威汉（Geoffrey Vayghan）、克里斯钦·瓦伦（Christian Warren）、马克·瓦伦（Market Warren）、阿隆·威克斯（Aaron Wicks）、以及斯蒂夫·约尼斯（Steve Yonish）。在这个团队里，有些人在研究项目各个阶段持续而集中的投入特别值得一提：他们是梅丽莎·布斯、大卫·坎贝尔、本·德费尔、阿卡迪·杰尼、克里斯丁·格斯、亚当·海克、杰森·马佐恩以及斯蒂夫·约尼斯。参照我最初的大纲和注释，克里斯丁·格斯便熟练地撰写了部分草稿，其中很多在经过修改后成为本书第四部分的内容。

第一波对该论题的公众关注开始于 1995 年，主要是过度的恭维，这不仅是由于其他学者，像斯蒂夫·纳克（Steve Knack）、温迪·拉汉（Wendy Rahn）、迈克尔·沃尔泽（Michael Walzer），以及罗伯特·贝拉（Robert Bellah）和《心智的习惯》（Habits of the Heart）一书的合著者已经表达过对公民不参与的类似关注。另一方面，"独自打保龄"的臭名招致其他人提出了相反的解释，认为它论据单薄，而且不可否认地，含糊不清。1995 年末，虽然无法阻挡的反冲（backwash）是令人不快的——"独自打保龄是废话（Bunk）"成了难忘的标题——但批评意见是建设性的，从根本上来说要比恭维更有价值。

在这之后的论辩中，我从批评者的意见里学到了不少，包括卡尔斯·波义科斯（Carles Boix）、鲍勃·爱德华兹（Bob Edwards）、迈克尔·W. 弗利（Michael W. Foley）、查尔斯·海因（Charles Heying）、帕特西亚·兰度尔特（Patricia Landolt）、尼古拉斯·勒曼（Nicholas Lemann）、丹尼尔·N. 波斯纳（Daniel N. Posner），以及阿勒亚卓·波特斯（Alejandro Portes）。更令人可喜的是，某些最直接的公开批评也将在未来提供旷日持久和富有智慧的个人意见。这种不寻常的相持不下的状况，已经超出了我们同行争论的范围，为此，我要特别感谢马歇尔·甘孜（Marshall Ganz）、肯尼斯·牛顿（Kenneth Newton）、皮帕·诺里斯（Pippa Norris）、迈克尔·舒德森（Michael Schudson）、西达·斯考切波（Theda Skocpol）、理查德·M. 瓦勒里（Richard M. Valelly），以及罗伯特·乌斯诺（Robert Wuthnow）。当论据开始变得更为清晰的时候，某些批评意见和我对状态的诊断达成了一致，但是仍然保持了差异。那些如此善意地向我提出建议的人们不该为此项研究结果承担任何责任，在此，在习惯的致谢中作出这样的表示是相当恳切的。

我对"独自打保龄"相关论点的自信，在 1996 年初受到了毫无预期的打击，当约翰·希勒维尔（John Helliwell），一位我在相关项目上合作过的经济学家朋友，同我一起发现综合社会调查公开的版本（我的关键论据便依赖于此）有很大瑕疵的时候。为了修正计算上的错误，我们必须缩减正式社团成员下滑程度。我唯一的安慰是，我们在收到批评之前修正了此处失误。经过这一时期，我珍视的不仅是约翰的友谊和他学术上的敏锐，还有他跟踪相关证据的不变的承诺。

同时，非常幸运能和我的合作者们在一起工作，杰罗德·伽马（Gerald Gamm），他是一名政治史学家，对托克维尔以来美国公民组织的演变颇有研究。在随后的几年里，杰罗德耐心地指导我接触历史学家严谨细致的相关著作，同我一起分享对未知成果的那份热忱。

我从一开始就很清楚"独自打保龄"最普遍为人诟病的缺点——我的论点建立在特定社团入会率下滑的论据之上，忽略了其他社团或非正式社会交往的增长。对类似的反例，如足球或垒球比赛，很难引为坚实的证据——它们更像是一种错觉，但这种随时都需要的澄清掩盖了这样的可能性，那就是，另一些疏漏的社会资本形式也曾出现了扩张。我只是没有掌握总体的公民参与的系统性论据，但至少还是了解类似晚餐和打牌之类的活动情况。为此，我的同事克里斯丁·高斯和斯蒂夫·亚尼什在无穷无尽的丰硕研究成果上花了数百个小时，以搜寻我们称之为社会联系"不显眼的指标"的系统性证据。

当我们认识到，那些未经分析的可贵调查资料——我在附录Ⅰ中所述的罗珀社会调查档案——的缺陷是可弥补的时候，我们的研究工作出现了突破。当亨利·布莱迪（Henry Brady），加州大学调查研究中心的主管，坚定地认为，公民不参与是不可认知的时候，他慷慨地同意和我分享其获得的数据并对它们进行解读。这些档案要比我们原本想象的更加枯燥无味。但是，来自哈佛大学的斯蒂芬·约尼什（Steven Yonish）和来自加州大学伯克利分校的多芮·阿波罗尼（Dorie Apollonio）、安德烈·坎贝尔（Andrea Campbell）以及劳伦·艾尔姆斯（Laurel Elms），以他们付出的辛勤努力产出了意想不到的价值。即便是我们团队中的怀疑主义者，也对公民不参与的这些大量新证据留下了深刻的印象。

具有讽刺意味的是，一项更加惊人的发现出现在1997年年中的时候。一名研究生对"独自打保龄"提出批评的脚注通过温迪·瑞恩（Wendy Rahn）传到我这里。我从这些类似的书信中获益良多，但没有一篇像明尼苏达大学威廉姆·威尔斯（William Wells）的学生德万·沙汉（Dhavan Shah）的那篇论文更为有益。在此文中，他提醒我注意 DDB Needham 生活方式档案。斯蒂芬·约尼什（Steven Yonish）获得了这些数据，在 DDB Needham 公司的吉姆·克里敏思（Jim Crimmins）、克里斯·卡拉汉（Chris Callahan）、马蒂·霍恩（Marty Horn）、道格·休斯（Doug Hughes）和附录Ⅰ中所提到的市场实情公司的西德·格罗恩满（Sid Groeneman）的协助下，一项真正特别的资料进入到我们的研究视野中。某些研究者记录了打扑克牌和外出就餐的轨迹，这样的话，我们所搜集到的令人惊叹的新数据显示，"独自打保龄"可能有助于我们从广度和深度上理解美国社会的变迁。验证和分析新的证据虽然使我们的研究工作延长了两年，但它进一步加深了我们的研究信心。

这些年，我感到在双重压力下挣扎，既需要维持准确性，又需要马上开始工作。针对老友托姆·罗康（Tom Rochon）不信任的批评，我在1994年4月给他写下了这样的话：

> 尽管这证明不了什么，但我有必要说明，学者和公众的反应有明显的差别。学者总是想知道我们不参与是不是真的出现了——新的社会运动如何？网络如何？12步（12-step）社团如何？新时代出现的社团如何？等等。但如果这些都是真实的话，他们总是对要做些什么不加以评论。公众总是不关心它们是否是真的，因为根据他们的生活经验这些都很真实。他们总是高度关注如何去解决这些问题。他们的问题实际上更难解决。

此时，我已经开始同通过朋友认识的新罕布什尔慈善基金会的主席刘易斯·费得斯坦（Lewis Feldstein）就我的理论对实践的影响及因果联系进行对话。在之后的春季，这些思考逐步成熟，我们将其拓展为一项正式的研究项目，命名为美国公民参与柱仙人掌（Saguaro，仙人掌的一种——译者注）研讨会。在随后的五年时间里，我同卢（Lew）的合作是我学术生涯中最有趣和最高产的一段时期。他本着一种实践理想主义的追求，鼓励我从更为广泛的视野，思考我们不断进展的研究。并且，他还在策划和管理初期的社会运动方面拥有实际的技能，这是我完全欠缺的。卢对我得出的论点不负责任，但他让我意识到，我们的研究不仅应集中在发生了什么，而且还要考虑需要做些什么。

直到1997年，在同托姆·桑德（Tom Sander），及随后的全国公民社团的主席克里斯·盖茨（Chris Gates）的合作中，卢和我招募全国范围内第一流的公民运动领导者和研究者加入了柱仙人掌研讨会。（我们以此命名乃是由于这种西南部仙人掌在迅速成长为粗壮的茎叶之前，有几十年几乎看不到增长，但长成后它便会成为大量植物和动物群体的生态群落。我们认为对社会资本而言，这是一个恰当的譬喻。）柱仙人掌研讨会由多家机构慷慨资助，它们包括纽约的卡耐基公司、百合花捐赠基金、约翰·D. 及卡瑟琳·T. 麦克阿瑟基金，洛克菲勒兄弟基金、洛克菲勒基金，以及里拉·华莱士读者文摘基金。柱仙人掌研讨会的参加者无私贡献出他们的时间、经验和创造力，我们共同奋斗以制定出具有可行性的全国公民复兴计划。我在第24章所指出的柱仙人掌研讨会的那些同事，对我们的会议也贡献颇多。有关我们结论的完整报告，将在此书出版后的很短时间内面世。

在这些研究中，我获得了大量新老熟人意想不到的智力支持和帮助。我的杰出文字助手拉菲·萨加林（Rafe Sagalyn）是一名在任何情况下都可靠的朋友和引导者，他和我分享并激发我出版书稿的热情。具有古希腊高尚友谊和公民德行，以及传统波士顿的忠诚和互助品格的尼克·米特波洛斯（Nick Mitropoulos），在过去几十年的每个困难时刻，都通过鼓励和解决问题给我提供实际帮助。洛克菲勒基金会的副主席安吉拉·格拉芙·布莱克维尔（Angela Glover Blackwell）对我的观点进行了全面的质疑，不仅对关键要点提供了重要帮助，而且也帮助我理解了他的观点。随后成为世界银行副行长和首席经济学家迈克尔·布鲁诺（Michael Bruno）、哥伦比亚大学经济学与政治学系的帕西亚·达斯古朴达（Partha Dasgupta），以及世界银行可持续发展委员会的副主席依斯迈尔·赛格尔丁（Ismail Serageldin）都对我这样在跨领域展开研究的新手提供了无私的帮助。杰出的政治哲学家和白宫政策顾问的威廉·A. 盖尔斯顿（William A. Galston），鼓励我，并引导我成为自由社群主义的同道。而且，他还提醒我，要确信有直接的事实依据。迈克尔·乌尔科克（Michael Woolcock），一名因最初要求我写评论文章而"偶遇"的高水平（但具有批判性）杂志文章的匿名作者，和我成为了好朋友及推动新的社会资本运动的合作者。当我理解到社会资本是如何在草根社会被创造的时候，恩尼·科特斯（Ernie Cortes）

向德克萨斯州有关部门引介了我，米尔达·海德布鲁姆（Milda Hedblom）和里普·拉普森（Rip Rapson）向明尼苏达州引介了我，艾桑·塞尔泽（Ethan Seltzer）和莱恩·杨巴（Lynn Youngbar）向奥尔良州介绍了我。玛西亚·夏普（Marcia Sharp）在一些关键点上提供了新奇而有价值的建议。赛德纳基金会的爱德·斯克鲁特（Ed Skloot）以及西蒙和舒尔茨出版公司的爱丽丝·马修（Alice Mayhew）——他们急切地想看到成果以至于超出了我的能力——提供了持续的激励；我再次为给他们带来的失望表示抱歉。最后，但并非最不重要的是，我要感谢我的女儿劳拉·帕特南（Lara Putnam），感谢她的冷酷和坦诚，好学深思以及对本书每一页——以及过去几十年我的所有著作——的具有建设性和创造性的编辑工作。

数以百计的学者、研究者和普通公民给我写下了建议和批判观点——请恕我难以一一致谢，但是所有这些都对我产生了影响。仅仅从图表来看就能作证：伯纳德·崔诺（Bernard Trainor）将军从美国海军历史大量资料中找出证明小型团体稳固的证据，以此对公民生活提供可能的借鉴；德州农工大学的大卫·斯科特（David Scott）教授出乎意料地给我写信介绍了他有关桥牌的社会学研究，我们之间的沟通最终让我开始了这本书的工作。我对无法单独向每一位贡献者致谢深表歉意，他们为我提供的点滴统计证据证明，美国公民复兴的泉流依旧生生不息。

在这项研究开展的过程中，许多同事和组织无私地同我分享了他们拥有的课题数据，包括米迪马克调研公司的朱利安·巴伊姆（Julian Baym）、克里斯托弗·J. 博索（Christopher J. Bosso）、斯蒂芬·布林特（Steven Brint）、弗兰克·M. 布莱恩（Frank M. Bryan）、食品市场调查研究所的马格特·塞拉（Margot Cella）、安妮·康斯坦（Anne Costain）、罗素·达尔顿（Russell Dalton）、罗纳德·英格尔哈特（Ronald Inglehart），AAFRC 慈善信托基金的安·卡普兰（Ann Kaplan）、河内一郎（Ichiro Kawachi）、布鲁斯·肯尼迪（Bruce Kennedy）、威廉·G. 梅尔（William G. Mayer）、彼得·纳杜利（Peter Nardulli）、康涅狄格大学罗珀中心的莉莎·帕玛丽（Lisa Parmalee）约翰·P. 罗宾逊（John P. Robinson）、西达·斯考切波（Theda Skocpol）、罗伯特·斯密斯（Robert Smith）、M. 丹·沃特斯（M. Dane Waters）和丹·温特

（Don Winter）、杨科洛维奇合伙公司的 J. 沃尔克·斯密斯（J. Walker Smith）。许多公民组织的工作人员奉献出他们的时间和精力，寻找隐蔽的数据填补历史的细节。我要特别感谢统计署、劳工统计署、国会图书馆和其他政府部门大量专家娴熟技巧、严谨细致、谦恭有礼，他们高效迅速地回答了我和我的研究团队的问题，他们的专业和精力再次向我证明有关政府官僚的刻板印象是错误的。

　　非常感激许多参加这个项目的同事，他们向我提供特别细致和深刻的帮助和建议，我采用了其中一部分人（而不是全部）的建议（我对此自担其责）。他们包括乔·阿伯巴赫（Joel Aberbach）、罗琳·阿布罗穆斯（Lorien Abroms）、罗伯特·埃克斯罗德（Robert Axelrod）、本杰明·巴伯（Benjamin Barber）、丹尼尔·贝尔（Daniel Bell）、莉莎·F. 贝克曼（Lisa F. Berkman）、彼得·伯克维茨（Peter Berkowitz）、德里克·伯克（Derek Bok）、哈里·波伊特（Harry Boyte）、夏维尔·德·索扎·布里格斯（Xavier de Souza Briggs）、斯蒂芬·布林特（Steven Brint）、理查德·卡瓦纳（Richard Cavanagh）、马克·查韦斯（Mark Chaves），及此后的詹姆斯·S. 科尔曼（James S. Coleman）、苏珊·B. 克劳福德（Susan B. Crawford）、罗素·达尔顿（Russell Dalton）、杰克·多纳胡（Jack Donahue）、麦克·A. 德福（Michael A. Dover）、刘易斯·费得斯坦（Lewis Feldstein）、克劳迪亚·古尔丁（Claudia Goldin）、西德·古诺尼曼（Sid Groeneman）、小凡·L. 格里沙姆（Vaughn L. Grisham Jr.）、格伦·菲尔巴赫（Glenn Firebaugh）、罗伯特·弗兰克（Robert Frank）、马克·格兰特（Marc Galanter）、杰拉尔德·伽姆（Gerald Gamm）、彼得·德伯金·霍尔（Peter Dobkin Hall）、大卫·海尔佩（David Halpern）、罗素·哈丁（Russell Hardin）、弗里德里克·C. 哈里斯（Frederick C. Harris）、斯科特·哈姆菲尔（Scott Hemphill）、维吉尼亚·霍德金森（Virginia Hodgkinson）、伯尼·霍尼格（Bonnie Honig）、霍华德·胡索科（Howard Husock）、海伦·英格拉姆（Helen Ingram）、卡瑟琳·霍尔·杰梅森（Kathleen Hall Jamieson）、克里斯托弗·詹克斯（Christopher Jencks）、劳伦斯·F. 卡茨（Lawrence F. Katz）、默顿·凯勒（Morton Keller）、盖瑞·金（Gary King）、罗伯特·基欧汉（Robert Keohane）、罗伯特·克里特加德（Robert Klitgaard）、斯蒂夫·纳克（Steven

Knack）、马格列特·李维（Margaret Levi）、西摩尔·马丁·李普塞特（Seymour Martin Lipset）、格伦·劳利（Glenn Loury）、罗伯特·拉斯金（Robert Luskin）、道格·麦克亚当（Doug McAdam）、艾琳·麦克唐纳（Eileen McDonagh）、斯蒂芬·马赛多（Steven Macedo）、简·马斯布里奇（Jane Mansbridge）、彼得·马斯登（Peter Marsden）、约翰·D. 麦卡锡（John D. McCarthy）、大卫·G. 梅耶斯（David G. Myers）、卡尔·米洛夫斯基（Carl Milofsky）、玛莎·米诺（Martha Minow）、马克·摩尔（Mark Moore）、凯瑟琳·纽曼（Katherine Newman）、理查德·涅尔米（Richard Niemi）、苏珊·奥扎克（Susan Olzak）、伊利诺·奥斯特罗姆（Elinor Ostrom）、维吉尼亚·帕克（Virginia Park）、大卫·品脱·德钦斯基（David Pinto–Duschinsky）、简·皮利万（Jane Piliavin）、弗雷德·皮约（Fred Pryor）、温迪·拉汉（Wendy Rahn）、保罗·拉兹尼克（Paul Resnick）、汤姆·拉切恩（Tom Rochon）、南希·罗森布鲁姆（Nancy Rosenblum）、罗伯特·I. 罗特伯格（Robert I. Rotberg）、彼得·罗维（Peter Rowe）、凯伊·施罗兹曼（Kay Schlozman）、茱丽叶·肖尔（Juliet Schor）、德万·沙汉（Dhavan Shah）、迪特林德·斯托洛尔（Dietlind Stolle）、简内特·托普斯基（Janet Topolsky）、埃里克·乌斯拉尔（Eric Uslaner）、西德尼·维巴（Sidney Verba）、罗伯特·沃斯（Robert Vos）、马克·瓦伦（Mark Warren）、玛格丽特·维尔（Margaret Weir）、巴里·威尔曼（Barry Wellman）、埃德温纳·维纳（Edwenna Werner）、格兰特·威廉姆斯（Grant Williams）、谢林·威廉姆斯（Shirley Williams）、萨德·威廉姆森（Thad Williamson）、约翰·威尔森（John Wilson）、埃兰·沃尔夫（Alan Wolfe）、迈克尔·乌尔科克（Michael Woolcock）、罗伯特·乌斯诺（Robert Wuthnow）、埃兰·扎斯拉夫斯基（Alan Zaslavsky），以及埃兰·扎克曼（Alan Zuckerman）。

除了这些专业学者之外，有太多的学生对我的帮助难以单独具名感谢，他们指出了我有关论点和论据的缺陷，提醒我在跨学科领域存在某些意想不到的观点，扩大了我的研究视野。这增强了我对年轻一代的独创和理想激情所代表的强有力的公民复兴的信心（从本书的论据中能够轻易地推知出来）。

这项研究要比我原来所预想的更加费力，由此带来的严重后果就是，我经常难以很好地承担其他相关的研究项目。尽管如此，我在这些项目上的合作者极大地包容了我，并通过个人间的友谊不断为我提供智力上的支持。我特别想要感谢简·克劳德·卡萨诺瓦（Jean - Claude Casanova）、查尔斯·海克（Charles Heck），以及其后在三边委员会当代世界民主项目同我合作的塞查布罗·萨托（Seizaburo Sato）；也要感谢艾娃·科克斯（Eva Cox）、彼得·霍尔（Peter Hall）、猪口孝（Takashi Inoguchi）、克劳斯·欧菲（Claus Offe）、维克托·M. 佩雷兹·迪亚兹（Victor M. Perez - Diaz）、波·罗森斯坦（Bo Rothstein）、迪克·拉姆伯格（Dirk Rumberg）、西达·斯考切波（Theda Skocpol）、沃尔克·森（Volker Then）、简·皮埃尔·迪亚兹（Jean - Pierre Worms），以及罗伯特·乌斯诺，我在博泰斯曼科学基金会、欧洲、北美和东亚社会资本变迁项目的合作者；以及我的好友和同事，苏珊·J. 法尔（Susan J. Pharr），他担任着福特基金会赞助的第三世界民主项目的负责人。同时要感谢我在哈佛大学政府系和肯尼迪政府管理学院的教学同事，他们经常在不经意间挑战并丰富了我的研究，在我沉浸于这项看似遥遥无期的课题之时，以宽厚的态度承担我所带来的负担。

该课题一直由佐治·I. 多明古兹领导的威特福德国际事务研究中心，以及由埃兰·阿尔舒勒（Alan Alshuler）所领导的塔布曼州与地方政府研究中心来主持。我和佐治与埃兰都是超过 20 年的老友了，他们都对该课题提供了慷慨的赞助。我也要感谢杰里美·R. 诺勒斯（Jeremy R. Knowles）主任和约瑟夫·S. 奈依（Joseph S. Nye）在智力上和组织上为我提供鼓励。

在研究过程中，我获得了难以想象的帮助，这些帮助来自我的同事，他们以辛勤的劳动和专业技能不断地推进我的研究，他们包括辛迪·亚当斯（Cindy Adams）、莉莎·亚当斯（Lisa Adams）、安妮特·曼·波尔奈（Annette Mann Bourne）、杰弗里·波特维尔（Jeffrey Boutwell）、艾丽西亚·卡拉斯奎丽（Alicia Carrasquillo）、佐伊·克拉克韦斯特（Zoe Clarkwest）、安妮·埃默森（Anne Emerson）、凯特·菲兹帕特里克（Kate Fitzpatrick）、莎拉·哈安（Sarah Hagan）、罗杰·拉布里尔（Roger Labrie）、斯蒂夫·米尼卡西（Steve Minicucci）、玛丽莎·姆塔（Marisa Murtagh）、艾琳·奎因（Erin Quinn）、朱丽莎·雷诺索（Julissa Reynoso）、卡伦·罗杰斯

（Karen Rogers）、芭芭拉·萨里斯布里（Barbara Salisbury）、科里尼·谢林（Corinne Schelling）、凯蒂·腾尼（Katie Tenney）。

除了我细数的上述帮助之外，如果没有我的两位合作者路易斯·肯尼迪（Louise Kennedy）和汤姆·桑德（Tom Sander）的特别协助，本书及其对美国民主复兴的贡献将逊色许多。

当汤姆加入这项课题之时，我告诉他，需要有个人每天早晨醒来便操心如何去发动美国公民生活的引擎，但我不是这个角色。而汤姆以他的深邃的智慧、热忱的公民良知，用四年时间狂热地投入到课题的方方面面。有关柱仙人掌研讨会的各个细节——从神秘的标题到参加者的候选名单，从耗费精力的会议筹划到最终报告——都是汤姆所经手的。本书也同样倾注了他的精力和创造力。例如，当我有天下午考虑到律师业的发展趋势之时，他便花费整天整夜记录下数字、编录释义、判定矛盾之处。在没有获准的情况下，他担当了课题的揭弊人（whistle-blower），反思观察每项归纳是否违背事实。他是一名令人称奇的同事。

路易斯在五年非同寻常的时间里为我的职业工作提供了行政服务，她的感觉扎实而良好、手法细致老练、忠诚而可靠。伪装在听起来无关紧要的"执行助理"的名头下，她策划了多次学术会议和探讨会，负责着150名研究人员的联系，保存着数百万美元预算的票据，策划和执行着媒体应对策略，弥合出现的细微差错，安抚着我的激情和失望情绪，反复筹划着数百次的出行，对社会变化进行谋划，提醒我要注意礼节，并指导着柱仙人掌研讨会有关文化艺术的工作和我们的网站。她对大事小情的判断都是完美无缺的。最重要的是，她和汤姆一样，在有价值的事业上从不犹豫彷徨。

并非每一位作者都像我一样拥有一个充满关爱和支持的家庭。克里斯丁·坎贝尔（Christina Campbell）、马里奥·佩雷兹（Mario Perez），以及乔纳森（Jonathan）、劳拉·帕特南和蔼可亲地长期协助我（同我认识的其他每个人一样！），同时向我提供了无数建议和言语上的鼓励。我的母亲，露丝·帕特南（Ruth Putnam），以及我妻子的父母路易斯和泽尔达·维纳（Louis & Zelda Werner），在我提供了"长存公民代"（the long civic generation）的例外之时，温文尔雅地容忍我不能在身边陪他们。我的妻子罗斯玛丽（Rosemary）无数次在我沉迷于课题的时候帮助我。她凭借自己作为图书管理员的专业经验，整理归类了该课题积累的数以千计的文档、手稿、报告和简报。与此同时，罗斯玛丽忍受了我为了完成该项工作在过去五年时间里都住在位于新罕布什尔州霜湖（Frost Pond）的屋子里，使她在每周末都得花时间上下班。每当进展出现困难时，有她鼓舞着我；每当我自满浮躁时，有她提醒我给母亲打电话。每个人都需要一个最好的朋友；幸运地是，我同我最好的朋友结为夫妻。

罗伯特·D. 帕特南

霜湖，新罕布什尔州

1999 年 12 月

《雅理译丛》编后记

面前的这套《雅理译丛》，最初名为"耶鲁译丛"。两年前，我们决定在《阿克曼文集》的基础上再前进一步，启动一套以耶鲁法学为题的新译丛，重点收入耶鲁法学院教授以"非法学"的理论进路和学科资源去讨论"法学"问题的论著。

耶鲁法学院的师生向来以 Yale ABL 来"戏称"他们的学术家园，ABL 是 anything but law 的缩写，说的就是，美国这家最好也最理论化的法学院——除了不教法律，别的什么都教。熟悉美国现代法律思想历程的读者都会知道，耶鲁法学虽然是"ABL"的先锋，但却不是独行。整个 20 世纪，从发端于耶鲁的法律现实主义，到大兴于哈佛的批判法学运动，再到以芝加哥大学为基地的法经济学帝国，法学著述的形态早已转变为我们常说的"law and"的结构。当然，也是在这种百花齐放的格局下，法学教育取得了它在现代研究型大学中的一席之地，因此，我们没有理由将书目限于耶鲁一家之言，《雅理译丛》由此应运而生。

雅理，一取"耶鲁"旧译"雅礼"之音，意在记录这套丛书的出版缘起；二取其理正，其言雅之意，意在表达以至雅之言呈现至正之理的学术以及出版理念。

作为编者，我们由法学出发，希望通过我们的工作进一步引入法学研究的新资源，打开法学研究的新视野，开拓法学研究的新前沿。与此同时，我们也深知，现有的学科划分格局并非从来如此，其本身就是一种具体的历史文化产物（不要忘记法律现实主义的教诲"to classify is to disturb"），因此，我们还将"超越法律"，收入更多的直面问题本身的跨学科作品，关注那些闪耀着智慧火花的交叉学科作品。在此标准之下，我们提倡友好的阅读界面，欢迎有着生动活泼形式的严肃认真作品，以弘扬学术，服务大众。《雅理译丛》旨在也志在做成有理有据、有益有趣的学术译丛。

第一批的书稿即将付梓，在此，我们要对受邀担任丛书编委的老师和朋友表示感谢，向担起翻译工作的学者表示感谢。正是他们仍"在路上"的辛勤工作，才成就了我们丛书的"未来"。而读者的回应则是检验我们工作的唯一标准，我们只有脚踏实地地积累经验——让下一本书变得更好，让学术翱翔在更广阔的天空，将闪亮的思想不断传播出去，这永远是我们最想做的事。

六部书坊

《雅理译丛》主编 田雷

2014 年 5 月

《雅理译丛》已出书目

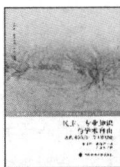

民主、专业知识与学术自由
——现代国家的第一修正案理论
〔美〕罗伯特·C.波斯特 著
左亦鲁 译

林肯守则：美国战争法史
〔美〕约翰·法比安·维特 著
胡晓进 李丹 译

兴邦之难：
改变美国的那场大火
〔美〕大卫·冯·德莱尔 著
刘怀昭 译

司法和国家权力的多种面孔
——比较视野中的法律程序
〔美〕米尔伊安·R.达玛什卡 著
郑戈 译

摆正自由主义的位置
〔美〕保罗·卡恩 著
田力 译 刘晗 校

战争之谕
胜利之法与现代战争形态的形成
〔美〕詹姆斯·Q.惠特曼 著
赖骏楠 译

创设行政宪制：
被遗忘的美国行政法
百年史（1787—1887）
〔美〕杰里·L.马肖 著
宋华琳 张力 译

事故共和国
——残疾的工人、贫穷的
寡妇与美国法的重构（修订版）
〔美〕约翰·法比安·维特 著
田雷 译

数字民主的迷思
〔美〕马修·辛德曼 著
唐杰 译

同意的道德性
〔美〕亚历山大·M.毕克尔 著
徐斌 译

林肯传
〔美〕詹姆斯·麦克弗森 著
田雷 译

罗斯福宪法：
第二权利法案的历史与未来
〔美〕凯斯·R.桑斯坦 著
毕竞悦 高瞰 译

社会因何要异见
〔美〕凯斯·R.桑斯坦 著
支振锋 译

法律东方主义
——中国、美国与现代法
〔美〕络德睦（Teemu Ruskola） 著
魏磊杰 译

无需法律的秩序
——相邻者如何解决纠纷
〔美〕罗伯特·C.埃里克森 著
苏力 译

美丽新世界
《世界人权宣言》诞生记
〔美〕玛丽·安·葛兰顿 著
刘轶圣 译

大屠杀：
巴黎公社生与死
［美］约翰·梅里曼 著
刘怀昭 译

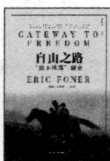

自由之路
"地下铁路"秘史
［美］埃里克·方纳 著
焦姣 译

黄河之水：
蜿蜒中的现代中国
［美］戴维·艾伦·佩兹 著
姜智芹 译

我们的孩子
［美］罗伯特·帕特南 著
田雷 宋昕 译

起火的世界
［美］蔡美儿 著
刘怀昭 译

军人与国家：
军政关系的理论与政治
［美］塞缪尔·亨廷顿 著
李晟 译

林肯：在内战中
（1861–1865）
［美］丹尼尔·法伯 著
邹奕 译

正义与差异政治
［美］艾丽斯·M.杨 著
李诚予 刘靖子 译

星球大战的世界
［美］凯斯·R.桑斯坦 著
张力 译

财产故事
［美］斯图尔特·班纳 著
陈贤凯 许可 译

乌托邦之概念
［美］鲁思·列维塔斯 著
李广益 范轶伦 译

法律的文化研究
［美］保罗·卡恩 著
康向宇 译

鲍勃·迪伦与美国时代
［美］肖恩·威伦茨 著
刘怀昭 译